D1724193

Michael Mitterauer
Ahnen und Heilige

„Für Elisabeth kam die Zeit der Niederkunft, und sie brachte einen Sohn
zur Welt. Ihre Nachbarn und Verwandten hörten, daß ihr der Herr große
Gnade erwiesen hatte, und sie freuten sich mit ihr. Am achten Tag kamen
sie zur Beschneidung des Knaben und wollten ihm den Namen seines
Vaters Zacharias geben. Seine Mutter aber widersprach ihnen und sagte:
Nein, er soll Johannes heißen. Sie antworteten ihr: Es gibt doch niemand
in deiner Verwandtschaft, der so heißt. Da fragten sie seinen Vater
durch Zeichen, welchen Namen das Kind haben sollte. Er verlangte ein
Schreibtäfelchen und schrieb zum Erstaunen aller darauf: Sein Name ist
Johannes."   Lukas 1, 57–63

Michael Mitterauer

Ahnen und Heilige

Namengebung in der
europäischen Geschichte

Verlag C.H. Beck München

Mit 15 Abbildungen und 19 Tafeln

Die Deutsche Bibliothek – CIP-Einheitsaufnahme

Mitterauer, Michael
Ahnen und Heilige : Namengebung in der
europäischen Geschichte / Michael Mitterauer. –
München : Beck, 1993
  ISBN 3 406 37643 6

ISBN 3 406 37643 6

© C.H.Beck'sche Verlagsbuchhandlung (Oscar Beck), München 1993
Satz und Druck: C.H.Beck'sche Buchdruckerei, Nördlingen
Bindung: Conzella, Pfarrkirchen
Gedruckt auf alterungsbeständigem,
aus chlorfrei gebleichtem Zellstoff hergestelltem Papier
Printed in Germany

Meiner lieben Frau

Inhalt

Vorwort

Das Thema Namen und Namengebung hat mich in meinen wissenschaftlichen Arbeiten von den Anfängen an begleitet. In meiner Dissertation «Karolingische Markgrafen im Südosten» half die Beobachtung der Weitergabe spezifischer «Leitnamen» die untersuchten Adelsfamilien genealogisch zu rekonstruieren. Vorstudien zu dieser Arbeit reichen bis in meine Gymnasialzeit zurück. Schon damals hat es mich fasziniert, aus Namentraditionen Familienzusammenhänge zu erschließen. Solche genealogische Fährtensuche konnte – als Selbstzweck betrieben – allerdings immer weniger befriedigen, je mehr sozialgeschichtliche Fragestellungen in den Vordergrund traten. Bei der Beschäftigung mit strukturellen Fragen der österreichischen Landstände kam das Namenthema von der Adelsforschung her erneut ins Blickfeld – nunmehr freilich in einem völlig veränderten fachlichen Kontext. In seiner sozialgeschichtlichen bzw. historisch-anthropologischen Bedeutung wurde mir das Themenfeld immer mehr bewußt, als ich mich Forschungen über die Sozialgeschichte der Familie zuwandte. Namengebung und Nachbenennung boten sich nun als ein Zugang an, um Familienbeziehungen, familiale Rollen, Strukturtypen von Familie und Verwandtschaft zu analysieren. Aus diesem neuen Erkenntnisinteresse entstanden einige spezielle Studien. Sie bedeuteten für mich zugleich eine Rückkehr zur Mediävistik. Gerade für mittelalterliche Familienstrukturen, über die aus den traditionellen Quellen der historischen Familienforschung so wenig zu erfahren ist, bietet ja das Namenwesen wohl in besonderer Weise zusätzliche Analysemöglichkeiten. In Verbindung solcher Spezialstudien mit historisch-demographischer und philologisch-namenkundlicher Literatur versuchte ich 1988 in der Lehrerfortbildungszeitschrift «Beiträge zur historischen Sozialkunde» einen epochenübergreifenden Längsschnitt über «Namengebung». Aus dieser Überblicksdarstellung ist das nun vorgelegte Buch entstanden.

Eigentlich war nur ein kleines Bändchen geplant. Das genannte Zeitschriftenheft sollte etwas erweitert und thematisch abgerundet werden. Eine solche Vorgangsweise erwies sich jedoch bald als unbefriedigend. Zu viele Veränderungsprozesse von Namengut und

Namengebung hätten nur beschrieben und nicht ausreichend interpretiert werden können. Das galt vor allem für den Prozeß des großen Namenschwunds im Hoch- und Spätmittelalter, insbesondere seine durch das Aufkommen der Heiligennamen bedingte Facette. Der Versuch, zu Erklärungen zu kommen, führte immer mehr zum Kulturvergleich und immer stärker zu weit zurückliegenden Epochen. Ich mußte mich mit Zeiten und Räumen intensiv beschäftigen, die mir von der bisherigen Arbeit nicht vertraut waren. Zusätzliche Forschungsarbeit war zu leisten. Damit konnte aber auch der ursprünglich geplante Charakter als zusammenfassender Überblick nicht mehr aufrecht erhalten werden. Das Ergebnis sind eher problemorientierte Skizzen, die durch gemeinsame Fragestellungen verbunden sind.

Ein Studienaufenthalt in Cambridge im Sommersemester 1990 ermöglichte mir die notwendige Vertiefung. Als «senior visitor» des Clare College fand ich ideale Arbeitsbedingungen vor: die ruhige Arbeitsatmosphäre, in der ich konzentriert Ideen weiterverfolgen konnte, die reichen und so leicht zugänglichen Bestände der benachbarten Universitätsbibliothek, die familienhistorische Spezialbibliothek der «Cambridge Group for the History of Population and Social Structure». Im Kreis der «Cambridge Group» habe ich darüber hinaus weit mehr gefunden als gute Arbeitsbedingungen. Ganz besonders danken möchte ich Roger Schofield, der mir diesen Aufenthalt ermöglicht hat, Richard Wall, der mich so freundschaftlich aufgenommen und mir in manchen Schwierigkeiten geholfen hat, und Peter Laslett, der mir in vielen Gesprächen die intellektuelle Atmosphäre dieser beeindruckenden Universitätsstadt näher gebracht hat. Das Erlebnis Cambridge ist in vieler Hinsicht für dieses Buch wichtig geworden.

Vom gedanklichen Konzept und der Sammlung des Materials bis zur Fertigstellung des Manuskripts war es allerdings noch ein weiter Weg. Für vielfache Hilfe auf diesem Weg gilt es zu danken. Jochen Martin hat die althistorischen Kapitel durchgesehen und mir zahlreiche wichtige Hinweise gegeben. Wo ich auf diesem mir wenig vertrauten Terrain in die Irre gegangen bin, habe ich das natürlich selbst zu verantworten. Auf dem Gebiet der Kirchengeschichte half mir P. Isnard Frank mit anregenden Hinweisen und kritischen Kommentaren. Monique Bourin machte mir die neuesten namenkundlichen Studien aus der von ihr geleiteten Arbeitsgruppe zugänglich. Wertvolle Anregungen erhielt ich bei der Präsentation von Teilergebnissen am Max-Planck-Institut für Geschichte in Göttin-

gen und am Historischen Institut der Universität Saarbrücken.
Christine Zeile hat als Lektorin den schwierigen Entstehungsprozeß dieses Buches mit allen seinen Abweichungen vom ursprünglichen Konzept und vor allem auch vom vereinbarten Terminplan
mit Engagement, Aufmunterung und viel Geduld begleitet. Evelyne
Beham gelang es, mein handschriftliches Manuskript in eine
Druckvorlage zu verwandeln. Mein Sohn Matthias hat mit der Gestaltung der Graphiken viele Stunden vor dem Computer verbracht.

Ganz besonders danke ich meiner lieben Frau. Gespräche mit ihr
sind am Anfang der Arbeit an diesem Buch gestanden. Und sie haben bis zu dessen Abschluß dazu beigetragen. Viel über die lebens-
und familiengeschichtliche Bedeutung von Namen wurde mir dabei
klar, nicht zuletzt, warum das Thema Namen in meinem eigenen
Leben so wichtig ist. In solchen Gesprächen war Allgemeines mit
Persönlichem verbunden. Der Anteil der Familientherapeutin ist
von dem der Partnerin nach drei Jahrzehnten Ehe nicht zu trennen.
Und so richtet sich der Blick zurück in die gemeinsame Vergangenheit. Die Zeit in der man über die Namen der Kinder spricht, gehört
wohl zu den schönsten einer Ehe. Aber es kann auch noch genauso
sein, wenn es um die Namen der Enkelkinder geht. Dem Geheimnis
der Namen kommt man wohl besonders nahe, wenn es nächste
Angehörige betrifft. Dieses Geheimnis der Namen war uns aber
auch immer wieder auf einer allgemeinen Ebene interessant. So hat
dieses Buch für uns viele Momente des Verbindenden – bei allem
Belastenden, das wissenschaftliche Arbeit ihrem Wesen nach für
eine Beziehung bedeutet. Ganz besonders verbindend aber war die
Hilfe, die ich erhielt, als mir die Arbeit an diesem Buch zu viel zu
werden drohte. Die Ermutigung, daß es sinnvoll und wichtig ist,
dieses Buch fertigzustellen, hat mir sehr geholfen. So ist es letztend-
lich ein Buch unserer Gemeinsamkeit.

Wien, Silvester 1992   *Michael Mitterauer*

Einleitung

«Ich hatte sieben richtige Geschwister: Georg bekam den Namen nach dem Großvater, Johann nach dem Vater, Stefan nach dem Taufpaten, Franz Josef nach dem Kaiser, Anna nach der Mutter, Florian nach dem Feuerpatron (Mein Vater sagte, wo ein Florian im Haus ist, brennt es nie). Aloisias Name wurde vom Pfarrer gewollt. Ich selbst habe den Namen Barbara von der Taufpatin. Meine Ziehmutter hatte zehn Kinder. Drei davon sind im Kindesalter gestorben. Von meinen Ziehgeschwistern bekam Franz den Namen nach dem Vater, Josef nach dem Taufpaten (Vaters Bruder), Georg nach einem Bruder vom Vater, Maria nach der Mutter, Leonhard auch nach einem Bruder vom Vater, Anna nach der Taufgoden, Leonhard erhielt seinen Namen als Ersatznamen vom verstorbenen Leonhard, Anton bekam den Namen vom Pfarrer, Florian nach dem Feuerpatron, Barbara war der Name von Ziehmutters Halbschwester. So ähnlich war es bei vielen Familien. Familien mit zehn bis zwölf Kindern waren keine Seltenheit. Viele sind aber auch im Kindesalter gestorben. Ich fragte einmal meine Ziehmutter, woher die unbekannteren Namen kamen. Da sagte sie: Wenn viele Kinder in der Familie sind, dann kommen zuerst die vererbten Namen dran und dann sagt der Pfarrer, wie's heißen sollen.»[1]

Erst 1987 wurden diese Sätze von der Bergbäuerin Barbara Passrugger aus dem Salzburger Pongau niedergeschrieben. Die hier skizzierten Prinzipien der Namengebung gehören heute aber einer völlig versunkenen Welt an. Wer würde in großstädtischem Milieu unserer Zeit seinen Kindern systematisch die Namen von Vorfahren und Verwandten geben? Wer würde – soweit die Namengebung überhaupt noch im Rahmen eines christlichen Ritus erfolgt – den Erstnamen des Kindes nach dem Taufpaten wählen? Wer würde sich an den jeweils Herrschenden orientieren – den Königen und Königinnen, wo es sie noch gibt, oder ihren republikanischen Nachfolgern? Die Namen christlicher Heiliger sind zwar in den meisten europäischen Ländern nach wie vor sehr beliebt. Aber es sind nicht primär die heiligen Namenspatrone, an denen sich die Namenswahl orientiert. Der Gedanke, daß der Schutzheilige des Kindes, der ganzen Familie von Nutzen sein könnte, gehört überhaupt in eine Vorstellungswelt, in die man sich heute kaum mehr hineinversetzen kann. Zwischen der Generation der Autorin dieser Zeilen und der ihrer Enkelkinder hat sich in den Grundsätzen der Namengebung eine Revolution abgespielt. Wohl kaum vorher in der Menschheitsgeschichte haben sich die Prinzipien, nach denen man für seine Kinder Namen wählt, so grundlegend gewandelt, wie in den letzten Jahrzehnten.

Nicht nur die Motive der Namengebung haben sich radikal verändert, auch die familialen und gesellschaftlichen Verhältnisse, die ihnen zugrundeliegen. Familien mit zehn bis zwölf Kindern sind in westlichen Industriegesellschaften kaum mehr zu finden. Der radikale Wandel des generativen Verhaltens und seine sozialen Folgen gehören wohl zu den tiefgreifendsten Veränderungsprozessen unseres Jahrhunderts. Wenn in der Familie der Ziehmutter drei von zehn Kindern in den ersten Lebensjahren starben, so spiegelt das Verhältnisse, wie sie vor dem sogenannten «demographischen Übergang» geherrscht haben. Daß «der Pfarrer sagt, wie's heißen sollen», wäre allein schon aufgrund des gewandelten Selbstverständnisses der Kirchen undenkbar – ganz abgesehen davon, daß der Einfluß der Kirchen in der Gesellschaft entscheidend zurückgegangen ist. Prozesse der Säkularisation haben für weite Lebensbereiche den Glauben an die Gestaltbarkeit durch religiöses Handeln zurückgedrängt. Gegen die Bedrohung durch Naturgewalten wird nicht mehr primär auf diese Weise Hilfe gesucht. Die Zuflucht zum heiligen Florian als Namenspatron wurde wohl bald endgültig durch Blitzableiter und Brandschadenversicherung abgelöst. Hinter der Revolution der Namengebung stehen revolutionäre Prozesse der gesellschaftlichen Veränderung. Der Name kann ein Indikator sein, historische Prozesse des sozialen Wandels besser zu verstehen, mitunter sogar sie überhaupt erst wahrzunehmen.

Nachbennung nach Ahnen läßt sich in der Menschheitsgeschichte zumindest durch zweieinhalb Jahrtausende nachweisen. Die Nachbenennung nach Heiligen reicht bis in die Spätantike zurück. Die Geschichte der Namengebung ist in Europa und in weiten Regionen darüber hinaus von den Namen der Ahnen und der Heiligen beherrscht. Ahnen und Heilige waren jene Bezugspersonen, an denen sich zu Beginn des Lebens durch die Übertragung des Namens eine erste Einordnung des Menschen in sein soziales Umfeld orientierte. Erst in unserem Jahrhundert vollzog sich der entscheidende Bruch mit dieser alteuropäischen Tradition. Die Welt, wie sie die Salzburger Bergbäuerin aus ihrer Kinderzeit schildert, steht so hinsichtlich der Prinzipien der Namengebung der Spätantike näher als unserer Gegenwart.

Gegen Ende des vierten Jahrhunderts schrieb Johannes Chrysostomus, einer der großen Lehrer der alten Kirche, in seinen Homilien zum Buch Genesis über die Namengebung:

«Siehst du, daß auch in den bloßen Benennungen ein reicher Schatz an Gedanken liegt? Nicht nur zeigt sich darin die Frömmigkeit der Eltern, sondern auch ihre Sorgfalt für die Kinder, nämlich wie sie sofort und vom Anfang an ihre Neugeborenen durch die Benennungen, die sie ihnen geben, zum Streben nach Tugend anleiteten, und wie sie nicht wie heute – zufällig und aufs Geratewohl – die Namen wählten. ‹Nach dem Namen des Großvaters oder des Urgroßvaters› sagen sie, ‹soll das Kind heißen›. Aber die Alten taten nicht so, sondern sie wandten alle Mühe an, um solche Benennungen den Neugeborenen zu erteilen, die nicht nur die Benannten auf die Tugend aufmerksam machten, sondern auch allen anderen und den kommenden Geschlechtern ein vollständiger Unterricht in vernünftiger Lebensführung wurden. So sollen auch wir nicht irgendwelche Namen den Kindern geben, weder von Großvätern und Urgroßvätern noch von solchen, die durch adelige Geburt sich auszeichneten, sondern sie nach heiligen Männern nennen, die durch Tugend hervorragten und mit Zuversicht vor Gott auftreten konnten. Auch nicht auf solche Namen an und für sich sollen Eltern und Kinder Vertrauen setzen; denn eine Benennung bringt keinen Nutzen, wenn sie leer an Tugend ist, sondern auf die Übung der Tugend muß man die Hoffnung des Heiles aufbauen.»[2]

Während Johannes Chrysostomus an dieser Stelle eher eine theologische Theorie der Namengebung nach Heiligen entwickelt, schildert er an anderer die Praxis seiner Zeitgenossen. Von den Bewohnern der syrischen Stadt Antiochia schreibt er, daß sie ihren Bischof, «unseren Vater» Meletius, als einen Heiligen verehrten:[3] «Jeder gab seinem Sohn dessen Namen in der Meinung, den Heiligen dadurch in sein Haus einzuführen». Den Namen des Heiligen in der Familie zu haben, hielten sie für eine «Zierde der Verwandtschaft» und einen «Schutz der Gebäude». Die Bürger von Antiochien im vierten Jahrhundert hatten also von der Wirkkraft eines Heiligennamens recht ähnliche Vorstellungen wie eineinhalb Jahrtausende später die Salzburger Bergbauern. Wie den Namen des Heiligen so benützten sie auch seine Bilder. Sie trugen sie auf Ringen, Siegeln, Schmuckstücken und führten sie sich auf den Wänden ihrer Gemächer vor Augen, «damit sie nicht nicht nur jene heilige

Benennung hörten sondern überall auch das Abbild des Körpers sähen». Den Namen des heiligen Meletius in ihr Haus einzuführen, war ihnen so wichtig, daß sie bei der Benennung ihrer Kinder dafür die Namen der Väter, Großväter und Urgroßväter zurückstellten – ein Sieg der «Liebe zur Frömmigkeit» über die «Natur», wie es der Kirchenlehrer interpretierte.

Die Nachbenennung nach Ahnen und die Nachbenennung nach Heiligen stehen in diesen frühen Zeugnissen in einem deutlichen Konkurrenzverhältnis – sowohl in der kirchlichen Doktrin als auch in der Volksfrömmigkeit des Alltags. Die erstere hat dabei ganz offenbar erst im Nachhinein für die letztere eine theologische Rechtfertigung geschaffen. Durch die Übernahme der Heiligennamen löste sich für's erste die Spannung. Die neuen bedeutungsvollen Benennungen waren in die Familie integriert. Man konnte auf sie in doppelter Weise Bezug nehmen – zugleich als Heiligen- wie auch als Ahnennamen. Auf Dauer führte freilich das neue Prinzip der Namengebung nach Heiligen zu einer latenten Spannungssituation: Mit der Verehrung neuer Heiliger bzw. solcher, deren Namen in der Familie noch nicht eingeführt waren, kam es immer wieder von neuem zu einer solchen Konkurrenz. Das Spannungsmoment zwischen Ahnen und Heiligen ist eines der großen Leitmotive in der Geschichte der christlich-europäischen Namengebung von der Spätantike bis weit herauf in die Moderne. Es klingt noch an, wenn im Bericht der Salzburger Bergbäuerin zwei Typen von Namen unterschieden werden – die «vererbten Namen» und die Patronsnamen bzw. die, die «vom Pfarrer gewollt» waren.

Die Salzburger Bergbäuerin und der frühchristliche Kirchenlehrer sprechen sehr plastisch und konkret das Thema an, um das es in diesem Buch in einer allgemeineren Weise geht: Formen der Namengebung nach innerfamilialen wie nach außerfamilialen Namensvorbildern. In der Nachbenennung von Kindern kommt stets eine soziale Beziehung zu früheren Trägern des Namens zum Ausdruck – sei es eine schon bestehende Beziehung der namengebenden Personen, zumeist also der Eltern, sei es eine durch die Namengebung neu konstituierte zum Kind. Namengebung in diesem Verständnis ist sicherlich ein interessantes Thema der Sozialgeschichte, insbesondere einer Sozialgeschichte der Familie. Auf dem Hintergrund der Nachbenennung werden innerfamiliale Strukturen und Beziehungen erkennbar, ebenso aber auch Zusammenhänge zwischen der Familie und umfassenderen gesellschaftlichen Organisationsformen. Hinweise auf solche Strukturen und Beziehungen

zu gewinnen, ist ein wesentliches Ziel dieser Studie. Eine Analyse
von Systemen der Nachbenennung kann diesbezüglich sicher neue
Resultate erbringen. Zu bedenken ist dabei freilich, daß die Nachbenennung nur eine von vielen Ausdrucksformen solcher Strukturen
und Beziehungen darstellt. Die Zugangsweise verläuft also über einen relativ begrenzten Ausschnitt eines umfassenderen Problemfelds. Dementsprechend eingeschränkt sind die Erkenntnismöglich-
keiten. Trotzdem lohnt es, sich über die Namengebung an familienhistorische Fragestellungen anzunähern. Personennamen und Informationen über die Zusammenhänge zwischen ihren Trägern sind
aus allen Epochen der Menschheitsgeschichte in reicher Fülle überliefert. Schon für frühe Zeiten ermöglichen sie sowohl eine quantitative Auswertung von Namengut wie auch eine qualitative der in
der Nachbenennung zum Ausdruck kommenden Beziehungen. Gerade für quellenarme Zeiten können wir so aus einer Sozialgeschichte der Namengebung wertvolle Hinweise für die Geschichte
der Familie gewinnen.

Im Kontext einer familienhistorisch interessierten Sozialgeschichte der Namengebung setzt der Titel «Ahnen und Heilige»
einen besonderen Akzent. Die Namengebung nach Heiligen ist ein
spezifisch christliches Phänomen. Hat diese Sonderform der Namengebung etwas mit Besonderheiten der christlich-europäischen
Familienentwicklung zu tun? Bedeutet die Nachbenennung nach
Heiligen eine Schwächung des Bezugs zu den Ahnen? Läßt sich die
Sonderentwicklung der Familie in der europäischen Geschichte auf
dem Hintergrund eines durch das Christentum zurückgedrängten
Abstammungsbewußtseins verstehen? Gerade diese letzte Frage hat
mich – von ganz anderen Themengebieten ausgehend – in meiner
Arbeit immer wieder beschäftigt.[4] Aus der Perspektive einer Sozial-
geschichte der Namengebung stellt sie sich mir nun neuerlich. Sicher ist auch aus dieser Sicht keine definitive Antwort möglich.
Vielleicht gelingt es aber, der Lösung einen Schritt näher zu kommen.

Das spezielle Interesse an der Entstehung eines Systems der Namengebung nach Heiligen bestimmt den zeitlichen und räumlichen
Rahmen der Untersuchung. Um die Besonderheit dieses Systems
besser zu verstehen, erscheint es notwendig, über seine Anfänge
zurückgreifend weiter auszuholen. Die jüdische Tradition, aus der
ein Großteil des christlichen Namenguts stammt, die griechische,
in der sich im Heroenkult Vorformen der Heiligennachbenennung
entwickelt haben, sowie die römische, in der im Altertum das Ah-

nenbewußtsein in der Namengebung am stärksten ausgeprägt war, müssen hinsichtlich Kontinuitäten und Kontrasten einleitend behandelt werden. Ausblicke auf die weitere Entwicklung im Judentum sowie im Islam in der Zeit nach dem Aufkommen der christlichen Heiligennamen sollen zusätzliche Vergleichsmöglichkeiten schaffen. Innerhalb der christlichen Entwicklung im Osten und im Westen geht es darum, der Vielfalt unterschiedlicher Formen der Namengebung nachzugehen, unter denen sich die Benennung nach Heiligen bloß als eine von mehreren Entwicklungslinien darstellt – allerdings eine letztlich besonders erfolgreiche, die für das christlich-europäische System der Namengebung im Mittelalter konstitutive Bedeutung gewann. Der Entstehung und Entwicklung dieses Systems bis hin zu seiner radikalen Veränderung im 20. Jahrhundert stehen im Mittelpunkt der Untersuchung. Die Fragestellung erlaubt es, innerhalb der neuzeitlichen Entwicklung bloß einige wichtige Aspekte der Umgestaltung des Systems herauszugreifen. Obwohl sich die Darstellung bemüht, möglichst weitgehend eine chronologische Abfolge einzuhalten, macht es der komparative Ansatz oft notwendig, diese Darstellungsform zu durchbrechen.

Durch die Themenstellung «Ahnen und Heilige» ist auch hinsichtlich der untersuchten Namentypen eine Abgrenzung vorgegeben. Es geht in dieser Studie primär um die «Christian names», um die im Verhältnis zu den deutschen Bezeichnungen «Vornamen» oder «Rufnamen» aussagekräftigere Begrifflichkeit der englischen Sprache zu verwenden. Die verschiedenen Namensformen, durch die ein Individuum in seinem jeweiligen gesellschaftlichen Umfeld identifiziert wird, stehen jedoch untereinander in einer Wechselwirkung. So erscheint es unvermeidlich, auf Familiennamen, Klannamen, Beinamen und ähnliche Formen insoweit einzugehen, als es zum Verständnis der inner- und außerfamilial orientierten Nachbenennungspraktiken erforderlich ist. Eine definitorische Abgrenzung dieser verschiedenen Namentypen untereinander soll nicht generell versucht werden, sondern nur jeweils dort, wo begriffliche Präzisierung aufgrund einer aktuellen Fragestellung notwendig erscheint.

Sozialgeschichte der Namengebung läßt sich grundsätzlich nur in interdisziplinärer Betrachtungsweise betreiben. Der Onomastik als Teilbereich verschiedener philologischer Disziplinen ist meine Studie vor allem hinsichtlich der ausgewerteten Materialbasis in vieler Hinsicht verpflichtet. Sie unterscheidet sich jedoch in den Erkenntnisinteressen der Interpretation, jedenfalls im Vergleich zu manchen in der Onomastik derzeit dominanten Forschungsrichtungen.

Ähnliches läßt sich von der Genealogie als einer historischen Teildisziplin sagen, der die Arbeit viel an Materialgrundlagen verdankt. Auch die Historische Demographie, die gleichsam als Nebenprodukt ihrer Untersuchungen Namenstatistiken erstellen kann, ist zu den Kooperationspartnern zu zählen, obwohl auch ihr primäres Erkenntnisinteresse ein anderes ist. Durch die Schwerpunktsetzung auf Heiligennamen ergibt sich ein enges Naheverhältnis zur Religions- und Kirchengeschichte, insbesondere zu jenen Richtungen, die als Geschichte der Volksfrömmigkeit oder Geschichte religiöser Mentalität charakterisiert werden. Die Zusammenarbeit mit solchen Disziplinen zu suchen, liegt für eine Sozialgeschichte der Namengebung auf der Hand. Die Frage nach dem Aufkommen und der Verbreitung von Heiligennamen führte aber auch zu eher unerwarteten interdisziplinären Querbeziehungen. Parallelen zwischen der religiösen Bedeutsamkeit von Namen und von Bildern, wie sie im zitierten Bericht des Johannes Chrysostomus anklingen, sind sicher von grundsätzlicher Bedeutung. Sie verweisen auf Verbindungslinien zur Kunstgeschichte, über das Münzbild zur Numismatik, über das Amulett bis hin zur Geschichte der Magie. Solchen Querbeziehungen konnte nur andeutungsweise nachgegangen werden. Wichtige Grundlagen verdankt die Arbeit volkskundlichen Studien. In besonderer Weise ist sie der Sozialanthropologie verpflichtet. Geschichte der Namengebung wird in ihr als eine historisch-sozialwissenschaftliche bzw. historisch-anthropologische Themenstellung aufgefaßt.

Der Versuch, Ergebnisse ganz unterschiedlicher Disziplinen unter sozialgeschichtlichem bzw. historisch-anthropologischem Aspekt zu fokussieren – noch dazu mit einem zeitlich und räumlich so weiten Einzugsbereich –, ist sicher ein gewagtes Unternehmen. Vieles bleibt dabei torsohaft. Manches läßt sich nur als Vermutung formulieren, die erst empirisch abgesichert werden müßte. Dem Risiko des vielleicht verfrühten Versuchs einer Zusammenschau steht die Chance gegenüber, Impulse für neue Forschungsansätze zu gewinnen. Historisch-sozialwissenschaftliche Namenforschung hat sicher eine ganz besondere Integrationsleistung zu erbringen. Das macht sie anregend und anfällig zugleich.

Ein Wagnis bedeutet wohl auch die Darstellungsweise dieses skizzenhaften Überblicksversuchs. Sie ist um ein möglichst hohes Maß an Anschaulichkeit bemüht. Quellentexte, Stammtafeln und Statistiken bilden den konkreten Ausgangspunkt für allgemeine Überlegungen. Der Nachweis, daß die in solchen Texten und Schaubildern dargestellten Verhältnisse für eine Zeit, für ein Milieu, für einen Kulturraum repräsentativ sind, kann sicher nicht in jedem Einzelfall erbracht werden. Vielfach geht es auch gar nicht in diesem Sinn um Repräsentativität, sondern um die Illustration eines weiten Spektrums an Möglichkeiten. Die Auswahl der Beispiele erfolgte auf dem Hintergrund einer sehr breiten Literaturgrundlage. Sie konnte bei weitem nicht in vollem Umfang in der vorgelegten Fassung ausgewiesen werden.

Eine Darstellungsform, die sich nicht nur an einem wissenschaftlichen Fachpublikum orientiert, mag dann angebracht sein, wenn mit einem breiteren Interesse an der behandelten Thematik gerechnet werden kann. Beim Thema Namengebung scheint das in zunehmendem Maße der Fall zu sein. Was zu diesem wachsenden Interesse geführt hat, darüber läßt sich wohl nur spekulativ eine Aussage machen. Eine wesentliche Ursache mag der radikale Umbruch in unserem System der Namengebung sein, der sich in den letzten Jahrzehnten abgespielt hat. In Anschluß an das einleitende Zitat wurden einige Gedanken zu diesem Wandlungsprozeß formuliert. Das Schlußkapitel wird nochmals darauf zurückkommen. Ein Aspekt dieses Prozesses sind die tiefgreifenden Veränderungen im Namengut unserer Gesellschaft. Das Interesse an alten und neuen Namen, an ihrem Sinn und an ihrer Herkunft könnte daraus zu erklären sein. Es findet in den zahlreichen Namenbüchern, die Jahr für Jahr erscheinen einen sehr deutlichen Niederschlag. Der Umbruch in der Namengebung könnte aber auch Anlaß sein, in einer anderen Richtung Fragen an die Geschichte zu stellen. Die Wahl von neuen Namen hat sehr wesentlich mit veränderten Motivationen zu tun. Als Franz Josef noch den Kaiser und Florian den Feuerpatron meinte, waren die Gründe einer Namensentscheidung einfach zu durchschauen. Heute sind die Verhältnisse diesbezüglich viel komplizierter. Um so interessanter könnte es sein, etwas darüber zu erfahren, welche Vorstellungen und Assoziationen Eltern mit dem von ihnen gewählten Namen verbanden, an welchen Vorbildern sie sich orientierten, welche Wünsche und Hoffnungen sie hatten, welches Lebensprogramm sie ihrem Kind mitgeben wollten. Solche Motive der Namenswahl sind sicher ein wichtiges Thema für ein Gespräch zwischen den Generationen. Über den Namen als Zugang kann viel an Einsicht gewonnen werden, wie die eigene Lebensgeschichte mit der Familiengeschichte zusammenhängt. Die Frage nach Motiven der Namenswahl führt aber letztlich über die Familiengeschichte hinaus. Jede Namensentscheidung hat auch eine gesellschaftliche Dimension. So sehr wir uns von traditionellen Systemen der Nachbenennung emanzipiert haben mögen – Prozesse der Namengebung unterliegen nach wie vor gewissen sozialen Regelmäßigkeiten. Die Beschäftigung mit «Ahnen und Heiligen» könnte so dazu führen, sich darüber Gedanken zu machen, wie Familie und Gesellschaft heute miteinander zusammenhängen.

1. Jakob und seine Söhne – die jüdische Tradition

Das Namengut des Alten Testaments ist bis in die Gegenwart für die Namengebung von außerordentlicher Bedeutung. Namen, die hier erstmals auftreten, bilden die älteste Schicht der heute gegebenen Vornamen. Manche von ihnen gehören auch zu den am weitest verbreiteten. Alle drei großen monotheistischen Weltreligionen – das Judentum, das Christentum und der Islam – haben Namen aus diesem Fundus weitergegeben. Auch in nicht mehr religiös bestimmten Formen der Namengebung wirken sie fort. So ergeben sich hier Traditionslinien, die über Jahrtausende hin Verbindungen herstellen.

Ganz anders verhält es sich mit dem System der Namengebung, wie es im Alten Testament für die Frühzeit der israelitischen Stämme geschildert wird. Mit heutigen Sitten der Namenswahl hat es fast nichts mehr gemeinsam – jedenfalls nicht in den von der jüdisch-christlichen Tradition geprägten Kulturen. Verglichen mit Gegenwartsverhältnissen bedeutet es nicht Kontinuität sondern Kontrast.

Bis weit zurück in die Geschichte ist für die europäischen Systeme der Namengebung das Prinzip der Namenswiederholung charakteristisch. Die Namen der Kinder werden aus einem tradierten Bestand ausgewählt und sind vielfach an personalen Vorbildern orientiert – an «Ahnen und Heiligen», um diese vereinfachende Kurzformel für verschiedene Formen der Nachbenennung zu verwenden. Eine solche Nachbenennung ist den israelitischen Stämmen anfangs offenbar fremd gewesen. Und auch Namenswiederholungen kommen in der Zeit vor dem babylonischen Exil kaum vor. Alle die Namen, die die vielen Geschlechterregister in den Schriften des Alten Testaments überliefern, sind zunächst einmalig. Das gilt etwa auch für den Bericht über den Aufbruch Jakobs und seiner Nachkommen nach Ägypten im 46. Kapitel des Buches Genesis:

«Das sind die Namen der Söhne Israels, die nach Ägypten kamen, Jakob und seine Söhne: Der erstgeborene Jakobs, Ruben; die Söhne Rubens: Henoch, Pallu, Hezron und Karmi; die Söhne Simeons: Jemuel, Jamin, Ohad, Jachin, Zohar und Schaul, der Sohn der Kanaaniterin, die Söhne Levis: Gerschon, Kehat und Merari; die Söhne Judas: Er, Onan, Schela, Perez und Serach; Er und Onan aber waren in Kanaan gestorben; die Söhne des Perez waren Hezron und Hamul; die Söhne Isachars: Tola, Puwa, Jaschub und Schimron; die Söhne Sebulons: Sered, Elon, Jachleel. Das waren die Söhne Leas; die sie Jakob in Paddan geboren hatte, dazu seine Tochter Dina, an Söhnen und Töchtern insgesamt dreiunddreißig Personen. Die Söhne Gads: Zifjon, Haggi, Schuni, Ezbon, Eri, Arodi und Areli; die Söhne Aschers: Jimna, Jischwa, Jischwi und Beria, dazu ihre Schwester Serach; die Söhne Berias: Heber und Malkiel. Das waren die Söhne Silpas, die Laban seiner Tochter Lea mitgegeben hatte, sie alle hatte sie Jakob geboren, sechzehn Personen. Die Söhne Rahels, der Frau Jakobs: Josef und Benjamin. Josef hatte in Ägypten Kinder erhalten, die ihm Asenat, die Tochter Potiferas, des Priesters von On, geboren hatte: Manasse und Efraim. Die Söhne Benjamins: Bela, Becher, Aschbel, Gera, Naaman, Ehi, Rosch, Muppim, Huppim und Ard. Das waren die Söhne Rahels, die Jakob geboren worden waren, insgesamt vierzehn Personen. Die Söhne Dans: Huschim. Die Söhne Naftalis: Jachzeel, Guni, Jezer und Schillem. Das waren die Söhne Bilhas, die Laban seiner Tochter Rahel mitgegeben hatte. Sie alle hatte Bilha Jakob geboren, insgesamt sieben Personen. Die Gesamtzahl der Personen, die mit Jakob nach Ägypten gekommen waren und von ihm abstammten, betrug ohne die Frauen der Söhne Jakobs insgesamt sechsundsechzig Personen.»

Unter den dreiundsechzig Männernamen, die diese frühe Geschlechtsliste überliefert, begegnet ein einziger doppelt. Ein Enkel Jakobs durch Ruben und ein Urenkel durch Juda trugen denselben Namen Hezron. Wie es zu dieser Namenswiederholung kam, läßt sich aus dem biblischen Bericht nicht rekonstruieren. Der Fall zeigt, daß solche Wiederholungen, wenn sie auch nicht angestrebt waren, so doch auch nicht grundsätzlich als tabu galten. Bemerkenswert erscheint, daß es sich dabei sogar um eine Duplizität unter gleichzeitig Lebenden handelte. Sonst ist in diesem Familienverband – sieht man von einigen Übereinstimmungen in Anfangsbuchstaben und Endungen unter Brüdern ab, die aber auch nicht einem allgemeinen System entsprochen zu haben scheinen – zwischen den aufgezählten Namen aufs erste kein Zusammenhang zu erkennen.

Die Namen aus der Großfamilie des Patriarchen Jakob erscheinen deshalb für eine Analyse von Namengebungsprinzipien so interessant, weil wir bei vielen darüber wissen, warum sie gewählt wurden. Das gilt für alle Söhne Jakobs, für einige seiner Enkel und schließlich auch für ihn selbst. Zum Verständnis der Namengebung seiner Söhne ist die Familiensituation bedeutsam. Jakob hatte bei seinem Onkel Laban sieben Jahre um dessen Tochter, die schöne Rachel, gedient. Dieser unterschob ihm jedoch in der Hochzeitsnacht deren Schwester, die mattäugige Lea, mit der Begründung, daß es nicht Brauch sei, die jüngere Tochter vor der älteren zu verheiraten. Der betrogene Jakob erhielt zwar nach der Brautwoche auch Rachel, mußte aber für sie nochmals sieben Jahre dienen. Lea wurde von ihm im Vergleich zu Rachel vernachlässigt. Im Kapitel 30 berichtet dazu das Buch Genesis:

«Der Herr sah, daß Lea weniger geliebt wurde. Deshalb öffnete er ihren Mutterschoß, während Rachel unfruchtbar blieb. Lea empfing und gebar einen Sohn. Sie nannte ihn Ruben («Seht ein Sohn»!), indem sie sprach: «Gesehen hat der Herr auf mein Elend, denn jetzt wird mein Mann mich lieben.» Sie empfing nochmals und gebar einen Sohn und sprach: «Erhört hat der Herr, denn eine Zurückgesetzte war ich. Darum gab er mir auch diesen.» Sie nannte ihn Simeon («Erhörung»). Sie gebar wiederum und gebar einen Sohn und sprach: «Jetzt wird mein Mann endlich an mir hängen, denn schon drei Söhne habe ich ihm geboren.» Darum nannte sie ihn Levi («Anhänger»). Dann empfing sie abermals und gebar einen Sohn und sagte «Dieses Mal will ich den Herrn lobpreisen.» Darum nannte sie ihn Juda («Lobpreis»).»

Auch die weiteren Söhne Jakobs erhalten ihre Namen nach Aussprüchen anläßlich ihrer Geburt, in denen sich die Konkurrenz der beiden Schwestern spiegelt. Als Rachel erstmals Mutter wird, nennt sie den Sohn Josef («Gott möge hinzufügen») und sagte: «Der Herr gebe mir noch einen Sohn hinzu.» Bei der Geburt ihres zweiten Sohnes stirbt sie. Sterbend gibt sie ihm den Namen «Benoni», das heißt «Sohn meines Unheils». Sein Vater Jakob nannte ihn dann aber Benjamin, das ist «Sohn des Glücks».

Weiß man um solche Motive der Namenswahl, so wird klar, daß es sich auch in einem Namengebungssystem mit einmaligen, jeweils neu geschaffenen Namen um eine stark familienbezogene Namengebung handeln kann. Der Familienbezug hat allerdings hier einen ganz anderen Charakter und wird in ganz anderer Weise ausgedrückt als in dem uns vertrauten System der Nachbenennung. Der Zusammenhang zwischen den Namen einzelner Familienmitglieder läuft nicht über die Namenswiederholung sondern über den Namenssinn.

In der Wurzel handelt es sich bei den Namen der Söhne Jakobs, wie sie uns das Buch Genesis überliefert, um Satznamen. Die von der Mutter bei der Geburt ausgesprochenen Wünsche, Hoffnungen, Klagen, Gebete werden auf eine Kernaussage reduziert, die dann die Benennung des Neugeborenen darstellt. Satznamen waren im alten Orient stark verbreitet. Vor allem in Ägypten lassen sie sich weit zurückverfolgen.[1] Meist haben sie hier einen deutlich religiösen Bezug. Ein Gott wird angerufen, seiner Hilfe wird gedankt, sein Schutz für die Zukunft wird angefleht. Ähnliche Formen der Namenbildung finden sich auch bei Assyrern, Babyloniern und anderen Völkern des Alten Orients, vorwiegend solchen, die sprachlich der semitischen Gruppe zuzurechnen sind. Sie begegnen aber auch in anderen Kulturen, so etwa schon früh im Iran.[2] Grundsätzlich sind ja bestimmte Typen von Namen als Formen der Wesensaussage über Menschen nicht primär an sprachgeschichtliche Zusammenhänge gebunden, sondern an Weltbilder, die sich vielfach unabhängig von diesen verbreiten.

Was uns das Alte Testament über die Namenswahl zur Zeit der Patriarchen berichtet, beschränkt sich keineswegs nur auf Sätze im Zusammenhang mit der Geburtssituation. Verbunden mit einer ganz anderen Benennungsform begegnet die Reduktion eines solchen Ausspruchs anläßlich der Geburt bei den beiden Zwillingssöhnen Judas, die er mit seiner Schwiegertochter Tamar gezeugt hatte:[3]

«Als sie niederkam, waren Zwillinge in ihrem Leib. Bei der Geburt streckte einer die Hand heraus. Die Hebamme griff zu, band einen roten Faden um die Hand und sagte: Er ist zuerst herausgekommen. Er zog aber seine Hand wieder zurück, und heraus kam sein Bruder. Da sagte sie: ‹Warum hast du dir den Durchbruch erzwungen?› Ihn nannte man also Perez («Durchbruch»). Dann kam sein Bruder zum Vorschein, an dessen Hand der rote Faden war. Ihn nannte man Serach («Rotglanz»).»

Serachs Namen stammt also nicht von einem Ausspruch, sondern von einem äußeren Zeichen im Zusammenhang mit der Geburtssituation. Bei Perez spricht nicht die Mutter sondern die Hebamme, den für die Namengebung entscheidenden Satz. Beide Namen wurden wiederum im Hinblick auf ein für die Familie besonders relevantes Problem gewählt, nämlich die Rangfolge der Brüder, für die die Geburtenfolge als maßgeblich angesehen wird. Der Vorrang von Perez vor Serach ist für den Verfasser dieses mythischen Berichts deshalb von Bedeutung, weil von Perez David und damit das spätere Königshaus abstammt. Ähnliches gilt für Levis zweiten Sohn Kehat, dessen Name mit seiner Geburtsstunde zur Zeit des Sonnenaufgangs zusammenhängt.[4] Im nachhinein wird aus dem Namen ein Vorrang vor dem älteren Bruder Gerschon abgeleitet, um die Sonderstellung der Aaroniten unter den Nachkommen Levis zu legitimieren. Moses und Aaron waren Nachkommen Kehats. Die Frage des Erstgeburtsrechts hatte in der israelitischen Gesellschaft zentrale Bedeutung und findet daher in der Namengebung immer wieder ihren Niederschlag. Besonders anschaulich ist diesbezüglich der Bericht über die Geburt Jakobs und seines Bruders Esau.[5]

«Isaak betete zum Herrn für seine Frau, denn sie war kinderlos geblieben, und der Herr ließ sich von ihm erbitten. Als seine Frau Rebekka schwanger war, stießen die Söhne einander im Mutterleib. Da sagte sie: ‹Wenn das so ist, was soll dann aus mir werden!› Sie ging, um den Herrn zu befragen. Der Herr gab diese Antwort: ‹Zwei Völker sind in deinem Leib, zwei Stämme trennen sich schon in deinem Schoß. Ein Stamm ist dem anderen überlegen, der ältere muß dem jüngeren dienen.› Als die Zeit ihrer Niederkunft gekommen war, zeigte es sich, daß Zwillinge in ihrem Leib waren. Der erste, der kam, war rötlich, über und über mit Haaren bedeckt, wie mit einem Fell. Man nannte ihn Esau. Darauf kam sein Bruder; seine Hand hielt die Ferse Esaus fest. Man nannte ihn Jakob («Fersenhalter»).

Der biblische Bericht gibt dem Namen Jakob aber noch eine zweite Deutung. Als Esau erfährt, daß Jakob vom alten Vater den Erstgeburtssegen erschlichen hatte, ruft er aus:

«Hat man ihn nicht Jakob (Betrüger) genannt? Er hat mich nun schon zweimal betrogen. Mein Erstgeburtsrecht hat er mir genommen, jetzt nimmt er mir auch noch den Segen.»[6]

Der von «akeb» = Ferse abgeleitete Name konnte auch mit «akob» = betrügen in Zusammenhang gebracht werden. Der spezifische Gebrauch des Hebräischen von konsonantischen Wortwurzeln ließ verschiedene Deutungen nebeneinander zu. Was in Esaus Ausruf deutlich zum Ausdruck kommt, ist die Auffassung, daß der Name den Charakter und das Verhalten des Menschen bestimmt, also der Gedanke des «Nomen est omen». Wenn für den Namen die Geburtssituation so wichtig ist, so ist sie nach dieser Vorstellungswelt für das ganze Leben entscheidend.

Namengebung nach der Geburtssituation ist das gemeinsame Grundmotiv, das sich durch die Berichte des Alten Testaments über Namensentscheidungen für Kinder hindurchzieht. Dieses Prinzip der Namenswahl tritt – im interkulturellen Vergleich betrachtet – sehr häufig auf. Zum Prinzip der Nachbenennung steht es grundsätzlich im Widerspruch. Namengebung nach der Geburtssituation betont das individuell Einmalige. Systeme auf dieser Grundlage führen daher in der Regel zur Kreation immer neuer Namen und damit zu einer sehr großen Namenvielfalt. Systeme der Nachbenennung hingegen sind an der Wiederholung orientiert und tendieren damit zum Namenschwund. Innerfamiliale Nachbenennung ist auf der Basis der Nachbenennung nach der Geburtssituation schwer möglich. So erscheint es nicht verwunderlich, daß sich im Judentum eine solche Praxis nur sehr langsam durchzusetzen vermochte.

Die ältesten Belege für die Sitte der Nachbenennung nach Vorfahren unter Juden stammen nicht aus Palästina sondern aus der Diaspora, nämlich aus der jüdischen Militärkolonie Elephantine in

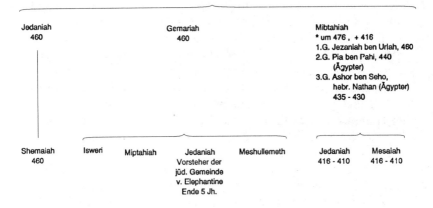

Tafel 1: Familie der Mibtahiah, Tochter des Mahseiah,
aus der jüdischen Militärkolonie in Elephantine

Oberägypten aus dem fünften vorchristlichen Jahrhundert. Diese Militärkolonie ist in frühpersischer Zeit, möglicherweise schon in den letzten Jahren der assyrischen Herrschaft entstanden. Wir besitzen über sie aus Papyrusfunden reichhaltige Informationen, wie sie für diese frühe Zeit ganz ungewöhnlich sind.[7] In unserem Zusammenhang sind vor allem die Bestände eines erhalten gebliebenen Familienarchivs von besonderem Interesse. Es handelt sich um das Archiv einer wohlhabenden Hausbesitzerin namens Mibtahiah. Aus ihm läßt sich die Familie über mehrere Generationen rekonstruieren.[8]

Die Nachbenennung in dieser jüdischen Familie erscheint in mehrfacher Hinsicht bemerkenswert. Zunächst handelt es sich nicht bloß um vereinzelte Rückgriffe auf Ahnennamen, wie sie im nachexilischen Judentum in Palästina zunächst auftreten, sondern bereits um ein voll entwickeltes System, dem der Großteil der vergebenen Namen unterliegt: Der Name Jedaniah wird vom Großvater auf den ältesten Enkel übertragen, in der nächsten Generation

dann doppelt auf den jeweils ältesten Sohn von zwei anderen Enkelkindern. Der Name Mahseiah kehrt ebenfalls bei einem Enkel wieder. Der Name Mibtahiah geht auf eine Nichte über. Hier ist Nachbenennung schon klar das dominierende Prinzip der Namengebung.
Diese Nachbenennung erfolgt nicht nur nach verstorbenen Vorfahren sondern ebenso auch unter Lebenden. Jedenfalls bei Übertragung vom Onkel zum Neffen bzw. von der Tante zur Nichte darf
man das annehmen. Eine Namensgleichheit zwischen Vater und
Sohn wird bei einer solchen Nachbenennung nach Lebenden aber
offenbar vermieden. Zwei Nachkommen der gleichen Generation
nach einem Ahnherrn zu benennen, ist hingegen kein Problem.
Schließlich gehen Vorfahrennamen auch in weiblicher Linie weiter.
In Hinblick auf das im Judentum religiös stark verankerte Prinzip
der Patrilinearität verdient dieser Umstand besondere Beachtung.

Die Verhältnisse in der Familie von Mibtahiah, der Tochter des
Mahseiah, stimmen voll mit dem Bild überein, das sich aus anderen
Nachrichten der Elephantine-Papyri über die Namengebungssitten
dieser Gruppe ergibt. In 22 Fällen trägt ein Enkel den gleichen Namen wie sein Großvater.[9] Bei einem Nathan ben Anani, der einen
Nathan ben Anani zum Großvater hat, läßt sich diese Namenge-
bungstradition sogar über vier Generationen verfolgen. Nachbenennung nach dem Vater begegnet bloß in einem einzigen Fall.[10] Alle
Personen tragen ein Patronymikon – ein deutlicher Hinweis auf die
Bedeutsamkeit der Abstammung in männlicher Linie, vielleicht
aber auch ein Grund, die Namensübereinstimmung mit dem Vater
zu vermeiden.

Der Übergang zur Sitte der Nachbenennung, wie er in der jüdischen Gemeinde von Elephantine erkennbar wird, scheint mit Veränderungen des Namenguts Hand in Hand gegangen zu sein. Unmittelbar aus der Geburtssituation abgeleitete Namen im engeren
Sinne lassen sich in der Familie der Mibtahiah nicht mehr erkennen. In einem weiteren Verständnis könnte man vielleicht den Namen Meshullemet zu diesem Typus rechnen. Er meint «zurückge-
zahlt», «wiederhergestellt» und wird als Ausdruck des Dankes an
Gott für die Geburt eines Kindes gedeutet, das den Eltern ein ver-
storbenes ersetzte.[11] In Zeiten hoher Kindersterblichkeit war das
sicher eine häufige Situation. Dementsprechend häufig begegnet
dieser Name bzw. seine Entsprechungen Meshullam, Shallum, Shil-
lem und Shelemiah in den Papyri von Elephantine. Es handelt sich
hier also nicht um eine individuelle, sondern eine allgemein-typi-
sche Geburtssituation, die in der Namengebung in ihrer Bedeutsam-

keit für die Familie zum Ausdruck gebracht wird. Auch andere Namen der Familie begegnen im behandelten Quellenbestand mehrfach. Es handelt sich zwar bei all diesen Namen um Satznamen,
aber nicht um solche, die auf eine spezifische Geburtssituation bezogen sind. Jedaniah bzw. die bei Mibtahiahs erstem Mann auftretende Variante Jezaniah bedeutet «Möge der Herr hören», Mahseiah
«Yah ist meine Zuflucht», Gemariah «Yah erfüllte», Shemaja «Yah
hörte» und Mibtahiah «Yah ist mein Vertrauen».[12] Alle diese Satznamen lassen sich mit Stellen aus den Psalmen in Verbindung bringen. Es handelt sich, wie insgesamt bei den theophoren Namen der
Elephantine-Papyri, also um Formulierungen, die den Angehörigen
der Gemeinde aus ihrem religiösen Leben vertraut waren. Sicher
hatten viele von ihnen einen allgemeinen Bezug zu Geburtssituatio-
nen, sie waren aber nicht in besonderer Weise von solchen abgeleitet. Auf Gott bezogene Satznamen hatte es schon zur Patriarchen-
zeit gegeben. Der Name von Abrahams Sohn Ismael («Gott hört»),
der nach dem Bericht des Buches Genesis der Mutter Hagar von
einem Engel aufgetragen worden war,[13] ist ein markantes Beispiel
dafür. Wie etwa die Namen von Jakobs unmittelbaren Nachkommen zeigen, waren sie aber damals keineswegs dominant. Die Entwicklung ist – jedenfalls in der frühen jüdischen Diaspora in Oberägypten – in die Richtung solcher «frommen Namen» gegangen.
Von den mehr als 160 hebräischen Personennamen, die in den Papyri von Elephantine auftreten, sind nur 14 nicht theophor.[14] Sie begegnen jeweils nur bei wenigen Namensträgern, während manche
theophore Namen bei einer Vielzahl von Personen vorkommen. Der
populärste Name in Elephantine war Hosea bzw. seine Varianten
Hoshaiah, Oshaiah, Osea («Rette, o Herr»), der nicht weniger als
39 mal aufscheint.[15] Ähnlich beliebt war hier Jehonathan/Nathan
(«Yah hat gegeben») mit seinen Varianten, für den sich 18 Nennungen finden.[16] Beide eigneten sich besonders als Ausruf bei der Geburt eines Kindes; sie waren darüber hinaus ein allgemeiner Ausdruck frommer Gesinnung. Die Lösung solcher Namen von den real
bei der Geburt gesprochenen Sätzen scheint Namenswiederholung
und damit auch Nachbenennung grundsätzlich möglich gemacht zu
haben.

An einen unmittelbaren Zusammenhang zwischen theophoren
Satznamen und bei der Geburt des Kindes real gesprochenen Sätzen
ist bei den Juden von Elephantine allein schon deswegen nicht mehr
zu denken, weil ihre Umgangssprache nicht hebräisch sondern aramäisch war.[17] Die theophoren Namen sind also bei ihnen offenbar

Traditionsgut aus einer älteren Entwicklungsschicht bzw. dem religiösen Gebrauch der Sakralsprache entlehnt. Hebräische theophore Namen erscheinen vor allem für die Namengebung von Söhnen charakteristisch – ein deutlicher Hinweis auf die unterschiedliche Stellung der Geschlechter im Kult, ebenso aber auch ihre unterschiedliche Bedeutung als Traditionsträger in einer patrilinear strukturierten Gesellschaft. Das Phänomen, daß Frauennamen stärker von der jeweiligen Umgangssprache geprägt sind, findet sich auch späterhin im Judentum immer wieder.[18] Von den dreißig jüdischen Frauennamen der Elephantine-Papyri sind nicht weniger als neun aramäisch oder ägyptisch.[19] Auch einer aus Mibtahiahs Familie gehört dazu. Während ihr eigener Name hebräisch theophor ist, trägt ihre Nichte Isweri einen ägyptischen Namen. Er bedeutet «Isis ist groß».[20] Es handelt sich also ebenso um einen theophoren Namen, jedoch einen, der auf einen Kult des Gastlandes bezogen ist. Eine solche Form der Namengebung erscheint in einer jüdischen Familie überraschend. Als Zeichen eines religiösen Synkretismus ist sie sicher nicht zu interpretieren. Eher läßt sie sich durch Nachbenennung nach einer ägyptischen Verwandten der Familie erklären. Das wäre dann ein Zeichen dafür, daß damals schon ein sehr starker Druck zur Nachbenennung nach Vorfahren bestand – stark genug, um den religiösen Gehalt in der Bedeutung des Namens zurücktreten zu lassen. Es finden sich auch unter den Männernamen der Militärkolonie von Elephantine analoge Beispiele.[21] Das Konnubium mit den nichtjüdischen Nachbarn, das im Unterschied zu den Verhältnissen im Palästina der nachexilischen Zeit von der Religionsgemeinschaft nicht behindert wurde, führte notwendig immer wieder zu Problemen der Namengebung. Auch bei den Ehen Mibtahias mit ägyptischen Männern kam es dazu. Ihr dritter Gatte Ashor ben Seho nahm zusätzlich den hebräischen Namen Nathan an. Seine Söhne führten stets nur diesen als Patronym.[22]

Auch wenn ein religiöser Synkretismus im Sinne der Verehrung ägyptischer Gottheiten neben dem eigenen Gott für die Juden von Elephantine mit Sicherheit ausgeschlossen werden kann[23] – in den Prinzipien der theophoren Namengebung könnte ein Zusammenhang mit der religiösen Vorstellungswelt der Ägypter gegeben sein. Theophore Satznamen haben in Ägypten eine sehr weit zurückreichende Tradition. Sie sind schon in der ältesten Namenschicht aus der Zeit zwischen 3000 und 2600 v. Chr. stark vertreten – den ältesten schriftlich überlieferten Zeugnissen menschlicher Religiosität überhaupt.[24] Unter ihnen finden sich 19 Namen, die mit dem allge-

meinen Gottesbegriff «nt̲r» zusammengesetzt sind. Viele von ihnen
sind schon genauso konstruiert wie die jüdischen in Oberägypten
mehr als zwei Jahrtausende später, etwa Aussagen über die Gottheit
wie «Gott ist freundlich» (Im'-jb-nt̲r), «Gott lebt» ('nh-nt̲r), «Gott
ist gnädig» (Ḥtp-nt̲r) oder «Gott ist herrlich» (Šps-nt̲r). Allerdings
gibt es zu den meisten mit dem allgemeinen Gottesbegriff «nt̲r»
zusammengesetzten Namen Entsprechungen, die sich auf eine bestimmte Einzelgottheit beziehen, etwa Anubis, Anti, Ptah, Naith,
Horus, Chnum, Seschat, Satis etc «ist gnädig». Es ist also mit «nt̲r»
= «Gott», hier nicht eine von den anderen Göttern verschiedene
Gottheit höherer Ordnung gemeint.[25] Darin liegt ein Unterschied
zu den ganz analog gebildeten theophoren Namen der monotheistischen Juden. Die theophore Namengebung der Ägypter hat sich in
ihrer langen Geschichte in vielfältiger Weise entfaltet. Alle Grundtypen der mit «Gott» zusammengesetzten jüdischen Satznamen,
die wir in der Gemeinde von Elephantine finden – Aussagen über
das Wesen Gottes, über seine Handlungen oder an ihn gerichtete
Bitten – lassen sich auch in ihrem dortigen gesellschaftlichen Umfeld nachweisen.[26]

Sehr alt war in der ägyptischen Umwelt der Juden von Elephantine auch der Brauch der Nachbenennung nach Vorfahren. Er läßt
sich schon bis in die Zeit des Alten Reiches zurückverfolgen.[27]
Nachbenannt wurde nicht nur nach dem Großvater und Urgroßvater sondern durchaus auch nach dem Vater.[28] Dieselbe Situation
findet sich zwischen Töchtern und weiblichen Vorfahren. Die Namengleichheit unter gleichzeitig lebenden Verwandten konnte so
weit gehen, daß zwei oder mehrere Brüder den gleichen Namen
erhielten. Bei Schwestern findet sich dieses eigenartige Phänomen
nicht. Gleichnamige Brüder wurden wie gleichnamige Väter und
Söhne durch Zusätze als «der Ältere» und «der Jüngere» unterschieden.[29]

Mit dem System der Namengebung nach Geburtsumständen, das
auch in Ägypten weit verbreitet war, ließ sich eine solche intensive
Form der Nachbenennung schwer vereinbaren.[30] Den Ägyptern
stand allerdings in ihrem komplizierten System der Namengebung
die Möglichkeit offen, die beiden Ansätze miteinander in Verbindung zu bringen. Die Sitte, daß ein Mensch mehrere Namen führt,
läßt sich bei ihnen schon seit der Pyramidenzeit verfolgen.[31] Dem
«großen Namen», der auch als der «wahre» oder der «richtige» bezeichnet wird, stand der «kleine Name» gegenüber – häufig auch
der «schöne» genannt. Diese beiden Namen wurden bei der Geburt

gegeben. Mitunter kam als dritter noch ein Beiname hinzu, der erst später aufgrund von persönlichen Verdiensten erworben wurde und in dem auf illustre Persönlichkeiten wie auf prestigereiche Vorfahren Bezug genommen werden konnte.[32] Der «große Name» war in der Regel durch Umstände der Geburtssituation bestimmt. Er konnte theophoren Charakter haben, in der Aristokratie aber häufig auch «basilophoren», was im Hinblick auf die Göttlichkeit des Königs in dieselbe Richtung ging. Der zweite Name hingegen stellte häufig einen Bezug zur Familie her. Vielfach kam es im Lauf der Entwicklung zu Interferenzen der verschiedenen Typen. Das komplizierte System ermöglicht es jedoch, sehr unterschiedliche Prinzipien der Namengebung miteinander zu verbinden. Ein spätes Beispiel möge das illustrieren. Auf dem Grabstein eines Ehepaares aus der Ptolemäerzeit heißt es im biographischen Teil der Mutter über den Namen des gemeinsamen Sohnes: «Man gab ihm den Namen Imhotep und man nannte ihn Petubastis», in dem des Vaters hingegen «Die Majestät dieses Gottes Imhotep, des Sohnes des Ptah, beschenkte mich mit einem Sohn. Man nannte seinen Namen Imhotep und man sagte zu ihm Petubastis, geboren von der Gottheit des Imhotep.»[33] Der Name Petubastis bedeutet «Von der Göttin Bastet geschenkt». Es stehen hier also zwei theophore Namen nebeneinander. Nach der Variante des mütterlichen Grabsteins erscheint die Situation verwirrend. Glaubte man, das Kind zwei verschiedenen Gottheiten zu verdanken? Die Variante des väterlichen stellt diesbezüglich klar: Der erste, also der «große Name», bezieht sich auf die Geburtssituation. Der Knabe wird als ein Geschenk des Gottes Imhotep gesehen. Darauf wird – in diesem Falle schon durch die direkte Übernahme des Gottesnamens, was in älterer Zeit noch nicht möglich gewesen wäre – im ersten Namen Bezug genommen. Den zweiten Namen erhielt der Knabe, wie aus anderem Zusammenhang klar wird, hingegen nach seinem väterlichen Großvater und nicht aufgrund der Geburtsumstände. Die beiden in dieser Grabinschrift nebeneinander gestellten Namen haben also als theophore Namen einen analogen Wortsinn, in Hinblick auf die Motivation der Namengeber jedoch eine grundverschiedene Bedeutung.

Daß dem alten Ägypten für das Aufkommen und die Verbreitung theophorer Namen außerordentliche Bedeutung zukommt, steht außer Zweifel. Mehr als anderswo wurde hier über das Problem nachgedacht, wie das Menschliche vom Göttlichen ausgehen und vom Göttlichen wieder aufgenommen werden könnte.[34] Die Vielzahl und die Vielfalt theophorer Namen, die Göttliches in Menschennamen aufnehmen, ist ein anschaulicher Ausdruck dieser besonderen religionsgeschichtlichen Entwicklung. Wie kaum irgendwo sonst sind Person und Name in der Vorstellungswelt der Ägypter miteinander verbunden. Der Name und dessen Träger gelten geradezu als identisch. Dieser Auffassung entsprechen die Bemühungen der Ägypter, ihren Namen «lebendig zu machen». An seiner Überlieferung und Verwendung hängt nichts Geringeres als das Fortleben des Verstorbenen.[35] Daß Formen der Nachbenennung hier besonders früh entstanden und besonders weitgehend weiterentwickelt wurden, hängt sicher mit der außerordentlichen Bedeutung des Namens in der ägyptischen Religion zusammen.

Die jüdischen Militärsiedler von Elephantine haben als erste ihrer Glaubensgemeinschaft das Prinzip der Nachbenennung aufgenommen. Diese Aufnahme steht bei ihnen in Zusammenhang mit der Weiterentwicklung theophorer Satznamen und mit der weitgehenden Reduktion des Namenguts auf Namen dieses Typus. Daß diese Entwicklung von der ägyptischen Umwelt der Gemeinde beeinflußt wurde, ist in hohem Maße wahrscheinlich. Das System einer doppelten Benennung von Personen nach individuellen Geburtsumständen und nach Vorfahrennamen haben die Juden in Oberägypten freilich nicht übernommen. Es kam bei ihnen zu einer Konzentration auf allgemeine «fromme Namen» – unabhängig von der Geburtssituation –, die in der Abstammungslinie weitergegeben wurden.

Ein Übergang zur Nachbenennung nach Vorfahren ist im Lauf der letzten vorchristlichen Jahrhunderte bei fast allen jüdischen Gruppierungen zu verfolgen, sowohl in Palästina wie auch in der Diaspora.[36] Man kann diese Entwicklung sicher nicht allein aus ägyptischem Einfluß erklären – weder über die Juden von Elephantine vermittelt[37] noch unmittelbar einwirkend. Sie spielt sich in ähnlicher Weise zur gleichen Zeit auch bei vielen benachbarten Völkern ab. In phönizischen Inschriften finden sich zahlreiche Beispiele für die Benennung vor allem nach dem Großvater väterlicherseits, vereinzelt nach dem mütterlichen, aber auch nach dem Vater. Ganz ähnlich ist die Situation in Palmyra und bei den Nabatäern.[38] Gleichnamigkeit von Großvater und Enkel sowie von Vater und Sohn findet sich für Babylon schon im 5. Jahrhundert. Hier ist am ehesten an persischen Einfluß zu denken. Im persischen Königshaus führt die Namengleichheit zwischen Großvater und Enkel mit den beiden Kyros und Kambyses bis ins 7. Jahrhundert zurück. Vom

Aufkommen der Nachbenennung bei den Griechen wird noch eigens zu sprechen sein. Es ist schwer festzustellen, wo diese umfassende Entwicklungstendenz im Alten Orient ihren Ausgang genommen hat. Man kann durchaus auch an unterschiedliche Wurzeln denken, wobei allerdings das Judentum dabei mit Sicherheit ausscheidet. Wenn sich bei den Juden in Palästina im dritten Jahrhundert die Sitte der Nachbenennung nach Vorfahren, insbesondere nach dem Großvater, immer mehr durchzusetzen begann,[39] so war das – verglichen mit den Zeitgenossen in ihrer Umgebung – verhältnismäßig spät. Es muß hier ein starker Widerstand gegen die Vorstellungswelt bestanden haben, die mit innerfamilialer Nachbenennung verbunden war.

Innerfamiliale Nachbenennung ist nur in Gesellschaften möglich, die grundsätzlich das Prinzip der Namenswiederholung zulassen. Sie stellt eine besondere Form der Namensrepetition dar. Namensrepetition darf freilich keineswegs auf innerfamiliale Nachbenennung beschränkt und auch nicht primär aus dieser Wurzel entstanden gesehen werden. In Gesellschaften mit Namenswiederholung kommt es notwendig mehr oder minder stark zu einer Reduktion des Namenguts, dem sogenannten «Namenschwund». Auch im Judentum in Palästina läßt sich eine solche Entwicklung in jenen Jahrhunderten beobachten, als hier die Namenswiederholung und mit ihr die innerfamiliale Nachbenennung aufkam. Eine Zusammenstellung von zweitausend Männernamen aus der Periode des Zweiten Tempels (zerstört 70 n. Chr.) nach ihrer Häufigkeitsverteilung läßt das deutlich erkennen (s. Tafel 2).[40] Die meisten der hier zusammengestellten Namen, werden während der Regierungszeit der Hasmonäer bzw. der Herodäer erwähnt.

Die Tabelle zeigt auf den ersten Blick, daß der Namenschwund in der jüdischen Gesellschaft des untersuchten Zeitraums ein sehr hohes Ausmaß erreicht hat. Die fünf häufigsten Namen fallen zusammengerechnet etwa auf ein Drittel der Namensträger. Das sind Werte, wie sie zwar in der klassischen Epoche des Namenschwunds im hoch- und spätmittelalterlichen Europa in manchen Regionen noch überboten werden, die aber – im interkulturellen Vergleich betrachtet – sicher relativ hoch liegen. Allein der Spitzenreiter Simon erreicht fast neun Prozent. Geht man in einer Modellrechnung von einer «Normalfamilie» mit zwei bis drei Söhnen aus, was in Hinblick auf die Hochbewertung der Fruchtbarkeit im damaligen Judentum sicher eher zu niedrig angesetzt ist, so bedeutet das, daß jedenfalls jede vierte Familie einem ihrer Söhne diesen Namen gab.

über 40 Namensträger

Simeon/Simon	173
Josef	150
Jehuda	128
Eleazar	124
Jochanan	90
Jehoschua	71
Chananja	55
Jonathan	51
Mattathias	46

31–40 Namensträger		21–30 Namensträger		11–20 Namensträger	
Jakob	34	Elchanan	26	Theodotus	20
		Alexander	26	Levi	18
		Menachem	24	Saul	17
		Ismael	24	Onias	16
		Dositheus	23	Schmuel	15
		Joeser	22	Chezekia	15
		Zacharias	22	Pinchas	13
				Chalaphia	11

10 Namensträger	9 Namensträger	8 Namensträger
Absalom	Abba	Isaak
Herodes	Antipatros	
Hyrkanus	Nathan	
Hillel		
Jason		
Schilo		

7 Namensträger	6 Namensträger	5 Namensträger
Agrippa	Elischa	Achab
Aristobul	Benjamin	Boesus
Gamaliel	Chelkia	Beni
Tryphon	Tobias	Gurion
Jair	Jidna	Dorotheus
Asarja	Jonas	Nathanael
Philippus	Justus	Akabia
Pappos	Jakim	Phasael
Schemaja	Malcha	
Talami	Menasse	
	Nachum	
	Nechemia	
	Nikanor	
	Sabba	

Tafel 2: Häufigkeitsverteilung jüdischer Männernamen in der Zeit des Zweiten Tempels

Mit innerfamilialer Nachbenennung allein ist eine solche Häufigkeitsverteilung sicher nicht zu erklären.

Drei Erklärungsansätze sollen überprüft werden, die uns helfen können, das Phänomen des Namenschwunds in der jüdischen Gesellschaft im Untersuchungszeitraum besser zu verstehen. Zunächst soll gefragt werden, ob die Erscheinung durch das Aufkommen «frommer Namen», insbesondere solcher mit theophorem Charakter, erklärt werden kann. Dieser Ansatz wird durch die Verhältnisse bei den Juden von Elephantine nahegelegt, wie sie dort einige Jahrhunderte zuvor beobachtet werden konnten. Dann stellt sich die Frage, ob der historische Rückgriff auf Stammvaternamen zur Reduktion des Namenguts geführt hat. Immerhin nehmen die Namen von drei Jakobssöhnen, von denen vier der zwölf Stämme Israels ihre Herkunft ableiteten, die drei Spitzenplätze ein. Schließlich gilt es zu überprüfen, ob und in welchem Ausmaß die Namen der Helden und Herrscher aus der Dynastie der Makkabäer/Hasmonäer zur spezifischen Häufigkeitsverteilung in der vorgelegten Tabelle geführt hat. Für Tal Ilan, dem diese Zusammenstellung zu verdanken ist, steht dieser Erklärungsansatz im Vordergrund.

Was oder wen haben jüdische Eltern dieser Zeit gemeint, wenn sie ihrem Kind den Namen Simon gaben? Ging es ihnen um den Wortsinn «Erhörung», der ihnen aus den heiligen Schriften als Prinzip der Namengebung sicher bekannt und aus der Alltagssprache geläufig war? Ging es ihnen um den zweiten Sohn des Patriarchen Jakob, den Ahnherrn eines der zwölf Stämme – als persönliches Vorbild für das Kind oder in einem anderen Verständnis der Nachbenennung? Oder ging es um Simon den Makkabäer, der als dritter von den fünf Brüdern die Führung im Freiheitskampf übernahm und von dem das spätere Fürstenhaus abstammte? Solche Fragen sind nicht leicht zu beantworten. Wir können bloß Vermutungen darüber anstellen, ob die Häufigkeitsverteilungen der Namen eher eine Namengebung nach dem Namenssinn oder eher nach einem Namensvorbild wahrscheinlich macht – sei es nach einem aus der eigenen Zeit oder einem aus der mythischen Frühzeit des Volkes. Dabei kann es hilfreich sein, nicht nur von den tatsächlich vergebenen Namen auszugehen, sondern auch zu fragen, welche anderen, in der Statistik nicht vertretenen Namen zu erwarten gewesen wären, wenn nach dem einen oder dem anderen Prinzip der Namengebung vorgegangen worden wäre.

Mit Simeon, Josef und Juda liegen zwar drei Namen von Söhnen Jakobs an der Spitze der Aufstellung, die Namen von sieben anderen seiner zwölf Söhne, nämlich Ruben, Isachar, Sebulon, Naftali, Gad und Ascher kommen hingegen gar nicht vor. Benjamin liegt mit bloß sechs Nennungen weit abgeschlagen zurück und auch Levi kommt bloß auf ein Zehntel der Häufigkeit von Simeon. Von den beiden Josefssöhnen, die von Jakob adoptiert worden waren und zu den mythischen Ahnherren rechneten, fehlt Efraim vollkommen und Manasse kommt auch nur sechsmal vor. An ein allgemeines Prinzip der Bezugnahme auf die Stammväter ist bei dieser Häufigkeitsverteilung sicher nicht zu denken. Gerade der Stamm Simeons verschwindet ziemlich früh und wurde vom Stamm Juda aufgesogen. Auch mit einer besonderen Vorbildhaftigkeit oder – der jüdischen Vorstellungswelt angemessener formuliert – mit besonderen «Verdiensten der Väter» lassen sich die so unterschiedlichen Zahlenwerte nicht in Zusammenhang bringen. Gerade von Simeon weiß das Buch Genesis nur schlechte Taten zu berichten. Gemeinsam mit Levi hatte er für die Schändung seiner Schwester Dinah an den Sichemiten grausame Rache genommen. Im Segen Jakobs heißt es deshalb auch «Simeon und Levi, die Brüder, Werkzeuge der Gewalt sind ihre Messer. Zu ihrem Kreis mag ich nicht gehören, mit ihrer Rotte vereinige sich nicht mein Herz».[41] Ginge es um Nachbenennung nach verdienstvollen Vorfahren, so müßten die Namen der Jakobssöhne ganz anders verteilt sein. Die besondere Hervorhebung von Simeon, Juda und Josef gibt nur Sinn, wenn man bedenkt, was mit ihrem Namen ausgedrückt werden sollte. «Erhörung», «Lobpreis» und «Er gebe Vermehrung» – das war für jüdische Eltern auch noch in der Periode des Zweiten Tempels eine höchst aktuelle Form der Benennung ihrer Kinder.

Simeon, Josef und Juda sind keine im engeren Sinn theophoren Namen, weil sie den Gottesnamen selbst nicht enthalten. Sie sind aber die einzigen Namen unter den Jakobssöhnen, die aus auf Gott bezogenen Ausrufen der Mutter anläßlich der Geburt herausentwickelt wurden. Mit dem viertplacierten Eleazar beginnen in der zitierten Liste die eigentlichen theophoren Namen, zu denen sämtliche übrigen der Spitzengruppe mit über vierzig Namensträgern und die meisten der sonst sehr häufig gebrauchten angehören. Eleazar heißt «Gott hat geholfen». Diesen Namen trug als erster der dritte Sohn Aarons, der sein Nachfolger als Hoherpriester wurde. Besonders vorbildhafte und verdienstvolle Handlungen werden von ihm nicht berichtet. Als Name eines Hohenpriesters der Frühzeit war Eleazar sicher in der religiösen Tradition bedeutsam. Von ihm leitete die Hohepriesterdynastie der Zadokiten ihre Herkunft ab. Auch der Name seines Sohnes Pinchas ist mit 13 Nennungen nicht unbedeutend vertreten. Aber wo bleiben die weiteren Bindeglieder Abischma, Bukki, Usi, Serachja, Merajot und vor allem der Wichtigste dieser Reihe, der Ahnherr Aaron selbst? Jehoschua, Jeschua, Jesua bedeutet wie Josua, «Jehova ist Hilfe». Der Wortsinn ist also dem von Eleazar nahe verwandt. Josua, der Nachfolger des Moses, unter

dem das Volk Israel ins «Gelobte Land» Einzug hielt, gehört zu den
großen Heldengestalten der Frühzeit. Von den Richtern die ihm
nachfolgten, ist freilich kein einziger mit seinem Namen in der
Liste vertreten. Für den zwischen Eleazar und Jehoschua in der Liste
gereihten Jochanan – immerhin mit noch 90 Nennungen, also 4,5%
der Namensträger, am 5. Platz – gibt es überhaupt keine große Vorbildgestalt aus den Anfängen der Stammesgeschichte. Hier kann
nur der Namenssinn erklären, warum er so häufig gegeben wurde.
Er bedeutet «Jehova ist gnädig gewesen» und hat damit die gleiche
Bedeutung wie Chananja an 7. und Elchanan an 11. Stelle der Rangliste. Diese Namengruppe umfaßt damit insgesamt 8,5%. Ähnlich
stark ist die Namengruppe, in der zum Ausdruck gebracht wird, daß
man den Sohn als Geschenk Gottes auffaßte. Zu ihr gehören Jonathan («Jehova hat gegeben») und Mattathias («Geschenk Gottes»)
auf Platz 8 und 9, die Kurzform Nathan mit 9 bzw. Nathanael mit 6
Nennungen sowie die griechischen Entsprechungen Dositheus
und Theodotus auf den Plätzen 15 und 18. Gerade daß dieser Name
auch in der hellenisierten Form so häufig gewählt wurde, zeigt deutlich, daß man sich primär auf den Namenssinn und nicht auf ein
Namensvorbild bezog.

Ganz ohne Bedeutung kann freilich die Nachbenennung nach den
großen Gestalten der Stammesgeschichte im Untersuchungszeitraum auch nicht gewesen sein. Auf Platz 10 der Rangliste findet
sich mit 34 Nennungen der Patriarchenname Jakob. Natürlich hatte
der Name des Stammvaters für die jüdische Glaubensgemeinschaft
eine eminente religiöse Bedeutung, von seinem Wortsinn her konnte er freilich nicht als ein spezifisch religiöser Name aufgefaßt werden. Dasselbe gilt für Isaak («Der Lachende»), den zweiten Patriarchennamen in dieser Zusammenstellung, der freilich mit bloß acht
Nennungen weit abgeschlagen auf Platz 35 liegt. Von einem einheitlichen, in sich homogenen System der Namengebung her lassen
sich solche Häufigkeitsverteilungen kaum verstehen. Wenn der Bezug auf einen Ahnherrn – wie das bei Jakob und Isaak der Fall
gewesen sein muß – ganz generell bei allen Trägern von Namen aus
den heiligen Schriften für die Namenswahl entscheidend gewesen
wäre, so hätten sich wohl ganz andere Relationen ergeben. Wie
ließe sich dann erklären, daß Jakob, der Stammvater des Volkes, als
Namensvorbild nur einen mittleren Anteil an Nachbenennungen
erhielt, sein von ihm verfluchter Sohn Simeon jedoch mehr als den
fünffachen? Was könnte dann der Grund sein, daß Isaak nur ein
Drittel der Nachbenennungen erreicht, die sein verstoßener Halb-

bruder Ismael bekam? Das Dilemma läßt sich nur lösen, wenn man vom Zusammenspiel zweier unterschiedlicher Systeme der Namengebung ausgeht. Gerade am Beispiel von Ismael lassen sich die konkurrierenden Prinzipien anschaulich verdeutlichen. In einer Quelle aus viel späterer Zeit heißt es von ihm: «Sein Name war schön, aber seine Taten böse».[42] Dem Bezug auf die bösen Taten liegt offenbar schon jener Satz zugrunde, mit dem der Talmud eine Formulierung aus dem Buch der Sprüche als Basis der Namenswahl interpretierte. Im Buch der Sprüche heißt es: «Das Andenken der Gerechten ist gesegnet, der Name der Frevler vermodert».[43] Der Talmud kommentiert ihn: «Niemand benenne seine Kinder nach ihnen». Hier dominiert offenbar schon eine am persönlichen Vorbild orientierte Namengebung. In der Zeit der Hasmonäer aber sah man in Ismael wohl noch primär den «schönen Namen». Wie Simeon gehört der Name zur Wurzel «schama» = hören. «Du wirst einen Sohn gebären und ihn Ismael («Gott hört») nennen, denn der Herr hat gehört auf dich in deinem Leid». So hatte nach dem Bericht der Genesis ein Engel zu Hagar gesprochen.[44] Der Name war vom Himmel geoffenbart und als Satz gebildet, der den Namen Gottes enthielt. Das machte wohl in besonderer Weise seinen Charakter als «schöner Name» aus. Solche «schöne Namen» hatten im Untersuchungszeitraum auf die Namengebung noch einen weit größeren Einfluß als das Vorbild und die guten Taten der verdienstvollen Vorväter. Aber das neue Prinzip zeichnet sich mit dem Aufkommen von Jakob bereits ab. Isaak folgt mit einigen wenigen Vertretern. Abraham fehlt noch. Sein Name war in besonderer Weise tabuisiert.[45] In der jüdischen Diaspora in Ägypten begegnen allerdings in spätptolemäischer Zeit schon alle drei Erzväternamen in der Namengebung.[46]

Daß es die theophoren Namen waren, die im Judentum zur Sitte der Namenswiederholung geführt haben, und nicht die Nachbenennung nach großen Gestalten der Stammesgeschichte, das zeigt sich auch im Blick zurück. Alle die «frommen Namen», die zur Zeit der Hasmonäer so häufig gegeben wurden, sind auch schon in den Büchern des Alten Testaments durch mehrere Namensträger vertreten, vor allem dann in nachexilischer Zeit.[47] Bei den Stammväternamen ist die Wiederholung hingegen im wesentlichen auf solche beschränkt, die zugleich auch «fromme Namen» sind. So hat die These wenig für sich, «daß das Aufkommen des Gebrauchs altbiblischer Namen ... mit dem seit der Perserzeit erstarkenden Interesse der Juden an Reinheit der Abstammung» zusammenhängt.[48] Es ist unwahrscheinlich, daß Juden dieser Zeit das Bewußtsein der Zugehörigkeit zu einem Stamm durch die Benennung ihrer Kinder nach dessen Ahnherrn ausdrückten. Für ältere Phasen ist es im Alten Testament vielfach belegt, daß der Name des Stammvaters als Kollektivbezeichnung für den Stamm verwendet wurde.[49] Somit konnte er schwerlich auch ein ihm zugehöriges Individuum bezeichnen. Die Nachbenennung nach den Ahnherren der Stämme ist daher wohl eher als ein Zeichen sich auflösenden Sonderbewußtseins der Stämme anzusehen. Sie gehört einer jüngeren Schicht an. Die Wiederholung der «frommen Namen» hingegen reicht viel weiter zurück. Die Militärsiedler von Elephantine, die in ihrer Tradition unmittelbar an die Königszeit anschließen, haben diese bereits praktiziert. Die Nachbenennung nach Stammvätern hingegen war ihnen völlig fremd.[50]

Sicher zurecht wurde festgestellt, daß das Aufkommen des Gebrauchs altbiblischer Namen im Judentum nicht mit der Ausbildung des Kanons heiliger Schriften in Zusammenhang gebracht werden darf.[51] Die einzelnen Vorlagen dieses Kanons sind viel älter als ihre Zusammenfassung. Für die Frage der Namengebung nach heiligen Schriften ist ja auch nicht deren Entstehung und Kanonisierung entscheidend, sondern deren Verbreitung unter den Gläubigen bzw. deren Gebrauch bei gottesdienstlichen Handlungen. Wir haben gesehen, daß die theophoren Namen der Juden von Elephantine vermutlich aus Gebetstexten gebildet wurden. Sie finden in den Psalmen, die in ihren Wurzeln ja bis in die Anfänge des ersten Jahrtausends zurückreichen, zahlreiche wörtliche Entsprechungen. In der Zeit des Exils kam es im Judentum zu entscheidenden Veränderungen des Kults. Die Gemeinde mußte nun ohne Opfergottesdienst auskommen. Die Beschäftigung mit den heiligen Büchern konnte sich als Ersatz für den Gottesdienst einbürgern. Das Wort trat neben die Zeremonie. In nachexilischer Zeit wurden diese Kultformen in der Synagoge fortgesetzt.[52] Die intensive Beschäftigung mit den heiligen Schriften und das Wissen um die Taten der biblischen Gestalten war sicher eine notwendige Voraussetzung für die Nachbenennung nach ihnen. Sie erklären freilich nicht, was die Nachbenennung erlaubt bzw. wünschenswert gemacht hat. Es mußte durch die Namensgleichheit auch in einer der religiösen Vorstellungswelt entsprechenden Weise eine Verbindung zu diesen Gestalten hergestellt werden können. Damit ist die Frage der Jenseitsvorstellungen angesprochen. Im Judentum vollzogen sich diesbezüglich in nachexilischer Zeit tiefgreifende Prozesse der Veränderung. Im 1. Jahrhundert v. Chr. standen sich zumindest drei konkurrierende Richtungen gegenüber, die Sadduzäer, die den Auferstehungsglauben ablehnten, die Pharisäer, die an ein Leben nach dem Tode glaubten, und vom Hellenismus beeinflußte Juden, die wie Philo von Alexandrien meinten, die unsterbliche Seele werde nach dem Tod zum Himmel aufsteigen.[53] Die Vorstellung von der Unsterblichkeit der Seele setzte sich im nachexilischen Judentum vor allem im Zusammenhang mit dem Tod von Verfolgten sowie im Blick auf die Stammväter durch. Philo von Alexandrien zeichnet die Patriarchen als Muster der Vollkommenheit, die als «Freunde Gottes» bei diesem das Vorrecht auf Fürsprache für ihre Nachkommen haben. Wie bei Philo gelten auch im palästinensischen Judentum die «Väter» als Fürsprecher. Neben ihnen wurden die Märtyrer an ihren Gräbern als Interzessoren verehrt. Um diese Personengruppen bildeten sich spätestens im ersten Jahrhundert vor Christus Unsterblichkeitsvorstellungen aus. Wenn sich gerade in dieser Zeit auch die Praxis der jüdischen Namengebung zu ändern beginnt und die Nachbenennung nach altbiblischen Gestalten zunehmend aufkommt, wird man wohl einen Zusammenhang des Phänomens mit veränderten Jenseitsvorstellungen vermuten dürfen.

Die Nachbenennung nach Herrschern und heroischen Gestalten der Gegenwart oder jüngsten Vergangenheit unterliegt sicher ganz anderen Regelmäßigkeiten als die Nachbenennung nach Vorvätern aus der mythischen Frühzeit der Stammesgeschichte. Tal Ilan, der die oben vorgelegte Statistik erstellt hat, sieht in einer solchen Form der Nachbenennung den entscheidenden Faktor für die von ihm festgestellte Häufigkeitsverteilung. Er registriert, daß «die hebräischen Hasmonäernamen Mattathias, Jochanan, Simon, Judas, Eleazar und Jonathan, die über dreißig Prozent der männlichen Bevölkerung ausmachen, bei weitem die gebräuchlichsten waren» und argumentiert deshalb, «daß eine solche Popularität nur dem Ansehen, dessen sich die frühen Hasmonäer erfreuten und dem Ruhm ihrer Revolte zugeschrieben werden könne». Die Verteilung der griechischen Namen der Hasmonäer ist für ihn deshalb von Interesse, weil sie ihm eine Verhaltensänderung gegenüber den späteren Hasmonäergenerationen auszudrücken scheint: «Von 2000 namentlich bekannten Männern trugen 47 griechische Hasmonäernamen: 10 den des Hyrcanus, 8 den des Aristobul, 25 den des Alexander (einschließlich sieben als Alex oder Alexa dokumentierten), und 4 den des Antigonus. Diese 47 Personen machen weniger als zwei Prozent aus. Verglichen mit der enormen Popularität der hebräischen Hasmonäernamen, ist dieser Prozentsatz ganz unbedeutend». Verwundert zeigt sich der Verfasser, daß der populärste griechische Hasmonäername Alexander gerade der des am meisten verachteten Hasmonäerfürsten war. In diesem Zusammenhang überlegt er, ob nicht die Häufigkeit des Namens doch auf Alexander den Großen zurückgehen könnte.[54]

Haben sich in der Hasmonäerzeit in der jüdischen Gesellschaft Namen von Herrschern durch deren Popularität verbreitet? Das an Verhältnissen des 19. Jahrhunderts entwickelte Konzept der sogenannten «dynastischen Hilfe» in der Namenswahl – die Verwendung von «Vornamen nach dem Landesherren oder der Landesherrin oder eines beliebten Mitglieds des Herrscherhauses»[55] – gilt vielfach unter Namenforschern als ein universales Grundgesetz. Eine Sozialgeschichte der Namengebung muß hier allerdings Bedenken anmelden. Unter den Nachkommen Davids etwa, unter den Königen von Israel und von Juda, hat es mit Sicherheit nicht gegolten. Um diesbezüglich für die Hasmonäerzeit Klarheit zu gewinnen, erscheint es angebracht, sich die Genealogie des Fürstenhauses und seiner Nachkommen aus der Dynastie der Herodäer vor Augen zu führen (Tafel 3). Auf dieser Grundlage läßt sich in zweifacher Weise die Frage nach Namensvorbildern stellen, zunächst, wie die Hasmonäer selbst zu ihren Namen kamen, dann, ob diese Namen durch sie auch verbreitet wurden. Im Hinblick auf die hebräisch-griechischen Doppel- bzw. Wechselnamen könnte eine solche Analyse von Namensvorbildern in zwei unterschiedlichen Kontexten von besonderem Interesse sein.

Bezüglich der hebräischen Namen der Hasmonäer sind die beiden gestellten Fragen relativ leicht zu beantworten. Diese Namen reichen in eine Zeit zurück, als die Familie noch zu den kleinen Leuten gehörte. Wie diese haben sie ihre Kinder benannt und sie haben auch als Hohepriester und Könige dieses Namengut beibehalten. Allerdings setzten sie besondere Akzente. Aufgegriffen wurde zunächst vor allem der Name von Judas, dem großen Freiheitshelden, der den Aufstand zum Erfolg führte, dann von Mattathias, dem Vater der Heldenbrüder, von dem die Aufstandsbewegung ihren Ausgang genommen hatte, und von Jonathan, dem ersten Hohenpriester der Familie. Nicht nachbenannt wurde nach Johanan, dem früh verstorbenen Ältesten der Brüder, nach Eleazar und – besonders verwunderlich – nach Simeon. Wie Johanan trug er einen in der Familie bereits gebräuchlichen Namen. Von Mattathias wurde er als sein Nachfolger zum «Vater» der Familie bestellt, nicht freilich zum

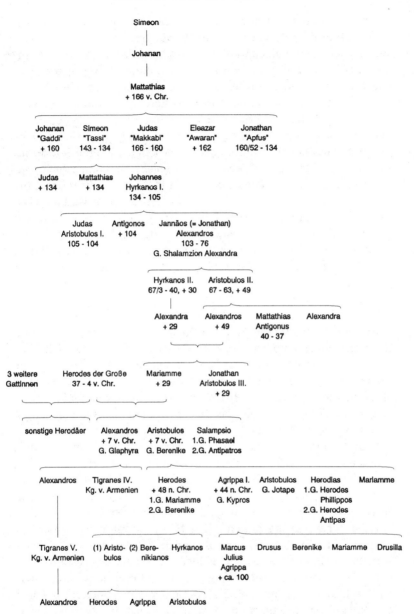

Tafel 3: Die Hasmonäer und ihre Nachkommen aus der Dynastie der Herodäer

Nachfolger in der Führung des Aufstands. Die Führung des siegreichen Volkes übernahm er erst, als der jüngste der fünf Brüder verstorben war. Seine Nachkommen waren es, die zu Königen der Juden aufstiegen. Trotzdem wurde sein Name nie mehr gegeben. Solche Muster der innerfamilialen Nachbenennung lassen erkennen, welche Mitglieder des Fürstenhauses «sich einen Namen gemacht hatten». Die Spitzenposition von Simon unter den häufigsten der in der Hasmonäerzeit vergebenen Namen ist daher wohl sicher nicht durch den besonderen Ruhm oder die besondere Popularität dieses Mannes zu erklären. Die These von der Nachbenennung nach populären Volksführern erscheint dann aber insgesamt sehr fragwürdig. Man wird eher umgekehrt formulieren dürfen: Nicht weil die Hasmonäer Mattathias, Johanan, Simeon, Juda, Eleazar so populär waren, wurden diese Namen damals so häufig gegeben, sondern weil Simeon, Juda, Eleazar, Johanan, Jonathan und Mattathias damals so populär waren, wurden diese Namen auch von den Hasmonäern geführt. Über die vermutlichen Gründe dieser Häufigkeit wurde schon genügend gesagt.

Bezüglich der griechischen Namen der Hasmonäer ist die Antwort auf die beiden gestellten Fragen weniger eindeutig. Auf frühe Zusammenhänge innerfamilialer Nachbenennung läßt sich hier nicht zurückgreifen, weil die Familie solche Namen erst seit der Mitte des 2. Jahrhunderts annahm. Warum Johannes den Namen Hyrkanos erhielt, warum seine Söhne die Namen Aristobulos, Antigonos und Alexandros, darüber haben wir aus den Quellen keine direkten Informationen. Zunächst läßt sich negativ formulieren, daß die Hasmonäer griechisch mythologische Heroennamen grundsätzlich vermieden. Das war für Juden im Prozeß der Hellenisierung keineswegs selbstverständlich. Jeschua, der Sohn des Hohenpriesters Simeon, der sich 174 v. Chr. die väterliche Würde von König Antiochus IV. gegen seinen amtierenden Bruder Onias erkaufte, hatte den Namen des griechischen Heros Jason angenommen[56] – übrigens in charakteristischer Beibehaltung der Anfangsbuchstaben, durch die wohl die personale Identität im Namen gewahrt werden sollte. Drei Jahre später folgte ihm der Bruder des Tempelvorstehers Simeon, Menelaos mit Namen, der dem geldgierigen König eine noch höhere Summe bot.[57] Gerade gegen die religiöse Überfremdung richtete sich aber der Aufstand der Makkabäerbrüder, und deswegen kamen solche Namen auch in der nächsten Generation nicht in Frage. Die Hasmonäer übersetzten auch nicht ihre hebräischen Namen ins Griechische. Von solchen häufig vorkommenden übersetzten Namen wie Theodotus oder Dositheus war schon die Rede. Sie wählten vielmehr griechische Namen, die bei der jüdischen Bevölkerung bereits eingeführt waren und die keine spezifische Konnotation einer anderen Religion hatten. Hyrkanos, der Sohn des Josef, des Sohnes des Tobias, war ein einflußreicher Mann in Jerusalem in der Zeit kurz vor dem Aufstand, von dem das zweite Makkabäerbuch berichtet.[58] Aristobul hieß der Lehrer des ägyptischen Königs Ptolemaios VI. (170–145) aus einem jüdischen Priestergeschlecht, an den der am Beginn dieses Buches referierte Brief zum Tempelweihfest mitadressiert ist.[59] Der Schriftgelehrte Antigonos von Soko, auf den sich die pharisäische Tradition als einen frühen Vorläufer berief, war in der 1. Hälfte des dritten Jahrhunderts der erste Jude, von dem uns bekannt ist, daß er einen griechischen Namen trug.[60] Den Namen Alexander soll nach einer allerdings späten und fragwürdigen Quelle ein Hoherpriester dem Makedonenkönig allen Söhnen zu geben versprochen haben, die im Jahr seines Besuchs in Jerusalem zur Welt kämen.[61] Sicher war er schon weit verbreitet, als ihn der jüngste Sohn des Johannes Hyrkanos erhielt. An konkrete Persönlichkeiten als Namensvorbild ist – trotz bedeutsamer Träger dieser Namen unter den Juden – bei der Namengebung der Hasmonäersöhne wahrscheinlich nicht zu denken. Bei Antigonos und Alexandros handelte es sich wohl primär um charakteristische Fürstennamen der hellenistischen Zeit, die ohne spezifische personale Bezugnahme vergeben wurden. Eine Nachbenennung im engeren Sinne liegt also bei der Wahl von griechischen Namen durch die Hasmonäerfamilie zunächst gar nicht vor. Wahrscheinlich wurden sie auch nicht durch Nachbenennung nach dieser Familie weitergegeben. Der minimale Anteil solcher Namen in der jüdischen Bevölkerung des Untersuchungszeitraums bedarf wohl keiner Erklärung «durch dynastische Hilfe». Anders ist die Frage der allgemeinen Verbreitung griechischer Fürstennamen in hellenistischer Zeit zu beurteilen. Neben Alexander gehört in der untersuchten Statistik beispielsweise auch noch Philippus zu ihnen. Diese Frage führt jedoch in Zusammenhänge, die mit der spezifisch jüdischen Tradition der Namengebung ursprünglich nichts zu tun haben.

Das Nebeneinander von hebräischen und griechischen Namen in der Dynastie der Hasmonäer wirft interessante Fragen der innerfamilialen Nachbenennung auf. Die Theorie der sogenannten «Zwillingsnamen», nach der jeweils einem Namen der einen Sprache ein bestimmter der anderen entsprochen hätte, kann als widerlegt gel-

ten.[62] Es läßt sich vielmehr im Gegenteil zeigen, daß Träger desselben hebräischen Namens in keinem Fall denselben griechischen
trugen. In der innerfamilialen Nachbenennung wurde dementsprechend mit den beiden Namen jeweils auf unterschiedliche Personen
Bezug genommen. So hieß der letzte Hasmonäer nach seinem Großvater Aristobulos und nach seinem Urgroßvater Jonathan. Bei Jan-
näus/Jannai handelt es sich ja um eine aramäische Kurzform dieses
Namens.[63] Für Mattathias Antigonus – einen jüngeren Sohn – sind
die Namensvorbilder erst in der entfernteren Verwandtschaft zu
finden. Er wurde – falls nicht uns unbekannte Träger der beiden
Namen dazwischenliegen – nach einem Großonkel und einem Urgroßonkel benannt. Auch hier liegt das Namensvorbild des hebräischen Namens um eine Generation weiter zurück. Insgesamt scheinen mit zunehmender Hellenisierung der Fürstenfamilie die griechischen Namen von den hebräischen das tragende Grundprinzip
der Nachbenennung übernommen zu haben. Wie Johanan Gaddi als
Erstgeborener nach seinem väterlichen Großvater benannt wurde,
so auch Hyrkanos II., Alexandros und Aristobulos III. Die zweimalige Namengebung des Ältesten nach dem Freiheitshelden Judas
durchbricht diese Regelhaftigkeit in einer Übergangsphase. Von den
Herodäern wurde das bis dahin dominante Muster nicht mehr mit
derselben Konsequenz weitergeführt. In zwei Fällen erhält hier der
Erstgeborene schon den Namen des Vaters – eine Form der Nachbenennung, die bei den Hasmonäern nie begegnet, auch nicht bei jüngeren Söhnen.

Über die Nachbenennung von Frauen läßt sich in der Hasmonäer-
dynastie weniger sagen. Ein Nebeneinander eines hebräischen und
eines griechischen Namens finden wir nur bei der Königin Shalam-
zion-Alexandra. Ihre beiden Enkelinnen erhalten nach ihr den griechischen Namen. Ihre Urenkelin Mariamme hingegen, die selbst
einen hebräischen Namen trägt, gibt auch den hebräischen Namen
in der gräzisierten Form Salampsio an ihre Tochter weiter. Mit Mariamme und Salampsio/Salome halten sich weiterhin zwei Frauennamen mit hebräischer Wurzel in der Dynastie des Herodes. Bei
Männernamen kommt es nicht dazu. Die Selbstlegitimation der
Herodäer als Kontinuitätsträger des hasmonäischen Fürstenhauses
erfolgte ausschließlich durch griechischsprachige Königsnamen,
nämlich Alexandros und Aristobulos.

Anders als die hebräischen Königsnamen wurden die griechischen
auch in feminisierter Form gegeben. Shalamzion hat den Namen
Alexandra sicher nicht bei der Geburt sondern erst bei der Heirat

bzw. als Königin erhalten.[64] Er korrespondiert mit dem ihres Gatten Jannäus Alexandros. Unter den Enkelkindern findet sich das Paar Alexandros und Alexandra. Bei den Herodäern begegnet dann Herodias neben Herodes und umgekehrt Berenikianos als Sohn einer Berenike. Der jüdischen Namengebung waren solche Formen einer die Geschlechtergrenze übergreifenden Nachbenennung grundsätzlich fremd.

Im Stammbaum der Hasmonäer begegnet eine Vielfalt von verschiedenen Formen der Doppel- und Mehrfachbenennung – von Johanan Gaddi über Jannäus/Jonathan–Alexander bis hin zu Marcus Julius Agrippa, der dann schon von der griechischen zur römischen Namengebung hinüberführt. Die aramäischen Namen der fünf Mattathias-Söhne sind persönlich erworbene Beinamen. Der Namenschwund war offenbar damals im Judentum schon so weit fortgeschritten, daß bei so häufigen Namen eine zusätzliche Form der Identifikation wünschenswert erschien. Gaddi heißt «der Glückliche», Tassi «der Eiferer», Makkabi wahrscheinlich «der Hämmerer», Awaron «der Durchbohrer», Apfus «der Diplomat». Dem Wortsinn nach handelt es sich bei diesen Namen um Beinamen, die Erwachsenen aufgrund spezifischer Eigenschaften oder Leistungen zugelegt wurden, nicht um Zweitnamen ab der Geburt, wie sie durch die Hellenisierung dann in der nächsten bzw. übernächsten Generation aufkamen. Der persönliche Beiname des Judas wurde sekundär zu einer Gentilbezeichnung, bezeichnenderweise nicht der seines älteren Bruders Simeon, von dem die «Makkabäer» eigentlich abstammten. Die andere Bezeichnung des Geschlechts als «Hasmonäer» ist wohl eher von einem Ortsnamen abzuleiten als von einem Personennamen Hasmon, den der jüdische Geschichtsschreiber Josephus Flavius als Ahnherrn der Dynastie angibt.

Der Analyse innerfamilialer Nachbenennung im Herrscherhaus soll ein Beispiel gegenübergestellt werden, das Einblick in die Sitten der Namengebung gibt, wie sie in der damaligen Zeit in der jüdischen Bevölkerung praktiziert worden sein dürften. Es betrifft zugleich eine Person, die als Namensvorbild in der europäischen Geschichte und weit darüber hinaus eine überragende Bedeutung erlangen sollte, nämlich Johannes den Täufer. Über seine Namengebung berichtet das Lukas-Evangelium:[65]

«Für Elisabeth kam die Zeit der Niederkunft, und sie brachte einen Sohn zur Welt. Ihre Nachbarn und Verwandten hörten, daß ihr der Herr große Gnade erwiesen hatte, und sie freuten sich mit ihr. Am achten Tag kamen sie zur Beschneidung des Knaben und wollten ihm den Namen seines Vaters

Zacharias geben. Seine Mutter aber widersprach ihnen und sagte: Nein, er
soll Johannes heißen. Sie antworteten ihr: Es gibt doch niemand in deiner
Verwandtschaft, der so heißt. Da fragten sie seinen Vater durch Zeichen,
welchen Namen das Kind haben sollte. Er verlangte ein Schreibtäfelchen
und schrieb zum Erstaunen aller darauf: Sein Name ist Johannes. Im gleichen Augenblick konnte er Mund und Zunge wieder gebrauchen, und er
redete und pries Gott. Und alle, die in jener Gegend wohnten, waren betroffen, und im ganzen Bergland von Judäa sprach man von diesem Ereignis.
Alle, die davon hörten, waren beeindruckt und sagten: Was wird wohl aus
diesem Kind werden? Denn es war deutlich, daß der Herr mit ihm war.»

Der Erzählung über die Namengebung des Johannes geht im Lukas-
Evangelium der Bericht über den Namengebungsauftrag voraus. Bei
der Ankündigung der Geburt eines Sohnes während des Rauch-
opfers im Tempel hatte der Engel zu Zacharias gesprochen: «Dein
Gebet ist erhört. Deine Frau Elisabeth wird dir einen Sohn gebären,
dem sollst du den Namen Johannes geben.» Johannes bedeutet
«Gott ist gnädig gewesen». Der Name nimmt nicht die Worte des
göttlichen Boten auf, wie wir das in der Genesis bei Ismael gesehen
haben. Er bezieht sich auch nicht auf den Satz, der von Elisabeth
über ihre Schwangerschaft berichtet wird. «Der Herr hat mir geholfen. Er hat an mich gedacht und mich vor den Augen der Menschen
von meiner Schmach befreit.»[66] Er entspricht am ehesten noch den
Vorstellungen, die den erfreuten Nachbarn und Verwandten zugeschrieben wird: «daß ihr der Herr große Gnade erwiesen hatte». In
allen diesen Sätzen werden religiöse Grundstimmungen um die Geburt eines Kindes erkennbar, wie sie die traditionelle theophore
Namengebung der Juden geprägt hatte. Aber niemand mehr denkt
daran, in Anschluß an den Ausdruck solcher Stimmungen einen
neuen, individuell gestimmten Namen zu geben. Für die Nachbarn
und Verwandten erscheint es hingegen selbstverständlich, einen
Namen aus der Verwandtschaft zu wählen. Der Name des Vaters
steht dabei im Vordergrund. Im Hinblick auf die sonst in der jüdischen Gesellschaft dieser Zeit dominante Nachbenennung nach
dem väterlichen Großvater erscheint das überraschend. Auch Zacharias ist ein «frommer Name». Sacharja bedeutet «Gott ist einge-
denk». Aber nicht wegen dieser Bedeutung denken die Nachbarn
und Verwandten an diesen Namen. Die zunächst wegen ihres Wort-
sinns so stark verbreiteten theophoren Namen werden jetzt schon
primär als Träger der Familientradition weitergegeben. Erstaunlich
erscheint, in welchem Ausmaß Nachbarn und Verwandte ihre Vorstellungen über eine angemessene Namenswahl einbringen. Das
läßt auf einen starken Druck zur Einhaltung bestimmter Regeln der

Namengebung schließen. Als nächste äußert sich die Mutter. Der Vater trifft dann die endgültige Entscheidung. Der nach dem biblischen Bericht aus einem göttlichen Auftrag abgeleitete Name erweist sich auf dem Hintergrund unserer Statistik keineswegs als besonders außergewöhnlich. Ganz im Gegenteil – genauso wie auch Jesus war Johannes damals unter den palästinensischen Juden einer der gebräuchlichsten Namen. Er wurde weitaus häufiger gewählt als Zacharias. Das Ungewöhnliche an dieser Namenswahl war, wie es die Verwandten und Nachbarn gegenüber Elisabeth formulierten: «Es gibt doch niemand in deiner Verwandtschaft, der so heißt.»

Wie die Namen Johannes und Jesus waren auch die der zwölf Apostel in ihrer jüdischen Umwelt durchaus verbreitet. Drei ihrer Namen begegnen doppelt, nämlich Simon, Judas und Jakob. Alle drei lagen nach unserer Statistik damals im Spitzenfeld. Ein weiterer Name aus den vorderen Rängen wurde mit der Nachnominierung des Apostels Matthias verdoppelt. Der Namenschwund, den wir in der Statistik in großem Maßstab beobachten konnten, läßt sich also auch hier in kleinem Kreis deutlich feststellen. Auch seine Folgewirkungen finden hier ihren Niederschlag. Mehrere der Apostel tragen Bei- oder Zweitnamen, von denen einige sogar den ursprünglichen Namen verdrängten. Den aramäischen Beinamen Kephas, d. i. «Fels»., der in seiner griechisch-lateinischen Form Petrus später in den Vordergrund trat, erhielt der eine Simon nach dem Bericht der Evangelien von Jesus selbst. Vom anderen Simon sind die Beinamen «der Kanaanäer» bzw. «der Zelot» überliefert. Auch der Name des Judas Iskariot («der Mann aus Kerijot») diente offenbar einem solchen Bedürfnis der Differenzierung. Für Levi ist Matthäus als zweiter Name überliefert, für den anderen Judas Taddäus, für Nathanael Bartholomäus. Im letzteren Fall handelt es sich um ein aramäisch gebildetes Patronym des griechischen Vatersnamens Ptolemaios. Griechische Namen tragen auch Philippus und Andreas, der Bruder des Simon Petrus. Johannes, der Vater der beiden Brüder, hatte dem einen Sohn einen hebräischen, dem anderen Sohn einen griechischen Namen gegeben. In dieser für die jüdische Gesellschaft der Zeit typischen Mischung sind die Namen der zwölf Apostel später für die christliche Namengebung maßgeblich geworden. Das Namengut enthält viele neue Elemente, es stellt aber auch weit in die Vergangenheit des jüdischen Volkes zurückreichende Verbindungslinien her – bis zurück zu Jakob und seinen zwölf Söhnen.

2. Väter und Heroen – die griechische Tradition

Der Peripatetiker Klearchos, ein Schüler des Aristoteles und einer der ersten Autoren, der sich mit einer allgemeinen Theorie der Namen beschäftigte, hat die griechischen Eigennamen in zwei Gruppen eingeteilt. Grundsätzliches Unterscheidungskriterium ist es für ihn, ob die Namen einen Gottesnamen enthalten. Dementsprechend differenziert er «theophora» und «athea». Von ihm stammt also jener – durchaus zeitgenössische – Begriff der «theophoren Namen», der uns für die Entwicklung der jüdischen Namengebung und deren Interpretation wesentliche Einsichten vermittelt hat. Auch zum Verständnis der Entwicklung bei den Griechen erscheint er hilfreich. Die theophoren griechischen Namen bilden ebenso eine jüngere Schicht des Namenguts. Das System der Namengebung, aus dem sie sich herausentwickelt haben, ist freilich ganz anderer Art. Bereits in diesem älteren System ist es bei den Griechen zur Praxis der innerfamilialen Nachbenennung gekommen. Ein Zusammenhang mit dem Übergang zu theophoren Namen läßt sich also hier sicher nicht herstellen.

Die Namengebung in der Phase vor dem Übergang zu theophoren Namen soll am Beispiel einer Familie aus der klassischen Periode Athens erläutert werden (Tafel 4). Es handelt sich um eine der wenigen Familien, die sich über eine längere Generationenfolge rekonstruieren läßt.[1] Grundlage der Rekonstruktion bilden die Epitaphe der Familiengrablege in Myrrhinoos (Merenda). Dieser Peribolos umfaßte Monumente für 17 Mitglieder der Familie. Zwei Familienmitglieder – Vater und Sohn – werden als «Mantes» bezeichnet, waren also Träger besonderer religiöser Aufgaben. Ein dritter hat den Namen Hieroptes, das heißt «der Opferer». Die religiöse Tradition der Familie ist wohl als Grund dafür anzusehen, daß hier vom 4. Jahrhundert zurück eine derart lange Ahnenreihe durch die Monumente der gemeinsamen Grablege überliefert ist. Dieser Tradition entsprechend dürfen wir mit einer eher konservativen Form der Namengebung rechnen.

Das System der Namengebung, das in dieser Familie vorherrscht, ist durch Namensvariationen kombiniert mit Nachbenennung nach den Großeltern charakterisiert. Von Namensvariation spricht man,

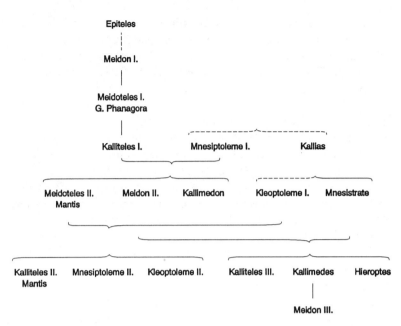

Tafel 4: Familie des Meidon von Myrrhinoos (4. Jh)

wenn aus einem Bestand prinzipiell zweiteiliger Namen die Benennung eines Kindes jeweils so konstruiert wird, daß in einem Namensteil eine Übereinstimmung mit dem Namen von Eltern, von Vorfahren oder von älteren Geschwistern besteht, der zweite Teil hingegen dazu frei variiert oder von einem anderen Familienmitglied übernommen wird. Im vorgelegten Schema übernimmt Meidoteles I. den ersten Namensteil von seinem Vater Meidon – einer Kurzform eines ursprünglich zweiteiligen Namens mit diesem Element –, den zweiten hingegen von seinem mutmaßlichen Großvater Epiteles. Sein Sohn Kalliteles hat mit ihm den zweiten Namensteil gemeinsam, variiert jedoch im ersten. Dessen drei Söhnen ist ein Teil des großväterlichen Namens gemeinsam, der bei zweien mit Namensteilen des Vaters verbunden ist. Mit Ausnahme des Sakralnamens Hieroptes, der auf eine Sonderstellung dieses Sohnes deutet, hängen alle Männernamen der Familie in dieser Weise untereinander zusammen. Dasselbe gilt für die Frauennamen, wobei sich nicht sagen läßt, wo die Variation über die Patri- und wo über die Matrilinie verläuft, da Meidoteles II. und Meidon II. ihre beiden Cousinen als «Epikleroi» – Erbinnen, die einen «Oikos» erhalten sollen – geheiratet haben dürften.[2] Zwischen Männer- und Frauennamen kommt es in dieser Familie hingegen zu keinerlei Austausch von Namenselementen. Es scheint die Vorstellung zugrundezuliegen, daß das, was Männer bzw. Frauen in ihren Namen verbinden, jeweils nur Angehörigen desselben Geschlechts gemeinsam sein kann.

Die Gemeinsamkeit im Namen zwischen Familienangehörigen geht im Geschlecht des Meidon von Myrrhinoos allerdings weit über die Namensvariation hinaus. Neben einzelnen Namensteilen wurden regelmäßig auch ganze Namen übernommen. Fast alle ältesten Söhne sind nach dem Großvater benannt. Ein zweiter Sohn heißt nach dem Urgroßvater. Eine ältere Tochter übernimmt den vollen Namen der Großmutter, eine jüngere sogar den der Mutter. Namensweitergabe vom Vater auf den Sohn kommt hingegen nicht vor. Insgesamt erscheint in der Namengebung dieser Familie das System der Namensvariation in Richtung auf Nachbenennung weiterentwickelt.

Daß Namensvariation und Nachbenennung als Prinzipien der Namengebung grundsätzlich zu unterscheiden sind, zeigt der interkulturelle Vergleich. Das Streben, die Gemeinsamkeit zwischen Familienangehörigen in der Gemeinsamkeit von Namensteilen zum Ausdruck zu bringen, begegnet in der Frühzeit vieler Völker und Kulturen indogermanischer Sprachzugehörigkeit, in unmittelbarer Nachbarschaft der Griechen etwa bei den Thrakern, im Osten bei den Persern, in Europa bei den meisten germanischen und slawischen Stämmen.[3] Bei einigen germanischen Stämmen wie den Angelsachsen, den Franken, den Langobarden sehen wir deutlich, daß die Nachbenennung gegenüber der Namensvariation als eine jüngere Entwicklungsstufe auftritt.[4] Ihrem Ursprung nach scheint Namensvariation mit Nachbenennung unvereinbar gewesen zu sein. Sie geht ja gerade davon aus, daß der Name einer Person nicht als ganzes wiederholt werden kann, so daß die Kontinuität des Geschlechts durch die Übertragung von Namensteilen hergestellt wird. Ebenso wie der Neuschöpfung von Namen nach Geburtsumständen liegt der Namensvariation wohl ursprünglich die Vorstellung einer sehr engen Verbindung von Name und Person zugrunde, die Nachbenennung ausschließt. Der Name gehört untrennbar zu seinem Träger. Auch nach dessen Tod erscheint es problematisch, ihn wieder aufzugreifen. Man könnte dadurch seine Ruhe stören, ihn zurückholen, vielleicht dadurch die Lebenden gefährden. Zum Unterschied von der Namengebung nach Geburtsumständen wird durch die Namensvariation versucht, bei voller Wahrung der Distanz durch die Weitergabe eines Teils des Namens von Generation zu Generation auch einen Teil des Wesens weiterzugeben und durch diese Gemeinsamkeit den Zusammenhang des Familienverbands im Namen zum Ausdruck zu bringen.

Die Namensvariation ist ihrem Ursprung nach auch insofern mit bestimmten Kulturen indogermanischer Sprachzugehörigkeit verbunden, als sie mit spezifischen Formen der Namenbildung in diesen Sprachen zusammenhängt. Die zweiteiligen Personennamen sind einer Vielzahl indogermanischer Sprachen gemeinsam.[5] Auch in der Bedeutung dieser zweiteiligen Namen ergeben sich auffällige Entsprechungen und es ist anzunehmen, daß die Präferenz für bestimmte Kompositionselemente auf gemeinsame Wurzeln zurückzuführen ist. Bei Männernamen finden sich häufig Elemente, die auf kriegerische Eigenschaften, auf Waffen, auf Ruhm, auf Führung des Volkes in Krieg und Frieden hinweisen. In diesen Zusammenhang gehören auch Raubtiernamen. Vor allem Zusammensetzungen mit dem Element «Wolf» wie Lykomedes, Milovuk, Wolfheri etc. korrespondieren zwischen verschiedenen indogermanischen Sprachen und begegnen in vielfältigen Variationen. Das Prinzip der Namensvariation beinhaltet freilich die Tendenz, durch die Neukomposition von Namen aufgrund von Familienbeziehungen zu Formen zu führen, die in dieser Zusammensetzung keinen Sinn mehr ergeben. Der aus einem ritterlichen «Hippos»-Namen und dem großväterlichen Theidonides gebildete Pheidippides d.h. «Sparroß» in Aristophanes' «Wolken» ist ein vielzitiertes Beispiel dafür.[6]

Der Schritt von der reinen Namensvariation zu einem mit Nachbenennung kombinierten System ist im äußersten Westen der indogermanischen Sprachgruppe zum Teil erst sehr spät erfolgt. In der fränkischen Königsdynastie der Merowinger können wir ihn im 7. Jahrhundert beobachten, im letzten angelsächsischen Königshaus unter den Nachkommen Egberts von Wessex im 9.[7] In der Geschichte der griechischen Namengebung läßt sich keine vergleichbare Übergangsphase feststellen. Beide Systeme begegnen vereinzelt in mythisch überlieferten Genealogien der Frühzeit,[8] beide sind schon in den ältesten gesicherten Zeugnissen über Familienzusammenhänge in Inschriften und literarischen Quellen nachzuweisen.[9] In der klassischen Periode dominiert die Nachbenennung. Daß sie sich auch bei den Griechen aus der Namensvariation herausentwickelt hätte, könnte nur als Analogieschluß vermutet werden. Namensvariation muß auch nicht die einzige Wurzel von Nachbenennung gewesen sein. Sie begegnet bei den Griechen insgesamt nicht in ähnlicher Häufigkeit wie bei den germanischen Stämmen, vor allem nicht in den frühesten Quellen.

Die Anfänge der innerfamilialen Nachbenennung sind bei den Griechen sicher in der Homonymie zwischen Großvater und ältestem Enkel zu suchen. Für Namensgleichheit zwischen Vater und Sohn gibt es aus dem 6. Jahrhundert ein einziges Beispiel von der Insel Samos. Aus dem 5. Jahrhundert sind solche Fälle selten überliefert und bleiben auch weiterhin die Ausnahme.[10] Namensgleichheit zwischen Mutter und Tochter hingegen begegnet in inschriftlichen Zeugnissen häufig.[11] Wir haben sie auch in der Familie des Meidon aus Myrrhinoos angetroffen. Die Erklärung für diesen auffallenden Unterschied könnte in der großen Bedeutung liegen, die das Patronym im griechischen System der Namengebung hatte.

Das Patronym war bei den Griechen keineswegs nur ein Unterscheidungsmerkmal zur besseren Identifikation einer Person unter vielen Gleichnamigen. Dessen hätte es bei der Namenvielfalt vor allem der Frühzeit auch gar nicht bedurft. Das Patronym war vielmehr essentieller Bestandteil des Namens. Seine Bedeutung war so groß, daß es mitunter geradezu an die Stelle des persönlichen Namens treten konnte. Aus Homer ist bekannt, daß Achilleus oder Agamemnon als der Pelide oder der Atride schlechthin bezeichnet werden. Diese Form der Benennung findet sich hier bei erwachsenen Männern, die sich selbst schon durch ihre Taten «einen Namen gemacht hatten». Bei Plato wird von einem Mann berichtet, der zum Zeitpunkt eines vorangegangenen Ereignisses noch jung gewesen sein müsse, weil man ihn damals noch nicht bei seinem eigenen Namen gekannt hätte, sondern statt dessen nach dem seines berühmten Vaters.[12] Bei Jugendlichen, von denen man noch nicht aufgrund eigener Leistungen wußte, kam es also auch späterhin noch vor, daß sie nur als «Sohn des» bezeichnet wurden. Eine Stelle in einer Demosthenes-Rede macht es deutlich, warum es so wichtig war, daß der Vatersname im Patronym des Sohnes weiterlebte: Es heißt dort: «Dieser Kerl will mir nun meines Vaters Erbteil («kleros») rauben ... und dadurch verursachen, daß der Vater ohne Sohn und ohne Namen tot sein soll, daß niemand in seinem Auftrag den Ahnenschreinen Ehre erweist oder Jahr für Jahr an seiner Statt die jährlichen Opfer darbringt, und daß ihm die Ehrenbezeugungen geraubt werden, auf die er Anspruch hat.»[13] Der Name des Vaters lebt im Patronym des Sohnes weiter. Seinen Namen weiterzuführen, ist ihm gegenüber eine religiöse Verpflichtung. Einen mit dem eigenen Namen untrennbar verbundenen Vatersnamen in diesem Sinne hatten freilich nur die Vollbürger griechischer Städte. So war das Patronym zugleich auch Standeskennzeichen. Die Reformen des Kleisthenes versuchten, wie Aristoteles berichtet, mit der Abschaffung der Patronymika die Macht der Adelsfamilien zu brechen.[14] Daß sie diesbezüglich auf die Dauer erfolglos blieben, beweist die besondere Bedeutung des Patronyms im griechischen Gesellschaftssystem der klassischen Zeit.[15]

Im Vergleich zum Patronymikon sind bei den Griechen Gentilnamen weit schwächer erhalten geblieben. Sie haben sich ursprünglich aus Patronymika entwickelt und wurden neben der Benennung nach dem Vater gelegentlich von den Nachfahren beibehalten. Wie das römische Namensystem war also auch das griechische im Prinzip auf drei Elemente aufgebaut.[16] Einem griechischen Kimon Miltiadou Philaides entsprach ein römischer Publius Cornelius Publii filius. Nur hat Kimon seinen Gentilnamen kaum geführt, während in Rom der Gentilname zum eigentlichen «Nomen» wurde. Das Patronym hatte hier so wenig Bedeutung, daß es in der Regel nur abgekürzt wiedergegeben und vielfach überhaupt weggelassen wurde. Solche Unterschiede der Namengebung sind in Unterschieden in der Beziehung zu den Ahnen, vor allem deren religiösen Ausdrucksformen, begründet zu sehen. Vom Kult der «dei parentes», in der alle Vorfahren der Gens eingeschlossen waren, werden wir noch hören. Die Griechen kannten keinen Ahnenkult in diesem Sinne. Für sie ist es bezeichnend, daß die Verpflichtung zur Verehrung der abgeschiedenen Eltern sehr streng einzuhalten war, der Kult von Vorfahren sonst jedoch nur dort eine Rolle spielte, wo es sich entweder um alte Fürstenhäuser handelte oder wo der Urahn der Familie zugleich als Heros einen öffentlichen, vom Staat organisierten Kult besaß. Faktisch beschränkte sich also die griechische Totenverehrung auf die korrekte und regelmäßige Pflege der Gräber der Eltern. Diese gehörte zu den wichtigsten Pflichten der Kinder und wurde vom Staat kontrolliert. Versäumnis dieser Pflicht zog bürgerliche Disqualifikation nach sich. Aber schon bei den Großeltern nahm man es nicht mehr so streng.[17] Dementsprechend haben ursprünglich aus Patronymika herausgewachsene Gentilnamen geringe Bedeutung und werden schließlich durch die Bezeichnung nach der Phratrie bzw. nach dem Demos ersetzt, wodurch sozusagen der lokale Heros Eponymos an die Stelle des genealogischen Ahnherren tritt.

Wenn der Name des Vaters als Patronym im Sohnesnamen weiterlebt, so ergibt es keinen Sinn, den Sohn nach dem Vater zu benennen. Unter den Vorfahren, auf die durch Namensgleichheit Bezug genommen wird, steht bei den Griechen der Vatersvater eindeutig im Vordergrund. Ihm gegenüber ist geradezu die Verpflichtung gegeben, seinen Namen in der Enkelgeneration zu wiederholen, und zwar beim Erstgeborenen. Deutlich kommt das in einer Stelle zum Ausdruck, die aus einem Bericht des Demosthenes über einen Erbschaftstreit in Athen zu Beginn des vierten vorchristlichen Jahrhunderts stammt.[18] Sositheos, einer der beiden Streitpartner, erläutert seine Rechtsansprüche durch ausführliche genealogische Darlegungen und sagt in diesem Zusammenhang über die Namengebung seiner vier Söhne:[19]

«Mir wurden vier Söhne und eine Tochter geboren und ich gab ihnen allen Namen: Dem ältesten den Namen meines eigenen Vaters Sosias, wie es rechtmäßig ist, und ich überlieferte daher diesen Namen dem Ältesten; den nach ihm Geborenen nannte ich Euboulides, welchen Namen der Vater der Mutter dieses Kindes hatte, dem nächsten gab ich den Namen Menestheus (und auch Menestheus war ein Angehöriger des Hauses meiner Frau); dem jüngsten gab ich den Namen Kallistratos, welches der Name des Vaters meiner Mutter war.»

Wir besitzen aus der griechischen Antike kein vergleichbares Zeugnis für die Vorbilder der Namengebung fast einer ganzen Geschwisterreihe. Nur über die Tochter wird leider nichts berichtet. Um die Motive dieser spezifischen Namensweitergabe sowie den strukturellen Hintergrund im System der Namengebung besser zu verstehen, sind die Zusammenhänge im Kontext eines umfassenden genealogischen Schemas näher anzusehen (Tafel 5).

Die Formulierung «wie es rechtmäßig ist», verwendet Sositheos nur bei seinem Erstgeborenen. Eine ganz ähnliche Formulierung findet sich auch in einem Bericht einer anderen Demosthenes-Rede, in der ebenso im Zusammenhang mit Erbschaftsangelegenheiten auf die Namengebung Bezug genommen wird «Billig ist es», heißt es hier «daß dieser als der ältere den Namen des väterlichen Großvaters habe».[20] «Papponymie», wie man dieses Prinzip der Nachbenennung nach der griechischen Bezeichnung für den Großvater nennt, war also nicht eine Frage freier Namensentscheidung nach persönlicher Präferenz der Eltern. Sie war beim erstgeborenen Enkel nach gesellschaftlichen Normen bindend und hatte rechtliche Relevanz. Mit dem Namen waren gegenüber den jüngeren Brüdern, die oft das Elternhaus verlassen mußten, nicht nur besondere Sukzessionsrechte verbunden, sondern – für unser heutiges Gleichheitsdenken besonders fremd – auch Rechte auf besondere elterliche

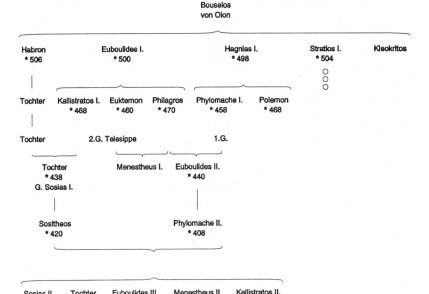

Tafel 5: Die Familie des Sositheos und die Bouseliden

Liebe.[21] Für den Großvater hingegen scheint das Recht auf Nachbenennung des oder der ältesten Enkel in den besonderen Pietätsver-
pflichtungen seines Sohnes bzw. seiner Söhne ihm gegenüber bestanden zu haben. Die Götter, die Eltern und die Gastfreunde zu
ehren, galt als das ungeschriebene Gebot, auf dem der ethische Stan-
dard der griechischen Polis beruhte.[22] Zurecht wird daher im Zusammenhang mit der Papponymie von «Pietätsnamen» gesprochen.[23] Mit dem Namen des Großvaters wurde dem Erstgeborenen
noch mehr mitgegeben. Das Kind sollte diesem ähnlich werden –
wohl eher in seinen Eigenschaften und Taten[24] als in äußerlich
körperlicher Hinsicht, obwohl man auch dieses Moment in frühen
Zeiten für das Verhältnis von «Ahn und Enkel»[25] nicht unterschät-
zen sollte. Mit der Namengebung des Erstgeborenen nach seinem
Großvater war also eine besondere Erwartung verbunden – ein
«Auftrag der Eltern», wie wir es mit heutigen Worten vielleicht
formulieren könnten.

Bezüglich der jüngeren Söhne bestand keine analoge Verpflichtung zu einer bestimmten Form der Namenwahl. Nach der Formulierung des Sositheos könnte man darin eine freie Nachbenennung nach Verwandten beider Elternteile sehen. Als Ausdruck eines bilateralen Verwandtschaftssystems wird diese Stelle auch in der Literatur interpretiert.[26] Eine nähere Analyse der vermutlichen Nachbenennungsmotive legt freilich die Modifikation eines solchen Ansatzes nahe. Der mütterliche Großvater, nach dem der zweite Sohn Euboulides seinen Namen erhielt, war um 395 v. Chr. gestorben. Kurz vorher wurde seine Tochter Phylomache als einziges Kind gerichtlich zur Erbin der Linie erklärt.[27] Sie war also eine «Epikleros», als sie damals Sositheos heiratete. Ihren zweiten Sohn Euboulides registrierte man als Träger ihres Anspruchs dementsprechend nicht in der Phratrie seines Vaters sondern in der seines gleichnamigen Großvaters.[28] Mit dem Namen war also ein spezifischer Rechtstitel verbunden. Dasselbe scheint für den Drittgeborenen Menestheus gelten. Es war nämlich nicht ein x-beliebiger Verwandter der Phylomache, der vor ihm so hieß, sondern der jüngere Halbbruder ihres Vaters, der ebenso wie dieser ohne Hinterlassung eines Sohnes starb.[29] Ähnlich dürfte es sich beim vierten Sohn Kallistratos verhalten haben. Sein Namensvorbild war nämlich nicht nur der Großvater des Sositheos durch dessen Mutter, sondern auch ein Großonkel von dessen Gattin Phylomache, die aus dem gleichen Geschlecht der Bouseliden stammte. Auch er scheint keine männlichen Nachkommen hinterlassen zu haben.[30] In den Namen seiner drei jüngeren Söhne stellte Sositheos also eine Kontinuität zu drei Hausvätern aus einem Zweig der Bouselidendynastie her, die selbst ihren Oikos nicht durch männliche Nachkommen fortgesetzt hatten. Phylomache war die einzige Erbin dieser Linie, wie aus dem Prozeßverlauf hervorgeht. Es ging also nicht um «matrilineare Nachbenennung» innerhalb eines «bilateralen Verwandtschaftssystems», sondern um die Fortsetzung von Oikoi, denen eine Kontinuität im Mannesstamm versagt blieb. Durch Söhne den Weiterbestand des Oikos zu sichern, war bei den Athenern dieser Zeit eine der wichtigsten Aufgaben gegenüber der Familie und dem Gemeinwesen.[31] Mit dieser Aufgabe erscheint die Papponymie, aber auch andere Formen der innerfamilialen Nachbenennung aufs engste verbunden gewesen zu sein.

«Vererbte Namen» sind in vielen Kulturen durch einen Zusammenhang von Name und Erbe bedingt. Homonymie nach Linien des Erbgangs kann aber jeweils sehr Unterschiedliches bedeuten. Im griechischen Oikos steht die Übernahme des Erbes – wie in vielen anderen frühen Kulturen – in enger Verbindung mit religiösen Verpflichtungen.[32] Auch die innerfamiliale Nachbenennung hat hier dadurch offenbar eine religiöse Grundlage.

Vergleicht man die Namengebung in der Familie des Sositheos mit der des Meidon-Stammbaums so zeigen sich, obwohl beide in etwa aus der gleichen Zeit stammen, sehr wesentliche Unterschiede. Das System der Namensvariation ist zwischen Vater und Sohn auf die Reihe Sosias-Sositheos-Sosias beschränkt, unter Brüdern ist es vollkommen verschwunden.[33] Der Grund dafür liegt auf der Hand: Die Nachbenennung nach Verwandten steht hier im Vordergrund, weil es um die Kontinuität in männlicher Linie ausgestorbener Oikoi geht. Das Vordringen des Systems der Nachbenennung gegenüber dem wahrscheinlich älteren System der Namensvariation steht wohl insgesamt mit der Bedeutungszunahme der Oikoi in den griechischen Stadtstaaten in Zusammenhang. Beide Systeme lassen sich freilich auch weiterhin nebeneinander beobachten. Das soll an einer genealogischen Tafel illustriert werden, die aus Weihinschriften des Asklepios-Tempels in Epidaurus rekonstruiert wurde[34] (Tafel 6). Die Tafel umfaßt Angehörige verschiedener Patrilinien aus bis zu 12 und 13 Generationen und reicht von der Mitte des 3. vorchristlichen bis ins zweite nachchristliche Jahrhundert. Über die Prinzipien der innerfamilialen Nachbenennung hinaus gibt sie interessante Aufschlüsse, wie sich das Namengut der Gesellschaft in diesem Zeitraum verändert hat und wie dieser makrostrukturelle Wandel in der Mikrostruktur einzelner Familien seinen Niederschlag fand.

Das System der Papponymie scheint in allen Patrilinien zunächst ziemlich streng eingehalten worden zu sein. Erst in der Zeit vor dem Übergang zur römischen Namengebung löst es sich auf. Das erstaunlichste Phänomen in dieser Abstammungstafel ist wohl, daß der Nachbenennung des Enkels nach dem väterlichen Großvater ziemlich durchgehend eine zwischen Enkelin und mütterlicher Großmutter entspricht. Über sechs Generationen wechseln in der Matrilinie die Namen Chariko und Laphanta ab. Ob das damals einem allgemeinen Prinzip der Namengebung entsprach, läßt sich aufgrund des Mangels an überlieferten Abstammungsreihen in der Mutterlinie nicht entscheiden. In Epidaurus war die Überlieferung einer solchen einmaligen Traditionslinie in Weihinschriften vielleicht dadurch bedingt, daß es sich bei den Frauen, von denen die Widmungen stammen, um Priesterinnen von weiblichen Begleit-

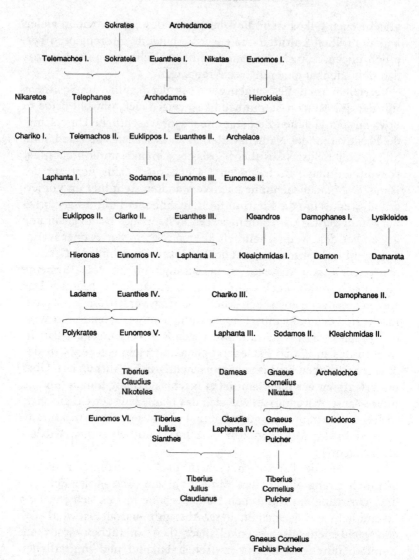

*Tafel 6: Verwandtschaftszusammenhänge vornehmer Familien
in Epidaurus nach Weiheinschriften des Asklepiostempels
(ca. 243 v. Chr. – 2. Jh. n. Chr.)*

gottheiten des Asklepios handelte, die ihr Amt jeweils an ihre Töchter weitergaben. Eine solche außerordentliche Situation könnte hier auch die starke Kontinuität matrilinearer Nachbenennung unter Frauen erklären. Dieses Prinzip findet sich allerdings auch späterhin im griechischen Raum und läßt sich – im Zusammenhang mit Regeln des Erbrechts – auf einigen Inseln bis in die Gegenwart verfolgen.[35]

Das System der Namensvariation wirkt unter den vornehmen Familien von Epidaurus insofern nach, als noch immer viele Söhne einen Namen tragen, der den des Vaters abwandelt. Durch das Prinzip der Papponymie mußte es ja auch in dieser Verwandtschaftsbeziehung langfristig weiterwirken. Zwischen Brüdern begegnet es freilich im vorgelegten Stammbaum nicht. Dieser enthält in Hinblick auf seine spezifische Quellenbasis auch nicht viele Brüderpaare. Zwischen Männern und Frauen gibt es keine Namensvariation, sieht man von Ladama ab, deren Urgroßeltern Laphanta und Sodamos gewesen sein könnten. Ihre Abstammung ist jedoch nicht voll gesichert. Zwischen Sokrates und Sokrateia handelt es sich nicht um Namensvariation, sondern um Analogiebildung durch ein Ableitungssuffix. Eine solche Übereinstimmung zwischen dem Namen von Vater und Tochter ist kein Einzelfall.[36] In welcher Weise damit Wesensübereinstimmung zwischen einer Tochter und ihrem gegengeschlechtlichen Elternteil ausgedrückt werden sollte, bleibt offen.

Das Namengut der durch die Weiheinschriften verbundenen Familien umfaßt sehr unterschiedliche Namentypen. Altgriechische Namenbildungen mit den Elementen Ruhm und Sieg sind vertreten wie bei Kleandros und Nikaretos. Sakrale Namensbildungen wie Hierokleia und Hierontas führen hinüber zu den theophoren Namen. Zu ihnen gehören Bildungen mit -phanes und -phanta.[37] Wahrscheinlich sind auch die vielen mit -damos und -dama zusammengesetzten Namen in diesem Zusammenhang einzuordnen. Damon kann als Kurzform für den Stamm Demeter eintreten, ebenso aber von Demos kommen, das sehr häufig theophoren Namensbildungen zugrundeliegt.[38] Eine Göttin Damia – von ihrem Zuständigkeitsbereich her mit Demeter verwandt – hatte in Epidaurus ein uraltes Heiligtum.[39] Euanthes ist ein kultischer Beiname des Gottes Dionysos.[40] Eindeutig theophor ist schließlich Diodoros, d.h. «der von Zeus Geschenkte». Die Heroennamen sind früh mit dem zweimal aufscheinenden Telemachos vertreten. Auffallend ist die in der Generation zwischen den beiden Namensträgern erfolgte Variation zu Telephanes. Das Prinzip der Heroennachbenennung als ein an außerfamilialen Namensvorbildern orientiertes System scheint grundsätzlich mit Namensvariation seinem Sinn nach nicht vereinbar. Dasselbe gilt für Herrschernamen. Die Fürstennamen der hellenistischen Zeit sind durch Archelaos vertreten.[41] Einen radikalen Bruch in der Namengebung bedeutet die Übernahme des römischen Namensystems mit der Verleihung des Bürgerrechts. Bei Claudia Laphanta und ihrem Gatten Tiberius Julius Sianthes, dessen Name zu dem seines Großvaters Euanthes variiert, sind allerdings sehr alte Elemente der griechischen Namengebung auch noch in dieser Spätphase zu finden.

Theophore Namen beginnen bei den Griechen erst ab dem ausgehenden 6. Jahrhundert häufiger zu werden. Sie haben einen ganz anderen Charakter als die jüdischen theophoren Namen. Der Unterschied ist zunächst durch die grundverschiedenen religiösen Glaubensvorstellungen bedingt. Das Judentum war die erste monotheistische Religion. An den Namen dieses einzigen Gottes mußten sich alle theophoren Menschennamen orientieren. Die Zahl der olympischen Götter hingegen war groß. Jeder von ihnen hatte zahlreiche Beinamen. Aber nicht nur nach den Namen der großen Götter des Olymps wurden bei den Griechen theophore Personennamen gebildet. Jeder lokale Flußgott konnte in den Namen eines Kindes eingebunden werden.[42] Im Hellenismus kam eine Fülle den Griechen bisher unbekannter Gottheiten aus orientalischen Kulturen hinzu. In Hinblick auf diese ungeheure Vielfalt an Möglichkeiten, theophore Namen zu bilden, hat das Aufkommen dieses Namentyps auch nicht wie bei den Juden zu einer nennenswerten Reduktion des Namenguts geführt.

Wir haben gesehen, daß die jüdischen theophoren Namen von Sätzen ihren Ausgang genommen haben – solchen, die von der Mutter in der Geburtsstunde formuliert wurden, vor allem dann auch von Gebetstexten. Bei den Griechen finden sich solche Satznamen nicht. Auch in den theophoren Namen wurde primär das alte Prinzip der Namenskomposition aus zwei Elementen beibehalten. Als häufigstes ergänzendes Element zu Gottesnamen begegnet dabei «-doros», was auf die Vorstellung des Kindes als Geschenk des betreffenden Gottes verweist.[43] Zahlreich sind auch Zusammensetzungen mit «-agoras» = verkündet, zugesagt, «-philos» = geliebt oder «-genes» = abstammend.[44] Die späterhin im Christentum und im Islam so häufigen Zusammensetzungen, die den Menschen als Diener der Gottheit charakterisieren, wie sie im Orient schon früh bei den Babyloniern begegnen,[45] fehlen hingegen bei den Griechen. Typisch griechisch wiederum sind die mit Ableitungssuffixen aus Götternamen gebildeten theophoren Namen wie Apollonios, Dionysios oder Demetrios.[46] Von besonderem Interesse für das im theophoren Namen ausgedrückte Verhältnis des Menschen zur Gottheit sind Zusammensetzungen mit «-ides» und «-iades», die den Gott als Ahnherren bezeichnen.[47] Sie sind genauso gebildet wie die alten Gentilnamen der Geschlechter nach menschlichen Stammvätern, etwa den oben behandelten Bouseliden als Nachkommen eines Bouselos. Sie deuten an, daß die Gottheit jetzt an die Stelle des Ahnherren treten kann. Eine unmittelbare Nachbenennung nach Göttern aufgrund solcher Abstammungsvorstellungen, begegnet freilich nicht. Götternamen als Menschennamen finden sich interessanterweise zunächst nur bei Sklaven, allerdings in größerer Zahl auch erst lange nach der klassischen Zeit.[48]

Herodot berichtet im 5. Jahrhundert, daß die Griechen von den Ägyptern den Glauben übernommen hätten, zwischen dem Charakter eines Menschen und dem des Gottes, der am selben Tage geboren ist, bestünde ein enger Zusammenhang.[49] Die Griechen feierten die Göttergeburtstage ursprünglich monatlich, z.B. jeden 4. den des Herakles, jeden 7. den des Apollo etc. Die Feier von Göttergeburtstagen ist bei ihnen sehr alt. Die Feier von Menschengeburtstagen läßt sich hingegen erst im 4. Jahrhundert mit Sicherheit belegen. Wahrscheinlich geht sie etwas weiter zurück. Der erste Autor, der über seinen Geburtstag berichtet, ist Pindar, geboren um 518 v. Chr. Woher immer die Vorstellung von einer Wesensverwandtschaft des Menschen mit der Gottheit gleichen Geburtstags stammt[50] – für die theophore Namengebung dürfte sie höchst bedeutsam gewesen sein. Diese Wesensverwandtschaft wurde nämlich als ein Verhältnis enger Zugehörigkeit bis hin zu genealogischer Abstammung gedacht. So feierte man in Philosophenschulen den Geburtstag des Meisters – unabhängig vom realen Geburtsdatum – mit Vorliebe an apollinischen Festtagen, um dadurch den Meister als Sohn Apollos erscheinen zu lassen.[51] Bei Sokrates und Plato kam es zu einer solchen Verlegung. Epikur hat sich testamentarisch dagegen verwahrt. Plato galt tatsächlich schon zu Zeiten, als sein Neffe und Nachfolger Speusippos die Akademie leitete, als Sohn des Apollo. Eine solche auch genealogisch konzipierte Wesensverwandtschaft zwischen Menschen und Göttern, deren Geburtstag am gleichen Tag gefeiert wurde, zeigt, daß das Geblütsdenken bei den Griechen damals stark zurückgegangen sein muß. Wesensverwandtschaft hatte man doch in älterer Zeit aus Blutsverwandtschaft abgeleitet. Mit dem Zurücktreten des am Genos orientierten Abstammungsdenkens gewinnen die Götter gegenüber den Ahnen an Bedeutung. Das Aufkommen theophorer Personennamen in Verbindung zu den Geburtstagsgöttern kann wohl als Zeichen eines solchen Wandlungsprozesses interpretiert werden.

Zum Unterschied von den Göttern waren die Heroen nach griechischer Vorstellung Menschen. Sie hatten ein Grab, in dem sie weiterlebend gedacht wurden, an dem sie den Menschen, die zu ihnen beteten, Wohltaten erwiesen und um das sich ihr Kult organisierte. Bei aller Nähe der Heroen zu den Göttern – ihre Namen waren Menschennamen, und daher nicht für die Namengebung der Menschennamen tabu. Anders als die Götternamen, die man zunächst nur in theophore Kompositionen eingebunden verwenden durfte, konnte man Heroennamen unmittelbar und für sich genommen weitergeben.

Der griechische Heroenkult hat sich aus dem Totenkult herausentwickelt.[52] Vielleicht geht er in seinen Wurzeln auf Formen des Ahnenkults zurück. Es kam jedoch bei den Griechen auf dieser Grundlage nicht zu einer generellen kultischen Verehrung verstorbener Vorväter schlechthin, sondern zu einer Konzentration auf einzelne Gestalten der Ahnenreihe, insbesondere solche der Fürstengeschlechter. Bestimmte Ahnen der Königsfamilie wurden als Wohltäter verehrt und um Hilfe angerufen, die sie nicht nur ihren unmittelbaren Nachkommen, sondern dem ganzen Volk zuteil werden ließen. Der Heroenkult war nicht bloß Familienkult des Königshauses, er war darüber hinaus auch öffentlicher Kult. Zu den Vorfahren des Königs kamen die Helden des Mythos hinzu, die Gründer von Städten und Kolonien, später dann Gesetzgeber, Feldherren, Kriegshelden, große Denker und Sieger bei sportlichen Wettkämpfen. Zum Unterschied von den an die Geschlechter gebundenen «dii patres» der Römer entwickelten sich bei den Griechen die Heroen sozusagen zu einer «Aristokratie unter den Toten»,[53] die für eine ganze Stadt oder ein ganzes Land zuständig war. Daß in der Art, wie sie verehrt wurden, gewisse Entsprechungen zur Ahnenverehrung gegeben waren, läßt sich sehr schön aus einem Vergleich erkennen, der dem Apollonius von Tyana zugeschrieben wird: Die Götter verehren wir als Herren («despotai»), die Heroen als Väter.[54]

Wenn der Heroenkult aus einer spezifischen Form des Ahnenkults hervorgegangen ist, so wohl auch die Nachbenennung nach Heroen aus der Nachbenennung nach Ahnen. Die Heroen sind gleichsam gemeinsame Ahnen einer ganzen Stadt bzw. oft eines weit darüber hinausgehenden Personenkreises. Ihr Namengut steht ihrer ganzen Kultgemeinde zur Namengebung zur Verfügung. Heroennamen scheinen erst seit der Wende zum 5. Jahrhundert in der griechischen Namengebung auf.[55] Sie waren sehr begehrte Namen, vor allem für Personen, die keine eigenen Vorfahren mit bedeutenden Namen hatten. In Athen mußte es verboten werden, daß Sklaven die Namen der als Heroen verehrten Tyrannenmörder Harmodios und Aristogeiton trugen. Ebenso verboten waren den Sklaven übrigens auch Namen nach großen religiösen Festen – ein interessanter Hinweis auf den gemeinsamen Hintergrund hochbewerteter Namen. Besonders beliebt waren die Namen der homerischen Helden. Kultus wie Namen dieser Mythengestalten hatten überregionale Verbreitung. Die Niederschrift des Mythos hat dazu sicher wesentlich beigetragen, wie ja überhaupt «heilige Schriften» die Diffusion und dauerhafte Stabilisierung des enthaltenen Namenguts bewirken können. Insgesamt ist die Verbreitung von Heroennamen stark durch Schrifttum vermittelt zu sehen. Dramen und Spiele zu Ehren der Heroen haben wohl ebenso dazu beigetragen. Sicher ist aber auch an eine Verbreitung durch Bilder zu denken. Die griechische Religion kannte kein Bilderverbot. So wurde auch die Kunst ein Medium für die Verbreitung des Kults der Heroen und zugleich auch von deren Namen.[56] Als eine Sonderform des Bildes ist schließlich die Münze zu bedenken. Wie Götter und göttlich verehrte Könige finden sich auch Heroen mit Bild und Name auf den Münzen der Antike.

Der Heroenkult der Griechen des klassischen Zeitalters ist eine der Wurzeln des Herrscherkults in der Zeit des Hellenismus – freilich nicht die einzige und wohl auch nicht die wichtigste.[57] Eine Heroisierung bereits zu Lebzeiten wurde erstmals um 400 dem Spartaner Lysander zuteil. Alexander der Große und die Diadochen haben diese Linie fortgesetzt. Die Herrscherverehrung als «politische Religion» setzte sich in den hellenistischen Reichen mehr und mehr durch – je nach regionalen Vorbedingungen allerdings mit unterschiedlichen Akzenten. In Ägypten hatte der Pharao seit alters als Gott gegolten. Hier – heißt es – wurde Alexander dem Großen geoffenbart, daß er ein Sohn des Gottes Ammon sei. Die Dynastie der Ptolemäer entwickelte für ihre ägyptischen und griechischen Untertanen einen besonders ausgeprägten Herrscherkult. Ptolemaios II. ließ sich und seine Schwester-Gattin Arsinoe zu Göttern erklären. Die Kultnamen, die sich die Könige zusätzlich zu ihrem einheitlich geführten Namen Ptolemaios zulegten, sind Ausdruck dieses Anspruchs: «Soter»/der Retter, «Epiphanes»/der sich offenbarende Gott oder «Neos Dionysos»/der neue Gott Dionysos. Sehr ausgeprägt war der Herrscherkult auch bei den Seleukiden. Er hatte im Gottkönigtum der persischen Großkönige eine fortwirkende Grundlage. Die Diadochen in Makedonien hingegen beanspruchten keine solche göttliche Verehrung. Bezeichnend für ihre Herrschaftsideologie erscheint es, daß sie in ihrer Namengebung auf Perseus, den als Heros verehrten mythischen Stammvater, zurückgriffen.

Die Vergöttlichung von Herrschern im Hellenismus führte dazu, daß neben die Feier von Göttergeburtstagen nun auch die von Herrschergeburtstagen trat.[58] Zunächst wurde die Verehrung des Herrschers als Gott nur den Verstorbenen zuteil. Der Kult Alexanders des Großen erfolgte an seinem Todestag, der als der Geburtstag des neuen Gottes galt. Die schon zu ihren Lebzeiten vergöttlichten Ptolemäer gingen jedoch dann zur Feier ihres irdischen Geburtstages als Göttergeburtstag über. Mit den Königinnen, die zumeist Schwestern oder nächste Verwandte des Königs waren, wurden auch Frauen in diesen Geburtstagskult einbezogen. In Ägypten entwickelte sich auf dieser Grundlage eine ganze Hierarchie von Festtagen noch lebender oder schon verstorbener Herrscher. An der Spitze dieses Kults stand Alexander, zu dessen Priestern die Größten des Landes ausersehen waren. Bemerkenswert erscheint, daß die Träger des ptolemäischen Königskults zugleich auch als Verehrer des Dionysos auftreten. Feiern am 9. des Monats, dem Geburtstag des Gottes, von dem sich die Könige herleiteten, stellten eine Brücke zwischen alten und neuen Formen her.

Namen und Titel als Zeugnis des Selbstverständnisses hellenistischer Fürsten geben am besten die Münzen dieser Zeit wieder. Mit dem Herrscherkult kommt damals auch das Herrscherbild mit seinem Namen auf der Münze auf.[59] Alexander hatte es noch vermieden, sein Abbild auf Münzen prägen zu lassen. Die Diadochen hielten es diesbezüglich anders. Wie vorher schon die persischen Großkönige prägten sie mit Königskopf und Königstitel. Der zwölfte syrische Antiochos etwa setzte seinen ganzen Kultnamen auf seine Prägungen: «Basileus Antiochos, Dionysos, der den Vater Liebende und der glänzende Sieger». Solchem Namensprunk stehen die Gedenkmünzen gegenüber, die für Alexander den Großen mit der schlichten Aufschrift geprägt wurden: «Alexander, Sohn des Philipp». In dieser altgriechischen Namensgestaltung lebte er und mit ihm sein Vater weiter.

Mit dem Herrscherkult des Hellenismus hängt es zusammen, daß sich viele Königsnamen in dieser Zeit sehr stark in der Bevölkerung verbreiteten. Das gilt vor allem für die Namen der großen Makedonenkönige Alexander und Philipp. Aber auch viele Namen aus Diadochendynastien sind damals in der ganzen hellenistischen Welt zu finden. Inwieweit diese mit dem Herrscherkult korrespondierende Namengebung in den einzelnen Reichen weiter zurückreichende Wurzeln hat, läßt sich schwer entscheiden. In Ägypten etwa hatten sowohl basilophore Namen, d. h. mit dem jeweiligen Königsnamen zusammengesetzte Namensformen, als auch unmittelbar auf den Königsnamen bezogene Nachbenennungen bereits Tradition. Eindeutiger als für den Herrscherkult selbst, läßt sich für die mit ihm verbundene Verbreitung von Herrschernamen sagen, daß sie aus dem griechischen Heroenkult herausgewachsen ist. Hellenisierung bedeutete – wie wir schon am Beispiel des jüdischen Volks zur Zeit der Hasmonäer gesehen haben – zugleich auch Gräzisierung des Namenguts. Griechische Heroennamen verbreiteten sich damals in der ganzen hellenistischen Welt. An ihrer Spitze standen die der heroisierten Könige. Sie waren die eigentlich universalen Heroen dieser Epoche.

3. Die Ahnen im Namen – die römische Tradition

Keine Gesellschaft der Antike hat ein so einheitliches und klar geordnetes System der Namengebung entwickelt wie die Römer in republikanischer Zeit.[1] Bei den lateinischen Grammatikern ist uns die Theorie dieses Systems überliefert.[2] Sie geben uns ein genaues Bild, welche Rolle den «tria nomina» im römischen Gesellschaftssystem zukam, wer welche Namensteile in welcher Zusammensetzung führen durfte, wie es nach ihrer Vorstellung zur Ausbildung dieses komplexen Systems der Namengebung gekommen war. Über die literarischen Zeugnisse hinaus besitzen wir Informationen aus den gesetzlichen Regelungen des Namenwesens. In keinem anderen Gemeinwesen der alten Welt ist die Namengebung so stark durch rechtliche Bestimmungen geordnet gewesen. Senatsbeschlüsse setzten allgemeine Regeln zur Namensführung, verliehen Namen, verboten bestimmte Namen.[3] Das Bild, das sich aus den gesetzlichen Bestimmungen ergibt, erscheint noch differenzierter als das, das die Grammatiker entwerfen. Zu den «tria nomina» – dem Praenomen, dem Nomen der Gens und dem Cognomen tritt noch das Patronym und die Benennung nach der Tribuszugehörigkeit hinzu.[4] Bei einer rechtlich so klar ausgestalteten Ordnung des Namenwesens ist man sicherlich berechtigt, von einem System der Namengebung zu sprechen. Der Begriff wäre aber wohl zu eng gefaßt, würde man ihn nur dort verwenden, wo es gesetzliche Regelungen des Namenwesens gibt. Bei aller Reglementierung der Namensführung, wie sie für das republikanische Rom charakteristisch war, wurden doch sehr wesentliche Traditionen der Namengebung keineswegs von staatlichen Ordnungen erfaßt. Auch die «ungeschriebenen Gesetze» der Namengebung – die gesellschaftlichen Konventionen und sozialen Normen, die Bräuche und Sitten, die sich neben gesetzlichen Regeln und vor allem über diese hinausführend entwickelten – sind sicher ebenso Teil eines «Systems der Namengebung». Sich auf rechtliche Bestimmungen oder auf Prinzipien der Namentheoretiker einer Zeit zu beschränken, kann sogar zu einer verzerrenden Perspektive führen. Über das Namenwesen der Kaiserzeit wird in der Literatur vielfach unter dem Etikett «Zerrüttung des alten römischen Namensystems» geschrieben.[5] Aus einer legalistischen Sicht oder aus einer Verabsolutierung von Ordnungen der «klassischen Zeit» erscheinen solche wertenden Bezeichnungen verständlich. Aus der Sicht der Sozialgeschichte wird man eher nach Prozessen gesellschaftlichen Wandels fragen, die von älteren Ordnungen des Namenwesens zu einem veränderten System der Namengebung geführt haben. Solche Prozesse der Veränderung sollen zunächst am Beispiel der Namen in einigen untereinander verschwägerten altrömischen Senatorenfamilien illustriert werden (Tafel 7).[6]

In der Namengebung der republikanischen Zeit herrschen klare Verhältnisse, wie die einzelnen Namensteile weitergegeben werden. Das zweite Glied der Namenreihe, das «nomen gentile» – das «nomen quod familiare originem declarat», wie es der Grammatiker Charisius definiert – haben auf alle Fälle alle Söhne mit ihren Vätern bzw. Vorvätern in männlicher Linie gemeinsam. Auch alle Töchter erhalten den Namen der «gens» in feminisierter Form: Scribonia bei den Scribonii, Pompeia bei den Pompeii, Calpurnia – so hieß die Gattin Cäsars – bei den Calpurnii. Für sie ist es der einzige Name. Die männlichen Mitglieder der Geschlechter haben hingegen zumindest einen zweiten, das Praenomen. Obwohl das Praenomen die Funktion hat, innerhalb der Familie zu differenzieren, zeigt sich im vorgelegten Stemma auch in dieser Hinsicht viel Übereinstimmung zwischen Vätern und Söhnen. Drei Scribonii tragen in unmittelbarer Abfolge das Praenomen Lucius, ebenso drei der Calpurnii Piso Frugi. Jeweils der älteste Sohn sollte den Vornamen des Vaters übernehmen. Dementsprechend übernahm bei Adoptionen zur Erhaltung des Stammes der Adoptivsohn Praenomen und Nomen des söhnelosen Adoptivvaters. Marcus Licinius Crassus Frugi hätte vom Triumvir Marcus Licinius Crassus das Praenomen übernehmen müssen, hätte er nicht schon nach seinem leiblichen Vater so geheißen. Die Adoption diente ja gerade dazu, den Namen vor dem Aussterben zu bewahren.[7] Der Adoptivsohn als Stammhalter trat so mit seinem ganzen Namen voll in die Position des ältesten Sohnes ein. Die Weitergabe der Namen variierte freilich nach Arten der Adoption bzw. der ihr verwandten Arrogation.[8] Der Cäsarmörder Marcus Junius Brutus, der von seinem mütterlichen Onkel Quintus Servilius Caepio adoptiert oder wahrscheinlicher arrogiert wurde, nannte sich seither Quintus Caepio Brutus, führte also weder den alten noch den neuen Gentilnamen weiter.[9] In ähnlicher Weise mag es zu erklären sein, wenn Marcus Pupius Piso Frugi weder Nomen noch Praenomen seines Adoptivvaters Lucius Calpurnius Piso Frugi übernahm. Das Praenomen Lucius hatte ja in

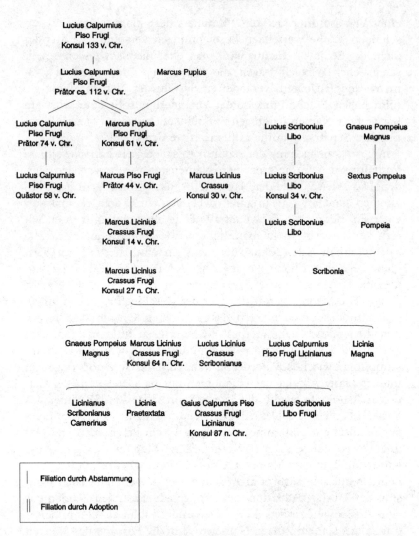

Tafel 7: Gemeinsame Nachkommen der Senatorenfamilien der Calpurnii, Licinii, Scribonii und Pompeii

diesem Falle schon der leibliche Sohn erhalten. Als Nomen wurde, wie der Name des Sohns des Adoptierten zeigt, das Cognomen des Adoptivvaters verwendet. «Quaedam cognomina in nomina versa sunt» heißt es bei einem «incertus auctor de praenominibus» unter ausdrücklicher Berufung auf Brutus. Das Cognomen hatte zu dieser Zeit im römischen Namenwesen schon eine sehr hohe Bedeutung gewonnen. Nicht alle Familien verfügten über ein Cognomen. Es war Kennzeichen der vornehmen Geschlechter. Marcus Pupius hätte seinem Sohn keines weiterzugeben gehabt. Das doppelte Cognomen Piso Frugi, das ein Zweig der Calpurnier führte, hatte besonders hohes Ansehen. So erscheint es verständlich, daß es in der Adoptivlinie als Nomen übernommen wurde. Das Cognomen war seinem Ursprung nach ein persönlicher Beiname – ein Spitzname oder auch eine aufgrund hervorragender Taten erworbene auszeichnende Benennung. In der Spätphase der Republik waren die meisten dieser Beinamen auch schon in männlicher Linie erblich geworden. In diesem Sinne charakterisieren die Grammatiker das Cognomen einerseits «quod unuscuiusque proprium», andererseits als «cognomenta familiae».[10] In großen Senatorenfamilien wie den Calpurniern und Scriboniern dienten die Cognomina damals längst schon zur Charakteristik einzelner Familienzweige. Das höchst auszeichnende Cognomen bzw. Agnomen[11] Magnus, das Gnaeus Pompeius, der Triumvir und «consul sine collega» erhalten hatte, konnte hingegen nicht ohne weiteres von seinen Nachkommen wieder aufgegriffen werden. Des großen Pompeius Sohn hieß wieder schlicht zweinamig Sextus Pompeius.

In der frühen Kaiserzeit zeichnet sich im Stammbaum der hier beispielhaft ausgewählten Senatorenfamilien in der Namengebung ein tiefgreifender Umbruch ab. Er ist in seiner Radikalität sicher nicht für die ganze römische Oberschicht der Zeit typisch, er zeigt aber Momente, die damals auch in anderen führenden Familien des Reichs zu finden sind. Die neuen Formen der Nachbenennung treten schlagartig unter den Kindern des Marcus Licinius Crassus Frugi, Konsul im Jahre 27 n. Chr., und der Scribonia auf. Bei ihrem ältesten Sohn brach das Paar mit allen Traditionen. Sie gaben ihm überhaupt keinen Namensteil aus dem Geschlecht des Vaters sondern den vollen Namen des großen Gnaeus Pompeius Magnus, des Urgroßvaters der Scribonia durch ihre Mutter Pompeia. Sein Name hätte diesem Sohn später fast den Kopf gekostet. Dabei ging es nicht um den Bruch mit der Tradition in Nomen und Praenomen. Kaiser Caligula zwang ihn vielmehr, sein Cognomen abzulegen. Dessen

Nachfolger Claudius gestattete ihm später wieder die Führung des berühmten Beinamens. Mit ihm war offenbar ein Anspruch verbunden, der aus der Sicht des Kaiserhauses bedrohlich werden konnte. Erst der zweite Sohn des Konsuls des Jahres 27 erhielt den Namen des Vaters im Sinne des traditionellen Verständnisses der Kontinuität der «gens» und zwar in voller Übereinstimmung in allen vier Namensteilen: Marcus Licinius Crassus Frugi. Mit seinem Namen wurde zugleich an den zweiten der Triumviri erinnert, Marcus Licinius Crassus, den Adoptivgroßvater. Sein Cognomen Frugi hält die Traditionslinie der Calpurnii Pisones aufrecht. Im Namen des dritten Sohnes wird mit Nomen und Cognomen Licinius Crassus das traditionelle Namensystem eingehalten. Das Praenomen Lucius schließt an den Großvater mütterlicherseits an, dessen Name auch im zweiten Cognomen aufgegriffen wird, freilich in einer gänzlich neuartigen Form. Gentilnamen mit der Endung -anus hatten im altrömischen Namensystem dazu gedient, bei Adoptivsöhnen den Zusammenhang zur «gens» ihrer blutsmäßigen Herkunft aufrechtzuerhalten. So war das noch kurz vorher bei einem gewissen Gaius Octavius Kaipias bzw. Gaius Octavius Thurinus gewesen, der durch die Adoption durch seinen berühmten Großonkel zum Gaius Julius Caesar Octavianus wurde, später noch Augustus zubenannt.[12] Bei Lucius Licinius Crassus Scribonianus lag der Fall anders. Er verdankte seinen Namen nicht einer Adoption und die Scribonii waren nicht seine väterliche «gens». Sie waren vielmehr die «gens» seiner Mutter – eine sehr berühmte «gens», der auch die erste Frau des Augustus entstammte.

Nach dem Vorbild der Adoptivnamen konstruierte Namensformen mit der Endung -ianus, die an das Geschlecht der Mutter anschlossen, kamen in Rom in dieser Zeit allgemein auf.[13] Sie waren in Mittelitalien seit alters verbreitet gewesen, nicht aber unter römischen Bürgern. In ihrer Wurzel gehen sie auf das etruskische System der Namensbildung zurück.[14] Dieses System kannte neben Praenomina, Gentilnamen, Cognomina und Patronymika stets auch Metronymika, also auf die Herkunft von Mutterseite bezugnehmende Bezeichnungen. Da Frauen auch bei den Etruskern nach dem Gentilnamen ihres Vaters benannt wurden, kam es dadurch zu einem bilateralen System der Herkunftsbezeichnung. Bei den Nachfahren der Etrusker selbst und bei den ihnen benachbarten mittelitalischen Stämmen indogermanischer Sprachzugehörigkeit erhielt sich dieses Merkmal der Namengebung. In der frühen Kaiserzeit begann es, sich auch in Rom selbst wieder durchzusetzen. Das Cognomen Scribonianus ist ein frühes Beispiel dieser neuen Sitte matrilinearer Nachbenennung. Überraschend erscheint, daß es in der gleichen Geschwisterreihe auch zur Bildung eines Cognomens nach dem väterlichen Gentilnamen verwendet wurde. Der vierte Sohn des Konsuls von 27 sollte offenbar die Tradition einer vierten bedeutsamen Ahnenreihe aufrechterhalten, der gens Calpurnia. Er erhielt deren durch Generationen führendes Praenomen Lucius, obwohl schon sein älterer Bruder dieses Praenomen trug – jener freilich aus der Tradition der «gens Scribonia». Er erhielt auch beide Cognomina des Zweigs der Calpurnii, von dem er abstammte. Die Nachbenennung nach diesen berühmten Vorfahren ging so weit, daß er nicht einmal das Gentiliz des eigenen Vaters übernahm. Es wurde ihm dieses nur in abgewandelter Form – gleichsam wie einem Adoptierten – mitgegeben. Die einzige Tochter aus der besagten Ehe verknüpfte ebenso in ihrem Namen alte und neue Elemente. Sie erhielt als ersten Namen die feminisierte Form des väterlichen Gentilizes, wie es in den römischen Familien seit alters üblich war. Als erste Frau der Familie bekam sie aber auch einen zweiten. Und das war kein geringerer als der Ehrenname des großen Pompeius in weiblicher Namensbildung.

In der Namengebung der nächsten Generation erscheint das altrömische Namensystem vollends aufgegeben. Der älteste Sohn führt überhaupt kein Praenomen mehr. Das Praenomen Marcus seines Vaters, der «Leitname» der Patrilinie sowohl nach der geblütsmäßigen Abstammung als auch nach der fiktiven durch das Adoptionsverhältnis zu den Licinii Crassi, wird in dieser Generation überhaupt nicht vergeben. Das Praenomen des zweiten Sohnes Gaius gehörte zwar zu den bei den Calpurnii, auf die drei seiner sonstigen Namensteile Bezug nehmen, durchaus üblichen, wurde aber in dieser Linie seiner Ahnen von keinem unmittelbaren Vorfahren getragen. Das führende Praenomen der Calpurnii und Scribonii, nämlich Lucius, erscheint in der Brüderreihe erst an dritter Stelle. Das Nomen gentile Licinius begegnet zwar bei allen Geschwistern, mit Ausnahme des ältesten Sohnes jedoch durchgehend in einer variierten Form. Die Cognomina stammen fast alle aus der Familientradition, werden aber nicht nach den traditionellen Regeln geführt. Beim Konsul des Jahres 87 treten sie so gehäuft auf, daß man bei seinen insgesamt schon sechs Namensteilen durchaus von Polyonymie sprechen konnte. In den ahnenstolzen Familien des alten senatorischen Adels sollte diese Polyonymie in der Folgezeit noch weiter gesteigert werden. Sie erreichte einen Höhepunkt mit dem seines exzessiven Prunknamens wegen berühmten Konsul des Jahres 169[15]: Q. Pompeius Senecio Roscius Murena Coelius Sex. Julius Frontinus Silius Decianus Caius Julius Eurycles Herculanus L. Vibullius Pius Augustanus Alpinus Bellicius Sollers Julius Aper Ducenius Proculus Rutilianus Rufinus Silius Valens Valerius Niger Cl. Fuscus Saxa Amyntianus Sosius Priscus. Dieses aus nicht weniger als 38 Teilen bestehende Namensmonstrum vereinigte alte Praenomina, Gentilicia sowie Cognomina und Agnomina aus allen Regionen und Kulturen des Imperiums. Eine nähere Analyse der Zusammensetzung dieses Namens zeigt, daß selbst hier noch ein strukturierendes System erkennbar ist. Vom altrömischen System der Namengebung ist es freilich weit entfernt. Die einzelnen Typen von Teilnamen haben keinen bestimmten Platz mehr. Es werden Namen von Vorfahren aus verschiedensten Herkunftslinien nach einer Ordnung zusammengefaßt, die sich primär aus deren Bedeutsamkeit für den Namenträger bzw. dessen Namengeber ergibt, nicht mehr nach allgemein gesellschaftlich verbindlichen Richtlinien.

Über den gesellschaftlichen Hintergrund des alten Systems der Namengebung lassen sich leichter Aussagen machen als über den des neuen. Die Basis für die Entwicklung des Namenwesens in republikanischer Zeit ist die Geschlechterverfassung, auf der die römische «res publica» beruhte. Aus dem starken Selbstbewußtsein dieser ahnenstolzen Geschlechter, für das die Erhaltung des Namens eine so große Rolle spielte, ist die spezifische Eigendynamik des altrömischen Systems der Namengebung zu verstehen, die zu einer immer stärkeren Betonung der auf die «gens» bezogenen Namenelemente führte. Durch Gesetzesbeschlüsse des von den Geschlechtern getragenen Senats konnten diese ihr Interesse an der Ordnung des Namenwesens in ein Rechtssystem einbinden. Wir haben gesehen, daß das griechische System der Namengebung in seinen Anfängen auch sehr stark von der auf Geschlechterverbänden beruhenden Herrschaftsstruktur bestimmt war. In der griechischen Polis ist die Macht der Geschlechter jedoch reduziert worden – wie sich am Beispiel der Reformen des Kleisthenes in Athen gezeigt hat, nicht zuletzt mit Mitteln der Namenpolitik. Zwischen griechischem und römischem System der Namengebung zeigen sich manche Parallelen. In den Tendenzen der Auseinanderentwicklung spiegeln sich Unterschiede der gesellschaftlichen Entwicklung. Bei den Griechen haben Individualname und Patronymikon das Namensystem mehr und mehr bestimmt. Die anfangs vorhandenen Gentilnamen sind zurückgetreten. In Rom hingegen war die Entwicklung umgekehrt. Der Gentilname wurde zum eigentlichen Nomen. Die zu seiner Differenzierung notwendigen Cognomina und Agnomina haben über individuelle Benennungen hinausgehend ebenso den Charakter patrilinearer Klanbezeichnungen angenommen. Die Praenomina sind zurückgetreten. Durch das Aufkommen der Nachbennung des ältesten Sohnes nach dem Vater gewannen sie als Leitnamen auch eine quasi gentilizische Komponente. Sie waren aber für die Charakterisierung der gens weniger wichtig, weil sie – auf wenige reduziert – jede Signifikanz verloren haben. In der Abkürzung der Praenomina spiegelt sich ihr Bedeutungsverlust gegenüber dem Nomen gentile. Das Patronym als zweiter individueller Namensbestandteil hatte zwar noch rechtlich Bedeutung, fand in die «tria nomina nobilium» aber nicht mehr Eingang.

Der Vergleich mit dem griechischen System der Namengebung trägt auch noch in anderer Hinsicht zum besseren Verständnis des römischen bei. Wie bei vielen Völkern indogermanischer Sprachzugehörigkeit waren bei den Griechen viele Vollnamen aus zwei aufeinander bezogenen Namenselementen komponiert. Bei den Römern wie bei vielen anderen italischen Stämmen fehlte dieser Namentypus. Es gab dementsprechend nicht die Möglichkeit, familiale Zusammengehörigkeit durch Namensvariation auszudrücken. So kann sich auch die Nachbenennung nach Vorfahren, die für das Namengebungssystem der Römer so charakteristisch ist, bei ihnen nicht aus der Namensvariation herausentwickelt haben. Das römische Namengut hatte einen ganz anderen Charakter als das griechische. Vor allem war es zum Unterschied von diesem in seinem Umfang sehr beschränkt. In historischen Zeiten finden wir nur mehr 18 männliche Vornamen in Gebrauch, nämlich Aulus, Gaius, Gnaeus, Decimus, Lucius, Marcus, Publius, Quintus, Sextus, Tiberius, Titus, ferner Appius, Kaeso, Mamercus, Manius, Numerius, Servius, Spurius. Die letzten sieben waren nur bei gewissen vornehmen Familien üblich, so Kaeso bei den Fabii und Quintii unter den patrizischen, bei den Acidii und den Duilii unter plebejischen Geschlechtern, die jedoch zur Nobilität gehörten, Servius bei den Cornelii und Sulpicii, Appius bei den Claudii, Mamercus bei den Aemilii, Numerius bei den Fabii.[16] Einige von dieser kleinen Zahl von Praenomina waren also wiederum gentilspezifische «Leitnamen». Bei Numerius wissen wir zufällig, wie dieser sonst in Rom nicht gebräuchliche Vorname in die Familie kam. Er stammt von der samnitischen Familie der Otacilii Maleventani. Ein Fabier hatte die

Erbtochter dieser Familie zur Frau erhalten gegen das Versprechen, seinen erstgeborenen Sohn nach dem mütterlichen Großvater zu benennen.[17] Es handelt sich also bei der Namensübernahme um das Interesse einer samnitischen Gens, durch Erbtochterehe – verbunden mit Namensübertragung – die Kontinuität des Geschlechts aufrechtzuerhalten – eine Sitte, die in Rom damals nicht üblich war. Ähnlich könnte es auch bei anderen der seltenen und auf einzelne Geschlechter beschränkten Praenomina gewesen sein. Unter den wenigen verbleibenden Praenomina, die in Rom wirklich häufig gegeben wurden, lassen sich zwei Gruppen von Namen erkennen, deren jeweilige Vergabe vielleicht untereinander in Zusammenhang steht: die von Götternamen und die von Zahlen abgeleiteten. Zu den ersteren gehört vor allem Marcus, das weitaus häufigste römische Praenomen. Es ist von Mars, einem Hauptgott der Italiker, abgeleitet, der wichtigsten Gottheit in der frührömischen Götterwelt. Bei den Oskern hieß er Mamers, eine Namensvariante, die im Mamercus der Aemilier weiterlebt. Gaius hängt vielleicht mit der Erdgottheit Gaia zusammen,[18] Tiberius sicher mit dem römischen Flußgott Tiberis. Manius und Lucius galten später als Namen, die nach der Geburtszeit gewählt worden wären. Das ist aber wohl gelehrte Spekulation. Wahrscheinlich sind auch sie theophore Namensbildungen.[19] Über Gentilnamen, die aus Praenomina abgeleitet sind, lassen sich weitere solche Bildungen erschließen, die freilich in der stark reduzierten Gruppe der Praenomina, die sich in historischen Quellen erhalten haben, nicht mehr vorkommen. Zu Gaius, Lucius und Manius gibt es auch weibliche Namensformen,[20] zu Marcus, dem vom Kriegsgott abgeleiteten wichtigsten Männernamen nicht. Die in römischer Frühzeit verbreiteten Praenomina von Frauen wurden völlig verdrängt und durch die feminisierte Form des Nomen gentile ersetzt. Dadurch kam es zur Namensgleichheit unter Töchtern. Deskriptive Zusätze wie «maius» oder «minus» für die ältere und die jüngere Schwester halfen zu unterscheiden. Vor allem der dritten fügte man Tertia, Quarta etc. hinzu. Aber auch Prima und Secunda kommen vor.

Bei Söhnen beginnen „Nummernnamen" – und zwar als Praenomina im eigentlichen Sinn gebraucht – erst mit Quintus, also dem Fünftgeborenen. Bei den ersten vier dürfte es üblich gewesen sein, Ahnennamen zu geben, wobei – wie wir gesehen haben – die Geburtenfolge für die Nachbenennung sehr wesentlich war. Allerdings wurden auch Quintus, Sextus, Septimus etc. als erbliche Namen in einem zweiten Schritt von der Rangfolge der Geburten unabhängig.

Auf das Alter der «Nummernnamen» als Ahnennamen deuten Geschlechternamen, die patronymisch von solchen Praenomina abgeleitet wurden wie Septimii, Octavii etc. Und auch die theophoren Namen scheinen schon früh nur mehr als Ahnennamen verstanden worden zu sein. Das zeigt der Fall des Marcus Manlius Capitolinus. Er soll 390 v. Chr. das Kapitol vor dem nächtlichen Überfall der Gallier gerettet haben. Als er aber nach der Königswürde strebte, wurde er 385 zum Tode verurteilt. Auf Antrag des Volkstribunen beschloß das auf dem Marsfeld versammelte Volk: «gentis Manliae neminem patricium Marcum vocari licet.» Ein solches Verbot der Verwendung des Namens Marcus in diesem alten Patrizierhaus bedeutete sicher, daß das Andenken an den Staatsfeind gelöscht werden sollte und daher sein Name in der Familie nicht weitergegeben werden durfte. Um Marcus als Ahnennamen ging es also damals, nicht um die vom Götternamen abgeleitete Namensform im allgemeinen. Den Bedeutungsverlust dieser Ableitung zeigt ja auch das Nebeneinander zweier bloß sprachlich unterschiedener Namen, die sich auf dieselbe Gottheit bezogen – des römischen Marcus und des oskischen Mamercus. Die Kraft, die man sich ursprünglich von solchen theophoren Namen erwartet haben mag, dürfte damals für die Namengebung ihre Bedeutung schon längst verloren gehabt haben.

Eine ganz ähnliche Reduktion der Praenomina auf einige wenige findet sich auch bei den Etruskern, von denen ja die Römer wesentliche Elemente ihres Systems der Namengebung übernommen haben dürften. Bei den Etruskern sind schon im 6. Jahrhundert gar nur mehr acht männliche Praenomina übrig gewesen, nämlich Aranth, Avile, Velthur, Venel, Larth, Laris, Larice und Mamerce.[21] Drei davon sind vom etruskischen Kriegsgott Laren abgeleitet. Avile entspricht dem römischen Aulus, der wohl – wie auch die gens der Aurelii – mit der Sonnengottheit Ausel in Zusammenhang zu bringen ist.[22] Mamerce korrespondiert mit dem Namen des bei den Oskern verehrten Mamers, der aber hier nicht wie der römische Mars als Kriegsgott verstanden worden sein dürfte. Grundsätzlich findet sich also bei den Etruskern das gleiche Prinzip theophorer Männernamen, freilich zum Teil an anderen Gottheiten orientiert. Daß in beiden Kulturen das Vornamengut primär von theophoren Namen geprägt wurde, darf aufgrund solcher Übereinstimmungen wohl angenommen werden. Wann dieser Übergang zu einer an Götternamen orientierten Namengebung in Italien erfolgte, läßt sich mangels Quellen nicht mehr feststellen. Daß er von der in früher

Zeit dominierenden Kultur der Etrusker initiiert wurde, ist sehr wahrscheinlich. Das von anderen zur indogermanischen Sprachgruppe gehörigen Völkern so stark abweichende Namensystem der Römer hat wohl in diesem Einfluß seine Wurzel. Die Reduktion der Praenomina bei den Etruskern und Römern ist sicher der radikalste, vielleicht auch der früheste Prozeß des Namenschwunds, den wir in der Geschichte beobachten können. Die Ursache dieses Prozesses wird in der Regel in der Bedeutungszunahme der Gentilnamen gesehen. «Durch die Ausbildung der festen Familienbezeichnungen ist bei den Italikern, speziell bei den Römern, die Zahl der auf diese Weise zur Rolle von Praenomina herabgewürdigten Individualnamen stark eingeschränkt worden. Dies können wir aus denselben Gründen, auch bei anderen Völkern, z. B. den Deutschen beobachten» schreibt etwa Ernst Fraenkel in seinem zusammenfassenden Überblick über das Namenwesen der Antike in der Real-Encyclopädie der klassischen Altertumswissenschaft.[23] Wir werden uns mit den hier als Parallele herangezogenen Entwicklungstendenzen des mittelalterlichen Namenwesens noch ausführlich zu beschäftigen haben. Einen Analogieschluß für die römische Frühzeit im skizzierten Sinne lassen sie sicher nicht zu. Nicht das Aufkommen von Familiennamen hat die Reduktion der Vornamen bewirkt, sondern umgekehrt die Reduktion der Vornamen das Aufkommen von Familiennamen. Sicher läßt sich auch die Umkehr des Bewirkungszusammenhangs nicht «per analogiam» auf die römische Frühzeit übertragen. Das «Nomen gentile» ist als ein Klanname etwas völlig anderes als die im Mittelalter sich ausbildenden Familiennamen. Es ist weit mehr als ein aus Differenzierungsbedürfnissen entstandener neuer Namensteil. Aber für das Phänomen des Schwunds an Praenomina könnten – spätere Ableitungen vorwegnehmend – die Ursachen des mittelalterlichen Namenschwunds zu Erklärungen helfen. Wie man im Mittelalter immer häufiger die Namen einiger weniger Heiliger gab, weil man sich von ihnen besonderes Heil erwartete, so könnten auch in frührömischer Zeit die in theophore Namen gesetzten religiösen Hoffnungen auf theophore Namen dazu geführt haben, daß man sich in der Namengebung der Kinder auf einige wenige von ihnen konzentrierte. Ein solcher Erklärungsversuch hat jedenfalls mehr Plausibilität als die Ableitung aus dem Aufkommen von Gentilnamen. Wenn im Namensystem einer Gesellschaft ein zweiter Name eingeführt wird, so ergibt sich daraus keinerlei Notwendigkeit, die Zahl der ersten Namen zu reduzieren.

Wie die Kerngruppe der häufigsten römischen Praenomina sehr wahrscheinlich auf eine religiös motivierte Namengebung zurückgeht, so mit Sicherheit das Aufkommen des «Nomen gentile». Was die Träger des gleichen Gentilnamens verband, war die Teilnahme am Hauskult, und dieser Hauskult war zu einem wesentlichen Teil Ahnenkult. Für Rom kann man mit voller Berechtigung von Ahnenkult sprechen. Die Vorväter, die «Dei parentes», wurden als göttlich verehrt.[24] Zu ihren Ehren feierte man die «Parentalia». Anders als in der griechischen Ahnenverehrung kam es in der römischen zu keiner Ausweitung über Haus- und Abstammungsgemeinschaft hinaus. Die Römer kannten keinen öffentlichen Ahnenkult, keine Konzentration des Kults auf bestimmte als Wohltäter vom Jenseits her für das Gemeinwesen besonders wesentliche Vorväter. So hat sich bei ihnen auch kein Heroenkult entwickelt. Die lebenden Familienangehörigen blieben jeweils ihren eigenen Vorfahren verbunden – durch die Ahnenbilder zuhause, durch die gemeinsame Familiengrablege, vor allem durch den gemeinsamen Namen, in dem die Ahnen präsent blieben und der deshalb um jeden Preis weitergegeben werden mußte. Diese enge kultische Bindung an die Ahnen ist der Grund, weswegen der Gentilname zum eigentlichen «Nomen» geworden ist. Die Identität jeder Person – Männer wie Frauen – war primär durch die Abstammung von einem Ahnherren bestimmt. Die Reihe der Väter, die mit ihm verband, wurde insgesamt als «di(v)i» verehrt. Solche kultisch verehrten Väter hatten freilich keineswegs alle Angehörigen des Gemeinwesens. Zunächst waren es nur die «patricii», die auf eine solche Reihe verehrungswürdiger Ahnen zurückblicken konnten.

Der enge Zusammenhang von Ahnenkult und Namensführung kommt in verschiedenen Eigenheiten des römischen Namensystems zum Ausdruck. Die römische Frau behält lebenslänglich den Namen ihrer Abstammungsgemeinschaft als eigentliches Zeichen ihrer Identität bei. Sie gehört auch als Verheiratete im kultischen Sinne nicht zur Familie des Gatten und hat dementsprechend kein Recht, an den Familienriten teilzunehmen. Es gibt Beispiele dafür, daß verheiratete Frauen bei ihrem Vater begraben wurden. Jedenfalls war der Vater rechtlich für das Begräbnis zuständig.[25] Die Familie als Kultgemeinschaft kann bei den Römern durch Töchter nicht fortgesetzt werden. Die enorme Rolle, die die Adoption in Rom für die Erhaltung von Familienkult und Familiennamen spielt, ist auf diesem Hintergrund zu verstehen.[26] Die Adoptivsöhne werden «nominis sacrorum familiaeque heredes», wie es Livius über

die Familie des Pydnasiegers Aemilius Paulus aus dem zweiten vorchristlichen Jahrhundert berichtet.[27] Das aufschlußreichste Indiz
für den Zusammenhang von Gentilname und Kult ist aber wohl die
Namengebung freigelassener Sklaven und ihre Rolle im Totenkult.
Sklaven erhielten bei ihrer Freilassung den Namen des Herren.[28] Ihr
bisheriger Name blieb ihnen als Cognomen. Der berühmte Tiro
etwa wurde durch die Freilassung seitens seines Herren, des Marcus
Tullius Cicero, zum Marcus Tullius Tiro. Der Patron tritt im neuen
Namen des bisherigen Sklaven an die Stelle des Vaters, da Sklaven
im rechtlichen Sinne keinen haben. Das Verhältnis Patron-Freige-
lassener entspricht einer Vater-Sohn-Beziehung. Der Freigelassene
untersteht ja weiterhin der «patria potestas» seines bisherigen Herren. Für die Namensgleichheit unter Lebenden ist das römisch-
rechtliche Konzept der «väterlichen Gewalt» sehr wichtig. Mitunter wird der Patron direkt als «parens» des Freigelassenen bezeichnet. Es wird ihm seitens des Freigelassenen wie seitens eines Sohnes
nach dem Tod ein Epitaph errichtet. Umgekehrt findet sich auf den
Gräbern der Herren mitunter die Formulierung «libertis libertabus-
que meis posterisque eorum». Die Freigelassenen und ihre Nachkommen können also in die Familiengruft aufgenommen werden.
Diesem Privileg entsprach die Verpflichtung, die Kommemora-
tionsriten auch durch die Nachkommen fortsetzen zu lassen. Die
Freigelassenen konnten so sowohl zur Erhaltung des Familiennamens als auch des Familienkults beitragen. Es ist ein im interkulturellen Vergleich einmaliger Gedanke, freigelassene Sklaven mit ihren Familien in die eigene Familie als Teilhaber der Kultgemeinschaft aufzunehmen. Den Griechen war dieser Gedanke völlig
fremd. Die römische Institution des Patronats über Freigelassene,
durch das Namensgleichheit über die Abstammungsfamilie hinaus
hergestellt wurde, bedeutete für die Entwicklung der Nachbenennung einen wichtigen und zukunftsweisenden Neuansatz.

Der tiefgreifende Wandel, der sich im römischen System der Namengebung seit der frühen Kaiserzeit abspielt, hat sicher mit einer
Veränderung im Stellenwert des Gentilnamens und damit des in
ihm ausgedrückten Geschlechtsbewußtseins zu tun. Das altrömische Namensystem war streng patrilinear orientiert. Es entsprach
damit einem patrilinearen Geschlechtsdenken. Die Väter wurden
im Ahnenkult verehrt, die Männer der Familie trugen diesen Kult,
die Söhne gaben «nomen» und «sacra familiae» weiter. In der frühen Kaiserzeit kamen nun in der Namengebung matrilineare Elemente auf. Sie waren – wie gesagt – in Mittelitalien nicht ohne

Tradition. Die Etrusker hatten seit alters ein System der Namengebung praktiziert, das neben patrilinear bestimmten Namensteilen davon klar unterschiedene umfaßte, die auf die Mutterlinie verwiesen. In Etrurien war diese Tradition lang lebendig geblieben. In einigen von den Etruskern beeinflußten Regionen Mittelitaliens hatte sie sich ebenso erhalten. Mit der zunehmenden Einbindung ursprünglich nicht römischer Geschlechter in die Führungsschicht des Reiches gewann sie verstärkt an Einfluß. Dadurch mußte es notwendig zu einer Überformung des traditionellen Namensystems kommen. Ein neues System, in dem Traditionen der väterlichen wie der mütterlichen Linie nebeneinander einen klar definierten Platz gehabt hätten, kam dadurch allerdings nicht zustande. Vielmehr wurden verschiedene Teile der ursprünglich rein patrilinear bestimmten Namensequenz in unterschiedlicher Weise und in neuen Formen zur Bezugnahme auf mütterliche Vorfahren benützt. Praenomen, aber vor allem Gentiliz und Cognomen mußten dadurch ihre bisher klar umschriebene Funktion im System der Namengebung einbüßen. Dieses System blieb weiterhin total ahnenbezogen. Durch die Hereinnahme der mütterlichen Ahnen verlor es jedoch seine bisherige Struktur. Praenomina der mütterlichen Linie wurden aufgenommen, ebenso Gentilnamen und Cognomina von dieser Seite, teils in abgewandelten Formen, die vor allem aus dem bisherigen Adoptionssystem entlehnt wurden; väterliche und mütterliche Gentilnamen wurden nebeneinandergestellt, ebenso väterliche und mütterliche Cognomina. Einerseits kam es zur Namenhäufung, andererseits mußten traditionelle Namenselemente wegfallen, um für neue Formen der Orientierung an Vorfahren Platz zu machen. Auch die als «Zerrüttung» gedeutete Polyonymie hat System. Ihr Grundgedanke ist es, möglichst viele Namen bedeutender Vorfahren aus väterlicher und mütterlicher Linie in den Namen der Kinder weiterzuführen. Neben den Namen der Söhne wurden nun auch die der Töchter dazu verwendet. Mit der Einbeziehung der Matrilinie begann man auch, die traditionellen Grenzen der männlichen und weiblichen Namengebungsformen zu überschreiten. Auch in dieser Hinsicht kam es zu einer Intensivierung der Nachbenennung. Das ohnehin schon stark ahnenbezogene System der römischen Namengebung erfuhr in dieser Phase also keineswegs einen Verfall sondern sogar eine Steigerung. Zurückgegangen ist allerdings die Bedeutung der patrilinearen «gens» in diesem System, von der es seinen Ausgang genommen hatte und die es bisher nahezu ausschließlich bestimmte.

Die über die «tria nomina Romanorum» hinaus gehende Polyonymie mit ihrer weit ausgreifenden Nachbenennung nach Vorfahren
der väterlichen und der mütterlichen Seite in unterschiedlichsten
Formen blieb auf eine schmale Oberschicht ahnenstolzer Familien
aus senatorischem Adel beschränkt. Die römische Sitte der Mehrnamigkeit hingegen verbreitete sich mit zunehmender Romanisie-
rung mehr und mehr im ganzen Reich. Zum römischen Bürgerrecht
gehörte auch das römische Namensystem. Häufig wurden dabei die
Gentilnamen jener Kaiser angenommen, die das Bürgerrecht verliehen hatten.[29] Unter den vornehmen Familien von Epidaurus haben
wir die Gentilnamen der Julier und Claudier gefunden, einschließlich des kaiserlichen Praenomens Tiberius.[30] Und auch unter den
Herodäern, die schon früh das römische Bürgerrecht erhalten hatten, begegnet das Nomen Julius.[31] Im zweiten und dritten nachchristlichen Jahrhundert häufen sich dann die kaiserlichen Gentilnamen immer mehr. Nach Provinzen des Reichs verteilten sie sich
sehr unterschiedlich. Aber sogar in der Hauptstadt Rom selbst war
mehr als ein Fünftel der Gentilnamen kaiserlich. Im Register des
einschlägigen Bandes des Corpus Inscriptionum Latinarum füllt
Aelius 22 Kolumnen, Aurelius 34, Claudius 33, Cocceius 4, Flavius
28, Julius 45, Septimius 4 und Ulpius 16.[32] Im ganzen Imperium
dürfte der Gentilname Aurelius der häufigste gewesen sein. Der
Aurelier Caracalla hatte ja 212 mit der Constitutio Antoniana allen
freien Reichsbewohnern das Bürgerrecht verliehen. Seine ursprüngliche Bedeutung hatte der Gentilname durch diese Inflation endgültig verloren. Wie die Praenomina wurden die Kaisergentilicia nur
mehr gekürzt als Ael(ius), Aur(elius), Cl(audius), Fl(avius) etc. geführt. Innerhalb der einzelnen Geschlechter waren solche Gentilnamen allerdings noch immer ein symbolischer Ausdruck der Gemeinsamkeit durch Abstammung. Wenn sie in der ausgehenden
Kaiserzeit dann endgültig aufgegeben wurden, so ist das wohl doch
auch ein Zeichen dafür, daß solche Symbole gemeinsamer Abstammung jetzt nicht mehr gefragt waren.

Mit der Übernahme des römischen Namensystems in den Provinzen des Imperiums stellte sich in vielfältiger Weise die Frage, wie
bodenständige Namenstraditionen weitergeführt werden sollen. Alte Individualnamen wurden in der Regel als Cognomina übernommen. So erklärt sich ein Tiberius Claudius Nikoteles oder ein Tiberius Julius Sianthes.[33] Das griechische Patronym war mit den «tria
nomina Romanorum» schwer in Einklang zu bringen.[34] Oft wurde
es nun weggelassen. Auch hier stellt sich die Frage: Ist der Bedeu-

tungsrückgang eines abstammungsorientierten Namensteils bloß Folge formal-onomastischer Entwicklungen – in diesem Fall der Inkompatibilität zweier miteinander verschmelzender Namensysteme? Oder ist dieser Rückgang ein Zeichen dafür, daß das Abstammungsdenken selbst an Bedeutung verlor?

Im Zuge der Vermischung römischer Namentraditionen und bodenständiger in den Provinzen kam es zur Entstehung eines neuen Namentyps, der für die Zukunft sehr bedeutungsvoll werden sollte, nämlich des sogenannten Signum.[35] Das Signum war kein neuer Namensteil im komplizierten System der offiziellen römischen Namengebung. Es handelte sich vielmehr um einen zunächst inoffiziellen Zweitnamen, der durch ein «qui et» oder «sive», im griechischen «ho kai» mit dem Erstnamen verbunden wurde. Einem griechischen «Gaios Joulios Hermas ho kai Merkourios» auf einer bithynischen Inschrift entspricht ein lateinischer «Mercurius qui et Hermes» auf einer aus Kleinasien. Seit der Mitte des 2. Jahrhunderts trat das aus dem hellenistischen Osten kommende Signum einen Siegeszug durch das ganze Imperium an. Zu einer Zeit, da sich die Oberschicht bemühte, mittels der Polyonymie ihren engeren und weiteren Stammbaum ihrer Umwelt bekanntzugeben, kam es vom Osten her zu einer Tendenz zur Einnamigkeit, die mit allen Ausdrucksformen des Abstammungsdenkens radikal brach.

Die Wurzel des Signums liegt wahrscheinlich in Ägypten. Wir sind den zweifachen Namen – nicht Doppelnamen – der Ägypter schon in anderem Zusammenhang begegnet: dem «großen» oder «wahren Namen» bzw. dem «kleinen» oder «schönen».[36] Seinem Ursprung nach ist dieses System der doppelten Personalbezeichnung sicher religiös und es hat in Ägypten diesen Charakter auch noch lange bewahrt.[37] Das hellenistisch-römische Signum hat freilich dann auch noch ganz andere Funktionen übernommen, etwa die jeweils eigensprachliche Charakteristik einer Person in einem zweisprachigen Kommunikationssystem oder ganz einfach auch der Benennung mit einem im sozialen Umfeld geläufigen Rufnamen gegenüber komplizierten amtlichen Bezeichnungen. Der neue Namentyp war offen und konnte vielfältige Bedürfnisse der Zeit, Identität im Namen auszudrücken, befriedigen. Daß auch seine ursprüngliche Funktion im ägyptischen Namensystem weiterlebte, zeigt ein Fall aus einem von der Ursprungsregion weit abgelegenen Gebiet, den Ammianus Marcellinus aus dem 4. Jahrhundert berichtet.[38] Der Alemanne Mederich, ein Bruder des Königs Chnodomar, hatte seinen Sohn nach gut germanischer Sitte der Namensvariation zunächst Agnarich genannt. Dann lebte er eine Weile als Geisel in Gallien und lernte dort «quaedam arcana Graeca», also Geheimwissen aus dem Orient, kennen. Er gab nun seinem Sohn das Signum «Serapio» nach Sarapis, der großen ägyptischen Gottheit der Ptolemäerzeit, deren Kultzentrum in Alexandrien lag. Offenbar wollte er dem Sohn, seinem neuen religiösen Wissen entsprechend, durch die zusätzliche Namengebung den besonderen Schutz dieser Gottheit vermitteln.

Die ausgehende Antike ist im ganzen Imperium Romanum durch eine Tendenz zur Einnamigkeit charakterisiert. Der neue Namentyp des Signums ist deutlichster Ausdruck dieser Entwicklung. Sie zeigte sich aber genauso in der Reduktion komplexer römischer Traditionsnamen, durch die Praenomina bzw. Nomina zunächst abgekürzt wurden und dann überhaupt wegfielen, so daß nur die Cognomina übrig blieben. Eine Statistik christlicher Namen aufgrund von Inschriften des 3. bis 6. Jahrhunderts, aufgeschlüsselt nach Zahl der Namensteile illustriert diese Tendenz anschaulich.[39]

Männernamen:

	ante	pacem	313–410		410–500		500–600	
tria nomina	18	10.5 %	–	–	–	–	–	–
duo nomina	54	32,0 %	39	10,6 %	5	4,7 %	3	3,7 %
cognomen	98	57,5 %	329	89,4 %	101	95,3 %	78	96,3 %
total		170	368		106		81	

Frauennamen:

	ante	pacem	313–410		410–500		500–600	
duo nomina	80	50,0 %	34	10,9 %	3	3,5 %	1	2,0 %
cognomen	80	50,0 %	277	89,1 %	82	96,5 %	51	98,0 %
total		160	311		85		52	

Tafel 8: Christliche Namen nach Zahl der Namensteile
3.–6. Jahrhundert

Die Zusammenstellung zeigt, daß sich in der Zeit Konstantins des Großen im System der römischen Namengebung eine grundlegende Wende vollzogen hat. Es drängt sich die Frage auf, ob diese Veränderungen mit der neuen Stellung des Christentums im Imperium Romanum zu tun haben. Der finnische Philologe Jiro Kajanto, der die Statistik erstellt hat, diskutiert diese Frage im Anschluß an einen älteren Interpretationsversuch, der die Reduktion des römischen Namensystems auf einen einzigen Namen mit der christlichen Idee der Gleichheit in Zusammenhang bringt.[40] Alle Unterschiede zwischen Sklaven und Freien in der Namengebung hätten nach christlichen Vorstellungen verschwinden sollen. Er lehnt diesen Interpretationsversuch mit der Begründung ab, daß dann schon im älteren christlichen Namengut mehr Gleichheit durch Einnamigkeit erkennbar sein müßte. Seiner Meinung nach sind die für die Entwicklung zur Einnamigkeit entscheidenden Faktoren «purely onomastic». Das Praenomen und wohl auch das Nomen gentile wären weggefallen, weil sie die distinktive Funktion verloren hätten. Eine solche Argumentation geht davon aus, daß Namen – gleichsam als eine anthropologische Konstante – primär eine distinktive Funktion hätten und daß diese als ein «rein onomastischer» Faktor der Namengebung von anderen abgelöst werden könnte. Als Mittel der Distinktion hätte man Praenomen und Nomen schon längst nicht mehr gebraucht. Wir haben gesehen, daß ihnen ursprünglich eine sehr existenzielle religiös-gesellschaftliche Bedeutung im System der altrömischen Geschlechterverfassung zugekommen ist. Für die Namengebung überflüssig konnten sie erst sein, wenn sie diese ursprüngliche oder später neu hinzukommende Funktionen verloren hatten. Die Bezugnahme auf Ahnen und Abstammung durch das mehrteilige System der römischen Namengebung hat sich bis tief in die Kaiserzeit hinein als lebendiges Prinzip gezeigt. Fragt man nach dem Einfluß des Christentums auf die «tria nomina Romanorum», so ist wohl nicht in erster Linie von einer Idee sozialer Gleichheit auszugehen. Viel wesentlicher erscheint eine andere Frage: Wie stand das Christentum und mit ihm vielleicht andere religiöse und ethische Strömungen der Zeit zu Fragen von Abstammungs- und Ahnenbewußtsein? Unter diesem Aspekt wäre wohl das Problem der «konstantinischen Wende» der Namengebung neu zu diskutieren.

4. Von «heiligen Namen» zu Heiligennamen – frühe Formen christlicher Namengebung

In den beiden ersten nachchristlichen Jahrhunderten kam es in der Oberschicht des Römischen Reiches mit der Polyonymie zu einer Nachbenennung nach Ahnen, wie sie in diesem Ausmaß bisher unbekannt gewesen war und wie sie wohl in der Geschichte der Namengebung auch späterhin nie wieder erreicht wurde. Wir können zurecht von einem Höhepunkt der innerfamilialen Nachbenennung sprechen. Zur gleichen Zeit entwickelte das junge Christentum sein eigenes Namenwesen, das schließlich in einer allgemeinen Namengebung nach Heiligen mündete. Heilige als Bezugspersonen der Namengebung stellen eine extreme Form der außerfamilialen Nachbenennung dar. Wie kam es zu diesem radikalen Wandel? Läßt er sich als ein direkter Übergang verstehen? Sind die Heiligen als Namensvorbilder unmittelbar an die Stelle der Ahnen getreten? Der in der Einleitung zitierte Satz des Kirchenlehrers Johannes Chrysostomus aus dem ausgehenden vierten Jahrhundert formuliert diese Ablöse als Auftrag: «So sollen wir auch nicht irgendwelche Namen den Kindern geben, weder von Großvätern und Urgroßvätern noch von solchen, die durch adelige Geburt sich auszeichneten, sondern sie nach heiligen Männern nennen, die durch Tugend hervorragten und mit Zuversicht vor Gott auftreten konnten.»[1] Schon wenige Jahrzehnte später scheint der Auftrag erfüllt. Bei dem um 460 nach Chr. verstorbenen Bischof Theodoret von Cyrus heißt es: «Die Namen der Märtyrer aber wissen alle besser als die ihrer Verwandten. Und ihren Kindern beeifern sie sich, deren Namen zu geben, um ihnen dadurch Sicherheit und Schutz zu erwirken.»[2]

Beide Autoren gehen von der Namengebung durch Nachbenennung aus. Auch aus heutiger Sicht wird die christliche Kultur der Namengebung in der Regel generell als eine Kultur der Nachbenennung eingestuft – nämlich der Nachbenennung nach Heiligen. So sehen es jedenfalls die meisten Autoren, die sich mit den Anfängen der christlichen Namengebung befassen. Sie fragen nach dem ersten Auftreten von Heiligennamen. Wo sie solche nicht finden, ist die Namengebung für sie nicht «christlich».[3] Die Gleichsetzung von christlicher Namengebung und Heiligennachbenennung führt dann leicht zur Schlußfolgerung der «Gleichgültigkeit gegen die Namen bei den ältesten Christen».[4] Trifft diese Feststellung zu, so läßt sich die «konstantinische Wende» der Namengebung nicht aus christlicher Wurzel erklären. Der Übergang zur Nachbenennung nach Heiligen ist eindeutig später anzusetzen. Gibt es aber spezifisch christliche Formen der Namengebung ohne dieses Prinzip, so eröffnen sich neue Möglichkeiten von Zusammenhängen. Das Christentum könnte dann altrömische bzw. andere Traditionen der Nachbenennung nach Ahnen geschwächt haben, ohne sie durch die nach Heiligen unmittelbar zu ersetzen.

Die Frage nach spezifisch christlichen Formen der Namengebung in Zeiten vor der allgemeinen Nachbenennung nach Heiligen erfordert eine Analyse nach zwei Gesichtspunkten, einerseits nach der Struktur des Namenguts, das von Christen verwendet wurde, andererseits nach Motiven, die die Namengebung leiteten. Umfassende Analysen über die Häufigkeit bestimmter Namen unter Christen liegen bloß für den Westen des Reiches vor. Zwei Zusammenstellungen für Rom und Karthago aufgrund christlicher Inschriften des 3. bis 5. Jahrhunderts sollen den Ausgangspunkt der Untersuchung bilden.[5] (Tafel 9)

In diesen beiden Statistiken lassen sich verschiedene Grundtypen frühchristlicher Namen erkennen. Heiligennamen sind durchaus schon präsent, stehen quantitativ jedoch bei weitem nicht im Vordergrund. Bemerkenswert erscheint, nach welchen Heiligen nachbenannt wird und in welcher Weise die Nachbenennung erfolgt. Hauptheilige der Ortskirche stehen im Vordergrund. Unter den römischen Christen ist Laurentius damals immerhin schon der dritthäufigste Männername. Der unter Papst Sixtus II. als Erzdiakon der Stadt wirkende Laurentius, erlitt nach früher Überlieferung am 10. August 258 den Märtyrertod. Seine unter Konstantin an der Tiburtinischen Straße errichtete Grabbasilika gehörte zu den Hauptkirchen der Stadt und wurde früh zum Ziel von Wallfahrten. Seine Festfeier am 10. August ist schon für die erste Hälfte des 4. Jahrhunderts belegt. Er wurde neben St. Petrus zum zweiten stadtrömischen Hauptheiligen. Überraschend erscheint, daß sein Name viel häufiger vorkommt, als der des Apostelfürsten und ersten Bischofs der Stadt. Der Name Petrus wird nur 18 mal genannt und gelangte damit nicht mehr unter die dreißig häufigsten. Hier täuscht freilich die Statistik. Nicht weniger als 14 mal kommt Petronius vor. An weiblichen Formen finden sich Petra, Petrula und Petronilla. Der Name Petronilla wurde – wie wir noch sehen werden – im Hoch-

Rang-platz	Rom (3./4. Jahrhundert)		Carthago (303–533)	
1	Cyriacus, -e	71	Felix	103
2	Ianuarius	68	Victor	94
3	Victoria	64	Donatus	85
4	Laurentius	61	Januarius	41
5	Felicitas	60	Cresconius	40
6	Leontius	58	Restitutus	35
7	Leo	55	Quodvultdeus	27
8	Gaudentius	49	Bonifatius	26
9	Irene	47	Honoratus	22
10	Primus	45	Victorinus	22
11	Felix	45	Adeodatus	20
12	Felicissimus	43	Honorius	17
13	Victor	40	Paschasius	16
14	Severus	39	Paulus	16
15	Vincentius	37	Faustinianus	16
16	Victorinus	36	Donatianus	15
17	Bonifatius	36	Maximianus	14
18	Stercorius	34	Faustinus	13
19	Paulus	34	Victorianus	13
20	Faustinus	34	Benenatus	12
21	Florentius	34	Crescens	12
22	Urbicus	30	Peregrinus	12
23	Venerius	30	Marcianus	12
24	Sabinus	30	Maximinus	11
25	Zosimus	30	Rusticus	11
26	Julianus	29	Vitalis	11
27	Justinus	27	Urbanus	11
28	Marcellus	26	Felicianus	11
29	Valerius	25	Cyprianus	10
30	Adeodatus	25	Innocentius	10
	5796 Nennungen insgesamt		2150 Nennungen insgesamt	

Tafel 9: Die häufigsten Namen nach christlichen Inschriften der Spätantike in Rom und Karthago

mittelalter sehr häufig gegeben, ganz eindeutig als Femininform zu Petrus. Es gab eine altchristliche Märtyrerin dieses Namens. Spätere Legende machte sie zur Tochter des heiligen Petrus. Papst Paul I. ließ deshalb auch 757 den Sarkophag mit ihren Gebeinen von der Domitilla-Katakombe in die Peterskirche übertragen.[6] Wie die frühen Parallelformen Petra und Petrula zeigen, handelt es sich bei Petronilla offenbar nicht um eine Nachbenennung nach der altchristlichen Märtyrerin, sondern nach dem Apostel. Dasselbe gilt wohl für Petronius. Hier handelt es sich zwar im Unterschied zu Petrus um einen altrömischen Namen, die große Namenhäufigkeit unter römischen Christen im 3. und 4. Jahrhundert läßt sich aber wohl nur durch die Nähe zu Petrus erklären. Eine ähnliche Situation ergibt sich bei Paulus, dem zweiten in Rom begrabenen Apostelfürsten, der mit Petrus gemeinsam am selben Festtag verehrt wird. Durch die unmittelbare Nachbenennung nach ihm erreicht sein Name in der Rangliste den 18. Platz. Würde man die 14 Paulinus hinzuaddieren, so läge er noch viel weiter vorne. Daß die durch Suffixe gebildeten Namensformen oftmals ähnlich häufig auftreten wie die Hauptform und deshalb wohl auch ähnlich motiviert sind, läßt sich an vielen anderen Namen der beiden Ranglisten deutlich beobachten. Gerade bei den beiden Apostelfürsten könnte ursprünglich eine gewisse Scheu bestanden haben, den Namen direkt zu übernehmen. Die vielen Suffixformen der lateinischen Sprache boten da verschiedene Möglichkeiten, durch Variation seines Namens das Verhältnis der Zugehörigkeit zum Heiligen auszudrücken. Bei Laurentius begegnet dieses Phänomen nicht, ebensowenig bei Cyprian, dem Märtyrerbischof und Hauptheiligen von Karthago. Nachbenennungen nach diesem finden sich in der afrikanischen Liste seltener als nach jenem in der römischen. Neben dem Völkerapostel Paulus ist er hier der einzige Heilige, nach dem häufig nachbenannt wurde.

Viel stärker vertreten als die Heiligennamen sind in beiden Listen die theophoren Namen. In Rom steht mit Cyriacus einer von ihnen an der Spitze. Ihm liegt die griechische Form der christlichen Gottesbezeichnung «Kyrios» zugrunde, ebenso wie dem neunmal genannten Cyrillus. Die lateinischen Entsprechungen Dominicus, Domnicus, Domninus begegnen noch recht selten. Der am «Tag des Herrn» Geborene, also das «Sonntagskind», ist damals wohl mit diesem Namen noch nicht gemeint. Typisch christliche Festnamen fehlen in der römischen Liste. In der karthagischen Liste liegt mit dem von der Bezeichnung des Osterfests abgeleiteten Paschasius allerdings ein Name dieses Typs schon an 13. Stelle. Während Cyriacus in Karthago fehlt, ist mit Adeodatus, dem «von Gott Gegebenen», ein anderer wichtiger theophorer Name in beiden Listen vertreten. Ihm entspricht die Namensgruppe Donatus, Donatianus, Datianus, die mit über hundert Nennungen in Karthago noch weiter vorne liegt. Donatus und seine Ableitungen gehören eindeutig zu den theophoren Namen, auch wenn sie den Gottesnamen nicht wie Adeodatus unmittelbar enthalten. Auch in der theophoren Namengebung der Juden konnte bei Nathan gegenüber Jonathan oder Nathanael die Gottesbezeichnung wegfallen. In einer monotheistischen Religion war es klar, von wem das Kind gegeben wurde. Eine Besonderheit der theophoren Namen in der afrikanischen Liste ist der an 7. Stelle gereihte Satzname Quodvultdeus. Nicht seinem religiösen Inhalt nach, aber nach der Art, religiöse Namen zu bilden, ist er der jüdischen theophoren Namengebung verwandt. Zu den theophoren Namen in einem weiteren Verständnis sind die auf Christus bezogenen Symbolnamen zu rechnen. Hierher gehört vor allem Leo, der Löwe, der den auferstandenen Christus meint, bzw. davon abgeleitet Leontius – beides in Rom sehr häufige und gebräuchliche Namen.

Die weitaus größte Gruppe unter den christlichen Namen dieser beiden frühen Listen machen religiöse Namen aus, die bestimmte christliche Hoffnungen, Erwartungen, Stimmungen, Gefühle und Eigenschaften ausdrücken. Sie lassen sich von den theophoren, aber auch von den Heiligennamen nicht klar trennen. So könnte sich Victor und seine vielen Ableitungen, die in beiden Listen so zahlreich vertreten sind, auf Christus als Sieger über den Tod beziehen. Victor war aber auch ein altkirchlicher Beiname für Märtyrer. Wie Martyrius, der in der römischen Liste zwanzigmal vorkommt, konnte er sich ohne konkrete Nachbenennung in allgemeiner Weise auf Heilige beziehen und eine Beziehung zu ihnen ausdrücken. Schließlich konnte er für das so benannte Kind auch die Erwartung des Siegs über die Sünde meinen.[7] Solche Namen waren also vieldeutig – im christlichen Verständnis wie darüber hinaus. Victor war etwa auch ein typisches «nomen militare», wie es Nichtbürger bei ihrem Eintritt ins römische Heer annehmen mußten.[8] Gerade die Doppeldeutigkeit in einem religiösen und einem säkularen Verständnis legte die Wahl solcher Namen in der Zeit der Verfolgung nahe. Deswegen sind sie aus einer Analyse christlicher Namengebung nicht auszuschließen. Von Christen verwendet, handelt es sich um spezifisch christliche Namen, die freilich in einer rein statistischen Zugangsweise als solche nicht isoliert werden können. Wie für Victor und seine Ableitungen gilt das auch für den Namen Felix und seine Varianten, der in Karthago mit zu den «großen Drei» an der Spitze gehört und auch in Rom weit vorne liegt. Felix bzw. Felicitas waren als Wunsch für die Zukunft des Kindes auch in nichtchristlichen Kreisen sehr verbreitet. Für Christen bedeuteten sie wie später Beatus/Beatrix oder Sanctus/Sancta die Hoffnung auf die ewige Seligkeit.[9] Es waren glückverheißende Namen in einem allgemeinen Sinn, die aber von Christen in besonderer Weise verstanden wurden. Gaudentius, Bonifatius, Faustinus, Zosimus – sie alle konnten solche besondere christliche Erwartungen zum Ausdruck bringen.

Für den Osten des Reiches, von dem das Christentum seinen Ausgang genommen hat, fehlen vergleichbare umfassende Erhebungen und Analysen des frühen christlichen Namenguts. Einen Ansatz in diese Richtung hat schon Adolf Harnack unternommen, indem er für seine kurze Studie über «Die Rufnamen der Christen» von 1906 Namenlisten von Konzils- bzw. Synodalteilnehmern und analoges Material statistisch auswertete.[10] Auf dieser Grundlage läßt sich die Typologie frühchristlicher Namengebung erweitern und differenzieren. Betrachtet man etwa die Namen der 237 Bischöfe, die 314 am Konzil von Nikäa teilnahmen, so überwiegen – soweit man überhaupt von originär christlichen Namen sprechen kann – auch hier die theophoren und die «frommen» Namen die Nachbenennungen nach Heiligen deutlich.[11] Zur ersteren Gruppe gehören etwa Theodorus und Theodotus bzw. Hosius und Pistus, zu denen wir im Westen zahlreiche lateinische Gegenstücke gefunden haben. An Heiligennamen begegnen vor allem die von Aposteln. Von «neutestamentlichen» Namen sollte man in diesem Zusammenhang besser nicht sprechen, da offenbar nicht die bloße Nennung solcher Namen in der Heiligen Schrift für die Namenswahl entscheidend war. Sechsmal kommt Paulus vor – die Träger des Namens stammen aus den Provinzen Palästina, Cölesyrien, Asien, Phrygien, Isaurien und Kappadozien – viermal Petrus – bezeichnenderweise ist keine Nennung aus dem von Paulus missionierten Kleinasien darunter – je einmal Johannes und Jacobus – beide aus weit östlichen Diözesen. An biblischen Märtyrernamen tritt sonst nur der des Protomartyr Stephanus auf, und zwar zweimal, an nichtbiblischen einzig Polykarp. Namengut des Alten Testaments ist hier bloß durch einen Moses vertreten. Häufiger begegnet es unter den 284 Namen, die Athanasius von Teilnehmern der Synode von Sardica aufzählt, einer Liste, die etwa zwei Jahrzehnte jünger ist als die der Konzilsväter von Nikäa. Neben fünf Paulus, einem Petrus und einem Andreas finden sich hier drei Elias, je 1 Isaias, Isaak, Josef und Jonas – mit Ausnahme des letzteren bezeichnenderweise alle aus Ägypten stammend. Auch hier ist zu den Namensvorbildern zu sagen, daß es sich offenbar nicht um alttestamentliche Figuren schlechthin handelte, sondern nur um Propheten und Patriarchen. Eine Liste von neunzig Klerikern, die 336 bei der Christenverfolgung im Perserreich den Märtyrertod erlitten hatten, vervollständigt die Typologie des frühchristlichen Namenguts durch seinen östlichsten Einzugsbereich.[12] An Apostelnamen ist hier dreimal Paulus, zweimal Andreas, einmal Petrus, sechsmal Johannes und dreimal Simon vertreten, an Patriarchennamen je fünfmal Abraham und Isaak sowie zweimal Jakob. Gerade die Häufigkeit von Johannes und Simon könnte hier über eine spezifisch christliche Namengebung hinaus auf deren jüdischen Hintergrund verweisen, der in diesem Raum besonders stark nachwirkte. Abweichend von der jüdischen Namengebung ist allerdings die relativ häufige Nennung des Namens Abraham, der für die Juden hier damals noch tabu war. Auch darin wird eine spezifisch christliche Zugangsweise zum Alten Testament sichtbar, in der es primär um die Patriarchen und Propheten ging. Als theophorer Name eigener Art verdient aus der persischen Märtyrerliste der nicht weniger als fünfmal genannte Abdiso Erwähnung. «Diener Jesu» ist eine Namensform, die im frühen Christentum anderwärts nicht anzutreffen ist und die ein spezifisches christologisches Konzept erkennen läßt. Dieser Namentypus findet, wie wir sehen werden, im nestorianischen Christentum späterhin Nachahmung.

Die in einem solchen kursorischen Überblick gewonnenen Grundtypen früher christlicher Namengebung machen eines deutlich: Religiös motivierte Formen außerfamilialer Nachbenennung reichen im Christentum zwar sehr weit zurück, sie sind jedoch keineswegs die einzige und bei weitem nicht die dominante Art der Namengebung. Soweit es sich um die direkte Übernahme von Namen aus religiösen Gründen handelt, kann man keineswegs undifferenziert von «Heiligennamen» sprechen. Patriarchen und Propheten des Alten Bundes lassen sich nicht in gleicher Weise als religiöse Bezugspersonen verstehen wie Apostel und Märtyrer. Die Apostel haben zwar nach frühchristlicher Überlieferung bis auf Johannes den Evangelisten alle den Märtyrertod erlitten, ob nach ihnen in gleicher Weise wie nach Märtyrern nachbenannt wurde, erscheint jedoch sehr fraglich. Zumindest dem Moment der regionalen und der überregionalen Bedeutsamkeit für die Namengebung wird weiter nachzugehen sein. Beachtenswert erscheint auch, daß die Bezugnahme auf Heilige in der Namengebung keineswegs notwendig durch direkte Übernahme von Heiligennamen erfolgen mußte. Bei Töchtern war das ohnehin nicht möglich. Aber auch für die Namengebung von Söhnen kannte die lateinische und ebenso die griechische Sprache eine Vielzahl von Suffixen, die Zugehörigkeit, Adoptivbeziehung, Verwandtschaft in einem übertragenen Sinn auszudrücken vermochten. Die theophore Namengebung der Antike bot diesbezüglich zahlreiche Ansatzpunkte.

Wichtiger als die Heiligennachbenennung war es für die Christen der ersten Jahrhunderte offenbar, für ihre Beziehung zu Gott in der Namengebung eine Ausdrucksform zu finden. Nach Gott kann man nicht nachbenennen, auch nicht nach dem Gottmenschen Jesus Christus. Sich auf Gott im Namen zu beziehen, ist nur durch theophore Namengebung möglich. Das Spektrum theophorer Namengebung erscheint im frühen Christentum sehr weitgespannt und für die religiös motivierten Benennungsformen insgesamt sehr wichtig. Dabei stehen die explizit theophoren Namen gegenüber den implizit theophoren keineswegs notwendig im Vordergrund, wie etwa das Verhältnis von Adeodatus und Donatus gezeigt hat. Die Symbolnamen eröffnen ein weites Feld impliziter Theophorik. Von ihnen aus sind die Übergänge zu allgemein «frommen» Namen fließend, die Hoffnungen auf ein gutes Leben im Diesseits, vor allem aber auf die Seligkeit im Jenseits ausdrücken. In einem weiten Verständnis geht es auch bei allen diesen Namen um den Ausdruck der Beziehung zu Gott.

Für alle diese vielfältigen Formen religiös motivierter Namengebung hat das Christentum in der Antike Vorbilder gehabt. Manche Namen wurden direkt übernommen und nur mit neuem Sinn unterlegt wie etwa viele lateinische Wunschnamen. Auch bezüglich vieler theophorer Namen war es möglich, in einem neuen Verständnis unmittelbar anzuschließen. Das gilt vor allem für die zahlreichen jüdisch-hellenistischen Namen wie Theodoros, Theodosios, Dorotheos, Timotheos etc., ebenso aber auch für jüdisch-hebräische bzw. jüdisch-aramäische theophore Namen. Hier war unmittelbare Kontinuität des Namenguts möglich. Kontinuität des Namentypus ohne direkte Namensübernahme finden wir bei anderen Formen früher christlicher Namen. Die Festnamen sind dafür ein gutes Beispiel. Unter Bezugnahme auf das Osterfest konnte ein lateinisch-christlicher Paschasius noch an einen jüdisch-hellenistischen Pascheis anschließen.[13] Zu den heidnischen Jahresfesten, von denen so viele Namen der hellenistischen Welt abgeleitet waren, ließ sich eine solche inhaltliche Beziehung jedoch nicht herstellen.[14] Trotzdem lebt von der zugrundeliegenden Idee der besonderen Wirksamkeit des Festtagsgeheimnisses dieser Namentypus im Christentum weiter. Bei den Wochenfesten war ein solcher Konnex auch zum Judentum nicht mehr möglich. Sabbatios und ähnliche von der jüdischen Sabbatfeier abgeleitete Namen waren in der hellenistisch-jüdischen Welt sehr stark verbreitet.[15] Mit der Aufgabe der Sabbatfeier durch die Christen und dem Übergang zur Feier des Sonntags als des «Tags des Herren» übernahmen Kyriakos bzw. Dominicus diese Funktion.[16] Unter Beibehaltung überkommener Prinzipien der Bildung religiöser Namen mußte es so – über die Festtagsnamen hinaus – auf Grund neuer religiöser Inhalte zur Bildung neuer Namen kommen.

Bei theophoren und «frommen» Namen steht bei deren Vergabe zunächst der Namenssinn im Vordergrund. Bei Nachbenennung nach heiligen Personen hingegen wird die Bedeutung der Namengebung durch das Namensvorbild konstituiert. Auch in der religiös motivierten Nachbenennung konnte das frühe Christentum an vorchristliche Traditionen anknüpfen. Zwei Traditionsstränge kamen dafür in Frage: die hellenistische Benennung nach Heroen und die jüdische nach Patriarchen und anderen Vorbildgestalten der heiligen Schriften. Die letztere haben wir im engsten Umfeld Jesu wirksam gesehen. Die beiden Apostel Jakobus verdanken ihr ihren Namen. Wie eng jüdische und christliche Nachbenennungspraxis nach heiligen Personen im frühen Christentum im Zusammenhang gesehen und von den gleichen Motiven getragen gedacht wurde, zeigt anschaulich ein Satz des Bischofs Eustathius von Antiochia, eines der Konzilsväter von Nikäa: «Viele Juden nennen sich nach den Erzvätern und den Propheten und tun doch Frevelhaftes; viele (christliche) Griechen heißen Petrus und Paulus und handeln doch höchst schimpflich». Der Sinn der Nachbenennung war also damals in beiden Religionen der gleiche. Die Nachbenannten sollten so handeln wie ihre Namensvorbilder in den heiligen Schriften. Das war jedenfalls der Wunsch der Eltern bei der Namengebung und der mit dem Namen erteilte Auftrag für das Leben der Kinder. Daß die Übereinstimmung im Handeln nicht aus dem Namen selbst bewirkt gedacht wurde, zeigt der Satz sehr anschaulich. Aber nicht nur im Sinn sondern auch in den Vorbildern der Nachbenennung gab es weitgehende Entsprechungen. Wie wir gesehen haben, haben auch die Christen in manchen Regionen des Imperiums schon früh die Namen von Patriarchen und Propheten gegeben. Die Apostel traten bei ihnen an deren Seite. Es scheint eine Entsprechung zwischen christlicher Apostel- und jüdischer Patriarchennachbenennung gegeben zu haben. Jedenfalls ist die jüdische Wurzel der religiös motivierten Nachbenennung im Christentum die ältere. An sie schloß sich die Nachbenennung nach anderen religiösen Vorbildfiguren an, auch die nach «christlichen Heroen». Im Vergleich zur theophoren und sonstigen «frommen» Namengebung war die Nachbenennung nach religiösen Vorbildfiguren im Christentum zunächst sehr schwach. Wieso sie in der Form der Benennung nach Heiligen schließlich zum christlichen Namengebungsprinzip schlechthin geworden ist, bedarf einer besonderen

Erklärung, die sicher über die jüdisch-christlichen Wurzeln hinausgehen muß.

Wenn hier die Wurzeln spezifisch christlicher Namengebung bis in apostolische Zeit zurückverfolgt werden, so ist freilich einschränkend zu betonen, daß viele der frühen Christen – in manchen Gegenden der überwiegende Teil – keineswegs christliche Namen trugen. Im Gegenteil – sogar Namen, die aus heidnischem Götterglauben stammen, sind bei ihnen sehr zahlreich zu finden. Adolf Harnack hat eindrucksvolle Beispiele für diesen Sachverhalt zusammengestellt – Namen wie Apollinaris, Apollonius, Heraclius, Saturninus, Mercurius, Bacchylus, Bacchylides, Serapion, Aphrodisius, Dionysius, Hermas oder Origenes auch bei Bischöfen und Klerikern – und in Anschluß daran den pointierten Satz formuliert: «Die Märtyrer starben, weil sie sich weigerten, den Göttern zu opfern, deren Namen sie trugen».[17] Auf dieser Grundlage entwickelte er seine These von der «Gleichgültigkeit gegen die Namen bei den ältesten Christen», die freilich – wie schon betont – die theophoren und «frommen» Namen weitgehend, die Symbolnamen völlig vernachlässigt. Daß seine These im Widerspruch dazu steht, welche große Bedeutung Jesus nach dem Bericht der Evangelien der Kraft des Namens beigemessen hat, ist ihm freilich aufgefallen. Er verweist darauf, daß Jesus selbst Namensänderungen vorgenommen hat – etwa die für die christliche Namengebung so folgenreiche des Simon zu Kephas/Petrus. Die Lösung des Problems sieht er darin, daß jeder, der sich zu der neuen Religion bekehrte, durch die Taufe bzw. genauer schon als Katechumen in der Zeit davor bereits «einen zweiten, eigentlichen und bleibenden Namen empfangen habe, nämlich ‹Christianos›, also ‹Christ›.» «Ihn führte jeder Gläubige wie einen Eigennamen.»[18] Es gibt mehrere Belege, daß angeklagte Christen im Prozeß auf die Frage des Richters nach dem Namen stereotyp die Antwort «Christianus» gaben – übrigens auch, wenn sie einen so «christlichen» Namen führten wie der Lyoner Märtyrer Sanctus. Aufschlußreich sind auch Namensbildungen bei Christen wie «Proculus Christianus, qui Torpacion cognominabatur», in der Christianus die Stellung des Gentilnamens einnimmt. Als Form der ethnischen Selbstidentifikation begegnet der Name Christianus schon im apokryphen Philippus-Evangelium, dem ägyptisch-gnostisches Gedankengut zugrundeliegt. Deutlich wird hier die Kraft dieses Namens ausgedrückt: Wenn du sagst: «Ich bin ein Jude, ich bin ein Römer, ich bin ein Grieche, so hilft das nichts; wenn du dich aber als ‹Christianus› bezeichnest, wird jedermann erzittern.»[19] Dieser vielfältige Gebrauch der Bezeichnung «Christianus» in christlicher Frühzeit ist interessant, weil die Namen Christian, Christiana, Christina etc. in zwei Jahrtausenden christlicher Namengebung eine unterschiedliche, aber immer wieder sehr wichtige Rolle gespielt haben. Die Lösung des von Harnack festgestellten Widerspruchs zwischen der durch viele Zeugnisse der Heiligen Schrift belegten hohen Bedeutung von Namen bereits in den ersten Anfängen des Christentums auf der einen Seite, der jahrhundertelangen scheinbaren Indifferenz gegenüber heidnischen Namen auf der anderen kann aber wohl nicht allein mit dem Hinweis auf diesen «zweiten, eigentlichen Namen» erbracht werden.

Beispiele für Namensänderungen bzw. für religiös motivierte Zweitnamen von Christen, die gegen eine solche grundsätzliche und allgemeine Indifferenz sprechen, reichen in der Geschichte des frühen Christentums sehr weit zurück. Der Apostelschüler Ignatius – nach der Überlieferung von Petrus selbst zum Bischof von Antiochien erhoben – trug als Christ den bezeichnenden Namen Theophoros. Sein in diesem selbstgewählten Namen zum Ausdruck gebrachtes Bekenntnis, Gott in sich zu tragen, spielte nach der Legende in seinem Prozeß in der Gegenüberstellung zu den äußerlich verehrten Götterbildern der Heiden eine entscheidende Rolle und führte letztlich zu Verurteilung und Martyrium. Der christliche Zweitname des Ignatius ist theophor im wahrsten Sinn des Wortes. Er entspricht dem ebenfalls sehr alten Christophorus, der von einer allgemeinen Märtyrerbezeichnung später zu einem vermeintlichen Heiligennamen wurde und als solcher im Mittelalter große Verbreitung fand. Auch bei jüngeren Beispielen für die Wahl eines spezifisch christlichen Namens dominieren die Zweitnamen gegenüber dem Namenswechsel.

Die Entstehung und Verbreitung typisch christlicher Namen fällt zeitlich mit dem Aufkommen des Signums im römischen Namensystem zusammen, und so wurde häufig diese Form gewählt, um die besondere Identität im Rahmen der Glaubensgemeinschaft in einem neben den bürgerlichen Namen stehenden zweiten auszudrükken: «Geron o kai Kyriakos», «Attalos epiklen Isaias», «Optatina Resticia sive Pascasia», «Marcus Caecilius Saturninus qui et Eusebius», «Valentina Ancilla quae et Stephana», «Ascia vel Maria» sind einige Beispiele dafür aus kleinasiatischen Inschriften. Unter den vierzig Märtyrern von Sebaste finden sich zwei mit doppelten Namen: «Leontios ho kai Theoktistos» bezieht sich in seinem christlichen Zweitnamen auf die Bezeichnung Marias als Gottesgebärerin,

«Bikratios ho kai Bibianus» (Vivianus) auf das erhoffte ewige Leben. Besonders häufig begegnen solche christliche Zweitnamen in Ägypten: Chnou Elias, Saneth Abraham, Philemon Josef, Flavios Zacharias, Kelke Makarios.[20] Im System der ägyptischen Zweifachnamen dürfte ja – wie gezeigt – der Namentypus des Signums seine Wurzeln haben. Das theophore Element, das hier seit alters in einem der beiden Namen einer Person enthalten war, eignete sich ganz besonders gut als Ansatzpunkt für eine spezifisch christliche Namengebung. Obwohl sich auch in Ägypten theophore und «fromme» Zweitnamen von frühen Christen finden, stehen doch hier die aus dem Alten Testament entlehnten Patriarchen- und Prophetennamen im Vordergrund. Anschaulich zeigt das ein Bericht des Kirchenhistorikers Eusebius über fünf ägyptische Christen, die sich in der diokletianischen Verfolgung vor dem Richter mit Prophetennamen auswiesen.[21] Eusebius erläutert: «Das kam daher, weil sie an Stelle der von den Eltern ihnen beigelegten, wahrscheinlich von Götzen entlehnten Namen solche Namen angenommen hatten. Daher konnte man denn hören, wie sie sich Elias, Jeremias, Jesaias, Samuel und Daniel nannten und so nicht allein durch Werke, sondern schon durch ihre Namensbezeichnungen als Juden im Geiste und als echte und wahre Israeliten Gottes kundgaben.» Schön spiegelt die Stelle die Entsprechung von Namen und Werken. Ebenso bringt sie deutlich zum Ausdruck, warum Christen als «wahre Israeliten Gottes» in der Frühzeit die jüdischen Traditionen der Namengebung fortsetzten. Der Sinn der Nachbenennung nach heiligen Personen war deren Vorbildcharakter.

Wenn sich gerade in Ägypten schon früh eine ausgeprägt christliche Namengebung findet, so hat das sicher mit vorchristlichen Traditionen einer besonderen religiösen Bedeutsamkeit von Namen in diesem Kulturraum zu tun. Es hängt aber wohl auch damit zusammen, daß sich hier eine spezifisch christliche Namentheologie und Namenverehrung entwickelt hat, die vielleicht von bodenständigen Einflüssen verstärkt wurde, deren entscheidende Wurzeln jedoch unter den Judenchristen von Jerusalem zu suchen sind.[22] In ägyptischen Papyri des zweiten Jahrhunderts wird ein System der sogenannten «nomina sacra» entwickelt. Als «nomina sacra» bezeichnet man in der griechischen und lateinischen Paläographie eine streng begrenzte Zahl von Worten mit sakralem Charakter, die prinzipiell verkürzt zu schreiben sind. Das hat nicht den Sinn – wie lange geglaubt wurde –, um beim Schreiben Platz zu sparen, sondern ist aus der besonderen Ehrfurcht vor heiligen Namen zu erklären. Die Wurzel dieser Namenverehrung ist sicher jüdisch und hängt mit der jüdischen Tabuisierung des Gottesnamens zusammen. Das System der «nomina sacra», wie es sich in den ägyptischen Papyri des zweiten Jahrhunderts erstmals findet, ist aber seinem Inhalt nach originär christlich. Drei Gruppen solcher «nomina sacra» werden unterschieden.[23] Zur ersten gehören Jesus, Christos, Theos und Kyrios, zur zweiten Pneuma (Geist), Anthropos (Mensch) und Stauros (Kreuz), zur dritten Pater (Vater), Hyios (Sohn), Soter (Heiland), Meter (Mutter), Uranos (Himmel), Israel, David und Jerusalem. Daneben kommt einige Male Basileus (König, Gott) und vereinzelt Moses, Isaias, Prophetas, Michael, Abraham, Sara, Noe und Adam als «nomen sacrum» vor.[24] Das Gedankengut, das hinter dieser ägyptisch-christlichen Namentheologie und Namenverehrung steht, ist weder paulinisch noch johanneisch. Es findet am ehesten Entsprechungen in einigen Stellen der Apostelgeschichte[25] und verweist damit auf eine unmittelbare Beeinflussung ägyptischer Judenchristen durch die Gemeinde von Jerusalem.

Diese aus ägyptischen Quellen erschlossenen Gegebenheiten und Zusammenhänge zeigen zunächst, daß – wie Jesus selbst – jedenfalls nicht alle Richtungen frühchristlicher Tradition dem Namenwesen gegenüber gleichgültig gewesen sind. Alle Allgemeinaussagen über «die» frühchristliche Namengebung schlechthin erscheinen so fragwürdig. Dann können die «nomina sacra» helfen, konkrete Formen theophorer Namen besser zu verstehen. Kyrios und Theos etwa sind in diesem System zwei wesentlich unterschiedene Gottesbezeichnungen und sicher nicht beliebig austauschbar. Schon bei Philo von Alexandrien wird zwischen verschiedenen Gotteseigenschaften unterschieden, die in Namen repräsentiert sind.[26] Die christliche Namentheologie hat diese Unterscheidung in zwei «nomina sacra» höchster Ordnung aufgenommen. Auf diesem Hintergrund wird klar, wieso es nicht zu Namen wie Kyriodoros oder Kyriodotos kommen konnte, ebenso aber auch, warum es zu Kyriakos kein von Theos abgeleitetes Gegenstück gibt. Weiters ist im Kontext einer solchen Namentheorie zu überdenken, ob durch die Präsenz des ganzen Namens in seiner Kürzung nicht noch viel mehr Namen letztlich als theophor zu sehen sind, als auf den ersten Blick erkennbar erscheint. Mit dem Christusmonogramm Xr gebildete Namen wären in diesem Zusammenhang zu überdenken. Und vielleicht war ein Name wie Jeremias nicht nur wegen des Vorbildcharakters des Propheten für ägyptische Christen bedeutsam, sondern auch weil die Kürzungsformen des Jesus-Namens Ie, Ies bzw. Is in

ihm steckt. Zum engeren Grundstock der «nomina sacra» gehören
an Menschennamen nach dem Verständnis der Zeit nur David –
Jesus wird in den Evangelien als «Sohn Davids» bezeichnet – und
Israel, der von Gott bestimmte Ersatzname des Stammvaters Jakob,
der zugleich auch das Volk als Ganzes bezeichnete. Unter den gelegentlich als «sacer» behandelten Namen finden sich jedoch auch die
von Stammeltern der Menschheit bzw. des Gottesvolkes, von Patriarchen und Propheten, vor allem auch der des Engels Michael.
Das Verhältnis der christlichen wie ebenso auch der jüdischen Namengebung zu solchen Namen erscheint in historischer Langzeit-
perspektive betrachtet ambivalent. Einerseits waren sie wegen ihrer
besonderen Heiligkeit tabuisiert, andererseits aus demselben Grund
auch wieder besonders begehrt. In frühchristlicher Zeit überwog
ihnen gegenüber im allgemeinen die Scheu. Im Unterschied zum
Judentum wurden freilich, wie wir gesehen haben, die Namen von
Abraham und Moses aufgrund ihrer veränderten religiösen Bedeutsamkeit damals durchaus vergeben. Das Beispiel verweist auf einen
Umstand der im Kontext der Problematik «Ahnen und Heilige»
generell zu bedenken ist: Bei ausgeprägtem Abstammungsdenken
kann der Name des Stammvaters so heilig sein, daß ihn die Nachkommen nicht verwenden dürfen.

Formen des Namenguts und der Namengebung in frühchristlicher
Zeit sollen an einem konkreten Beispiel diskutiert werden, das auch
Zusammenhänge zwischen Namentheologie und Namengebungspraxis in Ansätzen herstellen läßt. Von Gregor «dem Wundertäter»
wissen wir aus seinem überlieferten Schrifttum ebenso wie von
seinem Lehrer Origenes, was er über die religiöse Bedeutung von
Namen dachte. Dasselbe gilt für die «drei großen Kappadozier» Basilius, Gregor von Nyssa und Gregor von Nazianz. Andererseits
haben wir über deren Familien genügend biographische Informationen, um Motivationen der Namengebung im einzelnen nachzugehen. Um Zusammenhänge zwischen Denken über Namen und Namengebungspraxis anschaulich zu machen, werden Lehrer-Schüler-
Verhältnisse in das vorgelegte genealogische Schema einbezogen.[27]
Dies scheint auch insofern berechtigt, als das Lehrer-Schüler-Verhältnis eine Sozialbeziehung markiert, die für die christliche Nachbenennung relevant geworden ist (Tafel 10).

Von den im Stemma erfaßten Familien wurde der Übergang vom
Heidentum zum Christentum zum Teil erst von einer ins Schaubild
einbezogenen Generation vollzogen, so daß auch heidnisches Namengut mit einfließt. Gregor «der Wundertäter» und sein Bruder

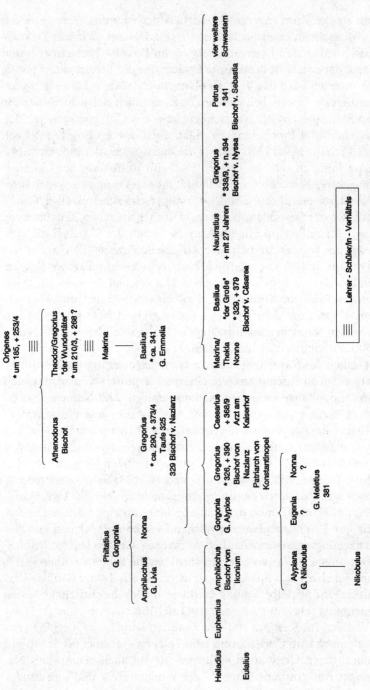

Tafel 10: Familien- und Lehrbeziehungen um die „drei großen Kappadozier"

Athenodor wurden als Söhne heidnischer Eltern geboren.[28] In Athenodor sahen diese ein «Geschenk der Athene». Das störte ihn nicht – auch nicht als er christlicher Bischof wurde. Anders sein Bruder. Er wechselte zumindest einmal den Namen. Den Namen Gregorius hat er wohl erst lange nach seiner Taufe angenommen. Seinen früheren Namen Theodor behielt er vielleicht noch als Bischof bei, wenn die vermutete Gleichsetzung mit einem Bischof Theodor in einer Liste von Konzilsvätern zutrifft.[29] Daß er diesen Namen schon seit seiner Geburt trug, erscheint zweifelhaft. Zu Athenodor will Theodor nicht recht passen. Eltern, die mit dem Namen des einen Sohnes der Athene Ehre erweisen, werden wohl kaum im Namen des anderen eine derart allgemeine Gottesbezeichnung gewählt haben. Vielleicht hat der spätere Gregor sich erst bei seinem Übertritt zum Christentum Theodor genannt. Das bleibt freilich Spekulation. Der ältere Gregor von Nazianz war vor seiner Taufe Hypsistarier, Angehöriger einer jüdisch-heidnischen Gruppe, die den Zeus Hypsistos verehrte.[30] Der heidnisch-theophore Name seiner Tochter Gorgonia hat damit aber sicher nichts zu tun. Er wurde von der Großmutter übernommen. Ob mit ihm damals überhaupt noch religiöse Assoziationen verbunden waren, erscheint als fraglich. Nicht Gorgo als mythische Gestalt scheint angesprochen zu sein, sondern deren Haupt, das mit der gewappneten Athene in das athenische Wappen eingegangen ist.[31] Wie auch immer – sehr christlich ist der Name sicher nicht und läßt sich wohl nur aus familialer Pietät erklären.

Vom Bedeutungsgehalt interessanter ist der Name von Gregors jüngerem Sohn Cäsarius. Sich mit dem Namen eines Kindes auf den Kaiser zu beziehen, war in den letzten Regierungsjahren Konstantins des Großen sicher aus christlicher Sicht keine problematische Form des Kaiserkults und selbst für einen frommen Bischof durchaus vertretbar – vielleicht auch ein Zeichen, daß dieser Kaiserkult sich unter Konstantin sehr rasch zu verchristlichen begann.[32] Von der Wortbedeutung her ist Basilius ein Gegenstück zu Caesarius. Der Name bezieht sich freilich nicht auf den irdischen Herrscher, sondern auf den himmlischen Basileus/König und ist wie Kyrios/ Herr eine christliche Gottesbezeichnung. Basilius meint somit Ähnliches wie Kyrillos oder Kyriakos.

Wir sind Basileus als einem «nomen sacrum» in den ägyptisch-christlichen Papyri aus dem zweiten Jahrhundert begegnet, freilich in diesem System heiliger Namen nicht in gleicher Eindeutigkeit verankert wie Theos und Kyrios. Trotzdem wird man am theophoren Charakter der Namengebung nicht zweifeln dürfen. Makrina, die Mutter des älteren Basilius und Großmutter des jüngeren, war eine theologisch hochgebildete Frau. Über ihren Lehrer Gregor führte eine direkte Verbindungslinie zu dessen Lehrer, dem Alexandriner Origenes. Die religiöse Bedeutung von Namen hat Origenes in seinem theologischen Denken sehr beschäftigt und auch in seiner persönlichen Frömmigkeit war er ein Verehrer heiliger Namen.[33] Der Hintergrund ägyptischer christlich-jüdischer Namentheologie zurück bis zu Philo von Alexandrien ist bei ihm unverkennbar. Der Name des großen Kirchenlehrers aus Kappadokien, der wie der seines Vaters wohl primär unter dem Einfluß der Großmutter Makrina geworden sein dürfte, steht also seiner Konzeption nach in dieser Tradition.

Der zweite, für diesen Personenkreis in Kappadokien vielleicht noch wichtigere christliche Name ist Gregorius. Dieser späterhin in der ganzen Christenheit so weit verbreitete Name ist bis dahin nicht bezeugt. Theodor/Gregor scheint ihn als erster angenommen zu haben. Es handelt sich bei diesem Namen um eine adjektivische Bildung zu «Gregoros»=Wächter. Er bezieht sich auf eine Stelle im Buch Daniel über Nebukadnezars Traum vom stolzen Baum.[34] König Nebukadnezar, der sich seinen Traum von Beltschazar/Daniel deuten lassen will, berichtet diesem: «Während ich auf meinem Lager noch das Traumbild sah, stieg ein Wächter, ein Heiliger vom Himmel herab. Er befahl mit mächtiger Stimme… Dieser Befehl beruht auf einem Beschluß der Wächter; ein Spruch der Heiligen fordert es. Die Lebenden sollen erkennen: Über die Herrschaft bei den Menschen gebietet der Höchste; er verleiht sie, wem er will, selbst den Niedrigsten der Menschen kann er dazu erheben.» Theodor/Gregor hat die Bezeichnung Gregoros bzw. Gregoroi in diesem Bericht des Alten Testaments auf die Engel bezogen. Über seine besondere Engelverehrung wissen wir aus seiner Dankrede an seinen Lehrmeister Origenes, die er hielt, als er dessen Schule in Cäsarea in Palästina verließ. Er legt dort dar, wie die göttliche Vorsehung und die Leitung des Engels ihn und seinen Bruder nach Cäsarea geführt hätten, damit sie dort Origenes träfen.[35] Mit der Vorstellung eines individuellen Schutzengels wird man der Stelle wohl nicht gerecht. Es ist der gleiche Engel, der beide Brüder führt. Dieser Engel hat keinen Namen. Die Engelverehrung unter bestimmten Namen war im Christentum ziemlich umstritten.[36] Theodor/Gregor wird sie aus Traditionen seiner Heimat übernommen haben. Er stammte aus Neocäsarea, der Hauptstadt der römischen Provinz Pontus Polemoniacus im Grenzbereich des Imperiums zum Perserreich der Sassaniden. Der Engelkult hat seine frühesten Wurzeln im Zoroastrismus, zeitweise Staatsreligion des Perserreichs. Von den Zoroastriern haben ihn die Juden übernommen und selbständig weiterentwickelt. Eine Vielzahl von Engelnamen waren ihnen bekannt. Sie durften allerdings als Namen der himmlischen Sphäre nicht Menschen gegeben werden. Für Christen wäre das damals noch viel problematischer gewesen. Theodor/Gregor wählte mit seinem Zweitnamen eine vorsichtige Lösung. Mit seiner Bezugnahme auf den oder die «Wächter» des Buches Daniel war er theologisch unangreifbar. Und er nannte sich nicht Gregoros, sondern Gregorios. Man könnte von einer angelophoren Namensbildung sprechen analog zu der theophoren vom Typus Basilius. Mit den ägyptisch-christlichen «nomina sacra» hat der Name nichts zu tun. Er entstammt offenbar einer ganz anderen orientalischen Tradition. Das Interesse an besonders wirkkräftigen Namen hingegen teilte Gregor mit seinem ägyptischen Lehrer. Es beschäftigte sich auch theologisch mit der Frage der Vielnamigkeit, mit dem Verhältnis von Namen und Beinamen, mit dem Ausdruck von Eigenschaften und Namen.[37] Sein eigener Namenswechsel war also vermutlich ein theoretisch wohlüberlegter Schritt.

Neben dem theophoren Basilius und dem angelophoren Gregorius finden sich im familialen Umfeld der drei großen Kappadokier noch einige allgemein «fromme» Namen, wie sie unter Christen damals gerne gegeben wurden. Euphemius und Eulalius gehören dazu,[38] vielleicht auch Eugenia. Jedenfalls überwiegt dieser Namentypus gegenüber dem der Heiligennamen, wobei sich eine Grenze schwer ziehen läßt. An der Namengebung der drei jüngeren Gregor wird noch im einzelnen zu untersuchen sein, ob sie angelophor, d.h. in einem weiteren Sinn theophor, nach dem Vorbild eines Heiligen oder aufgrund innerfamilialer Beziehungen so benannt wurden. Um eindeutige Heiligennamen handelt es sich sowohl bei Petrus, dem Namen des wohl 341 geborenen vierten und jüngsten Sohn Basilius' des Älteren, der später Bischof von Sebaste wurde, als auch bei Thekla, dem geheimen Zweitnamen von dessen ältester Schwester, weiters wohl auch bei Meletius, den ein Verwandter des jüngeren Gregor von Nazianz trug. Gregor nennt diesen in seinem Testament von 381 «Schwiegersohn» – vermutlich weil er der Gatte einer seiner Nichten war, von denen eine in derselben Quelle als «Tochter» bezeichnet ist.[39] Die Namensvorbilder dieser drei Personen gehören zu drei ganz unterschiedlichen Gruppen von Heiligen: Petrus war der erste unter den Aposteln. Nach ihm wurden Kinder von Christen schon um die Mitte des dritten Jahrhunderts häufig benannt, wie Dionysius von Alexandrien (+ 265) – gleich wie Gregor der Wundertäter ein Schüler des Origenes – zu berichten weiß.[40] Thekla von Seleukia in Isaurien galt als Schülerin des Apostels Paulus und wurde schon früh als bedeutende Märtyrerin verehrt. Gregor von Nyssa bezeichnet sie als die berühmteste unter den Märtyrerinnen und die Väter der syrischen Kirche nannten sie später sogar «Protomartyr» und «Apostelgleiche».[41] Meletius von Antiochien hingegen war ein heiliger Bischof, der nicht den Märtyrertod starb. Wir haben einleitend aus dem Bericht des Johannes Chrysostomus gehört, daß man ihn schon zu seinen Lebzeiten als Heiligen verehrte und viele Kinder nach ihm benannte.[42] Der Verwandte Gregors von Nazianz‹ könnte eines von ihnen gewesen sein.

Mit der Benennung nach Aposteln, nach Märtyrern und nach Bekennern sind die drei wichtigsten Vorbildgruppen der christlichen Namengebung nach Heiligen in diesem Personenkreis vertreten. Auch drei wichtige Traditionslinien der Nachbenennung nach heiligen Personen, die für die christliche Namengebung maßgeblich wurden, erscheinen hier gemeinsam repräsentiert: die jüdische nach Patriarchen und Stammvätern, an deren Stelle die Apostel als die neuen Stammväter des neuen Gottesvolkes treten, die hellenistische nach Heroen als Schützern und Wohltätern, vorwiegend ihrer Stadt – die christliche Heroin Thekla hat in Seleukia die Stadtgöttin Athene abgelöst –, und die römische nach dem Patronus als schützendem Herren, dessen Rolle in der Patroziniumsbewegung der ausgehenden Antike gerade im Osten vielfach der Stadtbischof übernommen hat.[43] Im Vergleich zu den theophoren und «frommen» Namen ist die Nachbenennung nach Heiligen in diesem Personenkreis eindeutig die jüngere Schicht. Es zeichnet sich somit im Kleinen eine Entwicklungstendenz zu Heiligennamen hin ab, deren bedingenden Faktoren es jetzt in größeren Zusammenhängen nachzugehen gilt.

Warum beginnt seit dem vierten Jahrhundert – vom Osten des Reiches ausgehend – die Nachbenennung nach Heiligen andere Formen der christlichen Namengebung immer stärker zurückzudrängen? Gehen wir von den Aussagen der Theologen über den Sinn dieser Benennung aus, so ergibt sich keine befriedigende Lösung des Problems. Wir haben einleitend die Meinung des Kirchenlehrers Johannes Chrysostomus gehört: «die Neugeborenen zum Streben nach Tugend anleiten». Die Heiligen als Vorbild – das blieb auch weiterhin die offizielle Version. Als Erklärung reicht sie freilich nicht aus. Schon im ältesten uns erhaltenen Bericht über ein Martyrium, einem Brief der Gemeinde Smyrna über ihren Bischof Polykarp von ca. 167, heißt es: Wie die Märtyrer «Schüler und Nachahmer» des Herrn sind, sollen auch diejenigen, die Polykarps gedenken seine Nachahmer sein.[44] Das Imitatio-Prinzip ist in der christlichen Heiligenverehrung uralt und trotzdem ist es Jahrhunderte hindurch nur in geringem Ausmaß zu Nachbenennungen gekommen. Die Deutung des Johannes Chrysostomus ist mehr die Rechtfertigung eines bestehenden Usus im nachhinein. Mehr Erklärungswert haben seine Ausführungen, wie Heiligennamen nicht verstanden werden sollten: «Auch nicht auf solche Namen an und für sich sollen Eltern und Kinder vertrauen». Das war offenbar die reale Praxis seiner Zeitgenossen: Ein magischer Glaube an die Wirkkraft heiliger Namen per se. Diese aus theologischer Sicht mißbräuchliche Verwendung von Heiligennamen kommt ja auch deutlich im Bericht des Kirchenlehrers über die Nachbenennung nach Bischof Meletius in Antiochien zum Ausdruck. «Jeder gab seinem Sohn dessen Namen in der Meinung, den Heiligen dadurch in sein Haus einzuführen». In derselben Weise benützten die Antiochener auch Bilder des Heiligen. Sie glaubten, daß durch Namen in gleicher Weise wie durch Bilder ein Heiliger präsent gemacht werde. Rief man seinen Sohn mit Namen, so benutzte man dabei zugleich den Namen des Heiligen und machte ihn dadurch gegenwärtig. Hatte man Kinder mit Heiligennamen, so kam das quasi einer ständigen Anrufung der Heiligen gleich. Man hatte sie dadurch ins Haus eingeführt. Wie durch ihre Bilder so beschützten sie auch durch ihre Namen. Das ist es auch, was wenig später Theodoret von Cyrus als Sinn der Namengebung nach Heiligen offen benennt: Schutz und Sicherheit.

Über die Entstehung und Entwicklung christlicher Heiligenverehrung ist schon viel geschrieben worden.[45] Die Namengebung nach Heiligen wird dabei vielfach als eine selbstverständliche Begleitfunktion gedacht, die mit der Intensivierung des Kults zunimmt, bzw. mit dem Aufkommen neuer Heiliger sich auf diese verlagert. So sind die Zusammenhänge sicher nicht zu sehen. Es hat weite Regionen und lange Zeiträume in der Geschichte der Christenheit gegeben, in denen zwar Heilige sehr verehrt wurden, aber niemand daran dachte, Kinder nach ihnen zu benennen. Der Bericht des Johannes Chrysostomus über die frommen Bräuche der Antiochener bietet einen Schlüssel zur Lösung des Problems: Es gibt verschiedene Wege, über die der Heilige wirken kann. Für die syrischen Christen des 4. Jahrhunderts konnte er das einerseits durch seinen Namen, andererseits durch seine Abbilder. Beides sind relativ abgeleitete und abstrakte Formen. Primär wirkte ein Heiliger persönlich-körperlich als Lebender und vor allem dann als Toter. Seine Fähigkeit, zu heilen und Wunder zu tun, war in erster Linie mit seinem Grab verbunden, mit seinen Reliquien, die man später auch zerteilen konnte, um die Wirkkraft zu multiplizieren, dann auch durch Gegenstände, die mit ihm in seinem Leben verbunden waren oder die man an sein Grab brachte – sogenannte «Kontaktreliquien», schließlich nach Wirkstoffen, von denen man bei einigen besonders wundertätigen Heiligen glaubte, daß sie noch vom toten Körper ständig ausgeschieden wurden.

Die Wirkkräfte, die man Heiligen zuschrieb, dachte man sich vielfach also sehr materiell vermittelt. Bei solchen Vorstellungen über die Wirkungsmöglichkeiten von Heiligen blieb ihr Kult ortsgebunden. Man mußte ihre Gräber aufsuchen, zu ihnen wallfahrten, wollte man etwas durch sie erreichen. Nachbenennung von Kindern nach Heiligen erscheint in einer solchen Vorstellungswelt ohne Sinn. Die Präsenz des Heiligen durch das Bild oder durch das gesprochene Wort, wie sie der Bericht des Johannes Chrysostomus über die Antiochener voraussetzt, gehört in ganz andere Denkweisen über das Wirken von Heiligen, die über den Grabkult weit hinausgehen. Die Vergegenwärtigung im Bild war vor allem in der griechisch-hellenistischen Tradition hochentwickelt. Wie Gottheiten wurden auch heroisierte Menschen in ihrem Abbild präsent gedacht und verehrt. Die jüdische Religion hat solche Vorstellungen strikt abgelehnt, und mit ihr auch das frühe Christentum. Bei den syrischen Christen des vierten Jahrhunderts scheint sich jedoch in ihren Formen des Heiligenkults das hellenistische Erbe wieder voll durchgesetzt zu haben. Sie benützten aber auch noch einen anderen Weg, den Heiligen für sich wirkkräftig zu machen, der mit der jüdischen und der frühchristlichen Tradition besser vereinbar war, das gesprochene Wort, die Verwendung von heiligen Namen.

Der Gedanke, Heilige mit ihrem Namen anzurufen, damit sie sich bei Gott als Fürsprecher bzw. Fürbitter für die Lebenden einsetzen, ist im Christentum schon im 3. Jahrhundert verschiedentlich faßbar. Wiederum ist es Origenes, der in diesem Zusammenhang mit klar formulierten Vorstellungen begegnet. Er erlaubt es, sich an Verstorbene mit der Bitte um Fürsprache zu wenden, er beschränkt das aber auf Gebete zu Heiligen, etwa zu Paulus oder Petrus, die er ausdrücklich erwähnt.[46] Er richtet sich damit offenbar gegen die

Gebete an beliebige verstorbene Verwandte, wie sie als allgemeine
Praxis aus frühchristlichen Inschriften zahlreich belegt sind und
wie sie sich auch späterhin noch selbst bei theologisch fundierten
Kirchenlehrern finden, etwa bei Gregor von Nazianz, der zu seiner
Mutter Nonna betet oder bei Ambrosius von Mailand, der mit der
Interzession seines früh verstorbenen Bruders Satyrus rechnet.[47]
Ambrosius war freilich dann im Westen auch der große Wegbereiter
des Märtyrerkults mit dem Hauptanliegen, deren fürbittenden Beistand zur Vergebung der Sünden zu erlangen.[48] Er hat hier die Märtyrerverehrung in die Eucharistiefeier einbezogen. Im Osten war zu
seiner Zeit die interzessorische Funktion heiliger Personen – keineswegs nur von Märtyrern – mancherorts schon fest im Ritus verankert. In der Liturgie des Bischofs Cyrill von Jerusalem (+ 386)
werden Patriarchen, Propheten, Apostel und Märtyrer mit der In-
tention kommemoriert, «daß Gott durch ihre Gebete und durch
ihre Interzession unser Flehen gnädig aufnehme».[49] Hier ist die Verbindungslinie zur spätjüdischen Tradition gegeben, die auch bereits
eine Interzession von Patriarchen und Propheten gekannt hat – etwa Philo von Alexandrien, oder das dritte Henochbuch.[50]

Den Namen von Heiligen in der Liturgie bzw. im privaten Gebet
anzurufen und an die Wirkung ihrer beiläufigen Nennung im Alltagsleben zu glauben, ist allerdings zweierlei: Was Johannes Chrysostomus über die Praxis der Antiochener berichtet, hat nichts mit
christlicher Interzessionstheologie zu tun. Hier wurde offenbar an
eine magische Wirkung des Aussprechens von Heiligennamen
schlechthin geglaubt. Solche Vorstellungen liegen der referierten
Nachbenennung von Kindern nach Heiligen zugrunde, die man dadurch «in sein Haus einführen» wollte. Wir finden Hinweise auf ein
solches Denken auch anderwärts in frühchristlicher Zeit. Heiligennamen treten in der ausgehenden Antike vielfach auf Amuletten
sowie in Zaubersprüchen und in Exorzismen auf. Den Amuletten
liegt das Vertrauen auf die Wirkkraft des geschriebenen Namens
zugrunde, hier vielfach in Kombination mit Bildern wie in der Mele-
tius-Geschichte des Johannes Chrysostomus, aber auch mit Reliquien. In Zaubersprüchen und Exorzismen geht es um den gesprochenen Namen, dessen schützende Kraft nach diesem Bericht der
Nachbenennung zugrundeliegt. Vielfach wurden aber geschriebene
und gesprochene Form in gleicher Weise als Anrufung interpretiert.

Die Verwendung von Amuletten durch Christen wurde zwar von
Konzilien und Kirchenlehrern immer wieder grundsätzlich abgelehnt, trotzdem hat sich der in der Antike weit verbreitete Glaube

an solche Schutzmittel in der christlichen Bevölkerung erhalten.[51]
Es gibt sogar positive Stellungnahmen von offizieller Seite. So hat
etwa der hochangesehene Bischof Athanasius von Alexandrien, der
große Streiter für die Orthodoxie, durchaus die Meinung vertreten,
daß die Dämonen vor den christlichen Amuletten erzittern. Nicht
zufällig kommt diese Äußerung aus Ägypten, dem wohl für die
Verbreitung magischer Praktiken damals wichtigsten Kulturraum.[52] Als Aufschriften auf frühen christlichen Amuletten begegnen unterschiedlichste Formen von heiligen Namen und heiligen
Worten. Gottesnamen sowie Christusmonogramme, der Jesus-Name Immanuel, die Namen von Engeln, von heiligen Orten wie Beth-
lehem oder Jordan, Anfangsworte der Evangelien, Psalmenstellen,
Nika (d. H. Sieges)-Rufe – für die Wurzel der Nika-Namen von Interesse – und andere spezifisch christliche Ausrufe wie Amen, Marana-
tha oder Halleluja. Zu ihnen treten seit dem 4. Jahrhundert mit
Heiligenbildern auch Heiligennamen. Sie schließen unmittelbar an
die Darstellung bzw. Benennung hellenistischer Heroen aber auch
jüdischer Helfergestalten wie Perseus, Alexander und Salomon an –
häufig auch in der Darstellungsweise als drachen- d. h. dämonenbe-
kämpfende Reitergestalten. Unter den christlichen Heiligen übernimmt vor allem St. Georg diese Rolle. Sein Kult beginnt schon in
der 2. Hälfte des 3. Jahrhunderts über den Grabbesuch hinauszuge-
hen und im östlichen Mittelmeerraum überregionale Formen anzunehmen.[53] Kreuze mit St. Georg als Orant lassen sich in Syrien und
Kleinasien bereits im 4. Jahrhundert nachweisen. Häufig tritt er dabei gemeinsam mit St. Johannes auf. Neben diesen beiden begegnen
auf frühen Kreuzamuletten dann Bilder bzw. Namen der Heiligen
Paulus, Niketas, Spiridon sowie des im östlichen Christentum ihnen zugerechneten Kaisers Konstantin,[54] fast nie hingegen Maria.
Wie die antiken Amulette insgesamt wurden auch die christlichen
insbesondere zum Schutz von Mutter und Kind während der
Schwangerschaft bzw. bei der Geburt gegen den Einfluß der gerade
in dieser Zeit als besonders gefährlich gedachten Dämonen eingesetzt. Amulettheilige waren also in gewissem Sinne christliche Geburtshelfer. Ihr erhoffter Beistand in dieser Krisensituation war sicher für die Namengebung der Neugeborenen von Einfluß.

Auch mit Zaubersprüchen wurde gerade in der Geburtsstunde in
besonderer Weise überirdische Hilfe zu erwirken versucht. Auch
diesbezüglich leben vorchristliche Traditionen im Christentum
weiter. So findet eine auf einem jüdischen Amulett überlieferte aramäische magische Formel in einem auf die Heiligen Sisinios, Sines

und Senodoros bezogenen christlichen Geburtshilfetext seine unmittelbare Fortsetzung.[55] Der Prophet Elias und der Erzengel Michael erfüllen in jüdischen und christlichen Schutzformeln eine
ähnliche Funktion. Im Christentum scheint sich der überirdische
Beistand in der Geburtsstunde schon früh auf die Gestalt des heiligen Georg konzentriert zu haben. Aber auch andere Heilige sind als
Helfer überliefert. Eine gleichbleibende Formel in fast allen diesen
Texten ist der Satz, daß überall dort wo der Name des Helfers angerufen werde, der Frau im Kindbett und dem neugeborenen Kind
nichts Übles widerfahre.[56]

Im Unterschied zu Amuletten und Zaubersprüchen mit heiligen
Namen war der Exorzismus eine kirchlich anerkannte Praxis. Heilige Worte und heilige Namen spielten dabei im Kampf gegen Dämonen eine entscheidende Rolle. Jesus selbst hatte Dämonen ausge-
trieben, die übrigens dabei seinen «wahren Namen» ausriefen, was
er ihnen verbot.[57] Mit dem Auftrag, Dämonen auszutreiben, hatte
er seine Apostel ausgeschickt, was sie «in seinem Namen» taten.[58]
«Nomina sacra» sind in jüdischer und ebenso in frühchristlicher
Tradition das beste Mittel zur Vertreibung böser Geister. In erster
Linie zählen zu ihnen, wie wir gesehen haben, die Gottesbezeichnungen. Aber auch bestimmte Menschennamen können Ähnliches
bewirken. Origenes schreibt in seinem Werk «Kata Kelson», die
hebräischen Namen Abraham, Isaak und Jakob hätten in Beschwörungsformeln eine ihnen von Natur aus innewohnende Kraft (phy-
sis, dynamis), die die Dämonen besiege: «Der Name macht einen
Menschen oder Gott präsent». Der Name des Erlösers vertreibt den
Satan, denn: «Man muß geradezu von einer Permanenz der Inkarna-
tion im Namen Jesu sprechen.»[59] Frühchristliche Namentheologie
und Dämonologie erscheinen hier aufs engste verknüpft. Origenes'
Schüler, Gregor «der Wundertäter», hat diese Linie in Theorie und
Praxis weiterverfolgt. Er hat in seiner Tätigkeit als Bischof von Neocäsarea vielfältige exorzistische Formeln angewandt und in seinen
Werken überliefert. Die Offenbarung wirkkräftiger Namen spielte
für ihn dabei eine große Rolle. Seine Tätigkeit als Exorzist machte
ihn so berühmt, daß späterhin schon gebräuchliche oder neuverfaß-
te Beschwörungsformeln mit seinem Namen verbunden wurden. In
der Erinnerung der christlichen Gemeinden lebte er weniger wegen
seiner theologischen Schriften sondern vor allem als Wundertäter
und Schutzheiliger gegen dämonische Mächte fort. Wenn der Kampf
gegen Dämonen mit heiligen Namen betrieben werden konnte,
dann gewannen auch die Namen solcher erfolgreicher Kämpfer an

Gewicht. Mit seinem Namen konnte dieser nach der Theologie des Origenes selbst wieder präsent gemacht werden. So erklärt sich, daß der Name eines so erfolgreichen Dämonenbekämpfers, wie es Gregor der Wundertäter war, in der Nachbenennung nach Heiligen so bald eine so große Rolle spielte. Die magische und exorzistische Kraft von heiligen Namen wurde freilich nicht überall in der alten Welt gleich eingeschätzt. Auch die Angst vor Dämonen, die mit Namen bekämpft werden konnten, war nicht überall in gleicher Weise gegeben. Im Imperium Romanum waren solche Vorstellungen in den östlichen Provinzen viel stärker vertreten als im Westen. Vor allem Ägypten war seit alters eine Hochburg von Magie und Zauberei, von Wortaberglaube und Namentheologie, um zwei unterschiedliche Bezeichnungen für das gleiche Phänomen zu gebrauchen. Es ist daher wohl kein Zufall, daß besonders frühe Spuren für die Benennung von Menschen mit heiligen Namen bzw. mit Heiligennamen immer wieder gerade in diesen Raum führen.

Vorchristliche Traditionen der Namenmagie und ihr Nachwirken im Christentum mag erklären, warum sich die Nachbenennung nach Heiligen in bestimmten Regionen der östlichen Christenheit besonders früh und besonders intensiv entwickelt hat. Es wäre jedoch sicher einseitig, die Nachbenennung nach Heiligen bloß aus deren Wunderkraft und dem Nachwirken solcher Kräfte in ihrem Namen erklären zu wollen. Eine ganz andere, aus der Sicht zeitgenössischer Theologie völlig unproblematische Motivation der Namengebung nach einem Heiligen findet sich etwa in einer Stelle bei Ambrosius von Mailand, dem großen westlichen Kirchenlehrer. Ambrosius läßt eine Witwe Juliana zu ihrem Sohn Laurentius sagen:[60]

«Beherzige, wem du dein Dasein verdankst, du bist mehr ein Sohn meiner Gebete als meiner Schmerzen. Erwäge, zu welchem Beruf der Vater dich bestimmte, als er dich Laurentius nannte. An jenen Heiligen haben wir unsere Gebete gerichtet, von dem wir den Namen wählten. Unsere Gebete wurden erhört, erstatte also dem Martyrer, was du dem Martyrer schuldig bist. Er hat dich uns erfleht, erstatte du, was wir von dir durch die Erteilung dieses Namens versprochen hatten».

Ganz im Sinne der ambrosianischen Interzessionslehre hatten also die Eltern ihre Gebete um Nachwuchs an den heiligen Märtyrer gerichtet. Daß nicht dieser selbst sondern auf seine Fürsprache hin Gott der Bitte entspricht und einen Sohn schenkt, stimmt voll mit der theoretisch-theologisch formulierten Position des Ambrosius überein. Andere christliche Eltern haben das damals nicht so differenziert gesehen. Nach den aus nachkonstantinischer Zeit stammenden Akten des Johannes Prochorus nannten ihn seine Eltern Basilius und Charis Johannes, weil der Apostel Johannes ihnen dieses Kind geschenkt hatte – ein «Johannidotus» oder «Johannidoros» also in der Sprache der hellenistisch-theophoren Namengebung. Diese Form der Namenbildung wurde freilich bei Heiligen – genauso wie vorher schon bei griechischen Heroen – nicht mehr aufrechterhalten. Die unmittelbare Nachbenennung drückt den Gedanken aus, daß das Kind überirdischer Gnade seine Existenz verdankt.

Juliana und ihr früh verstorbener Gatte hatten aber noch mehr gemacht als nur gebetet. Der Ehemann – Juliana betont dies ausdrücklich – hatte zugleich auch ein Gelübde abgelegt. Wenn er auf Fürbitte des Heiligen einen Sohn erhalte, so sollte er für den Kirchendienst bestimmt sein. Deshalb wurde als Fürbitter wohl auch gerade der große Erzdiakon von Rom ausgesucht. Der geistliche Beruf des Sohnes sollte die Gegenleistung für die gewährte Fürsprache des Heiligen sein. Mit der Nachbenennung wurde das Versprechen besiegelt. Der Sohn hatte die Abmachung des Vaters mit dem Heiligen einzuhalten. Er hatte einzulösen, was von ihm durch die Erteilung des Namens versprochen wurde. Die Nachbenennung ist hier viel mehr als bloß ein Dank der Eltern für erhörte Gebete – sie ist verpflichtender Auftrag der Eltern an den Sohn, sie bestimmt dessen Lebensweg nach dem Vorbild des Heiligen, sie bedeutet lebenslängliche Bindung an den von den Eltern auserwählten Patron.

Der Fall von Juliana und Laurentius ist das erste Beispiel in einer langen Reihe von Versprechen an Heilige, ein erbetenes Kind Gott zu weihen und das in der Nachbenennung festzulegen, die weit ins Mittelalter hineinreicht. Eine solche Form der Namenswahl konnte allerdings stets nur der Ausnahmefall sein, nicht die Regel für die Namengebung aller Kinder. Das dem Heiligen, der Kirche, letztlich Gott versprochene Kind wurde durch die Nachbenennung nach dem Heiligen geradezu aus dem Familienzusammenhang herausgelöst und in ein außerfamiliales Sozialsystem eingegliedert. Wo man Heiligennamen speziell den für den geistlichen Stand bestimmten Kindern gab, konnte es nicht generell zu einem System der Nachbenennung nach Heiligen kommen. Nicht die nach Heiligen sondern die nach Ahnen benannten Kinder sollten ja die Familienkontinuität aufrechterhalten und das Geschlecht fortsetzen.

Julianas Sohn Laurentius ist auch der erste Fall, an dem eine dauerhafte Bindung des Kindes an den Heiligen durch die Nachbenennung erkennbar wird. Sicher war auch mit dem von Johannes Chrysostomus geschilderten System der Namengebung als Anreiz zu Tugendstreben eine gewisse Beziehung zum Namensvorbild hergestellt, stärker wohl noch mit der von ihm referierten Nachbenennung, um Schutz und Sicherheit zu erlangen. Aber eine verpflichtende Bindung, die einzuhalten die Mutter einmahnen konnte – dazu gibt es im Osten damals noch kein Gegenstück. Ambrosius ist der erste, der die Begriffe «patronus» und «patrocinium» auf die Märtyrer anwendet.[61] Die römisch-rechtliche Patronatsbeziehung, die auch die Namensgleichheit zwischen Patron und Klient kennt, wird nun zum Modell der Beziehung zwischen Menschen und Heiligen. Die Bezeichnung «Namenspatron» hat sich bis in die Gegenwart gehalten, auch wenn das Wissen um den ursprünglichen Wesensgehalt dieser Sozialbeziehung längst verloren gegangen ist. Julianas Sohn Laurentius ist der erste bekannte Fall, bei dem wir in diesem ursprünglichen Verständnis von einem «Namenspatron» sprechen können.

Im Westen war freilich seit der Frühzeit des Märtyrerkults auch noch eine andere Form des Heiligenpatronats gebräuchlich, nämlich der im Erwachsenenalter persönlich gewählte Patron. Ein Freund des Ambrosius, der um 353 geborene, aus einer gallischen Senatorenfamilie stammende Paulinus, verehrte in besonderer Weise den Priestermärtyrer Felix von Nola in Kampanien.[62] Ein besonderes Verhältnis zu ihm begründete er, indem er ihm beim Eintritt ins Mannesalter seinen Bart als Weihegeschenk darbrachte – eine alte heidnische Form der Heroenverehrung.[63] In seinen Schriften schildert Paulinus, in welcher Weise er sich seither durch den Heiligen beschützt fühlte. Dieser war zu Lande und zu Wasser stets sein Begleiter und hat zu allen Zeiten Unglück von ihm ferngehalten – ein interessantes Beispiel für einen früh abseits seiner Begräbnisstätte wirksam gedachten Heiligen. Wieweit der hochgebildete Paulinus in seiner religiösen Vorstellungswelt diesbezüglich für seine Zeitgenossen repräsentativ war, sei dahingestellt. Für westlichen Heiligenkult erscheint es jedenfalls atypisch, daß er den Festtag seines Heiligen Mitte Jänner als den Tag feierte, an dem «Felix dem Christus in den Sternen geboren war» und ihm zu diesem Tag ein Gedicht als Weihegeschenk darbrachte. Trotz dieser ursprünglich grabfern praktizierten Kultform entschied er sich schließlich, weil er die Trennung von den Gebeinen seines Heiligen als Strafe empfand, sich an dessen Begräbnisort niederzulassen und gründete in Nola eine Einsiedelei. Für seine Beziehung zu Felix wählt Paulinus

verschiedene Begriffe.[64] «O pater, o domine» ruft er ihn an, sieht
also in ihm zugleich seinen Herrn und seinen Vater in geistlichem
Sinne. «Tu pater et patria et domus et substantia nobis» heißt es an
anderer Stelle. Und schließlich verwendet er für ihn die Bezeichnung «patronus». Die Begrifflichkeit ist also noch fließend. Zu einem Heiligen kann man in unterschiedlichster Weise persönlich
eine soziale Beziehung aufnehmen. Das Patronatsverhältnis des römischen Rechts ist ein mögliches Modell dafür. Zu einer Namensänderung ist es bei Paulinus auf dieser Grundlage nicht gekommen.
Auch späterhin waren persönlich gewählte Schutzheilige nur selten
für den eigenen Namen von Bedeutung, viel häufiger hingegen für
den der Kinder.

Vergleichen wir diese beiden westlichen Fälle von Heiligenpatronat mit Beispielen aus dem Osten, so ergeben sich Übereinstimmungen und Unterschiede. Kehren wir zurück zum Personenkreis
um die drei großen Kappadozier: Theodor/Gregor hatte nicht einen
Märtyrer sondern einen Engel als seinen Schützer verehrt. In Hinblick auf ihn hat er seinen Namen in einer adjektivischen Form der
Zuordnung verändert. Wie, wann und warum es zu diesem Namenswechsel gekommen ist, wissen wir nicht genau. Makrina, die
ältere Schwester von Basilius dem Großen und Gregor von Nyssa,
hatte den Heiligennamen Thekla als geheimen Zweitnamen bekommen. Es handelt sich hier sicher nicht um eine individuelle
Besonderheit. Heilige Geheimnamen waren uns schon in Ägypten
begegnet. Die Vorgeschichte der Namengebung schildert der Bruder
Gregor v. Nyssa in seiner «Vita Sanctae Macrinae» so: Als für die
Mutter Emmelia die Zeit der Geburt gekommen war, hatte sie einen Traum. Eine Erscheinung teilte ihr in dreimaliger Wiederho-
lung mit, daß sie das Töchterlein, das sie gebären würde, mit dem
Namen der Thekla, «jener berühmtesten unter den Märtyrern» be-
nennen sollte. Emmelia hatte daraufhin eine leichte Geburt und sah
das Traumgesicht erfüllt. Thekla wurde das «arcanum nomen» des
Kindes. Gregor meint, daß jene Stimme der Verkündigung mit der
Gleichheit des Namens aufgezeigt hätte, wonach die Schwester im
Leben strebte. Vielleicht war der geheime Zweitname auch ein
Kompromiß, als sich die Mutter mit ihrem Namenswunsch nicht
durchsetzte. Gregor hatte offenbar Schwierigkeiten zu begründen,
warum die Schwester nicht den der Mutter geoffenbarten Namen
auch tatsächlich führte. Er betont nachdrücklich die gemeinsame
Namensentscheidung beider Eltern für den Namen der väterlichen
Großmutter Makrina, die – wie die Nachbenennung Gorgonias in

der Familie des Gregor von Nazianz zeigt – durchaus den Sitten der Umwelt entsprach. Gleichsam entschuldigend fügt er zu diesem Bericht über eine Ahnennachbenennung in seiner Familie hinzu, daß diese Großmutter berühmt war, weil sie «zur Zeit der Verfolgung für den christlichen Glauben gekämpft hatte». Märtyrerin war sie freilich keine. Sie war zur Zeit der Geburt ihrer Enkelin noch sehr aktiv und hat auch in das Leben nachfolgender Enkelkinder maßgeblich eingegriffen. Der Zwiespalt zwischen Nachbenennung nach der Großmutter und dem geoffenbarten Namensvorbild der großen Märtyrerin ist dem Motivenbericht Gregors deutlich anzumerken.

Ein Traumgesicht der Mutter vor der Geburt spielte auch bei Gregor von Nazianz nach dem Bericht seiner Autobiographie für seine Namengebung die entscheidende Rolle.[65] Das Motiv der Namensoffenbarung im Traum ist religionsgeschichtlich weit verbreitet. Schon vor ihrem Traum hatte Gregors Mutter Nonna um einen Sohn gebetet – sie besaß bis dahin nur eine Tochter – und versprochen, einen männlichen Nachkommen Gott zu weihen. Deutlich liegt hier das Vorbild Hannahs, der Mutter Samuels, aus dem Alten Testament zugrunde, die freilich bis zu dieser Weihe unfruchtbar gewesen ist. In ihrem nächtlichen Traumgesicht erschien der Nonna nun die Gestalt des erbetenen Sohnes sowie der Name, den sie ihm geben sollte. Gregor erwähnt mit keinem Wort, daß das ja auch der Name seines Vaters war. Ohne Kenntnis der Autobiographie würde man in diesem Fall zunächst an innerfamiliale Nachbenennung denken. Vielleicht war sie das auch und die Parallele zu Samuel nur ein Mittel der Selbststilisierung des gelehrten Bischofs. Die Weihe an Gott konnte in diesem Fall durchaus durch den Namen des Vaters ausgedrückt werden. Der Vater war zur Zeit der Geburt Gregors wahrscheinlich schon Priester, vielleicht auch bereits Bischof von Nazianz, ein Amt, das der Sohn dann direkt vom Vater übernahm. Wie auch immer – Gregor der Jüngere wollte jedenfalls nicht, daß seine Namengebung als Nachbenennung nach dem Vater aufgefaßt wurde. Den Sinn der Namenswahl erklärt er nicht näher: Ging es um die Namensbedeutung als «der zum Wächter = Engel Gehörige», wie bei Gregor dem «Wundertäter»? Ging es um Nachbenennung nach dem großen Heiligen, die seiner Mutter aufgetragen worden sein soll? Die Autobiographie gibt diesbezüglich keine Anhaltspunkte. Die Betonung des geoffenbarten Namens in dieser Quelle stellt jedenfalls sicher, daß aus der Sicht des Autors eine innerfamiliale Nachbenennung ausgeschlossen sein sollte.

Ähnlich erklärungsbedürftig ist die Namengebung des älteren Gregor von Nazianz, über die in den familiengeschichtlich relevanten Schriften seines Sohnes nichts berichtet wird. Dieser referiert ausführlich über außergewöhnliche Ereignisse bei der Taufe des Vaters in Anschluß an dessen Konversion zum Christentum im Jahr 325, nichts aber über eine damals erfolgte Namensänderung.[66] Hatte Gregor der Ältere schon als Hypsistarier diesen Namen getragen? Wie kam er dann dazu, wenn der Name erst durch den großen Bischof und Heiligen aufgekommen war, der etwa zwei Jahrzehnte vor seiner Geburt gestorben sein dürfte? Vom Namenssinn her war der Name – nach allem was wir über diese religiöse Gruppe wissen, – wohl auch für einen Hypsistarier vertretbar. Man lehnte Götzendienst ab, verehrte Zeus als einzigen Gott, hielt den Sabbat und verehrte Feuer und Licht.[67] In einer derart jüdisch und zoroastrisch beeinflußten Gruppe war die Bezugnahme auf den «heiligen Wächter» in der Namengebung gewiß möglich. Bloß als «angelophoren» Namen hat der spätere Bischof von Nazianz aber seinen Namen sicherlich nicht bekommen. Das Namensvorbild des großen Wundertäters und Dämonenbekämpfers spielte dabei wohl die entscheidende Rolle. Offenbar konnte ein so großer und wirkkräftiger Heiliger mit seinem Namen die Namengebung über die eigene Religionsgemeinschaft hinaus beeinflussen. Heiligennachbenennung wäre dann in diesem Raum und zu dieser Zeit als ein nicht nur auf Christen allein beschränktes Phänomen zu sehen.

Einem Sohn den Namen Gregor zu geben, war also offenbar in Kappadokien schon im ausgehenden dritten Jahrhundert aufgrund der enormen Ausstrahlungskraft des großen Wundertäters durchaus nichts Außergewöhnliches. So bedarf es für die Namengebung des um 338 geborenen Gregor von Nyssa keiner besonderen Erklärung. Trotzdem darf man vermuten, daß in diesem Fall die Nachbenennung ganz spezifisch motiviert war. Wir wissen aus einem Brief Basilius' des Großen, daß Makrina die Ältere in hohem Maß an der religiösen Erziehung ihrer Enkel mitwirkte.[68] So wird sie wohl auch an den in diesem Personenkreis religiös so relevanten Namensentscheidungen mitgewirkt haben. Gregor der Wundertäter war ihr Lehrer. Das Lehrer-Schüler-Verhältnis hatte in christlichem Milieu dieser Zeit eine so hohe Bedeutung, daß Nachbenennung auf dieser Grundlage durchaus möglich erscheint.

Was das Lehrer-Schüler-Verhältnis in frühchristlicher Zeit zu einer so wichtigen Sozialbeziehung gemacht hat, ist das Prinzip der «geistigen Vaterschaft». Religiöse Erziehung bzw. allgemeine Weitergabe des Glaubens schafft zwischen Menschen eine Verbindung, die der Blutsbindung zwischen Vater und Sohn analog gedacht wird, oft als wichtiger angesehen wird als diese und mit ihr daher in Konkurrenz tritt. Eine Theologie der spirituellen Vaterschaft begegnet schon in den Briefen des Apostels Paulus voll entwickelt.[69] Sie hat im wesentlichen zwei Wurzeln, eine jüdische und eine griechisch-hellenistische. Im Judentum war es seit alters Aufgabe des Vaters, religiöses Wissen und religiöse Bildung an die Söhne weiterzugeben.[70] So lag es nahe, das Vater-Sohn Modell auf alle Formen der Lehrer-Schüler Beziehung zu übertragen. Schon das Verhältnis des Propheten Elias zu seinem Schüler, dem Propheten Elisäus, wurde in diesem Sinn gedeutet. Insgesamt faßte man die Propheten als Lehrer des Volkes und zugleich auch als seine «Väter» auf, was die Annäherung der Gruppe der Propheten an die der Patriarchen erklärt.[71] Als Vaterschaft wurde auch das Lehrer-Schüler-Verhältnis in der Weitergabe des Religionsgesetzes durch die Schriftgelehrten interpretiert.[72] Unter den Rabbinen kam es zur Ausbildung von Gelehrtenstammbäumen, in denen die Weitergabe des Lehrguts bis auf die beiden großen Schulhäupter Hillel und Schammai und weiter zurück bis auf Moses rekonstruiert wurde. Die Rechtgläubigkeit der «Lehrerahnen» war Garant der eigenen Orthodoxie.[73] Die andere für die paulinische Konzeption der «spirituellen Vaterschaft» mindestens ebenso wichtige Wurzel führt zurück in die hellenistischen Mysterienreligionen. Hier ist idealtypisch eine didaktische Vaterschaft als Vermittlung von Wissen und eine kultisch-religiöse als Einweihung in die Mysterien zu unterscheiden.[74] Erstere geht auf die griechischen Philosophenschulen zurück. Letztere ist eine Besonderheit jenes neuen Typs von Religionen, die auf dem Prinzip der Wiedergeburt durch die Einführung in einen geheimnisvollen Kultus beruhen. Auch hier konnte es zur Entstehung von „geistlichen Stammbäumen" kommen, die mit der Abstammung «dem Fleische nach» konkurrierten. Schon Ende des dritten vorchristlichen Jahrhunderts schrieb König Ptolemäus IV. allen Anhängern des Dionysos vor, sich in Alexandrien eintragen zu lassen, unter genauer Angabe der Namen jener, denen sie ihre Einführung verdanken, und das über drei Generationen.[75] Mystagogen treten hier an die Stelle der Ahnen. Geistliche Verwandtschaft, wie sie im Christentum dann durch die Taufe entsteht, erscheint hier im Mysterienkult vorgebildet.

Der Frage, inwieweit es in der Antike zur Nachbenennung nach Lehrern auf der Basis eines spirituellen Verwandtschaftsverhältnisses gekommen ist, wurde bisher noch nicht systematisch untersucht. Es müßte sich beim Schüler selbst dabei stets um einen Erwachsenennamen gehandelt haben – sei es durch Namenswechsel, sei es durch Annahme eines Zweitnamens. Erst unter den Kindern des Schülers wäre mit einer Nachbenennung nach dem Lehrer von Geburt an zu rechnen. Ein interessanter und prominenter Fall für Lehrernachbenennung aus frühchristlicher Zeit ist der des heiligen Cyprian. Geboren um 200/10 in Karthago, empfing er um 245 die Taufe und wurde um 248/9 zum Bischof von Karthago gewählt.[76] Sein voller Name lautete Caecilius Cyprianus qui et Thascius.[77] Hieronymus berichtet, daß er den Namen Caecilius bei der Taufe angenommen habe, und zwar nach dem Priester Caecilius, der ihn bekehrt hatte. Es handelt sich hier also um einen klassischen Fall der Nachbenennung aufgrund «geistlicher Sohnschaft». Der Name seines christlichen Lehrers wird bezeichnenderweise von Cyprian nicht als Signum geführt – ein solches hatte er offenbar schon – sondern als Nomen, dem der bisherige Zweitname nachgestellt wurde.

Der Gedanke der geistigen Verwandtschaft durch Lehre erscheint im Kreis der drei großen Kappadozier sehr lebendig. So bezeichnet etwa Gregor von Nyssa seinen älteren Bruder Basilius als seinen «Vater und Lehrer».[78] Die reale genealogische Beziehung tritt hier vollkommen zurück. Wir können in diesem Kreis aber auch verfolgen, daß die Weitergabe eines bestimmten Lehrguts für solche Zusammenhänge als bedeutsam angesehen wurde. Gregor der Wundertäter hatte eine eigene Glaubensformel verfaßt. Sie enthält eine kurze Darlegung der trinitarischen Anschauung des Autors und grenzt sich negativ gegenüber anderen in seinem Wirkungsbereich vertretenen Lehrmeinungen ab. Originell ist vor allem das Stück über den Heiligen Geist. In allen wesentlichen Aussagen stimmt Gregors Glaubensbekenntnis mit der Lehre seines Meisters Origenes überein.[79] Dessen Rechtgläubigkeit war keineswegs unbestritten und einige seiner Ideen wurden schließlich am fünften ökumenischen Konzil von Konstantinopel 533 ausdrücklich verurteilt. Gregor von Nyssa steht bewußt in der Tradition dieser Glaubensformel Gregors des Wundertäters, die er auch in seiner Lebensgeschichte überliefert. Nach seinem Bericht soll die Formel dem Bischof von Neocäsarea kurz vor dem Antritt seines Amtes von Maria und dem Apostel Johannes geoffenbart worden sein. Gregors eigene Niederschrift dieser Offenbarung würde zu Neocäsarea aufbewahrt und dort den Katechumenen mitgeteilt. Makrina, die Großmutter

Gregors von Nyssa, sei danach unterrichtet worden und habe die Formel ihren Enkeln nach Kappadokien gebracht.[80] Es ergibt sich aus diesem Bericht also klar die Weitergabe des Lehrguts in der Linie Gregor der Wundertäter – Makrina – Basilius der Große bzw. Gregor von Nyssa. Interessant erscheint daran, daß hier eine Frau als Vermittlerin der Tradition die Garantin für die Rechtgläubigkeit darstellt. Makrina aber war nicht nur Lehrerin sondern zugleich auch Großmutter des jüngeren Gregor. Wenn im Namen ihres Enkels und späteren Schülers auf ihren Lehrer Bezug genommen wird, so hat dabei das Konzept geistiger Filiation sicher eine Rolle gespielt.

Überblickt man nach einer solchen Analyse des jeweiligen Hintergrunds individueller Namengebung Formen der Nachbenennung im Familienkreis der drei großen Kappadozier, so zeigt sich, daß die Frage nach Ahnen und Heiligen als Namensvorbild keineswegs ohne weiteres zu entscheiden ist. Nach dem zeitgenössischen Konzept eines Nebeneinander von Verwandtschaft «nach dem Fleische» und «nach dem Geiste» erscheint die Frage, wer überhaupt als Ahne gesehen wurde, doppelt kompliziert. Wie Gregor von Nyssa seinen Bruder «Vater» nennt, weil er sein Lehrer war, ließe sich die ältere Makrina als «Mutter» der jüngeren sehen, weil auch hier eine unmittelbare Weitergabe des Lehrguts erfolgte. Wurde Gregor von Nyssa nach einem «Ahnen» benannt, weil Gregor der Wundertäter der Lehrer seiner Großmutter war? Gregor von Nazianz trug den Namen seines Vaters. Nach ihm nachbenannt wollte er aber nicht sein. Inwieweit handelt es sich jetzt bei den beiden jüngeren Gregor um eine Nachbenennung nach einem Heiligen? In einer Alternative Ahnen oder Heilige läßt sich die Namengebung bei beiden nicht fassen.

Ähnliches gilt für die theophoren Namen. Basilius ist von einem «nomen sacrum» abgeleitet. Er stellte den Träger in eine unmittelbare Verbindung zu Gott. Makrina gab ihn ihrem Sohn sicher aus religiösen Motiven. Aber wie war das bei Basilius dem Großen? Hatte er seinen Namen wegen der theophoren Bedeutung erhalten oder schlicht, weil es in der römischen Oberschicht dieser Zeit zum Teil noch immer üblich war, den ältesten Sohn nach dem Vater zu benennen? Das religiöse Familienklima läßt an eine primär religiöse Namensmotivation denken. Aber so eindeutig ist die Sache nicht. Bei der Schwester Makrina hatte die große Märtyrerin Thekla hinter der frommen Großmutter zurückstehen müssen. Wahrscheinlich ist die Frage so überhaupt falsch gestellt. Nur bei einem

Zweifachnamen wie dem von Makrina/Thekla lassen sich innerfamiliales Namensvorbild und religiös motivierte Nachbenennung klar trennen. Und selbst hier hat die Namengebung nach der Großmutter über den Brauch der Zeit hinaus noch einen religiösen Sinn. Bei Basilius wird sich die Orientierung am Namen des Vaters bzw. an einem heiligen Namen Gottes vom subjektiven Motivationshorizont der Namengeber her nicht unterscheiden lassen. Mit der Person des großen Kirchenlehrers kam ein möglicher neuer Namenssinn hinzu. Basilius wurde nach seinem Tod als einer der ganz großen Heiligen der östlichen Christenheit verehrt. Die Namengebung nach ihm trat gegenüber dem theophoren Gehalt des Namens immer mehr in den Vordergrund. Aber auch in Familien, in denen sein Name nun als Heiligenname Eingang fand, wurde er mit der ersten Nachbenennung zugleich auch zum Ahnennamen. Jede Analyse von christlichem Namengut steht daher vor dem Dilemma: innerfamiliale Nachbenennung mit Heiligennamen bleibt von der Motivation der Namengebung her immer doppeldeutig.

Sicherlich lassen sich in einigen Fällen aus dem Familienkreis der großen Kappadozier eindeutige Nachbenennungszusammenhänge herstellen. Petrus, der jüngste Sohn Basilius des Älteren und der Emmelia, erhielt ganz klar einen unserem Wissen nach in der Familie bisher nicht gegebenen Namen eines Heiligen. Ob mit diesem eine besondere Bestimmung zur Priesterlaufbahn verbunden war, die er dann tatsächlich einschlug, läßt sich nicht entscheiden. Erstaunlich erscheint, daß dieser bedeutende Heiligenname unter den Kindern des Paares erst so spät vergeben wurde. Für die Zeitgenossen hatte er wohl keinen höheren Wert als die theophoren bzw. angelophoren Namen der zwei älteren Brüder, die in ihrer Bedeutung zudem auch durch Familienbeziehungen gestärkt wurden. Überhaupt nichts Heiliges ist im Namen des Zweitgeborenen Naukratius zu finden. Er läßt sich wohl – in Hinblick auf den nachgereihten Gregorius – nur als ein bedeutsamer Ahnenname der Familie erklären. Rein innerfamiliale Formen der Nachbenennung liegen bei Bischof Amphilochus von Ikonium und bei Nikobul, dem Großneffen des jüngeren Gregor von Nazianz, vor. In beiden Fällen ist der Vater das Namensvorbild. Bei den Frauen dominiert Nachbenennung nach der Großmutter. In der Familie des Gregor von Nazianz wechselt über vier Generationen Gorgonia – Nonna – Gorgonia – Nonna. Die ältere Schwester des Basilius und des Gregor von Nyssa hieß, wie schon mehrfach erwähnt, nach ihrer väterlichen Großmutter. Nachbenennung in der mütterlichen Linie kommt aber ge-

nauso vor. Als Bezugnahme von Frauennamen auf männliche Vorfahren erscheint die Namensbildung Alypïana zum Vatersnamen
Alypios bemerkenswert.

Auffällig ist, daß in diesem Personenkreis die Nachbenennung
von Töchtern nach Vorfahren deutlich stärker vertreten ist, als die
von Söhnen. Sonst ist das meist umgekehrt, weil in patrilinear
orientierten Gesellschaften die Nachbenennung von Männern für
das Geschlechtsbewußtsein größere Bedeutung hat als die von Frau-
en, die ja für die Fortsetzung des Mannesstammes nicht in Frage
kommen. Vielleicht ist es auch bloß eine Überlieferungsfrage, weil
wir aus diesem Personenkreis relativ viel über durch Frauen vermittelte Verwandtschaftsbeziehungen wissen. Um Erhaltung von Patrilinien ist es in den besprochenen Familien sicher nicht gegangen.
Im Milieu, aus dem der Vater des ostkirchlichen Mönchtums
stammt, war Fortpflanzung kein hoher Wert, schon gar nicht zur
Wahrung von Geschlechterkontinuität. Wenn trotzdem relativ viel
nach Vorfahren nachbenannt wurde, so macht das darauf aufmerksam, daß innerfamiliale Nachbenennung keineswegs grundsätzlich
als Ausdruck von Abstammungsbewußtsein zu deuten ist. Auch
ohne besonderen Ahnenstolz konnte es eine Pflicht der Pietät gegenüber den Eltern sein, die eigenen Kinder nach ihnen zu benennen. Vater und Mutter zu ehren – verbunden mit der Verheißung
des langen Lebens und des Wohlergehens auf Erden – war ein mora-
lisches Grundgebot, das das frühe Christentum aus dem Alten Bund
übernommen hatte. Pietät galt Vater und Mutter in gleicher Weise
und beide Ehegatten konnten ihr in den Namen ihrer Kinder Rechnung tragen.

Die etwas stärkere Nachbenennung von Töchtern nach Vorfahren
könnte aber auch mit einem anderen Umstand zusammenhängen.
Wir haben gesehen, daß in den behandelten Familien, die Aufnahme
neuer religiös motivierter Namentypen die Namengebung stark be-
einflußt hat. Neue theophore oder «fromme» Namen standen für
Töchter und Söhne in gleicher Weise zur Verfügung. Das hat ja
gerade auch die einleitend versuchte Analyse des Namenguts aus
Rom und Karthago gezeigt. Bei den neuen Heiligennamen war die
Situation anders. Wir konnten drei grundverschiedene Typen von
Heiligen als Namensvorbilder antreffen: Apostel, Märtyrer und heilige Bischöfe. Die erste und die dritte Gruppe war von der Heiligen
Schrift her bzw. durch die Kirchenverfassung bestimmt rein männ-
lich. Namensvorbilder für Töchter konnte man unter den Heiligen
nur bei den Märtyrerinnen finden. Wenn die Nachahmung im Tu-

gendstreben wichtig erschien, so mußte das Geschlecht in der Nachbenennung nach Heiligen berücksichtigt werden. Aber auch bei Dominanz des Schutzgedankens vertraute man wohl zunächst eher Töchter weiblichen Heiligen, Söhne männlichen an. Daß es diesbezüglich schon früh Ausnahmen gegeben hat, hat uns das römische Namengut gezeigt. Die Auswahl an berühmten Märtyrerinnen aber war nicht allzu groß. An Thekla etwa, die Apostelgleiche, die in Seleukia die Pallas Athene als Schutzpatronin abgelöst hatte, kam an Ruhm und Wirkkraft nicht so leicht eine andere heran. So erscheint es gar nicht verwunderlich, daß die Namengebung der Töchter nicht so stark unter den Druck der Nachbenennung nach Heiligen kommen konnte und die Nachbenennung nach Ahnen sich bei ihnen besser zu halten vermochte. Die ältere bzw. ursprünglich bedeutendere Schicht der theophoren und «frommen» Namen mußte die Namengebung von Kindern beiderlei Geschlechts in gleicher Weise beeinflussen.

Sowohl die Heiligennamen als auch die theophoren Namen des Christentums sind strukturell universalistisch. Sie drücken nicht die Zugehörigkeit zu einer bestimmten Abstammungsgemeinschaft aus, sondern die zur Religionsgemeinschaft als ganzer. Das unterscheidet sie von den römischen Namen, die jedenfalls im Gentiliz, häufig aber auch im Cognomen und vereinzelt sogar im Praenomen auf das Geschlecht als Abstammungsgemeinschaft verweisen. Dieser universalistische Charakter des Namenguts ist aber noch keineswegs Beweis für fehlendes Abstammungsbewußtsein. Auch das Judentum war weitestgehend zu theophorer Namengebung übergegangen und hatte trotzdem seinen Charakter als Abstammungsreligion gewahrt. In der Form der Namenbildung kam dieses Abstammungsbewußtsein nicht zum Ausdruck, eher im Aufkommen und in der zunehmenden Bedeutung von Patronymika. Über die Bedeutung des Abstammungsdenkens im Christentum lassen sich weniger aus dem Namengut als aus den Formen der Nachbenennung Schlüsse ziehen. Die zitierten Fälle von Namengebung bzw. Namenswahl aufgrund einer Lehrer-Schüler-Beziehung verweisen diesbezüglich auf eine wichtige Spur: Im Christentum gewinnen gegenüber Sozialbeziehungen aufgrund von Blutsbindungen ihnen nachgebildete der spirituellen Verwandtschaft enorm an Bedeutung. Neben dem Modell der geistigen Vaterschaft, das später für die christliche Patenschaft so bedeutungsvoll werden sollte, ist in diesem Zusammenhang das Bruder-Modell, bzw. exakter das Bruder- und Schwester-Modell des Christentums zu nennen. So verbreitet in der Spätantike dem Bruderverhältnis nachgebildete Formen von Sozialbeziehungen begegnen – auch Frauen als «Schwestern» einzubeziehen, ist ein christliches Spezifikum.[81] Die große Bedeutung nachgebildeter Verwandtschaftsformen im Christentum hängt mit seinem ursprünglichen Charakter als Bekehrungsreligion zusammen. Jude war man durch Geburt, Christ wurde man durch die Taufe als «zweite Geburt», die über die leibliche Verwandtschaft hinaus neue und wichtige Beziehungen der spirituellen Verwandtschaft schuf.[82]

Taufe und Namengebung waren in der frühen Christenheit nicht rituell aneinander gebunden.[83] Das erklärt, warum vielfach ausgesprochen heidnische Namen von zum Christentum Bekehrten beibehalten wurden. Es war nicht die Taufe mit der Nachbenennung nach einem Heiligen im Sinne späterer christlicher Jahrhunderte, die das altrömische System der Namengebung gesprengt und damit die «konstantinische Wende» des Namenwesens herbeigeführt hat. Soweit die Taufe in diesem Prozeß mit eine Rolle spielte, ist der entscheidende Faktor die Überwindung des Abstammungsdenkens, die in der «zweiten Geburt» zum Ausdruck kommt. Eine spirituelle Wiedergeburt als Grundlage der Zugehörigkeit kannten neben dem Christentum noch viele andere Mysterienreligionen des Hellenismus und der Spätantike.[84] Sie alle haben dazu beigetragen, daß auf Blutsbindungen beruhende Heilserwartungen damals radikal zurückgegangen sind. Der Bedeutungsrückgang des Abstammungsdenkens insgesamt, wie er durch die Mysterienreligionen bewirkt wurde bzw. wie er in ihnen zum Ausdruck kam, hat das gentilizische Prinzip des römischen Namenwesens in Frage gestellt. Das Christentum war im römischen Imperium zunächst nur eine von vielen solcher neuer religiöser Bewegungen. Mit der «konstantinischen Wende» wurde es zur allein bestimmenden Kraft – auch im Namenwesen.

5. Um Bilder und Namen –
die Entscheidung in Byzanz

Wie die christliche Namengebung nach Heiligen im Osten des Römischen Reichs ihre wichtigsten Wurzeln hat, so sind auch die
wichtigsten Impulse für Veränderungen dieses Prinzips der Namengebung bis zur Jahrtausendwende vom östlichen Mittelmeerraum
ausgegangen. Erst dann entfaltet der Westen die stärkere Dynamik.
Im Brennpunkt der Entwicklung steht im Osten seit der «konstantinischen Wende» Byzanz.

Über das Namengut im Byzantinischen Reich besitzen wir keine
umfassenden statistischen Zusammenstellungen und Analysen. Eine wertvolle Grundlage für weitere Arbeiten in diese Richtung hat
1984 Evelyne Patlagean vorgelegt.[1] Um Tendenzen in der Veränderung der Namengebung festzustellen, hat sie einerseits für die früh-
byzantinische Zeit die 553 vollendete «Geheimgeschichte» den
Prokopios sowie christliche Inschriften der gleichen Zeit aus Kleinasien untersucht, andererseits für die Zeit des Bilderstreits die unter
der Regierung Michaels II. (820–829) abgeschlossene Chronik Theophanes' des Bekenners. Ein Vergleich dieses Materials läßt interessante Entwicklungstrends erkennen.

In der «Geheimgeschichte» des Prokopios ist Johannes der weitaus häufigste Name. Von 78 in diesem Werk erwähnten Männern,
tragen ihn nicht weniger als zehn. Um sie voneinander zu unterscheiden, identifiziert sie der Autor durch unterschiedliche Zusätze. Zwei von ihnen charakterisiert er durch die Angabe des Vaters,
einen durch die des Onkels, einen anderen durch die der Mutter,
wieder einen anderen als «den Kappadozier». Nach einer Zeit der
Einnamigkeit zeigen sich also hier in der Oberschicht des Byzantinischen Reichs erste Vorboten eines neuen, komplexeren Identifi-
kationssystems, freilich nur bei besonders häufig auftretenden Namen wie Johannes. Im kleinasiatischen Inschriftenmaterial, das im
Vergleich zu Prokopios eher Mittelschichten repräsentiert, ist die
Verteilung etwas anders. Das Namengut ist insgesamt sehr vielfältig. Unter 250 Männernamen begegnen je achtmal Paulos und Alexandros, viermal Aniketos, dreimal Johannes und Kyriakos. Bei 149
Frauennamen wiederholt sich Kyrilla mit den Varianten Kyria und

Kyriake neunmal, Matrona siebenmal, Paula bzw. Paulina fünfmal
sowie Thekla und Maria je dreimal.

Theophanes der Bekenner erwähnt für die Zeit von etwa 670 bis
820 108 Männernamen. Am häufigsten begegnen hier Konstantin
und Niketas mit je sieben Nennungen. Es folgen Johannes und
Theodoros mit je fünf, Stephanos, Theophylaktos, Michael und Leo
mit je vier, Nikephoros mit drei sowie Theophanes, Theophilos und
Gregorios mit je zwei. In den Fortsetzungen seiner Chronik kommt
es zu leichten Verschiebungen. Sehr häufig sind weiterhin die Namen Konstantin und Leo, Johannes, Andreas, Nikolaus und Georg,
sowie bei den Frauen Irene und Theodora. Ergänzen läßt sich dieses
Material durch Quellen mit geringeren Nennungszahlen. Eine Liste
von 32 Bauern, die um 974 angelegt wurde, umfaßt vier Demetrios
und je drei Konstantin und Basileios. In einem Werk des Richters
Eustathios aus dem 10. Jahrhundert liegen unter 26 Namen Michael
und Petrus mit drei, sowie Leon, Romanos und Sergios mit je zwei
Nennungen an der Spitze. Eine Zusammenstellung von Vornamen,
die unter byzantinischen Bauern des 14. Jahrhunderts häufig begegnen, gibt Ausblicke auf die weitere Entwicklung des Namenguts.[2]
Sehr häufige Männernamen sind Nikolaus, Demetrios, Konstantin,
Johannes, Basilios, Michael, Manuel, Stomates, Theodoros. Weniger
zahlreich aber noch immer bemerkenswert oft wiederholt begegnen
Modestos, Nikephoros, Theotokeios, Kyriakos, Foteinos, Athana-
sios, Petros, Alexios, Stefanos und Xenos. Die meist gebrauchten
Frauennamen sind damals Maria und Anna, dann Zoe, Arete, Chry-
se, Argyre, Kale, Theodora, Eirene, Xena, Eudokia, Elene, Georgia,
weiters Vasilike, Joannousa, Kyriakia, Rossana, Siligno, Sophia, Fot-
eine, Theophano, Stammatike und Marina.

Dieser kursorische Überblick auf der Basis eines sicher nicht sehr
breiten statistischen Materials verweist zumindest auf einige erklä-
rungsbedürftige Sachverhalte. Da ist zunächst das Problem der
«Kaisernamen». Konstantin hat in der Zeit zwischen der justiniani-
schen Epoche und dem Bilderstreit die Heiligennamen Johannes
bzw. Paulus von ihrem Spitzenplatz verdrängt und ist auch noch in
spätbyzantinischer Zeit ganz vorne mit dabei. Auch Leo, Michael,
Basilius oder Manuel sind Namen mehrerer byzantinischer Kaiser,
die in der Bevölkerung stark verbreitet erscheinen. Sind es vielleicht
gar nicht so sehr die Heiligennamen, denen in Byzanz die Zukunft
gehörte, sondern viel mehr die Namen der Kaiser? So gestellt, impli-
ziert die Frage eine Alternative, die aus der Typenbildung von Namensvorbildern der neueren Geschichte kommt: «Säkulare» Herr-

schernamen stehen «religiösen» Heiligennamen gegenüber. Eine
solche Typenbildung wird auch von Byzantinisten sehr selbstverständlich aufgenommen.[3] Ob zurecht, verdient eine nähere Analyse.

Unter den byzantinischen Kaisernamen ist zunächst Konstantin
gesondert zu behandeln. Konstantin hat bis zum Bilderstreit im
Vergleich zu den kleinasiatischen Inschriften nicht nur den Heiligennamen Paulus sondern auch den Herrschernamen Alexander
vom ersten Platz verdrängt. Handelt es sich bei der Verbreitung von
Alexander und von Konstantin um parallele Phänomene? Läßt sich
die Diffusion von Konstantin als eine kontinuierliche Fortsetzung
hellenistischen Herrscherkults verstehen? So unvermittelt sind die
Zusammenhänge sicher nicht zu sehen. Wir haben uns damit beschäftigt, daß Alexander und andere Herrscher des hellenistischen
Zeitalters als Götter verehrt wurden. Auch römische Kaiser des 1.
und 2. Jahrhunderts wurden als Götter angesehen. Sie galten als
Götter im Sinne des heidnischen Pantheons, also Götter neben anderen, die nicht die religiösen Bindungen der Reichsbevölkerung auf
sich monopolisierten. Der Herrscherkult der Spätantike hat einen
anderen Charakter. Kaiser Diokletian verstand sich als Beauftragter
der Götter, als deren Willensvollstrecker auf Erden. An dieses Herr-
scherverständnis schlossen Konstantin und seine Nachfolger an,
nunmehr bezogen auf den einen christlichen Gott. Als Mittler zwischen Gott und den Menschen wird der christliche Kaiser von allem
Irdischen entrückt. Er ist «sacer» im alten römischen Verständnis
des Wertes und damit besonders verehrungswürdig. Die Analogie
zur christlichen Heiligenverehrung ist unverkennbar.[4] Der Kirchen-
historiker Eusebius hat in einer Festrede, die er vor Konstantin zwei
Jahre vor dessen Tod hielt, spätantikes Kaiserverständnis christlich
umformuliert: Der wahre Kaiser ist im Himmel. Gottes Logos
durchwaltet die Welt; dessen Abbild – der irdische Monarch – hat
als sein Unterfeldherr teil an seinem Wirken und ist doch nur ein
Mensch.[5] Als Mensch darf der Kaiser im Bild verehrt werden. Der
einzige Bildkult, der im christlichen Römerreich geduldet war, blieb
lange Zeit der Kult des Kaiserbilds.[6] Mit der Verehrung des Kaiserbilds hat in Byzanz die offizielle Verehrung heiliger Bilder begonnen, an der sich dann im 8. Jahrhundert der Bilderstreit entzündete.

In der Reihe der nun auch im christlichen Verständnis vereh-
rungswürdigen Kaiser nimmt Konstantin als der erste eine Sonderstellung ein. Die in neuer Weise religiös fundierte Kaiseridee hebt
die Gestalt Konstantins ins Allgemeine. Er wird zum «heiligen Kai-

ser» schlechthin. Eusebius schreibt seine Vita als Heiligenleben zum Vorbild für kommende Generationen. Konstantin wird in der Ostkirche dann tatsächlich auch als Heiliger verehrt, als «Apostelgleicher», ja sogar als 13. Apostel. Zunächst ist er aber vor allem heiliges Vorbild für seine Nachfolger. «Neos Konstantinos», nicht «neuer Augustus», wird der Ruhmestitel byzantinischer Herrscher.[7] Aber nicht nur in solchen Titeln kommt seine Vorbildhaftigkeit zum Ausdruck, auch in der unmittelbaren Nachbenennung. Kaiser Tiberios II. nimmt bei seiner Krönung 578 den Namen Konstantinos an. Kaiser Heraklius gibt seinen Söhnen Heraklius und Herakleonas diesen Zweitnamen und auch sein Enkel Konstans II. hieß mit seinem ursprünglichen Namen Konstantinos. Seither hat kaum eine byzantinische Kaiserdynastie darauf verzichtet, den Namen Konstantinos aufzugreifen bis hin zu den letzten Paläologen, die mit Konstantin XI. den letzten Kaiser der Romäer stellten. Man würde fehlgehen, wollte man die Vergabe dieses Namens jeweils als Nachbenennung nach einem bestimmten Verwandten sehen – etwa nach dem Onkel oder nach dem Großvater – und daraus spezifische Gewohnheiten der innerfamilialen Nachbenennung ableiten.[8] Konstantin war der heilige Kaisername und hatte deswegen bei der Namengebung der «purpurgeborenen Söhne», wie die dem Kaiser nach der Krönung geborenen genannt wurden, eine besondere Vorrangstellung. Sicher hat man – gerade in frühbyzantinischer Zeit – auch andere Namen großer Kaiser von Dynastie zu Dynastie übernommen – so Leo, Justinian und Tiberius, kein anderer aber hatte eine vergleichbare sakrale Weihe. Unter der Dynastie der Angeloi erscheint St. Konstantin, wie seit dem Bilderstreit auch andere Heilige, die als Schutzpatrone von Kaiser, Hauptstadt und Reich verehrt wurden, sogar auf den kaiserlichen Münzen.[9] So ist hier eine spezifische Entwicklung vom Herrscherkult zum Heiligenkult gegeben.

Mit Konstantin als Herrschername noch am ehesten vergleichbar erscheint Leo. Leo war ein kaiserlicher Programmname, ein heiliger Name, aber kein Heiligenname. Der Syrer Konon, der als Kaiser den Bilderstreit auslöste, hat ihn bei seinem Namenswechsel wohl sehr bewußt gewählt. Durch ihn wurde Leo neben Konstantin zum Leitnamen seiner streng ikonoklastisch eingestellten Dynastie. Sicherlich erwählte er sich damit nicht den von der römischen Kirche seit dem 7. Jahrhundert als Heiligen verehrten Papst Leo I. zu seinem «Namenspatron». Von der Unwahrscheinlichkeit der Übernahme eines westlichen Heiligenkults ganz abgesehen – eine Heiligennachbenennung kam für ihn wohl gar nicht in Frage. Maßgeblich dürfte vielmehr der religiöse Symbolgehalt des Namens gewesen sein. Der Löwe hatte als Symbol von Göttern und von göttlichen Herrschern im Orient eine uralte Tradition. Im Christentum war er zum Symbol des auferstandenen Gottessohnes geworden, was die Verbreitung des Namens Leo in der christlichen Antike förderte. Die Frage, ob Christus in Symbolgestalt oder als Mensch dargestellt werden sollte, hatte das zweite Trullanum 697 im Sinne der Bilderverehrer gegen die symbolische Ausdrucksform entschieden.[10] Die Wahl des Symbolnamens Leo bedeutete nach dieser Entscheidung eine klare religionspolitische Stellungnahme. 813 hat sich mit Leo V. dem Armenier noch einmal ein überzeugter Ikonoklast gerade für diesen Namen entschieden – diesmal unmittelbar bei seinem Regierungsantritt.[11] Leo war damals also offenbar ein religiös motivierter kaiserlicher Programmname, der auch für eine bestimmte Linie der Namengebung stand – eben für die sinnbildhaft vermittelnde, nicht die unmittelbar abbildende. Seine große Verbreitung hat der Name in Byzanz nicht wie Konstantin durch einen heiligen Kaiser gefunden. Er verdankt sie viel mehr primär seinem symbolisch theophoren Gehalt.[12] Soweit byzantinische Herrscherverehrung zu seiner Diffusion beigetragen hat, handelt es sich um ein sekundäres Phänomen.

Ähnliches gilt für die anderen sogenannten «Kaisernamen». Sie waren als «heilige Namen» bzw. als Heiligennamen schon populär, bevor ein Kaiser sie trug. Bis zum Bilderstreit beherrschen die theophoren und die symbolischen Namen das Feld. Leos II. Vorgänger etwa hieß Theodosius – hatte also einen theophoren Namen, der auch als Kaisername schon eingeführt war. Dessen Vorgänger wiederum mußte seinen Namen wechseln. Er wählte den auf das Auferstehungsgeheimnis bezogenen Namen Anastasios, der ebenso als Kaisername schon Tradition hatte, seine starke Verbreitung aber sicher nicht diesem Umstand verdankt. Anastasios II. hatte vorher Artemios geheißen, trug also einen pagan-theophoren Namen. Das war in Byzanz zu Beginn des 8. Jahrhunderts für einen christlichen Kaiser doch nicht mehr tragbar. Ein Jahrhundert zuvor lagen die Dinge noch anders. Der große christliche Kaiser Heraklius behielt bei seinem Regierungsantritt seinen pagan-theophoren Namen bei. Er gab ihn auch in unmittelbarer Nachbenennung und zu Herakleonas variiert an seine Söhne und Nachfolger weiter. In ähnlicher Weise hatte ja schon Konstantin seine nach der Kaiserproklamation geborenen Söhne Konstantin, Konstantius und Konstans genannt. Zum Unterschied von Konstantin und seinen Nachfolgern mit christlich theophoren oder symbolischen Namen findet sich bei Heraklius keine Entsprechung von bedeutsamem Kaisernamen und der Verbreitung des Namens unter der Reichsbevölkerung. Trotz verchristlichter Herrscherverehrung war offenbar in Byzanz – sieht man von der Sonderstellung Konstantins ab – der christliche Gehalt der Namen primär für ihre Diffusion maßgeblich, nicht so sehr der Umstand, daß ein Herrscher sie trug.

Kaiser, die einen nichtkaiserlichen Heiligennamen trugen, finden sich in Byzanz erst nach dem Bilderstreit. Basilius der Makedonier (867–888) ist wohl der erste solche Fall. Er stammte aus kleinen Verhältnissen. Seinen Namen hatte er wahrscheinlich nach dem großen Heiligen und Kirchenlehrer erhalten, nicht wie dieser als theophoren Namen mit Bezugnahme auf Gott als himmlischen König. Für den «Basileus» der Romäer paßte dieser Name, aber er hatte nichts mit seinem Herrschertum zu tun und war auch schon vorher durchaus populär. Das gilt genauso für Johannes, Alexios oder Andronikos, die sich seit dem 10. Jahrhundert so häufig als Namen byzantinischer Kaiser finden.

Zwei «Kaisernamen» verdienen besondere Behandlung, weil es sich um besonders heilige Namen handelt, die eine spezifische Beziehung zum Kaisertum erkennen lassen und weil beide einen Bruch mit traditionellen Namentabus signalisieren, nämlich Michael und Manuel. Bei beiden ergeben die Münzbilder interessante Hinweise, welche Bedeutung diese Namen für die Kaiser gehabt haben dürften.

Das alte römische Münzbild mit der Victoria Augusti als dem Kaiser den Sieg verleihende Göttin wird unter Kaiser Justin I. (518–27) einschneidend verändert.[13] Aus der Victoria wird eine männliche Figur in Frontalansicht, die stehend in der rechten Hand ein einfaches Kreuz und in der linken einen kreuzgekrönten Erdball trägt. Diese Gestalt wird von Numismatikern gewöhnlich als Engel oder als der heilige Michael gedeutet. Die Legende lautet unverändert «Victoria Augusti». Der Engel oder St. Michael gibt also jetzt dem Kaiser den Sieg. Dieses Münzbild hält sich lange, verschwindet aber im Zeitalter des Ikonoklasmus, das auch aus dem Münzwesen alle figürliche Darstellung von Heiligem verbannt. Als nach der Aufhebung des Bilderverbots die Christusdarstellungen auf den Münzen zurückkehren – ebenso mit ihnen die Mariens und einiger Heiliger – erscheint auch der Erzengel Michael wieder, nunmehr als dieser spezifische Engel erkennbar sowie mit eindeutigem Namensbezug. Kaiser Michael IV. (1034–41) läßt Münzen prägen, auf denen ihm der heilige Michael das Labarum überreicht, die Fahne mit dem Christogramm, von dem Konstantin geträumt hatte: «Durch dieses Zeichen mögest du siegen.»[14] Mit dem heiligen Erzengel erscheinen auch weiterhin Kaiser auf Münzen, keineswegs nur nach ihm benannte. In der Tradition der Victoria Augusti sind die byzantinischen Kaiser eng mit der Gestalt und dem Namen des Erzengels Michael verbunden.

Noch heiliger als der Name des Erzengels ist der Jesus-Name Immanuel. Er erscheint so verehrungswürdig, daß ihn selbst in Byzanz niemand in ungekürzter Form erhalten kann, auch nicht der Kaiser. Die Kürzung Manuel zu Immanuel hat in Chael zu Michael ihre Entsprechung, wie sie sich im 8. Jahrhundert in Ägypten bei Patriarchen von Alexandrien findet.[15] Der Einfluß der altchristlichen «nomina sacra» und die Annäherung an sie durch Abbreviaturen wird hier deutlich erkennbar. Nun kommt mit dem Kaisernamen Manuel in der byzantinischen Münzprägung eine neue Form des Christusbildes auf, der sogenannte «Emmanuel-Typ».[16] Es handelt sich um eine Darstellung des jugendlichen Christus, mit dem der von Gott geoffenbarte Name in besonderer Weise verbunden gesehen worden sein dürfte. Dieser jugendliche Christus ist gleichsam Kaiser Manuels «Namenspatron». Nach dem himmlischen Namen des Erzengels kann so über die Ausdifferenzierung eines besonderen Bilds des jungen Christus auch dessen göttlicher Name für Menschen wirkkräftig gemacht werden.

Die Namen Michael und Manuel konnten als besonders heilige Namen für Kaiser wichtig sein. In die Namengebung eingeführt wurden sie jedoch nicht auf diesem Weg. Beide Namen waren schon gebräuchlich, bevor so benannte Kaiser regierten. Als die entscheidende Phase, in der der Zugriff auf solche bisher tabuisierte Namen möglich wurde, erscheint wiederum der Bilderstreit. Nach dem endgültigen Sieg der Ikonodulen 843 hatten jedenfalls Engelnamen bereits einen offiziellen Platz in der Namenpolitik des byzantinischen Reichs. 865 wurde der zum Christentum übergetretene Bulgarenfürst Boris auf den Namen Michael getauft.[17] Sein Taufpate war Kaiser Michael III. Es ist dies der erste Fall in einer langen Reihe sogenannter «Unterwerfungstaufen», bei denen herrschaftliche Abhängigkeit christianisierter Fürsten in der Form der Patenbeziehung zum Ausdruck gebracht wurde.[18] Aber es handelte sich bei Boris/Michael offenbar nicht nur um eine Patennachbenennung. Boris' Bruder erhielt in der Taufe den Namen Gabriel.[19] Das zum Christentum übergetretene Fürstenhaus wurde so mit Engelnamen ausgezeichnet, den heiligsten Namen also, die damals nach Auffassung der byzantinischen Kirche an Menschen vergeben werden durften.

Das Verhältnis von Herrscher- und Heiligennamen wird in ähnlicher Weise faßbar, als im folgenden Jahrhundert das russische Fürstenhaus zum Christentum byzantinischer Richtung übertrat. 957 empfing Olga, die Witwe des Fürsten Oleg, in Byzanz die Taufe. Kaiser Konstantin VII. fungierte als Pate. Olga erhielt den Namen Helena nach der heiligen Kaiserin Helena, der Mutter des heiligen Kaisers Konstantin, den Konstantin VII. offenbar als seinen Namenspatron ansah. 988 wurde Olgas Enkel, Fürst Vladimir, auf den Namen seines kaiserlichen Paten Basilius II. getauft und damit zugleich auf den des heiligen Basilius. Ohne eine solche Patenbeziehung erhielten in der Folgezeit die Prinzen des Rurikidenhauses zusätzlich zu ihren slawischen Fürstennamen einen christlichen Namen nach einem der großen byzantinischen Heiligen: Jaroslav nach St. Georg, Izjaslav nach St. Demetrius, Mistislaw nach St. Konstantin, Vsevolod nach St. Andreas, Jaropolk nach St. Peter, Svjatopolk nach dem nun schon gemeinsam mit den Heiligen verehrten Erzengel Michael.[20] Fürsten ohne Heiligennamen waren damals in der byzantinischen Kirche nicht mehr denkbar. Für die Rurikiden hatten andererseits ihre angestammten Herrschernamen große Bedeutung. Lange hielten sie an Zweifachnamen fest, bis sie endgültig zu Heiligennamen übergingen. Die beiden Namen wurden nach unterschiedlichen Kriterien der innerfamilialen Nachbenennung weitergegeben. So erhielt der 1194 geborene Vladimir/Dimitrij, später Fürst von Perejaslawl, seinen Fürstennamen nach seinem längst verstorbenen Urgroßvater, Großfürst Vladimir II. von Kiew, seinen Heiligennamen hatte er jedoch mit seinem Vater, Großfürst Vsevolod/Dimitrij von Wladimir gemeinsam. Man kann wohl nicht direkt sagen, er sei auch nach seinem Vater «nachbenannt». Denn nachbenannt wurde er mit seinem christlichen Namen primär nach dem heiligen Demetrius, dem der Vater in den Jahren 1194/7 in seiner Residenzstadt eine prunkvolle Hofkirche errichtete.[21] Die Namengebung nach dem Heiligen ermöglichte eben eine Namensgleichheit zwischen Vater und Sohn, die de facto auf eine innerfamiliale Nachbenennung unter Lebenden hinauslief. Bezüglich des Fürstennamens war unter den Rurikiden bis in diese Zeit nur eine Nachbenennung nach toten Vorfahren möglich – offenbar aufgrund einer aus vorchristlicher Zeit übernommenen Vorstellungswelt.[22]

Über das Verhältnis früher russischer Fürsten zu ihren Namensheiligen läßt sich wiederum einiges aus ihren Münzen erschließen.

Devotionsbild Gertruds, der Witwe Großfürst Izjaslavs, mit ihrem Sohn Jaropolk-Petr und dessen Gattin Kunigunde aus dem Euchologium Gertrudianum, Zusatz zum Egbert-Psalter, um 1078–86. Die Komposition verbindet die Fürstenfamilie mit dem heiligen Petrus, dem Namenspatron des Sohnes, zu einem Initial, wodurch die enge Bindung zum Schutzheiligen ausgedrückt werden soll. Rechts vom Bild ein Gebet an den heiligen Petrus («Sancte, Petre, princeps apostolorum, qui tenes claves celorum ...»), das wohl als Legomenon der die Füße Petri umfassenden Fürstin anzusehen ist. Die Form des Devotionsbilds enthält byzantinische und römische Einflüsse.

Die Rurikiden hatten zunächst den byzantinischen Münztyp mit Herrscherbild übernommen. Fürst Jaroslav Vladimirovič (1015–19) änderte diese Praxis. Er ließ an Stelle seines Bildes das seines Namenspatrons St. Georg auf den Avers seiner Münzen prägen.[23] Der heilige Namenspatron, der auch im byzantinischen Münzwesen eine zunehmende Rolle zu spielen begann, wird hier als das eigentliche Urbild des nach ihm Benannten präsentiert. Stärker an magischem Denken orientiert erscheint die Praxis rurikidischer Fürsten, das Bild ihres Namenspatrons auf ihrem Helm zu führen. Von Großfürst Izjaslav II. wird erwähnt, daß er 1151 in einer Schlacht ein goldenes Bildnis seines Patrons, des hl. Panteleimon, am Helm trug. Ein vergoldeter Helm, mit dem Bildnis des hl. Theodor wurde im 19. Jahrhundert auf dem Schlachtfeld von Lipica gefunden. Er gehörte gewiß dem Fürsten Theodor-Jaroslav, der in dieser Schlacht im Jahr 1216 besiegt worden war.[24] Welche enorme Rolle das Bild in der Beziehung eines Menschen zu seinem Namensheiligen in der Vorstellungswelt der byzantinischen Kirche spielte, wird an solchen Beispielen deutlich. Sie verweisen auf die eminente Bedeutung, die das Bild für die Namengebung nach Heiligen durch den Ausgang des Bilderstreits zugunsten der Bilderverehrer erhalten hatte.

Das Nebeneinander von vorchristlichen Fürstennamen und christlichen Heiligennamen bzw. die Auseinandersetzung zwischen diesen beiden Typen hat in der Dynastie der Rurikiden jahrhundertelang gedauert. Letztlich haben sich im Fürstenhaus, wie insgesamt in der Bevölkerung, die Heiligennamen durchgesetzt. Das war – wie wir sehen werden – keineswegs so selbstverständlich. In weiten Teilen Mittel-, West- und Nordeuropas ist es zur gleichen Zeit zu einer enormen Verbreitung von Fürstennamen gekommen. Wenn sich in den rurikidischen Fürstentümern keine parallele Entwicklung findet, so ist das ein Hinweis darauf, daß hier die soziokulturellen Voraussetzungen eine Nachbenennung nach Fürsten nicht begünstigten, sehr wohl aber eine nach Heiligen. Diese Situation erlaubt wohl Rückschlüsse für Byzanz. Weil spätestens mit dem Anfang des 8. Jahrhunderts alle Kaiser religiös-christlich motivierte Namen trugen, können wir ja hier nicht mehr abschätzen, wie stark die Namengebung an der religiösen Bedeutung des Namens oder an der Person des Kaisers orientiert war. Ein System sozialer Beziehungen zum Kaiser – vergleichbar den Lehensbindungen im Westen-, das eine unmittelbare Nachbenennung nach dem Kaiser bewirkt hätte, fehlte in Byzanz. Sicher gab es vermittelte Formen. Die Statue des Kaisers wurde auch in den christlichen Jahrhunderten auf öffentlichen Plätzen aufgestellt. Tafelbilder, welche der Kaiser als Rechtssymbole seiner Präsenz in die Provinzen des Reiches sandte, waren bei Amtshandlungen in Verwendung. Ein Beamtenkalender aus dem 5. Jahrhundert, die Notitia Dignitatum, zeigt sie zwischen brennenden Kerzen im Amtslokal des Prätorianerpräfekten aufgestellt. Die Münze mit dem Bild des Kaisers machte ihn im ganzen Reich präsent. Das mag zur Bekanntheit kaiserlicher Namen und kaiserlicher Namenspatrone beigetragen haben. Vielleicht wurden dadurch Namensentscheidungen von Eltern beeinflußt. Der Akt der Namengebung blieb aber dann letztlich am Heiligen und nicht am Kaiser orientiert. Trotz der großen Verbreitung des heiligen Kaisernamens Konstantin waren es wohl im Byzantinischen Reich nicht die Namen der Kaiser sondern die der Heiligen, die den Prozeß des Namenschwunds bewirkten.

Ebenso häufig wie Konstantin wird in der Chronik des Theophanes Niketas erwähnt. Er gehört zu den vielen mit Nike = Sieg zusammengesetzten Namen, die – wie im Westen Victor und seine Varianten – in christlichem Milieu als religiös motiviert anzusehen sind. Insgesamt sind nach den Nennungen in der Chronik des Theophanes in der Zeit des Bilderstreits die theophoren und frommen Namen gegenüber den Heiligennamen in der Überzahl. Auch nach dem Bilderstreit werden solche Namen weiterhin gegeben, freilich mitunter mit zusätzlichen Akzenten. Gerade für den Namen Niketas gibt es dafür ein gutes Beispiel. In der Heiligenvita des 898 verstorbenen Euthymios des Jüngeren heißt es, er habe in der Taufe den Namen Niketas erhalten. Dieser Name «verpflichtete den Sieg davonzutragen über alle sichtbaren und unsichtbaren Feinde».[25] Die Namengebung war also noch in traditioneller Weise als Erteilung eines religiös motivierten, aber keineswegs notwendig nur religiös zu verstehenden Lebensauftrags erfolgt. Der militärische Familienhintergrund hätte bei einer Laufbahn wie der seines Vaters auch eine andere Deutungsmöglichkeit ergeben. Im christlichen Verständnis stand freilich der Sieg über die «unsichtbaren Feinde» im Vordergrund. Den Nike-Namen wurde, wie die Nika-Formeln auf Amuletten wahrscheinlich machen, wohl allgemein eine dämonenabwehrende Kraft zugeschrieben. Von einem heiligen Niketas als Namenspatron ist bei der Motivation der Namengebung in der Vita noch keine Rede. Einer von den zahllosen christlichen Niketas der Spätantike hatte den Märtyrertod erlitten und einen Platz im byzantinischen Heiligenkalender erhalten. Wie die Vita berichtet, feierte Euthymios später dessen Fest. Er verehrte diesen Heiligen also als

seinen Namenspatron. In der Wiege war er ihm noch nicht dazu
bestimmt. Und auch sein zweiter Namen, der durch ihn zu einem
Heiligennamen wurde, war nicht nach einem Namenspatron gewählt, sondern nach dem Namenssinn. Euthymius meint «guten
Mutes». Der Klostervorsteher hatte dem Niketas bei seinem Eintritt diesen Namen verliehen, weil man nun nach der Wiederherstellung der Bilderverehrung wieder «guten Mutes» sein könnte –
ein frommer Wunschname also, der über seine allgemeine Bedeutung hinaus seinen «frommen» Charakter erst durch den spezifischen, bei der Namengebung gemeinten Wunsch erhielt. Seine Rolle als Heiligenname ist sekundär.

Während das Beispiel des Niketas/Euthymios zeigt, daß in Byzanz
noch im 9. Jahrhundert religiöse Namen wegen des Namenssinns
und nicht wegen des Namensvorbilds gegeben wurden, ist in anderen Fällen zu beobachten, daß die Entwicklung von theophorer Namengebung zur Nachbenennung nach Heiligen schon wesentlich
früher erfolgte. Eindrucksvoll läßt sich diese Bedeutungsverschie-
bung an Theodor zeigen. In der Häufigkeit der Nennungen steht
Theodor zur Zeit des Bilderstreits gleich hinter Konstantin und Niketas an dritter Stelle. Bis in die spätbyzantinische Zeit gehört er zu
den meistgegebenen Namen. In den christlichen Inschriften des
spätantiken Kleinasien tritt er zwar nicht besonders hervor, er gehört aber, wie wir gesehen haben, zu den klassischen theophoren
Namen, die das frühe Christentum mit dem Judentum teilte. Er
drückt die in hellenistischer Zeit häufigste Aussage über ein neuge-
borenes Kind in der Beziehung zur Gottheit aus: das Kind als Geschenk der Gottheit – im jüdisch-christlichen Monotheismus auf
den einen Gott beschränkt formuliert. Nicht nur Knaben wurden in
dieser Weise als Geschenk Gottes aufgefaßt. Auch die weibliche
Form Theodora ist vereinzelt schon in der jüdischen Namengebung
belegt.[26]

Ein christlicher Soldat, der den damals unter Christen so belieb-
ten Namen Theodor trug, erlitt um 406 in Euchaïta bei Amaseia am
Pontus in der Verfolgung unter Kaiser Maximian den Märtyrertod.[27]
Ohne daß wir von besonderen Verdiensten wüßten, die diesen früh-
christlichen Märtyrer von anderen unterschieden hätten, nahm sein
Kult einen ganz ungewöhnlich raschen Aufschwung. In den letzten
Jahrzehnten des vierten Jahrhunderts hat vielleicht kein anderer
Märtyrer in höherem Ansehen gestanden. Warum und in welcher
Weise er damals verehrt wurde, zeigt eine Lobrede, die Gregor von
Nyssa nach seiner Erhebung zum Bischof am Grab des Märtyrers

gehalten hat.[28] Er beschreibt die prächtige Kirche, die über dem Grab errichtet worden war, mit ihren Malereien, die die Leidensgeschichte des Märtyrers darstellten – ein frühes Beispiel, wie sich der Bildkult der Heiligen an den Grabkult anschloß. Besonders verehrt wurde der Heilige an seinem Festtag, dem 9. November. Die Härte der Jahreszeit stellte für die zahllosen Wallfahrer die aus verschiedensten Provinzen und Ländern in diese abgelegene Gegend kamen, kein Hindernis dar. Eindrücklich schildert Gregor, wie diese versuchten, der Kräfte des Heiligen durch körperliche Nähe teilhaftig zu werden. Am liebsten hätten sie die leiblichen Überreste desselben mit den Armen umfaßt, mit dem Munde, den Augen, den Ohren berührt. Aber nur den wenigsten war es vergönnt, in dieser Weise ihre Wünsche zu verwirklichen. Die große Zahl mußte sich mit der Berührung des Schreins begnügen. Doch schon diese Berührung sahen sie als eine Segnung an. Ja selbst der Staub, der sich um den Schrein gelagert hatte, wurde – weil durchdrungen von den überirdischen Kräften des Märtyrers – von vielen als eine wertvolle Gabe angesehen und daher aufgelesen und bewahrt. Zur Unterstützung der Anliegen, die sie dem Märtyrer vortrugen, legten seine Verehrer wertvolle Gaben an seinem Grabe nieder. In den mannigfaltigsten Angelegenheiten konnte der Heilige helfen. Vor allem fuhren an seinem Grabe die Dämonen aus. Ebenso wurden Leidende von ihren Krankheiten geheilt, die ja auch als Einfluß dämonischer Kräfte galten. Im Jahr vor dem Besuch Bischof Gregors in Euchaïta hatte St. Theodor seine Heimat vor einem drohenden Einfall der Skythen beschützt. Als der Heilige das «unheilabwehrende furchtbare Kreuz Christi» schwang, wichen die Feinde zurück. Als siegreichen Kämpfer gegen äußere Feinde wollten die Verehrer des Märtyrers ihn deshalb auch in Zukunft als ihren Schützer anflehen.

Sieg gegen äußere und innere Feinde, nämlich gegen die Dämonen – das ist dieselbe Erwartung, die bei Niketas durch den heiligen Namen ausgedrückt wurde. Vom Namen des Heiligen und seiner Wirkung ist freilich in der Lobrede Gregors von Nyssa nirgendwo die Rede, auch nicht von einer Nachbenennung nach dem Heiligen, wie es aus derselben Zeit von Johannes Chrysostomus über den heiligen Bischof Meletius von Antiochien berichtet wird. Anders als Meletius trug ja St. Theodor von vornherein einen «heiligen Namen», der in der ganzen hellenistischen Welt und weit darüberhinaus vielfach getragen und seiner religiösen Bedeutung nach verstanden wurde. Diesen Namen einem Kind nicht auf Gott sondern auf St. Theodor bezogen zu geben, kam damals wahrscheinlich noch

nicht in Frage. Namensmotivationen sind freilich, wie wir schon
mehrfach gesehen haben, oft doppel- und mehrsinnig. So mag die
Benennung nach St. Theodor bei manchen Eltern mitgeschwungen
haben. Daß theophorer Namenssinn und Heiligenverehrung inein-
ander verflossen, wird aber wohl eher in anderer Weise zu sehen
sein. Viele Kinder, die als «Gottesgeschenk» den Namen Theodor
oder Theodora erhielten, werden später den mit ihnen namensgleichen Heiligen besonders verehrt haben. Der im Vergleich zu anderen Märtyrern ungewöhnlich rasche und intensive Aufschwung der
Theodorsverehrung in Euchaïta könnte so vielleicht auch mit dem
Sinn seines Namens zu tun haben. Auf die besondere Bedeutsamkeit seines Namens verweist dann noch ein anderer Umstand. Wir
wissen aus der Frühzeit des Theodorkults zwar nichts von nach ihm
benannten Personen, dafür aber von einer nach ihm benannten
Stadt. Euchaïta, die Stadt seines Reliquienheiligtums, wurde seit
dem 5. Jahrhundert Theodoropolis genannt. Nach Heiligen benannte Städte sind selten. Unmittelbar vergleichbar ist wohl nur die
Umbenennung von Resapha im syrischen Grenzgebiet zum Perserreich, der Verehrungsstätte des hl. Sergius, in Sergiopolis.[29] Sie erfolgte wohl unmittelbar in Anschluß an die 434 vom Patriarch von
Antiochien vollzogene Erhebung von Resapha zum Bischofssitz, die
sicher mit der besonderen Bedeutung dieser Kultorts zusammenhängt. Auch Euchaïta wurde damals selbständige Diözese. Die
Form der Umbenennung entstammt jedoch nicht kirchlicher Tradition. Städte wurden in der Zeit des Hellenismus nach heroisierten
oder als göttlich verehrten Herrschern benannt, nach Alexander
dem Großen, nach Seleukos oder Antiochos. Wie man griechische
Städtegründer seit alters als Heroen verehrte, so genossen auch die
Gottkönige des Hellenismus in «ihrer» Stadt einen besonderen
Kult.[30] Römische Kaiser setzten diese Tradition fort. Auch noch
christliche Kaiser haben Städte nach sich benannt – vor allem Konstantin, dann etwa auch Gratian und Theodosius. Mit Martyropolis
als Zwischenglied schließen Sergiopolis und Theodoropolis an diese
Tradition an. Die Namen von Heiligen treten also hier an die Stelle
von Kaisernamen. Sie erhalten damit überregionale Bedeutung wie
ja auch der Schutz, den sie in diesem umkämpften Grenzgebiet
«ihrer» Stadt sichern, dem ganzen Reich zugute kommt. Sergius
und Theodor sind so im byzantinischen Reich zu großen militäri-
schen Heiligen geworden. Ihre Darstellung als Reiterheilige – analog zu Georg und Demetrius – drückt das aus, freilich immer in der
doppelten Bedeutung des siegreichen Kampfes gegen äußere wie ge-

gen innere Feinde, die Dämonen. Als Vorkämpfer der östlichen
Christenheit wurde der zum «Megalomartyr», zum «Großmärty-
rer» aufgestiegene Theodor immer wieder angerufen. Kaiser Johannes I. Tzimiskes (969–76) hat ihn als seinen «Waffenbruder» angesehen, der sich an allen seinen Kämpfen beteiligte und als sein Be-
schützer im Kampfgewühl wirkte.[31] Beim großen Sieg der Byzantiner über die Russen bei Dorystolon glaubte man ihn leibhaftig gesehen zu haben, wie er sich als Reiter auf weißem Roß an die Spitze
des Heeres setzte und die Schlacht entschied. Längst konnte er nun
schon weit weg von seiner Grabkirche in der nach ihm benannten
Grenzstadt Theodoropolis Wunder wirken. Für die Namengebung
ist diese überregionale Wirkkraft wichtig. Erst auf dieser Grundlage
konnte der weit verbreitete theophore Name zu einem weit verbreiteten Heiligennamen werden.

Wie sich Heiligenverehrung verändern mußte, um allgemeine
Nachbenennung zu ermöglichen, läßt sich in Byzanz besonders anschaulich am Beispiel des heiligen Nikolaus von Myra verfolgen.
Wir haben seinen Namen weder in frühbyzantinischer Zeit noch bei
Theophanes dem Bekenner in der Zeit des Bilderstreits unter den
besonders häufigen gefunden. Erst später wird er sehr rasch populär.
Anders als bei Theodor handelt es sich bei Nikolaus nicht um einen
theophoren Namen. Trotz der Zusammensetzung mit Nike-Sieg,
die ihn für Christen interessant gemacht zu haben scheint, gehörte
er nicht zu den typisch christlichen Kompositionsformen, mit denen der Sieg über das Böse ausgedrückt werden sollte, wie Niketas
oder Nikephoros. Die Zusammensetzung mit «Sieg» und «Volk»
verweist vielmehr auf einen älteren Typus griechischer Namensbildung. Er begegnet auch in vorchristlichen wie in christlichen Zeugnissen – freilich lange Zeit nicht in nennenswerter Häufigkeit. Der
in der Apostelgeschichte genannte Proselyt Nikolaus aus Antiochia
hat sicher nicht zur Verbreitung des Namens unter Christen geführt
– auch nicht späterhin. Erst mit Beginn des 5. Jahrhunderts läßt sich
der Name in der christlichen Bevölkerung häufiger nachweisen –
und zwar in einer interessanten räumlichen Häufigkeitsverteilung.
Während sich vom 5. bis zum 7. Jahrhundert in der ganzen übrigen
Christenheit nur drei bis fünf, höchstenfalls acht Träger des Namens finden, begegnen in der kleinasiatischen Provinz Lykien, in
der die Bischofsstadt Myra liegt, allein 16 oder 17. Auch noch im
8. Jahrhundert ist der Name außerhalb Lykiens noch wenig gebräuchlich. Dagegen läßt sich im 9. Jahrhundert feststellen, daß
sich der früher so überaus seltene Name allgemein eingebürgert

hat, und zwar – wie eine zeitgenössische Quelle ausdrücklich berichtet – durch die Sitte der Benennung nach dem Heiligen von
Myra.[32]
Der heilige Bischof Nikolaus von Myra war keiner der großen
Märtyrer der christlichen Frühzeit wie Theodor oder Sergius. Seine
frühe Verehrung und die Nachbenennung nach ihm in der Provinz
Lykien haben wir uns vielleicht so vorzustellen, wie es uns Johannes Chrysostomus von seinem Zeitgenossen Meletius von Antiochien schildert, wahrscheinlich anfangs in seiner Diözese nicht einmal vom selben Enthusiasmus getragen. Ein intensiverer Kult setzt
in Lykien und dann auch in Byzanz erst im 6. Jahrhundert ein. Er
bezieht auch einen jüngeren Heiligen dieses Namens ein, den Abt
Nikolaus von Sion, der Bischof von Pinora war, und – ebenfalls in
Lykien – am 10. Dezember 564 gestorben ist. Seine Gestalt fällt in
der Überlieferung der griechischen Kirche mit der des Wundertäters
von Myra zusammen. Aber auch der intensivierte Kult seit dem 6.
Jahrhundert, der schon deutlich einen überregionalen Einzugsbereich hat, führt noch nicht zu einer Welle der Nachbenennung über
dieses engere Herkunftsgebiet hinaus. Erst im Verlauf des Bilderstreits und vor allem nach der endgültigen Entscheidung zugunsten
der Bilderverehrer verbreitet sich der Name rasch in der ganzen
östlichen Christenheit und von den byzantinischen Brückenköpfen
in Italien aus dann auch im Westen.
Zurecht hat es Karl Meisen, der große Darsteller des Nikolauskults im Abendland, als «höchst merkwürdig» bezeichnet, daß die
Lebensgeschichte des heiligen Nikolaus «so dürftig ist wie bei
kaum einem Heiligen und zu der Berühmtheit des großen Wundertäters in einem geradezu schreienden Mißverhältnis steht».[33] Als
Grundlage des Nikolauskults in Byzanz faßt er zusammen: «Seine
Berühmtheit, seine allgemeine Verehrung und seinen Ruf als ganz
besonders wirksamer Nothelfer verdankt Nikolaus einer einzigen
Wundertat, der Geschichte von der Rettung der unschuldig verur-
teilten Feldherren. Die überragende Bedeutung dieser Wundertat
wurde darin erblickt, daß Nikolaus nicht als verklärter himmlischer Heiliger dem Kaiser und dem Eparchen erscheint, was etwas
Selbstverständliches und gar nicht weiter Wunderbares gewesen
wäre, sondern daß er schon zu seinen Lebzeiten, noch als Bischof
von Myra, die einzigartige Fähigkeit besaß, in der fernen Hauptstadt
beiden Persönlichkeiten im Traum erscheinen zu können. Damit
ist Nikolaus gleichsam schon als Mensch unter die Engel versetzt,
er ist wie die Quellen sich ausdrücken, «isangelos» (= engelgleich),

ein «epigeios angelos» (irdischer Engel), «uranios anthropos» (himmlischer Mensch), «aitherios anthropos» (ätherischer, himmlischer Mensch). Durch die Stratelatengeschichte ist Nikolaus zu einem besonders begnadeten Heiligen, zu einem «Hyper-hagios» geworden.»

Die im Anschluß an die Stratelatengeschichte für Nikolaus verwendeten Epitheta bringen deutlich zum Ausdruck, wie in Byzanz im 9. und 10. Jahrhundert die Grenzen zwischen Heiligen und Engeln zu verschwimmen begannen. Wir haben das ja auch in der bis dahin tabuisierten Nachbenennung nach einzelnen mit Namen bekannten Engeln beobachten können. Ebenso zeigen sie, welche Fähigkeiten von Heiligen damals besonders gefragt waren. Heilige sollten wie Engel omnipräsent sein und überall eingreifen können, nicht nur an ihrem Grab Wunder wirken oder wo sonst eine Reliquie den heiligen Körper gegenwärtig machte. Mit dem Stratelatenwunder erfüllt Nikolaus diese Bedürfnisse der Zeit nach universalen Heiligen. Die Wundergeschichte ist wahrscheinlich schon in der Zeit Justinians (527–565) oder kurz nach derselben in Myra zur Verherrlichung des Stadtheiligen entstanden.[34] Aber warum ist eine solche Geschichte gerade um den Bischof von Myra entstanden und warum wurde der Glaube an sie in den folgenden Jahrhunderten dann auch allgemein akzeptiert, wo es doch berühmtere Bekenner und Märtyrer gab, denen man eine solche Fernwirkung hätte zuschreiben können? Nikolaus von Myra hatte eine Eigenschaft, die ihm auch als ortsgebundenen Reliquienheiligen überregionale Wirkkraft ermöglichte. Er war ein «Myroblytos», man könnte sagen «der Myroblytos» schlechthin.[35] Als «Myroblytoi» bezeichnete man Heilige, deren Reliquien Myrrhe, Öl, Balsam oder eine Flüssigkeit ausschieden, die sich vor allem zur Vertreibung von Dämonen und zur Heilung von Krankheiten eignete. An solchen «Myroblytoi» gab es unter den Heiligen der orientalischen Kirche nur wenige. St. Katharina von Alexandrien, die im Sinaikloster verehrt wurde, gehörte später zu ihnen.[36] St. Menas in Ägypten ist ein früher Vorläufer, ein Quasi-Myroblyt.[37] Seine Grabbasilika wurde schon unter Kaiser Arkadius 383/408 in prunkvoller Ausgestaltung errichtet. Sein Kult ging jedoch 641 mit der islamischen Invasion unter. Ausgrabungen förderten eine Zisterne zutage, an der das berühmte St. Menas-Wasser geschöpft wurde. Es war ölhaltig und heilkräftig. Ampullen mit diesem St. Menas-Wasser sowie Lampen mit dem Bild des Heiligen und der Aufschrift «Ehre dem heiligen Menas» wurden bis in den Balkanraum, nach Marokko und Frankreich ver-

breitet. Die als «Myroblytoi» verehrten Heiligen der folgenden Jahrhunderte stehen in dieser Tradition.

Nikolaus hatte unter den «Myroblytoi» eine Vorzugsstellung,
weil seine Reliquien unaufhörlich einen transportablen Heiltrank
aussonderten.[38] Sie taten das auch noch nach der Entführung der
sterblichen Reste des Heiligen von Myra nach Bari 1071, und selbst
dem in Worms und Saint-Nicolas-de-Port aufbewahrten Finger bzw.
Fingerbein wurde diese Wirkung zugeschrieben. Das von den Griechen «Myron» genannte Manna, daß die besondere Wunderkraft des
Heiligen ausmachte, ließ Myra in Lykien schon früh zu einem von
weither besuchten Wallfahrtsort werden. Wir haben gesehen, daß
sich nach dem Bericht Gregors von Nyssa die frommen Pilger in
Euchaïta in der zweiten Hälfte des 4. Jahrhunderts selbst noch für
den Staub am Schrein des heiligen Theodor interessierten, weil er
als wunderbar wirksam gedacht wurde. Um wieviel mehr Interesse
mußte an einer Substanz bestehen, die von den Reliquien des Heiligen selbst ausgesondert wurde, und deren Wirkkraft in alle Welt
hinaus mitgeführt werden konnte. So ist es sicher kein Zufall, daß
sich die Geschichte vom Stratelatenwunder gerade mit der Gestalt
des Nikolaus von Myra verband. Das wunderbare Myron hatte den
Glauben an die überregionale Wirksamkeit seiner Reliquien bereits
weithin verbreitet. Die Geschichte vom Stratelatenwunder schrieb
diese überregionale Wirkkraft dem Heiligen schon zu seinen Lebzeiten zu.

In Hinblick auf die kontroverse Beurteilung der Wirksamkeit von
Heiligen zwischen den Parteien des Bilderstreits ist es verständlich,
daß sich die Verehrung eines solchen engelgleichen Universalheili-
gen erst mit der Entscheidung zugunsten der Bilderverehrung
durchsetzen konnte. Die Gestalt des heiligen Nikolaus ist eng mit
dem Bilderstreit verbunden. Viele der ihm in der byzantinischen
Kirche zugeschriebenen Wunder sind Wunder durch Ikonen oder
um Ikonen: das Wunder vom geraubten Nikolausbild, das Wunder
von der Verwandlung des Heiligen in eine Ikone, das Wunder vom
blutenden Nikolausbild oder das Patriarchenwunder, in dem sich
Patriarch Anastasios (730–754) weigert, ein für die häusliche An-
dacht bestimmtes Bild des heiligen Nikolaus genauso zu segnen,
wie das von Maria und Christus, vom Heiligen jedoch in wunderba-
rer Weise zum Umdenken gebracht wird.[39] Der Sieg der Bilderverehrer ist auch ein Sieg des Nikolauskults. Mit seinen Bildern und den
Inschriften darauf verbreitet sich sein Ruf als großer Dämonenbekämpfer und als Exorzist – die wichtigste Aufgabe, die dem «Hyper-

Byzantinische Nikolaus-Ikone in gotischer Fassung des frühen 13. Jahrhunderts aus dem Kloster Burtscheid (Aachen). Bereits der Zisterzienser Caesarius von Heisterbach berichtet in seinem 1219–1223 verfaßten Mirakelbuch von den Wundern, die die Ikone vor allem an Kreißenden bewirkt haben soll – ein frühes Beispiel für die Übernahme des Glaubens an wundertätige Nikolaus-Bilder im Westen.

hagios» in der Ostkirche weiterhin zugeschrieben wird.[40] Durch das nun endgültig zur Verehrung zugelassene Bild kann auch überall zu ihm gebetet werden. Mit der Ikone löst sich die Heiligenverehrung von örtlicher Gebundenheit. Die überregionale Wirkkraft, wie sie die Stratelatengeschichte für Nikolaus postuliert, ist das Korrelat dazu.

Daß sich in der Anrufung und in der Wirkkraft von Heiligen räumliche Bindungen lockerten und lösten, war nicht nur für den Ort sondern auch für den Zeitpunkt dieser geglaubten Wirkkraft relevant. In einer Oration des Kaisers Leo VI. des Weisen (886–912) an den heiligen Nikolaus findet sich eine Stelle, in der der Kaiser von der Freude spricht, die beim Herannahen des Nikolausfestes herrscht, und dann fortfährt:[41] «Der Feind des Menschengeschlechtes erleidet bei jedem Heiligenfest eine Niederlage, aber die meiste Angst verursacht ihm das Fest des heiligen Nikolaus, weil es in der ganzen Welt gefeiert wird.» Der Wirkkraft des Heiligen gegen den Satan und die Dämonen wird also an seinem Festtag besonders konzentriert gedacht. Sicher wurde auch von Märtyrern und anderen Heiligen an ihrem Festtag eine besondere Wundertätigkeit erwartet, zunächst jedoch auf ihren Begräbnisort beschränkt. Gregor von Nyssa schildert die Unwirtlichkeit der Wallfahrten, die im November zum Grab des heiligen Theodor nach Euchaïta gehalten wurden. Heiligengräber aber wurden nicht nur am Festtag aufgesucht und Wunder ereigneten sich dort auch zu anderen Zeiten. Mit der Lösung räumlicher Bindungen trat der Festtermin noch mehr in den Vordergrund. Wir haben gesehen, daß in Griechenland eine weit zurückreichende Tradition bestand, daß Gottheiten an ihren Monatstagen als besonders wohltätig gedacht wurden. Zu diesen Gnadenerweisen gehörten auch Kinder, die man von ihnen erbat und die nach ihnen ihren Namen erhielten. Die Anfänge der theophoren Namengebung bei den Griechen stehen offenbar in diesem Zusammenhang. Die Tendenz zu universalen Heiligen machte diese Tradition wieder aktuell. Die Nachbenennung nach Tagesheiligen konnte hier anknüpfen.

Die Nachbenennung nach Tagesheiligen steht aber sicher nicht am Anfang der von Festtagen abgeleiteten Namengebung in Byzanz. Eine ältere Schicht solcher christlich-griechischer Festtagsnamen bezieht sich auf Herrenfeste, und damit auf Jesus selbst. Anastasius und Anastasia etwa als die zum Auferstandenen Gehörigen stehen mit dem Osterfest in Zusammenhang, vielleicht auch mit dem Sonntag, an dem wöchentlich das Gedächtnis der Auferstehung gefeiert wurde. Auffallend gehäuft begegnen Namen, die unter Bezug auf das Epiphaniefest gebildet sind, das Weihnachtsfest der Ostkirche, an dem der Taufe Jesu gedacht wurde. Zu ihnen gehören nicht nur Epiphanius, Theophanes oder Theophano, in denen das «Erscheinen» (phanein) des Herrn unmittelbar angesprochen ist, sondern auch Photeinos, Photeine und ähnliche mit «phos» (Licht) gebildete Namen.[42] In Anschluß an das jüdische Makkabäerfest wurde im christlichen Osten das Epiphaniefest als «ta phota», das «Lichtfest», bezeichnet.[43] Die 39. Rede des Gregor von Nazianz handelt vom «heiligen Lichtfest»: «Denn es ist der heilige Tag des Lichtes, zu dem wir gekommen und den wir heute zu feiern gewürdigt sind. Denn es macht die Taufe meines Christus den Anfang des wahren Lichtes, welches jeden Menschen in der Welt erleuchtet.» Die vie-

len Epiphanius, Theophanes, Photeinos beziehen sich also offenbar
in Byzanz genauso auf den Christus – Geburtstag wie im Westen die
Natalis, Natalicus, Natalias, Natalitias, Noëls und vielfach wohl
Christians, Karstens etc.[44] Im Unterschied zum Westen war freilich
Christi Tauftag das eigentliche Fest seiner «Erscheinung». Bei Euthymios dem Jüngeren (+ 898) finden wir den Zusammenhang von
Name und Festgeheimnis direkt angesprochen. Von seinem Vater
Epiphanius sagt er, er sei «sozusagen nach der göttlichen Epiphanie» benannt worden. Auch Euthymios' Schwester heißt Epipha-
neia. Man darf hier nicht ohne weiteres annehmen, daß der Name
vom Vater auf die Tochter übergegangen wäre.[45] Ebensowenig Erklärungswert hat die unwahrscheinliche Vermutung, daß beide am
selben Tag geboren worden wären. Das darf ja auch nicht von all den
anderen Trägern auf das Epiphaniefest bezogener Namen angenommen werden. Sie hießen ziemlich sicher nicht nach ihrem Geburtstag sondern nach ihrem Tauftag. Als das Fest, an dem der Taufe
Christi gedacht wurde, war Epiphanie das große Tauffest der byzantinischen wie auch anderer orientalischer Kirchen. Alte griechische
Bezeichnungen für Taufe und taufen, nämlich «photismos» und
«photizein» sind vom Lichtfest («ta phota») als Tauftag abgeleitet.
Gregor von Nazianz erläutert dazu in seiner Predigt zum Lichtfest:
«Es ist eine Zeit der Erneuerung, mögen wir von oben geboren werden; eine Zeit der Wiedererschaffung, nehmen wir Adam wieder
auf».[46] Die altchristliche Sicht, die gegenüber der Geburt «dem Fleische nach» die spirituelle Geburt durch die Taufe betont, klingt hier
an. Die römische Tauforordnung hat sich gegen die im Orient alte und
weitverbreitete Sitte gewandt, zu Epiphanie zu taufen, und Taufe
und Wasserweihe auf Ostern übertragen. In der Namengebung spiegelt sich das in der größeren Häufigkeit von Paschalis, Pascasia oder
Pascetius, während Epiphanius/Epiphania und deren Analogieformen im Westen selten sind. Der Brauch, nur zu ganz bestimmten
Terminen, dann aber in größeren Gruppen zu taufen, erklärt die
Häufung des Bezugs auf einige wenige Feste des Kirchenjahres in der
Namengebung, während sich zu anderen in den Namen keine Entsprechung ergibt. Insofern hatte sich gegenüber dem antiken
Brauch, Kinder nach Festen zu benennen, doch eine wesentliche
Veränderung ergeben. Nicht mehr der Geburtstag, an dem das Kind
von der Gottheit geschenkt gedacht wurde, steht im Vordergrund,
sondern der Tauftag, durch den man es im Geiste wiedergeboren
sah. Die Abwertung der leiblichen Abstammung gegenüber der geistigen kommt auch hierin zum Ausdruck.

Als Tauftage kamen in erster Linie die großen Herrenfeste in Frage. Daß auch Marienfeste als Tauftermine beliebt gewesen wären, läßt sich nicht erschließen. Nachbenennungen nach Maria erfolgten in Byzanz nicht primär nach Festgeheimnissen, wie späterhin so häufig im Westen. Töchter konnten den Namen direkt erhalten. Er war für die Namengebung nicht tabuisiert. Söhne hingegen wurden nach marianischen Ehrentiteln nachbenannt – vor allem Theotokeios nach «Theotokos» («Gottesgebärerin»), dem ältesten Marientitel, den 431 das Konzil von Ephesus gegen die Lehrmeinung des Nestorius beschlossen hatte, aber auch Parthenios nach «Aeiparthenos» («Ewig-Jungfräuliche»), dem 451 vom Konzil von Chalkedon festgelegten Ehrentitel, oder Panagiotes nach «Panhagia» («Über alles Heilige»).[47] Die Sitte der Namengebung von Menschen nach göttlichen bzw. heiligen Beinamen hat, wie wir gesehen haben, in Griechenland eine lange Tradition.

Neben den Herrenfesten Epiphanie im Osten bzw. Ostern und Weihnachten im Westen entwickelte sich ein Heiligenfest zum großen Tauftag der christlichen Frühzeit, nämlich das Fest der Geburt Johannes des Täufers.[48] Heidnisches Wasserbrauchtum zur Sommersonnenwende, wie es sich in Griechenland bis in neuere Zeit herauf erhalten hat, dürfte den Ausgangspunkt für diesen Tauftermin gebildet haben.[49] Augustinus, der unter Berufung auf die Überlieferung der Vorfahren von der Feier des Täufergeburtstags berichtet, erzählt zwar nichts von kirchlichen Taufen, jedoch von «heidnischem Aberglauben», nach dem Christen an diesem Tag zum Meer gingen und sich selbst tauften.[50] Offenbar um solches vorchristliches Brauchtum zu christianisieren, wurde die Feier des Johannes-Festes in die Zeit der Sommersonnenwende gesetzt.[51] Die Wahl des 24. Juni (VIII Kal. Jul.) für den Täufergeburtstag erfolgte wohl in Entsprechung zum 25. Dezember (VIII Kal. Jan.) als dem Geburtstag Christi. Da Weihnachten als Fest des Geburtstags Christi erst Ende des 3. oder Anfang des 4. Jahrhunderts gefeiert wurde, kann auch der Johannesfesttag nicht älter sein. Der Zusammenhang mit der Sommersonnenwende und den aus diesem Anlaß veranstalteten heidnischen Wasserriten läßt vermuten, daß auch der Charakter des Tages als besonderer Tauftermin alt ist. Nun haben wir Johannes in der Auszählung häufiger Namen nach der «Geheimgeschichte» des Prokopios in Byzanz im 5. Jahrhundert bei weitem an der Spitze gefunden. Diese Häufung hängt wohl mit den zahlreichen Taufen zusammen, die zu diesem Termin stattfanden. Die besondere Verehrung des Johannes bezieht sich offenbar auf seine besondere Rolle in der

Heilsgeschichte als Täufer Jesu. Alle frühen bildlichen Darstellungen zeigen ihn ausschließlich in dieser Funktion. Sicher ist der nach den Worten Jesu «Größte unter den vom Weibe Geborenen» (Matth. 11, 11) in der byzantinischen Kirche neben Maria zum wichtigsten Fürsprecher der Menschen geworden. Deswegen nimmt er später dann auch zusammen mit Maria in der Ikonostase, der heiligen Bilderwand der Ostkirche, den obersten Platz ein.[52] Aus Schriftworten abgeleitete Rangordnungen aber waren in Byzanz nicht unbedingt das Kriterium für das Maß der Verehrung von Heiligen und die Nachbenennung nach ihnen. Ein Problem ergibt sich auch dadurch, daß wir bei frühen Nennungen des Namens Johannes nicht unterscheiden können, ob es sich um Namengebung nach dem Apostel und Evangelisten oder nach dem Täufer handelt. Noch für den Origenes-Schüler Dionysius von Alexandrien (+ 264/5) war ausschließlich eine Nachbenennung nach ersterem denkbar. Bei ihm heißt es:[53] «Nach meiner Anschauung haben (im apostolischem Zeitalter) viele den gleichen Namen mit dem Apostel Johannes gehabt; denn aus Liebe zu ihm, aus Bewunderung und Nacheiferung und aus Verlangen, gleich ihm vom Herrn geliebt zu werden, nahmen viele denselben Namen an gleichwie es ja auch viele Paulus und Petrus unter den Kindern der Gläubigen gibt.» Für Dionysius ist um die Mitte des dritten Jahrhunderts nur eine Nachbenennung nach Aposteln vorstellbar. Sie waren es ja, die die Frohbotschaft weitergaben und so zu geistigen Vätern der Christen wurden. Johannes der Täufer gehörte nicht zu ihnen. Eindeutig auf ihn und nicht auf den Apostel bezogen ist jedoch die Welle der Nachbenennungen, die seit dem 4. und 5. Jahrhundert die Christenheit durchläuft und die Johannes durch mehr als eineinhalb Jahrtausende zum häufigst gegebenen Namen machte. In Byzanz hat er schon früh alle Apostel überrundet. Die Festnamen wie Epiphanius, Theophanes und Photeinos könnten einen Hinweis zur Erklärung dieser Namenshäufigkeit geben. Wie die am Tauffest Christi Getauften einen zum Tag beziehungsvollen Namen erhalten konnten, so wohl auch die am Geburtstagsfest des Täufers im Geiste Wiedergeborenen. Seit dem ausgehenden 4. Jahrhundert findet sich in der östlichen Kirche die Auffassung, daß der Taufende zum geistigen Vater des Täuflings wird. Amphilochos von Ikonium, den wir als Verwandten Gregors von Nazianz kennengelernt haben, vertritt als erster diese Auffassung.[54] Solche Gedanken weitergedacht, mußte der Täufer Christi eine enorme Aufwertung erfahren. Sein Name gewann für die Täuflinge eine Bedeutung, die der der Apostel gleichkam, ja sogar über sie hinausging. Das galt wohl vor allem für die, die an seinem Geburtsfest das Sakrament empfingen.

Christliche Namengebung nach Festtagen könnte über die wenigen großen Tauftermine der alten Kirche mit dem vorchristlichantiken Brauchtum der Festtagsnamen in Zusammenhang stehen. Solche christliche Festtagsnamen müssen freilich nicht nur aus Tauftagen abgeleitet worden sein. Die Namengebung erfolgte ja auch in Byzanz, obwohl mitunter auf den Tauftag bezogen, nicht erst im Taufritual sondern schon vorher.[55] So mögen Geburtstermine trotz der Bedeutung der Taufe als «Wiedergeburt aus dem Geiste» weiterhin eine Rolle gespielt haben. Mit der Entfaltung des kirchlichen Festkalenders ergaben sich zunehmend vielfältige Bezugspunkte. Eine entscheidende Phase in diesem Prozeß war wiederum der Bilderstreit. Die an den einzelnen Festtagen verehrten Glaubensgeheimnisse und Heiligengestalten wurden nach der endgültigen Zulassung der Bilderverehrung verstärkt und systematisiert den Gläubigen sinnenhaft vor Augen geführt – im Gesamtüberblick in den Programmen der Kirchenausgestaltung und insbesondere in den Kalenderikonen, auf das einzelne Fest bezogen in den auswechselbaren Festikonen, die jeweils am betreffenden Tag feierlich in der Kiche aufgestellt wurden.[56]

Die Festikonen des jeweiligen Tagesheiligen scheinen für die Namengebung besondere Bedeutung gewonnen zu haben. Unter den Bilderverehrern hatte sich der eigenartige Brauch entwickelt, Heiligenbilder für ihre Kinder als Taufpaten zu verwenden, offenbar in der Absicht, dadurch eine noch engere Bindung zum Namenspatron herzustellen. Die interessanteste Information über diesen sonderbaren Brauch findet sich in einem Schreiben, das die beiden ikonoklastisch eingestellten Kaiser Michael II. und sein Sohn Theophilos 824 an Kaiser Ludwig den Frommen richteten. Als wichtigste Punkte wirft dieser Brief den erst kürzlich von der Macht verdrängten Bilderverehrern vor[57]: «Sie warfen die... Kreuze aus den Kirchen und ersetzten sie durch Bilder, vor denen sie Lampen aufstellten und Weihrauch entzündeten. Sie hielten sie in gleicher Ehre wie das (Kreuzes)holz... und erhofften sich von ihnen Hilfe. Oft umgaben sie sie mit Tüchern und machten sie zu Taufpaten ihrer Kinder.» Da anschließend gesondert die mißbräuchliche Verwendung von Bildtafeln in den Privathäusern besprochen wird, handelte es sich bei diesen Heiligenbildern als Taufpaten mit Sicherheit um mobile Kirchenikonen, höchstwahrscheinlich um die auswechselbaren Festikonen der Tagesheiligen, nach dem dann die unter ihrer Paten-

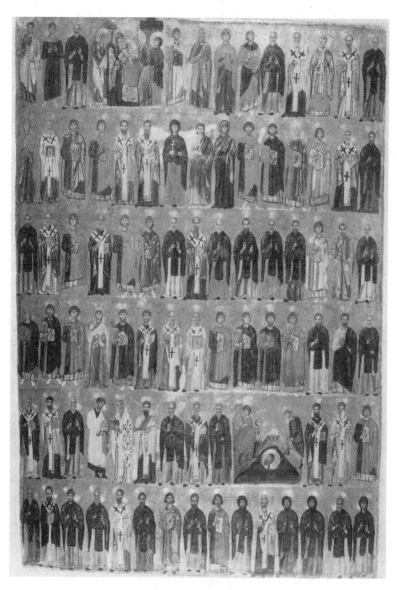

Februartafel aus einem Zyklus von Kalenderikonen, Sinaikloster, 12. Jahrhundert. Jedem Tag sind mehrere Heilige zugeordnet. Nur das Fest der Darbringung Jesu im Tempel (2. Februar) in der obersten Reihe und das Fest der Auffindung des Hauptes Johannes' des Täufers (25. Februar) in der vorletzten Reihe unterbrechen die monotone Abfolge der Heiligenfiguren. Heilige wirken wie Festtagsgeheimnisse über ihren Tag.

schaft getauften Kinder benannt worden sein dürften. An so prominenter Stelle im offiziellen Meinungsaustausch der Kaiser des Ostens und des Westens über die Bilderfrage erwähnt, verdient der Brauch mehr Beachtung als irgendwelche individuellen Exzesse des privaten Bilderkults. Es handelt sich auch nicht um eine parteiische Übertreibung der beiden ikonoklastisch gesinnten Herrscher. Theodor vom Studion (+826), einer der führenden Theologen der Bilderverehrer, berichtet ebenfalls über diese Sitte und heißt sie ausdrücklich gut. Konkret geht es in seinem Brief um einen hohen Hofbeamten, den Spatharios Johannes, der seinen Sohn mit einer Ikone des heiligen Demetrius als Paten hatte taufen lassen.[58] Die Absicht ist unverkennbar: Durch den Konnex von Urbild und Abbild sollte der große Heilige selbst als Pate und damit als unmittelbarer «pater pneumatikos» des Kindes gewonnen werden. Nach der Bildtheologie Theodors von Studion war dies möglich. Das Institut der Taufpatenschaft hatte als ein Weg, neue soziale Beziehungen zu knüpfen, in Byzanz damals schon hohe Bedeutung. Man kann dies unter anderem an der Ausweitung der Verbote ermessen, durch Patenschaft geistig verwandt gewordene Personen oder deren Familienangehörige zu heiraten.[59] Patenverwandtschaft wurde der Blutsverwandtschaft weitgehend gleichgestellt gesehen, mitunter sogar höher bewertet. Die Ikone machte es den Bilderverehrern nun möglich, selbst zu Heiligen eine solche Verwandtschaftsbeziehung herzustellen und sie damit in die Familie einzubinden.

Der Brauch, Heilige über ihre Ikone zu Paten der Kinder zu machen, scheint sich trotz des Siegs der Ikonolatren mit der Wiederherstellung der Bilderverehrung 843 auf die Dauer doch nicht gehalten zu haben. Das Modell einer so unmittelbaren Verfügung über Heilige dürfte auch für die Mehrheit der Bilderverehrer nicht tragbar gewesen sein. Eine sehr maßgebliche Nachwirkung auf die Namengebung könnte sich jedoch erhalten haben. Nach dem Bilderstreit findet sich in Byzanz die Sitte der Nachbenennung des Täuflings nach dem Taufpaten. Wir sind ihr beim Bulgarenfürst Boris begegnet, der den Erzengel Michael als Schutzheiligen seines kaiserlichen Paten zum Namenspatron erhalten hatte, ein paar Jahrzehnte später bei der russischen Fürstin Olga, die den Namen der Mutter des Namensheiligen ihres Taufpaten bekam. Über den Paten vermittelt, zeichnen sich hier in himmlische Sphären hineinreichende Verwandtschaftsbeziehungen und Nachbenennungspraktiken ab. Vielleicht ist das, was wir «Patennachbenennung» nennen, seinem Ursprung nach Heiligennachbenennung, vermittelt durch den Paten. Gleichgültig, ob der Namengebung nach dem irdischen «pater pneumatikos» und dadurch nach dessen Namenspatron oder der Namengebung direkt nach dem Heiligen in der Entwicklung Priorität zukommt – das durch die Namensgleichheit Täufling-Pate-Heiliger ausgedrückte soziale Beziehungsgeflecht signalisiert eine radikale Gegenposition zum Abstammungsdenken, wie es in der Nachbenennung nach Ahnen zum Ausdruck kommt.

Natürlich hat man bei aller Betonung der spirituellen Verwandtschaft in Byzanz nicht nur nach «geistlichen Verwandten» nachbenannt. Es gab auch Namengebung nach Verwandten in unserem heutigen Verständnis des Wortes und auch diese erscheint von Interesse. Kaiser Konstantin VII. Porphyrogenitos (913–59) bringt einen aufschlußreichen Bericht über familiale Namensvorbilder.[60] Er schildert wie Bertha, die Tochter König Hugos I. von Italien, bei ihrer Heirat mit einem byzantinischen Prinzen zu Eudokia umbenannt wurde. Bertha habe sie nach ihrer väterlichen Großmutter geheißen, der «großen Bertha», wie sie Konstantin nennt. Den Namen Eudokia hingegen habe sie nach der Tante bzw. der Urgroßmutter des Bräutigams erhalten.[61] Im ersten Fall handelt es sich um Nachbenennung nach Blutsverwandten – um die klassische Form der Ahnennachbenennung also. Der zweite Fall ist ganz anders gelagert. Die Nachbenennung erfolgt nach affinen Verwandten – übrigens zugleich nach einer lebenden und einer toten. Mit dem in der Mediävistik gebräuchlichen Konzept der «Leitnamen» eines Geschlechts hat das überhaupt nichts mehr zu tun, schon gar nicht mit der strengen Bindung der Frauennamen an die väterlichen Gentilnamen, wie sie im vorkaiserzeitlichen Rom üblich war. Ob Bluts- oder Heiratsverwandtschaft – für die Nachbenennung unter Verwandten sind beide Formen der Bindung nach dem Bericht Kaiser Konstantins VII. völlig gleichwertig. Dieses Denken entspricht wiederum voll den Inzestverboten der byzantinischen Kirche.[62] Die affinen Verwandten sind hier in sehr weitreichendem Maß genauso verbotene Partner wie die durch gemeinsame Abstammung verbundenen.[63] Ein ausgeprägtes Geschlechterbewußtsein bzw. Geblütsdenken läßt sich hinter den kirchlichen Regeln der Inzestmeidung genausowenig erkennen wie hinter den Praktiken der Nachbenennung unter Verwandten.

Ein Namenswechsel auswärtiger Fürstentöchter, die in das byzantinische Kaiserhaus einheirateten, kam keineswegs selten vor.[64] Es ging dabei nicht nur darum, daß diese einen spezifisch byzantinischen bzw. einen spezifisch byzantinisch-christlichen Namen er-

hielten, sondern auch einen spezifisch kaiserlichen. Das war bei
Männern nicht anders. Kaiser Leo V. änderte z. B. anläßlich seiner
Krönung 813 den armenischen Namen seines Sohnes und präsumptiven Nachfolgers Smbat/Symbatios in Konstantin. Bei Frauen
konnten freilich drei verschiedene Typen des Statusübergangs zu
einer Namensänderung führen, nämlich Taufe, Heirat und Krönung
zur Kaiserin.[65] So änderte etwa die Gattin Kaiser Leos IV. (775–780),
obwohl byzantinische Christin, anläßlich ihrer Heirat ihren bisherigen Namen Athenaïs zu Irene, unter dem sie dann 797–802 zur
ersten alleinregierenden Kaiserin wurde.[66] Aber auch außerhalb des
Kaiserhauses kam es bei Frauen anläßlich der Hochzeit gelegentlich
zu Namensänderungen. Niketas/Euthymios etwa hatte von seiner
Mutter ein Mädchen zur Frau ausgewählt bekommen, die den Namen Euphrosyne trug. Der Name wurde nicht in Bezug auf die mythologische Vorbildgestalt verstanden, sondern in christlichem Sinne. Euthymios bemerkte, daß sie «ihre Begnadung allein schon
durch ihren Namen zeigte». Trotzdem änderte er diesen bei der
Hochzeit zu Anastaso – «aufgrund der Hoffnung, daß das herabge-
sunkene Geschlecht darangehe, wieder aufzuerstehen».[67] Er stellt
also ein rein familienbezogenes Motiv der Namenswahl in den Vordergrund. Diesem Motiv wird nicht durch irgendeine Form der
Nachbenennung Rechnung getragen, sondern durch einen vom Namenssinn her gewählten Namen. Die Bedeutung dieses Namens
war allerdings doppelsinnig. Anastaso meinte wie Anastasius oder
Anastasia in Byzanz im 9. Jahrhundert primär die Auferstehung
Christi. Darauf brauchte Euthymios nicht eigens über sein persönliches Motiv hinaus zu verweisen. Für sein soziales Umfeld war das
ohnehin selbstverständlich. Daß Namen damals bewußt mit mehr-
fachem Sinnbezug gewählt wurden, zeigt der Fall einer Zeitgenos-
sin, der Nonne Theodora aus Thessalonike (812–892).[68] Sie hieß vor
ihrem Eintritt ins Kloster Agape («Liebe»). Der Hagiograph vermerkt, daß der Name das Leben der Tochter vorausankündigen sollte. Er sollte «nicht nur den Wunsch der Eltern zuweisen, sondern
auch ein Pfand der Liebe gegenüber dem Herren sein, wie sich in der
Folge zeigte». Die Eltern hatten Agape nicht für den geistlichen
Stand bestimmt. Elternliebe, Gattenliebe, aber auch Gottesliebe der
später Gottgeweihten konnten in diesem Namen ausgedrückt gesehen werden. Familienbezüge wie religiöse Wunschvorstellungen
ließen sich im selben Namen verschlüsseln. Familienbezüge wurden nicht bloß in der simplen Form der Nachbenennung zum Ausdruck gebracht. Auch der ursprüngliche Namenssinn spielte dabei

eine Rolle – ein Prinzip der Namengebung, das – weil es von einem
individuell neu formulierten Lebensauftrag ausgeht – der Nachbenennung eigentlich entgegenwirkt. Die Byzantiner haben es verstanden, in einem sehr offenen System der Namengebung sehr vielfältige Bezüge miteinander zu verbinden – am personalen Namensvorbild wie am Namenssinn orientierte, familiale wie allgemein
religiöse.

Ein Namenswechsel konnte in Byzanz aus vielfachen Anlässen
erfolgen. Im wesentlichen handelte es sich dabei um sakramental
ausgestaltete Statusübergänge wie Taufe und Hochzeit. In einem
weiteren Sinn wird auch die Krönung in diesen Zusammenhang zu
stellen sein. Für die gesellschaftlichen Verhältnisse besonders charakteristisch erscheint jedoch die Namensänderung beim Eintritt
ins Kloster. Wir haben gesehen, wie und warum Niketas/Euthymios
vom Klostervorsteher seinen neuen Namen erhielt. Der Namenssinn – auf das Ende des Bilderstreits bezogen – war hier für die Wahl
entscheidend. Dasselbe gilt für die Frau des Theophanes, die – als
sich die beiden Gatten ins Kloster zurückzogen – ihren bisherigen
Namen Megalo mit Irene vertauschte – «in christlicher Weise», wie
der Gatte bemerkt, «aber auch mit einem zusätzlichen Gedanken»,
der sich wohl auf die bilderfreundliche Kaiserin dieses Namens bezog.[69] Die oben erwähnte Agape erhielt als Nonne den Namen
Theodora. Hier ist wohl schon mehr das heilige Namensvorbild
entscheidend gewesen als der theophore Namenssinn. Mit Sicherheit läßt sich das für die Kaiserinmutter Zoe sagen, die ebenfalls bei
ihrem Klostereintritt einen neuen Namen erhielt. Patriarch Nikolaus I. (901–925), der sie zur Nonne schor, änderte ihren Namen zu
Anna und nannte sie seine «geistige Tochter».[70] Zoe war ein gut
christlicher Symbolname, meinte doch «Leben» das ewige Leben.
Für das neue Leben im geistlichen Stand hielt jedoch der Patriarch
einen Heiligennamen für geeigneter. Theologisch setzt der Annen-
kult mit der Ausformulierung des Glaubenssatzes von der erbsün-
denfreien Empfängnis Mariens durch ihre Mutter ein. «Ins Bild ge-
rückt» wurde Anna jedoch durch die gemeinsame Darstellung mit
der kleinen Maria.[71] Überhaupt dürfte die zunehmende Verehrung
von Gestalten aus dem familialen Umfeld Jesu sehr stark mit gemeinsamen bildlichen Darstellungsformen zusammenhängen, wie
sie sich durch die Vitenikonen ergaben. Anna war jedenfalls nach
dem Bilderstreit ein prestigeträchtiger Name, der an Mitglieder des
Kaiserhauses keineswegs nur dann vergeben wurde, wenn sie in den
geistlichen Stand eintraten. Dieser Eintritt wurde durch die Zere-

monie des Haarschnitts vollzogen. Diesbezüglich ergeben sich Entsprechungen zur Taufe, die in manchen Regionen auch mit – allerdings vorchristlich entstandenen – Haarschnittritualen verbunden war. Und wie durch die Taufe zum Taufpriester bzw. zum Taufpaten eine Beziehung der geistlichen Verwandtschaft entstand, so durch die Weihe zum Mönch bzw. zur Nonne zu demjenigen, der diese heilige Handlung vollzog. «Geistige Vaterschaft» und Namengebung stehen hier in einem ganz unmittelbaren Zusammenhang.

Das spätantike bzw. frühchristliche Modell der «geistigen Vaterschaft» wurde in Byzanz in vielfältiger Weise weiterentwickelt: Taufpriester, Taufpate, Klostervorsteher, Einführender in den geistlichen Stand, Beichtvater, Seelenführer – allen diesen vielfältigen Rollen und Funktionen liegt dieses Modell zugrunde.[72] Man hat das starke Bedürfnis nach solchen «geistigen Vätern» wohl zurecht mit einer Krise des spätrömischen Patriarchalismus in Zusammenhang gebracht.[73] Sicher ist es Ausdruck eines Bedeutungsverlusts bzw. einer Abwertung genealogischer Vaterschaft. Neben den verschiedenen abgeleiteten Formen findet sich in Byzanz auch jene ältere Form, von der die Entwicklung ausgegangen ist, nämlich das Lehrer-Schüler-Verhältnis – auch hier gelegentlich verbunden mit Nachbenennung. Ein gutes Beispiel dafür ist das Verhältnis zwischen dem Mönch Symeon und seinem Schüler Symeon dem «Neuen Theologen» um das Jahr 1000 im berühmten Studion-Kloster.[74] Der «Neue Theologe» war ein junger Eunuch aus einer guten Familie der Provinz, der auf die politische Laufbahn verzichtet hatte. Die Tonsur empfing er von jenem Mönch, der ihm seinen Namen gab und der schon vorher als sein Seelenführer sein «pater pneumatikos» war. Diese Beziehung war so innig, daß beim Tode Symeons des Älteren sein Schüler eine Ikone von ihm malen ließ und zu seinen Ehren einen Feiertag einführte, der sich alsbald allgemeiner Beliebtheit erfreute. Der «Neue Theologe» mußte freilich dann diesen Feiertag vor dem Tribunal des Patriarchen verantworten. Die Einrichtung eines speziellen Kults für den «pater pneumatikos» ist ein eindrucksvolles Beispiel für die unerhörte Überhöhung, die die spirituelle Vaterschaft damals in Byzanz erreichen konnte. Ähnlich kultisch verehrt, allerdings in anderer Form, wurde der jüngere Symeon dann von seinem eigenen Schüler und «geistigen Sohn», dem Mönch des Studion-Klosters Niketas Stetathos, der seine panegyrische Vita schrieb. Zu einer Nachbenennung ist es bei dieser zweiten Lehrer-Schüler-Beziehung freilich nicht gekommen. In der innigen inneren Verbindung der drei Mönche und ihren Ausdrucksformen über den Tod hinaus zeigt sich anschaulich, wie sich aus einem sozusagen «spirituellen Ahnenkult» Heiligenverehrung herausentwickeln konnte.

Daß die hohe Bedeutung der «geistigen Vaterschaft» in der byzantinischen Gesellschaft mit der niederen Bewertung der leiblichen korreliert, zeigt sich im Kontext des Namenwesens weniger deutlich in den Praktiken innerfamilialer Nachbenennung als in der völlig untergeordneten Rolle der Patronyme. Diese geringe Bedeutung der Patronyme in Byzanz ist um so erstaunlicher, als der Vatersname, wie wir gesehen haben, in der griechischen Antike zur Charakteristik einer Person ganz essentiell war. Patronymika kommen schon in frühbyzantinischer Zeit vor. Wir haben sie bereits in der Geheimgeschichte des Prokopios gefunden, aber nicht als wesentlichen Namensbestandteil, sondern als Differenzierungsmittel des Autors, um die vielen Johannes voneinander zu unterscheiden. Es läßt sich nicht einmal sagen, ob diese Form differenzierender Identifikation dem Selbstverständnis der Betroffenen entsprochen hat. Neben der Charakterisik durch den Namen des Vaters findet sich gelegentlich auch eine durch andere Verwandtschaftsbeziehungen, etwa durch den der Mutter oder des Onkels, und über Verwandtschaftsangaben hinaus auch durch Angaben über die regionale Herkunft. Auch in der weiteren Entwicklung des byzantinischen Namenwesens haben Patronymika keine wesentliche Rolle gespielt. Differenzierende Zusätze zum Einzelnamen wurden immer notwendiger, weil theophore, «fromme» und Heiligennamen die Namensvielfalt der Frühzeit immer mehr reduzierten. Der Namenschwund als Ursache zusätzlicher Benennungen ist insofern evident, als solche Zusätze speziell bei häufigen Namen wie etwa Johannes üblich zu werden beginnen. Die Notwendigkeit einer solchen Differenzierung hat in Byzanz nicht generell zu einer Reaktivierung der antiken Tradition der Patronymika geführt.

Es wird in der Geschichte des Namenwesens wenig beachtet, daß Familiennamen, wie sie sich in der europäischen Geschichte allgemein verbreitet haben, am frühesten in Byzanz anzutreffen sind. Nicht Venedig oder andere byzantinisch beeinflußte Regionen Italiens sind das Ursprungsgebiet der Familiennamen, sondern Byzanz selbst. Im 9. und 10. Jahrhundert begegnen sie hier schon voll entwickelt.[75] Sie sind aus erblich gewordenen Individualnamen entstanden, wie sie sich schon seit frühbyzantinischer Zeit beobachten lassen. Verwandtschaftsangaben spielen unter diesen differenzierenden Zusatzbenennungen eine gewisse Rolle, jedoch keineswegs nur solche nach dem Vater. In der Chronik des Theophanes etwa werden zwei Personen nach Brüdern und zwei nach ihrer kaiserlicher Verwandtschaft charakterisiert gegenüber 15 nach dem Vater.[76] Bemerkenswert erscheint, daß durchaus auch Benennungen nach der Heiratsverwandtschaft auftreten, etwa nach dem Schwiegervater.[77] Familiennamen, die sich über differenzierende Verwandtschaftsangaben aus Vornamen entwickelt haben, sind in Byzanz jedoch eine Minderheit. Unter den Individualbezeichnungen, die den Familiennamen vorausgehen, sind in der Aristokratie Titel, Funktionen und regionale Herkunftsbezeichnungen stark vertreten, in der breiten Masse der Bevölkerung Berufs- und Wohnstättenhinweise. In allen Bevölkerungsgruppen finden sich besonders häufig Übernamen nach dem Aussehen, nach persönlichen Eigenschaften und Ähnlichem. Sie sind in den Signa und Supernomina der römischen Kaiserzeit bereits vorgebildet und stellen die wichtigste Grundlage für die byzantinischen Familiennamen dar. Bei Zuwanderern aus Reichsteilen, in denen Patronymika üblich waren, konnten sie in hellenisierter Form zu Familiennamen werden, solche Fälle sind freilich selten.[78] Originär byzantinische Gentil- oder Klannamen fehlen. Eine patrilineare Abstammungsgemeinschaft als Einheit zu charakterisieren und nach ihrem vermeintlichen oder realen Ahnherrn zu benennen, war den Byzantinern fremd. Sicher wurden die byzantinischen Familiennamen primär in männlicher Linie weitergegeben, wie späterhin die europäischen auch. Es war aber keineswegs ausgeschlossen, sie auch in weiblicher Linie zu tradieren, etwa in Verbindung mit bestimmtem Besitz, oder mütterliche und väterliche Familiennamen miteinander zu vereinigen.[79] Sicher haben ahnenstolze Aristokratengeschlechter in spätbyzantinischer Zeit ihre Genealogien bis ins 10. Jahrhundert zurückverfolgt.[80] Das war aber eine sekundäre Entwicklung, die nicht mit der Entstehung der Familiennamen zusammenhängt und vor allem nicht für die gesamte byzantinische Gesellschaft repräsentativ erscheint.

Das Bedürfnis, zwischen gleichnamigen Personen zu differenzieren, das in Byzanz zur Entstehung individueller Zusatzbenennungen und schließlich dann auch zu Familiennamen geführt hatte, wurde in frühbyzantinischer Zeit in gleicher Weise durch die Popularität von theophoren und «frommen» Namen wie von Heiligennamen ausgelöst. Die zunehmende Konzentration auf Heiligennamen, und unter ihnen wiederum auf einige besonders beliebte, läßt die Veränderungen in der Heiligenverehrung als treibende Kraft hinter der Entwicklung vermuten. Es ist sicher kein Zufall, daß die Familiennamen sich in Byzanz gerade im 9. und 10. Jahrhundert voll entwickelt haben. Der Ausgang des Bilderstreits gab der Nachbenennung nach Heiligen einen starken Impuls und führte dadurch zu einer Reduktion des Namenguts. Das Bedürfnis, durch Zusatznamen bzw. Familiennamen zwischen Trägern des gleichen Heiligennamens zu unterscheiden, wurde nun in einem Maße gesellschaftlich relevant, daß es zu einer strukturellen Veränderung in der Identifikation von Menschen durch Namen kam. Auch unter diesem Aspekt erscheint der Bilderstreit für das byzantinische Namenwesen bedeutsam.

Der Bilderstreit, der das Byzantinische Reich im 8. und 9. Jahrhundert so tief erschütterte, wird im allgemeinen primär als eine Auseinandersetzung um die Verehrung von Ikonen dargestellt. Der Partei der Bilderstürmer, den Ikonoklasten, steht die der Bilderverehrer, der Ikonolatren, gegenüber. Sicher hat die Zerstörung heiliger Bilder den Streit unmittelbar ausgelöst. Sicher hat das theologische Ringen um die Frage der Bilderverehrung die Auseinandersetzung begleitet. Sicher wurde durch dogmatische Entscheidungen dieser speziellen Frage der Streit offiziell beendet. Insgesamt ging es in dieser großen Auseinandersetzung aber um mehr: In religiöser Hinsicht ging es allgemein um den richtigen Zugang zum Heil. In dieser Hinsicht stand die ganze Verehrung der Heiligen zur Debatte, denen der theologisch fundierteste der ikonoklastischen Kaiser, Konstantin V., das Prädikat «heilig» abgesprochen hatte[81], ebenso die Verwendung heiliger Namen, die ja gleich wie die Bilder als ein Zugang zum Heil angesehen wurden. Über religiöse Belange im engeren Sinne hinaus ging es jedoch auch um politische Fragen. Die Idee der Bilderverehrung wurde vor allem vom einflußreichen byzantinischen Mönchtum getragen. Die Ikonoklasten richteten sich in ihrem Kampf daher auch gegen die Macht der Mönche und als Konsequenz daraus gegen das monastische Leben. In dieser vermittelten Form war die «geistige Vaterschaft» mit ein Thema des Bilderstreits. Mit dem Sieg der Mönchspartei hat in Byzanz auch das Prinzip «geistiger Verwandtschaft» als soziales Ordnungsmodell an Bedeutung gewonnen.

Der Zusammenhang zwischen Bild und Name im Kontext der großen Streitfragen der theologischen Auseinandersetzung dieser Zeit sei an drei Beispielen illustriert. Eine essentielle Bedeutung kommt dem Namen des Heiligen bei Johannes von Damaskus (+ um 750) zu, dem führenden Kopf der Bilderverehrer in der Frühzeit des Konflikts. Johannes definiert das Bild als Ähnlichkeit, die es mit dem Urbild in der Form verbindet, und als Unterschied, der es von diesem in der Substanz trennt. In der Vermittlung zwischen Urbild und Abbild kommt nun nach seiner Meinung dem Namen eine entscheidende Funktion zu. Der Abgebildete ist im Bild gegenwärtig, wenn diesem sein Name gegeben wird. Wie der Heilige selbst, so erwirbt das Bild Teilhabe an der göttlichen Gnade und kann deshalb wie dieser auch Wunder wirken. Es ist ebenso der Ehre würdig wie Kreuz und Reliquien. Allerdings liegt seine Wirkung nicht in seiner Materie, sondern im Glauben des Betrachters. Die Ehre des Bildes gilt dem Prototyp, den es abbildet, weshalb auch viele Bilder von einer Person im Umlauf sind.[82]

Die Position des Johannes von Damaskus stellt eine Fortsetzung älterer Namentheologie im Zusammenhang der neuen Bildertheologie dar. Der Name macht den Heiligen präsent. Wenn das Bild mit seinem Namen versehen ist, kann er auch im Bild verehrt werden und durch das Bild wirken. Das Problem, das dadurch gelöst werden soll, ist offenkundig. Reliquien konnten nicht beliebig aufgeteilt werden. Das Bild als Ersatz für die Reliquie hingegen ließ sich vervielfältigen. Die Kraft des Namens gab ihm die erwünschte Wirkung. So sind die Ikonen der byzantinischen Kirche auch grundsätzlich mit dem Namen der Heiligen beschriftet. Die Zulassung der Verehrung heiliger Bilder bedeutete damit zugleich auch eine enorme Aufwertung der Namen, weil nur durch sie die Bilder wirkkräftig gedacht wurden.

Gegen diese Position wandten sich nicht nur die Ikonoklasten, sondern auch die maßgeblichen Theologen des Karolingerreichs. Als die Konzilsakten des zweiten Nikaenums von 787, das die Bilderverehrung zum Dogma erhob, im Westen bekannt wurden, beauftragte Karl der Große seine Theologen mit einem Gutachten. In dieser Stellungnahme, den sogenannten «Libri Carolini» heißt es[83]:

«Die Bilder sind nicht mit den Reliquien der Märtyrer und Bekenner gleichzusetzen..., denn diese stammen von einem Körper oder kamen mit einem Körper in Berührung... und erstehen mit den Heiligen am Ende der Welt in Herrlichkeit auf... Die Bilder aber fallen nach dem Kunstverstand und nach der Kunstfertigkeit des Handwerks einmal schön, ein anderes Mal häßlich aus und bestehen aus unreiner Materie. Sie haben weder gelebt noch werden sie auferstehen, sondern wie man weiß, verbrennen oder zerfallen... Auch der Name des Heiligen auf einem Bild verleiht diesem nicht das Recht auf Verehrung. Man zeige doch einmal einem Bilderfreund die Bilder zweier schöner Frauen und sage ihm, das eine stelle Maria, das andere Venus dar. Beide sind sich in der Figur in den Farben und im Bildträger zum Verwechseln ähnlich und unterscheiden sich nur in der Beischrift, die sie aber weder heilig noch verwerflich machen kann. Die Heiligung wird den vernunftbegabten Wesen durch das Verdienst guter Werke, den seelenlosen Dingen aber nicht durch eine Inschrift gewährt, sondern durch die Weihe eines Priesters und die Anrufung des göttlichen Namens.»

Die Frage des Heiligennamens wird also auch im Westen theologisch sehr ernst genommen. Ohne den Hintergrund der ägyptisch-frühchristlichen Namentheologie hat man hier dazu eine ganz andere Einstellung. Der Name eines Heiligen kann nichts bewirken. Nur die Anrufung des göttlichen Namens wird als Mittel der Heiligung anerkannt. Auf dem Hintergrund einer solchen grundsätzlichen Stellungnahme wird verständlich, warum das Frankenreich zwar eine blühende Heiligenverehrung hatte, aber eine nur minimal entwickelte Nachbenennung nach Heiligen. Alle Wunderkraft der Heiligen wurde von den Reliquien erwartet. Die Bilder konnten diese nicht ersetzen. Auch über seinen Namen war die Wirkkraft des Heiligen nicht zu erreichen.

Eine für die Frage der Namengebung aufschlußreiche Zwischenposition nahm man in Rom ein: Im sogenannten «Brief Papst Gregors II. an Kaiser Leo III.» der in einer früheren Fassung dem 2. Konzil von Nicäa von 787 vorgelegen ist, aber um 800 umgeschrieben wurde, heißt es[84]:

«Du sagst, wir beteten Steine, Wände und Tafeln an. Dem ist nicht so ... (Die Bilder sind da), unsere Erinnerung zu stärken ... und unseren Geist nach oben zu lenken. Das bewirken jene, deren Namen und deren Fürbitten und deren Bilder wir besitzen. Wir verehren sie nicht, wie du behauptest, als Götter: wir haben nämlich kein Vertrauen in Götter. Wenn wir ein Bild des Herrn sehen, sagen wir: «Herr Jesus Christus, Sohn Gottes, steh uns bei und rette uns'. «Wenn es ein Bild seiner heiligen Mutter ist, sagen wir: ‹Heilige Gottesgebärerin, Mutter des Herren, spreche vor bei deinem Sohne, unserem wahren Gott, er möge unsere Seelen retten.› Vor dem Bild eines Märtyrers endlich: ‹Heiliger Stephanus, der Du Dein Blut für Christus vergossen hast und als Erzmärtyrer (protomartyr) das Recht der Vorsprache hast, bitte für uns›.»

Den Namen kommt in dieser Stellungnahme ein sehr hoher und von den Bildern unabhängiger Wert zu. Namen, Fürbitten und Bilder der Heiligen werden gleichwertig nebeneinandergestellt als Mittel der Gläubigen, um jene wirkkräftig zu machen. Die Namen nehmen dabei den ersten Platz ein. Wie der «Besitz der Namen» in seiner praktischen Wirksamkeit zu verstehen ist, wird an den Beispielen klar gemacht, die den theoretischen Ausführungen folgen. Im Sinne der alten Namentheologie kommt es darauf an, den richtigen Namen zu wissen, um Christus oder die Heiligen zum Handeln zu bringen. So wird Maria im beispielhaft gebrachten Gebet nicht direkt angesprochen, sondern mit ihren Ehrentiteln «Heilige Gottesgebärerin, Mutter des Herrn». Der heilige Stephanus redet man zwar unmittelbar mit seinem Namen an, der Ehrentitel «Protomartyr» ist aber auch bei ihm wichtig, um seine Fürsprache zu erreichen. Solche Anrufungen heiliger Namen sind im Prinzip von den Bildern unabhängig. Dieser römische Weg brauchte nicht eine hochentwickelte Bildertheologie, um die Heiligen durch ihre Namen wirkkräftig zu machen.

6. Diener Gottes und der Heiligen – Wege der religiösen Namengebung in Ost und West

Indische und nestorianische Christen

Mit der endgültigen Wiedereinführung der Bilderverehrung im Jahre 843, die in der byzantinischen Kirche seither jährlich als «Fest der Orthodoxie» gefeiert wurde, hatte sich diese am weitesten von der gemeinsamen jüdisch-christlichen Grundlage des Dekalogs entfernt, in dem es im ersten Gebot heißt: «Du sollst dir kein Gottesbild machen und keine Darstellung von irgendetwas am Himmel droben».[1] Sie trat damit in Gegensatz zu anderen christlichen Kirchen, die diese Norm mit voller Entschiedenheit bzw. mehr oder minder modifiziert aufrechterhielten, aber auch zu den verschiedenen Richtungen des Judentums, zum Zoroastrismus, der bis ins 7. Jahrhundert im benachbarten Perserreich noch Staatsreligion gewesen war und vor allem zum Islam, der das strikte Verbot jeden Bildkults aus dem Judentum übernommen hatte und dessen triumphale Erfolge auch Christen über die Rechtgläubigkeit der Bilderverehrer nachdenklich stimmten. Es ist in unserem Zusammenhang nicht von Bedeutung, ob der Islam oder die Zoroastrier, die judaisierenden Traditionen in der griechischen Kirche oder die Nestorianer die Ikonoklasten am stärksten beeinflußt haben. Wichtig erscheint es, daß es in der Frage der Bilderverehrung damals eine Vielfalt unterschiedlicher religiöser Positionen gab, die sich auf Namengebung, Heiligenverehrung und Namengebung nach Heiligen unterschiedlich ausgewirkt haben müssen. Wenn sich in Byzanz letztlich die Bilderverehrung durchgesetzt hatte, so sicher in Anschluß an den hochentwickelten Bildkult der griechisch-hellenistischen Tradition. Das Erbe des Hellenismus aber wirkte im ganzen östlichen Mittelmeerraum und weit darüber hinaus nach. Christliche wie nichtchristliche Gruppierungen hatten sich mit diesem Erbe auseinanderzusetzen, und damit auch mit seinen Auswirkungen auf das Namenwesen.

Aber auch noch eine andere sehr grundsätzliche Kontroversfrage spielte mit herein. Der Bilderstreit setzte im Grunde den alten Streit um die Natur des Gottmenschen zwischen den Monophysiten und den Vertretern der Zweinaturenlehre fort.[2] Abbildbar war Jesus Christus jedenfalls nur als Mensch. Die Zweinaturenlehre bot die Möglichkeit, sich dem Göttlichen über das Bild zu nähern. Auch Heiligenkult durch Bilder mit der Verbindung von Urbild und Abbild durch den Namen war auf diesem theoretischen Hintergrund möglich. Schließlich erscheint der Name Gottes bzw. von Heiligen selbst in jüdisch-frühchristlicher Tradition als eine Form des erlaubten oder unerlaubten Abbilds. Bezüge zum Namen Gottes bzw. heiliger Menschen in der Namengebung müssen dementsprechend in den verschiedenen christlichen Kirchen, aber auch in den anderen monotheistischen Religionen ein Problembereich gewesen sein, in dem sich sehr grundsätzliche Positionsunterschiede spiegeln. Auswirkungen solcher und anderer Unterschiede auf die Namengebung soll – ausgehend von zwei extremen Randgruppen der Christenheit – im folgenden exemplarisch nachgegangen werden.

An der südwestindischen Malabarküste hat sich bis in die Gegenwart eine eigenartige Spielart des syrischen Christentums erhalten, die sogenannten «Thomas-Christen».[3] Man darf damit rechnen, daß diese christliche Gruppe bis ins 2. Jahrhundert zurückreicht. Die Mission erfolgte zunächst entweder direkt von Alexandrien aus über das Rote Meer oder von Persien her. Syrische Händler dürften die Beziehungen hergestellt haben. Kirchensprache war das Syrische, nicht ein nationaler indischer Dialekt. Im 6. Jahrhundert unterstanden die indischen Christen der ostsyrischen Kirche, waren also nestorianisch orientiert. Als mit der portugiesischen Kolonialpolitik in Indien die lateinische Kirche auf den Plan trat, hatten deren Beeinflussungsversuche wenig Auswirkungen. Die Thomas-Christen erbaten weiterhin ihre Bischöfe vom nestorianischen Katholikos. Größeren Erfolg hatte die Mission des Mar Gregorius im Auftrag des westsyrischen Patriarchen im ausgehenden 17. Jahrhundert. Gregorius wurde der Begründer der indischen Jakobiten. Die Thomas-Christen waren zwar nun offiziell Anhänger der diplophysitischen Lehre, der Konfessionswechsel erfolgte aber wohl deswegen so schnell, weil im wesentlichen keine Änderungen des Brauchtums und der Zeremonien verlangt wurden. Zu diesem vom Wechsel unberührten Brauchtum gehört auch die spezifische Namengebung der Thomas-Christen.

Die Namengebung der Thomas-Christen ist streng ahnenbezogen.[4] Der älteste Sohn wird nach dem väterlichen Großvater, der zweite nach dem mütterlichen nachbenannt, die älteste Tochter erhält den Namen der väterlichen Großmutter, die zweite nach der mütterlichen. Erst ab dem dritten Sohn bzw. der dritten Tochter herrscht freie Namenswahl. Es ist freilich nicht üblich, sich in der Familie mit den christlichen Namen anzusprechen. Die Anrede erfolgt vielmehr nach der Verwandtschaftsbezeichnung. Die Thomas-Christen feiern auch Ahnenfeste, wie sie in ihrer indischen Umgebung üblich sind. Im Namengut sind allerdings indische Namen ausgeschlossen; es ist rein christlich und seinem Umfang nach ziemlich beschränkt. Sehr häufige Namen sind:[5]

für Männer	*für Frauen*
Thomma, Thoman, Mamman, Ommen (Thomas)	Miriam, Maria, Mariamma (Maria)
Chakko, Chakkapan, Iyakka, Yakob (Jakob)	Rabka, Raca, Akka, Akkamme (Rebekka)
Pathros, Pathe, Pathappan (Petrus)	Rahel, Rahelamma (Rahel)
Yohanan, Lonan, Ninan (Johannes)	Susanna, Sosa, Sosamma
Mathai, Mathan, Matha Mathullan (Matthäus)	(Susanna)
Yesoph, Ouseph, Ipe (Josef)	Saramma (Sara)
Koshi, Easo (Josua)	Annamma (Anna)
Abragam (Abraham)	Elspeth, Elisa, Elia, Elacha,
Ittack (Isaak)	Eliamma (Elisabeth)
Lukosa (Lukas)	
Philipose, Pothan, Pothen, Poonen (Philipp)	
Stephanos, Punoose (Stephan)	
Paulose, Piley, Pailoth, Pailo (Paulus)	
Chandy, Chandi, Idichandy (Alexander)	
Iyob, Iyoben, Iyyu, Eapen (Job)	
Cheriyan, Kurien (Zacharias)	
Gevergese, Verghese, Vargisa, Varkay, Varied (Georg)	
Aippuru (Ephraim)	
Itty (Titus)	

Dieses in langen Ahnenreihen und wohl auch primär als Ahnennamen überlieferte Namengut hat eine eigenartige Struktur. Im Kern ist es biblisch, allerdings mit einer sehr spezifischen Auswahl. Unter den Gestalten des Alten Testaments, nach denen nachbenannt wird, dominieren die Patriarchen bzw. die mit ihnen korrespondierenden Stammütter. Mit Josua und Job begegnen sich die namengebenden Personen von zwei Büchern des Alten Testaments. Zacharias könnte sich sowohl auf den Propheten dieses Namens beziehen als auch auf den Vater Johannes des Täufers. Namen aus der Familie

Jesu sind insgesamt stark vertreten. Bemerkenswert erscheint, daß auch die nichtbiblische Anna aus diesem Kreis begegnet. Unter den Gestalten des Neuen Testaments stehen mit sieben Namen eindeutig die Apostel im Vordergrund. An biblisch belegten Apostelschülern kommen Titus und der Evangelist Lukas hinzu. Auch der Protomartyr Stephanus gehört zu den der Heiligen Schrift entnommenen Namensvorbildern. An nichtbiblischen Namen kommen nur einige wenige unter den Thomas-Christen vor. Ephraim geht offenbar nicht direkt auf den Sohn des Patriarchen Josef, den Stammvater eines der zwölf Stämme Israels, zurück, sondern auf Ephraim den Syrer, einen auch in der byzantinischen und römischen Kirche verehrten Heiligen des 4. Jahrhunderts, der zunächst an der Schule von Nisibis als Lehrer wirkte und dann die berühmte Schule von Edessa gründete, die für die ostsyrisch-christliche Tradition so wichtig wurde.[6] Man verehrte ihn als den «Prophet der Syrer». Als unermüdlicher Kämpfer gegen Gnosis und Arianismus war er Garant der orthodoxen Lehrtradition. Er wurde als Lehrer zum frühchristlichen Heiligen. Märtyrer war er nicht.

Besonders bemerkenswert erscheint es, daß sich der Name Alexander/Chandy bei den Thomas-Christen findet. Gewiß gab es römische und byzantinische Heilige dieses Namens. Nach ihnen wurde aber hier sicher nicht nachbenannt. Der Name geht auf Alexander den Großen zurück. Die Alexandersage war im Orient wie im Okzident in vielen Varianten und in vielen Sprachen im Umlauf.[7] Der Name des großen Makedonenkönigs war als Fürstenname auch unter Christen beliebt. Er begegnet in der Makedonendynastie unter byzantinischen Kaisern,[8] ebenso später dann im Rurikidenhaus. Als vorbildhafter Herrscher erscheint er jedoch, zum Unterschied etwa von David und Salomon, in kirchlichen Darstellungen ohne Nimbus. Sein Weg nach Indien führte aber nicht über Byzanz. In der islamischen Tradition ist der Name gebräuchlich.[9] Alexander der Große kommt im Koran vor.[10] Sein Name gehörte daher zu den «Buchnamen» des Islam – einer der wenigen, die – außer den alttestamentlichen – sowohl unter Muslimen als auch unter Christen gebräuchlich waren. So wurde er wohl von den Nestorianern übernommen und kam durch sie nach Indien. Islamischer Einfluß könnte auch bei anderen Namen die Weitergabe begünstigt haben. Zacharias und Job werden genauso wie Alexander im Koran genannt.[11] Job war in der Form Ayub unter Muslimen ein sehr beliebter Name. Unter Christen wurde Job gelegentlich zu den Heiligen gezählt, so in Byzanz, wo man über seine Reliquien zu verfügen glaubte.[12]

Auch Vergese/Georg ist ein Name, der Christen und Muslimen gemeinsam war.[13] Ähnlich wie der Alexanderroman war auch die Georgslegende im ganzen Orient verbreitet. Ihr Held, Georg von Kappadokien, soll nach der ursprünglichen Fassung, unter einem Perserkönig das Martyrium erlitten haben – und zwar mehrfach, weil ihn Gott immer wieder zum Leben erweckte. Der letzten Marter erlag er erst, nachdem er von Gott das Privileg erhalten hatte, allen denen in jedweder Not helfen zu dürfen, die seinen Namen anrufen und seine Reliquien verehren. Der ursprünglich griechisch verfaßte Urtext wurde früh ins Arabische übersetzt und auch von der muslimischen Welt rezipiert. So könnte die Selektion der überlieferten Namen islamisch beeinflußt sein, im Kern sind diese jedoch Traditionsgut der nestorianischen Kirche.

Die bis in die Gegenwart praktizierte Namengebung der Thomas-Christen steht in weitgehender Übereinstimmung mit dem traditionellen Festkalender der Nestorianer bzw. deren Kommemoration von Heiligen in den Meßoffizien. Die Nestorianer kannten neben den Herrenfesten nur Feste der Apostel sowie von Moses und Elias, die sie im beweglichen Osterkreis feierten.[14] Die Heiligen-Kommemoration im Meßoffizium erfolgte für die Heilige Jungfrau, Johannes den Täufer, die Apostel Petrus und Paulus sowie Thomas, der als Missionar des Ostens galt, die vier Evangelisten, den Protomartyr Stephanos, weiters die Märtyrer Georg und Quiriakos/Cyriacus sowie für Schamouni, die Mutter der sieben in der christlichen Tradition vielfach irrig als «Makkabäerbrüder» bzw. «Heilige Makkabäer» bezeichneten Märtyrer der Glaubensverfolgung unter König Antiochos IV. Epiphanes (etwa 168–166 v. Chr.), die als letzte der Familie den Märtyrertod starb und deren Grab in der syrischen Hauptstadt Antiochien verehrt wurde.[15] Die Nestorianer kannten also Heiligenverehrung, sie hielt sich bei ihnen jedoch in sehr engen Grenzen. Cyriacus gehörte zu den großen Heiligen von Edessa, dem alten Zentrum der ostsyrischen Kirche, wo es auch eine frühe Stephans- und eine Georgskirche gab.[16] Sonstige Heilige wurden nicht mehr in den Festkalender bzw. Meßkommemoration einbezogen. Die syrische und später die persische Kirche hätten über genügend Märtyrer verfügt. Es entstanden um sie auch vielfältige lokale Kulte, aber kein kirchenoffizielles zusammenhängendes System der Heiligenverehrung. Das wäre auch mit der christologischen Position der Nestorianer unvereinbar gewesen. Diese wurde letztlich die bestimmende Kraft in der von der römisch-byzantinischen Kirche abgespaltenen Kirche des Perserreichs, wie sie sich 410 auf dem

Konzil von Seleukia-Ktesiphon mit Zustimmung des Großkönigs Jesdegerd I. konstituierte.[17] Die Nestorianer lehnten auch späterhin die Bilderverehrung weitgehend ab und ließen ausschließlich die Kreuzesverehrung zu.[18] Nicht heilige Bilder standen für sie im Mittelpunkt sondern die Heilige Schrift. Man hat sie treffend als die «Protestanten des Orients» charakterisiert.

Bemerkenswert erscheint, daß der Märtyrerkult der Nestorianer, soweit er sich überhaupt entwickeln konnte, über die frühchristliche Zeit hinaus weiter zurückgeht. Die «Makkabäer»-Mutter Schamouni ist dafür ein charakteristisches Beispiel. Sie verweist auf die Wurzeln der frühchristlichen Märtyrerverehrung in der jüdischen Tradition, auf die zurecht in Ergänzung zu einseitiger Ableitung aus griechischem Heroenkult hingewiesen wurde.[19] Auch Propheten wurden in dieser Tradition als Märtyrer verehrt. Wir haben Cherijan/Zacharias bei den Thomas-Christen gefunden. Im spätjüdischen Grabkult flossen die Gestalten des Sacharja, Sohn des Berechja, eines der zwölf kleinen Propheten, und des Sacharja, Sohn des Jojada, eines Jerusalemer Priesters und Propheten, den König Joas im Vorhof des Tempel hatte steinigen lassen und auf den an mehreren Stellen des Neuen Testaments Bezug genommen wird, in eins zusammen. Im christlichen Verständnis kam noch Zacharias, der Vater Johannes des Täufers hinzu.[20] So erscheint es verständlich, daß gerade dieser Name die Namengebung im Orient so nachhaltig beeinflußt hat. Propheten wurden ganz allgemein zur Zeit Jesu an ihren Grabstätten verehrt, freilich nicht nur solche, die für ihr Bekenntnis den Tod erlitten. Der Grabkult der Märtyrerpropheten ging damals allgemein auf Propheten, Patriarchen und bedeutende Gestalten der Heiligen Schriften über. Man wallfahrtete zu ihren Gräbern, man rief sie als Thaumaturgen und Interzessoren, als Wundertäter und himmlische Fürbitter an.[21] Diese spätjüdisch-frühchristliche Heiligenverehrung findet sich bei den Nestorianern noch besonders gut erhalten.

Wie in der Verehrung von Patriarchen, Propheten und Märtyrern haben sich insgesamt in der ostsyrisch-nestorianischen Christenheit und der aus ihr hervorgegangenen Kirche des Perserreichs in besonders starkem Maß jüdische Traditionen erhalten. Genauso wie für den Kult gilt das auch für das kirchliche Rechtswesen. Das Christentum in Mesopotomien und den von dort aus missionierten Gebieten ist aus den Judengemeinden hervorgewachsen.[22] Dort war neben Jerusalem das zweite große Lehrzentrum des Judentums. Das zwang zu einer schärferen, aber auch sachlich ernsteren Auseinandersetzung als im Raum irgendeiner anderen christlichen Kirche.[23] Die Nestorianer beschäftigten sich intensiv mit den Schriften des Alten Bundes. Deren Übersetzung in die syrische Sprache verdankten sie wohl der großen jüdischen Gemeinde in Edessa.[24] Der Normaltext der vollständigen syrischen Bibel lag jedenfalls hier zu Beginn des 5. Jahrhunderts vor.

Die Namengebung der nestorianischen Christen erscheint in verschiedener Hinsicht an jüdischen Traditionen und Einflüssen orientiert. Ihrem Ursprung in jüdischen Gemeinden entsprechend, haben die Nestorianer zunächst grundsätzlich viel jüdisches Namengut übernommen. Sie haben sich vor allem an die schon in vorchristlicher Zeit im Judentum nachweisbare Praxis der Nachbenennung nach heiligen Personen angeschlossen – wohl im selben Sinn eines Auftrags der besonderen Nachahmung des Namensvorbilds. In der Beschäftigung mit den Schriften des Alten Bundes wurden allerdings diesbezüglich neue Akzente gesetzt. Moses und Elias stehen besonders im Vordergrund. Der Name Abraham ist nicht mehr tabuisiert. Zu den Gestalten des Alten Testaments treten solche des Neuen. Die Apostel und ihre Schüler, die die rechte Lehre weitergegeben haben, sind unter ihnen die wichtigsten. Nur so ist der römische Titus bei den Thomas-Christen an der Malabar-Küste zu erklären. Auch Timotheus, der zweite Schüler, an den der Apostel Paulus einen kanonischen Brief richtete, spielte in der Namengebung der Nestorianer eine wichtige Rolle. Mehrere Patriarchen von Seleukia-Ktesiphon trugen diesen Namen, und das sicher nicht wegen seines theophoren Charakters, den man in Mesopotamien damals wohl längst nicht mehr verstand. Theophore Namen waren den Nestorianern nicht unbekannt. Sie hatten aber bei ihnen einen ganz anderen Charakter. Auch diesbezüglich wirkte die jüdische Tradition fort. Wir finden bei ihnen religiöse Satznamen wie etwa Quám-iso («Jesus ist erstanden»),[25] oder Bucht-Yesu («Jesus hat erlöst») und Wah-Yesu («Jesus ist gut»), der unmittelbar dem jüdischen Tobi-yah/ Tobia («Gott ist gut») entspricht.[26] Der Patriarchenname Henan-iso aus dem 7. Jahrhundert bedeutet «Barmherzigkeit Jesu».[27] Aber auch der Jesus-Name selbst konnte gegeben werden, wie das Beispiel des Katholikos Iso Bar Nun aus dem 8. Jahrhundert zeigt.[28] Besonders häufig findet sich bei den Nestorianern wie auch in der syrischen Kirche die Namensbildung Ebedjesu/Abdiso, also «Diener Jesu». Es ist die uralte orientalische Sitte, den Menschen als Diener der Gottheit zu benennen, von der schon das Buch Daniel berichtet, daß sie – auf babylonische Gottheiten bezogen – von den Juden im

Exil praktiziert wurde.[29] Bei den Juden in Palästina war die Namensform Obadja, d. i. Knecht, Diener, Sklave bzw. Verehrer, Anbeter Gottes, seit der Königszeit häufig. Die Nestorianer verstanden sich primär als Diener bzw. Verehrer Jesu. Der christologische Unterschied zu den Byzantinern, wo wir als analoge Bildungen Theodul und Christodul – also Diener Gottes bzw. Christi – finden, kommt in der Bezugnahme auf den Jesusnamen zum Ausdruck. Auch Bezugnahmen auf den Gottesnamen selbst in der Form von Dienst und Verehrung finden sich in der syrischen und nestorianischen Kirche. Wenn im 12. Jahrhundert ein christlicher Erzbischof von Edessa den Namen Abdallah trug,[30] so mag das aufgrund heutiger Namensassoziationen überraschend klingen. Vom Namenssinn stand freilich nichts anderes dahinter, als hinter dem im deutschsprachigen Raum damals durchaus verbreiteten Gottschalk. Zu Heiligennamen wurden entsprechend der klar differenzierten Verehrungsform bei den Nestorianern keine Abd/Ebed-Namen gebildet. Nach ihnen wurde unmittelbar nachbenannt. In anderer Weise als zu Gott betrachtete man jedoch auch das Verhältnis zu ihnen als ein herrschaftliches. Von den «Namen unserer Herren der Bekenner und Sieger und ihrer Tage, an denen sie ihre Kronen gewannen» spricht schon das syrische Martyrologium aus dem 4. Jahrhundert.[31] In den Festoffizien der Nestorianer ist dann von Mar Gheorgis oder Mar Quiriakos die Rede.[32]

Judaisierende Tendenzen zeigen die Nestorianer nicht nur in ihrer Einstellung zu den Heiligen sondern auch zu den Ahnen. Ein guter Indikator für die Rolle des Abstammungsdenkens in orientalischen Religionsgemeinschaften dieser Zeit ist ihre Haltung zur Endogamie.[33] Je ausgeprägter das Geblütsdenken, desto eher wird die Heirat mit nahen Blutsverwandten gestattet. Der Zoroastrismus, die Staatsreligion des Perserreichs, setzte diesbezüglich überhaupt keine Grenzen und empfahl sogar die Eheschließung bzw. den Geschlechtsverkehr mit nächsten Verwandten. Sowohl Juden wie nestorianische Christen grenzten sich gegen diese «Sitten der Magier» ab. Die Verbote erstreckten sich in Anlehnung an das Mosaische Gesetz freilich primär auf die Heiratsverwandtschaft und gingen bezüglich den Graden der Blutsverwandtschaft nicht sehr weit. So war die Eheschließung mit der Nichte sowohl Juden wie Christen im Perserreich erlaubt. Hinsichtlich der Einstellung zur Heirat unter Blutsverwandten waren die Nestorianer von der westlichen Christenheit durch Welten getrennt. Nicht daß sie solche endogame Heiraten empfohlen hätten – sie bekämpften sie jedoch bloß in ihren Extremformen, die mit den diesbezüglichen Bestimmungen des Buches Levitikus absolut nicht vereinbar waren. Dem ausgeprägten Abstammungsdenken in ihrer persischen Umwelt konnten sich die mesopotamischen Christen offenbar nicht entziehen. Die nestorianische Ehegesetzgebung bezüglich des Hindernisses der Verwandtschaft folgt im wesentlichen den Grundsätzen, die in der jüdischen Sekte der Karäer auf der Basis des Mosaischen Gesetzes entwickelt und theoretisch ausgearbeitet wurden. Diese jüdische Reformgruppe war in der 2. Hälfte des 8. Jahrhunderts von Anan in Bagdad begründet worden.[34] Über das Ausmaß des Abstammungsbewußtseins, das hier herrschte, sind wir aus religiös motivierten genealogischen Aufzeichnungen informiert. Aus solchen Quellen lassen sich auf Anan, den Gründer der Gemeinschaft, bezogene Abstammungsreihen im Extremfall durch nicht weniger als 28 Generationen verfolgen (Tafel 11).[35]

Prinzipien der Ahnennachbenennung lassen sich aus solchen bloß am Bezug zu einem Ahnherrn orientierten Aufstellungen nicht erkennen. Die Abstammungslinie verlief ja im skizzierten Fall keineswegs stets über den ältesten Sohn. Der Matrilinie kommt – so wichtig sie für die Geblütsreinheit war – in der Abstammungsberechnung keine Bedeutung zu. Im Namengut wiederholen sich auffallend häufig Namen von Königen von Juda aus dem Hause David, von dem das Geschlecht seine Herkunft ableitete, aber auch solche von Propheten. Zweimal wird die Abfolge David-Salomon nachgeahmt, so daß sich auch im Patronym eine Entsprechung ergibt. Eine Wiederholung des Vatersnamens beim Sohn findet sich nie, sehr wohl aber Nachbenennung nach Vorvätern über große Distanzen. Anan II. ist durch nicht weniger als 13 Generationen von seinem gleichnamigen Ahnherren getrennt, Elijah Yakin II. immerhin 9. Die Zweitnamen haben offenbar nicht primär einer zusätzlichen Bezugnahme auf Vorväter gedient. Ein solcher Zusammenhang ergibt sich bloß bei Azarya Anan. Obwohl solche Hinweise auf familiale Nachbenennung nur in Ansätzen erkennbar sind, deuten sie doch auf ein sehr ausgeprägtes patrilineares Abstammungsbewußtsein mit ungewöhnlicher Generationentiefe.

Die Quellengattung, auf der die Rekonstruktion dieser langen Stammreihe beruht, sind Memoriallisten, die für das Gedenken der Ahnen im Synagogengottesdienst angelegt wurden.[36] Ein Gegenstück zu einem solchen bloß auf die Vorväter bezogenen religiösen Gedenken fehlt im Christentum – auch bei den Nestorianern. Insgesamt unterscheiden sich ja wie schon betont Christentum und

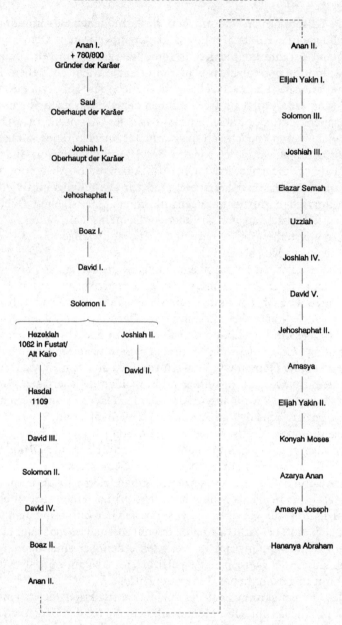

*Tafel 11: Stammreihe von Nachkommen Anans, des
Gründers der Karäer, nach Memoriallisten*

Judentum ganz grundsätzlich in der Bedeutung des Abstammungsdenkens. In einem Punkt ergeben sich allerdings zwischen Karäern
und orientalisch-christlichen Gruppen in der religiösen Relevanz
der Abstammung Parallelen. In der hier skizzierten Stammreihe der
Nachkommen Anans ging die religiöse Führung der Gemeinde
durch zwei Generationen vom Vater auf den Sohn über, von Anan
auf Saul, von Saul auf Josiah.[37] In der Tradition der hohenpriesterli-
chen Dynastien des Judentums war das gar nichts Außergewöhnliches. Im Gegenteil – das Abrücken vom Geblütsdenken erfolgte für
jüdische Verhältnisse eher relativ früh. In christlichen Gemeinden
hingegen war Legitimierung von Priestertum und religiöser Führung durch Abstammung grundsätzlich fremd. Bloß in sozialer Umgebung mit sehr ausgeprägtem Abstammungsbewußtsein bzw. mit
judaisierenden Tendenzen kam es dazu. Bei den Thomas-Christen
in Indien gibt es Priester- und Bischofsdynastien, die die Weihe des
ersten Familienangehörigen bis zum Apostel Thomas zurückverfolgen zu können glauben.[38] In Armenien wurde die Katholikos-Würde
in der Dynastie der Pahlavuni unter den Nachkommen Gregors des
Erleuchters (301–318) erblich – im 4. Jahrhundert und neuerlich
vom 11. bis ins 13. –, in besonderer Weise mit dem Namen Gregor
verbunden.[39] In Äthiopien kam es zur Ausbildung von Priesterdyna-
stien – vor allem an der Hauptkirche in Aksum.[40] Und auch unter
den Nestorianern machte sich – freilich viele Jahrhunderte später –
geblütsmäßig legitimierter religiöser Führungsanspruch bemerkbar.
Seit 1551 wurde das Patriarchat von Selenkia-Ktesiphon regelmäßig
vom Onkel auf den Neffen weitergegeben.[41] Dabei kam es zu einer
Konkurrenz zwischen der «Simon-Linie» und der «Elias-Linie», wobei innerfamilial weitergegebener Name und Anspruch auf das Amt
miteinander korrespondierten. Der legitimierende Name hing hier
also mit der Abstammung zusammen, nicht bloß mit dem Amt, wie
beim Patriarchat von Antiochien, dessen Inhaber seit Anfang des
13. Jahrhunderts regelmäßig den Namen Ignatios nach dem frühchristlichen Heiligen und ersten Bischof der Stadt annahm.[42] Hier
ist es Nachbenennung entsprechend der Weihesukzession, in Seleukia-Ktesiphon hingegen nach der Abstammung, die zur Weihe berechtigt. Viel wesentlicher als jüdische Vorformen sind für dieses
Phänomen freilich islamische Einflüsse. Im Islam ist ja seit dem
Religionsstifter Mohammed religiöse Führung ganz stark an die Abstammungslinie gebunden.
Es sind nur Streiflichter auf die Rolle des Abstammungsdenkens
unter den nestorianischen Christen, die hier geboten werden kön-

nen. Das Aufkommen des Patronyms – offenbar auch unter islamischem Einfluß – verdient in diesem Zusammenhang besonders erwähnt zu werden. Was dieses Abstammungsdenken für die innerfamiliale Nachbenennung bedeutete, darüber läßt sich aufgrund der Quellenlage keine allgemeine Aussage machen. Bemerkenswert erscheint jedenfalls der Endpunkt der Entwicklung im äußersten Südosten bei den Thomas-Christen: strenge Papponymie unter Berücksichtigung der Geburtenfolge und unter Wahrung eines Namenguts, das sich seit frühchristlicher Zeit mit hoher Stabilität erhalten hat.

Äthiopische und koptische Christen

Ganz anders als bei den aus der ostsyrischen Kirche herausgewachsenen Thomas-Christen in Indien hat sich die Namengebung in der äthiopischen Kirche entwickelt, dem äußersten Vorposten der alten Christenheit in Afrika. Die christliche Mission erreichte diesen Raum im vierten Jahrhundert von Ägypten aus. Vom Patriarchen von Alexandrien war die äthiopische Kirche auch bis ins 20. Jahrhundert hinein abhängig. Wichtige Einflüsse kamen aus Syrien. Vertriebene syrische Mönche begründeten in der 2. Hälfte des 5. Jahrhunderts das in der äthiopischen Kirche sehr einflußreiche Mönchtum. Von den großen dogmatischen Kontroversen, die die östlichen Kirchen bis hin zum Bilderstreit so tief spalteten, blieb der abgelegene abessinische Raum ziemlich unberührt. Glaubensgut und Kultformen entwickelten sich auf der in der Missionierungszeit gelegten Basis ziemlich selbständig. Das war vor allem deshalb möglich, weil die äthiopische Kirche – in der orientalischen Christenheit als einzige – kontinuierlich unter christlicher Obrigkeit lebte und den Charakter einer Staatskirche hatte.[43]

Das Namensystem der äthiopischen Christen hat sich bis ins 20. Jahrhundert sehr eigenartige Züge bewahrt. Familiennamen fehlen. Auch Patronyme sind nicht üblich. Dafür erhält jedes Kind zwei Namen, einen Gebrauchsnamen und einen christlichen Taufnamen.[44] Diese beiden Namen werden zu unterschiedlichen Zeitpunkten gegeben. Einen säkularen Namen für den Alltagsgebrauch bekommt das Kind sofort nach der Geburt von der Mutter bzw. vom Vater bei einer etwa einer Woche nach der Geburt stattfindenden Reinigungszeremonie, die im Elternhaus stattfindet, aber von einem Priester durchgeführt wird. Die Weihwasserbesprengung anläßlich dieses Ritus hat Parallelen in der jüdischen Tradition.[45] Der

Alltagsname kann mit Geburtsumständen zusammenhängen, mit der Familiensituation – etwa Kasa = «Kompensation», wenn ein vorangehendes Kind früh verstorben ist – oder auch einfach einen Wunsch für das Leben des Kindes ausdrücken. Der Taufname wird erst bei der kirchlichen Zeremonie gegeben – bei Söhnen vierzig Tage nach der Geburt, bei Töchtern achtzig Tage danach. Der christliche Name ist der wahre, aber geheimgehaltene Name. Die Geheimhaltung hat mit Angst vor Dämonen zu tun, aber auch vor Menschen, die magische Praktiken kennen, weil diese nur unter Benutzung des Taufnamens Zauber gegen den Namensträger ausüben können. Der Taufname ist auch für das Seelenheil von besonderer Relevanz. Die Namen der zukünftigen Heiligen sind nach Vorstellung der äthiopischen Christen auf einer Goldsäule auf dem Weg ins Paradies aufgezeichnet.[46] Auch die Namen der Sünder werden als schon im vorhinein aufgeschrieben gedacht. In Hinblick auf solche Prädestinationsgedanken, fällt mit der Namengebung eine wichtige Entscheidung.

Unter den christlichen Taufnamen der Äthiopier sind Heiligennamen sehr gebräuchlich, sie werden jedoch nicht, wie sonst in fast allen christlichen Kirchen, in unmittelbarer Nachbenennung gegeben, sondern in Zusammensetzung mit einem Prothem. Als Grund dafür wird die Scheu vor dem Aussprechen heiliger Namen genannt.[47] Man setzt deshalb dem Heiligennamen Protheme voraus wie Haile, Habta, Gabra, Walda, die das Kind als «Macht», «Gabe», «Diener» oder «Sohn» des Heiligen auswiesen. In derselben Weise wie auf Heilige bezogen werden solche Namen auch in Zusammensetzung mit Christus, Auferstehung, Kreuz, Sion oder Trinität gegeben. Haile Selassie etwa, der Name des letzten äthiopischen Kaisers, bedeutet «Macht der Dreieinigkeit». Der alte christliche und letztlich schon lange vorchristliche Typus der aus «nomina sacra» komponierten theophoren Namen wurde also in Äthiopien auf die Heiligennamen ausgeweitet. Wie der Name Gottes bzw. der Engel sowie verschiedener heiliger Zeichen und Geheimnisse waren eben auch die Namen der Heiligen hier so heilig, daß man nicht direkt nach ihnen nachbenennen konnte. Das gilt jedenfalls für «große Heilige» wie Maria, Petrus, Stephanus oder Georg. Nach manchen anderen Heiligen bzw. Gestalten des Alten Testaments konnte unmittelbar nachbenannt werden. Die in der vermittelten Nachbenennung nach Heiligen verwendeten Protheme sind ein interessanter Hinweis darauf, wie die Beziehung der nachbenannten Person zum Heiligen aufgefaßt wurde – als Dienerverhältnis zum Heiligen etwa im Sinne der im Orient so weit verbreiteten theophoren Abd-Namen, aber auch als unmittelbares Filiationsverhältnis. Gerade die Filiationsprotheme Walda = «Sohn» bzw. Walatta = «Tochter» ermöglichte die Namengebung von Söhnen nach weiblichen Heiligen, etwa nach Maria, sowie die von Töchtern nach männlichen. Wie eine solche vermittelte Nachbenennung verstanden wurde, zeigt anschaulich das Beispiel der Nonne Walatta Petros, einer der meist verehrten unter den heiligen Frauen Äthiopiens. Von ihrem Vater, einem ebenso frommen Mann aus höchstem Adel, war sie an Malke'a Krestos verheiratet worden, das Haupt des Hofrats unter Kaiser Susenyos (Sisinnius) (1607–1632), der unter Jesuiteneinfluß das Reich zur Union mit der «Religion der Europäer» führen wollte. Walatta Petros lief ihrem Mann davon und wurde Nonne. Sie zog im ganzen Land herum und ermahnte Mönche und Priester, dem angestammten Glauben treu zu bleiben. Jede Verfolgung, die sie von Seite des Kaisers zu erdulden hatte, ertrug sie. Und so wurde in ihrer Vita ihr Name als Vorherbestimmung ihres Leben gedeutet. Die Funktion des Namenspatrons, Fels zu sein, auf dem die Kirche gebaut ist, sei vom Apostel auf die Nonne übergegangen. So wirke der Namenspatron wie ein Vater: «Denn der Sohn des Königs wird König, der Sohn des Priesters wird Priester. Wie Petros Haupt der Apostel war, so mußte Walatta Petros Haupt der Gläubigen werden». Auch wenn es sich hier um die Deutung ex post in einer panegyrischen Heiligenvita handelt – dem Denken der Umwelt waren solche Vorstellungen offenbar nicht fremd: Nachbenennung prädestiniert den Lebensweg. Das Prothem «Sohn» oder «Tochter» eines Heiligen stellt eine Verwandtschaftsbeziehung zu diesem her, über die sich Verhaltensweisen und Leistungen vererben wie Ämter und Würden sonst in genealogischer Folge. Besonders erstaunlich erscheint, daß auch einer Tochter durch die Namengebung nach einem großen Heiligen ein solcher Lebensweg eröffnet werden kann.

Die Namen solch großer Heiliger konnten sich freilich äthiopische Eltern für ihre Kinder nicht in beliebiger Weise aussuchen. In gewissem Sinne erscheinen auch sie vorherbestimmt. Auf welche heilige Person oder auf welches sonstige «nomen sacrum» Bezug genommen werden mußte hing primär vom Fest am Geburts- oder Tauftag des Kindes ab.[48] Letzterer konnte in Hinblick auf die nach Geschlechtern unterschiedliche, aber insgesamt vorgeschriebene Distanz zur Geburt auch nicht frei gewählt werden. Der äthiopische Festkalender ist mit dem koptischen identisch, wie er von Patriarch Dimetros von Alexandrien (189–231) festgesetzt wurde,[49] aber späterhin noch viele Ergänzungen erfuhr. Neben dem Jahresfestkreis gibt es in Äthiopien noch einen monatlichen – ähnlich wie in Griechenland in vorchristlicher Zeit. Nach diesem monatlichen Festzyklus wurde etwa an jedem 12. des Monats der Erzengel Michael gefeiert – am 12. Jänner war sein jährliches Hauptfest –, an jedem 21. Maria.[50] An diesen Monatsfesten dürfte sich die Namengebung in erster Linie orientiert haben, da gerade die monatlich gefeierten Heiligen und Festgeheimnisse in den mit Prothemen gebildeten Namen sehr häufig vorkommen. Auch nach wöchentlichen Festen könnte nachbenannt worden sein. Ein äthiopischer «Walda Tensa'e»[51] entspricht als «Sohn der Auferstehung» einem griechischen Anastasius und könnte wie dieser ein Sonntagskind, ebenso aber auch einen zu Ostern Geborenen bezeichnen.

Wäre das Prinzip der Taufnamengebung nach Kalenderfesten strikt eingehalten worden, so hätte es in der Benennung nach heiligen Personen und Geheimnissen zu keinerlei innerfamilialen Namensentsprechungen kommen können. Dies ist allerdings nicht der Fall. In manchen Geschwisterreihen bleibt der Heiligenname konstant, während die Protheme variieren. Die Kinder werden etwa «Gabe Mariens», «Macht Mariens», «Sohn Mariens» etc. benannt. Das ist nicht aus Übereinstimmungen von Geburts- oder Tauftagen zu erklären, sondern aus der Zugehörigkeit der Eltern zu einer Bruderschaft, die unter dem Patronat eines bestimmten Heiligen oder Festgeheimnisses steht und deren Mitglieder am betreffenden Festtag miteinander feiern.[52] Die homonyme Nachbenennung von Geschwistern bezieht sich hier also auf Monatsheilige als Bruderschafts- bzw. Familienheilige. Diese äthiopischen Familienheiligen haben nichts zu tun mit den Slava-Heiligen in manchen Regionen des Balkans, wie sie analog auch von Albanern in Italien gefeiert werden.[53] Zwar ist auch die Slava ein Familienfest, das von vielen Familien eines Ortes gleichzeitig begangen wird, freilich nur von solchen, die dem gleichen patrilinearen Klan entstammen.[54] Die Angehörigen dieser Patri-Klans, die zur Slava ihrer Ahnen gedenken, vermeiden es, den Namen des Slava-Heiligen in der Familie zu geben.[55] Auch die in manchen Gegenden Griechenlands üblichen Feiern zu Ehren eines Familienpatrons gehören zu einem anderen Typus.[56] Sie sind vom Namenspatron des Hausherrn abhängig. Die äthiopischen Familienpatrone gehen vielleicht auch auf individuelles Namenspatronat zurück, sind aber offenbar nicht an den Heiligen des Hausvaters gebunden. Vielmehr spielen die Frauen in der Verehrung des Familien- und Bruderschaftspatrone eine entscheidende Rolle.[57] Sie sind es in erster Linie, die sich monatlich am Fest des Heiligen zu einer Art Agape versammeln. Und über sie wird häufig der Kult eines bestimmten Heiligen weitervererbt, nach dem dann die Kinder ihre einheitlich «hagiophoren» Namen erhalten. Von christlich überformter Ahnenverehrung in patrilinearen Klans, wie sie am Balkan begegnet, ist in Äthiopien keine Spur zu finden.

Neben dem Monatsheiligen als Patron des Geburts- oder Tauftags bzw. als Familien- bzw. Bruderschaftspatron dürfte es noch eine weitere Form der Beziehung des Täuflings zum Heiligen gegeben haben, die für Namensentscheidungen bestimmend gewesen sein könnte. Unter den verschiedenen Formen der spirituellen Vaterschaft bzw. Mutterschaft ist in Äthiopien die Taufpatenschaft besonders wichtig. Durch sie entsteht etwa spirituelle Verwandtschaft mit Heiratsverboten analog zu denen unter Blutsverwandten – eine Gleichbewertung, die sich erstmals in Byzanz unter Kaiser Justinian findet und die sich von dort ausgehend in unterschiedlicher Intensität in den einzelnen christlichen Kirchen verbreitet hat.[58] Bei der Taufe muß für jeden Knaben ein Mann, für jedes Mädchen eine Frau die Patenschaft übernehmen. Ist kein Pate zur Stelle, so nimmt während der Sakramentenspendung einer der an der Taufhandlung mitwirkenden Diakone das Kind auf seinen Arm und gibt es damit dem Tabot, dem durch die bischöfliche Weihe sakralisierten Abbild der Zehn-Gebote-Tafel, und damit dem Heiligen, dem der jeweilige Tabot geweiht ist.[59] Über den Tabot kann also der Heilige unmittelbar Pate und damit «geistlicher Vater» des Täuflings werden, der dann wohl als «Walda» bzw. «Walatta», also als Sohn oder Tochter des betreffenden Heiligen benannt wird. Es liegt hier offenbar ein ähnliches Beziehungsmodell zugrunde wie in Byzanz, wo wir in der Zeit des Bilderstreits Ikonen als Taufpaten gefunden haben, mit der Absicht, dem Kind dadurch den unmittelbaren Schutz des Heiligen zukommen zu lassen. Der Tabot ist allerdings etwas anderes als die byzantinische Ikone. Heilige Bilder kannten die Äthiopier auch, die Bilderverehrung erreichte jedoch bei weitem nicht das gleiche Ausmaß.[60] Ein Heiligenbild als Taufpate zu verwenden, wäre hier wohl als ganz abwegig erschienen. Der Tabot ist eine besondere Eigenart der äthiopischen Kirche. Nach der Tradition dieser Kirche sei die Zehn-Gebote-Tafel vom Sinai durch den Salomonsohn Menelik, dem Begründer der äthiopischen Dynastie, von Jerusalem nach Aksum transferiert worden.[61] Dieser urtümliche Tabot, der noch heute in Aksum aufbewahrt wird und auf dessen Rückseite Christus bei seinen Lebzeiten die «nova lex» nach Matthäus 25 eingeritzt haben soll, wird tausendfach nachgebildet. Vom Bischof konsekriert bildet er dann das Sanctissimum der Kirche. Jede der über 13000 Kirchen in Äthiopien besitzt einen Tabot, der auf den Namen von Christus, seiner Mutter, eines Engels oder eines Heiligen geweiht ist. Es entspricht dies der Weihe des Altars an einen Heiligen oder einen «Titel» wie Erlöser, heiliges Kreuz, göttliche Weisheit etc. in den anderen christlichen Kirchen. Eine der Wurzeln des christlichen Kirchenpatronats von Heiligen ist der Kult der Reliquien, die in den Grabeskirchen der Märtyrer unter dem Altar aufbewahrt wurden. Äthiopien war ein Land ohne Märtyrer und dementsprechend auch ohne Reliquien. An die Stelle der Reliquien treten hier die auf die Namen der Heiligen geweihten Tabotat, die diese offenbar voll vertreten können. Ein Tabot kann Wunderkraft haben, man kann zu ihm wallfahrten, man kann ihn aber auch selbst herumtragen genauso wie die Reliquien, etwa um Feinde abzuwehren, wie dies z.B. gegen die Italiener Mussolinis noch mit einem Marien-Tabot unternommen wurde.[62] Diese Mobilität haben die Tabotat aber auch mit der jüdischen Bundeslade gemeinsam, der sie ja als Aufbewahrungsort der Gesetzestafeln nachgebildet sind. Die bewegliche Form mag der Lebensweise im frühchristlichen Äthiopien entgegengekommen sein. Sie entsprach aber auch der stark an alttestamentlichen Traditionen orientierten Einstellung der Kirche. Judaisierende Tendenzen und christliche Heiligenverehrung sind hier eine eigenartige Verbindung eingegangen. Der Heilige ist im Tabot präsent – ohne Reliquie und ohne Bild, bloß durch die Weihe auf seinen Namen. Deswegen kann man zum Heiligen im Tabot auch eine unmittelbare Beziehung eingehen wie die Patenschaft, die als Verwandtschaftsbeziehung aufgefaßt wird.

Spirituelle Vaterschaft – im Modell der Taufpatenschaft auch auf Frauen übertragbar – spielte in der äthiopischen Gesellschaft insgesamt eine große Rolle. Neben dem «Krstena abat», dem Paten, kam noch drei weiteren Formen der religiös begründeten Ersatzvaterschaft Bedeutung zu, nämlich dem sogenannten «Eredit», der einen Knaben während der Schulzeit materiell unterstützt, dem «Mannher» d.i. der Kirchenlehrer, dem man sich als Schüler anvertraut, und vor allem dem «Nefs abat», dem Beichtvater.[63] Unter diesen Beziehungen ist das Lehrer-Schüler-Verhältnis von besonderer Bedeutung. Die äthiopische Kirche kennt kein den Bischöfen reserviertes Lehramt. Da das Oberhaupt der Kirche, der Abun, immer wieder vom koptischen Patriarchat in Alexandria bzw. Kairo entsandt werden mußte, gab es keine nationalen Bischofslisten mit

Weihesukzession wie in anderen christlichen Nationalkirchen. Um so wichtiger waren daher die Sukzessionsketten einheimischer Gelehrter als Garanten für die unverfälschte Weitergabe des orthodoxen Lehrguts. Jeder Gelehrte der äthiopischen Kirche kannte seinen Platz in einem Gelehrtenstammbaum, der bis in die Frühzeit der äthiopischen Kirche zurückreicht.[64] Die Aufstellung solcher Gelehrtenketten entstammt vielleicht jüdischer Tradition. Wie wichtig die Lehrer-Schüler-Beziehung genommen wurde, zeigt auch der Umstand, daß Knaben, die aus dem Elternhaus ausgeschieden und in eine Kirchenschule eingetreten waren, den Lehrernamen als Zweitnamen in patronymischer Form annehmen konnten.

Einige Gelehrte der äthiopischen Kirche vertraten den Standpunkt, daß das vierte Gebot des Dekalogs nicht nur dem leiblichen, sondern auch dem geistlichen Vater gelte. Geistliche Väter seien in analoger Weise zu ehren, vor allem der Beichtvater und der Bischof.[65] Interessant erscheint, daß der Gedanke, das vierte Gebot wäre auch auf die weltliche Obrigkeit zu übertragen, explizit abgelehnt wird. Bei aller Betonung von Bindungen zu spirituellen Vätern in der äthiopischen Gesellschaft – der König gehörte nie zu ihnen. Dementsprechend gab es im System der kirchlichen Namengebung auch keine Nachbenennung nach ihm. «Sohn» oder «Diener des Königs» war in Äthiopien keine mögliche Taufnamenform. Auch für eine besondere Verbreitung königlicher Taufnamen gibt es keine Hinweise. Das Bezugssystem der eigenartigen durch Protheme gebildeten christlichen Namen bildeten in Äthiopien ausschießlich «heilige Namen» und Heiligennamen.

Die große Bedeutung, die der spirituellen Vaterschaft in der äthiopischen Gesellschaft zukam, führte zu einem Aufbau spiritueller «Ahnen»-Beziehungen zu Lasten genealogischer und zu einer Abwertung der Position des Vaters in religiösen Belangen.[66] Das hatte nicht notwendig eine Schwächung der Vaterrolle insgesamt zur Folge. Die äthiopische Gesellschaft blieb auch unter kirchlichem Einfluß stark patriarchalisch orientiert. So hatten Väter etwa das volle Entscheidungsrecht über die Erstheirat ihrer Kinder. Auch rituell wurde die Position des Vaters hervorgehoben. Kinder hatten ihm bei einer Begegnung das Knie zu küssen, in dörflichen Gebieten auch die Füße.[67] Nicht der Patriarchalismus an sich wurde durch das christliche Modell der geistlichen Vaterschaft geschwächt, sondern bloß seine Fundierung in der Mittlerrolle zu «heiligen Ahnen», also die Patrilinearität. An die Stelle der leiblichen Ahnen traten, mehr oder minder stark ausgeprägt, die spirituellen. Über die vielfältigen

Formen der geistlichen Vaterschaft, den Lehrer, den Paten, den Seel-
sorger, den Priester, den Bischof führten die religiös letztlich entscheidenden «Abstammungslinien» immer wieder zu den Heiligen.
Die äthiopische Kirche hat diese Filiationsbeziehung in den mit
«Walda» und «Walatta», mit Sohn und Tochter, prothemisch gebildeten Taufnamen zu Heiligennamen sehr sinnenfällig zum Ausdruck gebracht.

Wie viele kirchliche Strukturen, in deren Kontext diese Namengebung praktiziert wurde, geht auch das christliche Namenwesen
der äthiopischen Kirche letztlich auf ägyptische Wurzeln zurück.
Ägyptisch ist, wie wir gesehen haben, das Nebeneinander von all-
täglichen Gebrauchsnamen und «wahren» sakralen Namen. Ägyptisch ist vor allem das mit Prothemen bzw. Präformativen gebildete
theophore Namengut, insbesondere mit Filiationsbezeichnungen
gebildete Namen. Solche Namensbildungen kommen in Ägypten
auch auf Heiligennamen bezogen vor. Wie in Äthiopien wurzeln sie
auch hier in der besonderen Scheu vor heiligen Namen. Die Spuren
genuin christlicher «nomina sacra» haben uns schon einmal nach
Ägypten geführt.

Im Namengut der koptischen Christen haben sich zahlreiche vor-
christliche theophore Namen erhalten – sei es durch Heilige, die
diese Namen trugen, sei es durch innerfamiliale Nachbenennung.
Besonders zahlreich sind unter ihnen solche, die den Menschen als
Sohn, Tochter oder Kind einer Gottheit bezeichnen wie «Kind des
Amon» (Lilammon), «der Sohn des Serapis» (Pschensarpi) oder «die
Tochter des Schai» (Tschenschais).[68] Die Bildungen Schenoute und
Tsenoute, «Sohn» bzw. «Tochter Gottes» können auch schon auf
den einen Gott der Christen bezogen gedacht werden.[69] Daneben
stehen Namen, die den Menschen als Geschenk Gottes ausweisen
wie vorchristlich z.B. «Geschenk des Chnuch» (Petechnuch) bzw.
christlich Petenoute d.i. «Geschenk Gottes».[70] Als Diener/Diene-
rin bzw. Verehrer/Verehrerin eines Gottes charakterisieren Zusammensetzungen mit Pa- und Ta- wie «Diener des Atum» (Patham)
oder «Dienerin der Horus» (Tasor) mit analogen christlichen Parallelformen. Bei den griechischen theophoren Namen in Ägypten tritt
das Verhältnis zur Gottheit in den zweiten Namensteil. Die grie-
chisch-koptischen Namen, die mit Theos-«Gott» zusammengesetzt
sind, sind sehr zahlreich: «Durch Gott berühmt», «Geschenk Gottes», «Gott verehrend», «An Gott glaubend», «Von Gott geliebt»
etc.[71] Weniger häufig begegnen Zusammensetzungen mit Christus
wie «Diener Christi» (Christodoulos) «Geschenk Christi» (Christo-

doros) und «Christusträgerin» (Christophoria)[72] Filiationsnamen zu Gott oder Christus fehlen unter den griechischen theophoren Namen. Unter den lateinischen Namen der Kopten gibt es keine analogen Formen. Sie kehren mit Abd allah, Abd al-Masih, Abd an-Nur, Abd as-Sayid, Abd ath-Thaluth, aber auch Abd al-Malak und Abd as-Sahid, («Diener Gottes», «Diener Christi», «des Lichtes», «des Herrn», «der Trinität», aber auch «des Engels» und «des Märtyrers») erst unter den arabischen Namen der Kopten wieder.[73] Nicht selten finden sich hingegen Kompositionen aus koptischen Präformativen und griechischen, lateinischen bzw. hebräischen Namen: Palene («der zur Helene Gehörige»), Chenthotrake («die Tochter des Theodorakios»), Patbiktor («der vom Victor Gegebene»), Chenbiktor («die Tochter des Victor»), Patsamuel («der von Samuel Gegebene») oder Tseneisak («Tochter des Isaak»). Auch die durch bloßen Vorsatz des männlichen oder weiblichen Artikels p bzw. t gebildeten Namen gehören in diesen Zusammenhang wie Tiob («der Job»), Pisrael («der Israel»), Pinoch («der Henoch»), Tsamuel («die Samuel»), Tsara («die Sara») oder Trebekka («die Rebekka»).[74] Die Nachbenennung nach alttestamentlichen Gestalten erfolgt in diesen Fällen eben gerade nicht durch unmittelbare Nachbenennung. Eine Bezugnahme von Töchternamen auf männliche Vorbildgestalten ist dabei möglich. Ähnliches kennen wir freilich auch aus griechischen und lateinischen Namensbildungen. Ein ägyptisches Spezifikum sind allerdings die Namensformen, die alttestamentliche Gestalten oder christliche Heilige als Schenker der Kinder ausweisen, ganz analog zu altägyptischen oder griechischen Gottheiten. Man muß wohl zu Samuel als Propheten oder Heiligen gebetet haben um das nachher Patsamuel benannte Kind so auf ihn zu beziehen. Bei den von Viktor gegebenen oder in einem Filiationsverhältnis zu ihm benannten Kindern könnte an eine Namengebung nach der allgemeinen Märtyrerbezeichnung «Victor» = «Sieger» gedacht werden. Wahrscheinlicher ist jedoch eine Bezugnahme auf den heiligen Viktor als Person, dem eine alte Kirche in Alexandrien geweiht war. Daß er zu den bedeutendsten ägyptischen Heiligen der Frühzeit gehörte, zeigt ein Papyrus aus dem 5. oder 6. Jahrhundert, der ihn gemeinsam mit «unserer Herrin der Gottesgebärerin», den Erzengeln, «dem heiligen Apostel, Evangelisten und Theologen Johannes» sowie St. Serenus, St. Philoxenos und St. Justus vor den nur kollektiv angeführten «allen Heiligen» nennt.[75] Aus dieser Gruppe erscheint Philoxenos in einem anderen Papyrus dieser Zeit in besonderer Beziehung zu Gott. Die Formulierung «der Gott unseres

Vorstehers des Heiligen Philoxenos» ist der alttestamentarischen Formel «der Gott Abrahams» bzw. «der Gott Abrahams, Isaaks und Jakobs» nachgebildet und hebt – wie auch bei anderen großen Heiligen – ihre besondere Mittlerfunktion hervor.[76] Auch die Invokation «Heiliger Philoxenos bitte für deinen Diener («doulos»)Pamio» ist in einem sehr alten Text erhalten. Menschen als «Geschenk» oder als «Diener», sogar als «Sohn» oder «Tochter» eines bestimmten Heiligen aufzufassen und dieses Verhältnis in der Namengebung auszudrücken, war also unter den frühen koptischen Christen in Weiterführung altägyptischer Traditionen durchaus üblich. Von ihnen haben die Äthiopier diesen Brauch übernommen, weiterentwickelt und bis in die Gegenwart erhalten.

Die besondere Scheu vor «nomina sacra», die unter den ägyptischen Christen offenbar auch auf die Namen mancher Heiliger ausgeweitet wurde, hat sie freilich auch in anderer Weise von einer direkten Nachbenennung abgehalten. In der älteren koptischen Namengebung begegnen sehr häufig Kurznamen, in denen zu Beginn in der Mitte oder am Ende eine Silbe oder einzelne Buchstaben weggelassen werden. Man hat sie zusammenfassend als «Kurz- und Kosenamen» bezeichnet.[77] Das trifft den Sachverhalt aber wohl nicht ganz. Wir haben schon bei der Behandlung der «nomina sacra» gehört, daß die vorgenommenen Abbreviaturen sakral bedingt sind und nicht vordergründig mit dem Wunsch, beim Schreiben Platz zu sparen, erklärt werden dürfen. Gerade solche altchristliche «nomina sacra» erscheinen nun auch in der Namengebung verkürzt z.B. Manuel für Emmanuel, Abra oder Abri für Abraham. Auch bei anderen vielfach gekürzt gegebenen Namen handelt es sich um besonders heilige, vor allem um Engelnamen z.B. Chael und Michi zu Michael, Gabri und Kapril zu Gabriel, Rmiel zu Eremiel, einem im Westen unbekannten Engel. Gekürzt werden weiter die Namen großer Propheten wie Jeremias und Ezechiel, insbesondere aber Johannes, der in den Kürzungen Janna, Janne, Jane, Jannia und Jonnis begegnet.[78] Daß es sich bei diesen Namensformen nicht um «Kurz- und Kosenamen» in unserem heutigen Verständnis handelt, zeigen besonders deutlich die Namensformen der alexandrinischen Patriarchen. Die ersten drei Patriarchen, deren Namen auf Engel Bezug nehmen, heißen noch Khael. Erst ab dem 9. Jahrhundert wagen die Patriarchen den vollen Namen Michael zu führen, nachdem schon vorher einer von ihnen den Erzengelnamen Gabriel getragen hatte.[79] In einem Manuskript aus der Oase Fajum aus dem 9. Jahrhundert nennt sich der Schreiber «Chael, Diener Gottes und des

Engels». Er benützt den Namen noch in der alten Tabuform und versteht ihn als Ausdruck des Dienstes. Arabisch hat er sich wohl Abd al-Malak genannt. Gerade der Name des Erzengels Michael war besonders heilig, wußte doch er allein um alle Namen Gottes. Das machte den Zugang zu ihm über seinen Namen besonders begehrt, eine solche Nachbenennung war aber zugleich auch besonders gefährlich, konnte dadurch ja auch der Zorn des Erzengels heraufbeschworen werden.[80] Im Land der Namenmagie, in dem mit dem Wissen um den wahren Namen auch die Macht über den Benannten verbunden gedacht wurde, war jede Verwendung «heiliger Namen» eine prekäre Angelegenheit. Verkürzungen wie Ergänzungen durch Präformative, aber auch alle anderen Formen der Abänderung verdienen hier eine besondere Beachtung. Mit modernen Kategorien wie «Kosenamen» oder «Modenamen» wird man einem Namenwesen dieser Art nicht gerecht.

Anders als Engelnamen wurden die Namen von Heiligen in Ägypten allerdings schon früh in direkter Nachbenennung gegeben. Aus Ägypten stammt die älteste Nachricht über die Nachbenennung von christlichen Kindern nach Aposteln, und zwar von Patriarch Dionysius von Alexandrien (+ etwa 265).[81] Dessen dritter Nachfolger auf dem Patriarchenstuhl gehörte offenbar schon zu diesen von christlichen Eltern so benannten. Er trug den Namen Petrus. Seine Vita erzählt, daß seine Mutter am Festtage der Apostelfürsten vor einer Petrus- und Paulus-Ikone um Nachwuchs gebetet und dann empfangen habe. Auf Rat des Patriarchen Theonas habe sie daraufhin den Sohn Petrus genannt.[82] Die Geschichte ist sicher nicht zeitgenössisch. Wundertätige Ikonen sind in Ägypten erst seit dem 9. Jahrhundert nachweisbar und auch Ikonenverehrung ist hier nicht vor dem 6. Jahrhundert belegt. Sie ist aber für die Motivation der Namengebung nach Heiligen sehr charakteristisch. Heilige sind in besonderer Weise für Nachwuchs zuständig, speziell im Orient. Sie werden an ihrem Festtag angerufen, weil sie da besonders wirkkräftig sind. Das Bild erspart die Wallfahrt zur Grabeskirche bzw. zu sonstigen Reliquien. Die Nachbenennung ist der Ausdruck des Dankes für das Kind als «Geschenk des Heiligen». Sie erfolgt hier unmittelbar, ohne daß der Geschenkcharakter in den Namen hineingenommen wird und so den «heiligen Namen» variiert. Bei einer ganz ähnlichen Namengebungsgeschichte aus Ägypten findet sich hingegen das Tabu eines «nomen sacrum» mit entsprechender Variation. Von der Namengebung des großen St. Menas wird erzählt, seine Mutter hatte vor einer Marienikone um einen Sohn gebetet.

Dabei hörte sie eine Stimme sagen: «Amin» d.h. «Ja, so ist es.»[83]
Das bald darauf empfangene «Marienkind» wurde jedoch dann
nicht «Theotokeios» oder mit einem analogen koptischen Namen
benannt, sondern «Mina» in Umordnung der Buchstaben des «heiligen Wortes». Hier begegnet die für den ägyptischen Namenglauben
so charakteristische Wort- und Buchstabenmagie. Durch die beim
Gebet gehörte Stimme ist der Name zugleich ein besonders heiliger,
weil vom Himmel geoffenbart. Das Motiv der vom Himmel geoffenbarten Namen begegnet späterhin oft in Geburtsgeschichten hoch-
verehrter Heiliger – etwa bei Maria, bei Nikolaus, bei Josef, aber
auch beim Nothelfer Pantaleon.[84] Solche Namen gewährten in besonderer Weise Schutz vor Dämonen und waren auch sonst geeignet, Unheil abzuwenden.

Das Nebeneinander unmittelbarer Nachbenennung nach Heiligen
und durch Protheme erweiterter bzw. verkürzter Namen in der koptischen Namentradition ist für die komplizierten Verhältnisse der
Namengebung in diesem Raum typisch. Altägyptische Traditionen
haben sich unter den Christen Oberägyptens stärker gehalten als im
weltoffenen Alexandrien. Auch nach Epochen ist mit einer differenzierten Vielschichtigkeit des Nameguts zu rechnen. Kaum anderswo in der christlichen Welt begegnet so viel Altes mit Neuem ge-
mischt. Unter 2500 Namen koptischer Christen, die zusammengestellt werden konnten, sind 36% altägyptisch, 28% griechisch,
8,4% arabisch und je 6% hebräisch-aramäisch oder lateinisch. So ist
es sicher eine vergröbernde Generalisierung von «ägyptischen
Strukturen» des Nameguts oder des Systems der Namengebung zu
sprechen. Die heutige Namengebung der Kopten weicht – bei Wahrung vieler alter Traditionen – weit von der frühchristlichen ab. Der
hier besonders interessierende Typus der mit Prothemen gebildeten
Namen ist auf wenige Abd-Namen beschränkt, die die Kopten mit
den Muslimen zum Teil gemeinsam haben, wie Abdallah («Diener
Gottes»), Abd al-Malik («Diener des Königs» = Gottes), Abd al-
Quaddus («Diener des heiligen Einen») und Abdu («Sein Diener»).[85]
Über die theophoren bzw. christophoren Abd-Namen hinaus begegnen nur mehr Abd al-Malak («Diener des Engels») und Abd as-Sahid
(«Diener des Märtyrers»), aber keine an bestimmten Heiligen orien-
tierte «hagiophoren» Namen.[86] Zweifachnamen sind sehr selten ge-
worden. Sie kommen in der Fajum-Oase in der Kombination christ-
licher und islamischer Namen vor, überraschenderweise gerade bei
Muslimen, etwa Girgis Mahmud oder Hanna Mustafa.[87] Reste der
Namenmagie haben sich bei den koptischen Christen erhalten. Auf

dem Lande wird bis ins 20. Jahrhundert ein eigener Ritus der Namenswahl praktiziert. In der 7. Nacht nach der Geburt – völlig unabhängig von der Taufe, aber in Gegenwart eines Priesters – werden anläßlich eines Reinigungsritus durch Waschung drei Kerzen angezündet. Die Eltern und Freunde des Hauses wählen drei Namen aus, die den Kerzen zugeordnet werden. Der Name der Kerze, die am längsten brennt, wird dem Kind dann gegeben – offenbar in Analogiedenken zur erwarteten Lebensdauer.[88] Im allgemeinen handelt es sich dabei aber um Namen aus der Familie. In der Regel erhalten Kinder Namen der Großeltern.[89] Nachbenennung nach dem Vater ist selten. Das hängt nicht zuletzt mit der Verbreitung des Patronyms zusammen, das sich entgegen dem altchristlichen Usus unter islamischer Herrschaft auch bei den Kopten durchgesetzt hat. Der islamischen Sitte entsprechend werden vielfach Vaters- und Großvatersname patronymisch geführt. Familiennamen nach westlichem Vorbild können sich hingegen unter den koptischen Christen nur langsam verbreiten.[90]

Der skizzenhafte Überblick über die Namengebung in Äthiopien und deren Voraussetzungen in Ägypten hat einen Entwicklungsstrang christlicher Namengebung aufgezeigt, der ganz anders verlaufen ist als der ostsyrisch-persische, aber auch der byzantinische und – wie wir sehen werden – auch der römisch-abendländische. Als vorchristliche Basis spielt das so eigenartige altägyptische Namenwesen hier eine maßgebliche Rolle, als frühchristliche die Namentheologie der Jerusalemer Judenchristen. Für die weitere Entwicklung ist die monophysitische Ausrichtung der ägyptischen Kirche entscheidend, die nicht wie in Byzanz zu einer Heiligenverehrung mit Bildertheologie und entsprechender Aufwertung von Heiligennamen führt. Auch von den religiösen Einflüssen des gesellschaftlichen Umfelds wirkt alles einer solchen Entwicklung entgegen. Der Islam, der seit dem 7. Jahrhundert im ganzen orientalischen Raum dominiert, ist extrem bilderfeindlich, ebenso wie das Judentum, aus dem er viel an Namengut aber auch an religiösen Rahmenbedingungen der Namengebung übernommen hat. In modifizierter Form gilt das auch für das nestorianische Christentum, das als eine zweite monotheistische Wurzel des Islam eine gewisse Rolle spielt. Um solche Zusammenhänge, vor allem aber divergierende Tendenzen und damit Alternativen zu den christlichen Namensystemen deutlicher zu sehen, sei auf einige Fragen der Namengebung im Islam und im frühmittelalterlichen Judentum im Orient etwas näher eingegangen.

Islam und mediterranes Judentum

Als Einstieg in traditionelles Namengut und Kriterien der Namenwahl in islamischen Gesellschaften sei eine Stelle gewählt, die im 13. Jahrhundert als Fußnote in einer Schrift des großen Rechtslehrers as-Safi'i (767–820) angebracht wurde, einem «Traditionarier», der vor allem in Ägypten und Syrien gewirkt hatte. Es wird in diesem Zusatz auf die Bedeutung der Wochentage für die Namenswahl besonders Bezug genommen:[91]

«Die Weisen und die Philosophen haben gesagt: Der Mann, der am Sonntag geboren ist, soll die Namen Ibrahim, Sulayman, Ayyub, Dawud, Musa tragen; die Frau soll die Namen Halimat, Habibah, Zaynab tragen. Der Mann, der an einem Montag geboren ist, soll die Namen tragen Muhammad, Ahmad, Mahmud, Quasim; die Frau soll die Namen tragen Fatimah, Aminah, Hamidah. Der Mann der am Dienstag geboren ist, soll die Namen tragen Ismael. Ishaq, Yaqub, Sam'an; die Frau soll die Namen tragen Hadigah, Azizah, Afifat. Der Mann, der am Mittwoch geboren ist, soll die Namen tragen Ali, Hasan, Husayn, Salih; die Frau soll die Namen tragen Aisha, Rabiah. Der Mann der am Donnerstag geboren ist, soll die Namen tragen Abd Allah, Abd al Rahman, Abd al Wahhab, Abu Bakr, Umar; die Frau soll die Namen tragen Kultum, Habibah. Der Mann der am Freitag geboren ist, soll die Namen tragen Adam, Yunus, Yusuf, die Frau soll die Namen tragen Hawwa, Hagar. Der Mann der am Samstag geboren ist, soll die Namen tragen Abd al-Quadir, Abd al-Karim, Abd al-Rahim, Abd al-Razzaq; die Frau soll die Namen tragen Maryam, Sarifan, Latifah.»

Aus dem in dieser Fußnote angeführten Standardnamengut ergibt sich zunächst ein sehr grundsätzlicher Unterschied zwischen Frauen- und Männernamen. Während für Söhne eine Vielfalt religiös hochwertiger Namen mit Bezugnahme auf Gott, den Propheten, Gestalten aus dem Koran bzw. von Kalifen der Frühzeit und Gefährten Mohammeds zur Verfügung stand, war das Angebot für Töchter weit dürftiger. Neben einigen wenigen Frauen aus den heiligen Schriften wie Eva und Maria sind es vor allem die Namen von weiblichen Familienangehörigen des Propheten, die man für sie empfiehlt: Amina nach der Mutter, Chadidscha, Aischa und Seinab nach Frauen bzw. Fatima, Umm Kultum und Rukaya nach Töchtern Mohammeds.[92] Die «Heiligung» dieser Namen durch die genealogische Nähe zum Propheten, zu der es bis weit ins Mittelalter hinein in der christlichen Namengebung kein Gegenstück gibt, verweist hier ein erstes Mal auf die größere Bedeutung des Geblütsdenkens in dieser Religion. Eine Beziehung zu Gott durch den Namen ist für Frauen nach dieser Zusammenstellung nicht vorgesehen. Nur Männer können mit dem Prothem Abd = «Diener» den Gottesnamen führen – ein deutlicher Hinweis auf die unterschiedliche Stellung der Geschlechter im Kult, auf die schon im Vergleich theophorer Namen von Juden und Christen verwiesen wurde. Entgegen den Empfehlungen dieses juridisch-normativen Textes gibt es in islamischen Gesellschaften gelegentlich mit Amat – dem weiblichen Gegenstück zu Abd – gebildete theophore Frauennamen, sie stellen jedoch im Vergleich zu den theophoren Männernamen eine kaum ins Gewicht fallende Minderheit dar.[93] Auf den Propheten unmittelbar bezogene Frauennamen fehlen gänzlich.

Den in vielen altorientalischen Kulturen tief verwurzelten Typus der Abd-Namen hat der Islam zu einer bisher unerreichten Blüte gebracht. Die Diener/Verehrer-Beziehung zum einen heiligen Gott tritt gegenüber allen anderen Ausdrucksformen der Beziehung zwischen Mensch und Gott, wie sie sonst in theophoren Namen ausformuliert werden, eindeutig in den Vordergrund. In der gesellschaftlichen Realität begegnen zwar gelegentlich auch andere Typen theophorer Namen – traditionelle wie mit «Gabe», «Geschenk», «Wohltat» gebildete oder Neukompositionen wie Asadallah d.i. «Löwe Allahs» oder Nasrallah d.i. «Hilfe Allahs»[94] – im normativen Text des Juristen sind solche jedoch nicht enthalten. Das Grundprinzip der Bildung theophorer Namen ist die Zusammensetzung eines der «neunundneunzig schönen Namen Allahs»[95] mit dem Prothem Abd. Der alte Gedanke, Menschennamen nach Beinamen der Gottheit zu bilden, wird in der Vielfalt solcher Namen – und damit göttlicher Eigenschaften – im streng monotheistischen Islam auf die Spitze getrieben. Einige dieser Beinamen sind ihrem Konzept nach der jüdisch christlichen Tradition entnommen wie etwa Abd al-Malik («Diener des Königs») oder Abd al-Rahman («Diener des Barmherzigen»), andere der arabisch-vormuslimischen wie Abd Amr, Abd al-Aziz, Abd al-Madan.[96] Solche Namen sind in der Liste, von der hier ausgegangen wurde, auf Donnerstag und Samstag konzentriert.

Abweichend von dieser Liste hat es in der Praxis der Namengebung sogenannte «pseudotheophore Namen» in der Zusammensetzung mit Abd gegeben – vor allem auf den Propheten Mohammed bezogen z. B. Abd al-Mustafa («Diener des Auserwählten»), Abd al-Nabi («Diener des Propheten») oder Abd al-Rasul («Diener des Gesandten»). Andere menschliche Bezugspersonen waren gelegentlich Ibrahim/Abraham, der im Judentum so lange in der Nachbenen-

nung tabuisierte Stammvater, von dem sich über Ismael auch die
Araber ableiten, weiter Ali, der Schwiegersohn und vierte Nachfolger des Propheten und sein Märtyrersohn Husein. Vor allem unter
Schiiten kommen solche auf Ali und Husein bezogene Pseudotheo-
phorika entsprechend der zentralen Bedeutung der Aliden in dieser
Richtung des Islam häufiger vor.[97] Im Prinzip scheidet der Islam
jedoch streng zwischen unmittelbarer Nachbenennung nach Menschen und vermittelter Bezugnahme im Namen auf Gott.

Unter den Menschennamen, nach denen direkt nachbenannt werden darf, hat bloß ein einziger eine besondere religiöse Vorrangstellung. Eine alte islamische Spruchweisheit lautet: «Wenn du hundert Söhne hast, nenne sie alle Mohammed». Nicht hundert, aber
doch mehrere Söhne Mohammed zu nennen und trotzdem im Namen zu differenzieren, wird dadurch möglich, daß der Name in
verschiedenen Varianten bzw. nach verschiedenen Beinamen des
Propheten gegeben werden kann. In der zitierten Stelle sind die
Montagnamen für Söhne ganz auf Mohammed konzentriert. Neben
dem tabuisierten Gottesnamen gibt es im Islam nur einen wirklich
heiligen Namen. In einem griechisch geschriebenen Papyrus heißt
es: «Im Namen des barmherzigen und menschenfreundlichen Gottes, es ist kein Gott außer dem einen Gott. Maamet ist der Apostel
Gottes». Nur ein einziger Gott und ein einziger heiliger Mann –
diese Situation bildet gewissermaßen den Schlußpunkt der religiösen Wandlungsprozesse in der Spätantike.[98] Auf ihn als den letzten
der Propheten ist auch die Funktion der Apostel und der Heiligen
konzentriert. Selbst er wirkt freilich nicht wie ein Heiliger im
christlichen Sinne. Heilige, über deren Namen Heil erreicht werden
könnte, kennt der Islam nicht. Natürlich gab und gibt es in der
Alltagsreligiosität muslimischer Gesellschaften «heilige Männer»,
die zu ihren Lebzeiten, vor allem aber nach ihrem Tod an ihrem
Grab Wunder tun und Heilungen bewirken. Häufig vererben sie
diese Heilkraft auch – sehr zum Unterschied von christlichem Denken über Heiligkeit – auch an ihre Nachkommen.[99] Keinem von
ihnen aber wird nach islamischer Vorstellung zugetraut, er könne
am Ratschluß Gottes etwas ändern. Engelskräfte als interzessorische Mittler zu Gott zuzulassen, wie sie in den Jenseitsvorstellungen seiner Umwelt vielfach als wirksam angenommen wurden, war
Mohammeds letzte Versuchung.[100] Er hat auch eine solche Fürspra-
chemöglichkeit abgelehnt. Bei einem Gottesbild, in dem die Entscheidungen Gottes derart unbeeinflußbar sind, können menschliche Mittler nichts bewirken, auch wenn sie noch so heilig gelebt

haben. Genauso sinnlos wie die Bitte um ihre Fürsprache erscheint
es in einem solchen Kontext, sie durch Nachbenennung als himmlische Helfer seiner Kinder gewinnen zu wollen.

Die Namen von großen Gestalten der islamischen Tradition, die
nach der Empfehlung der «Weisen und Philosophen» den an bestimmten Wochentagen geborenen Kindern gegeben werden sollten, sind nicht «Heiligennamen» im christlichen Sinne. In der Sure
21 des Koran – genannt Al-Anbiya, d.i. «die Propheten», nimmt
Mohammed nachdrücklich gegen Heiligenverehrung Stellung.[101] Er
spricht zunächst von den Engeln: «Selbst die Engel, welche um ihn
sind, sind nicht zu überheblich, ihm zu dienen; sie preisen ihn Tag
und Nacht und werden nicht müde» und fährt dann fort «Nehmen
sie (die Ungläubigen) nicht Götter an, welche der Erde entstammen?
Können diese Tote lebendig machen?» Wie an vielen anderen Stellen des Koran werden dann die Propheten einzeln angeführt, die
Gott zu den Menschen gesandt hatte. Von Isaak und Jakob heißt es
in diesem Zusammenhang: «Wir gaben ihm (dem Volke) Isaak und
Jakob und machten sie alle zu rechtschaffenen Männern. Wir bestimmten sie zu Vorbildern in der Religion, damit sie andere nach
unserem Willen leiten, und wir regten sie an, Gutes zu tun, das
Gebet zu verrichten und Almosen zu geben, und so waren sie uns
(als dem einzigen Gotte) treue Diener». «Vorbild in der Religion» zu
sein, ist also die Funktion jener Gestalten des Alten Bundes, die
Mohammed unter der Bezeichnung «Propheten» zusammenfaßt.
An sie soll man sich erinnern. «Erinnere dich, wie David und Salomon, einst über ein Feld urteilten, auf welchem zur Nachtzeit die
Schafe eines fremden Stammes weideten ...» Man soll sich an diese
Vorbildgestalten erinnern, und zwar aufgrund ganz bestimmter Taten und Verhaltensweisen, die sie der Gnade Allahs verdanken.
«Erinnere dich auch des Hiob» setzt die Sure über die Propheten
dann fort, «Erinnere dich des Ismael ...», «Erinnere dich auch des
Zacharias ..:», «Erinnere dich auch derjenigen, welche ihre Jung-
fräulichkeit bewahrt hatte, die wir mit unserem Geist angeweht
hatten und sie und ihren Sohn als ein Wunderzeichen für alle Welt
machten». Mirjam und Isa werden hier nicht mit Namen genannt,
die Aufforderung, sich Mariens zu erinnern, schließt bruchlos an
analoge Aufforderungen bezüglich der Propheten an. Auch sie ist
«Vorbild in der Religion» wie die «rechtschaffenen Männer». Eine
geeignete Form, sich an solche Vorbildgestalten des Alten und zum
Teil auch des Neuen Testaments zu erinnern, ist es, seinen Söhnen
und Töchtern ihre Namen zu geben.

Die aus der jüdisch-christlichen Tradition übernommenen Vorbildfiguren begegnen im Koran in anderer Ordnung bzw. Zusam-
menfassung zu Gruppen. Es wird nicht zwischen Patriarchen und
Propheten unterschieden. Die Stammväter, zu denen im Islam vor
Isaak noch Ismael zählt, werden durchwegs als «Propheten», als
«Fromme», als «Gesandte Gottes» verstanden.[102] Über Abraham
heißt es in der Sure 6 «Wir erheben zu den Stufen der Weisheit, wen
wir wollen, denn dein Herr ist der Allweise und Allwissende». In
Anschluß daran wird aufgezählt: «Wir gaben ihm (dem Volk) den
Isaak und Jakob, und beide leiteten wir; auch vorher schon leiteten
wir den Noah und seine Nachkommen, David, Salomo, Hiob, Joseph, Moses und Aaron; denn so belohnen wir die, welche Gutes
tun. Auch Zacharias, Johannes, Jesus und Elias, die alle zu den
Frommen gehörten. Auch den Ismael, Elisa, Jonas und Lot, diese
alle haben wir vor der übrigen Welt bevorzugt; auch einen Teil ihrer
Väter, Kinder und Brüder haben wir geliebt und auf den rechten Weg
geleitet ... Diesen nun haben wir die Schrift, Weisheit und das Prophetentum gegeben.»[103] Zu den «vor der übrigen Welt Bevorzugten», denen «Schrift, Weisheit und Prophetentum» gegeben wurde,
gehören also auch – jedenfalls zum Teil – ihre unmittelbaren Familienangehörigen. So sind im Koran etwa die Brüder Musa/Moses
und Harun/Aaron sowie ihr Vater Imran/Amram mit Mirjam/Ma-
ria, der Mutter von Isa/Jesus, als einer Schwester sowie der Gattin
des Zacharias und Mutter des Jahia/Johannes als zweiter zu einer
Verwandtschaftsgruppe zusammengeschlossen. Obwohl nicht im
Koran erwähnt, erscheinen diesem genealogischen Prinzip entsprechend auch die engeren Angehörigen des Propheten unter den «vor
der übrigen Welt Bevorzugten». Von den Frauen seiner Familie war
schon die Rede. Die zur Nachbenennung für am Donnerstag geborene Knaben vorgesehenen Kalifen Abu Bekr und Omar waren nicht
nur Mohammeds Gefährten und Nachfolger, sondern auch Väter
von zweien seiner Frauen. Ali, den vierten Kalif, verband mit Mohammed neben der Gefährtenschaft der frühen Jahre die Blutsverwandtschaft über den gemeinsamen väterlichen Großvater sowie
die Schwiegerverwandtschaft durch die Heirat mit der Lieblings-
tochter des Propheten Fatima. Hasan und Husein sind die Söhne aus
dieser Ehe, die für ihren geblütsrechtlich begründeten Anspruch auf
die Nachfolge den Märtyrertod starben. Mit ihnen geht die Gruppe
der großen Namensvorbilder des Islam über die eigentlichen «Buchnamen» hinaus. Ihre Einbeziehung unter die «vor der übrigen Welt
Bevorzugten» entspricht jedoch den Grundsätzen des Koran. Über

die im Koran verankerte Vorbildfunktion der Träger dieser Namen hinaus scheint jedoch auch den Namen selbst eine besondere Wirksamkeit zugemessen worden zu sein. Mohammed soll nach dem Zeugnis von Hadithen gesagt haben: «Wer immer sein Kind mit meinem Namen nennt oder eines meiner Kinder oder Gefährten, aus Liebe zu mir oder zu ihnen, dem wird Gott im Paradies geben, was kein Auge gesehen und kein Ohr gehört hat» und: «Es gibt keine Beratung von Leuten, von denen einer Mohammed oder Ahmed heißt, ohne daß Gott die ganze Versammlung segnet»[103a]. Also nicht die Hoffnung auf die Fürbitte heiliger Personen ist es, die im Islam religiös motivierte Nachbenennung fördert, doch aber auch das Vertrauen in die Wirkkraft der sakralen Macht von Namen, die sich von Personen ableitet.

Anders als im Christentum ist es im Islam – sieht man von den Familienangehörigen und Gefährten Mohammeds ab – nicht zu einer Erweiterung von Vorbildgestalten der Namengebung über Patriarchen, Propheten und sonstige Gesandte Gottes hinaus gekommen. Eine ihnen angenäherte oder gleichgestellte Gruppe von Märtyrern oder Bekennern, wie sie sich in unterschiedlicher Weise in den einzelnen christlichen Orts- und Reichskirchen ausgebildet hat, fehlt. Parallelen zur jüdischen Namengebung nach Vorbildern aus den heiligen Schriften erscheinen gegeben. Man kann in beiden Religionen von «Buchnamen» sprechen.[104] Im Unterschied zu den heiligen Schriften des Judentums umfaßt der Koran allerdings ein weit geringeres Namengut, vor allem an Frauennamen. Wie im Judentum erscheint die Namengebung der Töchter auch im Islam viel weniger religiös gebunden. Das zeigt sehr deutlich der minimale Gebrauch theophorer Frauennamen. Diesbezüglich ergeben sich markante Unterschiede gegenüber frühchristlichen Formen der Namengebung. Die islamische Namengebung beschränkt sich insgesamt nicht auf ihrem Sinn nach religiöse Namen wie theophore oder «Buchnamen». Viele arabische Namen der vorislamischen Zeit lebten weiter und ebenso säkulares Namengut anderer sprachlicher Herkunft. Auch neugebildete Namen wurden nicht notwendig mit religiösem Sinn komponiert. Entscheidend war der Bedeutungsinhalt, weil man zwischen der Bedeutung des Namens und dem Schicksal seines Trägers einen engen Zusammenhang als gegeben annahm. Es kam dementsprechend darauf an, dem Kind einen «schönen Namen» zu geben, weil «häßliche Namen» unheilbringend seien.[105] Das Kind hatte deshalb ein Recht auf einen «schönen Namen» – einen Anspruch, den man auf eine Aussage des Propheten selbst zurückführte. Über die Frage, was «schöne Namen» sind, wurde viel diskutiert. Einigkeit bestand im wesentlichen darüber, daß Abdallah («Diener Gottes») und Abdarrahman («Diener des Barmherzigen») die «schönsten Namen» seien. Auch die Prophetennamen, vor allem Mohammed und Ahmed, galten generell als «schön». Es bestand insofern sehr wohl eine Präferenz für religiös geprägtes Namengut.

Durch die besondere Bevorzugung theophorer Namen sowie der Nachbenennung nach dem Propheten, aber auch durch die Verbreitung der «Buchnamen» ist es in islamischen Gesellschaften allgemein zu einer Reduktion des Namenguts gekommen. Wir können im Islam genauso wie im Judentum und im Christentum das Phänomen des Namenschwunds beobachten – freilich mit unterschiedlichen Akzenten. In keiner der anderen monotheistischen Weltreligionen hat ein bestimmter Typus der theophoren Namen, nämlich die mit Abd/Diener komponierten Formen, und die Nachbenennung nach einem «heiligen Mann» eine vergleichbar bestimmende Rolle gespielt. Wie allgemein in Gesellschaften mit Namenschwund gewannen auch im islamischen Namenwesen ergänzende Namensformen an Bedeutung, die gegenüber Gleichnamigen differenzieren und die spezifische Identität des Individuums erfassen sollen. Das islamische Namensystem erscheint im interkulturellen Vergleich als besonders komplex.[106] Es stellt sich freilich die Frage, ob diese Komplexität bloß aus dem Differenzierungsbedürfnis einer von Namenschwund betroffenen Gesellschaft zu erklären ist.

Neben dem «ism», dem persönlichen Namen, den jedes Kind nach der Geburt erhielt, ist im islamischen Namensystem der «nasab» der zweite wichtige Namenteil. Mit «ism» und «nasab» – so heißt es – würden die Menschen beim Jüngsten Gericht aufgerufen.[107] Es handelt sich also dabei um ein religiös essentielles Namensglied. Der «nasab» ist der Vatersname – bei Söhnen mit «ibn», bei Töchtern mit «bint» gebildet. Auch Töchter bleiben also lebenslänglich und den Jenseitsvorstellungen entsprechend darüberhinaus Mitglieder ihrer Abstammungsgemeinschaft. Der «nasab» begegnet in allen islamischen Gesellschaften. Es handelt sich bei ihm sicher um mehr als ein bloßes Differenzierungsmittel zwischen verschiedenen Trägern derselben «ism». Er tritt nicht nur bei häufigen Namen auf, wie wir es in der byzantinischen Frühzeit beobachten konnten. Er kann nicht durch Bezugnahme auf andere Verwandte ersetzt werden – etwa auf die Mutter[108] oder den älteren Bruder, wie wir es dort gesehen haben. Vor allem umfaßt er oft nicht nur den

Vater sondern eine lange Reihe von Vorvätern. Der Prophet selbst
etwa hieß «Muhammed ibn Abdallah ibn Abdulmuttalib ibn Hasim
ibn Abdmanaf ibn Qusaiy».[109] Gerade diese Langformen erweisen
den «nasab» weit über Differenzierungsbedürfnisse hinaus als Ausdruck eines streng patrilinearen Abstammungsdenkens. Durch ihn
leben im Namen der Söhne und Enkel die Namen der Väter und
Großväter weiter. Deswegen ist es besonders wichtig, Söhne zu hinterlassen. Dieses Nachleben der Vorfahren im «nasab» steht in der
islamischen Tradition den Gedanken an ein Weiterleben in den
Nachkommen durch unmittelbare Nachbenennung entgegen.

Das Gegenstück zum «nasab», der dem «ism» nachgereiht wird,
ist der diesem vorangestellte Beiname, die «kunya».[110] Sie hat religiös keine vergleichbare Bedeutung, stellt aber ebenso einen Hinweis auf stark patrilinear bezogenes Geblütsdenken dar. Sie bezeichnet den Namensträger als «Vater des N». Der Prophet selbst
etwa hatte die «kunya» Abu l'Qasim. Ursprünglich war die «kunya» mit der Geburt des ältesten Sohnes verbunden – ein Erwach-
senenname, der die enorme Bedeutung der Fortpflanzung in männlicher Linie in dieser Gesellschaft betont. Späterhin erhalten auch
Kinderlose mit Formulierungen von übertragener Bedeutung diese
Ehrenbezeugung. Schließlich wird die «kunya» schon dem volljäh-
rigen Knaben als Zeichen seines Erwachsenenstatus verliehen. Der
Name des erstgeborenen Sohnes, auf den sie sich beziehen, hat dann
prospektiven Charakter.[111] Die weibliche Form der «kunya» wird in
Parallele zu Abu/Vater mit Umm/Mutter konstruiert. Eine Bezugnahme auf erwartete oder erhaltene Töchter findet sich in dieser
Namensform genausowenig wie im «nasab» auf Mütter. Während
Patronymika als essentieller oder möglicher Namensteil in vielen
anderen Kulturen auftreten – wie wir gesehen haben sogar in christlichen – ist die «kunya» als Teknonym eine Namensform, die in
Gesellschaften mit jüdisch-christlich geprägtem Namenwesen
nicht begegnen.[112]

Neben «ism», «nasab» und «kunya» können dann noch weitere
Namen treten, etwa die «nisba» als Herkunfts- und Wohnstättenna-
me, z.B. «ad Dimasqui» («der Damaszener») oder der «laquab», ein
Übername, der als Spitzname wie z.B. «at-Tawil» («der Lange»)
auftreten kann, mitunter aber auch als Ehrenname begegnet.[113] Insgesamt neigen islamische Gesellschaften zu einem gewissen Na-
menprunk, vor allem in den Oberschichten. Der Reichtum an Einzelnamen bedeutet für den Träger Ansehen und Ehre. Lange und
besonders komplizierte Namen gelten, wie anderwärts häufig auch,

als besonders prestigeträchtig. Einem Differenzierungsbedürfnis unter Trägern desselben «ism» tragen am ehesten noch «nisba» und «laquab» Rechnung. Die Entfaltung des Namenwesens als ganzes läßt sich aber sicher nicht aus dem Phänomen des Namenschwunds erklären. Vor allem der «nasab» enthält über seinen Träger essentiell bedeutsame Aussagen, die weit über die Notwendigkeiten der Differenzierung hinausgehen. Er ordnet die Person in die Linie seiner patrilinearen Vorfahren ein. Die Verbindung zu den noch lebenden oder schon verstorbenen Vorvätern ist die eine wichtige Sozialbeziehung, die der Name zum Ausdruck bringt. Sie ist streng getrennt von einer anderen, nämlich der zu Gott, die die theophoren Abd-Namen als eine Diener-Herr-Beziehung definieren. Namen, die ein Filiationsverhältnis zu Gott formulieren, sind dem Islam prinzipiell fremd.

Während das islamische Namensystem in Patronymika und Teknonymika ausgeprägt abstammungsorientierte Namensteile enthält, kommt das Geblütsdenken in innerfamilialer Nachbenennung viel weniger stark zum Ausdruck. Der «ism» war sozusagen von dieser Funktion entlastet. Seine Auswahl orientierte sich nicht primär an Abstammungslinien und Familienbeziehungen. Ein wichtiges Kriterium haben wir bereits kennengelernt, nämlich den Geburtstermin. Man darf sich die in der zitierten Stelle empfohlenen Namen für an bestimmten Wochentagen geborene Kinder sicher nicht als eine bindende Norm vorstellen. Es ist nicht untersucht – und läßt sich wohl auch kaum untersuchen – in welchem Maße man sich in islamischen Gesellschaften der Vergangenheit nach solchen Empfehlungen richtete. Das Prinzip erscheint jedoch grundsätzlich interessant. Es geht von einer besonderen Bedeutung des Wochentags der Geburt aus, nicht einem monatlichen Festzyklus wie im christlichen Äthiopien oder im vorchristlichen Griechenland, schon gar nicht von einem Jahresfestkreis, wie er im Hochmittelalter für die Nachbenennung nach Heiligen in Europa so wichtig geworden ist. In der christlichen Namengebung wäre diesem islamischen Brauch nur die auf den «Herrn» bezogenen Namen der «Sonntagskinder» wie Kyriakos und Dominicus an die Seite zu stellen, in der jüdischen der zeitweise noch stärker verbreitete Sabbatios. Namengebung nach Geburtsterminen wie Wochentagen ist eine spezielle Form der Namengebung nach Geburtsumständen, wie wir sie in der jüdischen Frühzeit feststellen konnten. Als generelle Praxis ist dieses System der Namenswahl mit innerfamilialer Nachbenennung unvereinbar.

Es wurde schon betont, daß im Islam großer Wert darauf gelegt wurde, Kindern «schöne Namen» zu geben, weil von der Bedeutung des Namens her eine Determination des Lebenswegs gedacht wurde. Bei «schönen Namen» steht zunächst der unmittelbare Wortsinn des Namens im Vordergrund, nicht die Beziehung zu einem früheren Träger. Auch das ist ein Faktor, der innerfamilialer Nachbenennung eher entgegenwirkt. Er ist freilich mit ihr nicht prinzipiell unvereinbar. Das «Omen», das der Name in sich hat, kann in der Lebensweise und den Eigenschaften eines früheren Trägers gesehen werden. Die Namen Mohammeds und anderer Propheten waren in diesem Verständnis «schöne Namen», weil sie auf ein analoges Verhalten deuteten. Daß diese Denkweise auch auf innerfamiliale Nachbenennungsformen übertragen wurde, zeigt ein Beispiel aus der nächsten Umgebung Mohammeds. Sukeina, eine Tochter des Prophetenenkels Husein, wurde einmal gefragt, warum sie stets so fröhlich sei, ihre Schwester Fatima aber ernst. Sie antwortete, weil man sie nach ihrer vorislamischen Urgroßmutter, ihre Schwester aber nach ihrer islamischen Großmutter benannt habe.[114] Hier wird die weitverbreitete Vorstellung erkennbar, daß die Nachbenennung mit einer Übertragung der Eigenschaften des Namensvorbilds korrespondiere. In dieser abgeleiteten Form konnte man «schöne Namen», die eine gute Zukunft des Kindes vorausbestimmen sollten, auch durch Nachbenennung innerhalb der Familie finden, sicher aber nicht in einem starren System der verpflichtenden Bezugnahme auf bestimmte Positionen im Verwandtschaftssystem.

Die große Bedeutung, die die Namen von Kindern nach islamischer Auffassung für deren weiteren Lebensweg hatten, ließ Eltern vielfach den Namen nicht allein oder bloß nach Beratung mit ihren Angehörigen auswählen. Oft fragte man den Ulema vor diesem bedeutsamen Akt. Er empfahl dann entweder den Namen einer bedeutenden Persönlichkeit oder gab Hinweise auf Riten, nach denen man den richtigen Namen träumen würde.[115] Solche Magie in der Namensfindung hatte dann – bezogen auf schon gegebene Namen – ihre Entsprechung in der Namensdeutung. Die Onomatomantik als Kunst der Schicksalsdeutung aus Namen hat in der islamischen Kultur eine besondere Entfaltung und weite Verbreitung gefunden.[116] Auf christlicher Seite gibt es dazu kaum etwas Vergleichbares. Magie der Namengebung wie der Namensdeutung ist aber wiederum nur in Gesellschaften sinnvoll, die nicht in schematischer Weise Namen von Vorfahren auf Nachkommen übertragen.

Soweit statistische Analysen islamischer Genealogien aus dem Mittelalter vorliegen, bestätigt sich die Annahme einer relativ geringen Nachbenennung nach Vorfahren.[117] In den Stammbäumen von fünzig hochmittelalterlichen Autoren konnten nur vier Fälle der Namensgleichheit mit dem Großvater, sowie je zwei mit dem Vater und dem Urgroßvater festgestellt werden. Es handelte sich dabei um so häufige Namen wie Mohammed, Ahmed, Ali und Husein. Von fünfzig Unterzeichnern eines Dokuments aus Oberägypten von 948, die mit Vaters- und Großvatersnamen aufscheinen, waren nur neun mit letzterem homonym. Eine ausgeprägte Kultur der Nachbenennung konnte sich in islamischen Gesellschaften offenbar nicht entwickeln. Daraus auf ein schwaches Abstammungsdenken zu schließen, wäre sicher falsch. Nachbenennung ist nicht unbedingt ein Indikator für Geblütsdenken.

Daß die referierten Werte über innerfamiliale Nachbenennung aus islamischem Milieu auf eine relativ geringe Bedeutung dieses Prinzips der Namengebung deuten, zeigt sich im Vergleich zu jüdischen Familien. In der «Geniza» der Ben Ezra-Synagoge von Fustat/Alt-Kairo hat sich eine Vielzahl von Memoriallisten erhalten, wie sie für das Ahnengedenken im Gottesdienst verwendet wurden. Der Bearbeiter dieses einmaligen Quellenmaterials, Shlomo Gotein, schätzt den Anteil der nach ihrem väterlichen Großvater benannten Juden im hochmittelalterlichen Kairo aufgrund dieser Listen auf etwa 50%.[118] Anhand der Genealogien zweier miteinander verwandter Familien soll solchen Praktiken im einzelnen nachgegangen werden (Tafel 12). Bezugspunkt dieser beiden Familientraditionen ist ein gewisser al-Rais, der in der zweiten Hälfte des 13. Jahrhunderts gelebt haben dürfte.[119] Da er durch seine Mutter ein Urenkel des berühmten Samuel Nagid, des Richters der jüdischen Gemeinde von Fustat von 1140 bis 1159 war, gedachte er ausnahmsweise auch seiner mütterlichen Vorfahren in einer Memorialliste. Den Namen seiner Mutter erfahren wir aus dieser Liste nicht, wie überhaupt weibliche Vorfahren in Memoriallisten unerwähnt bleiben. Alle Aussagen über innerfamiliale Nachbenennungssitten beschränken sich daher bloß auf die Namengebung von Söhnen.

In beiden Familien fehlt bis in die Generation des Richters Samuel um die Mitte des 12. Jahrhunderts mit einer einzigen Ausnahme jede erkennbare Nachbenennung nach Vorfahren. Samuel Nagid trug den Namen seines Ururgroßvaters. Selbst unter fünf Brüdern, trägt keiner den Namen des Großvaters. Auch Netaneel, der Großvater des Samuel Nagid, nannte keinen seiner Söhne nach seinem

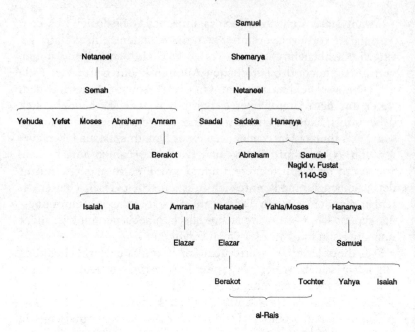

Tafel 12: Zwei jüdische Familien nach den Memoriallisten
der „Geniza" von Fustat/Alt-Kairo

Vater Shemarya. Erst Samuel Nagid gibt seinem jüngeren Sohn den
Namen seines Vaters Hananya, dieser seinem Sohn den des Nagid.
Gleichzeitig beginnt auch unter den väterlichen Vorfahren al-Rais'
die Nachbenennung. Berakot gibt seinem dritten Sohn den Namen
seines Vaters Amram, seinem vierten den seines Urgroßvaters Netaneel. Sein eigener Name geht an seinen Urenkel weiter. Inzwi-
schen tragen zwei Vettern den gleichen Namen, allerdings nicht
nach ihrem Großvater. Nachbenennung nach dem Vater ist in keinem einzigen Fall gegeben.

Die Namenfolge in den beiden Memoriallisten des al-Rais erweckt den Eindruck, daß die Sitte der innerfamilialen Nachbenennung damals unter den ägyptischen Juden im Zunehmen begriffen
war. Unter spanischen Juden erscheint die Nachbenennung des ältesten Sohnes nach dem väterlichen Großvater damals schon obligatorisch. Der berühmte jüdische Gelehrte Rabbi Moses ben Nach-
man (+ um 1270), bekannter unter dem Patronym Nachmanides
bzw. dem Akronym Ramban, ein kabbalistischer Mystiker, hatte

eine solche Nachbenennung als Anspruch des Großvaters betrachtet. Sein Sohn war mit einer Tochter des Rabbi Jonah Girondi verheiratet. Als dem jungen Paar der erste Sohn geboren wurde, erklärte er: «Obwohl es der Brauch fordert, daß das Kind mit meinem Namen gerufen wird, will ich auf dieses Privileg verzichten und wünsche, daß es Jonah genannt wird, zu Ehren seines mütterlichen Großvaters.»[120] Die Nachbenennung des erstgeborenen Enkels wurde also als Ehrung des noch lebenden Großvaters aufgefaßt. Der väterliche hatte diesbezüglich vor dem mütterlichen den Vorrang, konnte aber seinen Sohn von dieser Verpflichtung entbinden. Der mütterliche Großvater war dann der nächste, dem eine solche Ehrung zustand. Das Gebot «Du sollst Vater und Mutter ehren», das erste Gebot des Dekalogs, das sich auf das Verhalten zu Mitmenschen bezieht, bildet hier wohl den Hintergrund. Wo die Sitte der Nachbenennung im Judentum aufkam, wurde sie offenbar im Sinne der Ehrung der Eltern durch die Weitergabe ihres Namens interpretiert. Beide Eltern eines Neugeborenen waren ihren Eltern in dieser Weise verpflichtet. Dem patrilinearen Abstammungsdenken entsprechend hatte jedoch der Vater des Vaters bei der Namengebung den Vorrang. Mit Rücksicht auf dieses Gebot des Dekalogs wird auch verständlich, warum in jüdischem Milieu – sehr zum Unterschied etwa von der römischen Tradition – so selten Söhne, insbesondere erstgeborene, nach ihrem Vater benannt wurden.[121] Es hätte das bedeutet, sich selbst zu ehren, bevor man dem eigenen Vater oder dem der Gattin die Ehre der Nachbenennung erwiesen hat. Bei posthum geborenen Söhnen war die Sachlage anders. Die Nachbenennung nach dem Vater bedeutete in diesem Fall ja nicht Selbstehrung eines Lebenden sondern Ehrung des Verstorbenen durch die hinterbliebene Witwe im Namen des Kindes.

Wir haben gesehen, daß die Sitte der Nachbenennung nach dem väterlichen Großvater bzw. anderen Vorfahren sich unter ägyptischen Juden bis ins vierte vorchristliche Jahrhundert zurückverfolgen läßt.[122] Auch in hellenistischer Zeit wurde sie hier praktiziert.[123] So ist es eher erstaunlich, daß sie sich unter den unmittelbaren Vorfahren des Samuel Nagid bzw. den väterlichen Ahnen des al-Rais zunächst nicht findet. Für einen Rückgang des Brauchs unter islamischem Einfluß haben wir keine Anhaltspunkte. So selbstverständlich wie nach dem Zitat des Nachmanides unter spanischen Juden scheint sie nach Goiteins Schätzung in Ägypten damals nicht gewesen zu sein.[124] In Hinblick auf die engen verwandtschaftlichen Verflechtungen der mediterranen Judengemeinden kann man

hier wie dort im Prinzip ähnliche Sitten der Namengebung annehmen. Unter den sephardischen Juden hat sich der Brauch der Nachbenennung des erstgeborenen Sohnes nach dem väterlichen Großvater im Lauf der Jahrhunderte verfestigt. Unter den in London oder
Amsterdam lebenden Nachkommen aus Portugal vertriebener Juden etwa wurde er ganz strikt befolgt.[125] Anders war die Situation
unter den aschkenasischen Juden. Nach noch lebenden Großeltern
durfte – wie insgesamt nach Lebenden – bei ihnen nicht nachbenannt werden.[126] Zu groß war ihre Angst, dem Engel des Todes
könnte bei zwei gleichzeitig lebenden Trägern desselben Namens
eine Verwechslung unterlaufen. Es sei dahingestellt, ob es sich dabei um eine genuin aschkenasisch-jüdische Vorstellung handelt
oder um die Übernahme eines Konzepts aus der nichtjüdischen Umwelt. Sicher darf man nicht annehmen, daß die auf tote Vorfahren
beschränkte Nachbenennungspraxis gleichsam eine ältere Entwicklungsschicht darstellt. Schon die ältesten Zeugnisse für Nachbenennung unter Juden – nämlich die von Elephantine in Oberägypten –
beziehen auch lebende Verwandte mit ein. Unter den orientalischen
Juden der Geniza-Quellen aus Fustat wie dann bei den sephardischen Juden insgesamt wurde diese Praxis beibehalten.[127]

Das Namengut der beiden Familien aus Fustat zeigt gegenüber
dem der Hasmonäerzeit gewisse Verschiebungen. Nach wie vor
spielen die theophoren Namen eine große Rolle. Shemarya, Hananya oder Netaneel hat man einen Sohn auch damals nicht wegen
einer bedeutenden religiösen Vorbildgestalt sondern wegen des Namenssinns bzw. in Nachbenennung nach einem Verwandten genannt. Bei Samuel oder Eleazar läßt sich freilich nicht mehr so klar
sagen ob die theophore Bedeutung oder das Namensvorbild für die
Namenswahl wichtiger gewesen sein mag. Wenn ein Eleazar einen
Amram zum Vater hat, so wurde in dieser Familie wohl an den Sohn
und den Vater Aarons, des ersten Hohenpriesters, als biblische Vorbilder gedacht. Ähnliches ist bei einem Samuel zu vermuten, der
seinem Sohn den Prophetennamen Isaias gibt. Die «Buchnamen»
sind auch sonst in der Geniza-Gesellschaft gegenüber den theophor
gebildeten deutlich im Vordringen. Selbst früher hoch tabuisierte
Namen heiliger Gestalten aus der Thora wie Abraham und Moses,
die zu den «nomina sacra» zählten, werden nun problemlos an Söhne gegeben. Auch der Prophetenname Isaias, der zur Hasmonäerzeit
völlig fehlt, begegnet in beiden Familien. Es geht offenbar nicht
mehr so sehr um «schöne Namen» im Sinne des religiösen Bedeu-
tungsgehalts als um große Vorbildgestalten.

Neue theophore Männernamen sind in der Geniza-Gesellschaft nicht mehr entstanden – weder in hebräischer noch in arabischer Sprache. Die von der islamischen Umwelt begünstigte Welle der Abd-Namen, die die koptischen Christen, aber auch andere christliche Gruppen unter islamischer Herrschaft so stark beeinflußt hat, scheint unter den Juden ohne Wirkung geblieben zu sein. Umso überraschender ist es, daß sich ihr weibliches Gegenstück – die Amat, d. i. «Dienerin» – Namen – in karäischen Familien im Geniza-Material wiederholt findet, ausnahmsweise sogar unter rabbanitischen.[128] Solche Namensbildungen sind etwa Amat al-Qadir («Dienerin des Allmächtigen») Amat al-Aziz (gleiche Bedeutung) oder Amat al-Wahid («Dienerin des Einzigen»). Islamisch arabische Gottesbezeichnungen dieser Art waren auch für Juden übernehmbar. Es ist sicher kein Zufall, daß solche weiblichen theophoren Name gerade bei der Reformgruppe der Karäer begegnen. Ihr Prinzip des Analogiedenkens in der Interpretation der Schrift hat etwa auch im Verbot von Verwandtenheiraten zu einer Gleichstellung von Männer- und Frauenseite geführt.[129]

Den wenigen theophoren Namen, durch die Frauen im religiösen Bereich als «Dienerinnen» bezeichnet werden, stehen im Geniza – Material überraschend viele gegenüber, durch die sie im weltlichen Bereich als «Herrinnen» charakterisiert werden.[130] Diese mit «Sitt» = «Herrin» zusammengesetzten Namen finden sich auch in der islamischen Umwelt der ägyptischen Juden, unter diesen sind sie jedoch besonders stark vertreten. Da es sich bei den arabischen Frauennamen dieser jüdischen Gruppe zum Unterschied von den hebräischen Männernamen um «living words» handelt,[131] beinhalten gerade die «Sitt»-Namen interessante Informationen, wie die Stellung von Frauen gesehen wurde. In erster Linie begegnen Zusammensetzungen mit Dár («Haus»), Bayt («Haushalt»), Ahl («Familie») und 'Ashīr («Klan»). Das Töchter schon von der Namengebung her dazu bestimmt wurden, in diesem Bereich «Herrinnen» zu sein, ist nicht allzu überraschend, obwohl sich im interkulturellen Vergleich wenig Parallelen, dazu finden. Erstaunlicher sind Namensformen wie Sitt al-'Amā'im d. i. «Herrin der Turbane», also der Männer, Sitt al-Tujjār («Herrin der Kaufleute») oder Sitt al-Sādah («Herrin der Herren»), die ihrem Bedeutungsinhalt nach auf überfamiliale Gruppierungen bezogen sind. Mit den Sitt-Namen korrespondiert, eine andere Gruppe, die Töchter als «Ruhm» (Fakhr), «Preis» (Thanā') oder «Sieg» (Naṣr) charakterisieren.[132] Solche Namen erscheinen in anderen Gesellschaften – soweit sie nicht durch

Namensvariation sondern vom Namenssinn her konstruiert entstanden sind – als typisch männlich.

Eine weitere Besonderheit der Frauennamen in den Quellen der Geniza ist das völlige Fehlen von biblischen Namen.[133] Diese sind in jüdischen Gruppen des Mittelalters stets bei Frauen viel schwächer vertreten als bei Männern, nirgendwo sonst ist die Dichotomie zwischen säkularen Frauennamen und religiösen Männernamen jedoch so groß wie hier. Wohl zurecht wird darin ein Ausdruck zwischen popularer lokaler Subkultur der Frauen und weltweiter hebräischer «Buchkultur» der Männer gesehen. Die Verpflichtung zum Studium der heiligen Schriften ist im Judentum auf die Männer beschränkt. In der Namengebung findet dieser Auftrag seine unmittelbare Entsprechung. Kaum in einer anderen mittelalterlichen Gesellschaft ist der Gegensatz zwischen universalistischen Männernamen und partikularistischen Frauennamen so ausgeprägt. Die Wurzel dieses Universalismus auf Männerseite ist die von ihnen getragene Buchreligion. Die Charakteristik «Buchnamen» erscheint hier ebenso zutreffend wie im Islam.

Der Dichotomie zwischen Frauen- und Männernamen entsprechend findet sich das mit «Buchnamen» aus den heiligen Schriften häufig verbundene Phänomen des Namenschwunds in der Geniza-Gesellschaft nur bei Männernamen stärker ausgeprägt.[134] Die vom Namenssinn her komponierten Frauennamen bewahren sich viel mehr an Buntheit und Vielfalt. In diesem Bereich kommt es im Unterschied zum traditionalistischen Namengut der Männer stärker zu Innovationen und zu kreativen Neubildungen. Das hat nicht nur mit dem Gegensatz religiös/säkular zu tun, sondern auch mit der geringeren Bedeutung von Frauen für die Fortführung des Geschlechts. Über Nachbenennung unter Frauen wissen wir aus der Geniza-Gesellschaft viel weniger als über die unter Männern, weil die Memoriallisten, wie gesagt, nur den Mannesstamm berücksichtigen. Aus anderen Quellen gibt es Hinweise, daß Töchter nach ihren Großmüttern nachbenannt wurden, und zwar primär nach der väterlichen.[135] Dem Gebot, die Eltern zu ehren, mußte auch gegenüber den Müttern Rechnung getragen werden, offenbar aber nicht im selben Ausmaß wie gegenüber den Vätern. Sonst wäre Namensrepetition im weiblichen Namengut häufiger zu erwarten als sie tatsächlich begegnet.

Die Dichotomie zwischen religiös-hebräischem Namengut der Männer und säkular – arabischem der Frauen ist in der Geniza-Gesellschaft keine totale. Auf die theophoren Amat-Namen von Frauen als Ausnahmeerscheinung wurde schon hingewiesen. In den beiden behandelten Familien begegnen umgekehrt einige arabische Namen bei Männern. Netaneel, «der Große der Yeshibah», nannte seinen Erstgeborenen arabisch Sa'adal, d. i. «langes Leben».[136] Analoge Namen wie hebräisch Hayyim («Leben»), lateinisch Vita, italienisch Vivanti, Vidal und Vital, oder griechisch Polychronos («mehr Zeit») und Polyzotos («langes Leben») begegnen im mittelalterlichen Judentum häufig.[137] Solche Namen hatten apotropäischen Charakter. Man erwartete von ihnen, daß sie die Macht des Todesengels aufhalten sollten. In der Regel wurden sie von Eltern gegeben, denen kurz zuvor ein Kind verstorben war. Netaneel wollte vielleicht sich mit diesem Namen seinen zweiten Erstgeborenen erhalten. Ein anderer arabischer Name, der in dieser Familie gleich zweimal wiederkehrt ist Yahya, die arabische Form zu Jo'chanan/Johannes. Samuel Nagid gab ihn seinem älteren Sohn, während er den zweiten nach seinem Vater Hananja nannte. Vom Namensinn her sind sie gleichbedeutend. Beide sagen «Gott ist gnädig gewesen». In der Namensform variieren sie zueinander bei gleichbleibender Endung. Hinweise auf variierende bzw. durch Buchstabenentsprechung korrespondierende Namen finden sich auch sonst in den beiden Familien – etwa die Brüder Yehuda und Yefet sowie Abraham und Amram. Mit der doppelten Variation zu seinem Vatersnamen könnte die Namenswahl Samuel Nagids bei seinem Erstgeborenen zusammenhängen. Er gab den Namen jedenfalls als theophoren Namen, nicht als «Buchnamen». Eine Orientierung am Johannes dem Täufer des Koran ist wohl beim späteren Vorsteher der Judengemeinde von Fustat auszuschließen. Für einen Juden gab es keine biblische Vorbildgestalt dieses Namens. Yahya hatte neben seinem arabischen Namen, wie sich aus einer späteren Quelle ergibt, auch einen hebräischen, der an einer biblischen Vorbildgestalt orientiert war, nämlich Moses.[138] Das Nebeneinander eines arabischen und eines hebräischen Namens findet sich auch sonst unter den Juden von Fustat,[139] allerdings nur bei Männern. Ähnliche Zweifachnamen, einerseits in der Sakralsprache, andererseits in der Landessprache begegnen im Judentum oft. Wir sind hebräisch-griechischen Zweifachnamen schon bei den Hasmonäern begegnet. Der Gebrauch von Männernamen aus der jeweiligen Landessprache war im Mittelalter so verbreitet, daß vorgeschrieben werden mußte, jedem Knaben bei der Beschneidung auch einen sakralen hebräischen Namen zu geben, den «shem hakodesh», unter dem er zum Thora-Lesen aufgerufen wurde und den man in religiösen Dokumenten verwendete.[140] Ihm stand der «kinnui» genannte volkssprachliche gegenüber, der für zivile und geschäftliche Zwecke benützt wurde. Samuel Nagids älterer Sohn Yahya/Moses erhielt in diesem Sinne offenbar einen hebräischen und einen arabischen Namen. Bezeichnend erscheint, daß innerfamilial nach dem letzteren nachbenannt wurde. Von Samuels jüngerem Sohn ausgehend, wiederholt sich die Abfolge Hananya-Samuel-Yahya. Wiederum ist es der ältere Sohn, der diesen Namen erhält.

Wenn sich bei ägyptischen Juden des Hochmittelalters hebräisch-volkssprachliche Zweifachnamen finden, so bedarf das Phänomen sicher keiner Erklärung aus spezifisch bodenständiger Tradition. Die unterschiedliche Verwendung nach Sakral- und Alltagsbereich erscheint zwar ebenso gegeben wie im alten Ägypten, nicht aber der Gegensatz geheimer und öffentlicher Name. Der jüdische «shem hakodesh» muß nicht geheimgehalten werden, um das Kind vor dem Zugriff von Dämonen oder Übelwollenden zu schützen. Wenn überhaupt ein Konnex besteht, so in vermittelter Form. Die ägyptischen Zweifachnamen dürften das römische Signum der Spätantike beeinflußt haben.[141] Dieses wiederum bot im ganzen Mittelmeerraum und weit darüber die Basis für doppelte Namengebung, die die Stellung eines Individuums in zwei unterschiedlichen Kommunikationssystemen ausdrücken konnte. Vielfach wurde der Gegensatz von regionalem und überregionalem Namengut in Zweifachnamen ausgedrückt. Im Fall des Judentums vertraten die religiösen Namen die universale Komponente. Weil nur Männer in diesem universalen System einen Platz hatten, blieben die Zweifachnamen in der Regel auf sie beschränkt.

In Übereinstimmung mit der islamischen Umwelt, aber im Gegensatz zu den meisten christlichen Gesellschaften der Zeit war das Patronym nach den Quellen der Geniza unter Juden damals schon obligatorisch.[142] Meist werden Patronyme hier unter Bezugnahme auf den Vaters- und den Großvatersnamen gebildet. Dieser Namenszusatz ist im Judentum ursprünglich keineswegs allgemein verbreitet – schon gar nicht in seiner doppelten Form. Er findet sich vereinzelt in späten Schriften des Alten Bundes, so z.B. Josua, Sohn des Nun, im Buch Nehemias.[143] Zur Zeit Jesu begegnen Patronyme bei Trägern häufiger Namen als Mittel der Differenzierung, z.B. unter den Aposteln Simon, Sohn des Jonas, zum Unterschied von Simon «dem Eiferer». Ihr Gebrauch war damals aber in keiner Weise verbindlich. Im Talmud überwiegen hingegen bereits Namen mit diesem Namensteil.[144] Im islamischen Umfeld scheinen sie unter

Juden allgemein verbreitet, wobei das Arabische «ibn» an die Stelle
des jüdischen «ben» tritt. Eine besondere religiöse Verankerung wie
im Islam haben sie freilich im Judentum nach wie vor nicht.
Analog zum Gebrauch in islamischem Milieu behalten auch jüdische Frau-
en lebenslänglich den Vatersnamen. Ebenso in Analogie zur islamischen Umwelt können sich unter Juden aus Patronymika Klannamen bilden. Eine große Kaufleutefamilie der Geniza-Zeit trug etwa
nach ihrem Ahnherren Isaias den Namen «Ibn Sha'ya».[145] Dem
stark patrilinealen Ahnenbewußtsein dieser Gesellschaft entsprachen patronymische Namensformen, auch wenn sie in der religiösen Tradition nicht so tief verankert waren. Wenn man im Synagogengottesdienst im Rezitieren der Memoriallisten der Vorväter gedachte, so lag es nahe, sich auch im Namensystem stark an der
Väterlinie zu orientieren. Den christlichen Gemeinschaften dieser
Zeit fehlte beides – sowohl das auf die Patrilinie beschränkte Toten-
gedenken als auch der obligatorische Gebrauch der Patronyme im
Namenwesen. Bis zur Zeit der Assimilation repräsentiert das Nebeneinander jüdischer Patronyme und christlicher Familiennamen
in der europäischen Geschichte das Nebeneinander zweier sehr unterschiedlicher Traditionen in der Einstellung zu den Vorfahren.

Das stark abstammungsorientierte Namenwesen hat das hochmittelalterliche Judentum der Geniza-Gesellschaft mit seiner islamischen Umwelt gemeinsam. Es kommt einerseits in den Patronymen zum Ausdruck, die ausgebaut und an den islamischen «nasab»
angeglichen werden, andererseits in der innerfamilialen Nachbenennung, die – abweichend von den islamischen Verhältnissen –
zunehmend nach festen Regeln praktiziert wird. Theophore Namen
wie «Buchnamen» aus den heiligen Schriften werden dadurch primär als Ahnennamen gegeben. Die «Buchnamen» treten dabei zunehmend gegenüber der älteren Schicht der theophoren Namen in
den Vordergrund. Auch besonders «heilige Namen» wie Moses und
Abraham können nun gegeben werden. Das bedeutet jedoch keineswegs eine Parallelentwicklung zu den christlichen Heiligennamen.
Die Vorbildgestalten, nach denen Söhne benannt werden, sind im
wesentlichen auf die heiligen Schriften beschränkt. Nur wenige große Lehrerpersönlichkeiten wie Hillel und Gamaliel, Meir und Aki-
ba werden bis in talmudische Zeit zusätzlich in die Namengebung
einbezogen.[146] Zu der Ausweitung des alt- und neutestamentlichen
Namenguts um Märtyrer, Bekenner, heilige Bischöfe etc, wie sie im
Christentum beobachtet werden kann, gibt es im Judentum kein
Gegenstück. Anders als im Christentum, in dem die Vorbildgestal-

ten der Nachbenennung ja auch nach offizieller Lehre nur Vorbildfunktion haben sollen, bleiben sie im Judentum tatsächlich auf diese beschränkt. Sie werden nicht als Interzessoren bei Gott geglaubt.
So hat es keinen Sinn, zu ihnen zu beten. Sie haben keinen Tag im
Festkalender, an dem sie besonders gefeiert und als besonders wirksam gedacht werden.[147] So kommt ihnen keine spezifische Heilsbedeutsamkeit zu, die zu einem Konkurrenzverhältnis mit Ahnennamen hätte führen können. Selbst wenn ihrem Namen besondere
Kraft zugeschrieben wird, so geht das doch nie so weit, daß es zur
Bildung «hagiophorer» Namen in Analogie zu theophoren gekommen wäre, wie wir sie bei ägyptischen und äthiopischen Christen,
sowie vereinzelt – zu den Namen von Imamen gebildet – auch bei
schiitischen Muslimen gefunden haben. Der streng monotheistische Charakter des Judentums kommt hier auch in der Namengebung zum Ausdruck. Alle Namensformen, die eine Beziehung zu
Gott ausdrücken, können nicht durch Analogiebildungen auf Menschen bezogen werden. Nach Vorbildgestalten der heiligen Schriften erfolgt die Nachbenennung wie bei Ahnen in unmittelbarer
Übernahme des Namens.

Mozaraber

Wie die jüdischen Gemeinden im islamischen Herrschaftsbereich
so standen auch die christlichen Kirchen in diesem Raum in ihrer
Namengebungspraxis unter dem Einfluß der neuen Religion. Wir
konnten dies bei den Nestorianern im äußersten Osten sowie bei
den Kopten in Ägypten beobachten. Ähnliches gilt auch für die
Mozaraber in Spanien. Hier ist insoferne eine besondere Situation
gegeben, als die Mozaraber im Zuge der Reconquista mit dem
Wechsel von islamischer zu christlicher Herrschaft auch in ihrer
Namengebung wesentliche Veränderungen vollzogen. Wir können
hier also einen Umbruch beobachten, der in erster Linie durch den
Wandel der Herrschaftsverhältnisse bedingt war, weniger durch eine religiöse Neuorientierung. Sicher hatten sich die in der Tradition
der westgotischen Kirche stehenden Mozaraber auch glaubensmä-
ßig unter islamischer Herrschaft von der römischen Kirche wegent-
wickelt. Der von Metropolit Elipand von Toledo (754 – n. 800) vertretene Adoptianismus, über den es im ausgehenden 8. Jahrhundert
zur Auseinandersetzung mit der fränkischen Reichskirche kam,
war stark von der christlich-islamischen Auseinandersetzung ge-

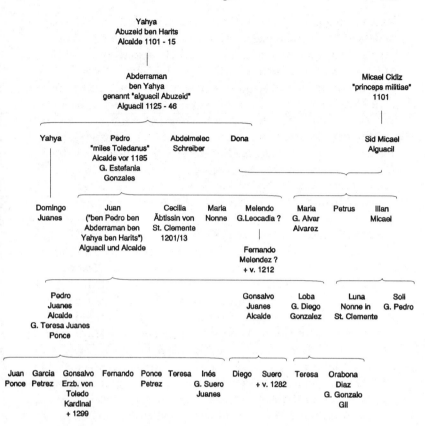

Tafel 13: *Die mozarabische Familie der Abenharits in Toledo*

prägt.[148] Als eigenständige christologische Richtung betraf er auch die Heiligenverehrung und damit die Namengebung nach Heiligen. Man kann jedoch nicht sagen, daß die Mozaraber, als sie unter christliche Herrschaft kamen, ihren Glauben wechselten. Ihre Namen wechselten sie schon. Das soll am Beispiel der Abenharits erläutert werden, einer führenden mozarabischen Familie in der Stadt Toledo, die 1085 von König Alfons VI. von Kastilien erobert wurde (Tafel 13).[149]

Die auffälligste Erscheinung dieser Mozarabergenealogie sind sicher die für eine christliche Familie ungewöhnlichen islamisch-theophoren Namen Abderraman und Abdelmelec. Solche Namen

finden sich auch in anderen führenden Geschlechtern Toledos, z.B.
Abdelacis bei den Lampader y García oder Abdala bei den Policheni.
Bei den Abenharits begegnen sie jedoch besonders lange. Yahya
Abuzeid ben Harits könnte schon Alcalde gewesen sein, als sein
Sohn zur Welt kam. Jedenfalls war es bereits unter einem christlichen Herrscher, als er ihm den Namen Abderraman gab. Abderraman wiederum benannte seinen Jüngsten Abdelmelec nach einem
anderen der «99 schönen Namen» Allahs. Melek/Basileus d.i. «König» war auch ein traditioneller jüdisch-christlicher Gottesname.
Wir sind der von ihm abgeleiteten griechischen Namensform Basilius bereits begegnet. Abd al-Malik war in Ägypten einer der wenigen von Muslimen und koptischen Christen gemeinsam verwendeten theophoren Namen.[150] Abdelmelec ben Abderraman ben Harits
wurde Schreiber in der mozarabischen Gemeinde von Toledo und
als solcher ein besonderer Wahrer der arabischsprachigen Kulturtra-
dition der spanischen Christen. In der nächsten Generation waren
Namen dieses Typs im römisch orientierten christlichen Spanien
nicht mehr möglich. Abdelmelecs älterer Bruder Yahya gab seinem
Sohn den Namen Domingo/Dominicus. Wie Yahya ben Abderraman nach seinem väterlichen Großvater benannt war, so sollte offenbar auch sein Sohn nach dem väterlichen Großvater heißen. Eine
unmittelbare Nachbenennung kam aber in Hinblick auf die islamische Konnotation des Namens jetzt wohl nicht mehr in Frage. So
wählte man eine der Bedeutung nach analoge spanische bzw. lateinische Form. Auch bei den Policheni heißen ein Sohn, ein Enkel
und ein Urenkel eines Abdala Domingo. In einer anderen Familie
dieses Kreises erscheint ein Domingo als Enkel bzw. Urenkel eines
Abderraman.[151]

Kontinuität ist in der Familie bezüglich des Namens Yahya gegeben. Er wird bloß romanisiert. Schon Yahyas des Jüngeren Sohn
Domingo trägt das Patronym Juanes. Der Alcalde Pedro gibt den
Namen von Großvater und älterem Bruder an seinen ältesten Sohn
in der Form Juan weiter. Nach diesem wird wiederum der älteste
Enkel nachbenannt. In der arabischen Form war der Name ein islamischer Buchname, der – wie wir gesehen haben – auch von jüdischen Familien in islamischer Einflußsphäre übernommen wurde.
Unter den spanischen Christen hatte er eine weit zurückreichende
Tradition. Hermenegild, der erste Westgotenkönig, der zum Katho-
lizismus übergetreten war, hatte 579 bei der Taufe den Namen Johannes angenommen, der damals unter den spanischen Romanen
schon sehr häufig gegeben wurde.[152]

Bei anderen «Buchnamen» der Mozaraber konnte eine solche Kontinuität hingegen nicht gehalten werden. Unter den Nachkommen des Ayub ben Alef ben Lampader begegnet der Name Ayub/Job nicht mehr. Auch Suleiman/Salomon wird bei den Policheni nicht mehr aufgegriffen, obwohl der Stammvater des Geschlechts so hieß. Während sich in der islamisch-jüdischen Umwelt der Mozaraber von Toledo alttestamentliche Namen einer gewissen Beliebtheit erfreut haben dürften, verschwinden sie nach der kastilischen Eroberung 1085 völlig. An ihre Stelle treten zunehmend Namen von Engeln und Heiligen. Der Name Michael in unserer Genealogie erscheint in diesem Zusammenhang von besonderem Interesse. Im Judentum war der Engelname noch Jahrhunderte hindurch für die Namengebung tabu.[153] Bei den koptischen Christen haben wir einerseits den «angelophoren» Namen Abd al-Malak («Diener des Engels») gefunden, zu dem es kein islamisches Gegenstück gibt,[154] andererseits die aus Ehrfurchtsgründen verwendete Kurzform Chael, die erst sekundär von der Vollform Michael abgelöst wurde. Vielleicht haben wir es bei Sid Michael d. h. «Herr Michael» ebenso mit einer Namensform zu tun, die aus religiöser Scheu so gestaltet wurde. Der Name geht in der Familie noch in die Zeit der islamischen Herrschaft zurück. In anderen Toledaner Geschlechtern mozarabischer Herkunft wird er allerdings schon bald darauf ohne jeden Zusatz gegeben. Mit Scheu vor besonders heiligen Namen hängt möglicherweise auch die unter den Mozarabern von Toledo durchwegs gewählte Variante Diego zu Jakob/Jago zusammen, die sich von Santiago ableitet.[155] Der Name des großen Apostels, Wallfahrtsheiligen und himmlischen Mitstreiters der spanischen Christen gegen die Mauren begegnet bei den Abenharits in der jüngsten hier erfaßten Generation bzw. unter den einheiratenden Ehepartnern schon eine Generation zuvor. Bei Diego wird die Kurzform des Prothems grundsätzlich beibehalten.

Das Gros der Heiligennamen wird unter den mozarabischen Geschlechtern des nachislamischen Toledo ohne jeglichen Zusatz gegeben. Das gilt auch für den Namen Maria, der sich bei den Abenharits schon früh findet. Es sind nicht sehr viele Heilige, deren Namen unter den Mozarabern Toledos auftreten. Johannes und Petrus oder Maria und Cäcilia, die bei den Abenharits begegnen, sind auch sonst in der Stadt häufig. Es handelt sich durchwegs um große Heilige, die allgemein im Einzugsbereich der römischen Kirche für die Namengebung eine bedeutsame Rolle spielen. Lokalkolorit ist nur bei Illan/Julian zu merken, einem Namen, der wie bei den Abenharits-

Nachkommen auch in vielen anderen Geschlechtern vorkommt. Er bezieht sich auf den heiligen Erzbischof von Toledo des ausgehenden 7. Jahrhunderts, dessen Fest am 8. März gefeiert wird – keinen Märtyrer, aber einen politisch für die Kirche des Westgotenreichs eminent bedeutsamen Bischof.[156] Heiligenverehrung und Heiligennamen scheinen unter den Mozarabern in islamischer Zeit nicht sehr verbreitet gewesen zu sein.

Neben den Heiligennamen spielen auch in nachislamischer Zeit theophore wie Domingo oder allgemein «fromme» wie Orabona oder Dona eine gewisse Rolle. Unter den spanischen Christen der Frühzeit waren solche Namen sehr verbreitet. Einige von ihnen wie Sancho oder Garcia haben sich in den christlichen Königshäusern des Nordens über die islamische Zeit hinaus erhalten und über diese im Zug der Reconquista an neuer Bedeutung gewonnen. Christliche Königsnamen treten in den mozarabischen Geschlechtern Toledos sehr häufig auf. Bei den Abenharits gehören neben Garcia vor allem Fernando und Teresa dazu. Solche am Königshaus orientierte Namen gab man im Stadtadel von Toledo erst nach 1085. Die Sitte, Fürstennamen zu geben, scheint hier freilich älter zu sein. Die Beliebtheit von Abderraman ist vielleicht nicht nur aus der theophoren Bedeutung des Namens zu erklären. Er verweist auch auf das Fürstenhaus der Omajaden. Einige der bedeutendsten Herrscher aus dieser Dynastie hatten ihn getragen. So war es nicht nur wie bei den anderen theophoren Abd-Namen, aus religiösen Gründen unmöglich, ihn weiter zu verwenden, sondern ebenso auch aus politischen.

Nicht nur im Namengut, auch im Namensystem ist es mit der Eingliederung Toledos in das Königreich Kastilien 1085 zu weitgehenden Veränderungen gekommen. Von Yahya Abuzeid ben Harits heißt es 1101 in einer Königsurkunde schlicht «Domino Johanne, alcadi qui prepositus ipsius civitatis ... erat».[157] Ganz anders werden die Namen aus dem Selbstverständnis der Familienmitglieder formuliert. Der gleichnamige Urenkel des «Dominus Johannes» nennt sich noch um 1200 in gut arabisch-islamischer Manier «Juan ben Pedro ben Abderraman ben Yahya ben Harits».[158] Ein solcher «nasab» entsprach freilich nicht mehr dem Verständnis der Umwelt im kastilischen Königreich. Relativ häufig finden sich bei den mozarabischen Geschlechtern Toledos einfache spanische Patronymika anstelle komplexerer arabischer. Der wesentliche Bruch kommt jedoch nicht in dieser Vereinfachung zum Ausdruck, die bis zur Aufgabe von Patronymika führen kann. In der letzten hier erfaßten Generation der Abenharits führen Garcia und Ponce, der zweite und

der fünfte Sohn nach ihrem Vater Pedro das Patronym Petrez. Bei
Gonsalvo und Fernando, dem dritten und vierten Sohn, fehlt es, bei
Gonsalvo, dem späteren Erzbischof von Toledo und Kardinal, wohl
in Hinblick auf seinen geistlichen Stand. Der älteste Sohn Juan
Ponce hingegen übernimmt statt des Patronyms den Familiennamen seiner Mutter, der aus einem Vorfahrennamen entstanden ist,
den auch sein jüngerer Bruder führt, dieser freilich als Vorname.[159]
Die Übernahme von Familiennamen aus der Mutterlinie wurde allgemein zu einem spezifischen Strukturelement des spanischen Namenwesens. Gegenüber dem rein patrilinear gebildeten «nasab» seines gleichnamigen Großvaters bedeutete diese Form der Benennung
allerdings einen totalen Bruch. Patronymika, Metronymika bzw.
auf väterliche und mütterliche Vorfahren bezogene Zweitnamen
sind damals auch sonst in christlichen Gesellschaften der Mittel-
meerwelt ziemlich weit verbreitet.[160] Sie sind hier jedoch keineswegs Ausdruck eines religiös begründeten Abstammungsbewußtseins und haben einen ganz anderen sozialen Stellenwert als der
islamische «nasab». Auch die dem «nasab» nachgebildeten Namenformen bei den Mozarabern von Toledo lassen sich sicher nicht aus
religiösen Wurzeln erklären, sondern als Zeichen kultureller Assimilation. Anders als die jüdischen Patronymika, die einem tief verwurzelten patrilinearen Abstammungsdenken entsprachen, haben
sie auch das Ende der islamischen Herrschaft nicht lange überlebt.

Iroschottische Christen

Eine eigenartige Alternative zur direkten Nachbenennung nach
Heiligen, wie sie sich in der europäischen Christenheit schließlich
allgemein durchgesetzt hat, findet sich in den keltischsprachigen
Kirchen der britischen Inseln. Bis weit ins Hochmittelalter hinein
wurden hier Namen gebildet, die den Träger als «Diener» eines
Heiligen bzw. als «Diener Jesu» oder «Diener Gottes» bezeichnen.[161] Der Konstruktion nach entsprechen sie den altorientalischen Ebed/Abd-Namen, die im Islam ihre höchste Blüte erreicht
haben.[162] Hinsichtlich der Bezugspersonen des im Namen ausgedrückten Dienst-Verhältnisses stehen jedoch die Heiligen deutlich
im Vordergrund. Insofern hat dieses spezifische Namengut im
äußersten Nordwesten der Christenheit nur ein einziges Gegenstück und zwar im äußersten Süden, nämlich in der äthiopischen
Kirche. Die gemeinsame Wurzel für beide ist in Ägypten zu suchen.

Die keltischsprachige Christenheit auf den britischen Inseln zeigt sich in ihren Anfängen stark von Ägypten her beeinflußt.[163] Zu Rom bestand hingegen – vor allem in Irland – Jahrhunderte hindurch kaum Kontakt. Auch das Namenwesen hat sich dementsprechend ganz anders entwickelt als in den von Rom oder von Byzanz aus missionierten Gebieten des Kontinents. Unter orientalisch-christlichem Einfluß entstandene Namenformen wirkten lange nach. Sie wurden freilich auf bodenständigen Grundlagen sehr eigenständig weiterentwickelt. Diese sind insofern wiederum von besonderem Interesse, weil sie von extrem abstammungsorientiertem Denken geprägt wurden. Im Raum der keltischsprachigen Christenheit hat Stammes- und Klanbewußtsein alle gesellschaftlichen Ordnungen in einem Maße geprägt wie kaum anderwärts im mittelalterlichen Europa.

In der Literatur werden die keltischsprachigen Christen auf den britischen Inseln – mitunter sogar unter Einschluß derer in der Bretagne – meist als «keltische Kirche» oder als «iroschottische Kirche» bezeichnet. Im selben Verständnis wie man von der «byzantinischen» oder der «römischen Kirche» spricht, ist diese Bezeichnung sicher irreführend.[164] Es gab in diesem christlichen Kulturraum im äußersten Nordwesten weder eine gemeinsame Reichskirche noch sonst eine umfassend verbindende kirchliche Organisationsform. Will man den Kirchenbegriff gebrauchen, so ist er in Hinblick auf die partikularistische Struktur wohl nur im Plural berechtigt. Gemeinsamkeit zwischen diesen Kirchen gab es vor allem in spezifischen Elementen der Kirchenverfassung.[165] Eine Diözesanverfassung fehlte. Die Funktion der Diözese übernahm die einem Hauptkloster angegliederte Klosterfamilie. Nicht der Bischof sondern der Abt nahm die entscheidende Stellung ein. In der Regel lebten in jedem großen Kloster unter der Jurisdiktion des Abtes mehrere Mönchsbischöfe. Der starke Einfluß des Mönchtums auf das kirchliche Leben zeichnet sich schon im christlichen Britannien der Spätantike ab. Seine Wurzeln liegen in den Formen mönchischen Gemeinschaftslebens, wie sie wohl schon im 3. Jahrhundert unmittelbar aus dem Orient, insbesondere den Wüstenklöstern Ägyptens, übernommen wurden. Zum Orient bestanden damals rege Handelsbeziehungen, vor allem durch den Zinnbergbau in Cornwall und die ägyptische Bronzeproduktion bedingt. Im römischen Britannien wurde neben keltischen Sprachen Latein, Griechisch, Hebräisch, Aramäisch, Phönizisch und vor allem auch Koptisch gesprochen.[166] Wie im Südosten bis zur Malabar-Küste nach Indien folgten auch in den Nordwesten spezifische altchristliche Lebensformen den überregionalen Handelslinien, in diesem Fall die besonderen Formen des monastischen Lebens nach den asketischen Idealen des ägyptischen Mönchtums verbunden mit einer bemerkenswerten Bildungs- und Wissenschaftsfreundlichkeit. Schon vor 400 erfolgten – ausgehend von den Klosterzentren auf der Halbinsel Wilhorn und den Caldey-Inseln – die ersten Missionsversuche und Klostergründungen in Irland. Hier formte sich die spezifisch keltische Kirchenverfassung noch schärfer aus. Ihre Blütezeit erreichte sie vom 6. bis zum 8. Jahrhundert. Das asketische Ideal der «peregrinatio» führte irische Mönche immer wieder aus ihrer Heimat hinaus zu missionarischer Tätigkeit. Ausgehend von dem 563 durch den heiligen Columban den Älteren gegründete Kloster Jona in Schottland verbreiteten sie das Christentum unter den keltischen Völkerschaften im nördlichen Teil der britischen Inseln.[167] Bei den Angelsachsen wurden ihre Missionsbemühungen mit denen der römischen Kirche – vom Königreich Kent ausgehend – konfrontiert. Auch im fränkischen Reich und bis nach Oberitalien hinein kam es zu einer Konkurrenz der iroschottischen Missionare mit gallisch bzw. römisch geprägter Christianisierung. Durch die für die Iroschotten so charakteristischen Missionsbemühungen wurde weit über ihre Herkunftsgebiete hinaus Namengut ihrer innerchristlichen Sondertradition verbreitet.

Eine frühe Schicht des Namenguts keltischer Christen wird in der Familie des heiligen David von Menevia faßbar, des späteren Landespatrons des Fürstentums Wales. David entstammte einer vornehmen keltisch-romanischen Familie aus dem westlichen Britannien. Nach dem Vorbild ägyptischer Mönche zog er sich als Einsiedler in die Berge von Wales zurück. Er starb um 600. Sein Grab war bis zur Reformation einer der meistbesuchten Wallfahrtsorte der britischen Inseln.[168] In seiner Familie waren einerseits keltische, anderseits romanisch-christliche Namen üblich.[169] Unter den letzteren findet sich etwa Dunod/Donatus bei einem Großonkel – einer der in der westlichen Christenheit in der Spätantike besonders häufigen implizit theophoren Namen –, Marianus bei einem Onkel zweiter Linie – offenbar ein auf Maria bezogener Männername, der später bei iroschottischen Mönchen oft begegnet, von denen zwei als Selige und einer als Heiliger verehrt werden[170], – Sanctus bei seinem Vater, ebenso ein in der lateinischen Christenheit sehr häufiger und beliebter «frommer» Name.[171] Besonders bemerkenswert ist jedoch der eigene Name des Heiligen, nämlich David. David war in der jüdisch-frühchristlichen Tradition ein tabuisiertes «nomen sacrum».[172] Im Judentum wurde der Name erst in nachtalmudischer Zeit gebräuchlich.[173] Auch in jenen frühchristlichen Gruppierungen, die an die jüdische Namengebung anschlossen, war er lange Zeit nicht üblich, da es sich bei König David weder um einen Patriarchen noch einen Propheten handelte. Bei den keltischen Christen scheint er als «Buchname» mit Vorbildfunktion aufgekommen zu sein. Das Alte Testament stand bei ihnen allgemein in hohem Ansehen.[174] Zu den besonders verehrten alttestamentlichen Gestalten zählten sie über die Patriarchen und Propheten hinaus noch einige andere. In einem irischen Gebet aus dem ausgehenden 8. Jahrhundert werden zu allen Heiligengruppierungen der Zeit nach Jesu Parallelgruppen aus der Zeit des Alten Bundes gebildet z. B. heilige Märtyrer des Alten Testaments, heilige Mönche des Alten Testaments, «alle die Kenntnis hatten vom geschriebenen Gesetz» sowie «alle die Kenntnis hatten vom prophetischen Gesetz».[175] Zu diesen werden auch die alttestamentlichen Könige David und Salomo gezählt. Man hat sie wohl vor allem in Fürstenfamilien als Vorbildfiguren betrachtet. So begegnet der Name wiederholt in schottischen Königsgeschlechtern. Auch St. David von Menevia gehörte einer Dynastie lokaler Kleinkönige an. Die Wahl des Namens hängt wohl bei ihm mit der Stellung der Familie zusammen. Durch die iroschottische Mission, über verschiedene christliche Könige, vor allem aber durch den heiligen Landespatron von Wales selbst erfuhr der Name dann eine enorme Verbreitung. Durch diesen Heiligen konnte er sich über das Abkommen der alttestamentlichen Namen hinaus halten. Durch die Reformation erhielt er als «Buchname» neuen Aufschwung und verblieb – vor allem im englischsprachigen Raum – bis in die Gegenwart unter den führenden Männernamen.

Im Unterschied zur frühchristlichen Namengebung mit Bezügen auf Gestalten des Alten Bundes, bei der man besser von Patriarchen- und Prophetennamen sprechen sollte, ist bei den «Buchnamen» der keltischen Christen sicherlich die Bezeichnung «alttestamentliche Namen» am Platz. Die Selektion ist hier eine ganz andere und beschränkt sich keineswegs auf diese beiden Gruppen. In Wales haben sich solche Namen seit der Zeit Sankt Davids – zum Unterschied von den meisten «frommen» Namen – kontinuierlich gehalten. Viele von ihnen leben über patronymisch gebildete Familiennamen bis in die Gegenwart fort, z.B. Adam, Abel, Kain, Aaron, Moses, David, Daniel, Elias oder Elisäus.[176] Eine ganz ähnliche Selektion aus dem Namengut des Alten Testaments findet sich in Irland.[177] Nicht nur

Königsnamen des Alten Bundes kommen hinzu, ebenso bemerkenswert sind «Buchnamen» aus der Zeit vor Abraham, die im Judentum und im frühen Christentum nicht gegeben wurden, etwa Noe, Abel und Adam. Soweit sie nicht durch Heilige iroschottischer Herkunft zu Heiligennamen wurden, begegnen alle diese Namen ohne den Vorsatz «Diener des» in unmittelbarer Nachbenennung nach dem Namensvorbild. Es werden auch keine sonstigen Namensveränderungen vorgenommen, die als Zeichen von Namensehrfurcht gedeutet werden könnten. Bloß Adam begegnet mehrfach in der Verkleinerungsform Adamnan. Zwei irische Heilige hießen so, unter ihnen der berühmte Verwandte und Biograph St. Columbans (624–704), der ihm als 9. Abt des Klosters Jona folgte.[178] Die spezifische Selektion dieser «Buchnamen» kann bei den keltischen Christen aus eigenständiger Auseinandersetzung mit dem Alten Testament erfolgt sein. Auffallend erscheint jedoch, daß sich eine ganz ähnliche Selektion auch bei den koptischen Christen findet.[179] In Hinblick auf die offenkundigen Zusammenhänge zwischen ägyptischem und keltischem Mönchtum des Frühmittelalters wird man diese Parallelen im Namengut kausal bedingt zu sehen haben.

An die Nachbenennung nach Vorbildgestalten des Alten Testaments schließt bei den keltischen Christen keine nach Aposteln, Märtyrern, Bekennern etc. an. Die keltischen Kirchen kannten bis ins 10. Jahrhundert keine Heiligenfeste, sondern nur Herrenfeste.[180] Auch das Gebet zu Heiligen mit der Bitte um Interzession war ihnen lange fremd, ebenso die Verehrung der Heiligen in Bildern.[181] Soweit Namen von Aposteln und Märtyrern gegeben wurden, geschah dies nur in Zusammensetzungen mit Bezeichnungen, die den Namensträger als Diener des Heiligen auswiesen. Diese Namenformen entwickelten sich in verschiedenen Phasen. Ursprünglich dürften sie nicht primär an universalen Heiligen orientiert gewesen sein, sondern an lokalen der irischen Stammesgemeinschaften.

Den orientalischen Abd-Namen korrespondierende Analogiebildungen reichen in Irland bis weit in vorchristliche Zeit zurück. Zu ihnen gehören Zusammensetzungen von Mug- («Sklave»), Dub-, Donn- (beide im gleichen Sinne) sowie Mess- («Zögling»)[182] mit Gottesnamen. Bei den Königen von Munster etwa treten mehrfach solche Namen auf wie z.B. Mug Nuadat («Diener des Gottes Nuadat»), Mug Neit, Mug Láme, Mug Roith und die weibliche Form Mugaina.[183] Mit der Christianisierung kommt man von diesem Namentyp ab. Ein unmittelbarer Zusammenhang zu christlichen Analogieformen läßt sich nicht herstellen.

Die ältesten christlichen Namen in Irland, die religiösen Dienst bzw. religiöse Verehrung zum Ausdruck bringen, haben eine deutlich abweichende und eigenständige Bedeutung. Sie sind mit dem Prothem «Mael» zusammengesetzt. «Mael» bedeutet «tonsuratus», also «der Geschorene».[184] Die Tonsur kam im morgenländischen Mönchtum im 4. Jahrhundert als Zeichen der Demut und Buße auf. Sie wurde seit dem 5. Jahrhundert vom Weltklerus übernommen. Nach Irland ist sie wohl unter dem Einfluß des ägyptischen Mönchtums gekommen, hat sich jedoch hier in eigenständiger Weise weiterentwickelt. Während sich im Orient die Volltonsur durchsetzte – sie wird auch «Paulustonsur» genannt – und in der römischen Kirche die als «Petrustonsur» bezeichnete Kranztonsur, entwickelte sich bei den keltischen Christen die Halbtonsur des Vorderkopfes. Sie wird als «Johannes-Tonsur» bzw. von ihren Gegnern als «Tonsur des Simon Magus» charakterisiert.[185] Es mutet aus heutiger Perspektive eigenartig an, daß neben der Frage der Osterterminberechnung die Art der Tonsur das zweite große Kontroversproblem zwischen den von Rom und den von den keltischen Kirchen missionierten Gruppen war. Für die Identität der keltischen Mönchskirchen auf den britischen Inseln hatte diese äußere Audrucksform des Mönchsstatus offenbar existentielle Bedeutung. Dieser hohe Stellenwert der Tonsur macht verständlich, daß religiöser Dienst im christlichen Verständnis zunächst in mit «Mael» zusammengesetzten Namen zum Ausdruck gebracht wurde.

Die irischen «Mael»-Namen sind ihrem Ursprung nach nicht theophor sondern «hagiophor». Damit unterscheiden sie sich von den älteren Schicht der irischen Mug-Namen, ebenso aber auch von den orientalischen Abd- oder den äthiopischen Gabra-Namen, die erst sekundär von Gottesbezeichnungen auf heilige Personen übertragen wurden. Manche Mael-Namen sind an relativ späten Heiligengestalten von sehr beschränkter regionaler Bedeutung orientiert. So bezieht sich der Name des heiligen Maelruain von Tallaght (+792) auf den heiligen Ruadhan von Lorrha (+584).[186] Der partikularistischen Kirchenstruktur sowie der ausgeprägten Stammes- und Klanverfassung des frühmittelalterlichen Irland entsprechend, gab es hier nur wenige «universale» Heilige, die auf der ganzen Insel verehrt wurden. Manche der zahlreichen irischen Heiligen waren in ihrer Verehrung auf einen Klan oder einen Stamm beschränkt, so der heilige Calmghin von Glendalough auf die O'Toole und O'Byrne, St. Maedoc von Fens auf die O'Kenshelagh, St. Fintan von Cluin-Aiduech schützte speziell die O'Moore und St. Cainnech die Mac Gilla Patrick.[187] Auch zu solchen Stammes- und Klanpatronen wurden Mael-Namen gebildet. Überregionale Verehrung genossen von den Heiligen Irlands vor allem Patricius und Brigida. Dementsprechend häufig begegnen die Namen Maelbrigte und Maelpatric.[188] Eine ähnliche Stellung als «Apostel» des Landes wie in Irland St. Patricius kommt in Schottland dem Iren St. Columban zu. Mael Coluimb, also «Diener des hl. Columban», wurde hier Anfang des 11. Jahrhunderts sogar zum Königsnamen. Als solcher konnte sich Malcolm auch noch halten, als die zusammengesetzten Formen der Heiligennamen abkamen. Als ein Relikt dieser eigenartigen keltisch-christlichen Sonderentwicklung lebt er bis in die Gegenwart fort.

Die Mael-Namen in Irland und Schottland haben als «hagiophorer» Namentyp begonnen, schließlich aber auch zu theophoren Namenbildungen geführt. Zusammensetzungen mit Martin, Peter, Paul, Johannes beziehen universale Heilige der Christenheit in die keltische Nachbenennung nach Heiligen ein.[189] Von den Engelnamen begegnet Michael in dieser Zusammensetzung. Im 10. Jahrhundert wird das Prothem Mael dann mit dem Namen Maria und schließlich auch mit Jesus kombiniert.[190] Mael Josa in Irland bedeutet dasselbe wie Abdiso oder Ebed Jesu in Syrien oder Mesopotamien.[191] Die irische bzw. keltische Entwicklung vom «hagiophoren» zum theophoren Namen hat freilich nirgendwo sonst ein Gegenstück. Sie läßt sich nur erklären, wenn man Beeinflussung durch eine christliche Namenkultur annimmt, in der sich umgekehrt theophore Formen der Namenbildung zu «hagiophoren» entwickelt haben, wie dies im ägyptisch-äthiopischen Raum der Fall war.

Einmalig ist die keltisch-christliche Sonderentwicklung von «Diener»-Namen, die sich auf Jesus und die Heiligen beziehen, auch insofern, als das Dienstverhältnis in der Form der religiös bedingten Unfreiheit des Tonsurierten ausgedrückt wird. Zusammensetzungen mit den alten irischen Sklavenbezeichnungen werden in der Nachbenennung nach Heiligen nicht mehr verwendet. Andere allgemeine Bezeichnungen für abhängige Personen wie «cele-» oder «gilla-»[192] kommen in solchen Namenskompositionen erst später auf. Ursprünglich hat dieser Namentypus einen rein monastischen Hintergrund.[193] Offenbar war er zunächst für Söhne vorgesehen, die Mönche werden sollten. Mit der Namengebung als «mael» eines Heiligen war wohl die Bestimmung für den geistlichen Stand verbunden – ein Motiv, dem wir auch im Zusammenhang mit unmittelbarer Nachbenennung nach Heiligen schon begegnet sind.[194] Die zeitliche Priorität der Mael-Namen vor anderen mit «Diener»-Bezeichnungen zusammengesetzten legt jedenfalls diese Vermutung nahe. Wenn später auch Laien mit solchen Namen begegnen, so ist in manchen Fällen vielleicht ein Abgehen von dem im Namen mitgegebenen Lebensprogramm anzunehmen, im allgemeinen aber wohl eine Ausweitung des Konzepts, im Dienst eines Heiligen zu stehen, über den geistlichen Stand hinaus. Auch die alttestamentlichen Namen in der keltischen Christenheit und den von hier aus missionierten Gebieten begegnen vorwiegend bei Geistlichen.[195] So wird man hier von einem ursprünglich zweigeteilten System der Namengebung ausgehen dürfen. Bestimmte Namentypen korrespondieren mit der Bestimmung für den geistlichen bzw. weltlichen Stand. Die Mael-Namen signalisieren ähnlich wie die alttestamentlichen den Auftrag, Mönch zu werden. In der asketischen Trennung von der Welt ist immer auch der Abschied von der Familie und von den Eltern gefordert. In Gesellschaften, in denen der Klan und der Stamm die wichtigsten Sozialformen darstellen, muß dieser Abschied als besonders tiefer Einschnitt empfunden werden.[196] So verwundert es nicht, daß gerade die so stark von der Klanverfassung geprägte keltische Christenheit des Frühmittelalters eine eigene Namensform für jene entwickelt hat, die in den geistlichen Stand eintreten sollten. Als «Geschorener» trat man aus den ahnenbezogenen Verwandtschaftsverbänden heraus[197] und wurde zugleich zum Diener eines Heiligen.

Seltener als Namensbildungen mit «Mael» und einem Heiligennamen begegnen in Irland solche mit «Cele». «Cele» meint ursprünglich wie das lateinische «comes» den Gefährten, wurde aber dann vorwiegend im Sinne von «Klient» verwendet. Wie bei vielen keltischen Völkerschaften spielte auch bei den Iren die Klientel in der frühen Stammesverfassung eine sehr wesentliche Rolle.[198] Es gab freie und unfreie Klienten, aber auch die persönlich unfreien «cele» unterschieden sich ihrem gesellschaftlichen Status nach grundsätzlich von den «mug», den Sklaven. Das Verhältnis von «manach» (Mönch, zugleich aber auch klösterlicher Hintersasse) zu «cele» ist nach den Rechtsquellen nicht ganz eindeutig. Der «manach» – und damit zugleich der als «mael» Bezeichnete – wurde mitunter rechtlich neben den «mug», also den Sklaven gestellt, manchmal aber auch neben den «cele», den Klienten.[199] Wie stark der Begriff «cele» auch als Abhängigkeitsverhältnis im religiösen Sinn verstanden wurde, zeigt die Selbstbezeichnung der großen monastischen Reformbewegung im Irland des achten und neunten Jahrhunderts als «Celi Dé», also als «Diener = Klienten Gottes».[200]

Als Beispiel eines mit «cele» – zusammengesetzten Personennamens sei auf Cele Petair, den 758 verstorbenen Abt des Klosters
Armagh, verwiesen.[201] Gerade bei einem geistlichen Namensträger
darf man mit einem ähnlichen Namensverständnis rechnen wie bei
den Mael-Namen, freilich von einer säkularen Wortwurzel ausgehend. Als Ausdrucksform der nicht monastisch verstandenen
Dienst- und Abhängigkeitsverhältnisse zu Heiligen hat sich im Irischen wie im Schottischen allerdings nicht «cele» – sondern «gilla»
– durchgesetzt.

Wie die Mael- und Cele-Namen sind auch die Gilla-Namen ein
Gegenstück zu den theophoren Abd-Namen des Orients bzw. den
«hagiophoren» Gabra-Namen Äthiopiens. Sie stellen im keltisch-
christlichen Namengut eine jüngere Schicht dar, die vor allem im
11. und 12. Jahrhundert stark in Erscheinung tritt. Es handelt sich
um eine abgeleitete Form der Namensbildung mit ähnlicher Tabuisierung der unmittelbaren Nachbenennung, die in den Kompositionselementen ein viel weiteres Spektrum erfaßt.[202] Unmittelbar
theophoren Namen wie Giolla Dhé/Gildea («Diener Gottes»), Giolla an choimdedh («Diener des Herren»), Giolla Christ («Diener
Christi») oder Giolla Josa («Diener Jesu», davon abgeleitet «Gillies»
als Fremdbezeichnung der Schotten) stehen allgemein «hagiophore»
wie Gilla Naoimh («Diener der Heiligen»), vor allem aber individuell «hagiophore» wie Gilla Eoin («Diener des Johannes»), Gilla Moi-
re («Diener Mariens») etc. gegenüber. Die letzteren sind sowohl an
universal als auch an regional bedeutsamen Heiligengestalten
orientiert wie z.B. Gillecatfar an St. Catfar, einem frühen Walliser
Heiligen. Interessant erscheint die Ausweitung auf Gillespie d.i.
«Diener des Bischofs», wobei wohl nicht an einen verstorbenen
heiligen Bischof, sondern an einen lebenden zu denken ist. Wie
«mael» in den Quellen mit lateinisch «calvus» gleichgesetzt, wird
so «gilla» mit «puer» d.i. junger Bursche, Diener, z.B. Gillemichael
mit «puer Michaelis».[203] Die Wortwurzel «gilla» ist nicht keltischen Ursprungs. Es handelt sich um ein germanisches Lehnwort
aus christlicher Zeit[204] das von «gisal» = Geisel abgeleitet ist. Auch
im Irischen bedeutet «giall» Bürge bzw. Geisel.[205] Geisel spielten
im öffentlichen Leben des frühmittelalterlichen Irland eine wichtige Rolle. Fast alle Verträge wurden in dieser Weise abgesichert.
Insbesondere galt das für die Abhängigkeitsverhältnisse zwischen
den einzelnen Stammeskönigen. Tributärbeziehungen machten einen Fürsten zum «celi» d.h. zum Klienten seines Oberherrn. Als
Garantie der Erfüllung eingegangener Verpflichtungen waren die-

sem Geiseln zu stellen – meist jugendliche Familienangehörige des abhängigen Königs.[206] Auf der Ebene der Fürstenfamilien stehen also Klientel- und Geiselbeziehungen miteinander in engem Zusammenhang. Es ist eine sehr angesehene Form von Dienstbeziehungen, die hier aus solchen Abhängigkeitsverhältnissen erwächst. Wir finden Analogien dazu unter den Königsfamilien germanischer Stämme in der Völkerwanderungszeit. Politische Bündnisse und Abhängigkeitsverhältnisse werden durch Vergeiselung und Formen künstlicher Verwandtschaft wie Waffensohnschaft, Pflegekindschaft und Schwurfreundschaft abgesichert. Über die Waffensohnschaft ergeben sich von der Vergeiselung Verbindungslinien zu Frühformen der Gefolgschaft und der Vasallität.[207] Solche vornehme Dienstbeziehungen von jungen Adeligen und von Fürstensöhnen zu ihrem Herrn bilden also das Vorbild für die Beziehung zu Gott und zu den Heiligen die in den irisch-schottischen Gilla-Namen zum Ausdruck kommen. Vom Sklavenverhältnis zur Gottheit, das die vorchristlich keltischen Mug-Namen ansprechen, ebenso aber vom Bedeutungsgehalt der orientalischen Abd-Namen christlicher wie vor- und außerchristlicher Provenienz sind diese Sozialbeziehungen weit entfernt.

Ähnliches gilt für die mit «gwas-» zusammengesetzten Namen im mittelalterlichen Wales bzw. im kymrisch-kornischsprachigen Teil der britischen Inseln. «gwas» meint «junger Mann», «Diener». Die Bedeutungsentwicklung dieses keltischen Wortes geht – wie häufig bei Dienerbezeichnungen – auf verschiedenen sozialen Ebenen in unterschiedlichste Richtungen. Der «gwas y meirch» ist in Wales ein ganz gewöhnlicher Stallbursch. Andererseits hat sich aus der Wurzel «gwas» die Bezeichnung «vassus»/«vasallus» entwikkelt, die im mittelalterlichen Lehenswesen höchste Stufen feudaler Abhängigkeit charakterisiert. Wohl eher an adeligen Abhängigkeitsverhältnissen orientiert, dürften Namenbildungen sein, die im Hochmittelalter in diesem Milieu begegnen. Eine mit dem englischen Königshaus verwandte Hochadelsfamilie in Northumbrien gab im 11. und 12. Jahrhundert mehrfach den Namen Cospatric d. i. «Diener des heiligen Patricius».[208] Gerade an Patrick orientierte Gwas-Namen sind insgesamt damals häufig. Aber auch in anderen Zusammensetzungen muß dieser Namentyp oft vorgekommen sein. Allein in heute noch üblichen wallisischen Familiennamen, die aus patronymisch verwendeten Vornamen entstanden sind, begegnen Gwas-Namen in folgenden Verbindungen: Duw («Gott»), Mair («Maria»), Dewi (St. David), Teilo (St. Teilo, wallisischer Lo-

kalheiliger), Mihhangel (Erzengel Michael), Deiniol (St. Daniel),
Sauffraid (St. Brigid), Patrig (St. Patrick), Dunwd (St. Donatus) und
Cain (St. Cain).[209] Fast alle Bezüge, die sich in den irisch-schottischen Mael- und Gilla-Namen finden, sind in dieser Gruppe vertreten: zu Gott, zum Erzengel Michael, zu Maria, zu den großen Heiligen der keltischen Kirchen wie Patrick, Brigid und David, aber auch
zu Regionalheiligen, in deren Namengut «fromme» frühchristliche
Namen wie Donatus und alttestamentliche wie Daniel und Kain
weiterlcbcn. Gerade der Name Gwas Cain erscheint für die Sondertradition der keltischen Kirche besonders bezeichnend. Er bezieht
sich zunächst auf einen Heiligen namens Kain, der seinerseits nach
Adams Sohn im Buch Genesis benannt ist. Dieser negativ besetzte
«Buchname» aus dem Alten Testament wird sonst in der jüdisch-
christlich-islamischen Tradition nicht vergeben. Er findet sich –
neben dem positiv besetzten Abel – einerseits im keltischen Christentum, andererseits bei den koptischen Christen.[210] Grundlage
der Namengebung ist wohl eine apokryphe Überlieferung im Zusammenhang mit dem Schöpfungsbericht der Genesis, die in diesen
beiden so weit voneinander entfernten und doch in der Frühzeit
miteinander in Verbindung stehenden Gruppen tradiert wurde und
die eine solche Nachbenennung ermöglichte.[211]

Mit dem Vordringen des römischen Einflusses in den keltischen
Kirchen im Verlauf des Hochmittelalters wurde deren System der
vermittelten Nachbenennung nach Heiligen zugunsten des römischen Systems der unmittelbaren Nachbenennung sukzessive aufgegeben. Noch lange Zeit standen freilich Namensformen beider
Systeme nebeneinander. Eine schottische Zeugenliste aus der Zeit
um 1200 soll das veranschaulichen:[212]

Dominus Adam filius Gilberti	Gylir
Dominus Milo corneht	Gillechrist filius Daniel
Johannes	Mattheus, Jacobus et Johans
Gillemihhel	filli Cosmungh
Patricius	Cospatricius
Mihhyn	Randulfus
Mihhyn	Adam
Cristinus	Gillechristus
Cospatricius	Gilbertus
Padinus	Gylmar
Gillemur	Mihhyn
Christinus	Dudigo
Gyliolmus	Patricius
Gylmichael	Adam et Coswold
	filii Murg

Repräsentanten dieser zwei so unterschiedlichen Systeme christlicher Namengebung stehen hier in einer Liste einander unvermittelt gegenüber. Auf der Ebene der theophoren Namen hat Gillechrist in Christinus/Christianus seine unmittelbare Entsprechung. Der «zu Christus Gehörige» wird auf irisch-schottisch damals eben auch noch als Gillechrist, als «Diener Christi» bezeichnet. Wir haben Belege, daß von Zeitgenossen die beiden Namen als bedeutungsgleich angesehen wurden.[213] Gille-Zusammensetzungen finden sich sonst hier nur noch mit den beiden besonders heiligen Namen des Erzengels Michael und der Muttergottes. Gyliolmus, Gilbertus und wohl auch Gylmar sind normannisch-fränkischer Herkunft und gehören nicht in diesen Zusammenhang. Auf der Ebene der «hagiophoren» Namen stehen einander Cospatricius und Patricius in vermittelter und in unvermittelter Nachbenennung direkt gegenüber. Coswold ist wohl auf den heiligen König Oswald von Northumbrien bezogen der 617 von schottischen Mönchen im Jona-Kloster getauft worden war. Auch an so «jungen» Heiligen orientierte sich also weiterhin die mit Gwas = «Diener» zusammengesetzte Namengebung. Von den typisch iroschottischen Alttestamentnamen begegnet Adam gleich dreimal in der Liste. Ihm stehen die Apostelnamen Matthäus, Jacobus und Johannes gegenüber. Nach Aposteln wurde in den keltischen Kirchen in älterer Zeit nicht unmittelbar nachbenannt. Sie vertreten in der Liste die für die keltischen Christen damals noch neue Welle der Heiligennamen. Nicht «alttestamentliche» und «neutestamentliche» Namen stehen hier miteinander konkurrierend gegenüber, sondern Vorbildfiguren des Alten Bundes und mächtige Schutzpatrone aus dem engsten Umkreis Jesu. Nicht als «Buchnamen» sondern als Heiligennamen gewinnen die letzteren damals so an Einfluß, daß sie die ersteren immer mehr verdrängen.

Der in der Zeugenliste aufscheinende Gillemur zeigt ebenso wie der zuvor behandelte Maelbrigte, daß eine Nachbenennung von Männern nach heiligen Frauen im Namensystem der keltischen Kirchen möglich war. Der umgekehrte Fall, nämlich Frauen nach heiligen Männern zu benennen, wie es das römische System im Mittelalter durchaus noch zuließ, erscheint im keltischen System ausgeschlossen. Theophore oder «hagiophore» Namensformen für Töchter standen hier offenbar überhaupt nicht zur Verfügung. Schon die zur Namensbildung verwendeten Protheme ließen das nicht zu. «Tonsuratus», Geisel, Klient oder Vasall konnte sinngemäß nur ein Mann sein. Auf spezifisch weibliche Formen eines

Dienst- bzw. Abhängigkeitsverhältnisses bezogene Namen fehlen. In einer von streng patrilinear orientierten Klanbeziehungen geprägten Gesellschaftsordnung erscheinen solche Unterschiede zwischen Frauen- und Männernamen nicht überraschend.[214] Diese ausgeprägte Klanverfassung wurde im Einzugsbereich der keltischen Kirchen durch den Einfluß des Christentums nicht wesentlich beeinträchtigt. Im Gegenteil – in dieser von den Zentren weit abgelegenen Randzone der christlichen Welt des Frühmittelalters hat sich umgekehrt die Kirchenverfassung sehr stark an die überkommenen Stammesstrukturen angepaßt.[215] Einige Besonderheiten des Namenwesens hängen mit dem Weiterleben der Klanverfassung auch nach der Christianisierung zusammen. An erster Stelle ist in diesem Zusammenhang die große Bedeutung des Patronyms wie überhaupt patrilinearer Abstammungsbezeichnungen zu nennen. Das Patronym ist hier keineswegs, wie in anderen christlichen Gesellschaften des Frühmittelalters, ein aufgrund besonderer Häufigkeit bestimmter Namen notwendiges Mittel der Differenzierung, sondern ein für die Identität der Person essentieller Namensbestandteil, vergleichbar dem islamischen «nasab». Es kann nicht durch ein Metronym ersetzt werden. Wie vielfach bei stark ausgeprägtem patrilinearen Abstammungsbewußtsein behalten Töchter auch nach der Eheschließung das Patronym.[216] Das Abstammungsdenken findet im Interesse an genealogischer Überlieferung einen besonderen Niederschlag.[217] Die aufgezählten Generationenfolgen gehen stets von der Patrilinie aus. Auch für Heiligenviten sind sie wichtig. Anders als sonst zumeist in der christlichen Tradition wird der geblütsmäßigen Abstammung im Heiligenleben ein hoher Stellenwert zugeschrieben. So sind gerade die Viten und Martyrologien eine Fundgrube für Informationen über reale und geglaubte genealogische Herkunft. Die Patrilinie des heiligen Patricius etwa wird über nicht weniger als 28 Generationen zurückverfolgt – zurück bis zu Stammvätern im Alten Testament.[218] Die Bedeutung des Patronyms wie überhaupt der patrilinearen Abstammung hat unter den Kelten der britischen Inseln schon früh zur Entstehung von Klannamen geführt. Um solche handelt es sich hier nämlich ursprünglich, nicht um Familiennamen, wie sie, von Byzanz und Oberitalien ausgehend, im Hoch- und Spätmittelalter am Kontinent zunehmend üblich wurden. Mit der englischen Eroberung von Irland und Wales wurden Familiennamen im kontinentalen Sinne auch hier eingeführt. Der Widerstand, auf den sie in den traditionellen Verbreitungsgebieten der Klanverfassung stießen, zeigt, daß es sich bei diesen beiden Namensystemen um etwas grundsätzlich Verschiedenes handelt.[219]

Die Namen der Ahnherren leben in der keltisch-sprachigen Bevölkerung der britischen Inseln in den Klannamen weiter.[220] Nach ihnen braucht nicht nachbenannt zu werden. Insgesamt spielt die Nachbenennung nach Vorfahren hier im Frühmittelalter für die Familienidentität keine wichtige Rolle. Namensrepetition kommt vor,[221] sie unterliegt aber nicht einem bestimmten System – etwa als regelmäßige Nachbenennung des ältesten Sohnes nach seinem väterlichen Großvater, wie wir es im mittelalterlichen Judentum des Mittelmeerraums als Norm gefunden haben. Gegenüber der sozialen Placierung durch innerfamiliale Nachbenennung steht eindeutig die von früheren Trägern des Namens unabhängige Namenswahl im Vordergrund.[222] Am Namensystem der keltischen Christen des Frühmittelalters wird einmal mehr deutlich: Starkes Ahnenbewußtsein hat keineswegs notwendig Ahnennachbenennung zur Folge.

Angelsächsische und fränkische Christen

Wenn wir in der analysierten Zeugenreihe einer schottischen Urkunde aus der Zeit um 1200 indirekte und direkte Nachbenennung nach Heiligen nebeneinander gefunden haben, so ist diese Konfrontation als Resultat zweier sehr unterschiedlicher Entwicklungsstränge christlicher Namengebung zu sehen, die sich auf den britischen Inseln auch mit zwei sehr unterschiedlichen Strukturen des Namenwesens aus dem vorchristlichen Substrat verbunden hatten. Die «hagiophore» und wohl erst sekundär auch theophore Namengebung der keltischen Kirchen geht auf die «Diener»-Namen des Orients zurück, wahrscheinlich unmittelbar auf analoge Formen der ägyptischen Christen. Die Heiligennamen kamen aus England nach Schottland.

England war direkt von Rom aus missioniert worden.[223] In Hinblick auf den tiefen Gegensatz zwischen den angelsächsischen Eroberern und den keltoromanischen Briten, die sich unter dem Druck der Invasoren großteils in den Westen des alten Britannien zurückgezogen hatten, spielten die Reste des bodenständigen Christentums für die Ausrichtung der frühmittelalterlichen Kirche in England eine geringe Rolle. Die römische Mission bei den Angelsachsen begann unter Papst Gregor d. Großen (590–604), ausgehend vom Königreich Kent im äußersten Südosten sowie mit einem zweiten frühen Stützpunkt in Northumbrien. Ihre entscheidende Prägung von Rom aus erhielt die angelsächsische Kirche jedoch erst in einer zweiten Welle, die mit der Entsendung des griechischen Mönchs Theodor von Tarsus und seiner Bestellung zum Erzbischof von Canterbury 669 einsetzte. Erzbischof Theodor baute die so stark mit Rom verbundene englische Kirchenorganisation auf.[224] Erst unter ihm setzte sich in den angelsächsischen Königreichen der römische Einfluß im kirchlichen Lebens voll durch. Die Entscheidung des Osterfeststreits auf der Synode von Whitby 664 gegen die iroschottische Tradition und zugunsten der römischen Observanz hatte dafür eine wichtige Voraussetzung geschaffen. Mit dieser zweiten Welle der Angelsachsenmission begann über Rom in England aber auch der griechisch-byzantinische Einfluß zu wachsen.[225] Theodor selbst war Grieche und brachte byzantinische Bildungstraditionen in die angelsächsische Kirche ein. In der Folgezeit kam Rom selbst immer stärker unter griechischen Einfluß. Im ausgehenden 7. Jahrhundert setzte die Reihe aus dem Osten stammender Päpste ein. Der Bilderstreit brachte viele vertriebene Bilderverehrer nach Rom. Diese stark vom Osten beeinflußte römische Linie wurde nun auch bei den Angelsachsen zur bestimmenden Kraft. Schon der von Papst Gregor dem Großen – kurz zuvor noch selbst Geschäftsträger Papst Pelagius' II. in Konstantinopel – als Missionar nach England entsandte Bischof Augustinus soll 598 am Hof von Kent mit einem silbernen Kreuz als «Standarte» und einem gemalten Tafelbild des Erlösers eingezogen sein.[226] Von Abt Benedikt Biscop (+ 689) berichtet die Kirchengeschichte des Beda, daß er gemalte Bilder Christi und der Heiligen aus Italien nach Northumbrien gebracht habe.[227] Gegenüber der hier früher maßgeblichen irischen Tradition waren Bilder in der Kirche eine Neuerung. Wie in Byzanz spielten Taufpatenschaften zwischen den Fürsten für die politischen Beziehungen unter den angelsächsischen Königen im 7. Jahrhundert eine wichtige Rolle.[228] Idealtypisch formuliert stand der ägyptisch-orientalischen Traditionslinie der keltischen Kirchen eine römisch-byzantinische der angelsächsischen gegenüber.

Trotz des starken römisch-byzantinischen Einflusses in der Mission der Angelsachsen ist es hier zunächst nicht zu einer stärkeren Verbreitung der direkten Nachbenennung nach Heiligen gekommen. Wir finden unter den englischen Christen zwar schon früh Träger von Heiligennamen – etwa den Abt Aeddi-Stephanus, den Autor der Lebensbeschreibung des heiligen Wilfried in der zweiten

Hälfte des 7. Jahrhundets – sie gehören aber fast alle dem geistlichen Stand an. Das ist eine Parallele zur keltischen Kirche, wo allerdings stärker und früher auch Laien spezifisch christliche Namen trugen. Zum Unterschied von den Verhältnissen in Irland, Schottland und Wales führen Kleriker und Mönche nicht nur Namen alttestamentlicher Gestalten in direkter Nachbenennung sondern auch solche von Aposteln, Märtyrern und anderen Heiligen. Heiligennamen wie Petrus, Paulus, Stephanus, Laurentius, Martinus oder Patricius kommen gelegentlich vor, jedoch stets ohne ein Prothem bzw. einen sonstigen Zusatz, der den heiligen Namen verändert.[229] In diesen vorwiegend bei Geistlichen auftretenden Ausnahmefällen ist die angelsächsische Christenheit eindeutig römisch-byzantinisch orientiert. Zu einer die Namengebung stärker bestimmenden Kraft wird die Nachbenennung nach Heiligen jedoch erst seit dem 11. Jahrhundert, vor allem seit der normannischen Eroberung von 1066.

Die Nachbenennung nach Heiligen war allerdings keineswegs die einzige und ursprünglich sicher nicht die wichtigste Form christlicher Namengebung in den angelsächsischen Königreichen. Kaum in einem anderen christlich-germanischen Kulturraum hat sich im Frühmittelalter theophores Namengut so stark entfaltet wie hier. Die Bedeutung theophorer Namen in der angelsächsischen Bevölkerung noch im frühen 12. Jahrhundert wird aus einem Bericht Williams von Malmesbury deutlich. Er erzählt, daß normannische Adelige, die König Heinrich I. (1100–1135) und seine Gattin verhöhnen wollten, sie ironisierend als «Godric» und «Godgifu» bezeichneten – ihrer Meinung nach damals offenbar die gewöhnlichsten englischen Namen.[230] Jedenfalls für Godric läßt sich dieser Befund quantitativ erhärten.[231] Mit God = Gott zusammengesetzte Frauen- und Männernamen waren überhaupt noch bis ins hochmittelalterliche England sehr weit verbreitet – auch solche mit -god im zweiten Namensteil.[232] Solche Namen finden sich in allen germanischsprachigen christlichen Kulturen. Ihr theophorer Charakter ist nicht immer klar festzustellen, weil es zahlreiche Überschneidungen mit Namensbildungen aus ähnlich klingender Wurzel, aber abweichender Bedeutung, etwa dem Adjektiv «gut» oder dem Stammesnamen der Goten gibt.[233] Die germanistische Forschung tendierte früher stark zu Ableitungen von der letztgenannten Wurzel.[234] Für die angelsächsischen Stämme des Frühmittelalters sowie das englische Königreich der Folgezeit läßt sich allerdings kaum ein plausibler Grund finden, warum man zunehmend seine Kinder nach dem zeitlich und räumlich fernen Stamm der Goten genannt haben sollte. Vielfach ist der theophore Bezug schon aus den Kompositionselementen eindeutig. Eine Godgifu wurde wohl sicher nicht als «von den Goten gegeben» gedacht und auch ein Godwine dürfte von den Zeitgenossen als ein «Gottesfreund» und nicht als ein «Gotenfreund» gesehen worden sein. Beide Namen haben unmittelbare Entsprechungen in der christlich-theophoren Namengebung, nämlich in Theodora und Theophil im Griechischen. Gerade das zweite Namenselement von Godgifu, das im Namengut anderer germanischer Sprachen fehlt und auch im Angelsächsischen nur in spezifisch christlichen Namensbildungen auftritt,[235] verweist auf die römisch-byzantinische Wurzel von christlich theophoren Namen bei den Angelsachsen. Man wird wohl nicht zu weit gehen, wenn man solches Namengut in die Traditionslinie der Missionsarbeit des griechischen Mönchs Theodor von Tarsus und seiner Gefährten einordnet.

Von den theophoren Namen der keltischen Kirchen unterscheiden sich die angelsächsischen Kompositionen mit god = «Gott» sehr wesentlich. Zusammensetzungen mit Namensteilen in der Bedeutung von «Diener» spielen eine völlig untergeordnete Rolle. Gelegentlich begegnet Godigisil, in dem dieselbe germanische Wurzel «gisal» = Geisel steckt wie in «Gilla», oder Godescealc, also «Diener» oder «Sklave Gottes».[236] Solche Entsprechungen zu den orientalischen Abd-Namen sind im Vergleich zum übrigen theophoren Namengut völlig bedeutungslos. Bei weitem in der Überzahl sind Namensbildungen mit traditionellen germanischen zweiten Namensteilen wie – beald, -beorht, -brand, -mar, -mund oder -ric.[237] Anders als in den keltischen Kirchen wurde die christlich-theophore Namengebung nicht aus «Diener»-Namen entwickelt, sondern in Anschluß an die herkömmlichen zweiteiligen Namensformen, wie sie auch schon in vorchristlicher Zeit bei den Angelsachsen üblich waren. Viele für Zusammensetzungen mit «Gott»- passende Zweitelemente wurden beibehalten, einige neue hinzugefügt z.B. in Godchild, Godlamb oder Godgifu. Eine gute Voraussetzung für diesen Prozeß der Weiterentwicklung zu theophorem Namengut in christlicher Zeit bildete das Prinzip der Namensvariation. Wir sind diesem Prinzip der Namensbildung durch Wechsel des ersten oder zweiten Namensteils unter Bezugnahme auf Namen von Familienangehörigen als einem Grundelement indogermanischer Namensysteme schon im antiken Griechenland begegnet, auch hier übrigens als Vorstufe für den Übergang zu theophoren Namen.[238] Die Angel-

sachsen haben sich dieses System familienbezogener Namengebung
besonders lange erhalten und es auch nach der Christianisierung
weiterentwickelt. Diesbezüglich erscheint vom vorchristlichen
Substrat her ein wesentlicher Unterschied zu den Verhältnissen bei
den keltischsprachigen Stämmen auf den britischen Inseln gegeben.
Für die Bildung theophorer Namen war das Prinzip der Namensvariation sehr gut geeignet. Neue christliche Motive konnten aufgenommen werden, ohne daß man den Bezug auf Familienangehörige
im Namen aufgab. Gerade die analog gebildeten christlich theophoren Namen der griechischen Sprache boten da vielfache Anknüp-
fungspunkte, weniger die lateinischen. Heiligennamen paßten überhaupt nicht in dieses System. Man konnte sie nur aufgreifen, wo auf
Familien- und Ahnenbezüge verzichtet wurde – nämlich bei den für
den Dienst an Gott bestimmten Kindern.

Das religiös motivierte Namengut der christlichen Angelsachsen
geht sicher weit über die mit God- zusammengesetzten Namensformen hinaus. Sakrale Elemente, die oft in heidnische Zeit zurückreichen, nach der Missionierung aber in einem christlichen Sinn verstanden worden sein dürften, stecken noch in manchen anderen in
der Namensbildung verwendeten Worten. In diesem Zusammenhang sind Namenskompositionen mit Ealh- und mit Weoh- zu nennen – beide in der Bedeutung von «Heiligtum». [239] Der Name des
großen angelsächsischen Gelehrten Alkuin (+ 804), des Ratgebers
Karls des Großen, meint so wohl einfach «Freund der Kirche».
Theophor im engeren Verständnis des Wortes sind Namensbildungen mit allgemeinen Bezeichnungen der Gottheit, die vor die Verwendung von God- zurückreichen. Zusammensetzungen mit Os –
einem alten Gottesnamen, der im Namen des germanischen Götter-
geschlechts der Asen/Ansen enthalten ist – wurden auch in christlicher Zeit weiterhin gegeben. Sie entwickelten sich nach der Christianisierung keineswegs rückläufig. [240] Der Gedanke liegt nahe, daß
die alte heidnische Gottheitsbezeichnung in christlichem Verständnis weiter verwendet und erst langsam durch eine neue christliche
substituiert wurde. Noch auffälliger ist die Entwicklung bei den mit
Aelf – zusammengesetzten Namen. Sie treten gerade im 10. und
11. Jahrhundert besonders häufig auf. [241] In einer Urkunde von ca.
959 begegnen unter 83 Zeugen nicht weniger als fünf Aelfwealds,
fünf Aelfrics und vier Aelfsiges. [242] In jenem northumbrischen
Adelsgeschlecht, in dem wir dem eigenartigen Namen Cospatric
mehrfach begegnet sind, tragen um die Mitte des 11. Jahrhunderts
von fünf Schwestern die drei ältesten alle den Namen Aelfflaed. [243]

Zu den traditionellen Grundsätzen der Namensvariation stand diese Namengebung in krassem Gegensatz. Es muß damals ein außerordentliches Interesse bestanden haben, gerade diesen Namen in der Familie zu erhalten. Wir werden noch sehen, daß Gleichnamigkeit von Geschwistern später vor allem dann auftritt, wenn es darum geht, den Schutz eines besonders mächtigen Namenspatrons zu sichern. Steht hinter den angelsächsischen Aelf-Namen ein solcher Namenspatron? Herkömmlicherweise werden sie auf die Elfen bezogen gedeutet. So soll Alfred aus Alf = «Elf», «Naturgeist» und rad = «Ratgeber» zusammengesetzt sein, Albwin/Albuin aus derselben vorchristlichen Wurzel und wini = «Freund».[244] Sollte wirklich bei den Angelsachsen damals ein heidnischer Elfenglauben für die Namengebung plötzlich so an Bedeutung gewonnen haben? Zur gleichen Zeit nehmen auf dem Kontinent parallel zu den «Gott»-Namen, die mit «Engel» – zusammengesetzten stark zu.[245] Man hat auch bei ihnen angenommen, daß sie von einem germanischen Stammesnamen abzuleiten sind – in diesem Fall von den Angeln.[246] Der Zusammenhang mit der Engelverehrung und damit die Ableitung von der griechischen Wurzel «angelos» ist hier aber wohl aufgrund der Kompositionsformen der Namen eindeutig.[247] In England fehlen die mit Engel- zusammengesetzten Namen fast vollkommen. Von den wenigen Nennungen ist ein Großteil kontinentaler Herkunft.[248] In Hinblick auf die bei den Angelsachsen – wohl unter irischem Einfluß[249] – hochentwickelte Engelverehrung erscheint dies verwunderlich. Nun wissen wir aus skandinavischen Quellen, daß der Kult von Schutzgeistern, die als «Elf» bezeichnet wurden, bei der Christianisierung unmittelbar von der Verehrung der Engel, insbesondere des Erzengels Michael, abgelöst wurde.[250] In England könnten die Verhältnisse ähnlich gewesen sein. Wenn hier bei der Namengebung die älteren mit Aelf-zusammengesetzten Formen beibehalten und zum Unterschied von der kontinentalen Entwicklung nicht durch die jüngeren Engel-Namen ergänzt bzw. ersetzt wurden, so bietet vielleicht gerade der Gleichklang der aus dem Griechischen stammenden Wortwurzel mit dem Stammesnamen der Angeln eine Erklärung. Wie auch immer – die ungewöhnlich starke Zunahme der Aelf-Namen in England ist sicher im Kontext einer christlich-religiös motivierten Namengebung zu sehen, die der Phase der Nachbenennung nach Heiligen im Hochmittelalter vorausgegangen ist.

Die Kontinuität vorchristlichen theophoren Namenguts über die Christianisierung hinaus und dessen Anreicherung mit neuen Moti-

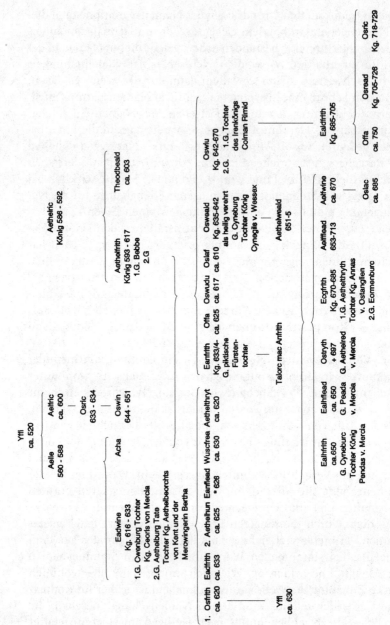

Tafel 14: Das angelsächsische Königshaus von Northumbrien (Familie des hl. Oswald)

ven läßt sich anschaulich am Beispiel der Königsfamilie von Northumbrien zeigen (Tafel 14).[251] Die mit Os- gebildeten Namen reichen
hier weit zurück. Vor den in die Stammtafel aufgenommenen Personen sind aus dem Verwandtenkreis des Königshauses noch ein Os-
maer um 550 und ein Osweald um 570 – namensgleich mit dem
später als Heiligen verehrten König und Bretwalda – zu nennen.[252]
Auch die fünf Söhne König Aethelfriths erhielten ihre mit Os- zusammengesetzten Namen noch in vorchristlicher Zeit. Oswald und
Oswiu ließen sich taufen. Oswald fiel 642 in der Schlacht gegen den
noch heidnischen König Penda von Mercia, was ihm den Ruhm
eines christlichen Märtyrers einbrachte. Unter Oswiu fand 664 jene
berühmte Synode von Whitby statt, in der über die Osterfestberech-
nung die Entscheidung gegen die irische Ausrichtung der angelsächsischen Kirche zugunsten der römischen fiel. Auch Edwin, der Vater
von Oswius zweiter Frau Eanflead ließ sich 628 taufen – gleichzeitig
mit seinen Söhnen erster Ehe, von denen einer also noch vorchristlich den Namen Osfrith erhalten hatte, und in Zusammenhang mit
seiner zweiten Ehe mit Aethelburg/Tate, der Tochter des Königs
von Kent und Bretwalda Aethelbeorcht.[253] Dieser hatte seinerseits
in Anschluß an seine Heirat mit der katholischen Merowingerin
Bertha als erster angelsächsischer König das Christentum angenommen.[254] Bei den Nachkommen Oswius und Eanfleds ist daher mit
einer bewußt christlichen oder doch zumindest mit einer mit
christlichen Vorstellungen vereinbaren Namengebung zu rechnen.
Bei ihren Kindern finden sich bei Ealhfrith und Ealhflaed, ein neues
sakrales Namenselement, das sich weder bei den väterlichen noch
bei den mütterlichen Vorfahren findet – nämlich «ealh» = Heiligtum. Im zweiten Teil werden Motive aus der Familientradition aufgenommen, die einen Bezug zum Großvater und zur Mutter herstellen. Eine analoge Komposition findet sich bei Aelffled und Aelfwin,
wobei bei letzterem eine Verbindung zum mütterlichen Großvater
hergestellt wird. Im ersten Teil enthalten die beiden Namen das
sakrale Motiv «aelf-», das unter den Verwandten der Mutterlinie
schon einmal begegnet, jetzt aber gleich doppelt und wohl in einem
neuen Verständnis aufgegriffen wird. Die Os-Namen treten im Vergleich zur vorangegangenen Generation unter den Kindern Oswius
zunächst zurück, kehren aber unter dessen Enkeln mit drei Vertretern verstärkt wieder. Auch hier wird mit einem veränderten christlichen Verständnis des Namens zu rechnen sein. Das gemeinsame
Auftreten gleich dreier verschiedener sakraler Kompositionselemente unter den Namen der Kinder Oswius zeigt jedenfalls, daß die

Christianisierung hier nicht zu einem Verschwinden, sondern im Gegenteil zu einer Verstärkung vorchristlicher religiöser Motive in der Namengebung geführt hat – offenbar in einer neuen Deutung dieser Namenselemente.[255]

Die Verbindungen des northumbrischen Königshauses zu irischen Fürstenfamilien lassen ansatzweise auch die völlig unterschiedlichen Rahmenbedingungen erkennen, die sich aus dem vorchristlichen Substrat des Namensystems bei den keltischen bzw. bei den angelsächsischen Stämmen für die Namengebung in christlicher Zeit ergaben. König Eanfriths Sohn aus seiner Ehe mit einer piktischen Fürstentocher erhielt den keltischen Namen Talorc, mit dem ganz selbstverständlich das Patronym Mac Anfrith verbunden wurde. Bei den Angelsachsen hingegen fehlt das Patronym. Ihre Formen, Familienbeziehungen im Namen auszudrücken, waren andere, nämlich die Alliteration, die Variation bzw. die Repetition,[256] wobei der Namensvariation im vorgelegten Stammbaum wie insgesamt bei den Angelsachsen im Frühmittelalter die weitaus größte Bedeutung zukommt. Gemeinsamkeiten in einem Element des in der Regel zweiteiligen Namens finden sich bei sehr unterschiedlichen Verwandtschaftsbeziehungen. Häufig werden damit Verbindungen zwischen Eltern und Kindern bzw. zwischen Geschwistern ausgedrückt, aber auch Namensteile weit entfernter Verwandter können aufgegriffen werden – bei Aelfflead und Aelfwin etwa eines Urgroßonkels mütterlicherseits. Die Variation zu Namen der väterlichen Vorfahren und Verwandten steht in den abstammungsbewußten Königshäusern im Vordergrund. Gelegentlich wird auch auf mütterliche Verwandte in dieser Weise Bezug genommen, vor allem bei Töchtern. Bei den Kindern König Oswius etwa kommen die femininen zweiten Namensglieder -flead und -thryth von der Mutterseite. Im nicht geschlechtsspezifisch gebundenen ersten Namensglied sind Übereinstimmungen zwischen männlichen und weiblichen Familienangehörigen durchaus üblich. Ostryth korrespondiert diesbezüglich mit Oswiu bzw. den anderen Os-Namen der vorangegangenen Generation, Aelfflead mit Aelfric. Bestimmte Regeln, auf welche Personen aus dem Kreis der näheren oder weiteren Verwandtschaft primär Bezug genommen werden mußte, scheint es keine gegeben zu haben. Besondere Verbindungen zwischen dem Namen des ältesten Sohnes und dem des Großvaters etwa – wie wir sie in anderen Namensystemen so oft gefunden haben – lassen sich hier nicht erkennen. Auch Unterschiede in der Häufigkeit des Anknüpfens an Verwandtennamen zwischen Söh-

nen und Töchtern treten nicht in Erscheinung. In die Namensvariation sind beide Geschlechter in gleicher Weise einbezogen. Das darf
sicher nicht als Ausdruck eines grundsätzlichen Gleichheitsden-
kens interpretiert werden, aber doch einer Gleichstellung hinsichtlich der durch die Namensvariation intendierten Aussage. Töchter
sind Eltern genauso verbunden wie Söhne. Der Bruder hat in der
Geschwisterbeziehung vor der Schwester keinen Vorrang. Die Namensvariation drückt Familienbeziehungen aus, nicht Gemeinsamkeit der Abstammung in patrilinearen Klans.

Ähnliches gilt für die Alliteration, ein mit der Namensvariation
verwandtes Prinzip, Zusammenhänge zwischen Namensträgern
auszudrücken. Familiale Gemeinsamkeit wird hier nicht durch
Weitergabe ganzer Namensteile signalisiert, sondern bloß durch die
Übereinstimmung der Anfangsbuchstaben. Daß der Anfangsbuch-
stabe Wesentliches des ganzen Namens enthält und deswegen etwa
auch bei Namenswechsel gleichbleiben soll, ist ein weitverbreitetes
Motiv, das in vielen Kulturen ganz unterschiedlichen Ursprungs
begegnet.[257] Welche Anlaute von Namen jeweils als miteinander
korrespondierend empfunden wurden, konnte von Kultur zu Kultur
stark variieren. Im hier vorgestellten Beispiel etwa liegt unter allen
Nachkommen König Aethelfriths mit Ausnahme des keltisch benannten Talorc vokalische Alliteration vor.[258] Noch ausgeprägter
begegnet Alliteration unter den angelsächsischen Königsdynastien
in der von Essex, in der mit einer einzigen Ausnahme vom ausgehenden 6. bis ins frühe 9. Jahrhundert alle Namen mit S beginnen.[259] Vielleicht kommt darin das Abstammungsbewußtsein dieses Geschlechts von ihrem göttlichen Ahnherren Saexnot zum Ausdruck. Als Zeichen des Zusammengehörigkeitsgefühls von Angehörigen eines patrilinearen Klans kann freilich eine solche Namensal-
literation genausowenig gewertet werden wie analoge Formen der
Namensvariation.

Schließlich finden sich im Königshaus von Northumbrien einige
Fälle von Namensrepetition – verglichen mit anderen angelsächsi-
schen Geschlechtern dieser Zeit relativ viele. Yffi trägt den Namen
seines Ururgroßvaters, Offa und Oslac jeweils den eines Großon-
kels. In allen drei Fällen handelt es sich um Nachbenennung nach
Verwandten im Mannesstamm. Aber auch eine Nachbenennung
über die Mutterlinie kommt vor. König Ecgfrith trägt denselben
Namen wie ein Bruder seiner mütterlichen Großmutter, ein Sohn
Aethelbeorchts, des ersten christlichen Königs von Kent.[260] Ob das
Aufkommen der Namenswiederholung mit der Christianisierung

zusammenhängt, läßt sich schwer entscheiden. Die Verwandtennachbenennung des heiligen Oswald, der noch als Kind heidnischer
Eltern zur Welt kam, könnte als Gegenargument gewertet werden.
Das Christentum hat diesbezüglich aber wohl ältere Tabu-Vorstel-
lungen gelockert. Während wir im northumbrischen Königshaus in
der Frühphase nach der Christianisierung ausschließlich Nachbenennungen nach schon verstorbenen Vorfahren und Verwandten
finden, begegnen wir ihnen bei den englischen Königen im
11. Jahrhundert dann erstmals auch unter lebenden.[261] Der Abbau
dieser Schranke der Namensrepetition bedurfte also – ebenso wie
auch in anderen germanischen Fürstengeschlechtern – offenbar einer langfristigen Entwicklung. Bemerkenswert erscheint, daß
gleich der Namensvariation auch die Namenswiederholung bei
den Angelsachsen nicht nach einem klaren System erfolgte, das
bestimmten Vorfahren bei der Namengebung der Kinder eine Priorität gibt.

Wie bei den Angelsachsen war die Namensvariation auch bei den
germanischen Völkern auf dem Kontinent zur Zeit der Christianisierung das vorherrschende System der Namengebung. Allein schon
von den überkommenen Gegebenheiten des Namenwesens her bestanden hier ebenso zunächst keine günstigen Voraussetzungen für
eine Nachbenennung nach Heiligen. Im Unterschied zu den Verhältnissen bei den Angelsachsen zeigen sich jedoch im Frankenreich einige Ansätze, eine Bezugnahme auf Heilige im Rahmen des
vorgegebenen Systems in die Namengebung einzubinden. Solche
Versuche haben zu «hagiophoren» Namen eigenen Typs geführt, die
sich von den in den keltischen Kirchen entwickelten grundsätzlich
unterscheiden. Anders als dort ist es hier jedoch dadurch nicht zu
einer nachhaltigen Prägung des Namenwesens gekommen. Die «hagiophoren» Namen des Frankenreichs blieben eine ephemere Rand-
erscheinung, die eigentlich bloß als Zeichen der Inkompatibilität
der beiden so unterschiedlichen Systeme von Namensvariation und
Heiligennachbenennung Erwähnung verdient.

Als «hagiophore» Namen im engeren Sinne sind solche zu verstehen, bei denen ein christlicher Heiligenname mit einem traditionellen germanischen zweiten Namensteil zu einem neuen Personennamen zusammengeschlossen wird wie etwa bei Petribert oder Paulhart, Petresinda oder Paulesinda.[262] Relativ häufig finden sich derartige latinogermanische Kompositionen mit dem Namen des fränkischen Reichsheiligen St. Martin, etwa Marthelmus, Martildis, Mar-
toredus, Martesinda, Martoaldus oder Martoinus.[263] Als keltoger-

manische Namensbildungen sind vielleicht Zusammensetzungen mit Brict- bzw. Brice- hierherzustellen, wie Brictgerus oder Briceoldus, die unter irischem Einfluß in Bezugnahme auf die heilige Brigida entstanden sein könnten.[264] Weniger klar ist der Sachverhalt bei einer Gruppe latinogermanischer Namen, bei denen in den sogenannten «frommen» christlichen Namen häufig verwendete Motive mit einem germanischen zweiten Namensteil kombiniert auftreten. In Namen wie Vincardus, Floresindus oder Justebertus können sowohl Bezeichnungen für allgemeine christliche Hoffnungen, Erwartungen oder Tugenden eingegangen sein als auch konkrete Heiligennamen, die auf einer solchen Grundlage entstanden sind.[265] Alttestamentliche Namen wie Job oder Judith erscheinen in Jobesindis oder Judramnus variiert.[266] Im Polyptichon Irminonis, dem berühmten karolingischen Güterverzeichnis der Abtei St. Germain de Près, erscheint eine Elisabeth mit ihrer Tochter Elisabiris. Namen wie Elisbertus, Lisbrandus, Lisegundis oder Elisardis sind wohl in ähnlicher Weise als Variation zu einem biblischen Namen entstanden zu denken.[267] In derselben Quelle findet sich ein bäuerlicher Kolone Jordoin mit seinem Sohn Jordanis und seiner Tochter Jordildis.[268] Hier liegt den germanischen Namenskompositionen nicht ein Heiligenname sondern ein «heiliger Name» zugrunde, so daß man in einem weiteren Verständnis auch in diesem Fall von einer «hagiophoren» Namensbildung sprechen kann.

Seine christliche Bedeutung hatte der Name Jordan und seine Zusammensetzungen durch den Bezug zum Taufsakrament. Dasselbe gilt wohl für die im Frankenreich relativ häufigen mit Austro-/ Oster- bzw. Nadal-, Nodal- zusammengesetzten Namen wie Austrobaldus, Osterlindis, Nadalberga oder Nadalgaudus.[269] Sie haben in den lateinischen Namensbildungen wie Paschalis oder Natalia ihre Entsprechung.[270] In diesen Festnamen wird offenbar auf die wichtigsten Tauftermine des Frankenreichs in merowingischer Zeit Bezug genommen. Neben Ostern war das zunächst Weihnachten. König Chlodwig etwa wurde am Weihnachtstag getauft, eine Terminwahl, die Bischof Avitus von Vienne in einem Brief an den König ausführlich begründete.[271] Gregor von Tours nennt Weihnachten, Ostern und das Fest Johannes des Täufers als Tauftermine.[272] Aber schon bald dürften weitere Heiligenfeste hinzugekommen sein. Eine in Mâcon im Jahre 585 tagende Synode beklagt jedenfalls, daß wegen der häufigen Taufspendung an Heiligenfesten für die österliche Tauffeier oft nur mit Mühe gerade noch zwei oder drei Kinder zu finden seien.[273] In der karolingischen Kirchenreform wurde nochmals ein großangelegter Versuch gemacht, große Herrenfeste als einzige Spendetermine durchzusetzen – diesmal Ostern und Pfingsten. Nach den Beschlüssen einer Reformsynode in Paris von 829 sollten alle außerhalb der regulären Zeiten Getauften von kirchlichen Ämtern ausgeschlossen sein.[274] Solche Maßnahmen lassen darauf schließen, daß Heiligenfeste als Tauftermine sich großer Beliebtheit erfreuten. Vielleicht sind Petribert und Paulhart in solchen Zusammenhängen als Analogiebildungen zu Austrobertus und Nadalardus entstanden. Worin auch immer der Ursprung dieser eigenartigen Namenskompositionen zu suchen ist – sie gehen sicher auf eine andere Wurzel zurück als die «hagiophoren» Namen in Irland, Schottland und Wales. Kompositionsformen, in denen die Nachbenannten als «Diener» eines Heiligen bezeichnet werden, spielen im Frankreich keine Rolle.

Auch bei den theophoren Namen stehen im Frankenreich zunächst nicht solche im Vordergrund, in denen ein Dienstverhältnis ausgedrückt wird. Den lateinisch-germanischen Mischformen vom Typus Petribert und Paulhart lassen sich hier Zusammensetzungen mit Domin- (zu «dominus» = Herr) und Christ- an die Seite stellen wie etwa Domnofredus, Domingitus oder Christehildis.[275] Im Vergleich zu den rein lateinischen Formen Dominicus/Dominica bzw. Christianus/Christiana, die sich auch über die romanischsprachigen Gebiete hinaus verbreiteten, sind solche Namensbildungen jedoch bedeutungslos. Dasselbe gilt im Verhältnis zu theophoren Namen aus germanischer Wurzel. Theophore Namen ließen sich, wie schon betont, auf der Basis des zweistämmigen germanischen Namensystems und seinen Möglichkeiten der Weiterentwicklung durch Namensvariation viel leichter bilden als «hagiophore». Wie bei den Angelsachsen stellt sich freilich auch im Frankenreich das Problem, ob bzw. in welchem Ausmaß vorchristliche Gottesbezeichnungen übernommen und in einem christlichen Verständnis weiterentwickelt wurden. Den angelsächsischen Os-Namen entsprechen bei den Franken die Zusammensetzungen mit Ans-. Wie jene entwickeln sie sich in christlicher Zeit durchaus nicht rückläufig.[276] Der Name Ansagisalas ist schon aus einer nordischen Runeninschrift aus der Zeit um 400 nachgewiesen.[277] Daß hier auf eine heidnische Gottheit Bezug genommen wurde, steht außer Frage. Wenn um 600 der Ahnherr der Karolinger, der später als Heiliger verehrte fränkische Hochadelige Arnulf, seinem Sohn den Namen Ansegisel gab, so wird er damit kaum seine besondere Verehrung für das alte germanische Göttergeschlecht der Asen haben ausdrücken

wollen. War mit «gisel» = Geisel eine der adeligen Lebenswelt angemessen formuliertes Abhängigkeitsverhältnis zum Christengott
gemeint? Der Name wurde unter den Karolingern späterhin nicht
mehr direkt aufgegriffen, jedoch in variierter Form. Gisala war seit
der Mitte des 8. Jahrhunderts der weibliche Leitname des Königshauses schlechthin. Da die ursprüngliche Wortbedeutung «Geisel»
für eine Frau nicht in Frage kam, ist wohl mit einem abgeleiteten
Wortsinn zu rechnen. Bedeutete Ansegisel in der fränkischen Umwelt der frühen Karolinger «adeliger Diener Gottes», so könnte Gisala ohne ausdrückliche Bezugnahme auf Gott ein religiös konzipiertes Dienstverhältnis meinen.

Im 9. und 10. Jahrhundert sind im Frankenreich die mit «got-» =
Gott komponierten Namen unter den theophoren eindeutig dominant. Das läßt sich am besten daran erkennen, daß spezifisch christliche neue Kompositionsformen nur mehr mit dieser Gottesbezeichnung gebildet werden.[278] Freilich sind nicht alle mit «got-»
zusammengesetzten Namen theophor. Die Wortwurzel «gōt» = gut
spielt daneben für die Namenbildung eine nicht unwesentliche Rolle. In früheren Jahrhunderten stellt sich zudem das Problem, inwieweit theophore Got-Namen eine christliche oder eine vorchristliche Gottesvorstellung enthalten – dieselbe Frage also wie bei den
Ans-Namen. Im burgundischen Königshaus, das zunächst das aria-
nische Christentum angenommen hatte, begegnen mit «gode-» zusammengesetzte Namen schon seit dem frühen 5. Jahrhundert, unter ihnen auch Godegisel.[279] Der Name Godomar wird in diesem
Geschlecht dreimal nacheinander gegeben. Zwar handelt es sich in
diesen Fällen wahrscheinlich jedesmal um Nachbenennung nach
verstorbenen Familienangehörigen, aber auch die Nachbenennung
nach noch lebenden ist hier schon um die Mitte des 5. Jahrhunderts
belegt – das erste Beispiel für diese Form der Namensrepetition in
einem germanischen Fürstenhaus überhaupt.[280] Namensvariation
war zwar bei den Burgunderkönigen noch üblich, diese dürften aber
schon früh neue Sitten der Namengebung von ihrer romanisch-
christlichen Umwelt übernommen haben. Vielleicht gilt dies auch
für ihre theophoren Namen. Die Merowinger, die zumindest zwei
Königsnamen von ihren burgundischen Vorfahren übernommen haben – nämlich Gunther und Chilperich –,[281] schlossen allerdings an
deren theophore Namengebung nicht an.

Wie in fast allen christlichen Kulturen des frühen Mittelalters mit
theophorer Namengebung – auf die Ausnahmesituation in den keltischen Kirchen wurde hingewiesen –, finden sich auch bei den

Franken solche Namen sowohl in männlichen wie in weiblichen Formen. Die meisten der zweiten Namenglieder haben keinen spezifisch christlichen Sinn und wurden dem traditionellen vorchristlichen Namengut entnommen, ganz ähnlich wie wir das bei den Angelsachsen gefunden haben. Da die herkömmlichen germanischen Zweitglieder der Namen geschlechtsspezifisch differenziert waren, kam es dadurch in der Regel nicht zu einer unmittelbaren Bedeutungsentsprechung von Frauen- und Männernamen. Kompositionen wie Godomar aus «Gott» und «Ruhm» blieben Männern vorbehalten, solche wie Godetrudis aus «Gott» und «vertraut» waren auf Frauen beschränkt. Gegenüber den griechischsprachigen theophoren Namen, bei denen einem Theodor eine Theodora, einem Theophanes eine Theophano entsprachen, ergab sich dadurch in der Form der Namensbildung ein wesentlicher Unterschied. Er kann aber sicher nicht als Ausdruck einer unterschiedlichen Stellung der Geschlechter in der Kultgemeinschaft gedeutet werden, wie das etwa für die islamischen Abd-Namen gilt.

Bezeichnenderweise findet sich gerade bei den theophoren «Diener»-Namen im fränkischen Reich eine unmittelbare Entsprechung zwischen weiblichen und männlichen Formen. Gotadeo («Gottesknecht») korrespondiert mit Gotesdiu («Gottesmagd») wie Engildeo («Engelsknecht») mit Engildiu («Engelsmagd»).[282] Viel stärker als bei den Angelsachsen ist es im Frankenreich zur Ausbildung von Personennamen gekommen, in denen die Gottesbeziehung als Dienstverhältnis ausgedrückt wurde. Zu Gotadeo ist die wohl der Wurzel nach ältere Namensform Ansedeus zu stellen.[283] Als adelsgemäße Ausdrucksform der Abhängigkeit tritt zu Godegisil bzw. Ansigisil die viel jüngere Namensbildung Cotesthegan, die sich auf einen kriegerischen Dienst bezieht.[284] Eine späte, für die Namengebung aber sehr wichtige «Gottes-Diener»-Form ist Gottschalk. Bei einem Verwandten des Langobardenkönigs Liutprand begegnet der Name schon in der ersten Hälfte des 8. Jahrhunderts.[285] Im Frankenreich hat er sich im allgemeinen erst seit dem 9. Jahrhundert verbreitet.[286]

Ein besonders prominenter Träger dieses Namens, bei dem wir aus seiner Lebensgeschichte auch Rückschlüsse auf die Motive der Namenswahl ziehen können, war Gottschalk von Orbais, auch Gottschalk «der Sachse» genannt.[287] Gottschalk wurde um 805 als Sohn eines sächsischen Grafen geboren. Der Vater bestimmte ihn für den Mönchsstand und übergab ihn in früher Jugend dem Kloster Fulda. Herangewachsen, versuchte Gottschalk sich der ihm aufgedrängten Bestimmung zu entziehen, indem er behauptete, gegen seinen Willen geschoren und gewaltsam dem Mönchsleben geweiht worden zu sein. Er floh aus dem Kloster und wurde 829 auf einer Synode in Mainz, an der die Erzbischöfe von Mainz, Trier, Köln, Besançon und Salzburg teilnahmen, nach langer Debatte von seinem erzwungenen Gelübde gelöst. Sein bisheriger Abt, der berühmte Hrabanus Maurus, fügte sich diesem Spruch nicht und rief ein unter kaiserlicher Mitwirkung abzuhaltendes Reichskonzil an. Um die Entscheidung Ludwigs des Frommen zu seinen Gunsten zu beeinflussen, verfaßte er eine eigene Schrift über die Darbringung der Kinder zum Mönchsstand. Er argumentierte hier auf der Basis von Schriftstellen, daß es den Gläubigen freistehe, ihre Kinder Gott zu weihen, daß solche Gelübde ohne schwere Sünde nicht gelöst werden könnten und daß der Stand der Mönche von Gott eingesetzt sei. Da von Gottschalks Protektoren die Modalitäten des Freiheitsverlusts nach sächsischem Recht ins Spiel gebracht wurden, betonte Hrabanus, daß das Bekenntnis zur Knechtschaft Christi überhaupt nicht den Verlust von Freiheit und Adel bedeute. Denn die, die Gott allein dienen, seien bei weitem freier, als die, die in der Sünde leben. Nur um den Mönchsstand verhaßt zu machen, bezeichne man ihn als einen Zustand der Unfreiheit. Hrabanus erreichte sein Ziel. Ludwig der Fromme entschied zu seinen Gunsten und bestätigte den herkömmlichen Usus, der Vätern das Recht gab, ihre Kinder einem Kloster als Weihegeschenk darzubringen und sie für das klösterliche Leben zu bestimmen. Gottschalk mußte Mönch bleiben, durfte jedoch von Fulda in das westfränkische Kloster Orbais übersiedeln. Hier setzte er seine nonkonformistische Linie fort. Über seine an Augustinus orientierte strenge Prädestinationslehre geriet er neuerlich mit Hrabanus in Konflikt und wurde neuerlich verurteilt. Mit seinem persönlichen Problem des unfreiwilligen Eintritts in den Mönchsstand hängt diese theologische Kontroverse jedoch nur mehr vermittelt zusammen. Der erste Streit hingegen betraf unmittelbar das ihm schon mit seinem Namen aufgezwungene Lebensprogramm, gegen das er sich in einer für seine Zeit ganz ungewöhnlichen Weise auflehnte. Der Name Gottschalk war ihm offenbar vom Vater als Zeichen der Bestimmung für den Mönchsstand gegeben worden. Was mit dieser damals in Sachsen noch relativ neuen Namensbildung angesprochen war, wird in Hrabanus' Argumentation sehr deutlich. «Schalk» drückte anders als etwa «Thegan» eine unfreie Form des Dienstes aus, wie der Mönchsstand insgesamt als ein Stand der Unfreiheit angesehen wurde. Hrabanus mußte sehr nachhaltig betonen, daß «Gottesknecht» zu sein mit Adel und Freiheit durchaus vereinbar sei. Sehr anschaulich wird hier sichtbar, wie Vorstellungen über irdische Sozialbeziehungen im Verständnis der Zeitgenossen die Vorstellungen über das Verhältnis zu Gott prägten. So wird es erklärbar, warum sich im theophoren Namengut der christianisierten Germanenstämme unmittelbare Entsprechungen zu den aus dem Orient kommenden Abd-Namen so schwer durchsetzen konnten. Erst in karolingischer Zeit wurden sie voll rezipiert.

Als Parallelform zu Gottschalk erscheint vor allem Engelschalk bemerkenswert. Der Name kommt in etwa zur gleichen Zeit auf wie Gottschalk und verbreitete sich vor allem in Bayern. Zwei Markgrafen an der Südostgrenze des Reiches trugen in der zweiten Hälfte des 9. Jahrhunderts diesen Namen. Der jüngere von ihnen wurde der Schwiegersohn Kaiser Arnulfs. Sein gleichnamiger Vater hatte eine Engilrat zur Mutter, wie überhaupt mit Engil- zusammengesetzte Namen in der Familie schon bis ins 8. Jahrhundert zurück zu finden sind.[288] Von Bayern aus verbreiteten sich Engilschalk wie andere mit Engil- zusammengesetzte Namen in der Slawenmission. Im Evangeliar von Cividale aus dem 9. Jahrhundert ist eine Slawengruppe mit folgenden Namen eingetragen: «Ingeldeo, Stradoslava, Abraham, Ingeldeo, Engilschalko filio eius, Ingeldeo, Engelpirin, Dobroblaste, Riheri, Ingeldeo, Ilpegund, Stradasclav.»[289] Aus solchen und ähnlichen Eintragungen wird deutlich, welche Rolle die Engelverehrung damals für die spezifisch christliche Namengebung von Neubekehrten spielte – und zwar deutschsprachig formuliert für eine slawischsprachige Bevölkerung. Engildeo und Engilschalk als Vater und Sohn spiegeln dabei die Abfolge einer älteren und einer jüngeren Ausdrucksform des Dienstverhältnisses zu den Engeln.

Engelschalk ist der Namensbedeutung nach eine unmittelbare Entsprechung zu Abd al-Malak, den wir bei den koptischen Christen gefunden haben,[290] wie Gottschalk zum islamischen und ebenso arabisch-christlichen Abdallah. Die Namen der Engel waren im Frankenreich heiß umstritten. Ein Wanderprediger namens Aldebert, der in Nordfrankreich auftrat und behauptete, die Namen der Engel zu wissen und von einem von ihnen eine außerordentliche Reliquie erhalten zu haben, beschäftigte 745 eine römische Synode unter Papst Zacharias. Von den von ihm angerufenen Namen wurde nur der Michaels als der eines Engels anerkannt, die anderen aber als Dämonennamen von jeder Anrufung ausgeschlossen.[291] Nicht

mehr als drei Engelnamen seien bekannt, stellte die Synode fest,
nämlich Michael, Gabriel und Raphael. Nochmals mußte sich eine
fränkische Reichssynode mit den Namen der Engel beschäftigen.
Die Engelverehrung nahm damals im Frankenreich stark zu. Kurz
vor seinem Tod ließ Karl der Große auf der Synode von Mainz das
Michaelsfest zum Reichsfest erheben. Der Erzengel wurde zum
Schutz- und Bannerherren des Reiches.[292] Sein Name aber durfte
nicht gegeben werden. Als Name eines himmlischen Wesens war er
für die unmittelbare Nachbenennung tabu. Nur in vermittelter
Form durfte man ihn in die Namengebung einbringen, genauso wie
den Gottesnamen selbst. So erleben parallel zu den theophoren Namen die «angelophoren» im Karolingerreich eine späte Blüte. Das
kultische Dienstverhältnis – analog zu den Abd-Namen des Orients
formuliert – steht dabei im Vordergrund. Der Kontrast zu Byzanz
könnte nicht augenfälliger sein. Während dort die unmittelbare
Nachbenennung nach dem Erzengel sich im Kaiserhaus durchsetzt
und der Name Michael in der Missionspolitik weitergegeben wird,
kommen hier neue Formen der vermittelten Nachbenennung auf,
wie etwa der besonders charakteristische Name Engelschalk. Zwei
unterschiedliche Entwicklungslinien christlicher Namengebung
stehen hinter diesem Gegensatz. In Byzanz hatte sich im Bilderstreit die Nachbenennung nach Heiligen voll durchgesetzt. Der direkte Zugriff auf die Engelnamen erscheint die konsequente Fortsetzung dieses Bestrebens, sich Heil durch heilige Namen zu sichern.
Im Karolingerreich hingegen ist die Nachbenennung nach Heiligen
noch keine allgemein anerkannte Form, sich deren Fürbitte zu ver-
schaffen. Der Weg zum Heiligen führt hier über die Reliquien, nicht
über die Namen bzw. über die Bilder, auf denen die Namen die
Einheit von Urbild und Abbild herstellen. Die Verchristlichung des
Namenguts erfolgt daher in ganz anderer Weise. Den Ausgangspunkt bilden theophore Namen. An diese, nicht an die Heiligennamen, schließen die für die Namengebung immer bedeutsamer werdenden Engel-Namen an. Sie gehören in größere Zusammenhänge
eines verstärkt aus christlichem Geist gestalteten Namenwesens
auf germanischer Grundlage. Die Ablöse dieses Namenguts durch
die Heiligennamen als der christlichen Namensform schlechthin
hat vielfach den Blick auf seine spezifisch christlichen Elemente
verstellt. Die Betonung des Vorchristlich-Heidnischen in der germa-
nistischen Namenforschung tat ein übriges. So steht hier noch ein
weites Arbeitsfeld für die Forschung offen, das sicher nicht primär
von der Sozialgeschichte her bestellt werden kann.

Ein notwendigerweise oft bloß auf einige Streiflichter beschränkter Überblick über die Namengebung in verschiedenen christlichen Kulturen des Frühmittelalters und ihrem außerchristlichen Umfeld zeigt bei aller Skizzenhaftigkeit eines mit aller Deutlichkeit: In seiner weitgehenden Nachbenennung nach Engeln und Heiligen nimmt Byzanz am Ende des 1. Jahrtausends im interkulturellen Vergleich eine Sonderstellung ein. Zwar ist auch sonst das Namenwesen stark religiös bestimmt, vielfach jedoch in ganz anderer Weise. Zu der aufgrund der Entwicklung in der Folgezeit als typisch christlich scheinenden Namengebungsform der Benennung nach Heiligen gab es vielfältige Alternativen: die christlichen Satznamen der Nestorianer, die aus spätjüdischen Traditionen weiter entwickelte Nachbenennung nach Patriarchen, Propheten und anderen Vorbildgestalten des Alten Testaments, die christlichen Symbolnamen sowie die «frommen» Namen in der lateinischen Tradition des Westens, vor allem verschiedenste Formen theophorer Namengebung, in der jenen Namen eine besondere Bedeutung zukommt, die die Beziehung des Menschen zu Gott als Dienstverhältnis formulieren. Solche theophoren Namen wurden in manchen christlichen Kulturen zu «angelophoren» bzw. «hagiophoren» weiterentwickelt, einer unmittelbaren Alternative zur direkten Nachbenennung nach Heiligen, die sich freilich nur in einer einzigen christlichen Kirche halten konnte.

Als einer der Gründe für die unterschiedlichen Entwicklungslinien christlicher Namengebung im Frühmittelalter wurde aufgrund der Verhältnisse in Byzanz die Differenz christologischer Konzepte vermutet, die sich in der Frage der Bilderverehrung fortsetzt. Tatsächlich zeigt sich, daß sich in den über christologische Kontroversen voneinander getrennten christlichen Gruppierungen auch die religiös bestimmte Namengebung sehr unterschiedlich entwickelt hat. Das kann an den in Anschluß an die Beschlüsse des Konzils von Chalzedon entstandenen Spaltungen im Osten genauso beobachtet werden wie am Adoptianismus-Streit im Westen. Da Heiligenverehrung stets auch mit der jeweiligen Christologie zusammenhängt, ist hier ein kausaler Nexus zur Frage der Benennung nach Heiligem gegeben. Freilich wird man die Bedeutung solcher dogmatisch bedingter Bewirkungszusammenhänge «von oben» auch nicht überschätzen dürfen. Ihnen stehen Einflüsse «von unten» und «von außen» gegenüber, denen sicher ähnlich große Bedeutung zukommt. Wenn die byzantinische Bildertheologie, die zugleich auch Namentheologie war, an Standpunkte anschloß, die in vorangegangenen christologischen Kontroversen erarbeitet wurden, so läßt sie sich nicht notwendig durch diese bedingt verstehen. Vieles, was zur Rechtfertigung der Bilderverehrung gesagt wurde, war einfach theologische Legitimation einer bestehenden Praxis.[293] Der Bilderstreit hätte sicherlich nie eine derartige Schärfe der Auseinandersetzung erreicht, hätte der Bilderkult nicht so starken Heilsbedürfnissen der Bevölkerung in ihrem Alltagsleben entsprochen. Eine so tiefe Verwurzelung der christlichen Bilderverehrung findet sich freilich nur dort, wo es analoge vorchristliche Traditionen gab, also vor allem in Griechenland sowie in stark hellenistisch geprägten Kulturen. Die Frage des regionalen Substrats spielt also für die Aktualität des Problemfelds heiliger Bilder und heiliger Namen eine sehr wesentliche Rolle. Das gilt – wie das Beispiel Ägypten zeigt – auch für ein vom Bildkult unabhängiges religiös motiviertes Namenwesen.

Wohl ähnlich wichtig sind für die Entwicklung verschiedener christlicher Richtungen der Namengebung die Einflüsse «von außen». Der byzantinische Ikonoklasmus war neben innerchristlichen, vor allem nestorianischen Wurzeln auch von außerchristlichem religiösem Gedankengut mitbestimmt, aus dem Bilderverbot der jüdischen Tradition sowie der Bilderfeindlichkeit des Zoroastrismus und des damals so erfolgreichen Islam. Ohne Vermittlung über die Bilderfrage hat der Islam die christliche Namengebung in seinem ganzen frühmittelalterlichen Herrschaftsbereich beeinflußt – von der nestorianischen Kirche in Persien bis zu den Mozarabern in Spanien. Die sprachliche Arabisierung ist dabei bloß die oberflächlichste Form der Beeinflussung. Tiefergreifend erscheint der Einfluß auf das Namengut, auf die Tabuisierung heiliger Namen, vor allem aber auf das Familien- und Verwandtschaftssystem und über dieses vermittelt auf die Struktur der Namen und das System der Nachbenennung.

Neben Differenzen in Glaubensfragen haben sich Unterschiede der Kirchenverfassung als wesentlicher Faktor für die jeweilige Entwicklung des christlichen Namenwesens gezeigt. Eine zentrale Bedeutung kommt in diesem Zusammenhang den Organisationsformen des Mönchtums und dessen gesellschaftlichem Einfluß zu. Besonders anschaulich wurde das am Beispiel der so stark vom Mönchtum geprägten Strukturen der keltischen Kirchen erkennbar. Spezifisch christliche Namengebung geht hier vom monastischen Leben aus und nimmt in den Mael-Namen auch ausdrücklich auf die Mönchsweihe Bezug. Allgemein scheinen betont christliche

Formen der Namengebung mit der Bestimmung für den geistlichen Stand verbunden gewesen zu sein. Das gilt nicht nur für die Benennung nach Heiligen, bei der wir dieses Phänomen schon im 4. Jahrhundert im Schrifttum des heiligen Ambrosius finden konnten, sondern auch für theophore Namen, wie wir das am Beispiel Gottschalks zu Anfang des 9. Jahrhunderts im eben erst christianisierten Sachsen beobachten konnten. Das Mönchtum erscheint gleichsam als Vorreiter christlicher Namengebung. Wo es, wie etwa in Byzanz durch den Ausgang des Bilderstreits, zu einer «Vermönchung» einer christlichen Gesellschaft kommt, dort setzen sich in Hinblick auf die Bestimmung für ein monastisches Leben gegebene Namensformen auch auf breiterer gesellschaftlicher Ebene durch. Neben ihrem jeweiligen religiösen Aussagegehalt haben sie eines miteinander gemeinsam: Sie sind grundsätzlich nicht ahnenbezogen. Der Eintritt in den geistlichen Stand bedeutet Abschied von der Herkunftsfamilie. Wenn die Entscheidung darüber schon bei der Geburt fällt, so kann sie im Namen Ausdruck finden.

Sicher bedeuteten christliche Askese und antifamilistische Ordnungen des klösterlichen Gemeinschaftslebens Faktoren von außerordentlicher Innovationskraft. Umgekehrt mußte sich aber auch christliches Mönchtum immer wiederum vorgegebenen gesellschaftlichen Strukturen anpassen. Auch diesbezüglich sind die keltischen Kirchen mit ihrer Einordnung des Klosterwesens in die traditionelle Klanverfassung ein anschauliches Beispiel. Der Entwicklung einer vom Mönchtum ausgehenden spezifischen christlichen Namenkultur waren dadurch Grenzen gesetzt. Insgesamt haben sich solche vom vorchristlichen Substrat her gegebene Unterschiede immer wieder als ein entscheidender Faktor für die Entfaltungsrichtungen und die Durchsetzungsmöglichkeiten christlicher Systeme der Namengebung gezeigt. Das gilt sowohl für den engeren Bereich herkömmlicher Namengebungspraxis wie auch für den weiteren der dahinterstehenden Familien- und Verwandtschaftsstrukturen. Auf der Basis des traditionellen ägyptischen Systems der Zweinamigkeit etwa konnte sich die Nachbenennung nach Heiligen viel leichter durchsetzen als auf der Grundlage des bei den germanischen Völkern dominanten Systems der Namensvariation. Dieses System ließ sich auch wohl erst dann aufbrechen, als durch das Christentum ältere, in der germanischen Stammesverfassung verwurzelte Ordnungen des Familien- und Verwandtschaftszusammenhangs verändert worden waren.

7. Der große Namenschwund –
Zur Entstehung und Entwicklung des europäischen Systems der Namengebung

Strukturen des Namenguts seit dem Hochmittelalter

Aus der Perspektive der Gegenwart erscheint die Nachbenennung nach Heiligen als die traditionale Form der Namengebung des europäischen Kulturraums. Auch wenn eine unmittelbare Bezugnahme auf Heilige dabei heute bei weitem nicht mehr jene Rolle spielt wie in vergangenen Jahrhunderten, so ist das Namengut noch immer in hohem Maß von Heiligennamen bestimmt. Die römisch-katholische Kirche hat diese für ihre Angehörigen seit der Gegenreformation für verpflichtend erklärt. Aber auch in protestantischen Ländern Europas sind sie bis in die Gegenwart dominant. Im interkulturellen Vergleich betrachtet ist die abendländische Nachbennung nach Heiligen allerdings eine relativ spät auftretende Erscheinung. In den orientalischen Kirchen, ganz besonders aber in Byzanz, hat sich die Namengebung nach Heiligen schon Jahrhunderte zuvor durchgesetzt. Und auch im Judentum und im Islam ist die Nachbenennung nach religiösen Vorbildfiguren, obwohl der Hintergrund der Heiligenverehrung hier fehlt, als eine vergleichbare Praxis der Namengebung bereits viel älter. Der Westen wurde von dieser Entwicklung relativ spät erfaßt – dann freilich mit ganz besonderer Intensität. Einige Hinweise auf die Ursachen dieser europäischen Sonderentwicklung haben sich schon aus den bisherigen komparativen Analysen ergeben. Detaillierte Untersuchungen der Prozesse im Bereich der westlichen Christenheit werden hier anzuschließen haben.

Die Nachbenennung nach Heiligen hat in Europa zu einer Konzentration auf eine immer geringer werdende Zahl von Namen geführt. Diese Entwicklung geht noch Jahrhunderte über die eigentliche Durchsetzung der Heiligennamen hinaus. So liegt der Gedanke nahe, daß der Prozeß der Namenkonzentration ausschließlich durch die Nachbenennung nach Heiligen bewirkt worden wäre. Eine solche Sicht ist freilich vereinfachend. Die Reduktion des überkommenen Namenguts setzt schon vor dem Aufkommen der Heiligennamen ein. Um ihn zu erklären, muß also nach einem multifaktoriellen Modell gesucht werden. Das erfordert eine eingehendere Analyse des Namenguts, das in den einzelnen Phasen des Konzentrationsprozesses die Namengebung bestimmt.

Parallel zur Konzentration auf eine geringer werdende Zahl von Namen setzen sich in Europa verschiedene Formen von Zweitnamen durch. Das bis heute vorherrschende System der Kombination von «Vornamen» und «Familiennamen» ist aus dieser Entwicklung entstanden. Wurden Zweitnamen notwendig, um zwischen den immer häufiger werdenden Trägern gleicher Namen unterscheiden zu können? Oder hat umgekehrt das Aufkommen von Zweitnamen die Reduktion des Namenguts beeinflußt? Trifft letzteres zu, so bleibt das Entstehen von «Familiennamen» das entscheidende Explanandum. Der Gedanke an tiefgreifende Veränderungen des Familiensystems im fraglichen Zeitraum als entscheidende Ursache der Entwicklung erscheint dann plausibel. Nicht nur familienhistorische Literatur hat solche Überlegungen angestellt. Aber auch wenn die Priorität der verursachenden Faktoren umgekehrt zu sehen ist – die Entstehung des europäischen Namensystems seit dem Hochmittelalter hat sicher mit bedeutsamen sozialen Wandlungsprozessen zu tun. Denn das hat die Beschäftigung mit dem Namenwesen zeitlich vorausgehender Gesellschaften wohl deutlich gezeigt: Veränderungen der Namengebung sind kein bloßes Oberflächenphänomen. Im Hintergrund stehen stets wesentliche Veränderungen von Mentalitäten und von sozialen Beziehungen, die wiederum – mehr oder minder vermittelt – im Kontext von Bewirkungszusammenhängen allgemeinen gesellschaftlichen Wandels zu sehen sind. Das Hochmittelalter ist insgesamt eine Phase tiefgreifenden sozialen Umbruchs mit langfristigen Folgewirkungen in vielfältigen Lebensbereichen. Wenn sich damals auch das bis heute in Europa geltende Namensystem auszubilden begonnen hat, so ist die zeitliche Koinzidenz wohl kein Zufall. Mit dem Rekurs auf bloße «Modeerscheinungen» wird sich das Phänomen kaum befriedigend erklären lassen.

Prozesse der Reduktion des Namenguts wurden in den bisherigen Analysen mit dem Begriff «Namenschwund» charakterisiert. Er soll auch für analoge Prozesse in der europäischen Geschichte des Mittelalters und der Neuzeit beibehalten werden, obwohl hier zusätzliche Momente den Sachverhalt komplizieren. Daneben wird der Begriff «Namenkonzentration» verwendet, der die komplementäre Seite desselben Phänomens beschreibt. Der in der philologischen

Literatur zumeist verwendete Terminus «Namenverarmung» beschreibt den Prozeß auch nicht deutlicher und ist zudem einseitig wertend.[1] Wenn französische Autoren von einer «révolution onomastique» sprechen,[2] so ist zwar damit die Radikalität des Wandels erfaßt, nicht aber dessen Inhalt. Zum Unterschied von analogen Prozessen in anderen Kulturen ist der «große Namenschwund» in Europa nicht nur durch eine Konzentration auf herkömmliche Namen, sondern auch durch eine auf neu hinzukommende gekennzeichnet. Gerade die Heiligennamen gehörten ja nicht zum traditionellen Bestand. Diese Parallelität von Verminderung und Ergänzung des Namenguts macht diesen Prozeß in seinem äußeren Verlauf so kompliziert – und ebenso in der Erklärung seiner Ursachen.

Quantitative Veränderungen in der Zusammensetzung des Namenguts wurden in Epochen der Vergangenheit von den Zeitgenossen kaum wahrgenommen. Schon in unserer Gegenwart sind sie auf der Grundlage bloß von Alltagsbeobachtungen schwer einschätzbar. Über solche Probleme der Wahrnehmbarkeit hinaus dürfen wir für das «vorstatistische Zeitalter» auch gar nicht mit einem besonderen Interesse daran rechnen. Umso bemerkenswerter ist eine Quellenstelle aus dem Hochmittelalter, in der das Resultat eines Prozesses der Namenkonzentration mit offenkundigem Erstaunen referiert wird. Zum Jahr 1172 berichtet Robertus de Monte über Ereignisse in der Normandie.[3]

«König Heinrich der Jüngere war zu Weihnachten in Bures bei Bayeux; und weil er damals zum ersten Mal einen Hoftag in der Normandie hielt, wollte er, daß das Fest großartig gefeiert werde. Bischöfe, Äbte, Grafen, Barone waren anwesend, und vielen wurde vieles zugestanden. Und um die Menge der Anwesenden zu veranschaulichen: Als Wilhelm de Sancto Johanne, der Prokurator der Normandie, und Wilhelm, der Sohn Heimos, des Seneschalls der Bretagne, der mit seinem Herrn, dem Herzog Gottfried der Bretagne, gekommen war, in einem Raum speisten, verboten sie, daß irgendein Ritter in diesem Raum mit ihnen zusammen esse, der nicht Wilhelm hieß. Und nachdem sie die anderen aus dem Raum gewiesen hatten, blieben hundertsiebzehn Ritter zurück, die alle den Namen Wilhelm trugen, ganz abgesehen von vielen anderen dieses Namens, die in der Halle mit dem König speisten.»

Sehr zahlreich waren die Wilhelme am Hof der englischen Könige aus dem Haus der Anjou-Plantagenet. Und sie zeigen sich aus dem beschriebenen Anlaß als ein exklusiver Kreis. Wer nicht den gleichen Namen trägt, darf nicht mit den beiden hohen Würdenträgern dieses Namens bei der Festfeier zu Tische sitzen. Es muß ein ganz besonderes Prestige mit diesem Namen verbunden gewesen sein –

aus heutiger Sicht ist man versucht zu sagen: trotz seiner Häufigkeit. In der Gegenwart ist es sehr wesentlich der exquisite Charakter, der den Wert eines Namens bei seiner Vergabe ausmacht. Vermeintliche Besonderheit steht beim Aufkommen sogenannter «Modenamen» am Anfang. Nur weil so viele zugleich sich für das selten geglaubte Gut entscheiden, kommt es zur Häufung und – sobald diese wahrgenommen wird – rasch wieder zur Entwertung. Die Wertschätzung des Seltenen, nicht die des Häufigen steht hinter den sogenannten «Namenmoden» der Gegenwart. Wer diesen Begriff zur Erklärung mittelalterlicher Namengebung verwendet, sollte sich dieses sozialen Hintergrunds bewußt sein. Der Bericht des Robertus de Monte gibt keinerlei Hinweis auf analoge Werthaltungen. Die vielen Wilhelme am Hoftag König Heinrichs scheinen auf ihren so häufigen Namen sehr stolz gewesen zu sein. Träger anderer Namen aus der Mahlgemeinschaft auszuschließen, deutet auf ein Gefühl der Überlegenheit. Man war etwas Besseres – gerade auch wegen der großen Zahl. Der Informant des Robertus de Monte hatte genau gezählt: 117 waren es in der Kammer, und draußen in der Königshalle noch viele mehr.

Nicht nur das Selbstbewußtsein der Träger eines bestimmten Namens kommt im Bericht des Robertus de Monte zum Ausdruck, sondern zugleich auch ein zwischen ihnen bestehendes Zusammengehörigkeitsgefühl. Man kann das referierte Geschehen wohl nicht bloß als spielerische Laune zweier Höflinge abtun. Dazu hatte festliche Mahlgemeinschaft für Menschen des 12. Jahrhunderts eine viel zu hohe Bedeutung. Dem Ritual des gemeinsamen Essens und Trinkens kam in ganz besonderer Weise gemeinschaftsstiftende und gemeinschaftsstärkende Funktion zu.[4] Diesen Integrationscharakter von Mählern und Gelagen finden wir damals bei sehr unterschiedlichen Typen sozialer Gruppen, etwa in Klostergemeinschaften, in Gilden, in Gefolgschaftsverbänden von Adeligen und Fürsten. Bei den normannischen und bretonischen Vasallen des jungen Königs, die zum weihnachtlichen Hoftag zusammenkamen, haben wir eine bestimmte Form eines solchen fürstlichen Gefolgschaftsverbandes vor uns. Überraschend erscheint im Bericht des Robertus de Monte, daß sich die Wilhelme innerhalb dieser Gruppe absonderten, daß sie bewußt abseits der Tafel ihres Lehensherrn zusammensaßen. Beim Hoftag mit dem König zu Tisch zu sitzen, bedeutete sicher eine Auszeichnung. Aber auch als Wilhelme unter sich zu sein, wurde offenbar als etwas Ehrenvolles empfunden. Leider schweigt der Bericht über den Verlauf des gemeinsamen Mahls. In-

formationen über rituelle Handlungen aus diesem Anlaß hätten uns
wohl weiterhelfen können, die Bedeutsamkeit des gleichen Namens
für seine Träger zu erschließen. Ging es um die Ehrung einer Persönlichkeit, nach der sie diesen Namen trugen? Wir wissen schon
aus karolingischer Zeit von Gemeinschaften, die sich zu Ehren von
Heiligen, aber auch zu Ehren des Königs und seiner Söhne versam-
melten.[5] Das sogenannte «Minnetrinken» auf bestimmte Heilige
war ein alter und weit verbreiteter Brauch.[6] Es gibt freilich keine
Hinweise, daß nur Namensgleiche zur Teilnahme an solchen Riten
berechtigt waren. Ohne vergleichbare Parallelstellen bleibt das berichtete Geschehen schwer deutbar.

Das Gefühl von Verbundenheit durch den gleichen Namen läßt
sich wohl am plausibelsten durch den Bezug zu einem gemeinsamen Namensvorbild erklären. Aber nach wem waren die vielen
adeligen Wilhelme in der Normandie und der Bretagne in der zweiten Hälfte des 12. Jahrhunderts nachbenannt? Nach dem heiligen
Wilhelm von Gellone, dem Sarazenenkämpfer zur Zeit Karls des
Großen, der sein Leben in dem von ihm begründeten südfranzösischen Kloster beschloß?[7] Seine Verehrung als Heiliger reicht zumindest bis in die erste Hälfte des 10. Jahrhunderts zurück und
wurde 1066 durch Papst Alexander II. offiziell anerkannt.[8] Auch in
der Normandie wurde St. Wilhelm verehrt. Der normannische Geschichtsschreiber Ordericus Vitalis bringt in seiner 1120/41 entstandenen «Historia ecclesiastica» eine kurze Vita des Heiligen.[9] Er
betont dabei aber ausdrücklich, daß eine solche in dieser Gegend
selten zu finden und die referierte ihm erst kürzlich zugegangen sei.
Als «relatio authentica» gibt er ihr den Vorzug vor den im Volk von
Spielleuten verbreiteten Wilhelmsliedern. Anlaß zur Wiedergabe
der Vita ist ihm der Bericht über einen zur Zeit König Wilhelms I.
an einem Adelshof in Avranches wirkenden Kaplan Gerold, der den
ritterlichen Hofleuten Heilige zum Vorbild zu machen pflegte, neben den altchristlichen Reiter- und Soldatenheiligen St. Demetrius,
St. Georg, St. Sebastian, St. Theodor, St. Mauritius und St. Eustach
überraschenderweise auch den vergleichsweise «jungen» St. Wilhelm. Dem in der Adelserziehung engagierten Kaplan werden damals wohl noch bloß die volkssprachlichen Lieder als Grundlage
gedient haben. Auch die im 12. Jahrhundert in Gellone entstandene Heiligenvita setzt volkssprachlich verbreitetes Liedgut voraus.
Sie berichtet in ihrem zweiten Kapitel, Wilhelms Name erklingt
über alle Lande im Gesang, wenn sich das Volk und zumal der Adel
zusammenfindet, bei den Reihentänzen der Jugend und zu den Vigi-

lien der Heiligen.[10] Die Verehrung St. Wilhelms als Heiliger ist für den normannischen Adel durch den Bericht des Ordericus Vitalis für die Zeit, in der viele Teilnehmer des Hoftags von 1172 ihren Namen erhalten haben mögen, quellenmäßig gesichert. Sie war freilich damals noch jung. Die Heldenlieder reichen weiter zurück.

Waren die ihres Namens so bewußten normannischen Großen nicht nach St. Wilhelm von Gellone, sondern nach dem berühmten Sagenhelden Guillaume d'Orange benannt? Die Frage scheint spitzfindig. Wenn auch andere Wilhelme der Karolingerzeit auf die Ausbildung der Epengestalt eingewirkt haben, so ist doch der im Ruf der Heiligkeit verstorbene Gefährte Karls des Großen ihr wichtigstes Vorbild.[11] Für Eltern in der Normandie, die ihrem Sohn im 12. Jahrhundert den Namen Wilhelm gaben, bestand zwischen der Gestalt des Volkslieds und dem der Heiligenvita kein Unterschied. Und auch die Ritter am Hoftag zu Bures haben nicht zwischen Namenspatron und epischer Vorbildfigur unterschieden. Erst in der Perspektive historischer Interpretation von Namengut gewinnt die Frage Relevanz. Es gab viele Sagengestalten, die nicht als kirchliche Heilige verehrt wurden. Haben sie genauso wie diese die Nachbenennung beeinflußt?

Zu Heiligem und Epengestalt kommt noch eine weitere und besonders wesentliche Möglichkeit des Namensvorbilds. Waren die namenstolzen Wilhelme der Hofversammlung von 1172 vielleicht nach ihren Fürsten und Lehensherren nachbenannt? Gewiß – seit 1100 hatte kein englischer König und nur für wenige Monate ein normannischer Herzog den Namen Wilhelm getragen. Der dominante Fürstenname des 12. Jahrhunderts im Königshaus war Heinrich. Aber auch Wilhelm hatte bei den englischen Königen bzw. normannischen Herzogen als Fürstenname eine große und weit zurückreichende Tradition.[12] Wilhelm Langschwert war 931–42 Graf der Normandie gewesen. Von seinen Enkeln und weiteren Nachfahren trugen viele seinen Namen. Einer von ihnen, Wilhelm «der Bastard» und später «der Eroberer» zubenannt, wurde 1035 Herzog der Normandie und 1066 König von England. Als solcher folgte ihm nach seinem Tod 1086 sein gleichnamiger Sohn der bis 1100 regierte, ebenso eine bedeutende Fürstenpersönlichkeit. Und Wilhelm blieb auch weiterhin einer der Leitnamen der Dynastie. König Heinrich I. gab diesen Namen seinem einzigen Sohn, der dann kurzfristig die Herzogswürde der Normandie übernahm, und auch König Heinrich II. ließ seinen Ältesten auf den Namen Wilhelm taufen. Hier kam noch die Orientierung an der Mutterlinie hinzu, wo unter den aquitanischen Herzogen der Name Wilhelm eine beherrschende Position einnahm. Bis in die Generation König Heinrichs des Jüngeren konnte also Wilhelm als ein wichtiger Leitname des Fürstenhauses gelten. Ist die große Zahl von Wilhelmen auf der Hofversammlung von 1172 durch Nachbenennung nach Lehensherren zu erklären, so ist die Übernahme des Namens seitens der Vasallenfamilien aber wohl im wesentlichen schon in viel früheren Generationen zu suchen.

Fürstenname, Heldenname, Heiligenname – jede dieser Bedeutsamkeiten des Namens Wilhelm konnte einen normannischen Adeligen des 12. Jahrhunderts stolz machen, diesen Namen zu tragen. Es waren große Vorbildgestalten, auf die mit ihm Bezug genommen wurde. Haben alle diese Vorbildfiguren zusammengewirkt, um den Namen so angesehen zu machen? Aus dem Wissen um die Motivation von Namengebung heute erscheint ein solcher Überlagerungseffekt aufs erste durchaus naheliegend. Wir sind es gewohnt, daß ein Name gleichzeitig mit sehr vielen Konnotationen verbunden sein kann. Aber gilt das auch für mittelalterliche Verhältnisse? Die Frage wird uns immer wieder beschäftigen. Daß Heiligennamen durch innerfamiliale Nachbenennung zu Ahnennamen werden, ist uns schon wiederholt begegnet. Dasselbe gilt für Fürstennamen. Wenn normannische Adelsfamilien schon seit mehreren Generationen den im Herzogs- bzw. Fürstenhaus üblichen Namen Wilhelm verwendeten, so wohl in dieser doppelten Bedeutsamkeit. Daß die Zeitgenossen zwischen Wilhelm dem Sagenhelden und Wilhelm dem Heiligen nicht unterschieden haben dürften, wurde schon betont. Aber wie verhielt es sich mit der Nachbenennung nach Fürsten und nach Heiligen? Läßt sich die große Häufigkeit des Namens Wilhelm in der Normandie im 12. Jahrhundert nicht mehr eindeutig der einen oder der anderen Wurzel zuordnen? Der Bericht des Robertus de Monte spricht gegen ein solches diffuses Namensverständnis. Was immer auch die 117 Wilhelme auf dem Hoftag König Heinrichs gefeiert haben – es dürfte ihnen klar gewesen sein, was die Gemeinsamkeit ihres Namens ausmacht. Zum Verständnis dieses eigenartigen Berichts scheint es notwendig, in Alternativen zu denken.

Es ist eine sehr fremde Welt, die Robertus de Monte in seinem Bericht vor Augen führt. Aber es ist eine Welt, deren Bedeutsamkeiten man kennenlernen muß, will man die großen Umbrüche der Namengebung im Hochmittelalter verstehen, die zur Entstehung des europäischen Namensystems geführt haben. Wilhelm ist ein

Leitname des großen Namenschwunds. Nicht nur in der Normandie, nicht nur im Herrschaftsbereich der Anjou-Plantagenet wurde
er so häufig gegeben. Und nicht nur, weil er sehr häufig gegeben
wurde, kommt ihm eine solche Leitfunktion zu – auch weil bei der
Wahl dieses Namens sehr verschiedene Motive der Nachbenennung
wirksam werden konnten. Orientierung an unterschiedlichen Typen von Namensvorbildern sind bei der Erklärung des Namenschwunds insgesamt zu beachten. Der Name Wilhelm führt uns
zunächst zu zwei besonders wichtigen, nämlich Fürsten und Heiligen.

Folgen wir dem Namen Wilhelm im Kontext anderer seit dem
Hochmittelalter gehäuft auftretender Namen, so bietet sich in Anschluß an den Bericht des Robertus de Monte an, nach Beispielen
aus dem anglonormannischen Herrschaftsbereich zu suchen. Für
England hat schon 1913 Cokayne eine Zusammenstellung der häufigsten Namen vom Hochmittelalter bis zur Gegenwart versucht.[13]
Die jeweils zugrundegelegten Stichproben von 600 Personen sind
zwar relativ klein und berücksigen gesellschaftliche Elitegrup-
pen besonders stark. Um den Prozeß des Namenschwunds und die
an ihm führend beteiligten Namen in großen Linien zu erfassen, ist
dieser Überblick jedoch völlig ausreichend. Der älteste hier analysierte Querschnitt stammt von 1166/7, also genau aus jener Zeit,
von der Robertus de Monte berichtet.

Wilhelm liegt mit 15,3% in diesem Querschnitt eindeutig an der
Spitze. Jeder sechste bis siebente Knabe erhielt in der untersuchten
Population diesen Namen. Man darf grob schätzen, daß er in jeder
zweiten Geschwisterreihe vorkam. Sehr aufschlußreich sind nun
die Namen, die Wilhelm in der Spitzengruppe begleiten. Es folgen
Robert mit 10,8 und Richard mit 8,0%. Gegenüber den Rangnäch-
sten besteht ein deutlicher Abstand. Sie liegen alle unter 5%. Wilhelm, Robert und Richard sind also die Namen, die in England den
Namenschwund einleiten. Es sind eindeutig Namen des Königshauses. Die Ambivalenz, die wir bei Wilhelm in der Normandie zu
bedenken hatten, fällt bei Robert und Richard weg. Es gab in England damals keine Heiligen dieses Namens und die später verehrten
waren von so geringer Bedeutung, daß sie die Namengebung sicher
nicht beeinflußten.

Ausschließlich Fürstennamen also haben den in England in der
zweiten Hälfte des 12. Jahrhunderts schon so deutlich faßbaren Namenschwund eingeleitet. Aber die Namen welcher Fürsten und
wann? Kein einziger englischer König hatte Robert geheißen und

Wilhelms des Eroberers Erstgeborener war der einzige Königssohn
dieses Namens. Er hieß nach seinem Großvater, dem bedeutenden
Normannenherzog Robert – «le Magnifique», aber auch «le Diable»
zubenannt. Seit der Dynastiegründer Rollo 911 bei seiner Taufe den
Namen Robert angenommen hatte, wurde dieser fast in jeder Generation des Grafen- bzw. Herzogshauses aufgegriffen. Und auch Richard war mehr normannischer Herzogs- als englischer Königsname. Von 942 bis 996 hatte Richard «sans peur», der erste Herzog
und eigentliche Begründer der starken Fürstenmacht in der Normandie, regiert. Als er kurz vor seinem Tod gefragt wurde, wer von
seinen Söhnen ihm nachfolgen sollte, hat er nach dem Bericht des
Dudo von St. Quentin geantwortet «Qui fungitur meo nomine...
dux et comes haeresque erit haereditatis meae».[14] Die Herzogswürde sollte also weiterhin mit seinem Namen verbunden bleiben. Ein
dritter Richard folgte, bis mangels legitimer männlicher Nachkommen die Kontinuität dieses Herzogsnamens unterbrochen wurde.
Mit Richard Löwenherz gab es zwar dann auch einen bedeutsamen
englischen König dieses Namens, die Spitzenstellung des Namens
aber war damals schon längst durchgesetzt. Normannische Fürstennamen sind es also, die im Prozeß des Namenschwunds in England
am Anfang stehen und ihn auch weiterhin maßgeblich bestimmt
haben.

Wilhelm, Robert und Richard halten nach dem Zeugnis englischer Personenstandslisten Jahrhunderte hindurch Spitzenpositio-
nen. Mitte des 14. Jahrhunderts belegen sie die Plätze zwei bis vier,
Mitte des 16. drei bis fünf, Mitte des 18. drei, vier und sieben, zu
Beginn des 20. immerhin noch zwei, neun und zwölf. Die seit dem
12. Jahrhundert dominanten Königsnamen haben ihnen keine ernst-
hafte Konkurrenz mehr zu machen vermocht. Heinrich fand zwar
noch bemerkenswerte Verbreitung, konnte aber bis weit in die Neuzeit hinein an Robert und Richard nicht herankommen, ganz zu
schweigen vom Spitzenreiter Wilhelm. Noch weniger setzte sich
Edward durch. Das erscheint besonders erstaunlich, wurden doch
schon zwei Angehörige der Wessex-Dynastie mit diesem Namen,
Edward der Märtyrer und Edward der Bekenner als Heilige verehrt.
Aber das Namengut des Wessex-Hauses spielt für den Namenschwund in England insgesamt keine Rolle – sehr zum Unterschied
von dem seiner normannischen Nachfolger. Der Name Edward fand
erst unter dem Einfluß der Plantagenet-Könige dieses Namens seit
dem ausgehenden 13. Jahrhundert eine gewisse Verbreitung. Heinrich III. hatte bei der Namengebung seiner beiden ältesten Söhne

1239 und 1245 in bewußter Anknüpfung an angelsächsische Traditionen auf die heiligen Könige Edward und Edmund zurückgegriffen. Der Einfluß von neuen Fürstennamen auf den Prozeß des Namenschwunds ist in England im 12. und 13. Jahrhundert bereits im Ausklingen. Die damals schon eingeführten tragen ihn weiter. Die entscheidenden Grundlagen für die Nachbenennung nach Fürsten liegen aber offenbar bereits vor dem «Norman Conquest» und außerhalb des englischen Königreichs.

Noch um 1300 dürfte Wilhelm in England der häufigste Name gewesen sein. Um die Mitte des 14. Jahrhunderts war es Johannes. Etwa jeder vierte Mann trug damals diesen Namen. Praktisch in allen Familien muß er vertreten gewesen sein. Die Vorliebe für Johannes nahm offenbar sehr rasch und sehr intensiv zu. An einen Einfluß des Fürstenhauses im Sinne des Aufgreifens von Königsnamen ist dabei sicher nicht zu denken. König Johann «ohne Land» hat kaum als Namensvorbild gedient. In einer Verehrung des heiligen Johannes, die in der Namengebung zum Ausdruck kam, könnte die Königsfamilie vorangegangen sein. König Johann hatte eine ältere Schwester Johanna. Gleich zwei Kinder erhielten also hier den Namen des Heiligen, wobei es überrascht, daß die feminisierte Form zuerst gewählt wurde. Die weibliche Form der Nachbenennung findet sich nicht nur im Königshaus. St. Johannes wurde für Mädchen häufiger zum Namenspatron gewählt als viele der beliebtesten weiblichen Heiligen. Nach einer Steuerliste von 1372/6 rangierte nur Agnes vor Johanna.[15] Selbst die so beliebte Geburtshelferin St. Margarete fand bei weitem nicht so viele Nachbenennungen.[16]

Neben Johannes hat noch ein zweiter männlicher Heiligenname zum Namenschwund in England wesentlich beigetragen, nämlich Thomas. Die frühen Nennungen in der Liste von 1166/7 beziehen sich noch auf den Apostel. Sie machen im Namengut keinen bedeutsamen Anteil aus und kommen in ähnlicher Zahl vor wie etwa die Apostelnamen Petrus und Simon. Der rasche Anstieg der Namenshäufigkeit im 13. und 14. Jahrhundert geht dann aber wohl im wesentlichen auf die Verehrung von Thomas Becket zurück, des 1170 ermordeten Erzbischofs von Canterbury, dessen Grab schon bald zu einem bedeutenden Wallfahrtszentrum wurde.[17] Mit Johannes dem Täufer und dem Märtyrer von Canterbury stehen zwei ganz unterschiedliche Heiligentypen im Mittelpunkt der Nachbenennung. Ihre im Verhältnis zu anderen Heiligen ganz außerordentlich häufige Wahl zum Namenspatron läßt den Namenschwund – soweit er in England durch Heiligennamen bedingt ist – nicht so einfach als Folge einer generell verstärkten Heiligenverehrung erklären.

Mit der Konzentration auf die drei Fürstennamen Wilhelm, Robert und Richard sowie auf die Heiligennamen Johannes und Thomas erreichte der Prozeß des Namenschwunds schon im 14. Jahrhundert eine sehr hohe Intensität. Träger dieser fünf Namen machten nach der erwähnten Steuerliste von 1372/6 80% der männlichen Landbevölkerung aus.[18] Während in Verzeichnissen bäuerlicher Untertanen aus dem späten 13. Jahrhundert noch 36 verschiedene Männernamen gezählt werden, reduziert sich die Zahl in einem Dorf des 15. Jahrhunderts auf 11.[19] Der Prozeß der Namenkonzentration ging jedoch in der Neuzeit noch lange weiter.[20] Wilhelm, Johannes und Thomas erreichten als die drei häufigsten Namen in der 2. Hälfte des 16. Jahrhunderts 51,5%, in der ersten Hälfte des 17. 50,5%. Mit 62,5% wurde in der zweiten Hälfte des 17. Jahrhunderts der Höhepunkt erreicht. Die Werte für die beiden Hälften des 18. Jahrhunderts von 54,5% und 55,0% sind demgegenüber auch nur leicht rückgängig. So ist der Prozeß des großen Namenschwunds – einstweilen von der englischen Erfahrung her betrachtet – keineswegs ein auf das Mittelalter beschränktes Phänomen. Er findet seine Fortsetzung bis tief hinein in die Neuzeit.

Parallel zum Konzentrationsprozeß im Namengut der Männer vollzog sich ein ähnlicher im Namengut der Frauen. Wie überall in Europa ist er freilich quellenmäßig viel schwieriger zu erfassen – vor allem in den Frühphasen des großen Namenschwunds. In der schon erwähnten Steuerliste von 1372/6 sind immerhin auch einige tausend Frauennamen enthalten. Hier wurden für Alicia 1033, für Agnes 835, für Johanna 709, für Mathilda 337, für Isabella 358, für Cäcilia 298, für Margarete 278, für Magota 209, für Emma 160, für Elena 154 und für Beatrix 128 Nennungen gezählt.[21] Nicht mit der gleichen Eindeutigkeit, aber insgesamt recht klar ergibt sich aus dieser Struktur des weiblichen Namenguts ein analoges Bild des Anteils der einzelnen Namentypen an der Entwicklung des Namenschwunds in England. Namen des Fürstenhauses stehen im Vordergrund, vor allem solche der normannischen Dynastie. Mit Wilhelm, Robert und Richard korrespondieren als solche Alicia, Mathilde und Emma. Die normannische Herzogstochter Emma war als Gattin Aethelreds II. (+ 1035) englische Königin. Namen der Wessex-Königinnen fehlen allerdings sonst in der Spitzengruppe. Ob der Name erst nach 1066 durch das vom normannischen Adel aus dem Herzogshaus übernommene Namengut verbreitet wurde oder schon vor dem «Norman Conquest», muß hier offen bleiben. Daß sich in Anschluß an Eleonore von Aquitanien, der beherrschenden Frauengestalt des englischen Königshauses in der zweiten Hälfte des 12. Jahrhunderts, keine starke Nachbenennungstradition entwickelt hat, erscheint bemerkenswert. Das Phänomen unterstützt die auf der Männerseite gemachte Beobachtung eines nachlassenden Einflusses der Fürstennamen in dieser Zeit. Die Häufigkeit des Namens Isabella spricht nicht dagegen. Man wird seine Verbreitung sicher nicht primär mit Isabella von Angoulême – seit 1200 durch ihre Vermählung mit Johann ohne Land Königin von England und erst 1246 verstorben – in Verbindung bringen dürfen. Isabel ist eine aus dem französisch-spanischen Raum kommende Variante zu Elisabeth. Und Elisabeth verbreitete sich sicher nicht als Fürstinnennamen. Höchstens die Bevorzugung dieser Namensvariante könnte sich unter solchem Einfluß erklären. Insgesamt stehen wir beim Versuch einer typologischen Zuordnung von Frauennamen in der Frühzeit des Namenschwunds vor dem Problem, daß sich Heiligennamen oder – vorsichtiger formuliert – spezifisch christlich motivierte Namen in Fürstenhäusern bei Töchtern viel früher durchsetzten als bei Söhnen. So nannte Wilhelm der Eroberer schon 1055 eine Tochter Cäcilia und bereits Generationen zuvor hieß eine normannische Herzogstochter Beatrix. Beide finden sich in der Liste von 1372/6 unter den besonders häufigen Namen. Eine Zuordnung zum Typus Fürstinnennamen wird eindeutig nur dort vorgenommen werden können, wo die Nachbenennung nach einer Heiligen ausgeschlossen erscheint. Agnes, Johanna, Isabella, Cäcilia, Margarete mit ihren Nebenformen sowie Elena und Beatrix darf man wohl einstweilen unter der vergröbernden Kategorie der «Heiligennamen» zusammenfassen.

Diesen Heiligennamen gehörte in England im Verlauf der Namenkonzentration bei den Frauen die Zukunft. Ohne den Prozeß im einzelnen zu verfolgen, sei streiflichtartig ein Ausblick auf die Entwicklung in der Neuzeit gegeben. Dem Spitzentrio William, John und Thomas entsprach auf Frauenseite Elizabeth, Mary und Anne.[22] Zum Unterschied von den Männern war unter ihnen kein alter Fürstenname mehr vertreten. Die Häufigkeitswerte der drei meist gegebenen Frauennamen lagen in etwa gleich hoch mit denen der Männernamen. Zusammen machten sie in der ersten Hälfte des 17. Jahrhunderts 52,0% aus, in der zweiten 46,5%, in der ersten Hälfte des 18. Jahrhunderts 56,0% und in der zweiten 57,0%. Der

Höhepunkt des Namenschwunds wurde also bei den Frauen erst ein Jahrhundert später erreicht.

Unsere Hypothese, daß es primär das Namengut der normannischen Fürstendynastie war, das in England die Frühphase des Namenschwunds bestimmte, läßt sich aufgrund von Vergleichsdaten aus den Festlandgebieten des Herrscherhauses erhärten. Für die kleine Stadt Eu im östlichen Grenzraum der Normandie liegt eine relativ breit fundierte Analyse der vorherrschenden Namen für die Zeit von 1271 bis 1399 vor.[23] Die Normandie war damals zwar schon seit längerem unter kapetingischer Herrschaft, im Namengut wirkten aber offenbar noch ältere Verhältnisse nach. Die Situation ist recht ähnlich wie zur gleichen Zeit in England.[24] Die drei Herzogsnamen Wilhelm, Robert und Richard finden sich im ausgehenden 13. Jahrhundert noch alle im Spitzenfeld der fünf häufigsten Namen. Wilhelm hält auch das ganze 14. Jahrhundert den zweiten Platz, Robert fällt in der zweiten Hälfte des 14. Jahrhunderts auf den fünften Platz zurück; Richard scheidet schon in der vorangehenden Jahrhunderthälfte aus der Spitzengruppe der ersten fünf aus. Die neuen Aufsteiger sind auch hier zwei Heiligennamen: Jean steigert seinen Anteil innerhalb eines Jahrhunderts von 16,7 auf 31,4%. Als zweiter kommt hier Pierre hinzu, der – ähnlich wie in England Thomas – alle weiteren Heiligennamen deutlich hinter sich läßt.

Für frühere Phasen des Namenschwundprozesses in der Normandie lassen sich bei weitem keine so breit abgesicherten Daten erbringen. Hinweise können jedoch auch aus der Namenshäufigkeit in kleineren Personengruppen gewonnen werden. Unter den achtzig wichtigsten Gefährten Wilhelms des Eroberers, die ihn beim Aufbau der normannischen Herrschaft in England nach 1066 unterstützten, finden sich 15 Wilhelm, neun Robert, sieben Hugo, fünf Richard, fünf Raoul bzw. Ralph, vier Roger, drei Gottfried, Odo und Walter. Fast alle diese Namen begegnen am Ende des 12. Jahrhunderts in England unter den häufigsten, noch dazu in einer ziemlich ähnlichen Abfolge.[25] In einer Urkunde des normannischen Herzogs Richard II. (1015–27), die die hohe Zahl von 120 Zeugen nennt, treten neun Wilhelm, acht Richard, allerdings nur zwei Robert auf.[26] Die normannischen Herzogsurkunden geben insgesamt einige Anhaltspunkte dafür, wann und in welcher Intensität sich Fürstennamen durchsetzten. Relativ häufig werden hier bei Zeugennennungen die Vatersnamen hinzugefügt. So läßt sich ein Vergleich zwischen den Generationen hinsichtlich der Veränderungen des Namenguts durchführen.[27] In den letzten fünfzig Jahren vor der Erobe-rung Englands trugen bereits 35% der mit ihrem Patronym genann-ten Zeugen den Namen eines Herzogs. Unter den Vätern waren es nur 6%. Nach 1000 muß es also zu einer intensiven Welle der Für-stennachbenennung gekommen sein. Das Prinzip, das ihr zugrunde-liegt, geht aber sicher schon weiter zurück.

Sind für das Hochmittelalter die Übereinstimmungen im Namen-gut zwischen England und der Normandie besonders aufschluß-reich, so können in der weiteren Entwicklung eher die Unterschiede zusätzliche Hinweise geben. Gehen wir von der Situation in einer sehr späten Phase aus. Im Départment Seine-Maritime, in dem die Stadt Eu liegt, findet man im 19. Jahrhundert von den alten norman-nischen Fürstennamen Wilhelm, Robert und Richard keinen mehr unter den ersten zehn.[28] Ähnliches gilt auch für die benachbarten Départments im Raum des alten normannischen Herzogtums. Nur in der Bretagne konnte sich Wilhelm langfristig besser halten – freilich als einziger der drei Herzogsnamen.[29] Aus dem Wandel der Herrschaftsverhältnisse allein ist diese von England so abweichende Entwicklung gewiß nicht zu erklären. Zwar steht der französische Königsname Louis in den meisten dieser Départments unter den häufigsten Namen weit vorne oder überhaupt an der Spitze. Die Normandie wurde offenbar in einen auf Paris zentrierten Kernraum besonders starker Verbreitung des führenden Königsnamens einbe-zogen. In exakt dieser Zone dominiert übrigens auch dessen weibli-ches Gegenstück Louise.[30] Aber Louis war nicht nur Königs- son-dern auch Heiligenname. Heiligennamen verschiedenster Entwick-lungsphasen finden sich nun in der Normandie im 19. Jahrhundert generell als die führenden Namen. Auch die säkularen «Heiligenna-men» des bürgerlichen Zeitalters sind stark vertreten, etwa Émile, Eugène oder Jules. Die Namengutsentwicklung in diesem Raum muß relativ dynamisch erfolgt sein. Vergleicht man damit die Situa-tion in England, so wird das außerordentlich hohe Maß an Kontinui-tät des traditionellen englischen Namenguts seit der Zeit des «Nor-man Conquest» bewußt. Um langzeitige Prozesse der Nachbenen-nung in ihren unterschiedlichen Verlaufsformen besser zu verste-hen, lassen sich aus solchen Kontrasten weiterführende Fragestel-lungen entwickeln.

Lassen wir uns in unserer Beobachtung des «großen Namen-schwunds» weiterhin vom Namen Wilhelm leiten. Viel stärker als in den Rückzugsgebieten des normannisch-bretonischen Verbrei-tungsbereichs im äußersten Nordwesten Frankreichs hielt er sich bis ins 19. Jahrhundert in einer zweiten Zone im Südwesten des Landes, nämlich im Kernbereich des alten Aquitanien.[31] Dieses Gebiet hat zudem den Vorteil, hinsichtlich der Struktur und Entwicklung des Namenguts sehr gut untersucht zu sein. Das Limousin ist die einzige Region Europas, für die eine moderne detaillierte Analyse des Namenwesens vom Frühmittelalter bis zur Gegenwart vorliegt.[32] Und auch für das benachbarte Poitou gibt es für das Mittelalter eine gute Datenbasis.[33] So scheint diese Zone gut geeignet, den Namen Wilhelm im Kontext anderer Leitnamen des Namenschwunds zu verfolgen.

Auch in Aquitanien geht der Prozeß der Namenkonzentration ganz offensichtlich nicht von den Heiligennamen aus. Im Poitou nehmen die Heiligennamen Stephan, Petrus und Johannes im 10. Jahrhundert nur den neunten bis elften Rang ein. Vor ihnen liegen Geraldus, Gauterius, Gauffredus, Robertus, Bernardus, Rainaldus, Aimericus und vor allem der Spitzenreiter Guilhelmus/Wilhelm.[34] Nur langsam rücken die Heiligennamen vor, bis im 12. Jahrhundert Petrus den zweiten, Johannes den sechsten und Stephan den achten Platz einnimmt. Wilhelm bleibt nach wie vor an der Spitze. Eine Analyse der in den Kartularien von sieben Abteien und Kapiteln des Limousin genannten Personen des elften und zwölften Jahrhunderts ergibt ein ähnliches Bild.[35] Petrus, Johannes und Stephan sind noch keineswegs dominant. Vor und neben ihnen spielen Namen wie Ademarus, Aimerius, Arcambaldus, Beraldus, Bernardus, Gauzbertus, Gauzfredus, Geraldus, Guido, Raynaldus, Rotbertus und wiederum Wilhelm eine wichtige Rolle. Ein bemerkenswerter Sonderfall ist der häufig auftretende Prophetenname Elias. Etwas anders liegen die Verhältnisse bei den hier miterfaßten Frauennamen: Johanna, Stephana und Petronilla kommen häufig vor, also die feminisierten Formen der meistvergebenen männlichen Heiligennamen. Aber auch die zu Bernhard und Wilhelm gebildeten Femininformen Berniarz und Wilhelma treten mehrfach auf, schließlich auch noch die von Adelheid abgeleitete Alaaiz und Agnes. Die Namengebung von Frauen nach Heiligen spielt also offenbar im Prozeß der Namenkonzentration schon früh eine sehr wesentliche Rolle, freilich nicht primär nach weiblichen Heiligen.

Im Sterbebuch der nördlich von Toulouse gelegenen Abtei Moissac, dessen Eintragungen zum Großteil aus dem 12. Jahrhundert stammen, sind ebenso die eindeutigen Heiligennamen nicht die häufigsten. Stephan nimmt den zweiten, Petrus den vierten und Johannes den 13. Rang ein. Vor diesen späterhin so dominanten Heiligennamen liegen Rainaldus, Poncius, Gauzbertus, Rodbertus, Raimundus, Hugo, Arnaldus, Wilhelmus, Geraldus und hier an der Spitze überraschenderweise Bernardus. Ein 1273/4 angelegtes Einkünfteverzeichnis aus Dörfern des Toulousain bzw. des Albigeois zeigt wiederum Wilhelm vor Petrus, Bernard und Raimund als häufigste Namen. Aus dem südaquitanischen Raum sind außerdem die aus dem Kartular der Bischofskirche von Auch gewonnenen Datenreihen in unserem Zusammenhang von Interesse.[36] Sie zeigen, wie sich der am häufigsten vergebene Heiligenname Petrus seit der zweiten Hälfte des 11. Jahrhunderts langsam dem durchgehend führenden Guilelmus annähert, aber erst um 1200 den zweiten Platz nach ihm erreicht. Als besonders häufige Namen treten hier vor allem Raimundus, Bernardus und Arnaldus in Erscheinung, daneben aber auch Gerald, Bertrand, Odo sowie die aus romanischsprachiger Wurzel stammenden Namen Sancius, Garsia, Forto und Vitalis. Nach Daten aus den Urkunden des Kathedralkapitels von Agde im benachbarten Septimanien verläuft die Entwicklung dort ähnlich[37]: Petrus überrundet Guilelmus hier ein erstes Mal schon vor 1100, hält dann aber bis zu einem neuerlichen Vorstoß in der Mitte des 13. Jahrhunderts nur den zweiten Platz. Als männliche Heiligennamen sind neben ihm auch hier die allerdings viel schwächer vertretenen Stephanus und Johannes von Bedeutung. Neben und vor ihnen finden sich Raimundus, Bernardus, Poncius, Guiraudus (Geraldus), Durantus und Adalbertus in führender Position.

Bis ins 13. Jahrhundert hinein sind es also im aquitanisch-südfranzösischen Raum nur drei große Heilige, nach denen häufig nachbenannt wird: Der Apostelfürst Petrus, der Protomartyr Stephanus und – mit deutlichem Abstand der sonst in der christlichen Nachbenennungspraxis so dominante Johannes der Täufer. Sie tragen wesentlich zum Prozeß der Namenkonzentration bei, freilich erst relativ verspätet und im Vergleich zu den anderen führenden Namen in ihrem Anteil keineswegs sehr bedeutsam. Sind es auch hier die Fürstennamen, die die Frühphase des Namenschwunds bestimmen? So eindeutig positiv wie in der Normandie und in England läßt sich diese Frage nicht beantworten. Viele der häufigsten Namen waren zwar im Hochadel des Raumes stark vertreten. Als «Fürsten» kann man alle die zahlreichen Grafen, Vizegrafen und Barone, die sie trugen, aber sicher nicht bezeichnen. Wer hat in Aquitanien im hohen Mittelalter überhaupt als «Fürst» zu gelten? Die Herrschaftsverhältnisse waren reichlich kompliziert, die Abhängigkeitsverhältnisse verschachtelt und vielfachem Wandel unterworfen. Die Frage

nach Zusammenhängen zwischen Namenshäufigkeit und Fürstennachbenennung führt mitten hinein in die Problematik von formalen und realen Herrschaftsverhältnissen in diesem Raum.
Formal stand die Lehensabhängigkeit der aquitanischen Herzoge
und der anderen Großen Aquitaniens von den Kapetingerkönigen
außer Zweifel. Real waren diese hier bis ins 13. Jahrhundert hinein
kaum präsent. Das scheint sich auch im Namengut zu spiegeln.
Philipp und Ludwig, die beiden seit der zweiten Hälfte des elften
Jahrhunderts wichtigsten französischen Königsnamen, sind uns unter den häufigsten Namen im Südwesten des Reiches überhaupt
nicht begegnet. Ältere kapetingische Königsnamen sind Heinrich,
Robert, Hugo und Odo. Die drei letzteren haben wir angetroffen.
Französische Königsnamen des 10. und frühen 11. Jahrhunderts
könnten also für die Namengebung hier eine gewisse Rolle gespielt
haben, sicher aber keine überragende. Die Namen der westfränkischen Könige aus dem Karolingerhaus fehlen insgesamt. Das ist ein
generelles Problem, mit dem wir uns noch zu beschäftigen haben
werden.

Durch die Heirat Eleonores von Aquitanien mit König Heinrich II.
von England 1152 wurde die Macht des Hauses Anjou-Plantagenet
im südwestfranzösischen Raum begründet. In der Namengebung
hat allerdings auch die Herrschaft dieser mächtigsten Lehensträger
der französischen Könige keinen Niederschlag gefunden. Heinrich
fehlt, wie schon erwähnt wurde, ebenso Edward. Und auch nach
Richard Löwenherz, der seit 1160 Herzog von Aquitanien war, bzw.
seinem gleichnamigen Neffen – seit 1225 Graf von Poitou, 1277
Earl of Cornwall und seit 1257 deutscher König – findet sich keine
Nachbenennung. Robert und Wilhelm, die beiden anderen alten
normannischen Fürstennamen, die in England die Nachbenennung
so stark beeinflußt hatten, spielten bei den Anjou-Plantagenet als
Herrschernamen keine Rolle mehr.

Daß auch im französischen Südwesten der Prozeß der Namenkonzentration ganz maßgeblich durch die Nachbenennung nach Fürsten beeinflußt worden sein muß, zeigt anschaulich die Verbreitung
und Häufigkeitsverteilung von Raimund. Im Poitou und im Limousin sind wir ihm nicht unter den dominanten Namen des 10.-
12. Jahrhunderts begegnet, südlich angrenzend im Toulousain, im
Albigeois und in Septimanien hingegen durchwegs in führender Position. Das entspricht ganz dem Prozeß der Territorienbildung bzw.
den dynastischen Leitnamen in diesem Raum.[38] Ein Graf Raimund
von Toulouse wird schon 866 als «marchio» der von Septimanien

abgetrennten Spanischen Mark genannt. Sein nach ihm benannter Enkel und Urenkel waren von 918 bis nach 961 Grafen bzw. Markgrafen von Toulouse, der letztere vorübergehend auch Herzog von Aquitanien. Von diesem Raimund III. ging über eine Tochter der Name Raimund auf die Grafen von Barcelona über, bei denen er bis in die zweite Hälfte des 12. Jahrhunderts in der Zusammensetzung mit Berengar in jeder Generation als Fürstenname vergeben wurde. Sein Vetter, Graf Raimund von Rouerge, wurde 936 Herzog von Aquitanien, Markgraf von Septimanien sowie Herr des Albigeois und hatte einen gleichnamigen Sohn, der ihm 961 als Graf von Rouergue und Markgraf von Gothien folgte. Unter seinen eigenen Kindern vergab Raimund III. den Namen an zwei jüngere Söhne, von denen einer Graf des Albigeois wurde, aber auch in feminisierter Form an eine Tochter. Trotzdem der Name für die Dynastie offenbar schon sehr wichtig war, nannte er seinen Ältesten ohne jede innerfamiliale Nachbenennung Wilhelm – offenbar als Zeichen des Anspruchs auf die von ihm erworbene, aber bald wieder verlorene Würde eines Herzogs von Aquitanien. Während nun drei Träger des Namens Wilhelm als Grafen von Toulouse folgten – einer von ihnen aufgrund des frühen Todes eines älteren Bruders Raimund –, setzte sich dieser Name erst wieder in der vierten Generation mit Raimund von St. Gilles durch, der 1088 Graf von Toulouse wurde. Als Graf von Toulouse sowie Markgraf von Gothien und der Provence vereinigte Raimund von St. Gilles eine außerordentliche Machtfülle in seiner Hand und wurde schließlich durch seine führende Rolle im Ersten Kreuzzug zu einer der bedeutendsten Fürstenpersönlichkeiten seiner Zeit. Bis zum Aussterben der mächtigen Dynastie mit Raimund VII. 1249 war nun Raimund eindeutig der dominante Fürstenname. In Hinblick auf diese Kontinuität des Namens im Haus der Grafen von Toulouse von der zweiten Hälfte des neunten bis zur Mitte des dreizehnten Jahrhunderts, aber auch in Hinblick auf die Beschränkung des Namens auf dieses Herrschaftsgebiet kann jede andere Erklärung für seine außerordentliche Häufigkeit als Fürstennachbenennung wohl mit Sicherheit ausgeschlossen werden. An einen Einfluß der Verehrung von zwei Heiligen dieses Namens – des um 1175/80 bei Barcelona geborenen Raimund von Peñafort und des etwa zwei Jahrzehnte jüngeren Raimund Nonnatus, der ebenfalls in Katalonien lebte – ist gewiß nicht zu denken.[39] Die beiden Heiligen, die die lange vor ihrer Geburt einsetzende Verbreitung des Namens nicht bewirkt haben können, verdanken ihn vielmehr selbst wohl der Nachbenennung nach Fürsten.

Es gab also offenkundig in Aquitanien im Hochmittelalter Fürstennachbenennung. So wird auch bei Wilhelm die Frage zu stellen sein, ob und in welchem Maße seine Stellung als Fürstenname die Namengebung beeinflußt hat. Daß es sich bei Wilhelm um einen Fürstennamen handelte, steht außer Zweifel. Man könnte ihn sogar als den aquitanischen Fürstennamen schlechthin bezeichnen. Als solcher läßt er sich auf den großen Sarazenenkämpfer und als Heiligen verehrten Mönch von Gellone – Graf von Toulouse zur Zeit Karls des Großen und mit diesem verwandt – auf ziemlich direktem Weg zurückführen. Wilhelms Sohn, der wegen seiner politischen Rolle unter Ludwig dem Frommen so umstrittene Markgraf Bernhard von Septimanien, gab den Namen des berühmten Vaters seinem ältesten Sohn, ebenso dessen Sohn Bernhard Plantevelue, zuletzt Graf der Auvergne. Der Name wurde also zunächst durch innerfamiliale Nachbenennung weitergegeben. St. Wilhelms Urenkel Wilhelm der Fromme, war der erste aquitanische Herzog dieses Namens.[40] Mit dieser Herzogswürde blieb der Name nun fast zweieinhalb Jahrhunderte engstens verbunden. Auf Wilhelm den Frommen, einen der mächtigsten Großen des spätkarolingischen Westfrankenreiches und Begründer der Abtei Cluny, folgte 918 der gleichnamige Sohn seiner Schwester aus ihrer Ehe mit einem Grafen von Carcassone. In der Zeit des entstehenden französischen Fürstentums ist er der erste, der das bisher ausschließlich königliche Recht, im eigenen Namen Münzen zu prägen, in Anspruch nahm – noch vor den Herzogen von Franzien, die dann zur Königswürde aufstiegen.[41] Nach ihm ging die aquitanische Herzogswürde an Ebalus Mancer aus dem Haus Poitou über. Dessen Vater und Großvater, Ramnulf I. und Ramnulf II., hatten zwar auch die Vorherrschaft in Aquitanien ausgeübt – der letztere sogar kurzfristig unter dem Königstitel; trotzdem gab Ebalus Mancer seinem ältesten Sohn nicht den Namen Ramnulf sondern Wilhelm. Diese Namengebung bedeutete offenbar damals schon den Anspruch auf die Herzogswürde. So ließ auch Raimund III. von Toulouse, als er Herzog von Aquitanien wurde, bei seinem Erstgeborenen die Namentradition der Familie unberücksichtigt und nannte ihn Wilhelm. In beiden Fällen ist kein Ansatz für eine Nachbenennung aufgrund von Verwandtschaft erkennbar.[42] Durch sieben Generationen blieb nun unter den Nachkommen des Ebalus Mancer der Name Wilhelm mit der Herzogswürde verbunden. Bemerkenswert ist in diesem Zusammenhang vor allem der Fall zweier jüngerer Söhne Herzog Wilhelms V. des Großen, die zunächst die Namen Petrus und Wido erhalten hatten, im Hinblick auf die Nachfolge im Herzogsamt aber den Namen Wilhelm annahmen. Die Bindung von Name und Würde war also so eng, daß sie sogar zur Namensänderung führte.[43]

Wenn Wilhelm zum Würdenamen der aquitanischen Herzoge geworden ist, so sicher aufgrund von Vorbildgestalten, deren Bedeutsamkeit mit dem Namen verbunden gesehen wurde. Es waren «heilige Fürsten», die diese so starke Namenstradition begründeten. Nicht nur der kirchlich kanonisierte Graf von Toulouse ist im Verständnis der Zeit als solcher zu sehen. Ebenso auch sein mit dem Beinamen «der Fromme» ausgezeichneter Urenkel, der Stifter von Cluny.[44] In die heilige Heldengestalt des Guillaume d'Orange sind auch Züge seiner Persönlichkeit mit eingegangen. Die Verehrung Wilhelms von Gellone als Heiliger reicht in Aquitanien viel weiter zurück als in der Normandie. Hat auch Nachbenennung nach Wilhelm als Heiligem eine Rolle dabei gespielt, daß sich der Name im Hochmittelalter im ganzen Südwesten Frankreichs so enorm verbreitete? Der statistische Befund gibt Ansatzpunkte für eine Lösung des Problems nur dann, wenn typologisch vergleichbare heilige Vorbildfiguren in die Analyse einbezogen werden.

Stellt man Wilhelm von Gellone als Heiligen neben den Apostelfürsten Petrus, den Erzmärtyrer Stephanus oder Johannes den Täufer, so muß man sich bewußt sein, daß er in der Geschichte der Heiligenverehrung einen ganz anderen Typus vertritt. Er gehört nicht zu den Aposteln, Märtyrern oder großen Bischofsgestalten, an denen sich die Heiligennachbenennung sonst – wo es sie gab – seit frühchristlicher Zeit vorwiegend orientiert hatte. Er war die längste Zeit seines Lebens Laie, verheiratet und vor allem durch seine Leistungen als Krieger berühmt. Die Anfänge des Kults kriegerischer Heiliger reichen im Abendland nicht vor das zehnte Jahrhundert zurück.[45] Die Verbindung von Kriegsruhm und Heiligkeit war damals ein grundsätzlich neues Prinzip. Erstmals vertritt es Abt Odo von Cluny in seiner in den dreißiger Jahren des 10. Jahrhunderts verfaßten Vita des heiligen Gerald von Aurillac. Er versucht hier darzulegen, daß ein Adeliger zum Heiligen, zum «miles Christi», auch dann werden kann, wenn er die Waffen nicht ablegt, und schafft damit eine ganz neue Vorbildhaftigkeit von Heiligen für die aristokratische Welt. Gerald von Aurillac war für Abt Odo eine gleichsam «zeithistorische Persönlichkeit». 855 als Sohn einer Adelsfamilie aus der Auvergne geboren, blieb er – obwohl er sich zum Mönch berufen fühlte – im Laienstand. 894 hatte er das Peterskloster in Aurillac gegründet, das wie Cluny unmittelbar dem Papst

unterstellt war. 909 verstarb er. Zahlreiche Wunder sollen sich
schon zu seinen Lebzeiten und dann an seinem Grab abgespielt
haben. Bereits Mitte des 10. Jahrhunderts ist seine Verehrung in
aquitanischen Liturgien bezeugt. 972 erfolgte seine Elevation, die
im Verständnis der Zeit der Kanonisation gleichkam.[46]
Nach Gerald von Aurillac wurde offenbar in ganz Aquitanien
nachbenannt. In allen hier herangezogenen Daten findet sich der
Name auffallend stark vertreten. Ein bestimmter territorialer Bezug
wie bei Raimund läßt sich dabei nicht erkennen. Gerald war ja auch
– trotz seiner Verbreitung im Hochadel – kein Fürstenname. Anders
als bei Wilhelm läßt sich also die Nachbenennung nach Fürsten als
bewirkender Faktor bei ihm ausschließen. Jedenfalls in der zweiten
Hälfte des 11. Jahrhunderts ist der Name durchgehend in einer Häufigkeit vertreten, die eine Verbreitung bloß durch adelige Verwandtschaftsbeziehungen als höchst unwahrscheinlich erscheinen läßt.
Nachbenennungen nach dem neuen Typ des Adelsheiligen hat es
also seit etwa dieser Zeit gegeben. Auch Wilhelm ist diesem neuen
Typus zuzuordnen.[47] Zwar wurde seine Vita erst zwei Jahrhunderte
später verfaßt und auch die Kanonisation erfolgte mit deutlichem
Abstand, für die Namengebung aufgrund lokaler Verehrung sind das
freilich keine maßgeblichen Zäsuren. Die lokale Verehrung als Heiliger ist – wie wir gesehen haben – für seine Stiftung Gellone schon
938 gesichert. Anders als in der fernen Normandie wird man also in
der engeren Heimat St. Wilhelms in Aquitanien bei der raschen Zunahme der Namenshäufigkeit im Hochmittelalter nicht nur mit
einer Nachbenennung nach Fürsten dieses Namens sondern daneben auch mit einer religiös motivierten nach dem Heiligen rechnen
dürfen.

Bei der Analyse des Anteils verschiedener Namentypen am Prozeß des Namenschwunds, werden wir – jedenfalls aufgrund erster
Eindrücke aus dem südwestfranzösischen Material – unter die Heiligennamen auch einige solche einzubeziehen haben, die – aus philologischer Perspektive – auf eine «germanische» Wurzel zurückgehen. Die Unterscheidung zwischen Namen «germanischen» Ursprungs und «christlichen Namen» findet sich nicht nur in der
deutschsprachigen namenkundlichen Literatur. Auch die Autoren
der Studie über die Langzeitentwicklung des Namenguts im Limousin differenzieren für das sechste bis zehnte Jahrhundert zwischen
«noms d'origine germanique» und «noms d'origine latine», wobei
sie bei letzteren in «profanes» und «chrétiens» untergliedern.[48] Bei
der Kategorie «noms de martyrs et saints», die sie bei der Analyse

des christlichen Namenguts vom neunten bis zum zwölften Jahrhundert einführen, wird dementsprechend auch kein Heiligenname «germanischen» Ursprungs einbezogen.[49] Solche Typisierungen verstellen die Sicht auf mögliche Beeinflussungsfaktoren des analysierten Prozesses der Namengutsentwicklung. Das gilt ebenso für Kategorien wie «dem Alten Testament entlehnt», «dem Neuen Testament entlehnt», die sich hier neben «Märtyrer- und Heiligennamen» sowie «theophoren und symbolischen Namen» bei der Gliederung des christlichen Namenrepertoires des Hochmittelalters findet. So notwendig zusammenfassende Kategorisierungen bei namenstatistischen Analysen sind – soll der Vergleich von Summen im diachronen Vergleich zu interpretierbaren Resultaten führen, so muß den Kriterien der Zusammenfassung eine plausible Hypothese zugrundeliegen. Und eine solche Hypothese kann es wohl nicht sein, daß sich Menschen des Hochmittelalters in der Motivation der Namenswahl ihrer Kinder generell von Vorbildgestalten des Alten Testaments abgewandt und mehr an solchen des Neuen oder an Märtyrern und sonstigen Heiligen orientiert hätten. Die Entwicklung einzelner Namen aus den so gebildeten Gruppen zeigt ja auch, daß keineswegs alle zu einem Typ zusammengefaßten die gleichen Tendenzen der Zu- oder Abnahme mitmachten. Es kommt zu Widersprüchen, die dann oft als Ausweg wiederum nur den Rekurs auf ein letztlich ungeklärtes Phänomen der «Namenmode» zulassen. Geht man hingegen von auffallenden Entwicklungen bei der Vergabe einzelner Namen aus und fragt nach möglichen Motivationen ihrer Vergabe, so gewinnt man Ansätze für differenziertere Formen der Typenbildung, bei denen analoge quantitative Entwicklungen mit analogen Bedingungsfaktoren korrespondieren. Die neuen Ritterheiligen des Hochmittelalters, für die Gerald von Aurillac eine Leitfigur sein könnte, wären ein Beispiel für eine solche Kategorienbildung. Will man die Verbreitung christlich motivierten Namenguts und seinen Anteil am Prozeß des Namenschwunds besser verstehen, so wird man wohl diesen Weg weiterzugehen haben. Dazu aus dem so gut dokumentierten Material des aquitanischen Raums einige Beispiele.

Wir haben gesehen, daß im Limousin Elias zu jenen Namen gehörte, die im Prozeß der Namenkonzentration an Häufigkeit stark zunahmen. Aus dem 9. und 10. Jahrhundert finden sich nur zwei Nennungen aus dem 11. und 12. hingegen 202.[50] Damit ist Elias hier kaum weniger stark vertreten als Johannes. Der herkömmlichen Typisierung nach gehört der Name zu den Namensvorbildern aus dem Alten Testament, differenzierter vielleicht zu den Propheten. Für diese wird aber im Untersuchungszeitraum ein Rückgang registriert. Im Kontext einer solchen Zuordnung findet das Phänomen keine Erklärung. Was machte die Sonderstellung von Elias aus? In der mittelalterlichen Kunst wird der Prophet oft dargestellt. Am häufigsten begegnet das Motiv seiner Himmelfahrt im feurigen Wagen aufgrund des Berichts im zweiten Buch der Könige.[51] Elias galt als «geboren und nie gestorben».[52] Durch seine Himmelfahrt war er den Heiligen gleichgestellt. Anders als in Byzanz wurden im Westen Gestalten aus dem Alten Testament nur ausnahmsweise als Heilige verehrt.[53] Elias zählte zu ihnen. So ist es kein Zufall, daß mit dem Einsetzen der Nachbenennung nach Heiligen auch sein Name so häufig gegeben wurde – jedenfalls in Regionen, in denen die jüdisch-christliche Tradition seiner Himmelfahrt lebendig war. Durch seine Himmelfahrt galt er als allgegenwärtig. Das unterschied ihn von Heiligen, deren Wirksamkeit man primär von ihrem Grab bzw. ihren Reliquien ausgehend dachte. Wir sind der Fähigkeit der «engelsgleichen» Omnipräsenz schon bei St. Nikolaus begegnet – ein Entwicklungsschritt in der Heiligenverehrung, dessen Bedeutung für die Nachbenennung uns noch beschäftigen wird. Elias war nicht im selben Sinne wie Nikolaus ein Heiliger, aber er verfügte über diese für die Anrufung seines Namens und damit für die Namengebung wichtige Eigenschaft. Den Glauben, daß Elias aufgrund seiner Himmelfahrt als Wohltäter, Zeuge, Richter stets präsent sei, teilten im Mittelalter Christen und Juden.[54] Aus der jüdischen Überlieferung übernahmen Christen auch die Vorstellung, daß sein Name zum Schutz von Wöchnerinnen gegen dämonische Kräfte, insbesondere gegen den Einfluß der gefährlichen Lilith, wirksam sei – für die Namengebung von Kindern sicher eine besonders wichtige Motivation. Auch in Sterbegebeten wurde Elias angerufen.[55] So lassen sich allein aufgrund dieses einen im 11. und 12. Jahrhundert so stark zunehmenden Namens eine Reihe von Kategorien bilden, die zugleich Hypothesen über Prozesse christlich motivierter Nachbenennung beinhalten: himmlischer Fürsprecher und nicht nur Vorbildfigur, Intervenient mit universaler Wirksamkeit, Dämonenbekämpfer, Geburtshelfer, Fürsprecher in der Sterbestunde. Solche Hypothesen können hilfreich sein, um personenbezogene christliche Namengebung in der Besonderheit ihrer Häufigkeitsverteilung zu erklären.

Bei spezifisch christlich motivierter Namengebung des Hochmittelalters geht es jedoch keinesfalls nur um personenbezogene Nachbenennung. Am Untersuchungsmaterial aus dem Limousin kann das durch den Namen Jordanus illustriert werden, der hier im 11. und 12. Jahrhundert stark zunimmt.[56] Auch die Femininform Jordana findet sich. Nachbenennung nach einem Heiligen dieses Namens ist auszuschließen.[57] Die Autoren der Limousin-Studie reihen Jordanus unter die «noms theophores et symboliques». Aber den Gottesnamen enthält der Name nicht und auch sein Symbolgehalt bedürfte einer näheren Erklärung. Jordan ist der Fluß in dem Jesus getauft wurde. Im übertragenen – nicht symbolhaften – Verständnis wurde auch das Taufwasser so bezeichnet.[58] Ein Zusammenhang des Namens mit der Taufhandlung wäre also denkbar. Der Name Paganus, d.h. «Heide» als Bezeichnung lange ungetauft gebliebener Kinder ist aus dem Hochmittelalter überliefert.[59] Auch ein Festname wäre zu überlegen, obwohl in der Westkirche kein Hochfest der Taufe Jesu im Jordan gefeiert wurde wie in der Ostkirche zu Epiphanie.[60] Am wahrscheinlichsten ist es jedoch, daß ein «nomen sacrum» dem Namen zugrundeliegt, das durch die Kraft des Wortes selbst wirksam gedacht wurde. In christlichen Exorzismusformeln wird seit alters die Taufe Jesu im Jordan memoriert. Auch in alttestamentlichen Bezügen kommen «die Wasser des Jordan» in christlichen und jüdischen Exorzismen vor.[61] In der christlichen Tradition ist – der Formulierung des Evangeliums entsprechend – bei der Austreibung von Dämonen durch exorzistische Formeln der Name Jesu zentral. Analog zur Formulierung des Gottesnamens als «Gott Abrahams» bzw. «Gott Abrahams, Isaaks und Jakobs» kommt es auch bei der Beschwörung im Namen Jesu zu Zusätzen, die etwa auf die Auferstehung oder die Kreuzigung unter Pontius Pilatus Bezug nehmen.[62] Diesen rituellen Formeln wurde als ganzen magische Kraft beigemessen. Es ist ein paradoxes Phänomen, daß der römische Statthalter, der Jesus verurteilt hatte, auf diese Weise solche Namenswirksamkeit erhielt. Der Name Pontius/Ponce war in Aquitanien, wie wir gesehen haben, sehr häufig. Im tolosanischen Grafenhaus wurde er zuerst von Graf Raimund III. (924 – n. 963) als Zweitname getragen, dann aber auch in anderen Verbindungen und für sich allein weitergegeben.[63] Fürstennachbenennung könnte die Häufigkeit des Namens im Toulousain verstärkt haben, er war jedoch weit darüber hinaus verbreitet.[64] Die Parallele zwischen Pontius und Jordan im Gebrauch in Exorzismusformeln macht die Vermutung wahrscheinlich, daß beide ihrer magischen Wirkung wegen so begehrt waren. Die Abwehr von Dämonen war für Menschen des Hochmittelalters von existenzieller religiöser Bedeutung. Und im

Kampf gegen Dämonen spielte, wie wir schon gesehen haben, die Verwendung bestimmter Namen eine zentrale Rolle.[65] Neben dem Gottesnamen konnten dabei auch Heiligennamen eingesetzt werden.[66] Mit dem Gottesnamen im Exorzismus verbundene Worte aber wurden sicher als besonders wirksam geglaubt. In diesem Kontext magischer Praktiken läßt sich eine Verbindungslinie zwischen Heiligennamen und aus exorzistischen Formeln abgeleiteten Namen herstellen. Die letzteren sind aber wohl als ein eigener Typus zu betrachten, den man kaum unter «theophore» oder «symbolische», eventuell allgemein unter «fromme» oder besser wohl unter «religiös motivierte Namen» subsumieren kann.

Unter den im Limousin im 11. und 12. Jahrhundert schon relativ häufigen Heiligennamen von Frauen handelt es sich in der überwiegenden Mehrzahl um Nachbenennungen nach männlichen Heiligen. Das gilt nicht nur für Petronilla, Stephana und Johanna, die Femininformen der drei führenden Heiligennamen, sondern auch für Bartholomäa, Philippa, Simona, Dionysia, Hilaria, Juliana und Martina, nach deren Patronen unter den Männern nur schwach nachbenannt wurde.[67] Um so mehr erscheint es überraschend, daß nach zwei weiblichen Heiligen damals in stark zunehmendem Maße nachbenannt worden sein sollte, nämlich nach Beatrix und vor allem nach Agnes. Sicher – beide waren bedeutende altrömische Heilige. Aber warum sollten in der Namengebung nur diese beiden so im Vordergrund stehen, wo doch so viele andere heilige Frauen der römischen Tradition hier bekannt waren und verehrt wurden? Bei beiden gibt es alternative Möglichkeiten der Deutung ihrer Häufigkeit im Namengut. Beatrix bedeutet schlicht «die Heilige». Denselben Wortsinn hat Sancius/Sanctus bzw. sein weibliches Gegenstück Sancia. Sancius ist uns unter den dominanten Namen des 11. bis 13. Jahrhunderts in den Urkunden von Auch in Septimanien begegnet.[68] Wir werden noch sehen, daß sich die deutsche Entsprechung von Beatrix, nämlich Heiliga/Eilica, in bayerischen Urkunden als ein besonders häufiger Name findet.[69] Es könnte sich bei Beatrix also durchaus nicht um einen nach einer Heiligen personenbezogen um einen nach dem frommen Sinn und gegebenen Namen handeln. Auch Benedictus und Benedicta begegnen in diesem Verständnis damals nicht selten im Limousin – offenbar analog ohne Bezug auf den Vater des abendländischen Mönchtums, dessen Verehrung als Heiliger damals nicht besonders nachgewiesen zu werden braucht.[70] Auch bei Agnes wäre eine Deutung vom Wortsinn her zu bedenken. Agnes korrespondiert mit «agnus» d. i. Lamm. Das

Lamm war seit alters das Attribut der heiligen Agnes, freilich als apokalyptisches Lamm bzw. als Symbol Christi verstanden.[71] Die christliche Lammsymbolik könnte auch ohne Bezug zur heiligen Agnes die Namengebung beeinflußt haben.[72] Sie spielte in der in Aquitanien so bedeutsamen Gottesfriedensbewegung eine Rolle. Eine 1182 gegründete Friedensbruderschaft, die sich vom Languedoc bis ins Berry und die Gegend von Auxerre verbreitete, hatte als Emblem eine Schärpe mit dem Muttergottesbild und der Inschrift: «Lamm Gottes, das du die Sünde der Welt hinwegnimmst, gib uns Frieden». Die Heilige Jungfrau selbst soll dem Gründer das Zeichen mit der Inschrift überreicht haben.[73] Das Beispiel ist spät, aber es verweist auf komplexere Zusammenhänge als ein eindeutiges Namenspatronat.[74]

Die drei Fallstudien auf der Basis von Datenmaterial aus der Frühzeit des Namenschwunds in Aquitanien haben eines gezeigt: Die dichotomische Kategorienbildung Fürstennamen und Heiligennamen ist zu grob und zu vereinfachend, um sich über sie den bedingenden Faktoren dieses Prozesses anzunähern. Über eindeutige Heiligennamen hinaus mußten allgemeiner religiös motivierte Namen in die Untersuchung einbezogen werden. Die Typenbegriffe «theophore» und «symbolische Namen» reichen dabei nicht aus, das breite Spektrum nicht an Heiligen orientierter christlicher Namengebung abzudecken. Sicher haben diese beiden Namentypen in Aquitanien, einem Raum mit starker Kontinuität zur Antike, in Fortführung frühchristlicher Namenstradition bis ins Hochmittelalter hinein eine gewisse Bedeutung. Aber es kommen damals neue hinzu, die nicht mehr in dieser Tradition stehen und noch nicht der Heiligennachbenennung zuzurechnen sind. Mit der zunehmenden Durchsetzung des Prinzips der Heiligennachbenennung werden freilich auch in diesem Raum sich vielfach überschneidender Kultureinflüsse die Verhältnisse einfacher.

In der Zeit vom 10. bis zum 13. Jahrhundert erreichte die Namenkonzentration im aquitanischen Raum ein beträchtliches Ausmaß. Nach dem Urkundenmaterial des Kathedralkapitels von Agde kamen im 10. Jahrhundert 86 Namen auf 112 Personen, im Zeitabschnitt 1190–1220 aber nur mehr 44 auf 728. Das bedeutet einen Anstieg von durchschnittlich 1,3 Individuen pro Namen auf 16,5. Die intensivste Phase des Anstiegs ist hier das 12. Jahrhundert. Im 10. Jahrhundert treten 65 von 86 Namen nur ein einziges Mal auf, um 1200 20 von 44. Nur wenige Namen sind es, die besonders stark zunehmen. In der zweiten Hälfte des 11. Jahrhunderts liegen zwei

Namen bei über 20%, einer bei über 10% und vier bei über 5%. Um 1200 sind es einer über 20, drei über 10 und einer über 5%.[75] Um 1272/3 ist nach dem Zeugnis des «Liber reddituum» der Grafschaft Toulouse der Prozeß der Namenkonzentration schon etwas weiter fortgeschritten. In vier der fünf untersuchten Gemeinden tragen 64–66% der männlichen Bevölkerung einen der vier häufigsten Namen, nur in einer liegt der Wert etwas tiefer. Geht man von den neun häufigsten Namen aus, so sind es zwischen 80 und 90%.[76]

Im Limousin verlief der Prozeß des Namenschwunds ähnlich. Die Konzentration auf einige wenige besonders häufig vergebene Namen war nicht ganz so stark. Unmittelbare Vergleichszahlen lassen sich wegen der Form der statistischen Erhebung für das Hochmittelalter nicht bieten. Dafür sind wir hier in der einmaligen Situation, für einen Ort, nämlich Saint Léonard-de-Noblat, vom 14. bis zum 19. Jahrhundert exakte Prozentzahlen der fünf meist gegebenen Namen zusammenstellen zu können.[77]

Männernamen

Zeitraum	1.	2.	3.	4.	5.	insgesamt
1371/81	Pierre	Jean	Léonard	Etienne	Guillaume	
	24,8	22,9	7,3	7,3	6,3	68,6 %
1400/08	Jean	Pierre	Léonard	Guillaume	Martial	
	23,4	22,3	7,7	5,1	4,8	63,3 %
1432/42	Jean	Pierre	Léonard	Guillaume	Étienne	
	25,5	19,7	11,3	7,7	5,8	70,0 %
1460/79	Jean	Léonard	Pierre	Guillaume	Martial	
	30,4	15,2	12,3	12,3	7,0	77,2 %
1490/96	Jean	Léonard	Pierre	Martial	Antoine	
	25,4	19,0	11,7	5,4	5,4	66,7 %
1680	Léonard	Jean	Pierre	Jacques	François	
	28,2	18,8	13,9	6,5	5,3	72,7 %
1740	Léonard	Pierre	Jean	François	Étienne	
	32,1	13,8	9,9	8,8	7,9	72,5 %
19.Jh.*	Jean	Léonard	Pierre	François	Martial	
	24,0	18,0	12,7	8,9	4,1	67,7 %

Frauennamen

1680	Léonarde	Marie	Anne	Marguerite	Catherine	
	19,5	12,5	12,0	10,4	10,2	74,6 %
1740	Marie	Catherine	Léonarde	Marguerite	Françoise	
	17,4	17,4	17,0	8,7	7,9	68,4 %
19.Jh.*	Marie	Marguerite	Jeanne	Catherine	Anne	
	28,8	12,3	11,7	9,5	6,00	68,3 %

* gesamtes Département Haute-Vienne

Tafel 15: Der Anteil der fünf häufigsten Männer- und Frauennamen in St. Léonard-le-Noblat, 14. bis 19. Jahrhundert

Im Limousin ist also schon im 14. Jahrhundert ein relativ hohes Niveau der Namenkonzentration erreicht, das im Verlauf des Spätmittelalters und der frühen Neuzeit zwar noch mehrfach überschritten wird, jedoch nicht mit Zuwachsraten, wie wir sie in der vorangehenden Epoche im aquitanischen Raum gefunden haben. Noch der für das 19. Jahrhundert für das ganze Département berechnete Wert liegt nur minimal unter dem von 1371/81.[78] Die leichten Auf- und Abschwünge in den Gesamtsummen der ersten fünf Namen innerhalb des erfaßten Zeitraums erwecken den Eindruck der Diskontinuität. Verfolgt man die einzelnen Namen, so ergeben sich klarere Tendenzen. Die Entwicklung der Struktur des Namenguts ist im Vergleich zu anderen Gemeinden des Limousin in St. Léonard-de Noblat etwas weniger statisch, weil in diesem Ort ein bedeutender Wallfahrtsheiliger verehrt wurde. Der heilige Leonhard lebte im 6. Jahrhundert als Einsiedler im Bistum Limoges und gründete das später nach ihm benannte Kloster. Seine Gebeine wurden im 11. Jahrhundert erhoben. Sein Kult verbreitete sich rasch über die Region hinaus in ganz Frankreich, in Deutschland, England und Italien. Als einer der vierzehn Nothelfer wurde er zu einem großen Volksheiligen, insbesondere der bäuerlichen Bevölkerung.[79] Unter den dominanten Heiligennamen haben wir ihn allerdings im Namengut des Limousin im 12. Jahrhundert noch nicht gefunden. Und selbst in seinem Wallfahrtsort erreichte er erst im 17. Jahrhundert in der Nachbenennung die führende Position. Auch in der weiblichen Namengebung liegt er damals hier an der Spitze. Wie der Vergleich mit anderen Orten des Limousin zeigt, ist dies aber wirklich eine lokale Ausnahmeerscheinung.[80] Zwar findet sich überall im Limousin damals Léonard auf den vorderen Plätzen – Pierre oder gar Jean zu verdrängen ist ihm aber sonst kaum wo gelungen. Der Aufschwung von Léonard signalisiert, daß im Spätmittelalter neue Heiligentypen die Nachbenennung und damit den Namenschwund maßgeblich zu beeinflussen beginnen. Sind es regional bedeutsame Wallfahrtsheilige? Auch St. Martial gehört zu diesem Typ, der erste Bischof von Limoges, dessen Grab schon im 11. Jahrhundert von Volksmassen bestürmt wurde und den man in Aquitanien als «Apostel» verehrte, der aber erst lange danach große Bedeutsamkeit für die Namengebung gewann.[81] Sind es die überregional verehrten Nothelfer? Mit Margarete und Katharina sind auch sie im Namengut von St. Léonard-le-Noblat vertreten. Aufgrund des reichen Datenmaterials, das für das Limousin vorliegt, aber auch aufgrund anderer Namenstatistiken wird man beide Fragen positiv beantworten können. In der Spitzenposition von Léonard in Saint-Léonard-le-Noblat wirkten beide Komponenten gemeinsam.

Der Vorstoß von Léonard an den Spitzenplatz der Nachbenennung im zentralen Kultort der Leonhardsverehrung führt zu einer Abweichung vom einheitlichen Bild, daß sich sonst in der Namengebung des Limousin vom 13. bis zum 19. Jahrhundert ergibt. Jean und Pierre halten diesen langen Zeitraum hindurch in fast allen untersuchten Gemeinden mit deutlichem Abstand die beiden ersten Plätze. Nur die beiden Franziskanerheiligen Antonius von Padua und Franziskus von Assissi verdrängen gelegentlich in der Neuzeit den Apostelfürsten, vereinzelt dann auch der heilige Josef.[82] Interessant erscheint das Verhältnis der beiden führenden Namen Jean und Pierre zueinander. Pierre erreicht seinen Höhepunkt bereits im 13. Jahrhundert und geht seither sukzessive langsam zurück. Jean hat bis ins 14. Jahrhundert niedrigere Werte, steigt dann aber, nachdem er Pierre überholt hat, bis ins 18. Jahrhundert an. Dieser anfängliche Rückstand von Jean gegenüber Pierre ist eine Besonderheit der Entwicklung im aquitanischen Raum. Vielleicht hängt er mit dem Einfluß der Katharer in diesem Gebiet im Hochmittelalter zusammen. Die Katharer lehnten die Wassertaufe ab und damit auch die Bedeutung von Johannes dem Täufer.[83] Insgesamt standen sie der Heiligenverehrung ablehnend gegenüber. Von den geläufigen Heiligennamen der Zeit ist nur Pierre auch in katharisch beeinflußten Gemeinden sehr häufig zu finden.[84]

In mancher Hinsicht mit der Langzeitentwicklung des Namens Jean bei den Männern vergleichbar verläuft bei den Frauen im Limousin die von Marie. Der Name ist im Hochmittelalter bereits präsent, liegt aber im 12. Jahrhundert noch weit hinter der führenden Petronilla, ebenso aber auch hinter Stephana und Agnes.[85] Im 13. Jahrhundert führt Petronilla weiterhin, jetzt schon mit 13%[86], und wird erst im 14. Jahrhundert von Marie überholt. Wie Jean bei den Männern hält diese nun bei den Frauen unangefochten die Spitze.[87] Während Jean aber seit dem 15. Jahrhundert zurückgeht, nimmt Marie bis ins 19. Jahrhundert hinein an Häufigkeit zu. Durch ein halbes Jahrtausend sind beide die weitaus am öftesten vergebenen Namen. Eingeleitet aber haben sie den Namenschwund in Aquitanien nicht. Die führenden Namen der Frühzeit treten seit dem 14. Jahrhundert zurück. Agnes etwa zeigt eine ähnliche Verlaufskurve wie unser männlicher Leitname Wilhelm. Noch viel stärker ist bei ihr freilich der Abfall im 15. Jahrhundert. Wäre die Namenshäufigkeit im Hochmittelalter primär durch die Verehrung der römischen Heiligen bedingt gewesen, so ließe sich diese Entwicklung schwer erklären. Auch das spricht für die Bedeutsamkeit von Agnes als christlicher Symbolname.

Ein besonders bemerkenswertes Resultat der detaillierten Langzeitanalyse des Namenguts im Limousin ist es, daß sich die religiös motivierten Namen unter Bürgern und Bauern früher allgemein durchsetzten als in der Aristokratie.[88] Das bestätigen auch Daten aus anderen Regionen des südwestfranzösischen Raums.[89] Man wird daraus nicht gleich den Schluß ziehen dürfen, daß sich der Adel der «Christianisierung der Vornamen» stark widersetzt hätte.[90] Seine Rolle in der frühen Verbreitung christlich motivierter Frauennamen etwa bliebe bei einer solchen Sicht völlig unberücksichtigt. Auch wird man schichtspezifische Unterschiede nicht bloß auf in Adelsgeschlechtern traditionell weitervererbtes Namengut zurückführen dürfen.[91] Die sich im Hochmittelalter so stark verbreitenden Fürstennamen waren für die Adelsfamilien ebenso neu wie für andere Bevölkerungsgruppen. Trotz solcher Einwände ist ein schichtspezifisch differenzierter Ansatz in der Interpretation des Namenschwunds sicher weiter zu verfolgen. Die Datenanalyse nach solchen Kategorien ergab für das 13. Jahrhundert im Bürgertum einen Anteil von 63% «christlichen Vornamen», denen im Adel ein Anteil von nur 51% gegenübersteht. Im 14. Jahrhundert betragen die Werte bei den Bürgern 72% und bei den Bauern 70 bis 80%, beim Adel hingegen nur 46%. Im 15. Jahrhundert steigen diese Werte bei den Bürgern auf 77 bis 82% und bei den Bauern sogar auf 82 bis 94%. Beim Adel bleiben sie in der ersten Jahrhunderthälfte mit 49% auf dem alten Niveau, wachsen aber in der zweiten auf 73% an. Diese Daten sind auf der Grundlage eines bereits diskutierten Begriffs von «christlichen Namen» errechnet. Gerald oder Wilhelm etwa werden dabei nicht als «christlich» eingestuft, insgesamt der Typ der vornehmlich in der Aristokratie verehrten «neuen Adelsheiligen». Deren Berücksichtigung mögen die Zahlenrelationen nicht unwesentlich verschieben. Der Grundgedanke des Modells einer nach Adel, Bürgern und Bauern unterschiedlich verlaufenden Verbreitung religiös motivierter Namen ist aber sicher aufrechtzuerhalten. So erscheint es weiterführend, das Namengut spezifisch städtischer Gesellschaften in der vergleichenden Analyse besonders zu berücksichtigen.

Aus Paris, der sicher bedeutendsten Großstadt Westeuropas, sind aus der Zeit um 1300 mehrere Steuerrollen erhalten, die von der romanistischen Forschung hinsichtlich der in ihnen genannten Na-

	Nennungen	1292 %	Rangplatz	Nennungen	1313 %	Rangplatz
Jehan, Jehannot	2114	15,3	1	1341	20,8	1
Guillaume, Guillot	1305	9,0	2	564	8,7	2
Pierre, Perrot	815	6,3	3	422	6,5	3
Robert, Robin	738	5,1	4	278	4,3	4
Nicolas	403	2,8	5	230	3,5	5
Richart	399	2,8	6	143	2,2	7
Thomas	336	2,3	7	158	2,4	6
Raoul	301	2,1	8	140	2,2	9
Estienne	260	1,8	9	142	2,2	8
Henri	243	1,7	10	88	1,4	13
Simon	242	1,7	11	126	2,0	10
Giefroi	229	1,6	12	105	1,7	12
Rogier	194	1,4	13	70	1,0	15
Jacques	193	1,4	14	111	1,7	11
Gautier	184	1,3	15	55	0,8	19
Adam	153	1,1	16	79	1,2	14
Hue	134	0,9	17	48	0,7	22
Philippe	116	0,8	18	61	0,9	17
Michiel	114	0,9	19	60	0,9	18
Renaut	112	0,8	20			
Girart				54	0,8	20
Guiart				51	0,8	22
Gile	103	0,8	21	42	0,7	23
Lorenz				46	0,7	24
Jehanne/Jehannete	288	1,9	1	113	1,7	1
Marie	128	0,9	2	43	0,7	2
Ameline/Emeline	107	0,7	3	35	0,5	4
Agnés	100	0,7	4	34	0,5	5
Aaliz	99	0,7	5	34	0,5	6
Perronelle	94	0,6	6	39	0,6	3
Maheut	76	0,5	7	23	0,4	9
Ysabel	76	0,5	7	32	0,5	7
Marguerite	72	0,5	8	24	0,4	8
Nicole				13	0,2	9
Edeline				13	0,2	10

Tafel 16: Die häufigsten Männer- und Frauennamen nach den
Pariser Steuerrollen von 1292 und 1313

men eingehend untersucht wurden.[92] Steuerrollen als Quelle von
Namengutanalysen haben im Vergleich zu Urkunden den Vorzug,
daß jeder Namensträger mit Sicherheit nur einmal erfaßt ist, während bei der Auswertung von Urkunden in Zeiten der Einnamigkeit
schwer zu entscheiden ist, ob sich eine Nennung auf eine schon
gezählte Person oder einen anderen Träger des gleichen Namens
bezieht. Der statistische Befund ist daher besser abgesichert. Steuerrollen enthalten zudem auch Frauennamen, im Falle von Paris sogar
in ziemlich beträchtlicher Zahl. Obwohl der zeitliche Abstand zwischen der ersten und der letzten dieser Steuerrollen von 1292 und
von 1313 relativ gering ist, läßt ein diachroner Vergleich in Ansätzen Tendenzen der Veränderung erkennen. Der statistische Befund

soll daher hier im Detail vorgelegt werden (Tafel 16).[93] Mit den sogenannten «rolés des bans de tréfonds» liegt für die Zeit 1267 bis 1298 für die große Stadt Metz eine analoge Quelle vor, deren umfangreiches Datenmaterial ebenso von romanistischer Seite aufbereitet wurde.[94] Sie eignet sich besonders gut für einen synchronen Vergleich. Auf der Basis von Urkunden erarbeitete statistische Zusammenstellungen des Namenguts liegen auch für einige andere große Städte des Reichs vor, vor allem für Köln und Regensburg.[95] Ein Ausblick auf einige große Städte Italiens im Spätmittelalter soll den Querschnitt abrunden.

Schon beim ersten Eindruck geben die Auswertungen der Pariser Steuerrollen aus der Zeit um 1300 das Bild einer stark an Heiligen orientierten Namenkultur. Aber auch Fürstennamen sind in beachtlicher Häufigkeit vertreten. Überraschend erscheint, daß sich der bisher für diese Zeit beobachtete Trend der Zunahme der ersteren und der Abnahme der letzteren trotz des geringen Abstands zwischen den beiden Querschnitten von nur 21 Jahren durchgehend bestätigt. Wirklich markant ist die Zunahme zwar nur bei Johannes in der Spitzenposition, in Hinblick auf das breite Spektrum vertretener Namen haben wohl auch die geringeren Verschiebungen der Prozentwerte auf den rückwärtigen Plätzen einen Aussagewert.[96]

Aber kann man bei diesen Pariser Listen überhaupt von einem Einfluß der Fürsten auf die Nachbenennung sprechen? Ist das Namengut der Pariser Bürger an ihren Königen orientiert, wenn Wilhelm und Richard in der Liste weit vor dem kapetingischen Hugo liegen, wenn der damals schon dominante französische Königsname Ludwig überhaupt fehlt? Den Namen Wilhelm hat das französische Königshaus ebenso wie Richard peinlich vermieden. Kann man von Fürstennachbenennung sprechen, wenn die Namen der rivalisierenden Dynastie vor denen der eigenen den Vorrang haben? Das in England und in der Normandie so eindeutig faßbare Prinzip der Fürstennachbenennung scheint aufgrund des Pariser Befunds in Frage zu stehen.

Unser «Leitname» Wilhelm ist – wie wir immer wieder feststellen mußten – ein sehr komplizierter Fall. Von den Lehensfürsten des französischen Königs hatten ihn nicht nur die normannischen Herzöge im 10. und 11. Jahrhundert vergeben. Wir sind ihm als dem Herzogsnamen schlechthin in Aquitanien begegnet, und in ähnlicher Bedeutung in der Auvergne. Bei den Grafen von Burgund wiederholte er sich mehrfach, seit im ausgehenden 10. Jahrhundert Otto Wilhelm ihn als Zweitnamen erhalten hatte.[97] Und auch die mächtigen Grafen von Blois und Chartres, deren Territorium die kapetingische Krondomäne von beiden Seiten umschloß, führten ihn – allerdings erst seit dem ausgehenden 11. Jahrhundert nach einer Eheschließung mit dem englischen Königshaus.[98] Bedenkt man Migrationsprozesse zwischen den einzelnen Lehensfürstentümern des französichen Königreichs[99], die sich im Verlauf des Hochmittelalters abspielten, so braucht man sich nicht zu wundern, daß allein die Nachbenennung nach Fürsten aus diesen Geschlechtern dem Namen in der Pariser Bevölkerung um 1300 eine solche Bedeutung gab. Bei Wilhelm ist aber, wie nicht genug betont werden kann, auch mit zusätzlichen Faktoren der Namensmotivation zu rechnen.

Auch Richard war in Frankreich zwar nicht Königsname aber ein sehr bedeutender Fürstenname. Die entscheidende Persönlichkeit für Prozesse der Nachbenennung ist hier wohl der Burgunderherzog Richard «der Richter», der unter den westfränkischen Großen des frühen 10. Jahrhunderts zu den mächtigsten gehörte.[100] Sein Sohn Rudolf wurde kurz nach seinem Tod 923 zum König des Westfrankenreichs gewählt. Unter dessen Herrschaft und unter Bezug auf den Vater scheint Richard vom normannischen Grafenhaus übernommen worden zu sein, wo er – wie wir gesehen haben – zu jenem Hausnamen wurde, mit dem der Anspruch auf die Fürstenwürde verbunden war.[101] Der Name hatte so viel Prestige, daß ihn sogar der vorletzte Karolingerkönig in den sechziger Jahren des 10. Jahrhunderts einem seiner unehelichen Söhne gab.[102] Er verbreitete sich auch sonst unter den westfränkischen Großen. Graf Karl Konstantin von Vienne, dessen eigener Name einen unrealisierten Herrschaftsanspruch in Anschluß an seine karolingischen und byzantinischen Vorfahren signalisiert, gab ihn um 930 seinem ältesten Sohn – offenbar ebenso in Nachbenennung nach dem Vater des damals herrschenden westfränkischen Königs.[103] Welche Bedeutung Richard als Fürstenname in der ersten Hälfte des 10. Jahrhunderts hatte, veranschaulicht besonders der Umstand, daß er sich mit Wilhelm und Hugo unter den ersten auf Münzen findet, die nun nicht mehr nur im Namen des Königs geprägt wurden.[104]

Auch Robert, Raoul, Henri und Hue, die sich in der Pariser Liste von 1292 an vierter, achter, zehnter und siebzehnter Stelle finden, wird man ihrem Ursprung nach wohl durch Nachbenennung nach verschiedenen Fürstenhäusern zu erklären haben, nicht nur bezogen auf französische bzw. westfränkische Könige dieses Namens.[105] Sie finden sich alle in spätkarolingischer Zeit in mehreren Geschlechtern der Reichsaristokratie, von denen die späteren Kapetinger zur Königswürde aufstiegen, aber auch viele andere zu einer fürstlichen Stellung. Das Namengut dieses neuen Fürstenstandes des 10. und 11. Jahrhunderts verbreitete sich im Hochmittelalter in weiten Bevölkerungskreisen – auf welchen Wegen, das wird uns noch zu beschäftigen haben. Bei den Frauen kommen wir mit Ameline/Emeline bzw. Aaliz/Aalis, Diminutivformen zu der aus Ermentrud und Ermengard verkürzten Emma und zu Adelheid, über die sich im 10. Jahrhundert neu ausbildenden Fürstengeschlechter bis zu den Karolingern selbst als Wurzel der Nachbenennung zurück. Die karolingischen Königsnamen hingegen waren für die Nachbenennung tabu. Als die Kapetinger die Namen Ludwig und Karl als Königsnamen wieder aufgriffen[106], war offenbar die große Zeit der Fürstennachbenennung schon vorbei. Unter den häufigsten Namen der Pariser Bürger um 1300 finden sich diese beiden jedenfalls nicht.[107] Erst später scheint sich um Paris jene Kernzone der Vergabe des Namens Louis ausgebildet zu haben, die dann bis ins 19. Jahrhundert hinein so deutlich in Erscheinung tritt.[108] Die Verehrung König Ludwigs des Heiligen, in der die beiden hier untersuchten Komponenten der Namensmotivation zusammenfließen, war daran sicher maßgeblich beteiligt.

Auch die Situation in Metz im letzten Drittel des 13. Jahrhunderts zeigt, daß der Prozeß der Namenkonzentration in den Nachfolgereichen des ehemaligen karolingischen Imperiums nicht nur an Königsnamen sondern allgemeiner an Fürstennamen orientiert war. Heinrich, der führende deutsche Königsname des Hochmittelalters, findet sich hier in der Rangliste erst an achter Stelle.[109] Mit Dietrich und Gerhard auf Platz sechs und sieben gehen ihm zwei lothringische Herzogsnamen voran, denen in der Nachbenennung offenbar der Vorrang gegeben wurde. Otto und Konrad, die beiden anderen deutschen Königsnamen des 10. und 11. Jahrhunderts, liegen weit abgeschlagen erst nach dem dreißigsten Platz.[110] Eine Reihe anderer Fürstennamen aus benachbarten Territorien sind weit besser vertreten. Auf Heinrich folgt auf dem neunten Rang Hugo, der sich nicht nur im kapetingischen Frankreich, sondern jedenfalls auch in Burgund und in Italien als Fürstname verbreitet hatte. Selbst im fernen Aquitanien sind wir ihm unter den häufigen Namen begegnet. Auf die Kapetinger verweist Ludwig auf dem 16. Rang – in Hinblick auf die geringe Verbreitung des Namens in der französischen Residenz ein überraschendes Phänomen. Auf dem 17. Platz folgt dann Thiebaut, der ebenso eindeutig auf die Grafen der Champagne verweist wie Balduin auf dem 28. auf die von Flandern. In der bedeutenden Handelsstadt Metz liefen ebenso wie in Paris sehr vielfältige Einflüsse zusammen.

Die relativ geringe Häufigkeit der Königsnamen Heinrich und Konrad in Metz ist allerdings für eine deutsche Reichsstadt dieser Zeit eher untypisch. Wir finden damals nämlich in anderen großen Reichsstädten diese beiden Namen sonst so oft, daß man geradezu von einem «Hinz und Kunz»-Phänomen sprechen kann. In Köln etwa war im 13. Jahrhundert Heinrich der weitaus beliebteste Name.[111] Sein Anteil betrug 7,8% gegenüber nur 2,9% in Metz. Konrad folgte dort bereits auf dem fünften Rang. In Regensburg begegnet Heinrich vom 12. bis in die 1. Hälfte des 14. Jahrhunderts mit einem Anteil zwischen 10 und 15% unter den häufigsten Namen stets am ersten Platz.[112] Dann wird er hier verdrängt, aber nicht von Johannes oder Petrus – nein, von Konrad. Auch für diesen werden in Regensburg seit dem 13. Jahrhundert stets Werte über 10% gemessen. Ebenso nehmen in Breslau Heinrich und Konrad bis 1320 mit etwa 10% die beiden ersten Ränge ein. Im 14. Jahrhundert rücken hier dann Nikolaus, Johannes und Petrus nach vorne und verdrängen Heinrich und Konrad auf den vierten und achten Rang.[113] Auch in Zürich finden sich im 13. Jahrhundert Heinrich und Konrad an der Spitze.[114] Und selbst in Genua, wo der König wirklich schon sehr ferne war, lag Enricus mit einem Häufigkeitsanteil von 7% nach einer Liste von 1251 an dritter Stelle.[115]

Ohne mit Datenmaterial näher ins Detail zu gehen, läßt sich festhalten: Das Prinzip der Fürstennachbenennung hat für die Entwicklung des Namenguts im Hochmittelalter in West- und Mitteleuropa entscheidende Bedeutung gehabt. Und dieses Prinzip gilt nicht nur für den Adel, wie wir es in der Normandie und im Anschluß daran in England feststellen konnten, sondern es gilt auch für das städtische Bürgertum. Die Namengebung der Männer hat es stärker beeinflußt als die der Frauen, aber auch bei diesen ist es klar faßbar.[116] In welcher Weise es gewirkt hat, dem wird aufgrund von Unterschieden in der Sozial- und Verfassungsstruktur der behandelten Räume noch näher nachzugehen sein. Daß solche Strukturen als Erklärung heranzuziehen sind, darauf deutet ja allein schon die starke Orientierung an Namen, die mit der Entstehung des neuen Fürstentums in spät- bzw. nachkarolingischer Zeit verbunden sind. Ob sich in einer Population langfristig eher die Namen der Könige oder die der großen Lehensträger durchsetzten, das dürfte stark von den Machtverhältnissen abhängig gewesen sein. Die Strukturunterschiede des Namenguts in England und Deutschland auf der einen Seite, in den französischen Territorien auf der anderen, sprechen diesbezüglich eine deutliche Sprache. Aber nicht nur das Verhältnis König zu Fürsten im 10. und 11. Jahrhundert scheint langfristig für die Häufigkeitsverteilung der Fürstennamen bedeutsam gewesen zu sein. Wo sich Heiligennamen erst spät durchsetzten wie etwa in Regensburg oder Breslau, dort konnten Fürstennamen lange die Namengebung beherrschen. Die relative Schwäche der Fürstennamen in Paris – und in Metz scheint es diesbezüglich ähnlich gewesen zu sein – ist sicher auch durch die frühe Durchsetzung der Heiligennamen bedingt.

Die Typologie der Heiligennamen bzw. insgesamt des religiös motivierten Namenguts läßt sich von den Pariser Listen ausgehend weiter differenzieren und präzisieren. Einen Sonderfall stellt zunächst Johannes dar. Allein die Zunahme des Anteils von Trägern dieses Namens um mehr als 5% des gesamten Namenguts innerhalb der wenigen Jahre, die zwischen den beiden Zählungen liegen, zeigt seine Ausnahmestellung. Man wird der Besonderheit dieser Namenentwicklung nicht gerecht, wenn man «verstärkte Heiligenverehrung» oder ähnlich allgemeine und nivellierende Argumente ins Treffen führt. Auch andere Heilige wurden in Paris verehrt und – wie die Listen deutlich zeigen – auch durch die Vergabe ihres Namens an Söhne und Töchter. Bei keinem und keiner aber war das Ausmaß dieser Verehrung durch Nachbenennung so intensiv und so stark zunehmend. Zu den Nachbenennungen nach Johannes dem Täufer – und nur um ihn scheint es sich zu handeln – dürfen ja nicht nur die Fälle der unmittelbaren Vergabe seines Namens an Knaben gerechnet werden. Hinzuzuzählen sind die Nachbenennungen von Mädchen in der feminisierten Form des Namens. Und diese sind in Paris um 1300 weit mehr als doppelt so häufig als die nach Maria. Als Ausdruck der Verehrung Johannes des Täufers ist weiters auch der Name Ysabel/Elisabeth zu sehen. Elisabeth hieß nach dem Bericht des Lukas-Evangeliums die Mutter des Täufers, eine Verwandte Mariens. In welchem Verständnis im Hochmittelalters ihr Name vergeben wurde, zeigt sehr schön ein Bericht des Cäsarius von Heisterbach in seinem «Dialogus miraculorum».[117] Er erzählt von einer Augustinerin Hildegund im Kloster Stuben an der Mosel, die eine große Verehrerin des heiligen Johannes des Täufers war. Sie riet Eltern immer wieder, Söhnen zu Ehren des Heiligen den Namen des Täufers oder den seines Vaters Zacharias zu geben, Töchtern aber den seiner Mutter Elisabeth. Es ist ein für die Namengebungspraxis des Hochmittelalters wichtiges allgemeines Prinzip, das hier zum Ausdruck kommt: Man kann eine Person ehren, indem man den Namen ihr nahestehender Verwandter vergibt. Wir werden in ganz anderen Zusammenhängen auf dieses Denkmodell zurückzukommen haben. Hier geht es zunächst um die an Johannes dem Täufer orientierte Namengebung. Zacharias wählte man selten.[118] Bei Söhnen zogen Eltern wohl in der Regel den wirkkräftigen Namen des Heiligen selbst vor. Aber bei Töchtern konnte die Alternative zur Femininform weit größere Bedeutung gewinnen. Als komplementäre Formen der Ehrung des Heiligen durch Namen spielen Johanna und Elisabeth in der Namengebung von Mädchen seit dem Hochmittelalter eine außerordentliche Rolle. Im aquitanischen Raum sind wir der Femininform zu Johannes unter den dominierenden Frauennamen schon begegnet,[119] in England beiden Formen mit deutlichem Übergewicht von Johanna. Diese Situation findet sich auch in Paris. In Metz hingegen ist Ysabel in der Überzahl. Sie findet sich in der Rangliste der Frauennamen an dritter Stelle, Jehanne/Jehenne/Gehenne hingegen erst an zwanzigster.[120] In Köln nimmt Elisabeth den vierten Rang hinter zwei Fürstinnennamen ein.[121] Von den religiös motivierten wurde nur Gertrud hier häufiger vergeben. Johanna fehlt fast völlig.[122] Wir haben offenbar zwei einander teilweise überschneidende Großlandschaften von unterschiedlichen Formen weiblicher Namengebung zu Ehren von Johannes dem Täufer vor uns. Wieweit die Varianten Ysabel und Elisabeth eine weitere Differenzierung bedeuten, sei dahingestellt. Von philologischer Seite wird Ysabel als Produkt einer rein formalen Entwicklung gesehen, die durch Wegfall der ersten Silbe entstanden ist.[123] Die Verbreitung der Form soll von Spanien ausgegangen sein. Daß der Wegfall einer Silbe bei religiös motivierter Namengebung eine sehr essentielle Sache sein kann, haben wir in ganz anderen christlichen Namenkulturen am Beispiel Immanuel/Manuel bzw. Michael/Chael gesehen. Dort war es Zeichen für einen besonders begehrten weil besonders heiligen Namen, der aber in der Vollform nicht gegeben werden durfte.[124] Wie immer dem sei – Ysabel bzw. Elisabeth waren im hochmittelalterlichen Europa keine selbständigen Heiligennamen sondern auf Johannes den Täufer bezogen. Man kann nicht von einem «Namenspatronat» Elisabeths sprechen,[125] weil die Mutter des Täufers nicht zu den Heiligen der römischen Kirche gehörte. Sie konnte selbst, wie die meisten Gestalten des Alten Bundes, nur als Vorbildfigur auf die Namengebung einwirken, nicht aber als himmlische Fürsprecherin. Das konnte nur ihr Sohn, der in dieser Funktion offenbar ganz besonders gefragt war. Der Unterschied wird im römischen Festkalender deutlich. Das Fest Johannes' des Täufers war seit dem 5. Jahrhundert auf den 24. Juni festgesetzt.[126] Es wurde ursprünglich wie Weihnachten als Fest erster Klasse mit Vigil, Vigilfasten, dreifachem Gottesdienst und Oktav gefeiert. Dieses Hochfest gedachte des Geburtstags des Täufers, nicht wie bei anderen Heiligen des Todestages, galt doch Johannes als schon im Mutterleib vorerlöst. Seine Mutter hingegen erhielt im Kalender der römischen Kirche nie einen eigenen Festtag. Bis heute feiern Trägerinnen des Namens Elisabeth ihren Namenstag am 19. November, dem Fest der heiligen Landgräfin Elisabeth von Thüringen. Sie verstarb 1231 und wurde schon 1236 kanonisiert.[127] Obwohl es sich bei ihr um eine hochmittelalterliche Heilige handelt, geht die starke Verbreitung des Namens Elisabeth im Hochmittelalter natürlich nicht auf sie zurück. Diese korrespondiert mit Johannes. Seine Sonderstellung in der Namengebung gilt es also primär zu erklären. Dabei kann an vieles angeknüpft werden, was über die frühe Nachbenennung nach Johannes in der byzantinischen Kirche gesagt wurde.

Ein Blick auf den römischen Festkalender und die mit ihm verbundene liturgische Praxis kann insgesamt hilfreich sein, die Struktur religiös motivierter Namengebung in städtischen Populationen des Untersuchungszeitraums besser zu verstehen. Nach einem Dekretale Papst Gregors IX. von 1232 unterlagen im gesamten Bereich der römischen Kirche folgende Heiligenfeste den Bedingungen der Sonntagsruhe: alle Marien- und Apostelfeste, der Geburtstag Johannes' des Täufers, die Festtage der Märtyrer St. Stephan und St. Laurentius, sowie als Engelsfest der St. Michaels-Tag.[128] Im Laufe des 13. Jahrhunderts wurde auch das Nikolausfest in die höchste Klasse liturgischer Verehrung aufgenommen.[129] In der Pariser Bevölkerung der Zeit um 1300 ist eine Entsprechung zwischen Heiligennamen und diesen gesamtkirchlich verbindlichen Heiligenfeiertagen deutlich erkennbar. Unter den aufgelisteten Männernamen sind nicht weniger als zehn mit mehr als der Hälfte der Namensträger solche von Feiertagsheiligen. Unter den Frauennamen sind es fünf. Der Anteil der nachbenannten Namensträgerinnen ist hier noch deutlich höher. Von den mit höchstem Festrang gefeierten Heiligen fehlen bei den Nachbenennungen der Männer nur einige Apostel. Die der Frauen ist an einem weit engeren Kreis orientiert. Bei beiden Geschlechtern steht nach Johannes dem Täufer der Apostelfürst Petrus ganz eindeutig im Vordergrund – ein aus dem bisher herange-

Elisabeth von Mersich mit ihren Töchtern und ihrer Namenspatronin, der heiligen Landgräfin Elisabeth von Thüringen, auf einem Stifterbild in Brügge, Gerard David, vor 1597. Der Name Elisabeth wurde hier nicht mehr zu Ehren Johannes des Täufers gegeben. Der Bezug auf die heilige Landgräfin ist durch die Krone als deren spezifisches Attribut erkennbar. Die Darstellungsform des Stifterbilds drückt das persönliche Schutzverhältnis zwischen Namenspatron und Stifter aus.

zogenen Material bereits vertrautes Bild. Davon abweichend erscheint in Paris die hohe Häufigkeit von Nikolaus, der ja erst kürzlich zu dieser Gruppe der großen Feiertagsheiligen hinzugekommen war. In Aquitanien etwa sind wir weder ihm noch der feminisierten Form der Nachbenennung unter den dominanten Namen begegnet.

In Metz liegt im letzten Drittel des 13. Jahrhunderts der Anteil der großen Feiertagsheiligen niedriger als in Paris, bei den Männern beträgt er 45%, bei den Frauen nur 23%.[130] In der Rangliste folgt Nikolaus unmittelbar auf Johannes, auf ihn Jakob, der hier in der Apostelnachbenennung beliebter war als Petrus. Bei den Femininformen findet diese Abfolge eine exakte Entsprechung. Ganz anders in Köln. Hier haben sich die Feiertagsheiligen im 13. Jahrhundert bei weitem noch nicht so stark durchgesetzt. Unter den zehn häufigsten Männernamen ist nur Johannes auf dem siebenten Platz vertreten, bei den Frauen bloß sein Gegenstück Elisabeth auf dem vierten. Das West-Ost-Gefälle setzt sich fort. Auch in Zürich ist im 13. Jahrhundert nur Johannes unter den zehn häufigsten Namen zu finden, hier an neunter Stelle.[131] In Regensburg begegnet zu Beginn des 14. Jahrhunderts noch kein einziger der Feiertagsheiligen unter den ersten zehn. Johannes liegt dort mit bescheidenen 1,7% am 13. Platz.[132] Aber auch gegenüber großen italienischen Städten hatte Paris im Anteil der Feiertagsheiligen am Namengut offenbar einen gewissen Vorsprung. In Mailand betrug dieser Anteil 38%, in Siena nur 24%.[133] Das Vergleichsmaterial liegt allerdings mit Erhebungen von 1260 als Grundlage zeitlich etwas früher. In beiden Städten ist damals nicht Johannes der häufigste Heiligenname sondern Jacobus, ebenso in Florenz und in Genua.[134] In Mailand und Siena zählen noch Petrus und Jacobus zu den häufigsten Namen, in Genua darüber hinaus noch Nikolaus. In Florenz gehört nur Johannes neben Jacobus zu dieser Spitzengruppe. Im Umland der Stadt konnte er diesen sogar überflügeln.[135] Solche Verteilungsunterschiede sind wichtig. Sie zeigen, daß innerhalb der Gruppe der «großen Feiertagsheiligen» großräumig und regional sehr unterschiedliche Präferenzen bestanden. Sie werfen damit die Frage auf, was sich denn jeweils die Menschen vom Namen dieser Heiligen erwarteten.

Wir haben gesehen, daß Nikolaus unter den «großen Feiertagsheiligen» im 13. Jahrhundert ein «Newcomer» war. Er gehörte nicht zu jenen, deren Festtag schon seit langem in der Westkirche feierlich begangen wurde. Der kirchenoffiziellen Aufwertung seines Tages ging eine Welle sich rasch ausbreitender Verehrung im Volke voraus, die sich auch in einer Verehrung durch Nachbenennung ausdrückte, was in der Heiligenverehrung des Hochmittelalters im Westen keine Selbstverständlichkeit bedeutete. Die erste Namengebung unter seinem Patronat war übrigens ein nordfranzösischer Fürstensohn – ein offenbar von vornherein für den geistlichen Stand bestimmter vorehelicher Sohn Herzog Richards III. der Normandie,

der in den zwanziger Jahren des 11. Jahrhunderts zur Welt kam –
noch lange vor der Entführung der Reliquien des Heiligen von Myra
nach Bari.[136] Der neue Heiligenname verbreitete sich also keineswegs nur «von unten», obwohl er sicher eher ein bürgerlicher Name
war als ein aristokratischer. Die Nachbenennung nach St. Nikolaus
kommt aus Byzanz. Welche religiöse Motivationen hier seinem Namen ein so außerordentliches Ansehen verliehen, wurde schon besprochen.[137] Wenn Nikolaus sich seit dem 11. Jahrhundert auch im
Westen so stark verbreitete, so liegt die Vermutung nahe, daß sich
die Bedingungen der Heiligenverehrung hier nun so weit an Byzanz
angenähert hatten, daß der Wirkkraft von Heiligennamen neue Bedeutung zukam. Nikolaus ist jedenfalls ein Leitname der hochmittelalterlichen Heiligennachbenennung, die in der zweiten Phase des
großen Namenschwunds eine so große Rolle spielt. Und er ist auch
der Leitname einer neuen Gruppe von Heiligen, deren Namen sich
im Anschluß an ihn verbreiteten. Es handelt sich dabei um byzantinische Heilige, nicht um «orientalische», wie in der Literatur so
häufig formuliert wird. Und sie wurden mit ihren besonderen Qualitäten nicht erst durch die Kreuzzüge bekannt sondern durch die
große Welle der Pilgerfahrten, die diesen vorangin. Zu den «großen
Feiertagsheiligen» sind sie im 13. Jahrhundert noch nicht wie Nikolaus aufgestiegen. In der Namengebung erfreuten sie sich freilich
ähnlicher Beliebtheit. Das gilt etwa für Margarete – in Byzanz als
Marina verehrt.[138] In Paris lag sie um 1300 unter den Frauennamen
auf dem achten Rang, in Metz hingegen mit einem beachtlichen
Anteil von 11,5% bereits am ersten.[139] Katharina – trotz ihrer Herkunftsbezeichnung «von Alexandrien» und ihrer besonderen Verehrung im Katharinenkloster am Sinai eine eindeutig byzantinische
Heilige[140] – hatte damals auf die Namengebung noch geringeren
Einfluß. In Kult und Formen der Nachbenennung erscheint sie übrigens besonders eng mit Nikolaus verbunden.[141]

Byzantinische Heilige wie Nikolaus, Katharina und Margarete bildeten den Grundstock für die Gruppe der «14 Nothelfer», die dann
im Spätmittelalter in der abendländischen Namengebung eine so
große Rolle spielten. Auch das Konzept dieser Nothelfer stammt
aus Byzanz. Hier waren es 17 Heilige, die sogenannten «Hagioi anar-
gyroi» die ohne Entgelt ihre Heilmittel schenkten – im einfachen
Volk deshalb besonders beliebt.[142] Im Westen hat sich die Gruppe
teils reduziert, teils um neue Heilige ergänzt. Das Produkt dieser
Entwicklung ist eine der Lebenszeit, der regionalen Herkunft, dem
Stand bzw. den Gründen der Heiligsprechung nach völlig inhomo-

gene Gruppe, für die es scheinbar keinen gemeinsamen Nenner gibt. Der heilige Ägidius etwa stieß aus Südfrankreich hinzu, dessen Name in der Nachbenennung der Pariser Bevölkerung um 1300 schon eine sehr wichtige Rolle spielte, ebenso der heilige Leonhard, dem wir im Limousin begegnet sind, der aber die Pariser Namengebung damals noch nicht beeinflußt zu haben scheint. Nach Regionen war der Kreis der zugerechneten Heiligen nicht überall gleich. Auch keineswegs alle von ihnen haben die Namengebung in gleicher Intensität beeinflußt. So stellt sich auch bei dieser für den Namenschwund wichtigen Gruppe die Frage: Was war es, das bei einigen dieser Heiligen gerade den Bezug zu ihnen über den Namen so wichtig machte? Läßt sich überhaupt ein System in der nach dem statistischen Befund so ganz unterschiedlichen Intensität der Konzentration auf bestimmte Heiligennamen erkennen?

Die Gruppe der «großen Feiertagsheiligen» findet in Nachbenennungshäufigkeiten eine deutliche Entsprechung. Für die «Nothelfer», die im allgemeinen keinen so hohen Rang in der kirchlichen Liturgie genossen, gilt ähnliches. Aber auch Heilige, die nicht zu einer dieser Gruppen gehörten, spielten im Prozeß des hochmittelalterlichen Namenschwunds eine wesentliche Rolle. In Köln etwa haben wir für das 13. Jahrhundert Gertrud als führenden Frauennamen gefunden.[143] Weil es sich um einen «germanischen Namen» handelt, wird der Name in einer neueren Studie über das «Auftreten der Heiligennamen im Rheinland» überhaupt nicht berücksichtigt.[144] Sicher – die heilige Gertrud von Nivelles stammte aus dem Haus der Karolinger. Der Name wurde aber im neunten Jahrhundert im Königshaus nicht mehr vergeben und gehört nicht zu jenen Karolingerinnennamen, die sich wie Adelheid, Gisela oder Emma seit dem zehnten als Fürstinnennamen so stark verbreiteten. Die Häufigkeit des Namens im hochmittelalterlichen Köln geht also sicher auf Heiligenverehrung zurück. Neben vielfältigen Spezialpatronaten, deretwegen sie angerufen wurde, wurde der heiligen Gertrud auch die Beherbergung der abgeschiedenen Seelen in der ersten Nacht nach dem Tod zugeschrieben, bevor diese in der zweiten vor St. Michael erschienen, der über sie zu richten hatte.[145] Darf man einen Heiligentypus der «Seelenbegleiter» annehmen, der dieser Hilfe wegen für die Namengebung besonders wichtig wurde? Gertrud von Nivelles war auch eine der wenigen Heiligen, zu deren Ehren der Brauch des «Minnetrinkens» begegnet – ein wohl aus vorchristlichen Traditionen des Nordens herzuleitendes Ritual, auf das wir schon im Zusammenhang mit dem gemeinsamen Mahl der

Wilhelme auf dem Hoftag König Heinrichs des Jüngeren zu sprechen gekommen sind. Solche «Minneheilige» waren vor allem der Erzengel Michael, der Erzmärtyrer Stephan, Johannes der Täufer, Martin von Tours und Ulrich von Augsburg.[146] Die «Stephansminne» ist schon aus karolingischer Zeit belegt, die später besonders verbreitete «Johannesminne» seit dem 10. Jahrhundert, die «Ulrichsminne» ebenfalls, und zwar als ein kontinuierlich von den Verehrern des Heiligen seit seinem Tod und noch vor seiner Heiligsprechung praktizierter Brauch. Nach allen diesen «Minneheiligen» wurde im Hochmittelalter sehr stark nachbenannt – und zwar auch nach denen, die nicht zu den «großen Feiertagsheiligen» gehörten. Ulrich zählte etwa in Zürich schon im 10. Jahrhundert zu den häufigsten Namen und behielt hier neben den Königsnamen eine führende Stellung.[147] Ähnliches gilt für Regensburg, wo Ulrich im 12. Jahrhundert einen Anteil von 4,7% und in der 2. Hälfte des 13. Jahrhunderts sogar einen von 8,3% erreichte.[148] Aber was machte einen Heiligen zum «Minneheiligen» und wie hing das «Minnetrinken» mit der Namengebung zusammen?

Gerade bei Frauennamen konnten wir feststellen, daß es oft schwierig erscheint, zwischen personenbezogener Heiligennachnennung und allgemein religiös motivierter zu unterscheiden. Als solche, die in der Frühzeit des Namenschwunds eher dem Typus der «frommen Namen» zuzuordnen sind, wurden Agnes und Beatrix behandelt. Die erstere erscheint auch in Paris um 1300 sehr häufig, beide kommen in Metz recht oft vor. In Regensburg begegnet Heilika/Heilka, also ihr deutschsprachiges Gegenstück, im 12. und 13. unter den besonders häufigen Namen – ein klarer Hinweis, daß nicht eine bestimmte Namenspatronin mit der Namengebung gemeint war.[149] Der Sachverhalt zeigt zudem, daß nicht nur bei den Heiligennamen sondern auch bei den sonstigen religiös motivierten die Namen «aus germanischer Wurzel» stärker in die Analyse einzubeziehen wären. Zu ihnen gehört etwa auch die in Regensburg um 1300 so häufige Diemut, die eine spezifisch christliche Haltung ausdrückt.[150] Die Frage, ob eine Heilige oder frommer Sinn der Namengebung zugrunde liegt, stellt sich etwa auch bei Sophie und Christina, zwei anderen damals in Regensburg häufigen Namen[151], die wir auch in Köln im 13. Jahrhundert weit vorne finden.[152] Bei Sophie macht es hier die Entsprechung zum lateinischen Frauennamen Sapientia deutlich, welcher Variante der Vorzug zu geben ist, bei Christina die Korrespondenz zu Christian.[153] Christina und Christian sind eindeutig theophore Namen, die einzigen neben

Gottfried, die sich im Prozeß des Namenschwunds langfristig behaupten konnten. Daß Gottfried in Köln mit seinem beachtlichen fünften Platz nach lauter Fürstennamen nicht nur durch Nachbenennung nach lothringischen Herzogen zu erklären ist, zeigt sich aus der Verbreitung eines anderen theophoren Namens. Der an elfter Stelle zu findende Gottschalk läßt sich keinesfalls durch Fürstennachbenennung erklären.[154] Auf diesem Hintergrund wird man auch den in Paris in der Spitzengruppe angetroffenen Giefroi/Gottfried nicht primär als Fürstennamen sondern seiner Wurzel nach als theophor zu interpretieren haben. Natürlich haben die Bürger von Paris um 1300 den ursprünglichen Wortsinn mehrheitlich nicht mehr verstanden. Aber darum geht es hier ja nicht. Die Kette der Namensvorbilder – wie immer sie verlaufen ist – führt sicher nicht zu einem Fürstenhaus, sondern zu einer Vielzahl von Personen, denen der Name wegen seines damals verstandenen Gottesbezuges gegeben wurde. Gottfried ist der einzige theophore Name, der sich unter den Pariser Bürgern um 1300 noch in der Spitzengruppe der Männernamen findet. Christlich-symbolische und sonstige «fromme» Namen sind hier überhaupt nicht vertreten. Das entspricht der frühzeitigen und intensiven Durchsetzung der Heiligennamen. In den deutschen Städten dieser Zeit sind die in ihrer Bedeutung für Prozesse der Namenkonzentration so oft übersehenen theophoren, symbolischen und allgemein frommen Namen viel deutlicher zu fassen. Besonders stark wirkt diese ältere Schicht vor der Heiligennachbenennung hier bei den Frauennamen nach.

Eine besonders komplizierte Gruppe bleibt zu besprechen: Die Helden als Heilige und damit überhaupt der Einfluß der epischen Literatur auf die Namengebung bzw. den Prozeß des Namenschwunds. Das Problem führt uns zurück zu Wilhelm, dem «Leitnamen» unserer Untersuchung und Zweitplacierten der Pariser Liste. Sicher verdankte er seine Häufigkeit auch hier primär seiner Bedeutung als Fürstenname, aber wurde sie vielleicht durch seine Bedeutung als Heiliger und als Epenheld mitbeeinflußt? Ähnlich überlagert könnte die Verbreitung des 1292 an achter Stelle gereihten Raoul zu erklären sein. Zum Königs- und Fürstennamen des 10. und 11. Jahrhundert kam hier die epische Heldengestalt des «Raoul de Cambrai» hinzu. Der war freilich kein Heiliger. Aber wie läßt sich Heiliger und Held bei den Gestalten der «Chansons de geste» überhaupt exakt trennen? Wie bei «Walter von Aquitanien», dessen Name sich in der Pariser Liste 1292 an fünfzehnter Stelle findet, wie bei «Reginald von Montauban», der für Renaud an zwanzigster Stelle als Vorbildgestalt gedient haben könnte? In der Bauplastik von Saint-Denis und anderen Kirchen im Raum von Paris finden sich die Themen der epischen Literatur aus dem Sagenkreis um Karl den Großen, der selbst hier als Kreuzfahrer auf dem Weg nach Jerusalem gefeiert wird.[155] Im 11. Jahrhundert fing man zunehmend in den Klöstern an, die Heldengestalten für sich in Anspruch zu nehmen und ihre Taten positiver zu bewerten. In der Chronik des Klosters von Novalese, die noch aus der ersten Hälfte des 11. Jahrhunderts stammt, wird von Walter von Aguitanien erzählt, daß er später in diesem Kloster Mönch geworden wäre. Von einer «conversio militiae», ist hier die Rede, von einer Umwandlung der weltlichen Ritterschaft in die geistliche.[156] Auch Walter gehört in dieser Sicht zu den neuen Adelsheiligen, die wie Wilhelm vom Gellone Kriegsruhm und Heiligkeit verbunden hatten. Eine ganze Reihe von mehr oder minder sagenhaften Kriegergestalten wurden in diesem von Cluny ausgehenden Verständnis als kirchliche Heilige verehrt.[157] Abt Odos Vita des heiligen Gerald von Aurillac war die für dieses neue Verständnis richtungsweisende Innovation.

Der statistische Befund von Namengutsanalysen läßt wenige Aussagen darüber zu, wann und wo die Häufigkeit eines Namens auf einen Helden, auf einen Heiligen bzw. auf einen heiligen Helden zurückzuführen ist. Aber einzelne Hinweise sind doch möglich. Zwei Beispiele dazu: In den Steuerrollen von Metz aus dem ausgehenden 13. Jahrhundert findet sich 18 mal der Name Vivien. Der Name begegnet auch in Frankreich damals nicht selten; die ersten Beispiele liegen kurz vor 1100. Sicher zurecht werden diese Nennungen mit epischem Vorbild erklärt.[158] Vivien war im altfranzösischen Wilhelmslied der Neffe des Sagenhelden und selbst eine eindrucksvolle Vorbildgestalt. In der Heiligenvita St. Wilhelms kommt er nicht vor – auch nicht im Stammbaum des Grafen von Toulouse, wie er aufgrund historischer Quellen rekonstruiert werden kann. Das hat in unserem Zusammenhang aber keine Bedeutung. Die Statistik des Namenguts ermöglicht eine klare Aussage: Die epische Darstellung des Guillaume d'Orange in den «Chansons de geste» hatte in Metz die Namengebung beeinflußt – und wohl nicht nur die von Vivien sondern auch die von Guillaume. Wo Begleitgestalten vorkommen, dürfen wir den Hauptheld im Mittelpunkt sehen. Wir haben es bei Elisabeth und Zacharias, den Eltern Johannes des Täufers gesehen: Die hochmittelalterliche Nachbenennung war nicht in unserem heutigen Sinn rein individuumsbezogen. Sie bezog durchaus auch nahestehende Familienangehörige der maßgeblichen

Vorbildfigur mit ein. Ganz ähnlich dürfen wir es bei Vivien sehen. Vivien ist durch Guillaume d'Orange in die Namengebung einbezogen worden. Nun findet sich aber beim südfranzösischen Sagenkreis die Tendenz, vom Wilhelmslied ausgehend immer weitere Epengestalten auch genealogisch mit Guillaume d'Orange zu verbinden.[159] Durch die Verbindung des Wilhelm-Zyklus mit dem Aimeri-Zyklus wurde um 1200 Aimeri de Narbonne zum Vater des Guillaume d'Orange. Er gehört zum ältesten Kontingent an Verwandten, die bereits im «Haager Fragment», einer frühen Fassung des Wilhelmslieds Guillaumes vorkommen.[160] Unter seinen Neffen begegnet hier übrigens auch Bernart, der Name von Sohn und Enkel des historischen Wilhelm, der sich im Zusammenhang mit diesem in Aquitanien als Fürstenname stark verbreitete. Darauf wird noch zurückzukommen sein. Durch die gegenseitige Verknüpfung der südfranzösischen Sagen und die genealogische Verbindung ihrer Haupthelden entstand gleichsam eine «Sippschaft» des Guillaume d'Orange, die insgesamt die Namengebung beeinflußte. Die Nachbenennung erfolgte in Anschluß an die Epen. Ob Wilhelms Verehrung als Adelsheiliger dabei eine Rolle spielte, muß freilich wiederum offen bleiben.

Das zweite Beispiel betrifft das epische Freundespaar Roland und Olivier. Von beiden können wir sagen, daß sie nicht wie Wilhelm als kirchliche Heilige verehrt wurden. Die Namengebung haben sie nicht unwesentlich beeinflußt, insbesondere in Italien. In den hier analysierten Ranglisten des Namenguts von städtischen Gesellschaften des 13. und frühen 14. Jahrhunderts findet sich Orlando in Siena an 12. Stelle, in Florenz an 16., übrigens unmittelbar nach Petrus.[161] Diese Häufigkeit und vor allem der Vorrang von Roland vor Oliverius ist freilich die Ausnahme. In Metz etwa findet Roland sich damals nicht an so prominenter Stelle und weit hinter Oliverius.[162] Die Rolandforschung hat sich mit hochmittelalterlichen Nachbenennungen nach dem Sagenhelden und seinem Freund viel beschäftigt, vor allem mit dem Phänomen, daß häufig Brüderpaare vorkommen, die deren Namen erhielten. Ein Rätsel gab dabei die eigenartige Erscheinung auf, daß bei den ältesten Nennungen, die im frühen 11. Jahrhunderts einsetzen, stets der ältere Bruder Oliverius und erst der jüngere Roland getauft wurde. Das älteste Zeugnis für die Abfolge Roland-Oliverius liegt erst für 1123 vor. Der Romanist Paul Aebischer ist in der Deutung dieses sonderbaren Befunds so weit gegangen, daß er eine verloren gegangene ältere Epenfassung postulierte, der der Vorrang von Olivier entstammen soll.[163] Die Lösung dürfte einfacher sein. Oliverius gehört zu den frommen Namen. Ob man ihn besonders auf die Feier des Gründonnerstags mit der Erinnerung an das Ölberggeschehen und die Weihe des heiligen Öls in Verbindung bringen darf, sei dahingestellt.[164] Plausibel ist wohl der allgemeine Zusammenhang mit «Oliva»-Olive[165] bzw. dem aus ihr gewonnenen heiligen Öl, das für verschiedene liturgische Handlungen gebraucht wurde, vor allem auch – wie das Taufwasser – für die Taufe. Daß das Umfeld der Taufhandlung für die Namengebung wichtige Ansatzpunkte geben konnte, haben wir ja schon am Beispiel von Jordanus und Paganus gesehen. Diesen frommen Namen Oliverius haben nun Eltern des 11. Jahrhunderts oft ohne jeden Bezug zur Rolandssage gegeben. Erst als ein zweiter Sohn folgte, ergänzte man in Anlehnung an das epische Freundespaar den Namen Roland. Trifft diese Deutung zu, dann ergibt sich daraus eine klare Rangigkeit zwischen zwei Typen des Namenguts: Sagennamen wurden – soweit sie nicht selbst einen religiösen Hintergrund hatten – zunächst als weniger bedeutungsvoll angesehen als fromme. Für einen unter Philologen sehr beliebten Ansatz der Interpretation von Namengut könnten sich daraus einschränkende Differenzierungen ergeben.

Daß Epennamen ohne jegliche religiöse Bedeutsamkeit den Prozeß der Namenkonzentration wesentlich beeinflußt hätten, wie das in Florenz und Siena der Fall gewesen sein dürfte, erscheint nicht als die Regel. Italien ging insgesamt in der Entwicklung des Namenguts eigene Wege. Hier kam ja dann in der Renaissance der Rückgriff auf Heldengestalten der Antike in der Namengebung auf. Auch sonst fallen Unterschiede auf, wenn man bei den hier untersuchten städtischen Gesellschaften italienische Daten mit einbezieht – in der Toskana deutlicher als in der Lombardei. In Siena ist 1260 Bonaventura der häufigste Name, in Florenz finden sich Bencivenni, Benvenutus, Bonaiunta, Boncambius und Bonaccursus unter den ersten zehn.[166] Man nennt diesen Typ «augurische Namen».[167] Wir sind ihnen schon in der Spätantike begegnet.[168] Solche «augurische Namen» konnten eine christliche Bedeutung aufnehmen, sie sind jedoch nicht aus einem solchen christlichen Sinngehalt entstanden und waren nicht auf ihn festgelegt.[169] Das religiös motivierte Namengut spielte offenbar allgemein in den Städten der Toskana im 13. Jahrhundert keine so starke Rolle wie etwa zur gleichen Zeit in Paris oder Metz. So bestanden auch für die Verbreitung von Epennamen ohne religiösen Hintergrund hier grundsätzlich andere Voraussetzungen.

Auch wenn sich die Namengebung nach Epengestalten im 13. Jahrhundert zum Teil schon von der Heiligennachbenennung weit entfernt hat – im Ursprung und in der Art der Verbreitung erscheinen viele Gemeinsamkeiten gegeben. Unter den im 12. und 13. Jahrhundert abgefaßten altfranzösischen «chansons de geste» kommt dem Wilhelmslied eine zentrale Rolle zu. In seiner langen Entstehungsphase standen Heiligenvita und Volksüberlieferung in ständiger Wechselwirkung. Das Wilhelmslied wurde im Lauf der Entwicklung zum Mittelpunkt eines Sagenkreises, der die Namengebung deutlich beeinflußt hat. Die Nachbenennung nach einem neuen Typ des Adelsheiligen, für den neben Wilhelm von Gellone vor allem Gerald von Aurillac die Leitbildfigur gebildet hat, entwikkelte sich parallel zu dieser Nachbenennung nach Epengestalten. Über solche Adelsheilige als Vorbild sind die Epenhelden in der Namengebung mit der Heiligennachbenennung als einem allgemeinen Phänomen des Hochmittelalters verbunden. Wesentlich für eine solche Parallelisierung erscheint aber vor allem die Art der Verbreitung. Fürstennachbenennung geht, wie wir gesehen haben, von einem bestimmten Fürstenhaus aus. Sie ist damit letztlich familistisch orientiert – in welchen Formen wird uns noch näher zu beschäftigen haben, wenn es um die spezifischen Sozialbeziehungen geht, durch die es zur Verbreitung dieses Namentyps gekommen ist. Bei der Nachbenennung nach Epenhelden handelt es sich hingegen – genauso wie bei der nach Heiligen, aber auch bei den theophoren, den symbolischen und allgemeiner den «frommen» Namen – um ein universalistisches Verbreitungsprinzip. So komplex auch das Feld der religiös motivierten Namen in der Frühphase des Namenschwunds ist – dieses universalistische Verbreitungsprinzip hat das breite Spektrum an Namentypen, das sich aus unserer Analyse ergab, zum Unterschied von den Fürstennamen untereinander gemeinsam.

Das Hoch- und Spätmittelalter hindurch haben Fürstennamen und religiös motivierte Namen in ganz West- und Mitteleuropa die Struktur des Namenguts entscheidend geprägt – nach Großräumen und Epochen zwar unterschiedlich stark vertreten, aber beide bis zum Ausgang des Mittelalters hier überall präsent. Beide Namentypen haben zum Prozeß des Namenschwunds beigetragen, der im 15. Jahrhundert durchgehend schon ein hohes Maß der Konzentration auf einige wenige besonders häufig vergebene Namen erreicht hatte. Daß diese Entwicklung durch spezifische, nur im Bereich der westlichen Christenheit wirksame Faktoren bedingt sein muß, soll ein Kontrastbeispiel illustrieren, das die Struktur des Namenguts in einer ostkirchlich geprägten Kultur am Ende des Mittelalters veranschaulicht. Es handelt sich um eine Statistik, die auf der Grundlage des sogenannten «Pomianyk von Horodyšče», dem Totenbuch eines Basilianerklosters im südlichen Wolhynien aus dem Jahr 1484, erstellt wurde.[170]

		Zahl der Nennungen	% des Namenguts		Zahl der Nennungen	% des Namenguts
1.	Joann	124	8,8	Mariia	93	10,2
2.	Theodor	78	5,5	Anna	73	8,0
3.	Vasilii	63	4,5	Theodosiia	63	6,9
4.	Simeon	61	4,4	Agathiia	56	6,2
5.	Grigorii	61	4,3	Anastasiia	50	5,5
6.	Pavel	46	3,3	Julianiia	47	5,2
7.	Jakov	38	2,7	Pelagia	35	3,9
8.	Stefan	38	2,7	Matrona	32	3,5
9.	Michail	37	2,6	Eudokiia	31	3,4
10.	Andrei	36	2,6	Eufimiia	31	3,4
11.	Ignatii	25	1,8	Elena	27	3,0
12.	Alexander	24	1,7	Tatiana	24	2,6
13.	Daniil	21	1,5	Vassilissa	24	2,6
14.	Georgii	21	1,5	Fotina	22	2,4
15.	Dimitrii	20	1,4	Irina	22	2,4
16.	Aleksei	19	1,3	Agripina	20	2,2
17.	Mathei	19	1,3	Zinovia	19	2,1
18.	Lukian	18	1,3	Theodora	17	1,9
19.	Leontii	15	1,1	Akilina	15	1,7
20.	Nikita	15	1,1	Martha	15	1,7
21.	Ananiia	14	1,0	Glikeriia	14	1,5
22.	Eustathii	13	0,9	Varvara	13	1,4
23.	Iliia	13	0,9	Ekaterina	12	1,3
24.	Maksim	13	0,9	Sofiia	12	1,3
25.	Petr	13	0,9	Eva	10	1,1
		1409			908	

Zahl der erfaßten Personen 2317
Zahl der auftretenden Namen insgesamt 233

Tafel 17: Die häufigsten Männer- und Frauennamen nach dem «Pomianyk von Horodyšče» von 1484

Im Vergleich zum bisher analysierten Datenmaterial aus West- und Mitteleuropa werden in der Struktur des Namenguts aus der Westukraine zu Ende des 15. Jahrhunderts drei abweichende Phänomene deutlich sichtbar: das Fehlen von Fürstennamen, die völlige Durchsetzung der Heiligennamen sowie das geringere Ausmaß des Namenschwunds. Von den alten Fürstennamen der Rurikiden ist kein einziger unter den ersten fünfundzwanzig vertreten – und man darf hinzufügen: auch unter den folgenden nicht. Der Name von Vladimir, der sein Volk zum Christentum führte, fehlt auf der Seite der Männernamen genauso wie der der ersten christlichen Fürstin Olga bei den Frauen. Man vermißt Jaroslav und Svjatopolk genauso wie Mstislav und Vsevolod. Nur die Namen der beiden als Märtyrer verehrten Fürstensöhne Boris und Gleb finden sich je achtmal – aber wohl aufgrund ihrer Stellung als Heilige. Sicher – die christlichen Zweitnamen, die die Rurikiden von Anfang an führten und die sich im Lauf des Spätmittelalters auch in der Dynastie gegenüber den traditionellen Fürstennamen durchsetzten, begegnen in der Liste häufig, etwa Wasilii und Dimitrii. Bei ihnen handelt es sich aber um alte Heiligennamen der byzantinischen Kirche, die sich nicht primär über die Fürstendynastie verbreitet haben. Den rurikidischen Fürstennamen ist es offenbar gegangen wie Childerich und Dagobert, wie Lothar, Pippin und Karlmann. Als der «stirps regia» reserviertes Namengut haben sie sich nicht verbreitet. Ein Gegenstück zum «Hinz- und Kunz»-Phänomen oder zur Verbreitung der normannischen Trias Wilhelm, Richard und Robert in England gibt es in Anschluß an Fürsten des 10. und 11. Jahrhunderts in den rurikidischen Fürstentümern im Hoch- und Spätmittelalter nicht. Im Verhältnis der Fürsten zu den von ihnen abhängigen Gruppen muß hier etwas ganz anders gelaufen sein. Haben solche unterschiedliche Entwicklungen in der Herrschafts- und Sozialstruktur auch Bedingungen in Divergenzen im kirchlichen Bereich?

Das zweite abweichende Phänomen, die generelle Durchsetzung der Heiligennamen, hängt mit Unterschieden zwischen Ost- und Westkirche zusammen, die aus der Perspektive von Byzanz schon behandelt wurden. Die entscheidende Weichenstellung zu dieser Entwicklung war hier, wie wir gesehen haben, bereits im Frühmittelalter durch den Ausgang des Bilderstreits erfolgt. Inwieweit die Verbreitung von Heiligennamen im Bereich der Westkirche seit dem Hochmittelalter mit byzantinischen Einflüssen zu tun hat, wird uns noch zu beschäftigen haben. Die Struktur des Namenguts im «Pomianyk von Horodyšče» zeigt jedenfalls, daß diesbezüglich im Osten noch im ausgehenden Mittelalter ein Entwicklungsvorsprung bestand. Soweit wir Datenmaterial des Westens aus dem 15. Jahrhundert herangezogen hatten, war damals nirgendwo eine so weitgehende Durchsetzung der Heiligennachbenennung erreicht.

Gerade in Hinblick auf diese so weitgehende Durchsetzung der Heiligennamen muß es im Vergleich zum Westen überraschen, daß dadurch keine stärkere Namenkonzentration zustande gekommen ist. In ländlichen Regionen Englands haben wir schon im ausgehenden 14. Jahrhundert einen Anteil der fünf häufigsten Männernamen von bis zu 80% gefunden, im Landesdurchschnitt das ganze Spätmittelalter hindurch jedenfalls weit über 60%.[171] Hier waren die Heiligennamen nur teilweise an diesem Konzentrationsprozeß beteiligt, neben ihnen sehr stark auch die Fürstennamen, die im Osten fehlen. Aber auch in Aquitanien, wo dieser Faktor damals keine Rolle mehr spielte und nur mehr Heiligennamen unter den führenden zu finden waren, machte der Anteil der fünf häufigsten im 15. Jahrhundert zwischen 63 und 77% aus.[172] Dem stehen in der Westukraine relativ bescheidene 27,5% gegenüber. Wenn sich hier früher und generell die ganze Bevölkerung erfassend die Verbreitung von Heiligennamen durchgesetzt hat, warum ist es nicht in ähnlichen Dimensionen zu Namenkonzentration und Namenschwund gekommen? Oder umgekehrt gefragt: Welche besondere Bedeutung gewann die Heiligenverehrung durch Nachbenennung im Westen, daß sie sich zunehmend auf einen immer kleiner werdenden Kreis von Namenspatronen konzentrierte?

Der Prozeß der Namenkonzentration geht im Westen über das Spätmittelalter weit hinaus. Er erreicht vielfach erst im ausgehenden 17. bzw. 18. Jahrhundert seinen Höhepunkt, in ländlichen Rückzugsgebieten mitunter sogar noch später.[173] Die Komponente der Konzentration des Namenguts steht nun gegenüber der seiner Reduktion im Vordergrund. Die Epoche der «Namenverarmung» ist im wesentlichen zu Ende. Für Philologen erscheint die weitere Entwicklung nun wenig interessant. Die christlichen «Fremdnamen» haben sich gegenüber den «einheimischen» durchgesetzt. Was an neuen Namen hinzu kommt, gehört zu den herkömmlichen Typen. Erst das 19. Jahrhundert bringt eine Vielzahl neuer Namen und Namentypen. Viele von ihnen sind der Literatur entlehnt. So gibt es in dieser Phase für eine philologische Beschäftigung mit Namenfragen zahlreiche neue Ansatzpunkte. Für den Historiker ist aber wohl auch die dazwischenliegende Zeit bezüglich der Entwicklung des Namenguts und seiner sozialen Bedingungen von Bedeutung. Sicher – die Monotonie der Namengebung kann abschreckend wirken. Ist es von Bedeutung, wenn sich der Anteil von Maria und Anna, von Anna Maria und Maria Anna um einige Prozentpunkte verschiebt?[174] Zum Verständnis der langfristigen Entwicklung der Heiligennachbenennung erscheinen gerade solche Phasen höchster Konzentration auf einige ganz wenige Namen von Bedeutung – zeigen sie doch, wie weit die Differenzierungsfunktion von Namen zurücktreten konnte, wenn Eltern aus religiösen Gründen einen ganz bestimmten Heiligen für ihr Kind zum Patron gewinnen wollten.

In katholischen Ländern Europas lassen Prozesse der Namenkonzentration bis ins 18. und 19. Jahrhundert hinein durchaus Schlüsse darauf zu, welche Bedeutung es für die Menschen hatte, durch den Namen mit einem bestimmten Heiligen verbunden zu sein.[175] Um solchen mentalitätsgeschichtlichen Fragen nachzugehen, lohnt es, auch Zweit- und Drittnamen zu untersuchen, die im Alltagsleben keinerlei Rolle spielten. Wenn in einer belgischen Pfarre im 19. Jahrhundert 81% der Knaben Josef und 88% der Mädchen Maria als ersten, zweiten oder dritten Namen erhielten, so sind solche Zahlen bedeutsam. Diese Namen sollten für die Kinder gleichsam als «Talisman» wirken.[176] Es ist die uralte Schutzfunktion des Heiligennamens, die wir bis in die Spätantike zurückverfolgen konnten und die hier noch im 19. Jahrhundert eine derartige Namensverbreitung bewirkt. Josef ist diesbezüglich ein neuer «Aufsteiger» aus dem Zeitalter der Gegenreformation, der in katholischen Ländern die Häufigkeitsverteilung der Heiligennamen wesentlich verändert hat.[177]

Der Prozeß der Namenkonzentration zeigt sich in der frühen Neuzeit jedoch auch in Ländern, in denen die Heiligenverehrung ihren Einfluß auf die Namengebung durch die Reformation völlig verloren oder doch weitgehend eingebüßt hat. Wir haben in England gesehen, daß die drei häufigsten Männernamen in der 2. Hälfte des 17., die drei häufigsten Frauennamen gar erst in der 2. Hälfte des 18. Jahrhunderts ihren höchsten Anteil erreichten. Nach universalistischen Prinzipien verbreitete Namen fallen hier als Erklärung weg. Der kontinuierliche Ausbau eines traditionellen Namenguts kann allerdings auch durch familistische Verbreitungsformen plausibel gedeutet werden. Zu diesen familistischen Formen gehört die innerfamiliale Nachbenennung, aber auch die Namengebung nach «geistlichen Verwandten». Zu Paten wurden meist angesehenere Persönlichkeiten gewählt. Das Namengut von Oberschichten verbreitete sich dadurch stärker. Die außerordentliche Rolle der Patenschaft für die Entwicklung des Namenguts in England seit dem Spätmittelalter ist durch einschlägige Studien gut belegt.[178] Sie hat allgemein die neuzeitliche Namengebung stark beeinflußt – in protestantischen wie auch in katholischen Ländern.

Man hat versucht, den Prozeß des Namenschwunds insgesamt auf dem Hintergrund solcher Formen der Nachbenennung zu erklären.

Michael Bennett sieht in der die Ahnennachbenennung erweitern-
den Patennachbenennung den entscheidenden Faktor für die Reduktion des Namenguts und Jack Goody folgt ihm in dieser Annahme[179]. Auch die Nachbenennung nach Vorfahren allein wurde als
maßgebliche Ursache für den Prozeß des Namenschwunds angesehen. So versuchte Reinhard Wenskus das «Hinz und Kunz»-Phäno-
men bloß durch Namengebung aufgrund von agnatischen und ko-
gnatischen Bindungen zu «vornehmeren Familien, aus möglichst
großer Königsnähe» zu deuten.[180] Solche Interpretationsversuche
können nicht ausreichen, um die Namenreduktion im Hoch- und
Spätmittelalter in ihrer Intensität zu erklären. Zugleich übersehen
sie, daß es sich nicht nur um eine Reduktion sondern auch um
einen Wechsel des Namenguts gehandelt hat. Bleiben nur die klassischen Philologenerklärungen, die die «Verarmung» des «Namenschatzes» auf den «Mangel an poetischem Sinn» zurückführen
und Neuerungen letztlich bloß mit dem Rekurs auf «Mode» erklären? Pierre Toubert hat es auf den Punkt gebracht: «Cet appauvris-
sement est plus aisé à observer qu'à expliquer.»[181]

Warum Fürstennamen?

Fürstennamen des 10. und 11. Jahrhunderts haben sich in den Nachfolgereichen des karolingischen Imperiums, in England und darüber
hinaus im Hoch- und Spätmittelalter stark verbreitet – das zeigen
alle Namenstatistiken, die wir aus Massenquellen dieser Zeit gewinnen können. Königsnamen der Karolinger hingegen fehlen. Fürstennamen haben seit dem 12. Jahrhundert auf die Namengebung
deutlich schwächeren Einfluß gehabt als solche aus der vorangehenden Epoche. Hat sich in der Struktur der Herrschaftsordnungen damals so Grundsätzliches geändert, daß es zu so unterschiedlichen
Formen der Nachbenennung gekommen ist, im Wesen des Fürstentums, in den Beziehungen zwischen Fürsten und den von ihnen
abhängigen Gruppen? Die zeitliche Koinzidenz legt die Vermutung
eines Zusammenhangs mit dem Aufkommen und der Weiterentwicklung des Lehenswesens nahe.
    Eine solche Vermutung wird auch durch räumliche Koinzidenz
gestützt. In Räumen mit besonders intensiver personaler Beziehung
zwischen Herr und Vasall ist die Nachbenennung stark entwikkelt.[182] Das gilt etwa für die Normandie und für England, dessen
Herrschaftsordnung seit 1066 nach normannischem Vorbild gestal-

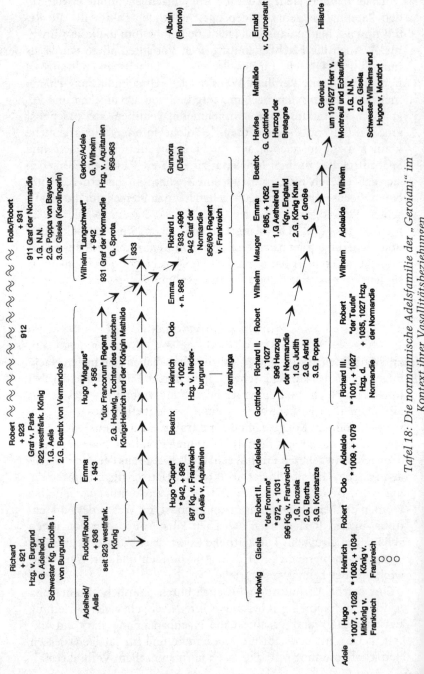

Tafel 18: Die normannische Adelsfamilie der „Geroiani" im Kontext ihrer Vasallitätsbeziehungen

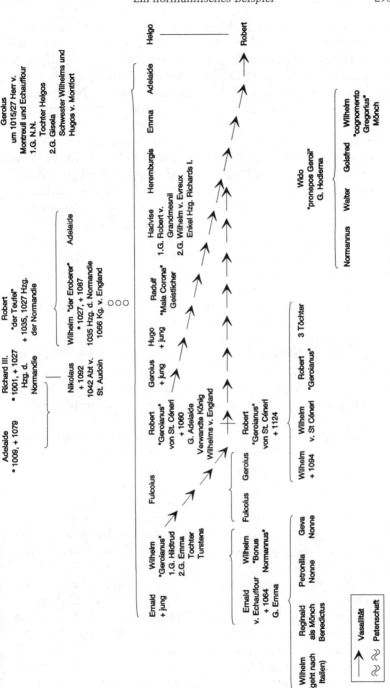

Tafel 18: Die normannische Adelsfamilie der „Geroiani" im
Kontext ihrer Vasallitätsbeziehungen (Fortsetzung)

tet wurde. In der Lombardei hingegen, wo das personale Element der Lehensbindung geringere Intensität erreicht, ist auch die Nachbenennung nach Fürsten schwächer. In dem vom abendländischen Feudalismus nicht beeinflußten Gebieten Osteuropas, etwa im Raum der rurikidischen Fürstentümer, fehlt sie vollkommen. Es spricht vieles für eine Erklärung des Prozesses der Konzentration auf Fürstennamen durch das Aufkommen des Feudalismus westlicher Prägung. Aber kann es die vasallitische Bindung allein gewesen sein, die zu einer starken Nachbenennung nach Fürsten führte? Wir haben gesehen, daß es sich dabei keineswegs nur um ein aristokratisches Phänomen handelt. Auch und gerade in der städtischen Bevölkerung ist «Hinz und Kunz» im Spätmittelalter sehr stark verbreitet. Dasselbe gilt für die Bauern. Über die vasallitische Bindung hinaus, muß es noch andere Faktoren gegeben haben, die zu dieser Diffusion der Fürstennamen führten. Aber bleiben wir zunächst in der Frühzeit des Lehenswesens. Das Beispiel einer Vasallenfamilie der normannischen Herzoge, also gerade aus dem Kernraum der frühen Fürstennachbenennung, soll den Ausgangspunkt der Untersuchung bilden. Die «Geroiani», über die uns der schon zitierte Ordericus Vitalis ausführlich berichtet, werden hier im Kontext ihrer Lehensbeziehungen dargestellt.[183] Unser «Leitname» Wilhelm findet sich bei ihnen. Bei jenem exklusiven Zirkel am Hoftag König Heinrichs des Jüngeren von 1172 kann freilich kein Angehöriger unserer «Geroiani» dabei gewesen sein. Sie verschwinden schon vorher aus dem Blickfeld.

Georges Duby und Dominique Barthélemy, die die Familie der «Geroiani» als Modellfall französischer Adelshaushalte im Feudalzeitalter interpretiert haben, meinten zu deren Namengebung: «In unserem Falle deuten die Namen Wilhelm und Robert auf eine (durch Heirat oder spirituelle Adoption gestiftete) Verbindung mit den Herzögen der Normandie hin.»[184] Eine Blutsverwandtschaft der «Geroiani» mit dem Herzogshaus ist auszuschließen. Adelaide, die Gattin von Robert «Geroianus», war eine Cousine Wilhelms des Eroberers, Wilhelm von Evreux, der zweite Mann von Roberts Schwester Hadvise, entstammte ebenso dem Herzogshaus.[185] Und bei Verwandtenheiraten war die Kirche gerade im 11. Jahrhundert sehr, sehr streng. Mit «spiritueller Adoption» ist wohl geistliche Verwandtschaft durch das Taufsakrament, also Patenschaft, gemeint. Daß zwei Söhne eines Lehensmanns von zwei Angehörigen des Herzogshauses aus der Taufe gehoben wurden, erscheint möglich. Es geht aber nicht nur um Wilhelm und Robert, auch Hadvise,

Emma und Adelaide tragen Namen der Fürstendynastie und, wie wir sehen werden, wohl auch Hugo, Radulf und Heremburgis. Sollten sie alle Patenkinder von gleichnamigen Mitgliedern der Herzogsfamilie gewesen sein? Geistliche Verwandtschaft ließe sich auch durch eine einzige Patenschaft in der vorangegangenen Generation erklären. Die «Geroiani», die aus der Bretagne stammten, ließen sich aber erst in der Zeit zwischen 1015 und 1027 unter Herzog Richard II. im Grenzgebiet zwischen Maine und Normandie nieder und wurden Lehensleute des Herzogs. Ein Patenverhältnis von Geroius, dem Vater der vielen nach dem Herzogshaus nachbenannten Kinder, zu einem Angehörigen der Herzogsdynastie ist daher ausgeschlossen. So bleibt als Erklärung nur die Lehensbindung.

Das Namengut, das vom Herzogshaus auf die Vasallenfamilie überging, läßt sich dort zum Teil wiederum nur durch Nachbenennung aufgrund von Lehensbindungen erklären. Die Namen der Schwestern Herzog Richards II. – Emma, Beatrix, Havise und Mathilda verweisen eindeutig auf das französische Königshaus der Robertiner/Kapetinger. Herzog Richard I. war zwar mit Hugo Capets Schwester Emma verheiratet – die Ehe blieb jedoch kinderlos. Die zahlreichen Kinder des Herzogs stammten aus seiner späteren Verbindung mit der adeligen Dänin Gunnora. Mit dem Königshaus waren sie nicht blutsverwandt. Nun war Richard I. noch vor seiner Heirat mit Emma eine Lehensbindung zu deren Vater Hugo eingegangen, der zwar nicht König war, aber als der eigentliche Machthaber unter den karolingischen Schattenkönigen an der Spitze der Lehensgefolgschaft stand.[186] Als Richard nach der Ermordung seines Vaters und den Kämpfen um seine Vormundschaft das Lehensband an den König als zerrissen ansah, machte ihn Herzog Hugo von Franzien auf die Gefahr seiner Isolierung aufmerksam. Er schlug ihm vor, sein Vasall zu werden und versprach dafür, ihm seine damals noch im Kindesalter stehende Tochter Emma zur Frau zu geben sowie die ererbten Länder mit ihm gegen alle Gegner zu verteidigen. Richard willigte ein und Emma wurde ihm unter gegenseitigen Eiden anverlobt. So wurde er Hugos Schwurbruder und Vasall, bevor er dessen Schwiegersohn war.[187] Die Lehensbindung des normannischen Fürstenhauses an die Robertiner reicht also noch in eine Zeit zurück, lange bevor diese zum dritten Mal und nun endgültig 987 die Königswürde erlangten. Nur durch diese über die Verschwägerung hinausgehende zusätzliche Bindung läßt sich befriedigend erklären, daß Richard I. seinen Töchtern von Gunnora die Namen von Hugo Capets Schwestern, von dessen Mutter sowie auch von dessen königlicher Großmutter gab. Wir finden also auch in der Familie der Lehensherren der «Geroiani» in der Generation zuvor eine ausgeprägte Namengebung aufgrund von Lehensabhängigkeit, hier freilich ausschließlich auf Töchternamen bezogen. Um sich die Verbreitung von Fürstennamen auf verschiedenen Wegen – Verwandtschaft in männlicher und weiblicher Linie, Patenschaft, vor allem aber Vasallität – anschaulich bewußt zu machen, scheint es weiterführend, das Namengut dieser beiden durch Lehensbande aneinander geknüpften Familien näher zu analysieren.

Von Interesse erscheint bei einer Analyse des Namenguts der «Geroiani» zunächst das Verhältnis von den durch Lehensbindungen zu den durch Verwandtschaftsbindungen weitergegebenen Namen, insbesondere den in agnatischer Linie tradierten «Leitnamen» im herkömmlichen Verständnis adelsgeschichtlicher Forschung. Diese zeigen im Lauf der Familienentwicklung keine besonders starke Durchsetzungskraft. Albuin, der Name des bretonischen Ahnherrn, wurde unter seinen Nachkommen überhaupt nicht mehr gegeben. Stärker wirkte der Name von dessen Sohn Ernald nach. Der älteste Enkel und der älteste Urenkel trugen ihn, ebenso ein Nachfahre in weiblicher Linie aus dem Hause der Herren von Grandmesnil, die sich der «stirps Geroianorum» eng verbunden fühlten und mit ihren Vettern das Familienkloster Saint-Evroul als gemeinsame Grablege stifteten.[188] In der letzten Generation kommt er jedoch in keinem der Zweige des Geschlechts mehr vor. Dasselbe gilt für Geroius, den Namen des Begründers der Macht des Geschlechts im Grenzraum der Normandie, nach dem die «stirps» von den Zeitgenossen benannt wurde. Schon unter den zahlreichen Enkeln des namengebenden Ahnherren begegnet er nur ein einziges Mal, bezeichnenderweise beim jüngeren Sohn aus einer Konkubinatsbeziehung. Der ältere aus diesem Verhältnis hervorgegangene Sohn erhielt den Vatersnamen Fulcoius, ebenso ein Name, der sich in der Familie – gemessen am Namengut des Herzogshauses – nur schwer behaupten konnte. In der letzten Generation dominiert der Herzogs- bzw. Königsname Wilhelm total. In einem Zweig wird er sogar zweimal hintereinander an zwei ältere Söhne gegeben, auf die als dritter ein Robert folgt. Die Fürstennamen haben sich voll durchgesetzt, die Leitnamen des Geschlechts sind verschwunden – ein Umstand, der nicht gerade für eine essentielle Bedeutung solcher Leitnamen für das Selbstverständnis des Geschlechts spricht. Das Phänomen einer solchen Verdrängung traditioneller Leitnamen des Geschlechts durch vom Lehensherrn übernommene Fürstenna-

men findet sich im Hochmittelalter häufig. Ein besonders promi-
nentes Beispiel dafür sind die «Welfen», die ebenso wie die «Geroiani» den Leitnamen, der dem Geschlecht für die Zeitgenossen seinen
Namen gab, zugunsten von Königsnamen aufgaben – allerdings zu
einem sehr viel späteren Zeitpunkt. Fürstennamen wurden in den
abhängigen Vasallenfamilien häufig gerade den älteren Söhnen gegeben, nicht wie bald darauf die Heiligennamen vorwiegend den
jüngeren. Daraus ergab sich im Prozeß der Namenkonzentration bei
den ersteren eine stärkere Intensität bzw. ein höheres Tempo in der
Durchsetzung.

Noch weit schwächer als die väterlichen Vorfahren haben die
mütterlichen die Namengebung der «Geroiani» bestimmt. Zwei
Gattinnen von «Geroiani» hatten einen Tursten zum Vater gehabt.
Der Name wurde nicht übernommen. Ob das mit dem vorchrist-
lich-theophoren Sinn von «Thor-stein» zusammenhängt, sei dahingestellt. Die Christianisierung hatte der Name zunächst recht gut
überlebt. Wilhelm wurde von den «Geroiani» sicher nicht primär
aus der verschwägerten Familie der Herren von Montfort-sur-Risle
übernommen[189], vielleicht Hugo, aber beide Namen waren damals
im normannischen Adel so häufig, daß die Erklärung aus Fürstennachbenennung vor der aus Verwandtennachbenennung Vorrang
haben muß. Bemerkenswert erscheint, daß auch der Name von Gis-
la, der Gattin des Geschlechtsbegründers Geroius, unter ihren zahlreichen Töchtern und Enkelkindern nicht wiederkehrt.

Unter den von der normannischen Herzogsfamilie übernommenen Namen steht Wilhelm an der Spitze. Nach dem Leitnamen
Ernald vergab ihn Geroius an seinen Zweitgeborenen. Wenn er zwei
Generationen später in einer Geschwisterreihe gleich doppelt auftritt, so ist das kein einmaliges Phänomen. Bei den Grafen von Eu,
einer zur Vasallität gehörigen Seitenlinie des Herzogshauses, begegnet die Erscheinung etwa zur gleichen Zeit[190]. Faktoren, die in
späteren Jahrhunderten eine solche Gleichnamigkeit von Brüdern
erklären können, sind etwa kalendarisch gleiche oder zeitnahe Geburtstermine bzw. Nachbenennung nach homonymen Großvätern
von väterlicher und von mütterlicher Seite oder nach homonymen
Paten.[191] Auf die Grafen von Eu bzw. die Herren von Saint-Céneri
aus dem Haus der «Geroiani» trifft aber wohl keiner dieser Faktoren
zu. Man wollte offenbar unbedingt einen Träger des nunmehr so
prestigeträchtigen Königsnamens in der Familie haben. Vergab man
ihn doppelt, so hatte man für den Fall des vorzeitigen Todes eines
Trägers die Sicherheit eines überlebenden Kindes dieses Namens.

Zwei Brüder mit Namen Wilhelm finden wir schon vor der Zeit
Wilhelms des Eroberers und zwar im Fürstenhaus selbst. Herzog
Richard II. hatte zwei seiner Söhne so benannt, von denen freilich
der eine aus seiner ersten, der zweite aus seiner dritten Ehe stammte. Als der jüngere geboren wurde, gehörte der ältere bereits dem
geistlichen Stand an und kam für eine eventuelle Nachfolge in der
Herzogswürde nicht mehr in Frage. Gleichnamigkeit von Brüdern –
bei Schwestern tritt sie seltener in Erscheinung – ist ein besonders
aussagekräftiges Indiz für Beweggründe von Eltern im Prozeß der
Namenkonzentration. Die Differenzierungsfunktion von Namen
wird zugunsten der Sicherung eines besonders hochwertigen Namens aufgegeben. Daß in der Normandie diese Erscheinung schon
so früh gerade beim Namen Wilhelm auftritt, ist bezeichnend.

Der von der Herzogsdynastie übernommene Fürstenname Wilhelm hat sich unter den Nachkommen des Geroius am stärksten
verbreitet. Unter den Söhnen findet er sich beim Zweitgeborenen,
unter den Enkeln bei dessen gleichnamigen Sohn, der später in Italien den Beinamen «bonus Normannus» erhielt sowie bei je einem
Sohn der Töchter Heremburgis und Emma, unter den Urenkeln allein in der männlichen Linie der «Geroiani» dreimal. Besonders
bemerkenswert erscheint ein Wilhelm der darauffolgenden Generation. Ordericus Vitalis, dem wir die ausführlichen Informationen
über dieses Adelsgeschlecht verdanken, berichtet von einem «pro-
nepos senioris Geroii» mit Namen Wido, der mit seiner Gattin Hodierna außerhalb der Normandie im Gebiet von Corbeil lebte. Wido
und Hodierna – ein von einem liturgischen Wort, nicht von einem
Heiligennamen abgeleiteter Name – hatten vier Söhne. Zwei von
ihnen waren nach dem Bericht des Ordericus dem Waffenhandwerk
sehr ergeben. Sie hießen Normannus und Walter. Bei Normannus,
der offenbar außerhalb der Normandie zur Welt gekommen war,
war die Stammesbezeichnung schon Hauptname, nicht nur Beiname wie bei seinem Onkel Wilhelm «bonus Normannus». Die zwei
anderen Söhne Widos wurden in der Wissenschaft herangebildet
und traten in die «stemma sacerdotii» ein. Sie hießen Goisfredus
und Wilhelmus «cognomento Gregorius». Der letztere kam mit
neun Jahren in das von den «Geroiani» gegründete Hauskloster
St. Evroul in Ouche. Er wurde hier Lektor und Kantor. Ordericus
Vitalis betont, daß er sich durch seine guten Studien im Kloster den
Beinamen Gregor verdiente – offenbar weil er dem heiligen Papst
Gregor als seinem Vorbild an Gelehrsamkeit nacheiferte. Den Beinamen hatte er nicht erst beim Eintritt ins Kloster erlangt, sondern

schon vorher durch sein Interesse an Bildung. Ähnliches berichtet Ordericus von Geroius' Sohn Radulf, der wegen seiner geistigen Interessen «Clericus», wegen seiner Abneigung gegen ritterliche Übungen aber «Mala-Corona» zubenannt wurde. Hier ist es also nicht ein Heiligenname sondern ein spezifischer Beiname, der die Inklination zum geistlichen Stand aussdrückt. Um einen Heiligennamen als Zweitnamen eines Geistlichen handelte es sich hingegen auch bei Reginald, dem jüngeren Sohn Ernalds von Echauffour. Als man ihn nach dem Tod des Vaters dem Hauskloster, St. Evroul zur Erziehung übergab, wurde er vom Abt «dulcetudinis gratia» Benedictus beibenannt. Alle diese normannischen Adelssöhne waren also nicht von Geburt an für den geistlichen Stand bestimmt. Sie erhielten ihren Erstnamen nicht in Hinblick auf diese spätere Laufbahn. Der Namenswechsel des Geroianensprößlings Wilhelm zu Gregor zeigt deutlich, daß der vom Herzogshaus übernommene Name Wilhelm in diesem Milieu primär als Adelsname, nicht als Geistlichenname verstanden wurde.

Zum Unterschied von Wilhelm war Robert nicht nur Fürstenname des Herzogs-, sondern auch des Königshauses. Zur Zeit als der erste aus der «stirps Geroianorum» den Namen Robert erhalten haben mag, regierte in Frankreich König Robert II., «der Fromme» zubenannt (996–1031). Die normannischen Herzoge hatten den Namen Robert von den Robertinern übernommen, noch bevor dieser Leitname der alten Reichsaristokratenfamilie Königsname geworden war, allerdings nicht durch Lehensbeziehung, sondern durch Patenschaft. Eine aufschlußreiche Querverbindung zur Vasallität zeigt sich freilich auch in Zusammenhang mit diesem Vorgang.[192] 911 erklärte sich der noch heidnische Normannenführer Rollo, der mit seinen Scharen weite Landstriche im Norden des Westfränkischen Reiches besetzt hielt, gegenüber König Karl dem Einfältigen zur Lehensnahme des eroberten Gebiets bereit. Als Voraussetzung für seinen Eintritt in die Vasallität des Königs forderte er jedoch Karls Tochter Gisela zur Frau. Wie Jahrzehnte später bei seinem Enkel Richard ist auch hier Lehensnahme mit Verschwägerung eng verbunden. Karls Gegenspieler, Herzog Robert von Franzien, der ihm dann 922 als König folgen sollte, sicherte sich mit Rollo ein Bündnis anderer Art: Er machte ihm das Angebot der Taufpatenschaft. Nach dem Zeugnis Dudos von Saint-Quentin soll Rollo dieses Angebot so verstanden haben: «Hic mihi sit paterno amore pro patre, ego filiorum dilectione ero illi pro filio. Succurrat mihi, si necesse fuerit, ut pater filio; ego illi, ut filius patri ...» Es entsprach durchaus dem Verständnis der Zeit, «geistliche Verwandtschaft» durch die Taufe als eine der Blutsverwandtschaft gleichwertige Beziehung zu sehen. Auch die politische Dimension der Patenbeziehung unter Fürsten ist nichts Neues. Das Konzept der Unterwerfungstaufe hatten die Karolinger wie schon vor ihnen angelsächsische Könige aus Byzanz übernommen und mit der Mannschaftsleistung der Vasallität verbunden.[193] Neu war bei der Eingliederung Rollos und seiner Scharen ins Westfrankenreich, daß die Abhängigkeitsbeziehung durch Vasallität und durch Patenschaft voneinander getrennt wurden. 912 fand Rollos Taufe statt. Er erhielt dabei als neuen Namen den seines Paten. Robert wurde so in den ersten Jahrzehnten des 10. Jahrhunderts nicht nur westfränkischer Königs- sondern auch normannischer Fürstenname. Seit dem Ende des Jahrhunderts kehrt er in jeder Generation von Rollos Nachkommen wieder. Seit 1027 trug ihn ein zweiter Fürst der Dynastie. Aber schon vorher hatte er sich unter den Vasallenfamilien der Normandie stark verbreitet – ebenso gleichzeitig unter Lehensleuten der Robertiner.

Der Name Robert läßt sich – durch Lehensbindungen vermittelt – aber nicht nur auf den drei Ebenen von Königshaus, Herzogsdynastie und Adelsgeschlecht verfolgen, er findet sich auch auf einer vierten Ebene unter Lehensleuten der «Geroiani». Mit der Zustimmung seiner Lehensherren Wilhelm und Robert verkaufte ein «Rodbertus, Helgonis filius» eine Martinskirche an das von diesen gegründete Kloster St. Evroul. Daß es sich hier um Lehensnachbenennung handelt, wird vor allem durch den seltenen Namen Helgo klar. Der Vater des Rodbertus hieß offenbar nach jenem «Normannorum potens miles nomine Helgo», als dessen Schwiegersohn der namengebende Ahnherr der «Geroiani» in die Normandie gekommen war. Der bisher von Helgo innegehabte Besitz wurde nach dessen Tod vom Herzog an Geroius als Erbgut übergeben, wohl gemeinsam mit den daraus ausgestatteten Lehensleuten. Während der Vasall Helgo durch seinen Namen nur mit der adeligen Herrenfamilie verbunden war, schloß diese Beziehung bei seinem Sohn Rodbertus darüber hinaus auch die Herzogs- und Königsfamilie ein. An diesem Beispiel läßt sich somit die rasche Weitergabe von Fürstennamen über die Hierarchie von Lehensbindungen besonders anschaulich beobachten.

Wie Robert verweist auch der Name Hugo in der «stirps Geroianorum» auf Herzogshaus und Königshaus zugleich. Zwar kann Geroius' sechster Sohn Hugo unmittelbar nach seinem mütterlichen

Onkel aus der Familie der Herren von Montfort-sur-Risle nachbenannt worden sein, vermittelt liegt jedoch letztlich dann über deren Lehensabhängigkeit doch eine Fürstennachbenennung vor. Im normannischen Herzogshaus hat der Name Hugo eine zweitrangige Rolle gespielt. Nie trug ihn ein Fürstensohn selbst, stets nur ein Sohn der ihrerseits zu Vasallen abgesunkenen Fürstenbrüder. Der Älteste von Herzog Richards II. Bruder Graf Wilhelm von Eu hieß so und ebenso der Älteste von Graf Raoul d'Ivry, dem «frater ducis» durch Wilhelm Langschwerts Witwe Sprota.[194] Beide erhielten wichtige normannische Bistümer. Im Königshaus hingegen hatte bis ins frühe 11. Jahrhundert hinein Hugo vor Robert Vorrang. Roberts des Frommen ältester Sohn hieß so, der von 1017 bis 1026 sein Mitkönig war. Hugo von Montfort-sur-Risle muß zu seinen Lebzeiten zur Welt gekommen sein, dessen gleichnamiger Neffe wohl erst nach dem frühen Tod des jungen Königs. Wie auch immer – seit den Tagen Hugos «des Großen» stand mehrfach ein Hugo an der Spitze der westfränkischen bzw. französischen Vasallität. Auf deren Namengebung hat sich dieser Umstand stark ausgewirkt. Warum es in der Dynastie der Robertiner zu einem solchen Vorrang von Hugo vor dem alten Hausnamen Robert kam, scheint näherer Überlegung wert. Hugo Magnus ist der erste Träger des Namens in diesem Geschlecht. Interpretiert man in herkömmlicher genealogischer Manier auf Vorfahrennachbenennung beschränkt, so könnte man in mütterlicher Linie einen Urgroßvater aus der im Elsaß beheimateten Reichsaristokratenfamilie der Etichonen finden.[195] Bei Hugo Magnus stand aber wohl mehr dahinter. Als er um 895 geboren wurde, war Odo, der ältere Bruder seines Vaters Robert, westfränkischer König. Hugo dürfte der erste männliche Nachkomme gewesen sein, der nach der Wahl Odos in der neuen Königsfamilie zur Welt kam. Sein Name war sehr prestigereich. Karolingische Herrscher gaben ihn an ihre unehelichen Söhne, so Ludwig III., Lothar II. und drei Generationen früher Karl der Große.[196] Es handelte sich um einen schon vor dem Aufstieg des Geschlechts zur Königswürde hier nachweisbaren Namen, der wie andere der älteren Karolingernamen – etwa Arnulf und Bernhard – in der «stirps regia» an nicht zur Nachfolge berechtigte Söhne gegeben wurde.[197] Im Unterschied zu den Königsnamen konnte dieser karolingische «Nebenname» durch Töchter weitergegeben werden.[198] Beatrix von Vermandois, die Mutter Hugos des Großen, war karolingischer Abstammung.[199] Zwar findet sich unter ihren unmittelbaren Vorfahren kein Hugo, trotzdem wird man den Namen ihres Sohnes in solchen Zusammenhängen interpretieren dürfen. Der Name Hugo signalisierte Nähe zum alten Herrscherhaus. Seine starke Verbreitung in allen Nachfolgereichen des Imperiums wirft die Frage nach der Wurzel dieses Diffusionsprozesses auf. Handelte es sich um Nachbenennung nach mehreren gleichnamigen Fürsten der spät- und nachkarolingischen Zeit oder ist in der «stirps regia» selbst ein gemeinsamer Ursprung zu finden?

Radulf, der Name des jüngsten Sohnes von Geroius, Herren von Montreuil und Echauffour, war in der Vasallität der normannischen Herzöge stark verbreitet. Ein normannischer Herzog hat selbst freilich nie so geheißen. Von Herzog Richards I. Halbbruder Raoul d'Ivry war schon die Rede. Radulf und Richard gehören wohl in den gleichen Nachbenennungszusammenhang. Richard I. kam im selben Jahr 933 zur Welt, in dem sich sein Vater Graf Wilhelm zur Kommendation an König Rudolf entschloß.[200] König Rudolf hatte Herzog Richard von Burgund zum Vater – wie wir gesehen haben eine der bedeutendsten Fürstenpersönlichkeiten der spätkarolingischen Zeit. 933 war seit einem Jahrzehnt eine neue Königsfamilie an der Macht. Daß ihre Herrschaft so bald enden würde, konnte damals nicht abgesehen werden. Wenn Graf Wilhelm seinem ersten Sohn einen für seine Familie neuen Namen aus der Königsfamilie gab und ihn nicht etwa nach seinem Vater Robert nannte, so läßt das den Schluß zu, daß Lehensbindungen in dieser Zeit für die Nachbenennungspraxis einen sehr hohen Stellenwert hatten.

Auch bei den Töchtern unserer normannischen Vasallenfamilie führen Nachbenennungszusammenhänge über Lehensbindungen in sehr unterschiedliche Richtungen. Geroius' älteste Tochter Hadvise ist offenbar nach der gleichnamigen Schwester Herzog Richards II. nachbenannt, die Herzogin in der Bretagne wurde, woher die «Geroiani» stammten. Diese wiederum hieß nach der Gattin des Lehensherren ihres Vaters. Wie der Name ihrer Schwester Mathilde geht er also letztlich auf die Ottonen zurück. Weniger klar liegen die Verhältnisse bei Heremburgis. Diesen Namen trug etwa zur gleichen Zeit eine Tochter Graf Roberts von Eu aus einer Seitenlinie des normannischen Fürstenhauses, eine Generation zuvor die einzige Tochter des jüngeren Bruders König Hugos.[201] Emma hieß offenbar nach Herzog Richards II. Schwester dieses Namens, die nacheinander mit zwei englischen Königen, Aethelred II. und Knut dem Großen, verheiratet war. In der normannischen Herzogsfamilie verweist Emma ebenso wie Beatrix eindeutig auf die Robertiner. Zwei Schwestern Hugo Capets hatten diese Namen getragen, die eine

Stammbaum der Ottonen in der Chronica regis Colonienis (vor 1200). Die Genealogie stellt König Heinrich I. (919–936) und desen Gattin Mathilde († 968) in den Mittelpunkt. Die Namen dieses Paares bzw. ihrer im Stammbaum abgebildeten fürstlichen Nachkommen haben sich durch Nachbenennung aufgrund von Abstammungs-, vor allem aber auch von Lehensbeziehungen im Hoch- und Spätmittelalter außerordentlich weit verbreitet. Links im Bild die älteste Tochter Hadewich mit den von ihr abstammenden französischen Königen Hugo, Robert, Heinrich und Philipp. Der Name Hadewich/Havise findet sich auch bei den «Geroiani».

selbst Herzogin der Normandie. Beatrix geht bei den Robertinern letztlich auf die Karolingerin Beatrix von Vermandois zurück, die zweite Gattin König Roberts I., Emma auf dessen Tochter erster Ehe, die mit König Rudolf verheiratet war. Emma ist eine Kurzform zu mit Irmin-/Ermin- komponierten Frauennamen, etwa Ermentrud oder Ermengard – zwei Namen, die von mehreren Gattinnen und Töchtern karolingischer Herrscher getragen wurden. Aber auch in der Kurzform Hemma/Emma begegnet der Name schon bei einer karolingischen Königin, nämlich bei der Gattin Ludwigs des Deutschen aus welfischem Geschlecht. Zu den Karolingern führt schließlich auch der Name Adelaide/Adelheid, den wir als Vorbild für eine unserer Vasallentöchter sowohl im normannischen Herzogs- als auch im französischen Königshaus finden. Hugo Capets Gattin Adelheid/Aelis hieß nach ihrer Mutter Adele, einer Tochter Rollos, die ursprünglich den Namen Gerloc trug. War diese anläßlich der Taufe des Vaters umbenannt worden?[202] Erhielt sie ihren Namen aus der Familie von dessen Taufpaten? Bei den Robertinern läßt sich Aelis/Adelheid weiter zurückverfolgen.[203] Der Name war aber insgesamt in der karolingischen Reichsaristokratie stark verbreitet. Für die «stirps regia» scheint er besondere Bedeutung gehabt zu haben. Karls des Großen jüngste Schwester hieß so, dann seine älteste Tochter sowie seine älteste legitime Enkelin.[204] Im Unterschied zu den Königsnamen wurden die von Töchtern ähnlich wie die der nicht thronfolgeberechtigten Söhne in weiblicher Linie weitergegeben.[205] Die Verbreitung des Namens Adelheid ist allerdings schon im frühen 9. Jahrhundert nicht mehr nur durch Blutsverwandtschaft mit den Karolingern allein zu erklären.[206] Welche anderen Formen des Naheverhältnisses zum Königshaus gab es damals, die einer Nachbenennung zugrundeliegen könnten? Hat sich insgesamt in solchen Formen schon damals Namengut des Fürstenhauses verbreitet? Die strenge Tabuisierung der Königsnamen schließt nicht aus, daß das Prinzip der Nachbenennung nach dem Fürstenhaus schon weit in karolingische Zeit zurückgeht.

Daß es bei der Nachbenennung aufgrund von Lehensbindungen um eine Orientierung an der Fürstenfamilie als Gruppe ging, das zeigen die beiden Beispiele, von denen hier ausgegangen wurde, sehr deutlich. Namengut der Herrenfamilie ist auf die Vasallenfamilie übergegangen – sowohl von den Robertinern/Kapetingern auf das normannische Herzogsgeschlecht als auch von diesem auf die «Geroiani». Aus der Sicht der Namengebung erscheint Vasallität als Bindung zwischen zwei Familien – nicht nur zwischen zwei Personen, wie es das Ritual des Mannschaftleistens zunächst nahelegt. Nachbenennung in Anschluß an das «homagium» bezieht jedenfalls auf Seite des Lehensmannes die nächste Generation mit ein. Von einem Sohn, «quem dilecti senioris sui nomine pater vocavit» ist bei Thietmar von Merseburg die Rede – die einzige zeitgenössische Nachricht, in der von Nachbenennung aufgrund von Vasallität explizit gesprochen wird.[207] Eine solche Namengebung eines Sohnes nach dem Lehensherrn selbst liegt in unserem Beispiel gar nicht vor. Weder hat Geroius einen Sohn Richard noch Richard I. einen Sohn Hugo taufen lassen. Im einen Fall stehen die Geschwister des Lehensherren bei der Nachbenennung der Vasallenkinder im Vordergrund, im anderen allgemein dessen weibliche Familienangehörige. Gerade die besondere Rolle der Weitergabe von Frauennamen erstaunt bei Nachbenennung aufgrund einer Sozialbeziehung, die zunächst als eine Beziehung zwischen Männern gesehen werden muß. Auch auf Seite des Herren werden Familienangehörige miterfaßt. Diesem Familienbezug sind wir schon in einem ganz anderem Kontext der hochmittelalterlichen Namengebung begegnet: Man kann Johannes den Täufer ehren, indem man einem Kind den Namen seines Vaters oder seiner Mutter gibt. Schutz seitens des Heiligen und Schutz seitens des Lehensherrn scheinen aufs erste zwei ganz unterschiedliche Formen einer Patronatsbeziehung. Wir werden noch sehen, daß sie aus der Sicht der Zeitgenossen gar nicht so weit voneinander entfernt waren.

Nachbenennung aufgrund von Lehensverhältnissen erscheint nicht nur hinsichtlich der Namensvorbilder an Familien orientiert – sie hat auch als Grundlage eine familienähnliche Sozialbeziehung. Vor allem Marc Bloch hat in seiner Beschreibung und Analyse der Feudalgesellschaft den Gedanken betont, daß Vasallität und Verwandtschaft als analoge Beziehungsformen zu sehen sind[208]:

«Als eine Art Ersatz oder Ergänzung der Sippensolidarität, deren Wirksamkeit unzureichend geworden war, hatten die persönlichen Abhängigkeitsbeziehungen ihren Einzug in die Geschichte gehalten ... Lange wird der Vasall gegenüber seinem Herren, der Herr gegenüber seinem Vasallen eine Art zusätzlicher Verwandter bleiben, der bereitwillig nach seinen Pflichten wie nach seinen Rechten den Blutsverwandten gleichgestellt ist.»

Der Vasall den Blutsverwandten gleichgestellt – diese Analogie macht die Verbreitung von Fürstennamen des 9. und 10. Jahrhunderts unter den Lehensleuten verständlich. Daß aufgrund von Verwandtschaftsbeziehungen nachbenannt wurde, ist für diese Zeit ein bekanntes Phänomen. Wie aber kam es zu einer Nachbenennung

auch außerhalb der Blutsverwandtschaft? Welche der verschiedenen
Wurzeln, aus denen sich die Vasallität entwickelt hat, war für diese
quasifamiliale Form der Nachbenennung maßgeblich? Am Beispiel
des normannischen Fürstenhauses sind wir auf die Zusammenhänge zwischen Vasallität und Taufpatenschaft gestoßen. Die Nachbenennung aufgrund geistlicher Verwandtschaft ist uns schon in Byzanz begegnet. So liegt es nahe, dem Patenverhältnis als Bindeglied
zwischen Verwandtschaft und Vasallität näher nachzugehen.

Nachbenennung aufgrund von Patenschaft läßt sich in Fürstenfamilien weiter zurückverfolgen als Nachbenennung aufgrund von
Lehensbindungen. Ein frühes Beispiel führt uns wiederum zu Graf
Wilhelm von Toulouse, dem Heiligen von Gellone und Vorbild des
Sagenhelden Guillaume d'Orange, dessen Name in so vielfältiger
Weise zur Nachbenennung geführt hat. Nach dem Zeugnis Thegans
war Wilhelms Sohn Bernhard, der spätere Markgraf von Septimanien, ein Patenkind König Ludwigs des Frommen, an dessen Hof er
dann später als Günstling der Kaiserin Judith eine so problematische Rolle gespielt hat.[209] Es dürfte um 792 gewesen sein, als diese
Patenschaft zustandekam.[210] Der Graf von Toulouse wurde dadurch
zum «compater» des jungen aquitanischen Unterkönigs. Von Interesse erscheint der aus diesem Anlaß gewählte Name des Täuflings.
Bernhard war wie Hugo ein alter Karolingername. Als erster bekannter Namensträger erscheint bei den Karolingern ein Sohn Karl
Martells aus einer nicht legitimen Verbindung, der Vater der berühmten Äbte Adalhard und Wala.[211] 797 erhielt ein Sohn von König Ludwigs älterem Bruder Pippin, des Unterkönigs in Italien, den
Namen Bernhard, später ein anderer Enkel Karls des Großen durch
eine Tochter. Im Ostfrankenreich vergab ihn noch Karl III. der Dik-
ke an einen unehelichen Sohn.[212] Es handelte sich also um einen der
«Nebennamen» des Hauses, die aus der Zeit vor dem Aufstieg zur
Königswürde stammten und später an thronfähige Söhne nicht
mehr gegeben wurden. Wäre Wilhelm von Gellone durch seine
Mutter ein Enkel Karl Martells gewesen, wie die Forschung lange
Zeit annahm, dann handelte es sich einfach um eine Nachbenennung unter Blutsverwandten. Nun hat aber Eduard Hlawitschka
überzeugend dargelegt, daß diese Annahme nicht haltbar ist – nicht
zuletzt deshalb, weil Wala der Sohn Bernhards, eine Tochter Wilhelms von Gellone heiratete.[213] Die Verwandtschaft Wilhelms mit
den Karolingern war komplizierter und führte über Karls des Großen Mutter Bertha. Zu Bernhard, dem Vater Adalhards und Walas
bestand keine Blutsverwandtschaft. So muß der Übergang des Na-

mens Bernhard auf Wilhelms Sohn durch die geistliche Verwandtschaft erklärt werden, die durch die Patenschaft Ludwigs des Frommen entstand. Es handelte sich dabei um keine unmittelbare Patennachbenennung. Das wäre beim Königsnamen Ludwig auch gar
nicht möglich gewesen. Die Taufzeugenschaft stellte jedoch eine
Beziehung her, die die Übernahme eines Namens aus der königlichen Familie des Paten ermöglichte. Ein Parallelfall, der ebenfalls
Ludwig den Frommen betrifft, bestätigt diese Annahme.

Bei der Taufe des Dänenkönigs Harald Klak, die 826 in der Pfalz
Ingelheim bzw. im St. Albanskloster in Mainz unter der Patenschaft
Kaiser Ludwigs durchgeführt wurde, handelte es sich um den klassischen Fall einer sogenannten «Unterwerfungstaufe». Wir besitzen
durch Ermoldus Nigellus eine ausführliche Darstellung des rituellen Ablaufs dieser Handlung.[214] Im Mittelpunkt steht die kaiserliche Familie mit ihren Patenhandlungen. Ludwig hob Harald aus
dem Wasser und legte ihm eigenhändig das weiße Gewand an. Anschließend vollzog die Kaiserin Judith die gleiche Handlung bei Haralds Gattin sowie Ludwigs Sohn Lothar bei Haralds Sohn. Auf beiden Seiten erscheint die ganze Familie eingebunden. Anschließend
leisteten kaiserliche Hofleute bei dänischen Großen den Paten-
dienst. Auf diese liturgische Handlung folgte eine nicht weniger
wichtige politische. Ludwig bekleidete Harald mit einer, steinbe-
setzten, goldpurpurnen Chlamys, schnallte ihm Gürtel und Dolch
um und setzte ihm eine Krone auf. Judith legte der dänischen Königin ein weißes Gewand an, dazu noch Hals- und Armschmuck, und
auch sie krönte ihre Patentochter mit einer goldenen Binde. Zuletzt
übergab der Kaisersohn Lothar dem Sohn Haralds ein golddurch-
wirktes Gewand. Dieser zweite Teil des Ritus bedeutete zugleich
Einsetzung und Adoption. Harald wurde der geistliche und politische Sohn des Kaisers d. h. ein von ihm abhängiger Unterkönig. Die
Unterwerfungstaufe zeigt sich hier als korrespondierende Form zur
Lehensabhängigkeit[215], in die Harald schon 814, durch seine Kommendation an Ludwig eingetreten war.[216] Eine Namensänderung
wurde bei den Angehörigen der neu christianisierten Fürstenfamilie
nicht vollzogen. Als jedoch wenige Jahre darauf dem Dänenkönig
eine Tochter geboren wurde, erhielt sie den Namen Gisela.[217] Denselben Namen trug die einzige Tochter aus der Ehe Ludwigs mit
Judith, die um 820 zur Welt gekommen war.[218] Gisela war der meist
gegebene und wohl auch prominenteste Karolingerinnenname, seit
König Pippin 757 sein erstes nach der Königssalbung geborenes
Kind so benannt hatte.[219] Durch den Taufakt von 826 war der Dä-

nenkönig und seine Familie mit den Karolingern geistlich verwandt. Die Übernahme des Karolingerinnennamens Gisela bei der nächstgeborenen Tochter zeigt, daß Patenschaft seitens des karolingischen Herrschers Nachbenennung zur Folge haben konnte. Im Unterschied zu der Namenswahl Bernhards von Septimanien war die Nachbenennung eines Mädchens nicht auf ein bestimmtes Namengut der «stirps regia» beschränkt.

Um einen ersten Fall unmittelbarer Nachbenennung nach dem Paten könnte es sich im karolingischen Herrscherhaus bei Karl, dem jüngeren Sohn König Pippins von Aquitanien gehandelt haben. Dieser Karl kann erst in den letzten Jahren vor dem 838 erfolgten Tod seines Vaters zur Welt gekommen sein, denn er erhielt dessen Stiefbruder Karl zum Paten.[220] Der spätere Kaiser Karl der Kahle wurde erst 823 geboren und das Patenamt setzte ein gewisses Mindestalter voraus. Die Wahl des Paten und die dadurch entstandene «compaternitas» zwischen Pippin und Karl hatte wohl eine politische Zielsetzung im Zusammenhang mit der Durchsetzung von Herrschaftsansprüchen und Nachfolgerechten. Dasselbe war ja auch der Fall gewesen, als 823 für Karl dessen ältester Bruder Lothar zum Paten gewählt worden war.[221] Patenschaften waren wie Fidelitätseide ein Instrument, um die Machtverhältnisse in der Dynastie zu regeln.[222] Eine Annalenstelle nennt Karl den Kahlen in Bezug zum gleichnamigen Sohn König Pippins «patruum suum et patrem ex fonte».[223] Und die bei der Taufe hergestellte Namensgleichheit war wohl auch politisch nicht bedeutungslos. Karl der Kahle hat später seine eigene Namensgleichheit mit Karl dem Großen sehr stark als Legitimation seiner Herrschaftsansprüche im Kampf mit seinen Mitbewerbern benützt. Er sah in der Nachfolge im Namen eine Sonderbeziehung hergestellt und ließ sich als «neuer Karl» voll mit dem «alten Karl» identifizieren. Für die Herrschaftstheoretiker in seinen Diensten war es ein «nomen cum meritis», das eine besondere Eignung zur Königswürde beinhaltete.[224] Man kann solche Ideen sicher nicht ohne weiteres auf seine Jugendzeit übertragen, in der er seinem Neffen als Pate ausgewählt wurde. Aber ganz ohne Voraussetzungen im Denken der Zeitgenossen konnten solche Ideen nicht entwickelt werden. Karl war zunächst der Name von Karls des Großen ältestem Sohn gewesen, den dieser als Haupterben seiner Macht vorgesehen hatte. Keiner der zu Lebzeiten Karls des Großen geborenen Enkel durfte diesen Namen erhalten. Ein Prinzip der Nachbenennung des ältesten Enkels nach dem Großvater, wie es die genealogische Leitnamenforschung so gern zum Prinzip ihrer

Rekonstruktionsversuche macht, hat es unter der Karolingern ganz offensichtlich nicht gegeben. Erst Ludwigs des Frommen jüngster Sohn erhielt diesen Namen – und auch erst als der Großvater bzw. dessen präsumptiver Hauptnachfolger gestorben war. Ebenso scheint Ludwig der Fromme im Königshaus eine ausgeprägte Namenpolitik betrieben zu haben, die nicht Prinzipien der Nachbenennung nach bestimmten Graden der Verwandtschaft folgte. Seine Enkel erhielten nacheinander die fünf zur Verfügung stehenden Königsnamen – die Namen der Gesalbten von 754 und die zwei zusätzlich von Karl dem Großen übernommenen Merowingernamen. Um 823 wurde der älteste Enkel Pippin getauft, um 825 der nächste Ludwig. Es folgten zirka 830 Karlmann und zirka 835 Lothar.[225] Erst dann wurde der Name Karl neu vergeben – und zwar unter Patenschaft seines Onkels. Den Herrschaftsanspruch, der mit diesem Namen verbunden war, hat freilich dann der «pater ex fonte» selbst zunichte gemacht, indem er den Neffen in herkömmlicher Weise der Ausschaltung eines innerdynastischen Konkurrenten zum Eintritt in den geistlichen Stand nötigte.[226]

Eine eindeutige Patennachbenennung liegt im karolingischen Haus bei Ludwigs des Deutschen ältestem Urenkel Zwentibold vor, der um 870 noch zu dessen Lebzeiten als Sohn des späteren Königs und Kaisers Arnulf von Kärnten zur Welt kam. Arnulf selbst stammte aus einer Verbindung die ihn – wie auch sein Name zeigt – zunächst nicht zur Thronfolge legitimiert hatte[227], und dasselbe galt auch für seinen ersten Sohn. Ein karolingischer Königsname kam für diesen daher nicht in Frage. Er erhielt jedoch einen Fürstennamen, nämlich den seines Taufpaten, des Mährerfürsten Swjatopluk. Die Hintergründe der Patenschaft sind auch hier politischer Natur. Swjatopluk war fränkischer Vasall, zugleich aber auch König Ludwigs Sohn Karlmann durch «amicitia» verbunden. Die «compaternitas» mit Arnulf verstärkte diese Bindung auf einer Ebene der Gleichrangigkeit.[228] Verschiedene Formen enger persönlicher Bindung mit verwandtschaftsähnlichem Charakter wirkten also hier zusammen. Neu ist das Moment der unmittelbaren Nachbenennung nach dem Paten auf dieser Grundlage, ohne daß zu ihm Blutsverwandtschaft bestand. Im Westen dürfte das der erste Fall dieser Art in einer Fürstenfamilie gewesen sein.[229] In Byzanz finden wir diese Form außerfamilialer Nachbenennung schon etwas früher. 864 hatte sich der Bulgarenfürst Boris unter der Patenschaft Kaiser Michaels III. taufen lassen und dabei dessen Namen angenommen.[230] Dort handelte es sich allerdings um den Namen des heiligen Erzengels, der Täufling und Paten verband, hier um einen Fürstennamen. Die theophore Bedeutung von Swjatopluk dürfte man in Bayern gar nicht verstanden haben[231]. Für die Nachbenennung war sie sicher völlig irrelevant. Die Verbindung zum gemeinsamen Namenspatron könnte, wie wir gesehen haben, in Byzanz die Patennachbenennung gefördert haben – wurden dort doch die Heiligen selbst – vermittelt über Ikonen – als Paten bemüht. Ohne diesen Hintergrund hat sich dieses Prinzip dann auch im Westen verbreitet. Der ebenfalls aus Byzanz übernommene Gedanke der geistlichen Verwandtschaft war wohl dafür entscheidend. Im Großmährischen Reich können wir mit solchen Einflüssen rechnen, da es in der Phase der Christianisierung zwischen Ost- und Westorientierung schwankte. Wichtiger war aber wohl, wie man die Dinge in Regensburg sah. Daß man nach dem nicht blutsverwandten «pater ex fonte» genauso nachbenennen kann wie nach dem leiblichen Vater, stand damals dort offenbar außer Zweifel.

Für die Westkirche generell läßt sich diese Aussage nicht treffen. Das zeigt ein Beispiel aus England, das ein wenig später liegt. 878 arrangierte sich hier König Alfred der Große mit dem ins Land eingedrungenen Normannenführer Guttorm im Frieden von Wedmore.[232] Alfred adoptierte Guttorm ins Königshaus. Dieser ließ sich taufen. Alfred wurde dabei sein Pate. Ein feierliches Gastmahl, reiche Schatzgabe sowie ein Beisammensein der beiden Könige während zwölf Nächten waren die rituelle Ausdrucksform der Sippeneingliederung nach nordischer Tradition. Die Patenschaft fügte eine christliche Komponente hinzu. In der Taufe erhielt Guttorm einen neuen Namen. Dieses Moment war bisher in den angelsächsischen und fränkischen Unterwerfungstaufen nicht begegnet. Guttorms «Taufname» wurde aber nicht ein religiös motivierter – etwa ein theophorer oder ein Heiligenname – sondern ein Fürstenname. Er erhielt den Namen von König Alfreds ältestem Bruder Aethelstan, der 851 als Unterkönig seines Vaters Aethelwulf für Kent, Essex, Sussex und Surrey gestorben war.[233] Es kam also zu einer auf die Patenfamilie bezogenen Nachbenennung, aber nicht zu einer nach dem Paten selbst. Um diese von den gleichzeitigen Verhältnissen im Frankenreich oder in Byzanz abweichende Praxis zu verstehen, muß man sich die ganz anderen Prinzipien der Namengebung bewußt machen, an die man sich damals im englischen Königshaus hielt.

Unter den Nachkommen König Egberts von Wessex herrschte das ganze 9. Jahrhundert hindurch noch ungebrochen das Prinzip der

Namensvariation, wie wir am Beispiel des northumbrischen Königshauses gesehen haben. Egberts Sohn Aethelwulf nannte seine Söhne Aethelstan, Aethelbald, Aethelbert, Aethelred und Alfred. König Aethelreds Söhne hießen Aethelhelm und Aethelwold. Bei Alfreds Söhnen Edward und Aethelward variiert die erste Silbe bei Konstanz der zweiten. Auch unter Edwards I. (894–925) Kindern dominiert noch die Namensvariation, hier mit der Erstsilbe Edkomponiert.[234] Die erste Ausnahme gegenüber dieser Art der Namengebung ist hier Edwards ältester Sohn Aethelstan. Sehen wir seine Nachbenennung bloß im Kontext von Blutsverwandtschaft, so übernahm er den Namen von seinem 851 verstorbenen Großonkel. Das trifft aber wohl nicht das Verständnis der Zeitgenossen. Für sie war Guttorm-Aethelstan real ein Mitglied des Königshauses. Alfreds ältester Enkel trug seinen Namen nach Alfreds Adoptivsohn wie dieser nach Alfreds Bruder. Gerade die Nachbenennung nach einem Adoptiv- bzw. Taufverwandten hatte im englischen Königshaus überhaupt erst dem Prinzip der Nachbenennung gegenüber der Namenvariation zum Durchbruch verholfen. Warum aber kam es dann nicht gleich zu einer Nachbenennung nach Alfred als «geistlichem» und Adoptivvater? Betrachtet man die weitere Namengebung im englischen Königshaus, so zeigt sich, daß die früheren Träger zum Zeitpunkt der Neuvergabe des Namens stets schon verstorben waren. Bis ins 11. Jahrhundert hinein galt hier die Regel, daß nur nach Toten nachbenannt werden durfte. Man findet diesen Brauch auch sonst bei frühmittelalterlichen Fürstenhäusern. Bei den Rurikiden sind wir ihm hinsichtlich der Weitergabe der slawischen Fürstennamen schon begegnet. Bei ihren christlichen Zweitnamen wurde es bezeichnenderweise anders gehalten.[235] Auch bei den Merowingern läßt sich nach ihrem Übergang von der Namensvariation zur Nachbenennung das Phänomen beobachten, und ebenso bei den Karolingern bis zu ihrem Aufstieg zur Königswürde.[236] Erst als sich das Namengut des neuen Königshauses auf die Namen der Gesalbten von 754 reduzierte, wurde zur Nachbenennung nach Lebenden übergegangen. König Pippin hat als erster Karolinger 757 seinem Sohn den eigenen Namen gegeben und Karl der Große ist ihm um 772 darin gefolgt. Wie unter Blutsverwandten war auch unter geistlichen Verwandten die Möglichkeit der Nachbenennung beschränkt. Wenn der Sohn den Namen seines «pater» nicht erhalten durfte, dann auch nicht der Patensohn den seines «patrinus». Unmittelbare Patennachbenennung setzt Nachbenennung nach dem Vater voraus. Sie erscheint nur möglich, wenn auch die

Namen von Lebenden gegeben werden können. Im englischen Königshaus war das im ausgehenden neunten Jahrhundert noch lange nicht der Fall. Und auch anderwärts ist damit zu rechnen, daß bei Nachbenennung aufgrund von geistlicher Verwandtschaft zunächst auf schon Verstorbene Bezug genommen wurde. Bei der Namengebung Bernhards von Septimanien im Frankenreich des ausgehenden achten Jahrhunderts könnten solche Momente noch eine Rolle gespielt haben. Der Pate, König Ludwig der Fromme, gab in diesem Fall seinem Patenkind keinen Namen seiner noch lebenden nicht thronfähigen Brüder, etwa Hugo oder Drogo, sondern den seines längst verstorbenen Großonkels Bernhard.

Der Fall der Taufe und Namengebung Rollo/Roberts ist von den äußeren Umständen dem von Guttorm/Aethelstan recht ähnlich. In beiden Fällen soll ein Anführer der räuberischen «Nordmänner» durch die Christianisierung pazifiziert und integriert werden. In beiden Fällen erscheint ein Namenswechsel bei der Taufe notwendig, freilich nicht zu einem spezifisch «christlichen» Namen. Unterschiedlich sind die Sitten der Nachbenennung im neuen sozialen Umfeld. Im Westfränkischen Reich hatte sich die Namengebung nach Lebenden im Königshaus wie in der Reichsaristokratie längst durchgesetzt. Der Name des Paten wird hier direkt übernommen. Er kann auch in Hinblick auf seine Qualität übertragen werden. Es handelt sich nicht um einen der «stirps regia» vorbehaltenen Königsnamen, wie bei Karl, dem Namen des neuen Lehensherrn. Lehens- und Patenbeziehung laufen hier aufgrund der konkurrierenden Mächte im Westfrankenreich getrennt. Die alte Konstellation der Verknüpfung von geistlicher und politisch-herrschaftlicher Bindung findet sich in einem dritten Parallelfall aus dem normannisch-dänischen Bereich aus der zweiten Hälfte des 10. Jahrhunderts. Nach der Unterwerfung und Taufe des Dänenkönigs Harald Blauzahn erhielt dessen Sohn zusätzlich zu seinem offenbar aus der Familientradition stammenden Namen Swen nach seinem königlichen Paten den Namen Otto.[237] Es läßt sich nicht sicher entscheiden, ob diese Namengebung schon 965 oder erst 974 erfolgte, also an Otto I. oder Otto II. orientiert ist. Als König hat Swen Gabelbart diesen «Taufnamen» dann nie getragen, vielleicht in bewußter Ablehnung des Abhängigkeitsverhältnisses, das er zum Ausdruck bringen sollte. Es ist ein spätes Beispiel für das alte Modell der Unterwerfungstaufe, hier aber schon mit Nachbenennung verbunden – und zwar mit Nachbenennung des Sohnes nach dem königlichen Taufpaten. Der Königsname war ja jetzt nicht mehr wie in karolin-

gischer Zeit dem Königshaus reserviert. Die Ottonen haben freilich
das Instrument des herrschaftlichen Taufpatronats kaum mehr gehandhabt. Die Vasallität allein wurde nun zur Herstellung solcher
Abhängigkeitsverhältnisse benützt. Ein Gegenstück zum dänischen
Königssohn Swen-Otto bildet am Ausgang des Jahrhunderts der
Sohn des polnischen Fürsten Boleslaw Chrobry, der «senioris sui
nomine» Otto hieß. Die Patennachbenennung ist hier schon ganz in
der nach dem Lehensherren aufgegangen.

Die Nachbenennung nach dem Paten und seinen Familienangehörigen als Vorstufe der Nachbenennung von Vasallenkindern nach
der Familie des Lehensherrn hat ihrerseits wesentliche Voraussetzungen in Wandlungsprozessen der innerfamilialen Nachbenennung. Für alle Formen der Namensweitergabe auf der Basis von
Beziehungen, die der Blutsverwandtschaft nachgebildet wurden,
war es wesentlich, in welcher Form jeweils Familienzusammenhänge unter Blutsverwandten ausgedrückt wurden. Fragt man nach fa-
milienstrukturellem Wandel, der in veränderten Systemen der Namengebung zum Ausdruck kommt, so muß man jedenfalls weit
hinter die Zeit des Aufkommens von Familiennamen zurückgehen.
Auch wenn wir es vorläufig noch offen lassen, ob wirklich der Namenschwund der entscheidende Faktor für das Aufkommen solcher
Zweitnamen war – allein die Rahmenbedingungen der frühen Fürstennachbenennung, die am Anfang dieses Prozesses steht, verweisen auf einen sehr komplizierten und mehrstufigen Entwicklungsprozeß veränderter inner- wie extrafamilialer Nachbenennung. Der
Vasallität und vor ihr der Patenschaft kommt bei der Ausweitung
der Nachbenennung über die Familie hinaus eine Schlüsselrolle zu.
Die geistliche Verwandtschaft war freilich nicht die einzige Wurzel,
aus der familistische Komponenten in den Entstehungsprozeß des
Lehenswesens eingingen. In unserem Zusammenhang sind vor allem solche Facetten der Vasallität von Interesse, die die Kinder des
Lehensmanns in dessen Beziehung zum Lehensherren und seiner
Familie miteinbezogen. Die Lehensbeziehung wurde ja unter Erwachsenen eingegangen. Erst unter den Kindern des Vasallen konnte sich eine Namengebung aufgrund der Lehensbindung auswirken.

Daß Wurzeln der Vasallität ins germanische Gefolgschaftswesen
zurückreichen, ist unbestritten. Auch hinsichtlich des Verhältnisses der Vasallenkinder zum Lehensherrn läßt sich aus diesem Entwicklungsstrang manches erklären. Für die Nachbenennung des
Sohnes eines Gefolgsmanns nach dessen Herrn gibt es mit einer
relativ späten Ausnahme keinen Beleg. Dieser Ausnahmefall er-

scheint freilich in mancher Hinsicht illustrativ.[238] Als der Nor-
wegerkönig Magnus sich dem Tode nahe fühlte, verteilte er an seine
Gefolgsleute Geschenke. Sein Gefolgsmann Thorstein Siduhallson
traf auf der Rückkehr von einer Pilgerfahrt verspätet ein. Die Geschenke waren schon verteilt. Thorstein bittet den König nun:
«Aber das möchte ich, daß du mir deinen Namen gibst.» Und Magnus antwortet: «Du hast in mancher Beziehung von mir verdient,
was das beste ist, und ich gebe dir gerne diesen Namen für deinen
Sohn. Wenn ich auch kein sehr großer König gewesen bin, so ist es
doch auch keine Kleinigkeit für einen einfachen Bauern, seine Kinder nach mir zu benennen, da ich aber sehe, daß es dir etwas bedeutet, werde ich deiner Bitte willfahren. Mein Hugr sagt mir, daß
Schmerz und Ehre in dem Namen liegen werden.» Die Welt der
nordischen Bauernkrieger ist um die Mitte des 11. Jahrhunderts eine
ganz andere als die der adeligen Vasallen in Frankreich oder Burgund. Trotzdem gibt die Stelle weiterführende Anhaltspunkte: Die
Verbindung zwischen Herr und Gefolgsleuten wird durch Geschenke hergestellt und aufrechterhalten. Ein solches Geschenk des
Herrn an den Gefolgsmann kann nun auch der Name des Herrn
sein, den der Gefolgsmann an seinen Sohn gibt. Der Königsname
darf ohne die Erlaubnis des Königs nicht übertragen werden. Die
selbstverständliche Anerkennung eines solchen Sachverhalts läßt
verstehen, wie sich die Exklusivität der Königsnamen im Karolingerreich aufrechterhalten ließ. Mit dem Königsnamen ist besonderes Heil verbunden, das freilich auch von den Taten des Namensträ-
gers abhängt. Der Glaube an die Heilskraft des Namens und dessen
Übertragung durch Nachbenennung ist für den Norden vielfach bezeugt.[239] Der christliche König Magnus dachte diesbezüglich nicht
anders als seine Landsleute in vorchristlicher Zeit. In Skandinavien
reicht – anders als in England – das Prinzip der Namenswiederholung weit zurück, allerdings auf die nach Toten beschränkt. Der
Normalfall war es, daß man bei der Nachbenennung von Kindern
auf Vorfahren und Verwandte zurückgriff.[240] Daß dem Sohn eines
Gefolgsmanns der Königsname gegeben wurde, ist ein später Ausnahmefall. Es war ein ganz besonderes Geschenk – für König Magnus das beste, was er zu geben hatte.

Ins Gefolgschaftswesen zurückweisende Wurzeln im Verhältnis
von Lehensherr und Vasallensöhnen werden in einer Geschichte
angesprochen, die in den «Gesta» der Herren von Amboise aus der
selben Zeit berichtet wird.[241] 1044 hatte sich Graf Gottfried II. Martell von Anjou der Touraine bemächtigt. In der Schar seiner Gefolgs-

leute befanden sich damals auch zwei junge Adelige. Der eine von ihnen hieß Rainald nach seinem Vater, der andere Gottfried «nach dem Grafen, der auch sein Pate war». Den ersten gürtete der Graf von Anjou mit dem Ritterschwert. Dann schickte er ihn zu seinem Vater zurück, dessen Lehen frei wurde, als er nach Jerusalem aufbrach. Der jüngere Bruder war nun neidisch und bedrängte den Grafen, auch ihn zum Ritter zu machen und ihm ein Stück Land zu geben. Gottfried Martell stattete ihn in der neu eroberten Touraine aus und gürtete ihn gleichzeitig zum Ritter. Auch gab er ihm eine Nichte seiner Gattin zur Frau. Bald kam ein Sohn zur Welt, und weil beide zur selben Zeit entstanden waren, erhielten Kind und Burg denselben Namen: Rainald bzw. «Castrum Rainaldi», das heutige Château-Renault.

Die Geschichte enthält vielerlei Hinweise auf familistische Züge von Vasallität und in diesem Kontext auch auf Namengebung. Die Quelle sagt deutlich, Gottfried hieß «nach dem Grafen, der auch sein Pate war». Die Patenschaft ist nicht der einzige und vielleicht gar nicht der primäre Grund der Namengebung. Es bestand schon eine Beziehung zu der Familie, zu der die Patenschaft als zusätzliche Bindung hinzukam. In diesem Fall erhielt der ältere Sohn den Namen des Vaters, der zweite den des Lehensherrn. Der des Vaters und Bruders wurde dann beim Sohn wieder aufgegriffen bzw. gleichzeitig bei der neuerbauten Lehensburg. Dem Patenkind gegenüber bestanden Erziehungspflichten, dem Charakter des Taufsakraments entsprechend freilich primär in Glaubensdingen.[242] In unserem Fall werden nun aber beide Brüder am Hof des Herrn erzogen und ganz offenkundig auch im Waffendienst. Dienst und Erziehung der Söhne am Herrenhof ist ein altes Muster des Gefolgschaftswesens.[243] Es korrespondiert mit Patenpflichten, ist jedoch sicher nicht erst aus dieser Wurzel entstanden. Am Ende dieser Dienst- und Erziehungsphase steht bei beiden jungen Adeligen die Schwertleite durch den Grafen. Für den Herrn war es eine sehr kostspielige Angelegenheit, seine jungen Gefolgsleute mit Waffen auszustatten. Aber es bestand offenbar ein legitimer Anspruch darauf, so daß der Graf dem Drängen auch des jüngeren Sohnes nachgab. Die Übergabe der Waffen erfolgte im Rahmen einer rituellen Handlung, um die Mitte des 11. Jahrhunderts vielleicht in diesem Gebiet bereits christlich ausgestaltet.[244] Die Ritterweihe nahm damals schon sakramentale Züge an. Durch sie wurde eine wichtige soziale Beziehung konstituiert, von der man später annahm, daß durch sie die Eigenschaften des Weihenden weitergegeben würden, ähnlich wie durch die Taufe die des Paten.[245] «Waffensohnschaft» ist freilich ein viel älteres Motiv, das sich bei germanischen Stämmen weit zurückverfolgen läßt.[246] Waffen sind aber nicht die einzige Gabe, die die beiden jungen Adeligen an den Grafen von Anjou bindet. Wie der ältere das Lehen des Vaters – offenbar ungeteilt – erhält, wird der jüngere mit neu erobertem Land ausgestattet. Das «feudum» bzw. «beneficium» kommt hinzu, die wichtigste materielle Seite der Lehensbindung. Die auf dem Lehensgut errichtete Burg wird dann nicht nach ihrem Erbauer und Inhaber «castrum Gotefridi» genannt, sondern nach dem eben geborenen Sohn, der sie – so konnte der Vater nur hoffen – einmal übernehmen würde. Namengebung als Anwartschaft der nächsten Generation auf ein Leihegut? Nicht nur bei der Namengebung von Burgen könnten solche Hoffnungen auf die weitere Gunst des Herrn gegenüber der Vasallenfamilie eine Rolle gespielt haben. Die Nachbenennung von Söhnen, insgesamt von Kindern, stellte eine Beziehung her, die in die nächste Generation hinüberreichte und der personalen Bindung durch den Lehenseid familiale Kontinuität gab. Und schließlich erhält Gottfried nach Schwertleite und Belehnung von seinem Herrn noch eine Frau.[247] Sie ist die Nichte von dessen Gattin. Über diese vermittelt sind Lehensherr und Lehensmann nun miteinander verwandt. Vasallität ist zwar die dominante aber nicht die ausschließliche Bindungsform des frühen Feudalzeitalters, die alle älteren Formen komplett ersetzt hätte. Patenschaft und Verschwägerung haben sie in ihrer Entstehung beeinflußt, sie konnten sie jedoch auch weiterhin ergänzen und verstärken. «Geistliche Verwandtschaft» und Heiratsverwandtschaft stehen mit «Lehensverwandtschaft» – wenn diese parallelisierende Terminologie erlaubt ist – in dieser Frühphase in enger Wechselwirkung. Seine junge Frau wird Gottfried von seinem gleichnamigen Lehensherren «gegeben». Von einer Mitsprache der Blutsverwandten des jungen Vasallen ist mit keinem Wort die Rede. Dessen Vater war zwar schon auf dem Weg nach Jerusalem, aber der ältere Bruder oder andere Verwandte hätten Interesse zeigen können. Der Lehensherr tritt hier in dieser wichtigen Frage der Verheiratung ganz an die Stelle der Familie. Auch über die junge Frau kann er verfügen. Da sie nicht zu seiner Sippe, sondern zu der seiner Gattin gehörte, muß er die Vormundschaft aufgrund eines anderen Titels als Blutsverwandtschaft besessen haben. Lehensvormundschaft über Vasallentöchter als Basis eines Verheiratungsrechts spielt im abendländischen Lehenswesen überall dort eine Rolle, wo dieses besonders stark familistische Züge angenommen hat.[248] Sein Korrelat ist die

Lehensvormundschaft über verwaiste Vasallensöhne. Im Westfränkischen Reich lassen sich beide Erscheinungen schon in spätkarolingischer Zeit nachweisen.[249] Sie setzen Erblichkeit von Lehen voraus und sind wohl im rechtlichen Bereich der deutlichste Ausdruck der Einbindung der folgenden Generation in eine Lehensbindung. Und genau darum geht es bei der Verbreitung von Fürstennamen durch das Lehenswesen.

Das in karolingischer Zeit voll entfaltete Lehensverhältnis hat sich aus der Vereinigung sehr unterschiedlicher Entwicklungsstränge gebildet.[250] Sein Wesen als Sozialbeziehung kommt wohl am deutlichsten im Ritual der Lehenshuldigung zum Ausdruck. In der klassischen Formulierung von Marc Bloch wird dieses Ritual so geschildert[251]: «Zwei Männer stehen sich von Angesicht zu Angesicht gegenüber; der eine, der dienen will, der andere, der willens ist und hofft, als Herr anerkannt zu werden. Der erste faltet seine Hände zusammen und legt sie so verbunden in die Hände des zweiten: ein klares Symbol der Unterwerfung, dessen Sinn manchmal noch durch Niederknien hervorgehoben worden ist. Gleichzeitig spricht die Person mit den dargebotenen Händen einige sehr kurze Worte, mit denen sie anerkennt, der Mann ihres Gegenüber zu sein. Dann küssen sich der Herr und der Untergebene auf den Mund – ein Symbol der Übereinstimmung und der Freundschaft. So sahen die Gesten aus die dazu dienten, eine der stärksten Bande zu knüpfen, die das Feudalzeitalter kannte ... Die Form der Huldigung ist niemals verändert worden. Aber wahrscheinlich seit der Karolingerzeit schickte sich ein zweiter rein religiöser Brauch an, die Huldigung zu überschichten: die Hand auf die Evangelien oder die Reliquien gelegt, schwor der neue Vasall seinem Herrn ein getreuer Mann zu sein.» Diese Verbindung von Handgang und Freundschaftskuß mit dem Treueid ist für das Huldigungswesen insgesamt sehr wichtig geworden. Die Entwicklung des letzteren hat für das Verhältnis breiterer Bevölkerungsgruppen zu ihren jeweiligen Herrn Bedeutung – und damit, wie noch zu zeigen sein wird, auch für die Verbreitung der Fürstennamen über den Adel hinaus. Die zentralen Handlungen, die den adeligen Vasallen in ein verwandtschaftsähnliches Verhältnis zu seinem Herrn brachten, aber waren Handgang und Freundschaftskuß. Die Vereinigung dieser beiden Gesten drückt symbolisch die Vereinigung zweier unterschiedlicher Sozialbeziehungen aus: der Handgang die Abhängigkeit, der Freundschaftskuß das gleichberechtigte Gegenüber. Die Verknüpfung solcher herrschaftlicher und genossenschaftlicher Elemente war für den abendländischen Feudalismus und damit für den europäischen Sonderweg der Sozialentwicklung von eminenter Bedeutung. Entsprechungen dazu finden wir in der geistlichen Verwandtschaft: Die «Sohnschaft» des «filiolus» gegenüber dem «patrinus» steht für das Prinzip der Abhängigkeit, die «compaternitas» – wie man das Verhältnis von Pate und leiblichem Vater nun nennt – für das Prinzip der Gleichheit. Die Patenschaft machte Nachbenennung über Rangunterschiede hinweg möglich, wenn die «compaternitas» als gesellschaftlich zulässig angesehen wurde. Im Lehenswesen mußten wohl auch «homagium» als Unterwerfungshandlung mit der «amicitia» des Freundschaftskusses zusammenkommen, um eine Beziehung herzustellen, die Nachbenennung möglich machte. Das galt vor allem dann, wenn es um ein so wertvolles Gut ging wie Fürstennamen.

Für die Nachbenennung aufgrund von Lehensbindungen gab es dort Grenzen, wo auch eine Nachbenennung unter Verwandten nicht möglich war. Der St. Gallener Mönch Notker Balbulus machte sich zur Zeit Kaiser Karls III. Sorgen um die Zukunft des Karolingerreichs.[252] Er bezeichnet die beiden Westfranken Ludwig III. und Karlmann als «spes Europae». Er wünscht des Kaisers Neffen Arnulf ein langes Leben und nennt ihn den einzigen Zweig aus der Wurzel Ludwigs neben dem ebenfalls illegitimen kleinen Kaisersohn Bernhard. Sein sehnlicher Wunsch ist es jedoch, daß des Kaisers Ehe männlicher Nachwuchs entstamme: Möge doch bald ein kleiner Karl oder Ludwig die Taten seines Ahnherrn Pippin nachahmen, von denen er in seinem Werk berichtet. Deutlich wird in einer Stelle wie dieser das ausgeprägte Geblütsdenken der Zeit erkennbar, das die Thronfolge an die «stirps regia» gebunden sieht, aber auch der Unterschied legitimer und illegitimer Nachkommen des Königshauses. Und dieser Unterschied ist an Namen gebunden. Nur ein legitimer Königssohn kann ein «kleiner Karl» oder ein «kleiner Ludwig» werden. Nur von den Trägern solcher Namen wird die wahre «imitatio» der großen Namensvorbilder erwartet. Wir sind diesem Unterschied zwischen karolingischen Königsnamen und «Nebennamen» schon wiederholt begegnet.[253] Kein einziger illegitimer Karolingersohn hat einen der Königsnamen erhalten. Um so weniger war das für den Sohn eines Lehensmanns der karolingischen Könige möglich.

Mit Arnulf von Kärnten wurde 887 ein illegitimer Karolinger zum König gewählt. Andere Könige folgten in den einzelnen Reichen, die nur in weiblicher Linie oder überhaupt nicht mit den Karolingern verwandt waren: die Robertiner Odo und Robert sowie der Burgunder Rudolf im Westfrankenreich, Boso in der Provence, die welfischen Rudolfe in Hochburgund, Wido, Lambert, Hugo und Berengar in Italien, Konrad und Heinrich im Ostfränkischen Reich. Keiner dieser Königsnamen war mit einem ähnlichen Charisma behaftet wie die der Karolinger. Eine neue «stirps regia» im Sinne der karolingischen Dynastie konnte man am Ende des 9. oder zu Beginn des 10. Jahrhunderts nicht mehr begründen. Das lag nicht an mangelnder politischer Durchsetzungsfähigkeit, die Weitergabe in der Familie zu sichern. Das lag viel mehr an den gewandelten Grundlagen des Königtums, das seine Legitimation nicht mehr allein aus der Abstammung bezog. Die Karolinger selbst hatten für dieses neue Königtum in vieler Hinsicht die Grundlage geschaffen. Die Salbung von 751 bzw. 754 erfolgte zwar in der klaren Absicht, in Ablöse des merowingischen Königshauses eine neue «stirps regia» zu schaffen.[254] Letzlich band sie aber über die Abstammung hinaus die Königswürde doch an die kirchliche Weihe. Die Krönung verstärkte in der zweiten Hälfte des 9. Jahrhunderts diese Komponente. Auch die Königinnen wurden nun gekrönt. Karl der Kahle ist in der Entwicklung eines neuen Konzepts des Königtums im Westfränkischen Reich die Schlüsselfigur.[255] Er selbst versteht sich zwar noch ganz stark als der «novus Karolus». Aber der neue «rex christianus» ist in seiner Legitimation bald nicht mehr von einem bestimmten Namen abhängig, der ihm durch königliche Abstammung zukommt. Die Königsweihe gibt viel mehr dem Namen des Geweihten besondere Bedeutung. Es ist weiterhin ein sakrales Königtum, aber ein christlich sakrales, in dem Heiligkeit durch Weihe, nicht mehr primär Heil durch Geblüt vermittelt wird. Und an diesem christlichen «Königsheil» kann die Nachbenennung auch über das Königshaus hinaus Anteil verleihen.

Die spätestens im frühen 10. Jahrhundert einsetzende Nachbenennung nach Königen ist aber nicht die einzige Form der Nachbenennung aufgrund von Lehensbindungen. In der Umstrukturierung der Herrschaftsordnung in spätkarolingischer Zeit entsteht auch ein neues Fürstentum.[256] Es braucht dieser Entwicklung hier nicht im einzelnen nachgegangen werden. Sie verlief in den jeweiligen Nachfolgereichen sehr unterschiedlich. Gemeinsam ist ihr, daß vom König abhängige Kronvasallen selbst an der Spitze einer Lehensgefolgschaft stehen. In diesem zunehmend gestaffelten System von Lehensabhängigkeiten setzen sich die Verbindungen fort, über die Namen weitergegeben werden. Wir haben gesehen, daß neben den Königsnamen sich vor allem die Namen jener Großen der Feudalgesellschaft verbreitet haben, die königliche Rechte ausübten. Das Münzrecht ist uns als Indikator dieses neuen Fürstentums begegnet. Die Münze ist stets mit dem Namen eines Herrschaftsträgers verbunden. Neben den Namen der Könige erlangen durch sie nun auch andere Fürstennamen besondere Bedeutsamkeit. Eine besondere Bedeutsamkeit von Fürstennamen ist es wohl auch, die sie nun so begehrt macht. Die Nachbenennung signalisiert Nähe zum Fürsten. Diese Nähe wird primär weiterhin durch Blutsverwandtschaft vermittelt gedacht. Anders als die karolingischen Königsnamen, die an die agnatische Linie gebunden waren, gehen die Fürstennamen der spät- und nachkarolingischen Zeit auch sehr stark durch Nachbenennung in weiblicher Linie weiter. König Heinrichs I. Töchter haben seinen Namen in verschiedenste Fürsten- und Adelshäuser weitervermittelt. Und Ähnliches gilt für andere der neuen Königshäuser. Diese Offenheit für die Weitergabe in weiblicher Linie ist ein deutliches Zeichen für die Enttabuisierung von Königsnamen mit dem Aussterben des karolingischen Hauses. Eine solche Weitergabe unter weiblichen Nachfahren kann freilich, wie schon mehrfach betont, die Verbreitung der Fürstennamen in der Folgezeit nicht hinreichend erklären. Das quasiverwandtschaftliche Element der Lehensbindung mußte hinzukommen.

Die Vasallität war schon im 9. Jahrhundert voll entwickelt. Auch extrafamiliale Formen der Nachbenennung aufgrund von Patenschaft sind in dieser Zeit bereits anzutreffen. Läßt sich auch die Nachbenennung aufgrund von Lehensbindungen über 900 zurückverfolgen? Nach Herzog Ramnulf von Aquitanien, der später den Königstitel führte, wurde offenbar schon vor 870 in der Familie eines seiner Vizegrafen nachbenannt.[257] Der seltene Name ist hier Indiz. Ähnliches gilt für König Zwentibold von Lothringen (895–900), den ältesten Sohn Kaiser Arnulfs. Ein Graf im äußersten Norden Lothringens, der seit 922 nachgewiesen ist, heißt offenbar nach ihm[258], ebenso dann dessen Sohn. Wurde schon nach Kaiser Arnulf selbst unter seinen Vasallen nachbenannt? Er trug ja keinen der exklusiven karolingischen Königsnamen. Zu überlegen wäre ein solcher Zusammenhang vor allem beim späteren Bayernherzog Arnulf, dem Sohn des Ostlandpräfekten Luitpold, der unter seiner Regierung zur Welt kam. Luitpold war zwar ein «consanguineus» des Kaisers, aber wohl durch dessen Mutter und damit nicht aus karolingischer Abstammung.[259] Die karolingischen «Nebennamen» Arnulf, Hugo und Bernhard erscheinen insgesamt schon im 9. Jahrhundert in der Reichsaristokratie relativ häufig. Dasselbe gilt, wie wir gesehen haben, für karolingische Frauennamen. Blutsverwandtschaft als Basis der Nachbenennung kann in einigen Fällen mit Sicherheit ausgeschlossen werden.[260] So bleiben die quasiverwandtschaftlichen Bindungen von Patenschaft und Vasallität als Erklärung. Die Vermutung liegt nahe, daß die großen Vasallenfamilien der Karolinger schon im 9. Jahrhundert in der Namengebung ihrer Kinder die Nähe zum Königshaus zum Ausdruck brachten – damals aber gerade nicht durch die Übernahme von Fürstennamen sondern von anderem Namengut, das in der Dynastie verwendet wurde und mit dem keine Herrschaftsansprüche verbunden waren. Eine solche Vorstufe könnte erklären, warum es dann im 10. Jahrhundert praktisch in allen Nachfolgereichen zu einer Welle der Übernahme der neuen Fürstennamen kam, die nunmehr keinen exklusiven Charakter hatten.

Das karolingische Lehenswesen hat sich in den einzelnen Regionen des ehemaligen Imperiums sehr unterschiedlich weiterentwikkelt. Große Differenzen gab es etwa zwischen der Normandie auf der einen Seite, dem aquitanischen Raum auf der anderen[261] – beides Gebiete, in denen wir eine starke Verbreitung von Fürstennamen gefunden haben. Anders als im Norden hatte sich in Aquitanien neben dem adeligen Leihegut, dem «feudum», das adelige Eigengut, das Allod, sehr stark gehalten. Der Begriff «feudum» verlor hier rasch seine scharfen Konturen und wurde für ausgegebene Güter aller Art weit über den Adel hinaus verwendet. Das für die Nachbenennung wichtige personale Band der Vasallität war zwar durch diese Entwicklung der materiellen Grundlage des Lehenswesens nicht unmittelbar betroffen, aber auch diesbezüglich ergaben sich vom Norden stark abweichende Entwicklungen. Zum Lehenseid trat im Verlauf des 10. Jahrhunderts der Friedenseid hinzu. Vom Südwesten Frankreichs ist die sogenannte Gottesfriedensbewegung ausgegangen, die in den ganzen Raum des ehemaligen Imperiums und darüber hinaus ausstrahlte – eine Entwicklung, die für die Verbreitung von Fürstennamen, aber auch von anderem Namengut nicht unbedeutend gewesen sein dürfte.

Anstoß für die Entstehung der Gottesfriedensbewegung gab das Bedürfnis, in Regionen mit schwacher Fürstengewalt das Kirchengut, aber auch generell die waffenlose Bevölkerung vor der Gefährdung durch Adelsfehden zu schützen.[262] Durch Friedenseide wurde dafür der Adel von der Kirche in die Pflicht genommen. Vorformen lassen sich schon in die Zeit der Normannenstürme zurückverfol-

gen. In Brioude in der Auvergne – einem Ort, der mit der Gestalt des
Guillaume d'Orange eng verbunden erscheint – verpflichteten die
Kanoniker von St. Julien die Ritter der Umgebung zu ihrem Schutz.
936 ist diese Schutzallianz bezeugt. Nach der Eidesformel schworen
die Adeligen jeweils für sich und ihre «homines». Auch der Herzog
von Aquitanien wurde in die Schwureinung einbezogen.[263] Ab 972
versammelte der Bischof von Clermont die «principes» der Auvergne in Aurillac – dem Begräbnisort des neuen Adelsheiligen Gerald
– zu einem Friedensbündnis.[264] Weiterhin geht bei diesen Schwureinungen die Initiative von den Bischöfen aus. Mitunter verlangen
sie von den eidleistenden Adeligen die Stellung von Geiseln.[265] Die
Vergeiselung ist, wie wir gesehen haben, eine Form, die die Adelssöhne sehr unmittelbar in ein Bündnis einbezieht. Der Eid ist in die
Hände des Bischofs zu leisten, wie der Lehenseid in die des Se-
niors.[266] Die Präsenz von Reliquien bei der Eidesleistung ist ein
weiteres verbindendes Element. Hier wie dort wurde der Heilige für
den Fall des Eidbruchs zum strafenden Rächer bestellt. Ende des
10. Jahrhunderts erscheint das Gottesfriedensbündnis voll entwikkelt. In den Synoden von Charroux in Aquitanien 989 und von
Narbonne in Septimanien 990 schließen sich geistliche und weltliche Große zur gemeinsamen Friedenswahrung zusammen. Der
Kreis der Beteiligten weitet sich aber noch aus. «Dies ist der Frie-
densschluß, der von den Bischöfen, Äbten, Grafen, Vizegrafen, anderen Großen und sonstigen gottesfürchtigen Christen im Jahr der
Fleischwerdung des Herrn 1033 bekräftigt wurde, heißt es in einem
Text aus Katalonien.»[267] Erzbischof Aimo von Bourges ließ 1038
durch eine Synode beschließen, daß alle Einwohner der Kirchenpro-
vinz, die über 15 Jahre zählten, sich eidlich zur Friedenswahrung
verpflichten und ihre Beteiligung an einem dazu bestimmten mili-
tärischen Aufgebot erklären mußten.[268] In wenigen Jahrzehnten
war es also zu einer enormen Ausweitung des betroffenen Personenkreises gekommen. In Bourges sind es 1038 bereits alle erwachsenen Männer, die an der hier «communia» genannten neuen Sozialform beteiligt sind. Ursprünglich war es nur der Adel, der in die
Hand des Bischofs zu schwören hatte. Ein Eid ist es, der die Grundlage der sozialen Beziehung schafft. Zusammenhänge mit dem Lehenseid sind offenkundig. Aber anders als durch den Lehenseid entsteht durch den Friedenseid nicht nur eine Verbindung zwischen
den Gefolgsleuten eines Herrn, sondern eine zwischen allen Adeligen einer Region, die dann auch nichtadelige Personen mit einbezieht. Die genossenschaftliche Komponente des Lehenswesens wird

durch die Gottesfriedensbewegung ausgebaut. Im Verband der «militia Christi», die sie schafft, sind Fürsten in die Genossenschaft der Schwureinung eingebunden.[269]

Ihre enorme Ausstrahlung in ganz Europa verdankt die Gottesfriedensbewegung ihrer engen Verbindung mit der kirchlichen Reformbewegung des 11. Jahrhunderts, die im burgundischen Kloster Cluny wohl ihr wichtigstes Zentrum hatte. Als Gestaltungskraft sozialer Veränderung hat sie sich regional sehr unterschiedlich ausgewirkt. Während sich in Nordfrankreich und Burgund Rittervereinigungen ausbildeten, benützten die Grafen von Flandern den Gottesfrieden zum Ausbau der Fürstenmacht.[270] Graf Balduin IV. organisierte 1030 den Friedenseid als einen allgemeinen Untertaneneid und stellte so eine unmittelbare Beziehung zwischen Landesherr und Bevölkerung her. Ähnliche Ansätze zeigen sich in Deutschland unter den Saliern. Die Initiative ging zwar auch hier wie im südwestlichen Frankreich zunächst von den Bischöfen aus. 1082 rief der Bischof von Lüttich, 1083 der Erzbischof von Köln auf einer Synode den Gottesfrieden aus. Im Gegenzug setzte sich aber Kaiser Heinrich IV. an die Spitze der Bewegung.[271] Schon 1085 verkündete er auf einer Reichssynode zu Mainz den Gottesfrieden für das ganze Reich. 1103 folgte ein auf vier Jahre befristeter Reichslandfriede. Mit Hilfe des Friedensschwures sollte auch hier ein allgemeiner Untertanenverband geschaffen werden. Durch die Schwureinung ein unmittelbares Verhältnis zum König herzustellen, gelang vor allem in den Reichsstädten, wiederum in Konkurrenz mit den um Durchsetzung ihrer Herrschaft bemühten Bischöfen. Als Wurzel städtischer Gemeindebildung wirkte die Gottesfriedensbewegung auch in Italien. 1099 etwa wurde in Genua ein Friedensbündnis auf drei Jahre beschworen, das für die Ausbildung kommunaler Institutionen große Bedeutung hatte.[272] Mehr oder minder vermittelt floß so die Gottesfriedensbewegung in die kommunale Bewegung des Hochmittelalters ein. Schwureinung der Bürger und Bürgereid konnten sich jedoch nur in jenen europäischen Räumen entwikkeln, in denen dafür eine Grundlage im Lehenswesen bestand.[273] Eine stadtsässigen Adel, Kaufleute und Handwerker umfassende Kommune findet sich bloß in den feudal strukturierten Regionen. So erweist sich also auch für die neuen Sozialformen des hochmittelalterlichen Stadtbürgertums die karolingische Vasallität als eine entscheidende Wurzel.

Was bedeuten solche Zusammenhänge für die Verbreitung von Fürstennamen, darüber hinaus für die Namengebung insgesamt?

Die Ausweitung vasallitischer Beziehungen bzw. aus ihnen weiter-entwickelter Formen scheint auch eine Ausweitung des mit ihnen verbundenen Prinzips der Nachbenennung bewirkt zu haben. Wo die Gottesfriedensbewegung zur Ausbildung des Friedenseids als eines allgemeinen Untertaneneids führte, dort entstand für die Nachbenennung nach Fürsten eine enorm verbreiterte Basis. Daß Balduin in Flandern im Mittelalter ein so häufiger Name wurde[274], hängt offenbar mit dieser erfolgreichen Politik der flandrischen Grafen in Richtung auf Ausbildung eines allgemeinen Untertanenverbands zusammen. Ähnliches gilt wohl für das «Hinz und Kunz»-Phänomen in deutschen Reichsstädten. Wenn Heinrich IV. die Kölner Bürger in ihrer Auseinandersetzung mit ihrem bischöflichen Stadtherren so nachhaltig unterstützte, so ist es nicht erstaunlich, daß sein Name im 13. Jahrhundert in den Bürgerfamilien so häufig vorkommt. Von den Wormser Bürgern wissen wir es ausdrücklich, daß sie ihm 1073 nach der Vertreibung des Bischofs den Treueeid geleistet haben.[275] Nachbenennungen auf diesem Hintergrund sind dann nicht irgendwelche Akte politischer Sympathie, sondern erfolgen aufgrund einer durch Eid eingegangenen sozialen Beziehung. Schwureinung in Unmittelbarkeit zum König darf man letztlich als Hintergrund der Verbreitung der Saliernamen in den Reichsstädten annehmen.

Die Entwicklung vom Friedensschwur zum Bürgereid ist nur eine der Entwicklungslinien, die sich von der Gottesfriedensbewegung ausgehend weiter verfolgen läßt. Adelsgenossenschaften sind die ältere Form. Unter den miteinander den Gottesfrieden Beschwörenden entstand durch den Eid eine neue Sozialbeziehung, die quer zu den vasallitischen Beziehungen zu Fürsten lag. Es kann sein, daß es in dieser einzelne Lehenshöfe umgreifenden «militia Christi» dadurch verstärkt zum Austausch von Namengut kam. Vor allem aber gehörten Fürsten selbst diesen Schwureinungen an. Ihre Namen waren die prestigereichsten innerhalb der seit dem 10. Jahrhundert durch Friedenseide sich ausbildenden Adelsgruppen. Möglicherweise kam es dadurch über die Vasallität der jeweiligen Fürsten hinaus zu Prozessen der Nachbenennung. Allein durch vasallitische Bindungen ist die Verbreitung von Fürstennamen im französischen Südwesten wohl kaum zu erklären. Gerade in diesem Raum haben wir auch starke Nachbenennung nach dem neuen Typus der Adelsheiligen gefunden. Der heilige Gerald von Aurillac oder der heilige Wilhelm von Gellone gehörte ja hier in einem weiteren Verständnis zur regionalen Adelsgruppe dazu, die sich in der Schwureinung zu-

sammenschloß – als schon verstorbener Genosse der Adelskommu-
nität gleichsam, dessen Präsenz den Bund durch seine Heiligkeit
besonders weihte. Universalistische Prinzipien der Heiligennachbenennung könnten sich hier mit familistischen der Vasallität in genossenschaftlicher Erweiterung getroffen haben.[276] Die Verehrung
Geralds von Aurillac läßt sich in ihrer Wurzel durch den Autor
seiner Vita in die Klostergemeinschaft von Cluny hineinverfolgen.
Auch die Wilhelmsverehrung könnte von Cluny besonders gefördert worden sein. Herzog Wilhelm der Fromme, der die Abtei gegründet hatte, war ein Urenkel des namensgleichen Grafen von
Toulouse. In Guillaume d'Orange fließt das Bild dieser beiden großen Gestalten zusammen. Der Zusammenhang zwischen Cluny,
der Gottesfriedensbewegung sowie dem von den Cluniazensern propagierten Kult neuer Adelsheiliger könnte über die schon besprochenen Faktoren hinaus die enorme Verbreitung des Namens Wilhelm im Hoch- und Spätmittelalter erklären helfen.

Die Namen der neuen Adelsheiligen des 10. Jahrhunderts scheinen sich primär in aristokratischem Umfeld verbreitet zu haben.
Die Fürstennamen erreichten in starkem Maß auch die bäuerliche
Bevölkerung. Im abgelegenen Pyrenäendorf Montaillou findet sich
im frühen 14. Jahrhundert fast in jeder Familie ein Guillaume und
eine Guillaumette, ein Raimund und eine Raimunda, ein Bernard,
ein Arnald oder eine Alazaïs[277] – alles alte Fürstennamen, die wir
bis in karolingische Zeit zurückverfolgen können. Die Schwureinungen der Gottesfriedensbewegung haben hier im Südwesten des
französischen Raums, wie wir gesehen haben, schon im 11. Jahrhundert auch die bäuerliche Bevölkerung miterfaßt. Tendenzen des
ständischen Ausgleichs wurden durch sie in verschiedener Weise
gefördert. So kam es in ihrem Gefolge zur Freilassung unfreier Bauern und zur Gründung von Gemeinden freier Siedler.[278] Solche
Emanzipationsprozesse bewirkten auch unter der Landbevölkerung
mehr Unmittelbarkeit zu Fürsten, die in der Nachbenennung Ausdruck gefunden zu haben scheint.

Schwureinungen, die die Bauern mit einschließen, haben Fürsten-
nähe durch Ausweitung genossenschaftlicher Sozialformen zur Folge. Aber auch die Angleichung herrschaftlicher Sozialformen untereinander scheint zur Verbreitung von Fürstennamen im ländlichen
Raum beigetragen zu haben. Die aus dem vasallitischen Treueid
stammende Huldigung wurde im Lauf des Mittelalters zu einem
durchgängigen Merkmal vielfältiger Abhängigkeitsverhältnisse zu
Herrschaftsträgern, auch von solchen von Bauern zu Grundher-

ren.[279] Die «Holden» wie die bäuerlichen Untertanen mancherorts genannt wurden, hatten ihren adeligen Herren ebenso Huldigung zu leisten wie diese den ihren. Das Lehenswesen durchdrang in vielen Gebieten des ehemaligen Karolingerreichs die Gesamtheit der Sozialbeziehungen. So konnte sich auch die Nachbenennung nach Fürsten über Grundherrenfamilien auf die Namengebung der Bauern auswirken. Zu solchen Nachbenennungsprozessen der bäuerlichen Bevölkerung liegt noch wenig an Untersuchungen vor.[280] Mit hoher Wahrscheinlichkeit läßt sich jedoch sagen, daß vermittelte Formen eine Rolle spielten. Das ist aus dem Umstand zu schließen, daß seltenes Namengut von Grundherren- bzw. Gerichtsherrenfamilien im Spätmittelalter unter deren Untertanen vorkommt.[281] Übereinstimmungen bezüglich Fürstennamen werden sich so sicherlich durch stufenweise Nachbenennung erklären lassen. Daß es neben solchen vermittelten Formen der Nachbenennung auch unmittelbare gegeben haben kann, soll durch diese Feststellung nicht ausgeschlossen werden.

Huldigung ist die rechtsförmliche durch Eidschwur oder Gelübde vollzogene Anerkennungshandlung eines Untergebenen gegenüber seinem Herrn.[282] Der Huldigungseid verpflichtet den Abhängigen zu Treue und Gehorsam, er verpflichtet aber auch den Herrn zur Wahrung überkommener Rechte. Zu seinem Wesen gehört die Struktur der Reziprozität, und zwar auf allen sozialen Ebenen. Dieser Wechselseitigkeit der Bindung entspricht offenbar die Nachbenennungspraxis auf diesen verschiedenen Ebenen. Das wesentliche Moment der Bindung in solchen herrschaftlichen Sozialformen bildet der Treueid. Eide sind es aber auch, die zu genossenschaftlichen Sozialformen führen, in denen es zur Verbreitung von Fürstennamen kommt. So erweist sich der Eid letztlich als ein ganz wesentliches Moment in der Umwandlung gesellschaftlicher Ordnungen des Hochmittelalters. Durch ihn werden familiale Sozialformen erweitert und nachgebildet, aber auch überwunden und durch genossenschaftliche ersetzt. Die Nachbenennung nach Fürsten – so die hier vertretene These – folgt den Spuren dieses Transformationsprozesses.

Trifft diese These zu, so bedeutet der Prozeß des großen Namenschwunds weit mehr als eine oberflächliche Modeerscheinung. Er spiegelt dann in seiner Ausgangsphase der Fürstennachbenennung eine grundsätzliche Veränderung von Sozialbeziehungen. Das innerfamilial geübte Prinzip der Nachbenennung wird auf Sozialformen übertragen, die der Verwandtschaftsbindung nachgebildet sind.

Piero della Francesca, Votivbild des Sigismondo Malatesta in S. Francesco in Rimini 1451. Der Stifter kniet vor dem heiligen Sigismund, der in der Gestalt Kaiser Sigismunds dargestellt ist. Sigismondo Malatesta verbindet so die Verehrung seines Namenspatrons mit der Huldigung an den Kaiser, der durch den Ritterschlag seine usurpierte Herrschaft legitimiert hatte. Das spätmittelalterliche Identifikationsporträt, das den Namenspatron mit den Zügen eines nach ihm Benannten darstellt, ist Ausdruck der geglaubten Wesensübereinstimmung

Solche Sozialformen erfassen in ihren verschiedenen Varianten zunehmend die gesamte gesellschaftliche Ordnung. Die Verbreitung von Fürstennamen ist ein Indikator für das Vordringen solcher familistischer Formen. Sie erscheint zugleich auch als Ausdruck eines veränderten Verhältnisses von Fürsten zu den von ihnen abhängigen Bevölkerungsgruppen. Abhängigkeit bindet nun nicht einseitig. Sie hat wie Verwandtschaft bei allem Gefälle in der Beziehung stets ein Element wechselseitiger Verpflichtung. Im Verhältnis von Fürst und Ständen hat diese Bindungsform im Spätmittelalter dann einen markanten Ausdruck gefunden. Land- und Reichsstände stellen ein ganz besonderes Charakteristikum des europäischen Sonderwegs der Sozialentwicklung dar. Ihre Grundlagen sind in tiefgreifenden Veränderungen der Gesellschaftsstruktur im Hochmittelalter zu suchen. Das Prinzip der außerfamilialen Nachbenennung läßt Wurzeln dieser Entwicklung bis in karolingische Zeit zurückverfolgen.

Fürstennachbenennung hat es das ganze Mittelalter hindurch gegeben und sie wurde in der Neuzeit weiter praktiziert. Ein Siegmund des 15. und ein Maximilian des 16. Jahrhunderts ist in seiner Aussagekraft über Sozialbeziehungen aber etwas ganz anderes als ein Heinrich oder Konrad des 10. und 11. Jahrhunderts – ganz zu schweigen von einem österreichischen Ferdinand oder einem preußischen Wilhelm des 19. Jahrhunderts. Aus dieser Spätphase hat man das «Prinzip der dynastischen Hilfe» als Grundsatz der Namengebung konstruiert.[283] Gemeint ist die Wahl von Kindesnamen aus patriotischer Gesinnung. Die Mentalität mittelalterlicher Fürstennachbenennung kann man mit solchen aus ganz anderen Epochen gewonnenen Begriffen nicht erfassen. Kein noch so begeisterter Hohenzollernschwärmer hätte ganz bewußt zwei Söhnen den gleichen Königsnamen gegeben, wie es uns in unserem Ausgangsbeispiel bei den «Geroiani» begegnet ist. Durch Nachbenennung nach Königen am Königsheil in ähnlicher Weise Anteil zu haben, wie dessen leibliche Nachkommen – da steht eine ganz andere Vorstellungswelt dahinter. und diese Nähe zum Fürsten durch Namengleichheit scheint eine sehr starke Motivation gewesen zu sein – konnte sie sich doch so lange gegenüber der Nachbenennung nach Heiligen in der Namengebung behaupten.

Warum Heiligennamen?

Verstärkte Heiligenverehrung soll der Grund gewesen sein, daß es im Hochmittelalter zur Namengebung nach Heiligen und damit zur Reduzierung des Namenguts kam – das ist die übereinstimmende Meinung der namenkundlichen Literatur. «Die neue übervölkische Mode in der Namengebung, der die Zukunft auf Jahrhunderte gehören sollte, hatte ihren stärksten Grund in der Steigerung der Heiligenverehrung und damit in dem neuen religiösen Geist, der seit dem 12. Jahrhundert Gewalt über die Gläubigen gewann und der eine Voraussetzung war für das Entstehen der sogenannten ‹gotischen Welt›. Seit dem 12. Jahrhundert dehnte sich das Heiligenpatronat erheblich aus.»[284] So hat es Adolf Bach in seinem Standardwerk «Deutsche Namenkunde» formuliert und bis in die neuesten Publikationen finden sich ähnliche Standpunkte. Friedhelm Debus etwa faßt 1987 in seinem Kapitel «Mittelalterliche Reduzierung und Überfremdung» zusammen: «Vor dem Hintergrund der sich machtvoll entfaltenden Heiligenverehrung, des im Zusammenhang mit den Kreuzzügen entfachten Reliquienkultes und der Wirksamkeit zahlreicher Orden setzt sich die Benennung nach dem Vorbild der Heiligennamen durch.»[285] Daß Namengebung nach Heiligen mit Heiligenverehrung zu tun hat, wird niemand bestreiten. Aber wie kann eine «Steigerung», eine «erhebliche Ausdehnung» eine «machtvolle Entfaltung» eine so umwälzende und weitreichende Neuerung bewirkt haben? Heiligenverehrung gab es in der abendländischen Christenheit schon im Frühmittelalter sehr ausgeprägt und in vielfältigen Formen, gerade auch im Reliquienkult. Mit einer bloßen Verstärkung vorgegebener Denkweisen und Verhaltensmuster läßt es sich nicht erklären, daß im Frühmittelalter Heiligennamen eine Ausnahmeerscheinung darstellen, im Hoch- und Spätmittelalter hingegen die Namengebung beherrschen. Es muß eine qualitative Veränderung eingetreten sein, die Heiligenverehrung durch Nachbenennung für die Menschen sinnvoll und erstrebenswert machte. Die Verbindung mit dem Heiligen durch Namensgleichheit muß einen neuen Stellenwert bekommen haben. Es muß neue Vorstellungen darüber gegeben haben, wie Heil durch Heilige erreicht werden kann. Und dieses Denken über neue Heilswege durch Heiligennamen muß für die Menschen der Zeit existenziell sehr bedeutsam gewesen sein, sonst hätten sie wohl nicht die Werte zurückgestellt, die mit ihren bisherigen Formen der Namengebung verbunden waren. Und das waren keineswegs vorchristliche Werte, jedenfalls nicht nur solche. Wir haben gesehen, daß es ein breites Spektrum religiös motivierten Namenguts gab, innerhalb dessen sich aber letztlich doch die Namengebung nach Heiligen durchsetzte. Ganz bestimmte Heilige waren es, nach denen man immer häufiger seinen Kindern den Namen gab. Die Nachbenennung bezog keineswegs den ganzen Kreis der in Rom oder sonstwo im Raum der abendländischen Kirche bei ihren Reliquien verehrten Heiligen ein. Vielmehr waren es die großen Festtagsheiligen, die uns als älteste und wichtigste Gruppe der Heiligennachbenennung begegnet sind. So lohnt es, der Bedeutung des Festtags von Heiligen für die Namengebung oder allgemeiner den Vorstellungen über die Heilsbedeutsamkeit bestimmter heiliger Tage im Hochmittelalter nachzugehen.

Einen Einblick in die Mentalität jener Menschen, die damals diesen so tiefgreifenden und so nachhaltigen Umbruch in der europäischen Namengebung begonnen haben, vermittelt eine Stelle aus der Lebensgeschichte des nordfranzösischen Abts Guibert de Nogent (1053–1124).[286] Man hat Guiberts «De vita sua» als «die erste regelrechte Autobiographie des Mittelalters» bezeichnet.[287] Sie stellt jedenfalls ein ganz neuartiges Zeugnis der Introspektion und Selbstreflexion dar, das deshalb auch als Quelle der Psychohistorie zunehmend Beachtung findet.[288] Für eine Sozialgeschichte der Namengebung gehört die Einleitung der Lebensgeschichte zu den keineswegs allzu zahlreichen Berichten aus dieser Zeit, die uns – über die überlieferten Namen als Quelle hinaus – einen Einblick in Motivationen von Namengebung vermitteln, und das noch dazu in einer Weise, die Generalisierungen erlaubt.

«Gott, Vater und Herr... Du hast meinem armseligen Herzen Hoffnung oder einen Schein von Hoffnung eingegeben, indem Du mir gewährt hast, an einem Tag geboren und auch (aus der Taufe) wiedergeboren zu werden, der wohl der heiligste, der hervorragendste und von allen Christen am meisten herbeigesehnte ist. Meine Mutter hatte beinahe die ganze Fastenzeit über mit ungewöhnlichen Schmerzen im Kindbett gelegen – und oft hat sie mir diese Schmerzen vorgeworfen, als ich vom Weg abkam und bedenkliche Pfade ging. Endlich kam der Karsamstag, der Tag vor Ostern. Sie wurde von langdauernden Martern gequält, und wie ihre Stunde kam steigerten sich die Wehen. Als man nach dem natürlichen Verlauf hätte meinen können, ich käme heraus, wurde ich nur höher hinauf in ihren Leib gepreßt. Vater, Freunde und Verwandte waren über uns beide ganz tief betrübt, denn das Kind brachte die Mutter dem Tod nahe, und ebenso gab der drohende Tod des Kindes, dem der Ausgang versperrt war, für alle Anlaß zu Mitleid. Es war ein Tag, an dem außer dem einzigen Gottesdienst, den man zur festgesetzten Zeit feiert, gewöhnlich keine Messen für persönliche Anliegen gelesen werden. In der Not berät man sich, eilt gemeinsam zum Altar der Gottesmutter, bringt ihr – der einzigen, die gebar, und doch Jungfrau blieb – ein Gelübde dar und legt es anstelle eines Geschenkes auf den Altar der gnädigen Herrin. Wenn ein Junge geboren werden sollte, würde er Gott und ihr dienen und Kleriker werden; wenn es etwas Schlechteres würde, sollte das Mädchen in einen passenden Orden gebracht werden. – Gleich darauf kam ein schlaffes Etwas, beinahe eine Fehlgeburt zum Vorschein, und weil es endlich heraus war, freute man sich, einem so verächtlichen Wurm angemessen, bloß über die Entbindung der Mutter. Dieses neugeborene Menschlein war so winzig klein, daß es wie eine Frühgeburt aussah, so klein, daß damals, ungefähr Mitte April, das Schilfrohr, das in dieser Gegend besonders dünn wächst, neben die Finger gehalten dicker als sie erschien. Am selben Tag, als ich zum Taufbecken gebracht wurde, wog mich eine Frau von der einen Hand in die andere – man hat es mir als Knaben und als jungem Mann oft zum Spaß erzählt – und sagte: Glaubt ihr von dem da, es werde am Leben bleiben? Die Natur hat es fehlerhaft, fast ohne Glieder gemacht und ihm etwas gegeben, was eher wie ein Strich als wie ein Körper aussieht. – Das alles, o mein Schöpfer, waren die Vorzeichen des Zustands, in dem ich lebe ... Ich habe Dir gesagt gütigster Gott, daß Du mir Hoffnung bzw. ein kleines Zeichen von Hoffnung gegeben hast, durch den Tag der Geburt und der Wiedergeburt (durch die Taufe) sowie die Weihe an die Königin (Maria). O Herr und Gott, gewinne ich schon aus diesem Vorteil, den Du mir gegeben hast, wo doch der Tag der Geburt den erfolglos Lebenden nicht mehr bringt als der des Todes? Wenn es feststeht und unwiderlegbar ist, daß dem Tag der Geburt keine Verdienste vorausgehen können, so können sie es doch dem des Todes. Wenn man es nicht erreicht, sein Leben im Guten abzuschließen, dann – so bekenne ich – dann nützten die glorreichen Tage gar nichts, weder die der Geburt noch die des Todes. Wenn es aber wahr ist, daß «Er mich gemacht hat und nicht ich selbst» (Psalm 99,3), wenn ich den Tag nicht vorherbestimmt habe und nicht verdient habe, wie er vorherbestimmt wurde, so bietet dieser Tag – von Gott mir zugemessen – dann weder Hoffnung noch Ehre, wenn nicht – der Heiligkeit des Tages folgend – mein Leben das leistet, was durch den Tag vorgegeben ist. Dann kommt unser Geburtstag aus der Festqualität voll zum Leuchten, wenn er das Tugendstreben voll bestimmt und der ruhmreiche Anfang des Menschen zurecht gewährt erscheint, weil das Beharren in Gerechtigkeit das Ende heiligt. Würde ich Petrus oder Paulus gerufen oder Remigius oder Nikolaus genannt, dann würde mir, um mit dem Dichter zu sprechen (Vergil, Aeneis I, 288) «der Name des großen Julus» nichts nützen, es sei denn ich ahme eifrig das Beispiel jener nach, denen mich die Vorsehung bzw. das Glück namensgleich gemacht hat.»

Erst am Ende der ausführlichen Erzählung über seine schwierige Geburt kommt Guibert auf die Frage der Namengebung zu sprechen – und dann eher kursorisch und ohne Bezug auf den eigenen Namen.[289] Trotzdem erscheint der Gesamtzusammenhang des Berichts für das Verständnis wichtig. Die Geburtsgeschichte ist gerahmt von Ausführungen über die Bedeutung des Geburts- bzw. Tauftags. Die drastische Schilderung der Armseligkeit des Neugeborenen kontrastiert dabei deutlich zu den Ausführungen über die Heiligkeit des kirchlichen Festtags. So hoffnungslos die Zukunft des für nicht lebensfähig gehaltenen Kindes vom Leiblichen her erschien – die Geburt am Vorabend des Osterfests wird als Zeichen spiritueller Hoffnung gedeutet. Die Kraft des hochheiligen Tages, den Gott für die Geburt vorherbestimmt hat, gibt Nutzen für das Leben und, wenn man ihm entsprechend lebt, vor allem darüber hinaus.

Als einem hochgebildeten Theologen widerstrebt Guibert der Gedanke einer Vorherbestimmung durch den Termin der Geburt. Die Wiederaufnahme antiker Astrologie hatte gerade zu seiner Zeit solche Vorstellungen aktualisiert.[290] Die Heiligkeit des Geburtstags erscheint ihm – für sich genommen – noch keine Gewähr des Seelenheils. Die persönlichen Verdienste müssen hinzukommen. Die Heiligkeit des Geburtstags ist aber gleichsam ein Vorschuß auf besondere Heiligkeit, die man sich im Leben dann erwerben muß. Daß der von Gott vorherbestimmte Geburtstag eine besondere Gnade bedeutet – daran zweifelt er nicht. Für den heutigen Leser scheinbar abrupt wechselt er in diesen Überlegungen von heiligen Tagen zu heiligen Namen, die für ihn auch nicht per se heilsbedeutsam erscheinen, sondern erst durch persönliche Verdienste in Nachahmung des Vorbilds der Heiligen. Der Zusatz über die durch Vorsehung oder Glück beschiedene Namensgleichheit stellt den Zusammenhang her. Auch bei der Nachbenennung nach Heiligen ist letztlich die Heiligkeit bestimmter Geburtstermine gemeint. Für den zeitgenössischen Leser war es offenbar ganz klar, daß Guibert, wenn er nicht am Karsamstag sondern zu Peter und Paul, am Festtag des heiligen Remigius oder am Nikolaustag das Licht der Welt erblickt hätte, nach einem dieser Tagesheiligen nachbenannt worden wäre. Auch an einem solchen großen Heiligenfest geboren zu werden, beinhaltete eine Heilshoffnung, wie sie Guibert für sich in seiner Geburt am Vigiltag von Ostern gegeben sah. Die Bedeutung der Kraft des Tages kommt in seiner Lebensgeschichte noch ein zweites Mal vor, hier ausdrücklich auf ein Heiligenfest bezogen. Über die von seiner Mutter für ihn geplante Ausbildung schreibt er: «Schließlich bestimmte sie das Fest des heiligen Gregor, um mit dem Unterricht zu beginnen. Sie hatte gehört, daß dieser Dein Diener, o Herr, durch wunderbares Verständnis hervorragte und durch unendliche Weisheit gedieh. Deshalb bemühte sie sich, mit eifrigem Almosengeben den Beistand deines Bekenners zu gewinnen, damit er, dem du Einsicht geschenkt hattest, für mich Eifer bei der Aneignung von Verstand erwirke.»[291] Auch hier also das gleiche Motiv: Die Kraft des Tages bestimmt das an ihm Begonnene – bei der Ausbildung genauso wie beim Leben insgesamt. Zum Unterschied von der Geburt kann der Beginn des Studiums durch Tageswahl bestimmt werden. Der gewählte Spezialpatron ist an seinem Festtag in besonderer Weise wirksam. Sein Fest wird also für den Neubeginn ausgesucht. Erreicht man an diesem Tag seinen Beistand – durch Almosen etwa – so kann der Zögling seinem Patron durch die Ausbildung ähnlich werden. Durch den Tag des Beginns entsteht so eine spezielle Beziehung zwischen einem Menschen und dem betreffenden Tagesheiligen.

Um die durch den Namen zu einem Heiligen hergestellte Beziehung – zu Petrus, Paulus, Remigius oder Nikolaus etwa – in ihrer

Bedeutsamkeit zu illustrieren, zitiert Guibert Vergil. «Der Dichter», wie er im Mittelalter hieß, hatte Reich und Ruhm Julius Cäsars als Folge seines Namens interpretiert, den er von «Julus» ableitet, dem Beinamen, den dessen mythischer Ahnherr Ascanius in Latium nach seiner trojanischen Heimat erhalten haben soll. So mechanistisch wirksam wollte Guibert aber die Heilsvermittlung durch Nachbenennung nach einem mächtigen Geburtstagsheiligen auch wiederum nicht verstanden wissen. Eigene Verdienste in Nachahmung der heiligen Vorbildgesalt mußten für ihn hinzukommen. «Imitatio» als Sinn der Nachbenennung nach Heiligen, das war auch seit alters die offizielle kirchliche Auffassung. Der große Kirchenlehrer Johannes Chrysostomus hatte sich ausführlich dazu geäußert. Das Alltagsverständnis von der Wirkung von Heiligennamen sah freilich schon damals anders aus. Wenn sich im Westen im Hochmittelalter diese Nachbenennung nach Heiligen verstärkt findet, so wird sie im Volk wohl vielfach von ähnlich magischen Vorstellungen getragen gewesen sein wie seit alters im Osten, noch dazu wo es sich um Namengebung nach Geburtstagsheiligen handelt. Auch Guibert unternimmt ja eine theologisch riskante Gratwanderung, wenn er einesteils an die hoffnungsverleihende Heiligkeit eines von Gott zum Geburtstag bestimmten Festtags glaubt, andererseits aber die Notwendigkeit verdienstvoller Lebensführung «diei religionem prosequens» fordert.

Die Kraft heiliger Tage verbunden mit der Kraft heiliger Namen – das ist das für die Heiligennachbenennung wichtige Moment in den Ausführungen Abt Guiberts. Wir sind solchen Vorstellungen schon wiederholt begegnet: Festtagsgeheimnissen, deren Kraft auf Personen übergeht – sei es durch Übereinstimmung mit dem Tag der Geburt, sei es mit dem der Taufe als dem Tag der Wiedergeburt «dem Geiste nach» – im christlichen Verständnis das wichtigere Datum, Heilige, von denen an ihrem Festtag besondere Macht ausgeht, so daß der Satan und die Dämonen diese Tage besonders fürchten, Namengebung von Personen nach solchen Festtagsgeheimnissen bzw. Tagesheiligen ihres Geburts- oder Tauftags, um dem Nachbenannten solche Heilswirkungen zu vermitteln. In der byzantinischen Kirche finden sich Vorstellungen dieser Art jedenfalls nach dem Ausgang des Bilderstreits. Ihre Wurzeln reichen in der östlichen Christenheit jedoch viel weiter zurück – sowohl innerchristlich als auch im vorchristlichen Substrat. Schon im 4. Jahrhundert vor Christus ist bei den Griechen der Gedanke einer Wesensverwandtschaft von Menschen mit Göttern des gleichen Geburtstags gegeben. Im Westen fehlt eine vergleichbare Tradition. Guibert de Nogent ist ein früher Zeuge dafür, daß solche Vorstellungen nun auch hier Allgemeingut geworden sind.

Neben der allgemeinen Aussage Guibert de Nogents, die Namengebung nach dem Tagesheiligen als ein geläufiges Prinzip seiner Zeit erkennen läßt, gibt es noch einige aufschlußreiche Einzelbelege. Im Kloster Clairvaux lebte ein Zeitgenosse Guiberts, den seine Eltern Johannes genannt hatten, weil er am Tag Johannes des Täufers zur Welt gekommen war. Nach dem Zeugnis des Cäsarius von Heisterbach, der über ihn in seinem «Dialogus miraculorum» berichtet, war er ein eifriger Verehrer seines Namenspatrons.[292] Mit Clairvaux sind wir im Zentrum eines neugegründeten Ordens, der sich in kürzester Zeit über die ganze abendländische Christenheit verbreitete, zugleich in einer Kernzone der frühen Heiligennachbenennung. Zwei weitere Zeugnisse führen in extreme Randgebiete. 1106 ließ sich in Huesca der jüdische Konvertit Moses Sephardi taufen. Das Sakrament wurde am Peter- und Pauls-Tag gespendet. Als Pate fungierte König Alfons VI. von Kastilien. Moses Sephardi hieß nun Petrus Alfonsi, Petrus nach dem Patron seines Tauftags, Alfonsi patronymisch nach seinem «pater ex fonte».[293] Im äußersten Norden der westlichen Christenheit findet sich schon ein Jahrhundert zuvor ein Beleg.[294] 1007 wurde dem erst kürzlich christianisierten Schwedenkönig Olaf Schoßkönig ein Sohn geboren. Er kam am Festtag des Apostels Jakobus des Älteren zur Welt. Der Bischof gab ihm daher bei der Taufe den Namen Jakob. Die schwedischen Adeligen protestierten. Niemals noch habe ein Schwedenkönig Jakob geheißen. So erhielt der Königssohn den Namen Anund nach einem König aus der alten Ynglinga-Dynastie. Er führte beide Namen nebeneinander – sowohl den christlichen wie auch den traditionellen Königsnamen der eigenen Stammestradition. Die Situation war also in etwa vergleichbar mit der bei den frühen Rurikiden dieser Zeit, mit denen Jakob/Anund durch seine Schwester Ingegerd/Anna verschwägert war. Seine eigene Namengebung kann jedoch nicht aus ostkirchlichen Zusammenhängen erklärt werden. Die Christianisierung Schwedens ging eindeutig vom Westen aus und war römisch orientiert. Das in Byzanz bereits verbreitete Prinzip der Namengebung nach Geburts- oder Tauftagsheiligen war im frühen 11. Jahrhundert offenbar auch im Westen schon wohl vertraut.

Ältere Spuren einer Namengebung nach Tagesheiligen finden sich im Westen nicht im Zusammenhang mit Geburtstagen sondern mit

Weihetagen von Bischöfen. Der Weihetag des Bischofs ist auch ein Neubeginn, gleichsam der Tauftag, an dem er für sein neues Leben gesalbt wird.[295] Während man in Byzanz grundsätzlich Bischöfe am Sonntag als dem Tag des Herren weihte, wurden im Westen schon seit dem 7. Jahrhundert auch Heiligenfeste als Weihetage genützt.[296] Vereinzelt kam es dabei zu Namensänderungen. Eindeutig ist diesbezüglich der Fall des angelsächsischen Missionars Willibrord. Er wurde 695 kurz vor dem Fest des heiligen Clemens von Papst Sergius in Rom zum Bischof der Friesen geweiht und erhielt aus diesem Anlaß den Namen Clemens.[297] Ein anderer angelsächsischer Bischof wurde noch im 7. Jahrhundert nach seinem Weihetagspatron auf Benedikt umgetauft.[298] Die Namensänderung von Winfried zu Bonifatius steht zwar nicht mit dem Weihetag in Verbindung, erfolgte jedoch auch durch den Papst.[299] Der Brief, in dem sie ausgesprochen wird, stammt vom 15. Mai 719, dem Tag, nach dem man in Rom das Fest des Märtyrers Bonifatius feierte. Wie dem auch immer sei – der Fall von Willibrord/Clemens zeigt, daß Namengebung nach einem Heiligenfest im ausgehenden 7. Jahrhundert in Rom schon vorkam. Papst Sergius war freilich ein Grieche. Insgesamt stand Rom in der Zeit des Bilderstreits stark unter dem Einfluß bilderfreundlicher Flüchtlinge aus Byzanz. Mag sein, daß das auch zur Übertragung byzantinischer Bräuche der Heiligennachbenennung führte. Derselbe Papst Sergius, der 695 Willibrord nach dem Weihetag umbenannte, hatte 689 dem nach Rom gepilgerten König Ceadwalla von Wessex bei der Taufe den Namen Petrus gegeben, «damit er im Namen vereint sein möge mit dem meist gesegneten Fürsten der Apostel, zu dessen heiligstem Körper er gewallfahrtet war».[300] Ceadwalla/Petrus starb noch in den Taufkleidern und wurde beim Petrusgrab bestattet. Bei den Reliquien des Heiligen auf den Jüngsten Tag zu warten, das war seine Heilshoffnung. Die Namensänderung hingegen war offenbar der Beitrag des griechischen Papstes, dem über die physische Nähe zu den Reliquien hinaus die Nähe zum Heiligen durch den Namen eine Heilshoffnung bedeutete. Mit dem Tauftag hat die Namenswahl in diesem Fall nichts zu tun. Als Namensänderung eines Fürstennamens in einen Heiligennamen aus Anlaß der Taufe erscheint das Geschehen von 689 im Westen ein vereinzelter Ausnahmefall unter Sonderbedingungen. Auch hier ist offenbar der Einfluß byzantinischer Tradition zu bedenken.

Das Prinzip der Namengebung nach dem Heiligen des Geburts- oder Tauftags, wie es bei Guibert de Nogent erkennbar wird, scheint im Westen eine Neuerung des 11. und 12. Jahrhunderts gewesen zu sein.[301] Sein mentalitätsgeschichtlicher Hintergrund ist ein grundsätzlicher Wandel in der abendländischen Heiligenverehrung. Sehr vereinfachend läßt er sich auf die Formel bringen: Vom lokal wirkenden Reliquienheiligen zum universal wirkenden Tagesheiligen. Erst wenn eine andere Form der Heilswirksamkeit von Heiligen erreicht werden kann, als durch Nähe zu seinen sterblichen Überresten, erscheint die «Vereinigung im Namen» ein sinnvoller Weg, sich seiner Hilfe zu versichern. Im Abendland war das offenbar viel später der Fall als in Byzanz, wo das Bild neben die Reliquien getreten ist und eine «engelsgleiche Omnipräsenz» des Heiligen in seiner Wunderkraft vorstellbar wurde. Die Heiligennachbenennung setzt freilich auch im Westen nicht erst mit der Namengebung nach Geburts- und Tauftagsheiligen ein. Diese ist nur ein besonders markanter Ausdruck von neuen Beziehungsmöglichkeiten zu Heiligen. Und die Reliquien verloren durch die tagesbezogene Heiligenverehrung nicht an Bedeutung. Es handelt sich um einen sehr komplexen Prozeß der Erweiterung, nicht der Ablöse. Ein Beispiel soll das erläutern.

Propst Gerhoh von Reichersberg, ein etwa eine Generation jüngerer Zeitgenosse Guiberts de Nogent, schildert eine Begebenheit, die sich in dem seinem Stift nahegelegenen Kloster Formbach am Inn ereignet hatte.[302] Es handelte sich um einen Fall von Besessenheit. Eine von drei Dämonen geplagte Frau hatte an den Apostelgräbern in Rom und in Compostella sowie an anderen Wallfahrtsorten bei den Reliquien von Heiligen Heilung zu erlangen versucht. Nun kam sie nach Kloster Formbach, wo ein wenig bekannter Heiliger namens Wirnto begraben liegt. Der Abt des Klosters nahm sich ihrer an. Es war Juli. Das Fest der Heiligen Margarete stand bevor. Und an diesem Festtag wurde in Formbach auch des heiligen Wirnto gedacht. Nachdem es dem Abt gelungen war, zwei der drei Dämonen mit vielfach wiederholten Exorzismen auszutreiben, kündigte der dritte und hartnäckigste nun an: «Hac nocte Wirnto vester cum Margareta venturus est, tunc crucior, tunc abicior.» Und so geschah es auch: Als um Mitternacht das Margaretenoffizium gebetet wurde, verließ auch der dritte Dämon die Frau. Mit der Nennung ihres Namens in der heiligen Handlung wurde die große Heilige gegenwärtig. Was durch die Präsenz der Heiligen in ihren Reliquien nicht geglückt war – durch die Präsenz der Heiligen an ihrem Festtag gelang es, ein deutliches Beispiel für die Kraft der Tagesheiligen und die Bedeutsamkeit der Anrufung ihres Namens an ihrem Tag.

Der Prozeß der Erweiterung der hochmittelalterlichen Heiligenverehrung vom «Reliquienheiligen» zum «Festtagsheiligen» läßt sich anschaulich an verschiedenen Etappen der Verehrung persönlicher Patrone durch deutsche Könige verfolgen. König Arnulf von Kärnten (887–899) verehrte St. Emmeram von Regensburg als seinen persönlichen Schutzpatron.[303] Seine lebensgeschichtliche Beziehung zur bayerischen Hauptstadt und ihrem heiligen Bischof bildete offenbar die Grundlage. In der Nähe der Klosterkirche St. Emmeram errichtete er eine neue große Pfalz. Auf die Reliquien des Heiligen ließ er den Vasalleneid schwören. Der Heilige konnte ausnahmsweise auch abseits seiner Reliquien wirken. Bei einem Feldzug gegen die Mährer im Sommer 893 fühlte sich Arnulf durch eine Erscheinung des Heiligen aus drohender Lebensgefahr gerettet. Die Einnahme der Stadt Rom dankte er hingegen dem dort begrabenen heiligen Pankratius. Um diesen auch in Bayern verehren zu können, ließ er sich von Papst Formosus Reliquien schenken. Bezüglich seines Seelenheils vertraute er sich jedoch wieder voll dem heiligen Emmeram an. Um seinen Schutzpatron auf Erden auch im Himmel als Fürsprecher zu haben, ließ er sich nahe dessen Grab in der Klosterkirche St. Emmeram seine eigene letzte Ruhestätte vorbereiten.

Otto der Große (936–73) betrachtete den heiligen Mauritius als seinen persönlichen Patron. Die Mauritius-Verehrung der sächsischen Königsdynastie hängt mit der sogenannten «Mauritius-Lanze» zusammen, in die Nägel vom Kreuz Christi als Reliquie eingefügt waren. Diese «heilige Lanze», hatte Ottos Vater Heinrich 926 von König Rudolf von Burgund erworben. Sie galt seither als wichtigstes königliches Herrschaftszeichen.[304] Otto gründete zu Ehren des hl. Mauritius in Magdeburg 937 ein Kloster, für das er Reliquien des Heiligen und seiner Gefährten aus der Thebäischen Legion gewann.[305] Otto bestimmte das zur Bischofskirche aufgestiegene Kloster, neben dem er auch einen Pfalzbau errichten ließ, zu seiner Grablege. Der Mauritiuslanze bzw. der Hilfe des heiligen Mauritius schrieb der König auch seinen großen Ungarnsieg von 955 in der Schlacht auf dem Lechfeld zu. Diesen entscheidenden Sieg glaubte er jedoch, auch einem zweiten Heiligen zu verdanken, nämlich dem Tagesheiligen der Schlacht, dem heiligen Laurentius.[306] Auch dessen Verehrung wurde von ihm tatkräftig gefördert. Die Kraft des heiligen Gegenstands und die Kraft des Tagesheiligen stehen hier schon nebeneinander.

Was für Otto den Großen Magdeburg war, war für Heinrich III. (1039–56) Goslar. In Verbindung mit der neuen Pfalzanlage in der

Silberstadt am Harz errichtete er die Stiftskirche St. Simon und Juda.[307] Die beiden Apostel waren seine Geburtstagsheiligen. Er förderte ihren Kult nicht nur in Goslar. Viele auf Königsgut errichtete Kirchen dieser Zeit sind ihnen geweiht. Eine Namengebung nach den Geburtstagsheiligen wäre wohl 1017 für einen Herzogssohn, dessen Vater sich Hoffnungen auf die Königswürde machen konnte, noch nicht in Frage gekommen[308], genausowenig wie sie sich ein Jahrzehnt zuvor beim schwedischen Königssohn hatte durchsetzen können – die Vorstellung einer besonderen Beziehung zu den Tagesheiligen des Geburtstags erscheint jedoch hier schon voll entwickelt.

Sehr vielfältig sind die Gründe, die dazu führten, daß in der mittelalterlichen Heiligenverehrung die Bedeutung des Festtags immer mehr in den Vordergrund trat und damit die Vorstellung einer besonderen Wirksamkeit des Heiligen an seinem Tag. Besonders wesentlich erscheint in diesem Zusammenhang die Entwicklung der Heiligenmessen.[309] Die Heiligenmesse war ursprünglich an das Grab gebunden. Sie sollte einerseits Gott für den Heiligen Dank abstatten, andererseits dessen Fürbitte erflehen. Solange die Eucharistie zum Gedächtnis des Heiligen nur bei dessen jährlichem Gedenken und nur an dessen Grab stattfand, gab es bloß diese eine Heiligenmesse. Das war in merowingischer Zeit die Situation im Frankenreich. In karolingischer Zeit hingegen nahmen die Heiligenmessen stark zu. Als immer mehr Reliquienpartikel oder Berührungsreliquien verbreitet wurden und in den Altären einer einzigen Kirche gleich eine Mehrzahl von Reliquien deponiert wurde, konnte das zum Anlaß genommen werden, der Heiligen auch an ihren vervielfachten Reliquiengräbern zu gedenken. Dadurch steigerte sich die Zahl der Heiligenmessen erheblich. In dieselbe Richtung wirkte die Verbindung von Anliegenmesse und Heiligengedächtnis. Auch die Votivmessen nahmen seit karolingischer Zeit zu. Da die Heiligen als Fürsprecher bei Gott galten und ihre Fürbitten durch die zu ihren Ehren gefeierten Messen verfügbar gedacht wurden, vervielfachten sich dadurch erneut die Zahl der Heiligenmessen. Das Heiligengedächtnis löste sich mehr und mehr vom Grab bzw. von den Reliquien und wurde durch die spezifische Messe an dem Tag gefeiert, den das Martyrologium für sie vorsah. Im 9. und 10. Jahrhundert entstanden zunehmend vollständige Meßpropria für große Heiligenfeste. 960 etwa verfaßte Reginold von Eichstätt das Offizium für das neue Nikolausfest, wofür er mit der Bischofswürde belohnt wurde.[310] Was die liturgische Feier einer Heiligenmesse nach einem solchen spezifischen Meßformular in den Augen der Zeitgenossen bedeutete, haben wir am Beispiel der Dämonenaustreibung im Kloster Formbach gesehen: Mit der Nennung des Heiligennamens in der Vigil «kam» die Heilige und war in der Gemeinschaft der Feiernden präsent.

Das Nikolaus-Offizium Reginolds von Eichstätt ist ein anschauliches Beispiel, wie sich zu Ende des ersten Jahrtausends östliche und westliche Entwicklungsstränge der Heiligenverehrung miteinander vereinigten. Nikolaus war ein Heiliger, der in der byzantinischen Kirche für jene besondere Form der Heiligenverehrung steht, wie sie sich mit dem Ausgang des Bilderstreits durchgesetzt hatte. Er wirkte durch seinen Tag, vor dem der Teufel und die Dämonen in besonderer Weise erzitterten, er wirkte durch seine wundertätigen Bilder, nicht nur durch seine Reliquien, und er wirkte auch durch seinen Namen. Dieser Heiligentypus muß im Westen zur Zeit Reginolds von Eichstätt besondere Attraktivität gehabt haben, sonst hätte sich die Nikolaus-Verehrung nicht – wie auch die anderer byzantinischer Heiliger – damals in der abendländischen Kirche so rasch verbreitet. Auf ein Meßoffizium konnte man allerdings nicht zurückgreifen, als seine Verehrung aus dem Osten übernommen wurde. Das mußte erst geschrieben werden. Die Heiligenmesse westlichen Typs war in Byzanz unbekannt.

Wir haben unterschiedliche Positionen der Heiligenverehrung kennengelernt, wie sie im Kontext der Bilderfrage um 800 einander gegenüberstanden: Die von Karl dem Großen in Auftrag gegebenen «Libri Carolini» sahen die Heiligen bloß in ihren Reliquien wirksam, nicht über die Verehrung von Bildern, auch nicht wenn das Abbild durch den Namen mit dem Urbild verbunden war. Die in Byzanz mit dem Sieg der Bilderfreunde durchgesetzte Position wurde im Frankenreich abgelehnt. Rom, wo die bilderfreundliche Richtung unter dem Einfluß byzantinischer Flüchtlinge starken Einfluß gewonnen hatte, bezog eine Zwischenposition. Gegenüber der ausschließlich die Heilskraft der Reliquien gelten lassenden fränkischen Haltung war das Konzept der bilderfreundlichen Theologen des Ostens die abstraktere Form der Heiligenverehrung. Zur Jahrtausendwende hin erreichte auch der Westen eine abstraktere Form. Die vom Heiligengrab losgelöste Heiligenmesse mit ihrer Konzentration auf den jährlichen Gedenktag ist sicher als solche anzusprechen.

Auch wenn sich Ost- und Westkirche bis zum endgültigen Bruch von 1054 vor allem in der Kirchenverfassung immer stärker auseinanderentwickelten – bezüglich der Heiligenverehrung gab es gerade in dieser Zeit eine außerordentlich starke Beeinflussung des Westens durch Byzanz. Byzantinische Einflüsse waren in Italien überall dort wirksam, wo das Kaiserreich lange Außenpositionen hatte halten können. Rom selbst zählte im Frühmittelalter dazu. Im Süden und in den Resten des ehemaligen Exarchats von Ravenna mit Venedig als wichtigstem Verbindungsplatz gab es weiterhin solche Einflußzonen. Für die Heiligenverehrung viel wichtiger aber war die Erfahrung, die westliche Pilger durch ihre Wallfahrten zu den heiligen Stätten mit ostkirchlichen Kultformen machten. Nicht erst die Kreuzzüge führten zu solchen Kontakten, wie sie als Ursache für die Zunahme der Nachbenennung nach Heiligen immer wieder angeführt werden. Die Kreuzzüge wurden sehr wesentlich durch die intensivierte Jerusalem-Wallfahrt der vorausgehenden Zeit mitbedingt. Und die Pilger zogen seit dem 10. Jahrhundert, wie später die Kreuzfahrer, auf dem Landweg über Byzanz. Zu der erlebnishaften Erfahrung ostkirchlicher Heiligenverehrung kamen zunehmend auch theologische Einflüsse. Für die Revision der westlichen Haltung in der Bilderfrage wurde vor allem die Rezeption der Ikonentheologie des Pseudo-Dionysius Areopagita durch Abt Suger von Saint-Denis um die Mitte des 12. Jahrhunderts entscheidend. Gegen Ende des Jahrhunderts findet sich zunehmend bei lateinischen Autoren Johannes von Damaskus zitiert, auf dessen Schlüsselrolle für die Zusammenhänge von Heiligenbild und Heiligenname in Byzanz schon eingegangen wurde.[311]

Nach der Intensität der Kontakte hat sich der Einfluß byzantinischer Heiligenverehrung zeitlich und räumlich sehr unterschiedlich entwickelt. Wo immer er wirksam wurde, verstärkte er die im Westen schon vorhandenen Tendenzen zum Tagesheiligen – durch Vorstellungen über die Wirkkraft heiliger Tage, durch Vorstellungen über die Wirkraft heiliger Namen und damit von Heiligennamen, schließlich durch den Typus von Heiligen, deren Verehrung übernommen wurde. Der Reliquienheilige des Westens war im herkömmlichen Verständnis sozusagen ein «partikularistischer Generalist». Er war als Helfer in allen Nöten des Lebens gefragt, allerdings seiner eingeschränkten Erreichbarkeit entsprechend eher regional wirksam. Im Vergleich dazu könnte man den neuen aus dem Osten kommenden Heiligentypus als «universalen Spezialisten» bezeichnen. Wo immer man seinen Namen anrief, konnte er Hilfe gewähren. Dieser universalen Erreichbarkeit entsprechend kam es zwischen diesen Heiligen zu einer «Arbeitsteilung». In spezifischen

Anliegen galt die Fürbitte dieses oder jenes Heiligen als ganz besonders wirksam. Eine solche «universale Spezialistin» war etwa Katharina von Alexandrien. Sie hatte die Zusicherung himmlischer Erhörung, wo immer in der Welt sie von schwangeren Frauen in Geburtsnöten angerufen würde.[312] Als Geburtshelferin noch bedeutsamer war St. Margarete.[313] Auch die anderen aus Byzanz übernommenen «Nothelfer» gehörten zu diesem Typus der «universalen Spezialisten». Am Beispiel des heiligen Nikolaus sind wir seiner Genese nachgegangen. Solche östliche Heiligengestalten wirkten in ihren Verehrungsformen auf «bodenständige» Reliquienheilige zurück. Bei Guibert de Nogent steht neben dem byzantinischen Nikolaus der altfränkische Remigius. Auch er wirkt nun über seinen Tag und über seinen Namen.

Trotz solcher Übereinstimmungen in der Entwicklung zum Tagesheiligen gab es zwischen Ost- und Westkirche doch wesentliche Unterschiede, die die weitere Entwicklung der Heiligennachbenennung nachhaltig beeinflußt haben dürften. Hier wie dort wurde der Heilige durch die Nachbenennung als Fürbitter gewonnen. Wofür man seine Fürbitte am meisten benötigte – das war im Osten und im Westen sehr unterschiedlich. Als sich Vertreter der Griechen und der Lateiner im Spätmittelalter zu Unionsgesprächen trafen, mußte man feststellen, daß es über das Schicksal der Seele nach dem Tod ganz verschiedene Vorstellungen gab: Die Ostkirche kannte das Fegefeuer nicht.[314] Die «Geburt des Fegefeuers» in der abendländischen Christenheit war ein langwieriger Prozeß, dessen Ablauf im einzelnen umstritten ist, dessen eminente Bedeutung für das religiöse Leben, aber auch für soziale und wirtschaftliche Entwicklungen des Mittelalters jedoch außer Debatte steht.[315] In einem Brief Papst Gregors II. an Bonifatius von etwa 732, der im 12. Jahrhundert in das für die Entwicklung des kanonischen Rechtskorpus so wichtige «Decretum Gratiani» aufgenommen wurde, heißt es über die Möglichkeiten der Hilfe für Verstorbene: «Die Seelen der Verstorbenen können auf vier Arten erlöst werden: durch das Opfer der Priester (das Meßopfer), durch die Gebete der Heiligen, die Almosen Nahestehender und indem Verwandte des Verstorbenen fasten.[316] Die an erster Stelle genannte Hilfe, das Meßopfer für Tote, hat im Abendland wesentlich zu jener vielfältigen Differenzierung der Meßfeier beigetragen, in deren Kontext sich auch die Heiligenmesse entwickelt hat.[317] Die Multiplizierung der Meßfeiern führte auch zu einer Multiplizierung der Altäre, an denen sie zelebriert wurden – meist einem Heiligen geweiht.[318] Diese in karolingischer

Zeit einsetzende Entwicklung erreichte in den berühmten «Schach-
telmessen» von Cluny ihren Höhepunkt, in denen eine Meßfeier
nahtlos in die andere überging. In der Ostkirche gibt es dazu keine
Parallele. Es blieb beim einen Altar, der durch die Ikonenwand mit
ihrem statischen Heiligenprogramm abgeschirmt wurde, in dessen
Zusammenhang nur die jeweilige Tagesikone wechselte. Totenmesse wie Heiligenmesse waren unbekannt. Die Gebete der Heiligen – die zweite von Papst Gregor genannte Hilfe – konnte für die
Zeit nach dem Tod am besten dadurch gewonnen werden, daß man
sich schon zu Lebzeiten in besonderer Weise deren Schutz unter-
stellte. Das individuelle Heiligenpatronat und vor allem das Namenspatronat konnte diesen Schutz gewährleisten. Wir haben gesehen, wie sich die Kaiser Arnulf und Otto nahe den Reliquien ihres
Schutzpatrons begraben ließen. Bei Arnulf ist ausdrücklich von der
davon erwarteten späteren Fürbitte des Heiligen im Himmel die
Rede. Anders bei Heinrich III. Er fühlte sich schon durch seinen
Geburtstermin unter dem Schutz seiner persönlichen Patrone. Seine nach Geburtstagsheiligen benannten Zeitgenossen zeigen, daß
auch durch den Namen eine solche spezifische Beziehung hergestellt werden konnte. Nachbenennung nach Heiligen gewann so
durch die Entfaltung des Fegefeuerglaubens einen neuen Stellenwert. Man mußte sich bzw. seinen Kindern nicht nur für dieses
Leben, sondern auch für die Reinigungszeit danach starke Helfer
sichern. Wie Verwandte durch Fasten und Nahestehende durch Almosengeben Hilfe leisten konnten, so Heilige durch ihre Fürbitte.
Die Heilsökonomie ließ es ratsam erscheinen, sich ein Verhältnis
der Nähe bzw. der «Verwandtschaft» zu Heiligen zu sichern. Die
Nachbenennung nach Heiligen analog der Nachbenennung nach
Verwandten erschien ein taugliches Mittel dazu. Die unterschiedliche Heilsbedeutsamkeit himmlischer Helfer könnte dazu geführt
haben, daß sich die religiös motivierte Namengebung in der östlichen und westlichen Christenheit unterschiedlich entwickelte. Im
Osten hatte sich zwar die Nachbenennung nach Heiligen viel früher
durchgesetzt, anderes religiös motiviertes Namengut wie etwa
theophore Namen konnten sich jedoch über den Ausgang des Bilderstreits hinaus halten. Unser namenstatistisches Beispiel aus einer ostkirchlichen Region im ausgehenden Mittelalter hat zwar eine fast durchgehende Heiligennachbenennung gezeigt. Das Spektrum der Namenvorbilder war aber außerordentlich breit, der Prozeß der Namenkonzentration im Vergleich zum Westen geringer.
Im Westen hat sich die allgemeine Namengebung nach Heiligen

viel später durchgesetzt, dann aber hat sie anderes religiös motiviertes Namengut wie theophore und allgemein fromme rasch verdrängt. Innerhalb der Heiligennachbenennung ist es zu einer starken Konzentration auf einige wenige, besonders mächtig geglaubte Heilige gekommen.

Es spricht vieles dafür, daß dieser Prozeß der Namenkonzentration unter den Heiligennamen durch Erwartungen auf Fürbitte für das Leben nach dem Tod beeinflußt wurde. Die Darstellungen des Jüngsten Gerichts, wie sie sich seit romanischer Zeit über dem Hauptportal von Kirchen finden, zeigen zwei Heilige als Fürsprecher zur Rechten und Linken des richtenden Christus: Maria und Johannes den Täufer, die ersten Früchte von Gottes Erlösungswerk.[319] Maria hat in der Namengebung erst später als Johannes eine bedeutsame Rolle zu spielen begonnen, sich dann aber in der Nachbenennung ganz besonders durchgesetzt. Daß sie als Helferin in der Sterbestunde, als Fürbitterin für die armen Seelen bis hin zur Interzession beim Jüngsten Gericht die wichtigste himmlische Patronin war, steht außer Zweifel.[320] Die Nachbenennung nach Johannes dem Täufer, dem Täufer Christi und damit besonders wichtigem Vermittler der Taufgnade, hat auch andere weiter zurückreichende Wurzeln als die erhoffte Fürbitte nach dem Tode. Für diese Funktion kam ihm – wie die bildliche Darstellung anschaulich zeigt – eine analoge Bedeutung zu wie Maria. Jesus selbst hatte nach dem Matthäus-Evangelium (11.11) gesagt: «Unter allen Menschen hat es keinen Größeren gegeben als Johannes den Täufer.» Seine Fürsprache war dementsprechend im Himmel besonders einflußreich. Petrus, dessen Name in spätmittelalterlichen Quellen meist der zweithäufigste Männername nach Johannes ist, wird in der Regel mit den Schlüsseln zum Himmelreich abgebildet. Dieses Bild wurde im Mittelalter sehr handfest gedeutet. Schon auf der Synode von Whitby von 664 hatte der northumbrische König Oswiu geäußert[321]: «Petrus ist der Pförtner, dem ich nicht widersprechen will, damit nicht etwa, wenn ich an die Pforte des Himmelreichs komme, niemand da ist, der öffnet, weil derjenige sich abwendet, der erwiesenermaßen die Schlüssel hat.» In der «Vision Karls des Dikken», einer kurz nach 888 entstandenen politischen Schrift zugunsten der Thronansprüche Ludwigs «des Blinden», wird König Karl kurz vor seinem Tod in einem Traumgesicht an einen Straf- bzw. Reinigungsort geführt, wo er seinem Vater Ludwig und seinem Onkel Lothar begegnet.[322] Ludwig leidet in kochendem Wasser, «aber am kommenden Tag werde ich zu jenem anderen Becken gebracht, dessen Wasser kühl und erfrischend ist. Solches verdanke ich den Gebeten des heiligen Petrus und des heiligen Remigius, unter dessen Schirmherrschaft unsere königliche Familie bis heute regiert». Lothar war schon im Paradies. Auch er kündigte an, daß sein Bruder dank der Verdienste des heiligen Petrus und des heiligen Remigius bald aus der «Region der Sühnung» erlöst werden würde. Die Vision Karls hat Dante für seine Schilderung des Purgatoriums vorgelegen. Vor dem Dynastiepatron Remigius als speziellem Fürbitter zur Erlösung aus dem Fegefeuer tritt hier Petrus als allgemeiner in Erscheinung. In der «Vision des Thurchill» aus dem frühen 13. Jahrhundert findet sich unter verschiedenen Reinigungsorten ein Purgatorium, dem der heilige Nikolaus vorsteht.[323] Als Führer durch das Fegefeuer findet sich der heilige Nikolaus schon Ende des 11. Jahrhunderts in einem Gebet St. Anselms.[324] Das war sicher kein östliches Konzept, sondern eine spezifisch abendländische Weiterentwicklung der Nikolausverehrung. Bei einer für das Seelenheil so wichtigen Funktion, war es wesentlich, seinen Beistand zu gewinnen. Als Seelenbegleiter wurde auch der heilige Christophorus verehrt – ebenso ein ostkirchlicher Heiliger, den man im Westen dann zu den 14 Nothelfern zählte.[325] Er galt auch als Patron gegen einen jähen und unbußfertigen Tod. Um eine gute Sterbestunde hat man ferner die heilige Barbara angerufen, deren Kult ebenso aus der Ostkirche kam.[326] Aber auch alte westliche «Reliquienheilige» konnten in ähnliche Funktionen hineinwachsen. Die heilige Gertrud von Nivelles wurde als Seelenbegleiterin verehrt.[327] In Köln haben wir ihren Namen schon im 13. Jahrhundert als häufigsten Frauennamen gefunden. Der Erzmärtyrer Stephanus, der «den Himmel offen sah», oder der Prophet Elias können zum Typus der «Himmelserschließer» gerechnet werden. Im französischen Südwesten wurde im Unterschied zu anderen Gestalten des Alten Bundes nach Elias im 12. Jahrhundert zunehmend nachbenannt. Nachbenennung und Hilfe im Jenseits scheinen in Zusammenhang zu stehen. Spezielle Schutzfunktionen, die Heilige nach dem Glauben der Zeitgenossen der Seele im Tod, auf dem Weg durch die Reinigungsorte bis hin vor Gottes Richterstuhl zuteil werden ließen, können ihre Sonderstellung in der Namengebung erklären. Daß kirchlicher Rang des Festtags, bevorzugter Platz in Heiligenlitaneien oder Zugehörigkeit zu einer besonders verehrten Gruppe von Heiligen allein dafür keinen Schlüssel bietet, konnte wohl ausreichend belegt werden.

Durch die Verbindung mit dem Fegefeuerglauben hat sich die Heiligenverehrung in der Westkirche qualitativ verändert – im Vergleich zur eigenen Tradition, aber auch im Vergleich zur Ostkirche. Es war etwas grundsätzlich anderes, wenn man durch den Gewinn der Fürbitten von Heiligen auch das Leben im Jenseits beeinflussen konnte, nicht nur im Diesseits. Die besondere Dynamik der Heiligenverehrung im Westen ist auf diesem Hintergrund zu sehen. Sie findet markanten und anschaulichen Ausdruck in der grundlegenden Umgestaltung des Kalenderwesens zur Berechnung nach Heiligentagen – einer Leitlinie, die den Weg der Durchsetzung des Konzepts des Tagesheiligen verfolgen läßt.[328] Ein solcher Umbruch im Zeitbewußtsein setzt nicht nur eine gesteigerte, sondern eine qualitativ neue Bedeutung der Heiligenverehrung voraus. Das Konzept des Tagesheiligen wurde jedoch nicht nur jenseitsorientiert weiterentwickelt. Die «universalen Spezialisten» des Ostens gewannen im Westen auch für die Gestaltung des Diesseits zunehmend Bedeutung. Spezialpatronate konnten sich hier erst ausbilden, als man über das Konzept des bloß am Ort seiner Reliquien wirkenden Wundertäters hinausging. Für die Nöte des Diesseits benötigte man im Westen die Heiligen genauso, im Krankheitsfall oder in Kindbettnöten. Solche Gefährdungen wurden durch Dämonen bewirkt gedacht und der Kampf gegen Dämonen war weiterhin eine der wichtigsten Aufgaben der Heiligen. In der orientalischen Vorstellungswelt kam dabei seit alters dem Namen des Heiligen besondere Wirkkraft zu. Das hat zur Nachbenennung nach Heiligen geführt, die – über Byzanz vermittelt, im Hochmittelalter auch im Abendland als Weg der Heilsgewinnung gesehen wurde. Sie war wie in Byzanz auch hier sehr stark an Diesseitshilfe orientiert. Die Geburtshelferin Margarete ist dafür ein gutes Beispiel. Ihr Name hat sich von denen östlicher Heiliger besonders früh und besonders stark auch im Westen verbreitet.

Der Glaube an die Kraft der Heiligenfürbitte im Diesseits und vor allem im Jenseits sowie die Vorstellung, daß der Name in diesem Heilsvermittlungsprozeß wesentlich ist, waren die Voraussetzungen für die starke Verbreitung der Heiligennachbenennung seit dem Hochmittelalter. Es ging also primär um die interzessorische Funktion der Heiligen. Aber auch deren Vorbildfunktion muß in der Namengebung eine Rolle gespielt haben. Guibert de Nogent stellt sie – theologisch richtig – in den Vordergrund, wohl nicht ganz im Einklang mit den realen Motivationen seiner Zeitgenossen. Mehr die Vorbildhaftigkeit als Erwartungen in die Kraft der Fürbitte mag bei den neuen Adelsheiligen des 11. Jahrhunderts die Nachbenennung motiviert haben. Ein Gerald von Aurillac konnte sich seiner interzessorischen Macht nach sicher nicht mit großen Festtagsheiligen messen. Trotzdem wurde im französischen Süden sein Name häufiger gegeben als der mancher Apostel. Durch die Vorbildwirkung zu erklären ist die Nachbenennung nach Gestalten des Alten Bundes, die ja auch abkommt, als die Interzession in der religiös motivierten Namengebung an Bedeutung gewinnt. Als Fürbitter kamen solche Gestalten nicht in gleicher Weise in Frage wie die Heiligen. Sie waren ja noch vor der Erlösungstat Christi gestorben und wurden dementsprechend – jedenfalls im Westen – mit wenigen Ausnahmen nicht als Heilige verehrt.[329] Eine stark auf sie bezogene Namengebung haben wir im Bereich der iroschottischen Kirchen gefunden – einer religiösen Kultur, der bei ausgeprägter Heiligenverehrung Heiligenfeste und Heiligeninterzession lange fremd blieb. Trotzdem wurde auch hier nach Heiligen nachbenannt. Das geschah freilich nicht durch unmittelbare Weitergabe von deren Name, sondern durch zusammengesetzte Formen, in denen ein Dienstverhältnis zum Ausdruck kommt. Die Mael-Namen, die auf den Dienst des Tonsurierten Bezug nahmen, bildeten den Ausgangspunkt. Mit Gilla- und Gwas-, «Geisel» und «Vasall», komponierte Formen folgten. Dem klösterlichen Ausgangspunkt dieser Namengebung entsprechend handelte es sich primär um Klerikernamen, die die besondere Position in einer vom Abstammungsdenken beherrschten Klangesellschaft markierten. Die irische Mission hatte das Christentum im Fränkischen Reich stark beeinflußt und damit wohl auch die religiös motivierte Namengebung. Aus dieser Tradition ist mit Vorstellungen zu rechnen, daß Nachbenennung nach einem Heiligen über dessen Vorbildhaftigkeit hinaus eine Beziehung des Dienstes zu ihm bewirkt, zugleich aber auch eine Lösung aus Sippenbindungen. Einem in der Namengebung zum Ausdruck gebrachten Verpflichtungsverhältnis gegenüber dem Heiligen, das Kirchendienst zur Folge hatte, sind wir auch im Umfeld des heiligen Ambrosius von Mailand begegnet, der erstmals das römisch-rechtliche Patronatsmodell in die Heiligenverehrung einbezieht. Es gab also im Westen verschiedene ältere und von Byzanz unabhängige Traditionen der Heiligennachbenennung vor deren allgemeiner Verbreitung seit dem Hochmittelalter. Sie erscheinen für den Umbruch der Namengebung deshalb von besonderem Interesse, weil sie durch ihren Bezug zum geistlichen Stand familienstrukturelle Voraussetzungen dieses Veränderungsprozesses ins Spiel bringen.

Immer wieder wurde die Beobachtung gemacht, daß unter Trägern religiös motivierter Namen, insbesondere von Heiligennamen, im Frühmittelalter und bis weit ins Hochmittelalter hinein Kleriker überrepräsentiert sind.[330] Das bedeutet zweierlei: Die Bestimmung für den geistlichen Stand war vielfach schon zum Zeitpunkt der Namengebung festgelegt und diese Bestimmung wurde durch religiös motivierte Namen, zunehmend Heiligennamen, zum Ausdruck gebracht. Ersteres findet sich auch in der Geschichte Guiberts de Nogent. Das noch ungeborene Kind wird durch ein Gelübde dem geistlichen Stand versprochen, falls die schwierige Geburt zu einem guten Ende führt. Das Gelübde leistet die Familie – da eine Votivmesse zu diesem Anlaß am Karsamstag nicht möglich ist, «anstelle eines Geschenkes auf den Altar der gnädigen Herrin». Man sucht also in der nahen Kirche einen Marienaltar auf. Als einzige «die gebar und doch Jungfrau blieb», erscheint Maria als Fürbitterin in Geburtsnöten zuständig. Weihe des Kindes an die Heilige und Bestimmung für den geistlichen Stand gehören hier zusammen. Wäre es «etwas Schlechteres» geworden, so hätte das Mädchen vielleicht den Namen Maria erhalten. Für einen Knaben kam damals Maria als Name nicht in Frage. Und auch zu Ehren Mariens gegebene Männernamen dürften noch eher der Ausnahmefall gewesen sein.[331] So wurde in diesem Fall der zweite Schritt nicht getan: Die durch Gelübde festgelegte Bestimmung für den geistlichen Stand fand nicht in einem Heiligennamen Ausdruck.

Das Motiv von Gelübde, Heiligennachbenennung und Kirchendienst hat in der Westkirche eine weit zurückreichende Tradition. Ambrosius von Mailand erzählt von der Witwe Juliana, die ihren Sohn Laurentius daran erinnert, daß er vom Vater dem Heiligen zum Kirchendienst versprochen wurde.[332] Solche Gelübde begründeten eine Sonderbeziehung des Nachbenannten zum Heiligen und zugleich auch zu kirchlichen Gemeinschaften, die letztlich eine Herauslösung aus der Familienbeziehung bedeutete. Früh verließen ja solche zum Kirchendienst bestimmte Kinder die Familiengemeinschaft und wurden einer geistlichen Gemeinschaft übergeben, an die sie wiederum durch Gelübde gebunden waren. Am Beispiel Gottschalks des Sachsen hat uns das Schicksal eines von den Eltern entsprechend einem Gelübde dem Kirchendienst übergebenen Adelssohnes beschäftigt.[333] In seinem Fall hatte noch ein theophorer Name die Bindung an die Kirche zum Ausdruck gebracht. Im Falle eines durch Nachbenennung bekräftigten Gelübdes an einen Heiligen ist die von den Eltern für das Kind eingegangene Bindung besonders stark. Gelübde wie Eide begründeten über die Familie hinausgehende und mit ihr konkurrierende Sozialbeziehungen.

Aber auch ohne Gelübde konnte die Namengebung nach einem Heiligen Bestimmung für den geistlichen Stand und damit Lockerung bzw. Lösung von Familienbindungen bedeuten. Nachbenennung nach Heiligen stand somit mit familienbezogener Nachbenennung nach Vorfahren zunächst in einem gewissen Konkurrenzverhältnis. Das gilt über Heiligennamen hinaus auch für andere spezifisch religiös motivierte Namen. Wenn im Hochmittelalter zunehmend Laien Heiligennamen bzw. «heilige Namen» tragen, die früher für ein geistliches Lebensprogramm standen, so dürfte auch die Fixierung auf ein solches Lebensprogramm durch die Eltern damals an Bedeutung verloren haben. Spätestens im 12. Jahrhundert trat die Praxis der Oblation von Kindern an eine Klostergemeinschaft stark zurück. Der Zisterzienserorden etwa legte 1134 die Altersgrenze von 15 Jahren für den Ordensbeitritt fest.[334] Mit dem Bedeutungsverlust der Oblation von Neugeborenen verlor auch die Namengebung ihre Bedeutsamkeit als Weichenstellung zwischen geistlicher und weltlicher Laufbahn. Im Frühmittelalter hingegen dürfte die Rolle von Heiligennamen bzw. anderen religiös geprägten Namen als Klerikernamen ein Hindernis dafür dargestellt haben, daß solche Namen in die innerfamiliale Nachbenennung eingegangen sind.[335]

Ihre Öffnung für die Namengebung von Laien und ihre Verbindung mit innerfamilialer Nachbenennung sind ein wesentlicher Grund dafür, daß sich Heiligennamen in ganz Europa so stark durchgesetzt und so dauerhaft erhalten haben – in vielen Regionen weit über die Zeit hinaus, in der ein unmittelbarer Bezug zum Heiligen noch eine Rolle spielte. Innerfamiliale Nachbenennung orientiert sich primär an Verwandten. Aber auch die Nachbenennung nach Paten – gleichgültig ob blutsverwandt oder nicht – ist hier einzuordnen. Wir haben am Beispiel Englands gesehen, in welch hohem Ausmaß durch Patenbeziehungen traditionelles Namengut weitergegeben und erhalten wurde. In Regionen, in denen durch die Reformation die Heiligenverehrung zurückgegangen ist oder überhaupt jede Bedeutung für die Namengebung verloren hat, muß die Bewahrung mittelalterlicher Heiligennamen primär über innerfamiliale Nachbenennung erklärt werden. In katholischen oder orthodoxen Gebieten ist es bei Heiligennamen schwieriger zu entscheiden, ob unmittelbar nach dem Heiligen oder nach einem gleichnamigen Verwandten nachbenannt wurde. Es ist dies ja auch nicht notwendig eine Alternative. Namen haben oft mehrere Bedeutsamkeiten zugleich. Heiligennamen können sich auf Ahnen und Heilige in einem beziehen. Daß nur der Heilige allein gemeint sein kann –

dafür gibt es ein klares Indiz: die Namengebung nach dem Kalenderheiligen des Geburts- oder Tauftags.

Der Brauch, nach dem Kalenderheiligen zu taufen, hat sich quer
durch Europa in vielen Regionen bis in neuere Zeit herauf erhalten.
Für den Bereich der orthodoxen Kirchen, wo diese Tradition viel
weiter zurückreicht, gibt es Belege etwa für Griechenland, für Ru-
mänien und die Ukraine.[336] Auch das hier analysierte «Pomianyk
von Horodišče» aus dem ausgehenden Mittelalter dürfte in der
Struktur seines Namenguts stark dadurch bestimmt sein. Im spätmittelalterlichen Florenz scheint der Tauftag für die Namenswahl
wichtiger gewesen zu sein als der Geburtstag.[337] Der am Vorabend
des Martinsfests geborene Martin Luther ist ein klassischer Beleg
für diese damals so verbreitete Sitte aus nördlicheren Regionen. Für
Mitteleuropa nennt Bach folgende Gebiete, in denen man den Kalenderheiligen als «besonders schutzkräftig» wählte. Tirol, Kärnten,
Mähren, den Böhmerwald, das bayrische Lechraingebiet und Ba-
den.[338] Für Tirol liegen diesbezüglich genauere statistische Analysen vor.[339] In Matrei am Brenner wurden 1594–1591 33% der Taufnamen nach dem Tagesheiligen gewählt, in Hippach 1602–1632
über 38%. In Axams fielen 1731 bis 1740 bei zwei Drittel der erfaßten Personen Tauftag und Namenstag zusammen bzw. lagen nahe
beieinander, zwischen 1781 und 1791 waren es noch immer mehr
als die Hälfte. Der Brauch bedeutete also nie, daß alle Kinder nach
diesem Prinzip benannt wurden. Eine Mischung mit Ahnennachbenennung war durchaus möglich. Für das 19. Jahrhundert wird das
für Tirol als üblich referiert[340]: «Den ersten Buben nennt man gewöhnlich nach dem Vater, den zweiten nach dem Großvater, die
Mädeln nach Mutter und Großmutter. Für die späteren Kinder
wählt man die Namen von Bekannten und großen Heiligen, vor
allem einen Hans, einen Josef, eine Maria und eine Anna, wenn
nicht bereits die Erstgeborenen so heißen. Die Stubaier sagen: Chru-
sta (Christian), Mucha (Michael) und Honsa (Hans) sind die drei
stärksten Namen. Doch darf man nie zurücktaufen, d.h. keinen
Namen wählen, dessen Jahrestag im Kalender schon vorüber ist,
wohl aber den ‹Heiligen mitnehmen›, d.h. dem Kind jenen Namen
geben, der für den Tauftag im Kalender steht. Häufig wird auch der
Name des Gevatters und der Gevatterin erkoren.» Die unmittelbare
Heiligennachbenennung erscheint hier vor allem bei den jüngeren
Kindern praktiziert, während die älteren «vererbte Namen» erhalten. Es ist dies dieselbe Situation, wie sie das eingangs wiedergege-
bene Zitat einer Salzburger Bergbäuerin aus dem frühen 20. Jahr-

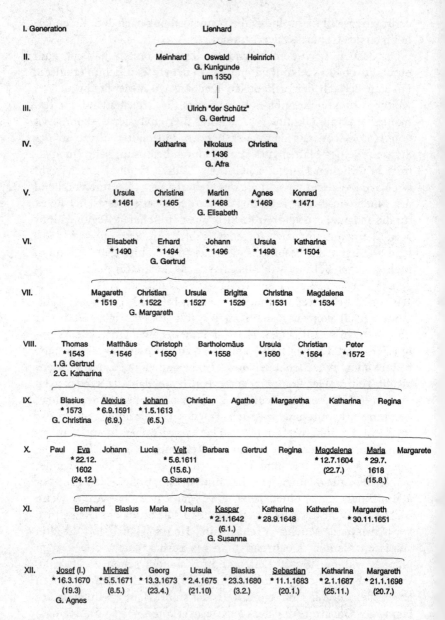

I. Generation   Lienhard

II.   Meinhard   Oswald   Heinrich
                                        G. Kunigunde
                                        um 1350

III.   Ulrich "der Schütz"
                                G. Gertrud

IV.   Katharina   Nikolaus   Christina
                                    * 1436
                                    G. Afra

V.   Ursula   Christina   Martin   Agnes   Konrad
            * 1461   * 1465   * 1468   * 1469   * 1471
                                   G. Elisabeth

VI.   Elisabeth   Erhard   Johann   Ursula   Katharina
            * 1490   * 1494   * 1496   * 1498   * 1504
                       G. Gertrud

VII.   Magareth   Christian   Ursula   Brigitta   Christina   Magdalena
        * 1519   * 1522   * 1527   * 1529   * 1531   * 1534
                   G. Margareth

VIII.   Thomas   Matthäus   Christoph   Bartholomäus   Ursula   Christian   Peter
        * 1543   * 1546   * 1550   * 1558   * 1560   * 1564   * 1572
        1.G. Gertrud
        2.G. Katharina

IX.   Blasius   Alexius   Johann   Christian   Agathe   Margaretha   Katharina   Regina
        * 1573   * 6.9.1591   * 1.5.1613
        G. Christina (6.9.)   (6.5.)

X.   Paul Eva   Johann   Lucia   Veit   Barbara   Gertrud   Regina   Magdalena   Maria   Margarete
           * 22.12.   * 5.6.1611   * 12.7.1604 * 29.7.
           1602   (15.6.)   (22.7.)   1618
           (24.12.)   G.Susanne   (15.8.)

XI.   Bernhard   Blasius   Maria   Ursula   Kaspar   Katharina   Katharina   Margareth
                                               * 2.1.1642 * 28.9.1648   * 30.11.1651
                                               (6.1.)
                                               G. Susanna

XII.   Josef (I.)   Michael   Georg   Ursula   Blasius   Sebastian   Katharina   Margareth
       * 16.3.1670   * 5.5.1671 * 13.3.1673 * 2.4.1675 * 23.3.1680 * 11.1.1683 * 2.1.1687 * 21.1.1698
       (19.3)   (8.5.)   (23.4.)   (21.10)   (3.2.)   (20.1.)   (25.11.)   (20.7.)
       G. Agnes

Tafel 19: Die Tschurtschenthaler am Tschurtschental-Hof.
Pfarre Sexten (Südtirol)

XII. Generation

Josef (I.)
* 16.3.1670
(19.3)
G. Agnes

XIII.

Margareth	Maria	Agnes	Susanna	Josef (II.)	Agnes Maria
* 28.2.1698	* 12.10.1700	* 27.10.1703	* 19.9.1705	* 26.1.1708	* 7.2.1713
(8.12.)	(21.1.)	(11.8.)	(19.3.)	(19.3.)	(21.1.,25.3.)
				G. Brigitta	

XIV.

Franz	Christina	Maria	Josef (III.)	Maria	Agnes	Maria	Kaspar Ruprecht	Christian Ruprecht
* 13.10.	* 11.10.	* 30.12.	*13.2.1732	* 1.2.	* 4.7.	* 5.8.	* 16.8.1742	* 12.4.1745
1725	1727	1729	(19.3)	1734	1736	1741	(6.1.,24.9)	(24.9)
(4.10)		(2.2)	G. Gertrud	(2.2)	(21.1.)	(15.8)		

XV.

Ursula Margarete	Maria	Elisabeth	Anna	Gertrud	Andreas Josef	Anna Agnes	Josef (IV.) Christian	Christian	Barbara	Katharina	Theresia
* 19.3.	* 12.4.	* 13.10.	* 6.1.	* 13.9.	* 12.7.	* 15.6.	* 2.1.	* 29.11.	* 16.5.	* 29.3.	* 14.5.
1758	1759	1760	1762	1763	1765	1766	1769	1779	1773	1778	1776
(21.10., 20.7)	(15.8.)	(19.11.)	(26.7.)	(17.3.)	(30.11., 19.3.)	(26.7., 21.1.)	(19.3.) G. Rosa		(4.12.)	(25.11.)	(15.10.)

XVI.

Maria Margareta	Josef	Josef (V.)	Johann Alois	Ursula	Anna	Martin
* 2.1.1791	* 15.7.1793	* 25.12.1794	* 21.6.1799	* 24.10.1801	* 27.1.1804	* 27.10.1807
(2.2.)	(19.3.)	(19.3.)	(24.6.,21.6)	(21.10)	(26.7.)	(11.11.)
	+ 1794	G. Elisabeth				

XVII.

Josef (VI.)	Johann	Anton	Elisabeth	Franz	Elisabeth	Maria Kreszenz	Peter Paul	Maria
* 14.6.1821	* 25.8.1822	* 15.2.1824	* 27.6.1825	* 18.9.1826	* 7.7.1828	* 30.3.1830	* 12.6.1831	* 29.3.1833
(19.3.)	(28.8.)	(13.6.)	(19.11.)	(4.10.)	(19.11.)	(5.4.)	(29.6.)	(26.3.)
G. Gertrud			+ 1825					

XVIII.

Gertrud	Josef (VII.)	Alois	Anton	Maria	Franz	Ludwig	Johann	Gertrud
* 13.11.1858	* 2.11.1859	* 25.8.1861	* 12.6.1864	* 14.3.1866	* 4.12.1867	* 2.2.1864	* 3.7.1872	* 5.4.1874
(17.3.)	(19.3.)	(21.6.)	(13.6.)	(25.3.)	(4.10.)	(25.8.)	(28.8.)	(17.3.)
	G. Anna							

XIX.

Josef (VIII.)	Maria	Johann	Anna	Ludwig	Elisabeth	Gertrud	Elisabeth Maria
* 15.2.1890	* 15.4.1891	* 2.8.1892	* 4.10.1894	* 8.4.1896	* 7.2.1898	* 16.2.1900	* 8.12.1903
(19.3.)	(15.8.)	(28.8.)	(26.7.)	(25.8.)	(19.11.)	(17.3.)	(8.12.)
gef. 1918				G. Elisabeth			

XX.

Elisabeth	Josef (IX.)
* 15.9.1925	15.8.1927
(19.11.)	(19.3.)

Tafel 19: Die Tschurtschenthaler am Tschurtschental-Hof.
Pfarre Sexten (Südtirol) (Fortsetzung)

hundert referiert. Namengebung nach «großen Heiligen» und nach Kalenderheiligen wird im Bericht aus Tirol in einem behandelt. Auch nach dem Kalender wird offenbar nur nach solchen «großen Heiligen» getauft, die man vom Geburtstag ausgehend «mitnehmen» kann. Die «Kraft des Tages» muß unmittelbar wirksam sein. Durch «Zurücktaufen» würde man sie verfehlen. Bei den «großen Heiligen» geht es um «starke Namen». Bei den Stubaiern ist damals die mittelalterliche Vorstellungswelt, daß die Kraft des Heiligen in seinem Namen enthalten ist, offenbar noch ganz aktuell. Von den drei «stärksten Namen» ist nur einer der eines Heiligen im eigentlichen Wortsinn, nämlich Johannes. Engel wie Michael wurden zu dieser Zeit allerdings schon längst als «Heilige» verstanden. Aber Christian besaß seine Stärke sicherlich nicht als Heiligenname sondern als «heiliger Name». Er enthält den Christus-Namen und ist damit theophor. In diesem abgelegenen Alpental hat sich also die uralte Verbindung von «heiligen Namen» und Heiligennamen bis in neueste Zeit erhalten.

Für Tirol kann das Weiterwirken der kalenderbezogenen Namengebung großflächig noch für die dreißiger Jahre des 20. Jahrhunderts rekonstruiert werden. In Nordtirol wurde bei einer diesbezüglichen volkskundlichen Umfrage aus 40 Gemeinden mit «nein», aus 32 mit «selten» und nur aus 9 mit «ja» geantwortet. Aus Südtirol hingegen kamen auf 24 «nein», 3 «selten» und 17 «ja». Diese positiven Antworten kamen fast nur aus dem Pustertal. Im anschließenden Osttirol standen 6 positiven 4 negative Antworten gegenüber.[341] Am Beispiel einer Bergbauernfamilie aus dem Pustertaler Grenzgebiet zwischen Süd- und Osttirol soll der Praxis der Nachbenennung nach dem Tagesheiligen im Kontext der Namengebung insgesamt seit dem Spätmittelalter nachgegangen werden. Es handelt sich um die Familie Tschurtschenthaler, die sich seit dem 14. Jahrhundert auf dem 1660 m hoch gelegenen Tschurtschenthal-Hof in der Pfarre Sexten nachweisen läßt (Tafel 19).[342] Eine im 18. Jahrhundert auf der Grundlage alter Dokumente verfaßte Familienchronik, ergänzt durch grundherrschaftliche Aufzeichnungen aus dem Stift Innichen, ermöglicht eine so weit zurückreichende Rekonstruktion – ein einmaliger Fall von quellenmäßig bezeugter Kontinuität. Die Frage der Namengebung nach Tagesheiligen läßt sich freilich erst ab dem Einsetzen der Taufmatriken der Pfarre Sexten im 17. Jahrhundert untersuchen. Den Geburtsterminen werden in der Stammtafel jeweils die Festtage der Namenspatrone gegenübergestellt.[343]

Zwanzig Generationen umfaßt der Stammbaum des auf dem Tschurtschenthal-Hof ansässigen Bergbauerngeschlechts. Er gibt im Längsschnitt Einblick in den Wandel alteuropäischer Namengebungspraxis über mehr als sechs Jahrhunderte. In den ersten Generationen ist die Nachbenennung nach Heiligen noch gar nicht voll durchgesetzt. Alte Fürstennamen finden sich – Heinrich und Konrad, und vor allem Meinhard, der auf die Grafen von Görz verweist. Bis ins ausgehende Mittelalter gehörte die Südtiroler Pfarre Sexten zur «Vorderen Grafschaft Görz». Meinhard war der alte Leitname der Görzer. Auch Heinrich kam bei ihnen vor. Der Diffussionsprozeß von Fürstennamen wird in letzten Ausläufern in der Familie noch faßbar. Ob sie hier schon als Vorfahrennamen weitergegeben wurden, läßt sich nicht mehr feststellen. Alle Nennungen sind einmalig. Auf eine ausgeprägte Nachbenennung nach Vorfahren deutet allerdings in den folgenden Generationen nichts hin. Heiligennamen beherrschen das Feld. Und sie werden lange nicht an Kinder und Enkelkinder weitergegeben. Das ist das Überraschende an diesem großen Überblick über die Namengebungspraxis einer traditionsbewußten Bauernfamilie: Die Nachbenennung nach Vorfahren tritt erst relativ spät in Erscheinung. Jene Mischung, in der Heiligennamen zu Ahnennamen werden, ist hier erst ein junges Phänomen. Bis ins ausgehende 18. Jahrhundert wurden offenbar – mit wenigen Ausnahmen – Heiligennamen nicht aufgrund eines überlagernden Verwandtschaftsbezugs gegeben.

Jener Brauch, den der wissenschaftliche Beobachter des Tiroler Volkslebens um 1900 festgehalten hat: «Den ersten Buben nennt man nach dem Vater, den zweiten nach dem Großvater, die Mädeln nach der Mutter und Großmutter» – jener Brauch kann für die Tschurtschenthaler kaum vor dem 19. Jahrhundert gegolten haben. Vor dem 18. fehlt fast jeder Ansatz dazu. Sicher – die Namengebung des Hoferben nach dem Vater wurde seit 1708 ziemlich konsequent durchgehalten. Nur in der 14. Generation erhielt der ältere Sohn – am Vortag des Franziskusfests geboren – den Namen des Heiligen. War er für den geistlichen Stand bestimmt und erst der zweite Sohn als Hoferbe vorgesehen? In der 15. Generation, wo der Vatersname zunächst beim ältesten Sohn nur als Zweitname aufscheint, wird er gleich bei der Geburt des nächsten Sohnes noch einmal in einem Doppelnamen verankert. Als in der Folgegeneration der erste Sohn Josef als Kleinkind verstarb, wurde beim zweiten sofort nachgetauft. In der 19. Generation unterbrach der Erste Weltkrieg die direkte Ältestenfolge. Der übernehmende jüngere Bruder gab seinem ersten Sohn wiederum den Namen Josef. Hier war er dann nicht Vaters – sondern Großvatersname. In erster Linie war er stets der Name, der dem Hofbesitzer zukam.

«Den zweiten nach dem Großvater» fällt dort weg, wo schon der Vater den Vatersnamen erhalten hat. Man kann eine solche Formulierung dann nur auf den mütterlichen Großvater beziehen. Die Namen der mütterlichen Großväter hat uns die Familiengeschichte der Tschurtschenthaler nicht überliefert. Aus dem Umstand, daß zweite Söhne auch in neuerer Zeit nach Tagesheiligen benannt wurden, läßt sich jedoch indirekt erschließen, daß in dieser Position der Geschwisterreihe jedenfalls nicht konsequent nach dem mütterlichen Großvater nachbenannt wurde. «Den Zweiten nach dem Großvater» trifft in unserer Genealogie nur in der 11. Generation um die Mitte des 16. Jahrhunderts zu. Dort heißt jedoch der erste nicht nach dem Vater.

«Die Mädeln nach der Mutter und Großmutter» trifft im 19. Jahrhundert bei den Tschurtschenthaler durchaus zu. Von der 17. Generation an erhielt mit einer Ausnahme analog zu den Söhnen – jeweils die älteste Tochter den Mutternamen. Daß es sich hier damals um ein Prinzip handelte, zeigt wiederum das rasche Nachtaufen, als eine Älteste früh verstarb. Überraschend erscheint, daß in der 18. Generation ohne einen solchen Todesfall der Muttername ein zweites Mal vergeben wurde. Oder handelte es sich um den einer gleichnamigen Patin? Auch Großmutternachbenennungen kommen vor, aber nach keinem System in der Geschwisterabfolge. Überraschend erscheint, daß in dieser Familie die Namengebung einer Enkelin nach der Großmutter früher und stärker entwickelt war als die eines Enkels nach dem Großvater. Wir begegnen solchen Nachbenennungen in der 9., 10., 12. und 14. Generation, allerdings auch nicht auf eine bestimmte Position in der Geschwisterreihe bezogen. Ebenso überrascht es, daß in älterer Zeit eher Namensgleichheit zwischen Tante und Nichte bestand als zwischen Mutter und Tochter bzw. Großmutter und Enkelin. Man wird das nicht als Ausdruck einer besonderen Tantenbeziehung deuten dürfen, wohl überhaupt nicht als innerfamiliale Nachbenennung, zu der ein Gegenstück zwischen Onkeln und Neffen auch fehlt. Es ist eher daran zu denken, daß man bestimmte Heiligennamen wie Margarete und Katharina unbedingt in der Familie vertreten haben wollte und solche begehrte Heiligennamen waren auf der Frauenseite rarer als bei den Männern. Unter den vierzehn Nothelfern stand es 3 zu 11.

Die Nothelfer sind es, die in unserer Familie in älterer Zeit die Namengebung sehr stark dominieren: Leonhard beim Ahnherren, dann Nikolaus, Katharina, Margarete, Christoph, Blasius und Veit. Auch Oswald wurde im bayerisch-österreichischen Raum gelegentlich zu dieser Gruppe gezählt. In der frühen Neuzeit treten diese Namen allmählich zurück. Daß Veit noch 1611 aufgegriffen wurde, hat wohl auch mit seiner Stellung als Pfarrpatron von Sexten zu tun. Die Pfarrkirche war zwar Peter und Paul geweiht, der Nebenpatron Veit genoß jedoch hohe Verehrung. Als der Ortsname Sexten italianisiert wurde, wählte man nach ihm den Namen San Vito.[344] Das Nebenpatronat der Pfarre hatte aber wohl nur Verstärkereffekt. Kirchenpatrone spielen in der Namengebung der Familie, wie das auch sonst beobachtet werden kann, eine minimale Rolle.

Als eine kurzfristig überlagernde zweite Welle von Heiligennamen kann vielleicht bei einem Versuch typisierender Zusammenfassung die Namengebung der achten Generation gedeutet werden. Mit Thomas, Matthäus, Bartholomäus und Petrus treten hier gleich vier Apostelnamen nebeneinander auf. Nach Aposteln wurde in der Familie früher nicht nachbenannt. Zu den vier Apostelnamen kommt der auf Christus selbst bezogene theophore Christian hinzu. Drei Generationen hintereinander begegnet dieser Name, einmal neben Christina. Die Femininform dieses «starken» Namens war schon früher in der Familie üblich. Wir sind im Reformationszeitalter. Haben strengere Auffassungen über Heiligenverehrung auch unseren entlegenen Bergbauernhof erreicht? Apostelfeste zu feiern, war gut katholisch, ebenso aber auch gut lutherisch. Ein Nachklang dieser Apostelnachbenennungen ist in den späteren Generationen nicht mehr zu finden.

Im Zeitalter der Gegenreformation wird die Namengebung in unserer Familie stark marianisch gefärbt. In der 10. Generation tritt erstmals der Name Maria bei einer jüngeren Tochter auf, in der 13. begegnet er in einer Geschwisterreihe zweimal, das zweite Mal zum Doppelnamen kombiniert, in der 14. gar dreimal und ohne jeden differenzierenden Zweitnamen. Bei allen drei Töchtern ging es offenbar um eine direkte Bezugnahme auf die Gottesmutter, nicht um eine Ehrung zweier gleichnamiger Patinnen oder Verwandter. Das zeigt der Zusammenhang zwischen den Geburtstagen der Kinder und zeitlich nahen Marienfesten. Die Namengebung einer am Vorabend von Maria Lichtmeß geborenen Tochter erscheint in diesem Zusammenhang eindeutig. Aber auch bei ihrer jüngeren Schwester, die zehn Tage vor Maria Himmelfahrt zur Welt kam, scheint die

Kraft dieses großen Festtags «mitgenommen» worden zu sein. In diesen Tagen stand keine andere große Heilige auf dem Festkalender. Relativ spät setzt in unserer Familie die Annenverehrung ein. Nachbenennungen nach der Mutter Mariens waren schon im Spätmittelalter sehr häufig. Die Fürbitte der nur in apokryphen Schriften belegten Großmutter Jesu als besonders wirkkräftig zu erklären, war theologisch schwierig.[345] Erst als sich mit dem Glauben an die erbsündenfreie Empfängnis Mariens durch ihre Mutter Anna das Konzept der Vorauserlösung hatte durchsetzen können, ließ sich Anna in die Schar der Heiligen einbeziehen. Sie galt in besonderer Weise als Helferin der Sterbenden, weil man glaubte, daß Jesus bei seiner Großmutter in der Sterbestunde zugegen war.[346] Diese Vorstellung ging später auch auf den Nährvater Josef über. Jesus in der Sterbestunde gegenwärtig zu haben – das bedeutete für Menschen des Spätmittelalters Heilsgewißheit. Als Sterbepatron hat Josef dann auch ganz besondere Verehrung gefunden.[347] Es ist also sicher keine neue Familienkonzeption, die sich in einer Namengebung nach Angehörigen der «heiligen Familie» spiegelt. Die Aufnahme von Josef unter die für die Erlangung der ewigen Seligkeit so wichtigen Heiligen hat der Nachbenennung nach ihm einen unerhörten Aufschwung verliehen. Kein anderer Heiligenname hat in der Geschichte der europäischen Namengebung so rasch die Nachbenennung so stark beeinflußt. Dieses in katholischen Ländern allgemein beobachtbare Phänomen läßt sich auch in unserem Stammbaum feststellen. Seit einmal im ausgehenden 17. Jahrhundert ein ältester Sohn drei Tage vor dem Josefsfest zur Welt kam, wurde an diesem neuen «starken Namen» durch acht Generationen kontinuierlich festgehalten. Es war wohl zuerst der begehrte Heiligenname, den man unbedingt in der Familie haben wollte. Erst sekundär ergab sich die Verbindung von Name und Hoffolge. Man wird dieses Prinzip der «starken Namen», die man zum Schutz der Familie – nicht nur des Individuums – als besonders wichtig ansah, als Name von Erstgeborenen allgemein mehr berücksichtigen müssen.[348] Die Optik des Zusammenhangs von Namengebung und Erbschaft, die aus solchen Genealogien entsteht, muß keineswegs der primären Motivation der namengebenden Zeitgenossen entsprochen haben. Auch vermeintlich eindeutige Vater- und Mutternachbenennung kann im Ursprung aus dem Bemühen um Sicherung besonders heilskräftiger Namen für die Familie zu erklären sein.

Gegenreformatorisch im Ursprung, in der Namengebung unserer Familie aber erst später faßbar ist eine vierte Gruppe von Heiligen-

namen: die der großen Ordensheiligen. Anders als vor ihnen Bene-
diktiner oder Zisterzienser haben die Franziskaner den Namen ihres
Gründers – gleichsam ihres spirituellen Ahnherren – auch außerhalb der Klostermauern verbreitet – ebenso die anderer großer Heiliger ihres Ordens. Die Jesuiten sind ihnen in der Gegenreformation
darin gefolgt. In den Tiroler Gebirgstälern waren es vor allem die
von den Minderbrüdern herkommenden Kapuziner, die mit der Erneuerung des alten Glaubens auch Heiligenverehrung und Heiligennamen propagierten. Der 1725 am Vortag des Franziskusfests geborene und nach dem großen Ordensgründer nachbenannte Tschurtschenthaler-Sohn verdankt sicher seinen Namen solchen Einflüssen. Der Name kehrt in der Familie noch zweimal wieder, aber
höchstens in der 18. Generation durch innerfamiliale Nachbenennung. Der zweite große Franziskanerheilige, Antonius von Padua,
findet sich ebenso vertreten – in der 18. Generation wiederum ziemlich eindeutig durch die Geburt am Vortag des Heiligenfests bedingt, obwohl ein gleichnamiger Onkel an innerfamiliale Nachbenennung denken ließe. Eine relativ «junge» Franziskaner-Heilige
dürfte bei der 1830 geborenen Maria Kreszentia Namenspatronin
geworden sein. Aufgrund der Nähe des Gedächtnistags ist hier an
die erst 1744 verstorbene Kreszentia Höß, eine Franziskanerinnen-
Tertiarin aus Kaufbeuren, zu denken, die im tirolisch-bayerischen
Raum die Namengebung deutlich beeinflußt hat.[349] In der Pfarre
Sexten könnte allerdings ebenso die als Amme des heiligen Knaben
Vitus, des Nebenpatrons der Pfarre, am selben Tag mit dem großen
Nothelfer verehrte Heilige gemeint sein.[350] Ein Laienbruder des
Franziskanerordens war auch der als heilig verehrte Alexius von
Tamsweg, der 1529 durch die Türken den Märtyrertod erlitten hatte.[351] Der 1591 genau an dessen Festtag geborene Alexius Tschurtschenthaler könnte nach ihm benannt worden sein, obwohl auch
hier ein in der Gegend verehrter altchristlicher Heiliger für die Namengebung in Frage kommt – freilich ebenso ohne zeitliche Nähe
zum Geburtstag.[352] Zu den «jungen Heiligen», deren Kult von den
gegenreformatorischen Orden propagiert wurde, gehört schließlich
der Jesuit Aloisius von Gonzaga, nach dem zwei Tschurtschenthaler hießen – einer wiederum aufgrund der Nähe von Geburts- und
Festtag.

Von den im Nordtiroler Stubai-Tal für die drei «stärksten Namen» gehaltenen spielen bloß zwei in unserer Familie ziemlich
durchgehend eine Rolle. Michael begegnet nur ein einziges Mal,
wahrscheinlich wegen der zeitlichen Nähe des Geburtstermins zum

zweiten Festtag des Erzengels im Mai. Johannes findet sich von der 5. bis zur 18. Generation immer wieder. Zeitweise wurde er aber offenbar durch die «Stärke» von Josef zurückgedrängt. Die Nähe von Geburtstag und Heiligenfest läßt vermuten, daß in einem Fall nicht nach Johannes dem Täufer sondern nach Johannes dem Evangelisten nachbenannt wurde.[353] Die «Stärke des Namens» war aber dann wohl ebenso gegeben. Der theophore Namen Christian ist der einzige der in dieser Familie auch in der Femininform auftritt. In dieser läßt er sich sogar weiter zurückverfolgen als in der männlichen. Das zweimalige Nebeneinander von Christian und Christina in einer Geschwisterreihe deutet an, daß der Name auch hier als besonders «stark» empfunden wurde. Er wurde freilich hier schon im 18. Jahrhundert zugunsten der eigentlichen Heiligennamen aufgegeben.

Neben den in zeitlicher Abfolge wechselnden und den kontinuierlich gegebenen Heiligennamentypen soll auch auf jene eingegangen werden, die nur schwach vertreten sind oder überhaupt fehlen. Zu nennen sind in diesem Zusammenhang vor allem die Kirchenpatrone. Nach den Pfarrpatronen Petrus und Paulus bzw. Vitus wurde nur dreimal nachbenannt – in zwei Fällen deutlich aufgrund der Nähe des Festtags und, wie schon erwähnt, wohl nur durch das Patrozinium verstärkt. Gänzlich fehlt in der Namengebung Candidus, der Patron des benachbarten Klosters Innichen, dessen hochverehrte Reliquien dort seit dem 8. Jahrhundert ruhen. Er schützte «sein Haus» durch seinen heiligen Körper, nicht die in der Umgebung lebenden Menschen durch seinen Namen. Zu den «starken Namen» zählte jedenfalls der des Reliquienheiligen Candidus hier nicht. Dasselbe gilt für Korbinian, den zweiten Patron von Innichen, der auf das Freisinger Bistum als Eigenkirchenherrn des Klosters verweist. Auch er ist einer jener «Reliquienheiligen», die durch ihren Körper wirken, nicht durch ihren Festtag und ihren Namen. Auch Albuin und Ingenuin, die Patrone der Brixener Domkirche, zu deren Diözese Sexten gehört, sind in der Namengebung nicht präsent. Das Phänomen des fehlenden oder minimalen Einflusses von Kirchenpatronen auf das Namenspatronat wurde häufig beobachtet, aber nicht zu erklären versucht.[354] Die Lösung liegt wohl in unterschiedlichen Vorstellungen über die Wirksamkeit von Heiligen. Die Heiligung des Ortes durch Reliquien und abgeleitet davon durch Kirchweihe war auch der lateinischen Kirche seit früher Zeit bekannt. Die Heiligung von Personen durch heilige Zeiten und heilige Namen ist etwas völlig anderes, das man sich im Abendland bis ins Hochmittelalter so nicht vorstellen konnte. In der Struktur des Namenguts aufgrund von Heiligennachbenennung wirken solche unterschiedlichen Traditionsstränge sehr lange nach.

Das Prinzip der Nachbenennung nach Kalenderheiligen kann aus konkreten Beispielen in der Namengebung einer Familie anschaulicher werden als in abstrakter Formulierung. Wie lange man etwa einen Heiligen noch «mitnehmen» konnte, zeigt sich in der Gegenüberstellung von Geburts- und Festtagen. In Ausnahmefällen lagen bis zu 17 und 18 Tagen dazwischen. Hatte man auf dem abgelegenen Bergbauernhof mit der Taufe von Kindern so lange gewartet? Die beiden Hochfeste Maria Himmelfahrt und Peter und Paul könnten in den beiden Extremfällen ein Anlaß dazu gewesen sein. Ob man über den Tauftag hinaus noch «mitnehmen» konnte, scheint fraglich. Aber man mußte jedenfalls nicht den Geburtstagsheiligen selbst oder den Patron des folgenden Tages wählen. Die Kraft der «starken Heiligen» hielt länger an. Sie waren gleichsam «Monatsregenten», als die sie in mittelalterlichen Monatsbildern auch dargestellt werden. Wichtiger als solche Monatsbilder waren für die kalenderbezogene Namengebung im bäuerlichen Milieu die Kalenderdarstellungen – die «Manderlkalender», mit ihren symbolhaft reduzierten Figuren, von denen mehrere für jeden Monat aufgenommen wurden. Gerade aus dem Südtiroler Raum sind solche Kalender seit dem Spätmittelalter überliefert.[355]

Die Namengebung nach Kalenderheiligen war in der Familie Tschurtschenthaler am stärksten in der Zeit, aus der wir die ersten Nachrichten über Geburtstermine haben. In der 9. und 10. Generation, für die solche Informationen erstmals vorliegen, sind alle Kinder, für die wir sie besitzen, nach diesem Prinzip benannt. Die Vermutung liegt nahe, daß auch in den vorangehenden Generationen die Namenswahl zumeist so erfolgte. Durch innerfamiliale Nachbenennung läßt sich jedenfalls keiner der damals gegebenen Heiligennamen erklären. In dieser Bergbauernfamilie reicht die Tradition der Namengebung nach Kalenderheiligen höchstwahrscheinlich wirklich von der Periode der Durchsetzung der Heiligennamen im Spätmittelalter bis ins 20. Jahrhundert.

Die Tradition reicht so weit – aber hatte der Brauch über diese lange Zeit auch seinen ursprünglichen Sinn erhalten? Als 1903 die jüngste Tochter der Bauersleute am Tschurtschenthal-Hof gerade am hohen Marienfest Maria Empfängnis zur Welt kam, gab man ihr noch Maria als Zweitnamen. Die Heiligennachbenennung war da-

– *Südtiroler Holzkalender aus der Zeit 1526–44, Monatsbilder Jänner bis März. Von den Festtagen von Heiligen, deren Namen in der Familie Tschurtschenthaler vergeben wurden, sind durch Symbole oder Figuren gekennzeichnet: 6. 1.: Dreikönig (Kaspar), 8. 1.: St. Erhard, 20. 1.: St. Sebastian, 3. 2.: St. Blasius, 5. 2.: St. Agatha, 17. 3.: St. Gertrud*

mals gegenüber der innerfamilialen schon stark zurückgetreten. Bedeutete die fromme Dulderin Kreszentia Höß aus Augsburg, als sie Namenspatronin einer Tschurtschenthaler-Tochter wurde, noch mehr als ein Tugendvorbild? Glaubte man damals noch wie im Mittelalter, daß das ewige Seelenheil von der Wahl des richtigen Namen abhängen könnte? Andere Quellentypen müßten herangezogen werden, um herauszufinden, welche Erwartungen und Motive Eltern jeweils veranlaßten, ihre Kinder nach bestimmten Heiligen zu benennen.

Daß das Verlassen des Bergbauernmilieus sehr rasch zur Aufgabe heimatlicher Traditionen der Namengebung führte, zeigen die Namen jener Familienzweige der Tschurtschenthaler, die abwanderten. Ein Sohn Christoph Tschurtschenthalers aus der 8. Generation brachte es in Oberösterreich zu Stand und Ehren.[356] 1625 wurde er

– *Südtiroler Holzkalender aus der Zeit 1526–44, Monatsbilder April bis Juni. Von den Festtagen von Heiligen, deren Namen in der Familie Tschurtschenthaler vergeben wurden, sind durch Symbole oder Figuren gekennzeichnet: 24. April: St. Georg, 6. Mai: St. Johannes «vor der Pforten», 15. Juni: St. Veit, 24. 6.: St. Johannes der Täufer, 29. 6.: St. Peter und Paul*

als Salzweseneinnehmer in Gmunden von Kaiser Ferdinand in den Adelsstand erhoben. Während er seinen am 21. 6. 1600 geborenen ältesten Sohn aus erster Ehe in Hinblick auf das kommende Johannes-Fest Hans und Christoph mit dem zweiten Namen taufen ließ, gab er seinem ersten Sohn nach der Adelserhebung ohne Bezug zu einem Festtag den beziehungsvollen Namen Johann Ehrenreich. So hieß auch dessen Ältester, der Truchseß des Erzbischofs von Salzburg wurde. Wohl im Gedenken des 1653 verstorbenen Erzbischofs Paris Lodron gab dieser seinem Erstgeborenen den Namen Johann Paris. Der «starke» Heiligenname Johannes wurde beibehalten, aber nicht mehr nach Geburts- und Festtagszusammenhängen, sondern in adeliger Manier als Ahnennamen. Stets ist er mit einem Zweitnamen verbunden, bei dem ein religiöser Bezug nicht mehr wichtig gewesen zu sein scheint.

– Südtiroler Holzkalender aus der Zeit 1526–44, Monatsbilder Juli bis September. Von den Festtagen von Heiligen, deren Namen in der Familie Tschurtschenthaler vergeben wurden, sind durch Symbole oder Figuren gekennzeichnet: 4. 7. St. Ulrich, 12. 7.: St. Margareta, 22. 7.: St. Magdalena, 5. 8.: St. Oswald, 15. 8.: Maria Himmelfahrt, 24. 8.: St. Bartholomäus, 21. 9. St. Matthäus

In den zwanziger Jahren des 19. Jahrhunderts machte ein Tschurtschenthaler aus Sexten als Handelsangestellter in der Stadt Bruneck Karriere.[357] Er wurde Kaufmann, mehrfacher Hausbesitzer und Bürgermeister. Seinen Ältesten nannte er noch schlicht Josef, freilich ohne Bezug zum Kalenderfest. Bei den folgenden Kindern wird deutlich eine Neuorientierung erkennbar: Barbara Maria, August Ferdinand Wilhelm, Gottfried Ignaz, Karl Franz, Marie Theres, Karolina Franziska, Adalberta Anna Antonia. Nur die jüngste hieß wieder traditionell einnamig Anna. Bei Ferdinand, Karl, Karoline und Marie Theres werden patriotisch-dynastische Anklänge deutlich, bei Gottfried und Adalberta romantisch-deutschtümelnde Anleihen. August ist überhaupt kein Heiligenname mehr. Nicht nur der Bezug zum Heiligenfest ist verschwunden, auch die Heiligenna-

– Südtiroler Holzkalender aus der Zeit 1526–44, Monatsbilder Oktober bis Dezember. Von den Festtagen von Heiligen, deren Namen in der Familie Tschurtschenthaler vergeben wurden, sind durch Symbole oder Figuren gekennzeichnet: 21. 10.: St. Ursula, 6. 11.: St. Leonhard, 11. 11.: St. Martin, 19. 11. St. Elisabeth, 25. 11.: St. Katharina, 4. 12.: St. Barbara, 6. 12.: St. Nikolaus, 13. 12.: Lucia, 21. 12.: St. Thomas

men haben nicht mehr ausschließlich aus dieser Qualität ihre Bedeutung.

Ein aus Sexten nach Innsbruck gezogener Tschurtschenthaler-Sohn war hier als Mediziner ins Bildungsbürgertum aufgestiegen.[358] Er nannte seinen 1878 geborenen Sohn Leo Anton. Der Zweitname bezog sich auf den Vater, der Erstname war in der Familie ganz neu. Sein christlicher Charakter steht außer Zweifel. Aber er wurde ganz offenkundig nicht als Heiligenname gegeben. 1878 wurde Gioacchino Pecci zum Papst gewählt und nahm den traditionsreichen Papstnamen Leo an. Auch ein anderer aus einem nach Innsbruck gezogenen Familienzweig stammender Tschurtschenthaler nannte einen in diesem Jahr geborenen Sohn Leo.[359] Die Namengebung war in beiden Fällen ganz eindeutig politisch-weltanschaulich motiviert.

– *Kalenderseite Juni mit Darstellung des heiligen Petrus aus dem Landgrafenpsalter (Württembergische Landesbibliothek). Der am 29.6. gefeierte Heilige erscheint hier – den Tierkreiszeichen vergleichbar – als «Monatsregent». Dem entspricht die Namengebung nach ihm in der seinem Fest vorausgehenden Zeit.*

Den Kindern aus patriotischer Gesinnung im Herrscherhaus vertretene Heiligennamen zu geben – diese Form der Nachbenennung hatte Tradition, obwohl sie im 19. Jahrhundert aus einem ganz anderen Denken motiviert zu sehen ist als im Mittelalter. Nach dem Papst nachzubenennen hingegen, war ein völlig neues Phänomen. Anders als die Fürstennamen blieben die seit dem 10. Jahrhundert selbstgewählten Thronnamen der Päpste im Mittelalter exklusiv und scheinen für die Nachbenennung tabu gewesen zu sein.[360] In der politischen Namengebung des 19. Jahrhunderts galten andere Regeln – auch für alte Heiligennamen.

Die Kontrastbeispiele aus in andere soziale Milieus übergewechselten Seitenzweigen unseres Südtiroler Bergbauerngeschlechts mögen genügen. Sie geben streiflichtartig Einblicke in sehr unterschiedliche Linien der Weiterentwicklung von Namengebung. Soweit an Heiligennamen festgehalten wurde, ist eines dabei deutlich erkennbar. Heiligennamen erscheinen zunehmend von ihren ursprünglichen Funktionen entlastet. Sie werden damit offen für die Aufnahme neuer Sinngehalte als Ausdruck der Verbindung zu den Vorfahren, als Ausdruck patriotischer Gesinnung, als politisch-weltanschauliches Bekenntnis. Die Entwicklung zu ahnenbezogenen Traditionsnamen hatten sie – im Vergleich zu anderen ländlichen Regionen relativ spät – auch im 18. und 19. Jahrhundert am Stammhof selbst vollzogen. In der kalenderbezogenen Taufnamenwahl wird hier in letzten Ausläufern aber noch etwas von jener ursprünglichen Bedeutung von Heiligennamen sichtbar – jener Bedeutung, die sie hatten, als sie im Hoch- und Spätmittelalter die europäische Namengebung revolutionär veränderten: Die Kraft der himmlischen Helfer, die an ihrem Festtag in besonderer Weise wirksam ist, durch den Namen zu nützen.

Familie und Nachbenennung

Das Phänomen des großen Namenschwunds seit dem Hochmittelalter hat sich als ein sehr komplexer Entwicklungsprozeß gezeigt. Mit Fürstennamen und Heiligennamen erscheinen die beiden wichtigsten Grundtypen von Namen charakterisiert, auf die sich die Namengebung im Verlauf dieses Prozesses konzentrierte. Die Konzentration auf Fürstennamen und die Konzentration auf Heiligennamen erfolgte zwar über weite Strecken parallel – es handelt sich jedoch um zwei prinzipiell unterschiedliche Entwicklungen. Sicherlich gab es zwischen ihnen Wechselwirkungen, vor allem dann, als seit der zweiten Hälfte des 11. Jahrhunderts Fürsten Heiligennamen trugen. Für eine sozial- und mentalitätsgeschichtliche Interpretation des Phänomens erscheint es jedoch wichtig, sich die grundsätzlichen Unterschiede bewußt zu machen. Die spätestens im 10. Jahrhundert einsetzende Nachbenennung nach Fürsten erfolgt aufgrund einer realen sozialen Beziehung. Familiale Nachbenennung bildet das Vorbild. Mit der Nachbenennung aufgrund von Patenbeziehungen wird der Schritt über die Blutsverwandtschaft hinaus vollzogen. In der Vasallität setzt sich die extrafamiliale Nachbenennung auf breiter Basis durch. Immer noch ist es aber eine Primärgruppe von hoher innerer Bindekraft, innerhalb derer Namensgleichheit soziale Beziehung zum Ausdruck bringt. Mit Schwureinungen weitet sich der Kreis. Die soziale Distanz zu den Namensvorbildern wird größer. Letzlich erfolgt die Diffusion des Namenguts jedoch immer noch im Primärgruppenkontakt. Nachbenennung nach Heiligen hingegen hat eine andere Basis. Verschiedene Typen von allgemein religiös motiviertem Namengut gehen ihr voraus. Unter ihnen artikulieren die theophoren und die Symbolnamen die Vorstellung einer bestimmten Beziehung zu Gott – beide freilich ohne Namensrepetition als Ausdruck der Beziehung. Vielmehr muß die Form der Beziehung verbal ausformuliert oder zeichenhaft verschlüsselt werden. In der Heiligennachbenennung werden Vorstellungen über eine Sozialbeziehung dann durch Namensrepetition ausgedrückt. Diese Vorstellungen sind in vieler Hinsicht den realen Sozialbeziehungen des Alltagslebens nachgebildet. Der Nachbenannte versteht sich als Diener, als Gefolgsmann, als Vasall des Heiligen. Die Ordnungen des Lehenswesens werden im Hochmittelalter für das soziale Leben so bestimmend, daß auch die «Gemeinschaft der Heiligen» nach ihrem Vorbild strukturiert gedacht wird.[361] «Der Christ vertraute sich den Heiligen an und wurde damit gleichsam ein Altervasall Gottes» hat Georges Duby dieses Denken treffend charakterisiert.[362] Das Wort «gleichsam» ist wichtig. So innig mittelalterliche Menschen die persönliche Beziehung zu ihrem individuellen Schutzpatron erlebt haben mögen – für den Sozialhistoriker bleibt im Vergleich zu Verwandtschaft, Patenschaft und Vasallität als Grundlage der Nachbenennung ein essentieller Unterschied.

Es wurde versucht, die Diffusion von Fürstennamen und von Heiligennamen mit den Kontrastbegriffen «familistisch» und «universalistisch» zu charakterisieren. Es ist damit jene Grundspannung angesprochen, für die auch das Begriffspaar «Ahnen und Heilige» steht. Sicher – die Nachbenennung nach dem Lehensherrn und seinen Familienangehörigen unter seinen Vasallenfamilien ist weit von dem entfernt, was man auf's erste unter ahnenbezogener Namengebung versteht. Noch mehr gilt das für Stadtherr und Bürgergemeinde bzw. für grundherrschaftliche Personenverbände. Letztlich sind aber alle diese Herrschaftsgebilde auf verwandtschaftsähnliche Beziehungen bzw. auf Ordnungen der Hausgemeinschaft zurückzuführen, durch die eine solche Nachbenennung möglich wurde. Gerade die enorme Ausweitung familienhafter Muster macht die Besonderheit dieser hoch- und spätmittelalterlichen Namengebungspraxis aus. Sie hat in der Geschichte der europäischen Namengebung sonst kein Gegenstück. Am nächsten kommt ihr vielleicht die Diffusion der spätrömischen Kaisergentilizien durch die Verleihung des römischen Bürgerrechts. Dort handelte es sich jedoch bloß um einen Namensteil, noch dazu einen wenig wichtigen, hier jedoch um das zunächst einzige und auch späterhin wichtigste Element der Identifikation durch den Namen. Familistische Nachbenennung nimmt in solchen Zusammenhängen universalistische Züge an. Trotzdem handelt es sich um ganz andere Prinzipien der Namengebung als bei der ihrem Wesen nach universalistischen Nachbenennung nach Heiligen. Heiligennamen sind nicht das spezifische Namengut eines Familien- oder Herrschaftsverbandes, sie sind viel mehr am «Universum» der ganzen Religionsgemeinschaft orientiert. Sie verbreiten sich ohne die Notwendigkeit eines Rückhalts in Abstammungszusammenhängen oder ihnen nachgebildeten Sozialformen. Sie verhalten sich wie götter- oder gottbezogene Namen. Damit sind sie Ausdruck einer ganz anderen Form der Gruppenidentität.

Unterschiedliche Prozesse der Integration zu Großgruppen bilden die Voraussetzung für die Prozesse der Verbreitung der beiden Namentypen. Den Heiligennamen entspricht die hochintegrierte Papstkirche, die die westliche Christenheit im Hoch- und Spätmittelalter ausgebildet hat. Ihre vielfältige Herrschaftssysteme umfassende Einheit ist in der Geschichte des Christentums eine Besonderheit. Die ihr entsprechende Tendenz zu einer vereinheitlichten Namengebung nach Heiligen ist jedoch sicher nicht das Resultat einer zentralistisch gesteuerten Namenpolitik. Eine solche Namenpolitik hat es erst seit dem Zerfall dieser Einheit im Zeitalter von Reformation und Gegenreformation gegeben. Auch die für die abendländische Christenheit so typischen universalen Ordensgemeinschaften haben sicher nicht unmittelbar eine Vereinheitlichung des Namenguts betrieben. Vielmehr sind es in dieser umfassenden Gemeinschaft wirksame religiöse Vorstellungen, die weitgehend analoge Prozesse der Veränderung des Namenguts ausgelöst haben – neue Vorstellungen über die Wirkungsmöglichkeiten von Heiligen, neue Bedürfnisse nach ihrer Hilfe, um das Heil im Jenseits zu sichern. Die Fürstennamen korrespondieren mit Integrationsprozessen ganz anderer Art. Die Nachbenennung folgt sozialen Beziehungen, die die europäische Herrschaftsordnung im Hochmittelalter revolutionär verändert und für Jahrhunderte nachhaltig geprägt haben: Vasallität, Lehensbindungen aller Art, Schwureinungen, städtische und ländliche Kommunitäten. Gegenüber den Resten zerfallender Stammesorganisationen des Frühmittelalters bedeuteten diese Elemente radikalen Wandel. Es ist ein Prozeß der herrschaftlichen Penetration auf der Basis hausherrschaftlicher und quaisverwandtschaftlicher Beziehungen. Als sein Ergebnis entwickelt sich das fürstliche Territorium mit seinen Reichs- bzw. Landständen. Der Einmaligkeit dieses sozialgeschichtlichen Prozesses entspricht die Einmaligkeit des sie begleitenden Prozesses der Diffusion von Fürstennamen. Mit der universalistischen Nachbenennung nach orientalischen Gottkönigen im Zeitalter des Hellenismus hat er nichts gemeinsam. Gerade seine familistische Wurzel ist seine Besonderheit. Dadurch unterscheidet er sich grundlegend von anderen Prozessen des Namenschwunds in den hier untersuchten Kulturen, aber eben auch im sozialstrukturellen Kontext, in den die Namengebung eingeordnet zu sehen ist.

Wenn auch die Nachbenennung nach Fürsten den Prozeß des Namenschwunds in weiten Gebieten des Westens eingeleitet hat, so läßt sich doch wohl kaum vertreten, daß die Heiligennachbenennung die Fürstennachbenennung zur Voraussetzung gehabt hätte. Es gibt im Bereich des ehemaligen karolingischen Imperiums Räume, in denen sich die Fürstennachbenennung nur schwach entwickelte, wohl weil ihre Grundlage im Lehenswesen nicht sehr stark war. Für die Verbreitung von Heiligennamen war das ohne Belang. Fürstennachbenennung und Heiligennachbenennung sind nicht als eine notwendig gestufte Abfolge sondern als zwei weitgehend parallel, aber im wesentlichen phasenverschoben verlaufende Prozesse zu sehen. Sie haben freilich eine gemeinsame Grundlage, nämlich das Prinzip der Repetition. Erst als die Namensrepetition die Namensvariation abgelöst hatte, konnten sich beide durchsetzen. Im System der Namensvariation bzw. der ihm zugrundeliegenden Sozialordnung war für beide Formen der Nachbenennung grundsätzlich kein Platz. Nachbenennung nach Heiligen bzw. religiösen Vorbildgestalten gab es damals nur in Ausnahmesituationen, im wesentlichen für Kleriker, die die Abstammungsgemeinschaft verließen. Das System der Namensvariation ist seinem Wesen nach abstammungsorientiert. Wo es bestand, mußte die Bindung an Abstammungsverbände gelockert, gelöst bzw. verändert werden, um Fürstennachbenennung wie Heiligennachbenennung möglich zu machen. Daß das Christentum grundsätzlich solche Wirkungen gehabt hat, konnte schon wiederholt festgestellt werden. Insofern bedeutet christlicher Einfluß auf Verwandtschafts- und Familienstrukturen für beide Prozesse eine entscheidende Voraussetzung.

In vielen Regionen Europas sind die familistische und die universalistische Komponente des Prozesses der Namenkonzentration lange Zeit hindurch parallel zueinander verlaufen. Ihren Ursprung haben die beiden jedoch in ganz unterschiedlichen Großräumen. Die universalistische Namengebung ist im wesentlichen antikes Erbe. Wenn auch ohne ausgeprägte Prozesse der Konzentration, hatte es Homonymie und Namensrepetition im ganzen Raum der ehemaligen Imperiums gegeben. Alle religiös motivierte Namengebung der westlichen Christenheit erfolgte seit alters im wesentlichen nach universalistischen Prinzipien. Der entscheidende Anstoß zur Namenkonzentration innerhalb dieses Systems scheint aus Byzanz gekommen zu sein. Hier war die Namengebung nach Heiligen am Ende des Bilderstreits schon sehr stark entwickelt. Byzantinische Einflußgebiete in Italien haben als Zentren der Ausstrahlung im Westen gewirkt. Im nordfranzösischen Kernraum des alten karolingischen Imperiums wurden zwar solche Anstöße besonders früh aufgegriffen. Sie haben aber nicht hier ihren Ursprung, wie die Parallelisierung zur «sogenannten gotischen Welt» nahelegt.[363] Die Fürstennachbenennung hingegen läßt sich in diesem Raum besonders früh und besonders intensiv nachweisen – ganz in Entsprechung zu ihren Grundlagen im Lehenswesen. Die familistische Komponente im Prozeß des Namenschwunds ist ein spezifischer Beitrag aus Wurzeln des karolingischen Frankenreichs. Sie hat die Überwindung der Stammesverfassung und die Entwicklung neuer Sozialformen nach dem Vorbild blutsverwandtschaftlicher Bindungen als sozialgeschichtlichen Hintergrund.

In der sozialhistorischen Literatur über den Strukturwandel der Familie im Mittelalter wird vielfach der Standpunkt vertreten, daß es in nachkarolingischer Zeit – also der Frühphase der Namenkonzentration – nicht zu einer Schwächung, sondern im Gegenteil zu einer Verstärkung von patrilinearem Abstammungsbewußtsein gekommen sei. Als repräsentativ für diese Richtung sei wiederum Georges Duby zitiert: «Anschließend an die Forschungen von Karl Schmid und anderen Schülern Gerd Tellenbachs habe ich viel über ein sehr folgenschweres Phänomen geschrieben: über den Übergang von einer Familienstruktur zu einer anderen. Am Ende des 9. Jahrhunderts wurde Verwandtschaft sozusagen horizontal erlebt, als eine soziale Einheit, die in einer Tiefe von lediglich zwei oder drei Generationen alle Verwandten und Verschwägerten, Männer wie Frauen, auf derselben Ebene zusammenschloß. Zeugnisse dessen sind das Manuale Dhuodas, aber auch die Libri memoriales, die Register zur pünktlichen Abhaltung von Seelenmessen, in denen Gruppen von beispielsweise einem Dutzend Verstorbenen und 30 Lebenden durch die Pflicht zum Gebet und durch dieselbe Heilshoffnung in geistlicher Gemeinschaft vereinigt sind. Mit der Zeit schob sich an die Stelle eines solchen Verbandes unmerklich ein neuer Typ, der nunmehr vertikal, allein auf die agnatio hin orientiert war. Zur maßgeblichen Verwandtschaftseinheit wurde jetzt eine Abstammungslinie von Männern, in der die Stellung und das Recht der Frauen immer schwächer wurden und an der entlang das Gedächtnis immer mehr Tote umfaßte, bis hin zu einem Stammvater, dem heldenhaften Begründer des Geschlechts, der von Generation zu Generation in eine immer fernere Vergangenheit rückte».[364] In der «Schmid-These», an die Duby hier ausdrücklich anschließt, spielt das Aufkommen von Familiennamen als Indiz für ein angeblich verstärktes patrilineares Abstammungsbewußtsein eine wichtige Rolle.[365] Auch in seinen eigenen Untersuchungen deutet Duby den anwachsenden Gebrauch von Familiennamen als Zeichen in diese Richtung und stellt einen Zusammenhang mit der Reduktion der Erstnamen her.[366] Jack Goody problematisiert in seinem Buch «Die Entstehung von Ehe und Familie in Europa» Dubys Standpunkt und meint, daß die Kausalitäten auch anders gesehen werden könnten[367]: «Der Bevölkerungszuwachs und das geringere Angebot an verfügbaren Namen machte das Problem der Homonymie akuter und war Anstoß für die Entwicklung von Zunamen als zusätzlichem Identitätsmerkmal. Diese Innovation ist als ein Index für die wachsende Stärke der ‹lignage› betrachtet worden, aber ebenso könnte man sie als Zeugnis für eine Schwächung derjenigen verwandtschaftlichen Beziehungen verstehen, wie sie in einer Namengebung zum Ausdruck kommt, die Personen der jeweils übernächsten Generation identifiziert (das heißt Enkel und Großeltern), Gewohnheiten die in anderen Teilen der Welt mit Bindungen an Verwandtschaftsverbände, mit der Ahnenverehrung und auch mit dem Glauben an eine Transmigration spiritueller Elemente der menschlichen Identität zwischen den Mitgliedern der einzelnen Generationen verknüpft sind.» Familiennamen also als Zeichen gestärkter oder geschwächter Familienverbände? Und in diesem Bewirkungszusammenhang Familiennamen als Ursache für die Reduktion des Namenguts oder als dessen Folge – sehr grundsätzliche Probleme der mittelalterlichen Familiengeschichte, in die der Prozeß des Namenschwunds hineinführt.

Die Frage, ob die Reduktion von «Vornamen» durch das Aufkommen von «Familiennamen» bedingt wurde oder umgekehrt das Aufkommen von «Familiennamen» durch die Reduktion von Vornamen, läßt sich aufgrund unserer bisherigen Überlegungen eindeutig beantworten. Es gibt plausible Gründe, warum es durch die Konzentration auf Fürstennamen und auf Heiligennamen bzw. allgemeiner formuliert auf religiös motiviertes Namengut zu einem Prozeß des Namenschwunds gekommen ist. Umgekehrt kann nicht plausibel erklärt werden, warum ein durch verstärkt patrilineares Abstammungsbewußtsein bedingt gedachtes Aufkommen von Familiennamen eine Präferenz gerade für solche Namen bewirkt haben sollte. Die Zunahme der Homonymie bzw. die sogenannte «Namenverarmung» ist ja kein rein quantitatives Phänomen mit einer Konzentration auf beliebige Namen. Auch von der zeitlichen Abfolge her liegen die Dinge klar. Zunächst setzt der Konzentrationsprozeß auf bestimmte Namen ein. Erst als der Prozeß der Reduktion schon ziemlich fortgeschritten ist, stellen sich differenzierende Zweitnamen ein – vor allem bei den Trägern besonders häufiger Namen. Auch können aus dem interkulturellen Vergleich ziemlich eindeutige Analogieschlüsse gezogen werden. Es ist uns kein Fall begegnet, daß aufkommende Zweitnamen zu einem eingeschränkten Gebrauch eines überkommenen Fundus an Erstnamen geführt hätten. Selbst die Reduktion der römischen Praenomina, die als Parallele gesehen wurde, kann – wie gezeigt werden konnte – auch anders erklärt werden.[368] Hingegen konnten wir in verschiedenen Vorläuferkulturen analoge Entwicklungen zu dem hier postulierten Bewirkungszusammenhang beobachten: Aufgrund ihrer religiösen Bedeutsamkeit besonders begehrte Namen werden vermehrt gegeben. Die zunehmende Namensgleichheit – insbesondere unter Männern

– führt zum Bedürfnis der Differenzierung durch Zweitnamen. Zuletzt ist diese Situation in Byzanz begegnet. Man wird die Entstehung von Familiennamen in Byzanz gar nicht als unabhängiges Parallelphänomen zur Entstehung von Familiennamen in Süd- und Westeuropa sehen dürfen, sondern als deren unmittelbare Vorstufe. Gerade in den byzantinisch beeinflußten Regionen in Italien schließt die Entwicklung nahtlos an.[369] In Byzanz werden zur Differenzierung von Gleichnamigen verschiedene sehr unterschiedliche Zweitnamentypen nebeneinander verwendet: Bezeichnungen nach der Beziehung zu Verwandten, nach regionaler Herkunft, Wohnstätten, Ämtern, Würden, Berufen bzw. bestimmten persönlichen Eigenschaften und Verhaltensweisen. In Süd- und Westeuropa ist es dasselbe. Diese gleichzeitige Vielfalt von Zweitnamentypen deutet nicht auf einen einheitlichen Prozeß des Wandels der Familienstruktur als Hintergrund. Hätte wirklich verstärktes patrilineares Abstammungsbewußtsein dahinter gestanden, dann hätte man wohl einheitlich abstammungsorientierte Zweitnamen gewählt, etwa Klannamen oder Gentilizien, wie wir ihnen verschiedentlich begegnet sind. Die europäischen Familiennamen haben einen ganz anderen Charakter. Sicher sind sie im Lauf der Entwicklung erblich geworden und zwar dominant in männlicher Linie. Das ist aber nicht notwendig ein Ausdruck eines veränderten, nämlich verstärkt patrilinearen Abstammungsbewußtseins. Das Differenzierungsbedürfnis unter zunehmend Gleichnamigen bestand in erster Linie in verschiedenen Kreisen der Männeröffentlichkeit: unter den Zeugen eines Rechtsgeschäfts, unter steuerzahlenden Bürgern einer Stadt, unter abgabepflichtigen bäuerlichen Hausherren einer Grundherrschaft. Wenn in solchen Kommunikationskreisen primär väterliche Zweitnamen weitergegeben wurden, so ist das nicht notwendig als Zeichen für ein verstärktes patrilineares Abstammungsbewußtsein zu deuten, schon gar nicht für eine sukzessive Schlechterstellung der Frauen. Natürlich waren es männerrechtlich geprägte Öffentlichkeiten, in denen die Zweitnamen der Männer aufkamen, die sich dann später zu Familiennamen entwickelten. Die Öffentlichkeiten vorangehender Zeiten ohne solche Zweitnamen waren aber nicht weniger männlich dominiert. Daß die Frauen in dem neuentstehenden System der Zweinamigkeit in Europa in der Regel den Zweitnamen ihrer Ehegatten und nicht einen Klannamen ihrer Väter übernahmen, ist ein deutlicher Hinweis dafür, daß dieses System in seiner Wurzel nicht durch verstärkte Orientierung an Abstammung bestimmt ist.

Hat das Aufkommen von Familiennamen in Europa für die Sozialgeschichte der Familie überhaupt Bedeutung, wenn seine entscheidende Bewirkungsursache im Namenschwund zu suchen ist? Als
Indikator für Veränderungen von Familienstrukturen nicht, als Hinweis auf schon bestehende sicher sehr große. Gerade die Vielfalt
verschiedener Typen von Zweitnamen, die zu Familiennamen geworden sind, läßt Schlüsse zu, wie personale und familiale Identität
durch Namen konstituiert wurde. Es ist nicht gleichgültig, ob in
einer Region Familiennamen dominant von Wohnstätten oder von
patronymischen Herkunftsbezeichnungen abgeleitet sind. Solchen
Namenstypen liegen ganz unterschiedliche Muster der Identitäts-
bildung zugrunde. Solche Muster sind freilich nicht erst durch das
Aufkommen von Zweit- bzw. Familiennamen entstanden. Sie sind
viel mehr vorgegeben und werden durch das neue Namenselement
nur sichtbar gemacht.

Für das Thema Familie und Abstammungsbewußtsein sind Patronymika sicher ein besonders aussagekräftiger Namensbestandteil.
Wir sind ihnen in unterschiedlichen Kontexten begegnet: Als domi-
nantes Namenselement, das die Eigenidentität des Sohnes völlig
zurückdrängen kann in griechischer Frühzeit, als essentielles Kom-
positionselement, das Vatersnachbenennung ausschließt, in derselben Tradition, als religiös bedeutsamer Namensteil im Islam, hier
auch mit dem Teknonym als Gegenstück und mit weiteren Vorvä-
ternamen im «nasab» verbunden, aber auch als sozial wenig bedeut-
sames Differenzierungsmittel, das durch andere Verwandtschaftsbezüge bzw. andere Namentypen leicht ersetzt werden kann in Byzanz. In weiten Regionen Europas scheint dieses letztere Verständnis von Patronymika vorgeherrscht zu haben, als sich aus ihnen
Familiennamen zu bilden begannen. Aber es gab auch ganz andere
Verhältnisse. Wenn 1533 in London ein aus Wales stammender
Kaufmann begegnet, der sich «Thomas ap Jevan ap David ap Ble-
thyn alias Thomas Jones» nennt,[370] so ist das ein interessantes Beispiel für das Nebeneinander sehr unterschiedlich bedeutsamer Patronymika. Für seine Waliser Landsleute hatte dieser Thomas keinen Familiennamen. Er wurde als Sohn, Enkel und Urenkel aus
einer patrilinearen Ahnenreihe stammend definiert – in der Vielzahl der identitätsstiftenden Ahnennamen einem arabischen
«nasab» vergleichbar. In London hingegen kannte man ihn schlicht
nach seinem Vatersnamen, der ihm angliesiert als Familienname bei-
gegeben wurde. Auch in Wales haben sich letzlich patronymisch
gebildete Familiennamen durchgesetzt. Von Wohnorten, Berufen

oder Spitznamen abgeleitete Familiennamen sind ihnen gegenüber jedoch deutlich in der Minderheit.[371] Die Häufigkeit patronymischer Familiennamen ist in diesem Raum ein klares Indiz für ausgeprägt patrilineares Abstammungsbewußtsein. Wales gehört zu jenen Gebieten, in denen die Klanverfassung keltischsprachiger Stämme lange nachgewirkt hat. Auf dieser Grundlage sind in Irland schon im 10. Jahrhundert Klannamen entstanden[372], die für die Identität der Träger eine ganz andere Bedeutung hatten als die westeuropäischen Familiennamen, wie sie mit den englischen Okkupanten auch nach Irland vorgedrungen sind.[373]

Ohne Klanverfassung im Hintergrund, aber als Zeichen stark patrilinearen Abstammungsdenkens sind die im skandinavischen Raum dominanten patronymischen Familiennamen zu werten. In Island hat sich das ihnen zugrundeliegende Prinzip, Männer und Frauen als «Sohn» oder «Tochter von» zu definieren, bis ins 20. Jahrhundert erhalten. Auch in Friesland ist das patronymische Prinzip der Namengebung bis ins 19. Jahrhunder lebendig geblieben und erst dann durch – vorwiegend patronymische – Familiennamen abgelöst worden.[374]

Patronymische Namenkulturen im engeren Sinne, in denen der Vatersname einen unverzichtbaren Bestandteil des Personennamens ausmacht, kennen keine Analogiebildungen unter Bezugnahme auf andere Verwandte. Wo die Angabe des Vatersnamen nur als eine von verschiedenen Möglichkeiten dient, eine Person zu identifizieren, dort sind solche Analogiebildungen möglich. Es kann neben Patronymika nach dem Vater zu Metronymika nach der Mutter, Adelphonymika nach dem Bruder, Pentheronymika nach dem Schwiegervater etc. kommen.[375] In jenen Regionen Süd- und Westeuropas, wo sich im Hochmittelalter zuerst Familiennamen ausbildeten, sind genauso wie für Byzanz solche nichtpatronymische Zweitnamen belegt. Im 11. Jahrhundert etwa kamen Metronymika in Italien, Spanien und Nordfrankreich bei je 6 Prozent der nach ihren Eltern identifizierten Personen vor, in Südfrankreich sogar bei 12 Prozent.[376] Die Höhe des Anteils solcher Namen korreliert jeweils mit Besitz- und Erbrechten von Frauen. In Südfrankreich könnte auch die Häufigkeit feminisierter Männernamen zu diesem Syndrom gehören. Wie auch immer – um patronymische Namenkulturen im engeren Sinne kann es sich bei einem so relativ hohen Anteil metronymischer Namenbildungen sicher nicht handeln. Daneben spielen auch andere Verwandtschaftsbezüge in der Benennung von Personen eine Rolle. Und unter den differenzierenden

Zweitnamen machen wiederum die nach Verwandtschaftsbezügen konstruierten nur einen Bruchteil aus. Mit Verwandtschaftsbezügen gebildete Namensteile sind unter den zu Familiennamen gewordenen Zweitnamen hinsichtlich vorgegebener Familienstrukturen ganz besonders aussagekräftig. Aber auch anderen Zweitnamentypen kann man diesbezüglich Hinweise entnehmen. Wohnstättennamen stehen wohl überall dort bei der Identifizierung von Personen im Vordergrund, wo weniger die Abstammung als die Zugehörigkeit zu einer Hausgemeinschaft das Selbst- und Fremdverständnis bestimmt. Nach Siedlungsformen wird dieser Faktor eine sehr unterschiedliche Rolle spielen. Bei Bergbauern in Streusiedlungsgebieten wie den im letzten Kapitel vorgestellten Tschurtschenthalern vom Tschurtschenthal-Hof in der Südtiroler Pfarre Sexten erscheint der Bezug zur Wohnstätte für die Familienidentität entscheidend. Aus Spitznamen abgeleitete Familiennamen deuten in eine ganz andere Richtung. Zu persönlichen Zweitnamen wurden sie bei ihren ersten Trägern meist in der Jugendphase. Der Kommunikationskreis, in dem sie zur Identifizierung dienen, ist zunächst die Jugendgruppe – eine ländliche Burschenschaft, eine städtische Reviergruppe, eine Bruderschaft von Handwerksgesellen. Solche männliche Jugendgruppen sind vor allem in jenen Regionen stark entwickelt, in denen das Heiratsalter hoch liegt und die jungen Männer lange in außerfamiliale Gemeinschaftsformen eingebunden sind.[377] In sehr vermittelter Weise stehen also auch aus Spitznamen abgeleitete Familiennamen mit regionalen Mustern der Familienstruktur in Zusammenhang. Eine sozialhistorische Beschäftigung mit Familiennamen könnte so ein sehr weites Feld familienrelevanter sozialer Zuammenhänge erschließen, insbesondere für jene Phasen, in denen in einer Region bzw. einem sozialen Milieu jeweils Familiennamen fest geworden sind. Dazu ist es ja in den einzelnen europäischen Großräumen zu sehr unterschiedlichen Zeiten gekommen – in manchen Gebieten Italiens schon im 8. und 9. Jahrhundert, in Friesland etwa erst im 19. Wie die Reduktion des Namenguts, die ihm vorausgeht, ist der Prozeß der Ausbildung von Familiennamen eine über viele Jahrhunderte hin verlaufende Entwicklung.

Das europäische Namensystem, wie es sich seit dem Hochmittelalter zunehmend durchgesetzt hat, charakterisiert eine Person einerseits durch ein Namenselement, das die Herkunftsfamilie benennt, andererseits durch eines, das sie innerhalb derselben individuell erkennbar macht. «Familienname» und «Vorname» bilden miteinander kombiniert für die Gesellschaft die wichtigsten Identifikationsmerkmale. In der Beurteilung historischer Formen der Namengebung wird oft davon ausgegangen, daß «Familienname» und «Vorname» schon immer diese Bedeutung gehabt hätten, ebenso daß ältere Namensysteme mit anderen Mitteln das gleiche ausgedrückt haben müßten. In einem solchen Denken kommt den als «Familiennamen» gedeuteten differenzierenden Zweitnamen eine sozialgeschichtlich so hohe Relevanz zu. In vorausgehenden Namensystemen der Einnamigkeit erscheint dementsprechend die Frage zentral, was denn damals die «Familienzugehörigkeit» ausgedrückt habe. Diese Funktion wird dann «Leitnamen» zugeordnet, wo Namensrepetition vorherrscht, oder markanten Kompositionselementen im System der Namensvariation in älterer Zeit. Der Verweis auf Hadubrand, Hildebrand und Heribrand ist in diesem Zusammenhang obligatorisch. Die Übereinstimmung im zweiten Namensteil wäre quasi ein Äquivalent der späteren «Familiennamen». In bürokratischen Strukturen moderner Staatlichkeit hat im Bereich der gesellschaftlichen Öffentlichkeit die Identifizierbarkeit einer Person durch Familienname und Vorname sicher einen sehr hohen Stellenwert bekommen – und zwar in dieser Rangfolge der Bedeutsamkeit. Aber auch heute gibt es im Rahmen von Primärgruppen ganz andere Funktionen und Bedeutsamkeiten von Namen. Der «große Namenschwund» und seine Folgewirkungen auf das europäische Namensystem lassen nur dann Schlüsse auf Familienverhältnisse des Mittelalters zu, wenn man sich in der Interpretation nicht zu stark von Funktionen der Familiennamen in der Gegenwartsgesellschaft beeinflussen läßt.

Der Weg, über die Namengebung zu Erkenntnissen über Wandlungsprozesse der Familienstruktur im Mittelalter zu kommen, führt nicht über den Familiennamen, sondern über die Nachbenennung – und zwar in ihrer universalistischen wie vor allem in ihrer familistischen Komponente. So unterschiedlich sie ihrem Ursprung nach sind – beide gehören zusammen, haben einander gegenseitig beeinflußt und sind schließlich eine Verbindung miteinander eingegangen. Heiligennamen wurden zu Ahnennamen und haben als solche weitergelebt. Vorfahrennamen von Fürsten wurden nicht nur innerfamilial, sondern auch extrafamilial weitergegeben und haben schließlich universalistische Züge der Verbreitung angenommen. Nachbenennung bedeutet in diesen verschlungenen Prozessen der Weitergabe von Namen sicher nicht stets dasselbe. Wir müssen mit sehr vielfältigen Motiven der Nachbenennung und mit sehr vielfäl-

tigen Deutungsmustern der durch sie entstandenen Beziehungen
rechnen. So sehr sich solche Motive und Deutungsmuster differenziert und verändert haben – ein Zusammenhang zwischen Familie
und Nachbenennung scheint dabei immer wieder eine Rolle zu
spielen.

Die Wurzeln der familistischen Komponente des «großen Namenschwunds» haben uns weit vor dessen Anfänge zurückgeführt,
zu frühmittelalterlichen Familienverhältnissen im Frankenreich,
die eine Nachbenennung nach Lebenden noch nicht zuließen, und
weiter zurück zu solchen, in denen Nachbenennung überhaupt
noch nicht möglich war und das Prinzip der Namensvariation praktiziert wurde. In diesen frühen Zeiten dürften sehr wesentliche Veränderungen von Familienstrukturen und Familienbeziehungen erfolgt sein, die auch in der Namengebung Niederschlag fanden. Von
den Quellen her sind solche Prozesse allerdings sehr schwierig zu
erschließen. Äußerst selten finden sich Quellenzeugnisse, die darüber Auskunft geben, was denn mit der Vergabe eines bestimmten
Namens gemeint war. Und selbst die Informationen über genealogische Zusammenhänge von Personen sind so spärlich, daß sich die
Praktiken von Namensrepetition und Namensvariation nicht leicht
rekonstruieren lassen. Auf dem Hintergrund dieser Quellenarmut
erscheint es verständlich, daß sich in der Literatur zur frühmittelalterlichen Namengebung sehr unterschiedliche Positionen über die
Bedeutung innerfamilialer Nachbenennung finden. Gerade in den
letzten Jahren sind darüber – von süddeutschen Beispielen ausgehend – heftige Auseinandersetzungen entbrannt.

Auf der Basis von etwa tausend Urkunden und Traditionsnotizen
des bayerischen Raumes aus der Zeit von ca. 700 bis ca. 850 wurden
Namenzusammenhänge in 477 Verwandtschaftsbeziehungen ana-
lysiert.[378] Es handelt sich dabei vorwiegend um Eltern und Kinder
bzw. Geschwister. Nur sechs Großväter-Enkel-Beziehungen konnten einbezogen werden, über zwei Generationen hinausgehende
Verwandtschaftszusammenhänge überhaupt nicht. Die Analyse ergab nur in 0,84% der Fälle eine Kongruenz des Namens, nur in
18,2% eine Kongruenz eines Namensteils. Der Bearbeiter des Materials schließt daraus, «daß es eine allgemeine germanische Gewohn-
heit der Namensgebung in der Familie offenbar nicht gab... wie
überhaupt die Namensgebung im frühen Mittelalter den Eindruck
völlig regelloser Willkür erweckt». Eine Überprüfung dieser Ergebnisse aus dem bayerischen Raum an Material aus St. Gallen im 8.
und 9. Jahrhundert kam zu ähnlichen Ergebnissen – freilich mit der

wichtigen Modifikation: «Bei einer Einbeziehung der dritten Generation wächst der Anteil der Nachbenennungen erheblich.»[379] In
äußerst kritischer Auseinandersetzung mit diesen beiden Studien
wurde eine Gegenposition formuliert. Sie hält an dem von den Vertretern der «besitzgeschichtlich-genealogischen Methode» an hochmittelalterlichen Verhältnissen erarbeiteten Konzept der «Leitnamen» auch für das 8. und 9. Jahrhundert fest und formuliert den
sozialen Hintergrund der Nachbenennungssitte so[380]: «Politisch
prosperierende Adelsgruppen werden zu Magneten der Ansippung.
Die – cognatisch – aus ihrem Namengut bezogenen Charisma und
Sozialprestige stellen ebenso begehrte Objekte dar wie der mit Heirat erlangte – oder zumindest erhoffte – materielle und politische
Gewinn. Nimmt die politische Entwicklung einer Traditionsgruppe
keinen günstigen Verlauf, so bleibt sie auf sich selbst gestellt und
auf ihren Namensbestand beschränkt, oder sie versucht in andere
Adelsgruppen einzuheiraten, um sich damit Namen, die Heilskraft
versprechen, also charismatische Unterpfänder, einzuverleiben.
Diese wirkungsmächtigen Unterpfänder bleiben auch in christlicher Zeit langfristig erhalten und wir sehen gerade im Phänomen
der Namengebung und ‹Namenvererbung› Wandel und Kontinuität
zugleich».

Diese auf der Basis von Quellen der Karolingerzeit geführte
Grundsatzdebatte spricht explizit und implizit eine Reihe von Problemen an, die uns schon bei den bisherigen Überlegungen beschäftigt haben. Mit einem Modell des Phasenablaufs familienbezogener
Namengebung von Namensvariation über Nachbenennung nur
nach verstorbenen Familienangehörigen zur Nachbenennung nach
Toten und Lebenden ist – bei aller Widersprüchlichkeit der aus den
Daten abgeleiteten Standpunkte – das statistische Resultat der Analysen durchaus zu vereinbaren. Das gilt zunächst für den relativ
hohen Anteil an Übereinstimmungen zwischen Eltern und Kindern
bzw. zwischen Geschwistern in einem Teil der zweiteilig komponierten Namen noch bis ins 9. Jahrhundert hinein. Anderwärts lassen sich solche Übereinstimmungen auch noch später beobachten.
Namensvariation und Namensrepetition sind, wie wir gesehen haben, vielfach einander überlappende Phasen in der Entwicklung familienbezogener Namengebung. Es kann jedoch kein Zweifel sein,
daß Variation der ältere, Repetition der jüngere Typus ist, ebensowenig, daß beiden ein System zugrundeliegt. Es sind zwei grundsätzlich verschiedene Formen, auf Namensvorbilder Bezug zu nehmen. Sie können gleichzeitig auftreten, auch in derselben Familie.

Trotzdem wird man sie aus analytischer Sicht als unterschiedliche Typen zu differenzieren haben. Unter den in der bayerischen Untersuchung erfaßten Verwandtschaftsbeziehungen gehen nur einige wenige über zwei Generationen hinaus. Der minimale Anteil von Fällen der Repetition im analysierten Datenmaterial bis um die Mitte des 9. Jahrhunderts entspricht voll dem bereits festgestellten Sachverhalt, daß Elternnachbenennung als Nachbenennung unter Lebenden in der germanischsprachigen Welt damals noch sehr selten war. Unter dem «Leitnamen» einer Familie im engeren Sinn wurde seitens der genealogischen Forschung aufgrund hochmittelalterlicher Verhältnisse ein von Generation zu Generation weitergegebener Name verstanden, den man als Ausdruck der Gruppenidentität eines Geschlechts sah und nach dem man dieses dann auch in der Literatur bezeichnet hat. «Leitnamen» in diesem Sinne, kann es nicht gegeben haben, solange die Vatersnachbenennung nicht üblich war. Man hat freilich auch in einem weiteren Sinn von «Leitnamen» einer Familie in der Mehrzahl als einem für sie charakteristischen Grundstock von Namen gesprochen. In einem solchen weiteren Verständnis kann der Begriff wohl auch gebraucht werden, wenn nur nach verstorbenen Angehörigen nachbenannt wird. Der Unterschied zwischen diesen beiden Formen der familialen Nachbenennung ist – welche Terminologie man auch wählt – von grundsätzlicher Bedeutung. Auf verstorbene Familienangehörige beschränkt, kann nicht nach gleichen Regeln nachbenannt werden wie auf Lebende und Tote gemeinsam bezogen. Vor allem scheint der Sinn der Nachbenennung ein anderer gewesen zu sein, wo Namengut der Familie nur unter dieser Beschränkung repetiert wurde.

Welche Bedeutung das System der Namensvariation als Form familienbezogener Namengebung hatte, das können wir weitgehend nur aus interkulturellem Vergleich bzw. aus dem sozialen Kontext überlieferten Namenguts dieser Art erschließen. Eine Deutung der Namengebungspraxis aus der Zeit selbst ist meines Wissens bloß in einem einzigen Quellentext überliefert. Und sie ist relativ karg. William von Malmesbury schreibt in seiner Vita Bischof Wulfstans von Worcester (1062–1092)[381]: «Puero Wlstanus vocabulum datum, ex anteriore materni, et ex posteriori paterni nominis compositum.» Bischof Wulfstans Eltern hießen Aethelstan und Wulfgifu. Der Name des Knaben wurde aus Namensteilen der beiden Eltern komponiert. Gemeint war damit wohl, daß er in seinem Wesen väterliche und mütterliche Anteile miteinander verband. In physischer Hinsicht glaubten das vielleicht die Zeitgenossen schon am Neugeborenen erkennen zu können. Elemente des Vater- und des Mutternamens oder von Namen der väterlichen und der mütterlichen Linie im Kindesnamen verbunden – das ist ein Grundmuster des Namensvariation, dem wir immer wieder begegnen. Namensvariation in dieser Weise geübt ist eine eindeutig abstammungsorientierte Form der Namengebung, und zwar in bilateraler Orientierung. Namensrepetition vermag in einem Namen diese doppelte Bezugnahme auf zwei verschiedene Verwandtschaftslinien nie zu leisten.

Zum Idealtyp des in bilateraler Nachbenennung komponierten Kindesnamens, für den Wulfstan von Worcester ein gutes Beispiel aus der Spätphase der Namensvariation darstellt, gibt es in diesem System viele alternative Spielarten. Obwohl von der Grundstruktur her bilateral angelegt, kann es durchaus auch als Ausdrucksform streng patrilinearen Abstammungsbewußtseins gebraucht werden. In geblütsrechtlich legitimierten Königshäusern begegnet dieses Phänomen, insbesondere bei den Namen der Söhne, die die «stirps regia» fortzusetzen haben – bei den Merowingern ebenso wie bei den Wessex-Königen.[382] Und selbst die Karolinger haben – soweit sie noch Namensvariation übten – die Mütternamen nicht in die der Söhne einbezogen.[383] Ein bilinear konzipiertes System kann also durchaus unter besonderen Umständen eine unilineare Umdeutung erfahren. Das System der Namensvariation ließ sich aber auch über sein abstammungsorientiert familistisches Konzept hinaus in die Richtung universalistischer Namengebungsprinzipien weiterentwickeln. Dies ist überall dort der Fall, wo mit theophoren Namen variiert wurde. Drei Brüder Godric, Godwin und Godwic, die 991 in der Schlacht bei Maldon gegen die norwegischen Wikinger gekämpft haben sollen, ein Geschwisterpaar Gottfrid und Godehildis in einer französischen Adelsfamilie des 11. Jahrhunderts, ein Gotefredus mit seinem Sohn Rotefredus und seinem Enkel Sigefredus in einem lombardischen Geschlecht um die Jahrtausendwende[384] – alles das sind Beispiele, daß variierte Namensformen keineswegs nur abstammungs- bzw. familienorientiert interpretiert werden dürfen. Die Namenselemente drückten familiale Gemeinsamkeit aus, der Namenssinn aber wies über diese Bezugsgruppe hinaus. Wie am Namengut des northumbrischen Königshauses gezeigt wurde, könnten solche Formen der Namengebung sehr weit zurückreichen. Soweit Namensvariation zur Neukomposition von Namen führte, die auch dem neuen Namenssinn nach bedeutungsvoll waren, er-

scheint grundsätzlich in diesem System eine Kombination familistischer und universalistischer Prinzipien der Namengebung möglich. Untersuchenswert wäre es, ob im Kontext von Namensvariation auch außerfamilial nachbenannt werden konnte, etwa durch
Übernahme eines Namensteils eines Fürstennamens durch die Familie der Gefolgsleute.[385] Gegenüber dem abstammungs- bzw. fa-
milienorientierten Grundmuster des Systems wären solche Formen
eine stark abweichende Weiterentwicklung.

Es ist wahrscheinlich, daß die Namengebung nach dem Prinzip
der Variation in der Frühzeit den germanischen Stämmen gemeinsam war. Sie findet sich, wie wir gesehen haben, auch bei anderen
indogermanischsprachigen Völkern und darüber hinaus – wohl
ebenso in Entsprechung zu Strukturen der Stammesverfassung, in
Reliktformen allerdings oft noch lang nach deren Überwindung
praktiziert. In Skandinavien sind Völkerschaften schon früh von der
Namensvariation zur Namensrepetition übergegangen, jedenfalls
noch vor der Zeit ihrer Christianisierung. Wilhelm Grönbech hat in
seinem richtungsweisenden Werk über «Kultur und Religion der
Germanen» diesen Übergang so zu erklären versucht[386]:

«Während die Nordländer, indem sie den neuen Verwandten nach dem
alten benennen, die Individualität des Wiedergeborenen betonen, folgen die
übrigen germanischen Völker einer anderen Sitte, indem der Sprößling
nicht direkt nach seinen Vorfahren benannt wird, sondern einen Namen
bekommt, der Teile aus dem Namenmaterial der Verwandten enthält; und
allem Anschein nach beruht die nordische Sitte auf einer Verengerung des
dahinterstehenden Prinzips. Das Geschlecht hatte zwei oder mehrere Benennungen, in welchen es seinen Willen und seine Ehre ausgedrückt sah;
die Verwandten trugen das eine oder andere dieser Familien-Zeichen, erweitert zu einem Namen durch Hinzufügung eines Wortes wie stark (‹bald›),
mächtig (‹rik›), heilhaft (altenglisch ‹red› und andere) oder ‹berht›, d.h.
‹strahlend›, ‹von weitem zu erkennen›. Der Unterschied zwischen der alten
allgemeingermanischen Art der Namengebung und der der Nordländer deutet vielleicht auf einen Bruch in der Denkart, auf eine Revolution, wobei das
Individuum vorstieß und freie Hand bekommen hat, um – im Laufe der Zeit
– das Bestmögliche aus sich zu machen. Aber bei allen geistigen Entwicklungen ist das Neue ganz im Alten und das Alte ganz im Neuen enthalten;
der Unterschied besteht am Anfang in einer kleinen Änderung des Akzen-
tes. Der Gegensatz zwischen den beiden Systemen bedeutet sicher nichts
weiter als eine Ungleichheit in der Betonung des Persönlichen und des
Allgemeinen. Vor der Periode, die das neue System der Namengebung er-
zeugte, hat es kaum eine Zeit gegeben, wo man den verstorbenen Ahnen
überhaupt nicht im neugeborenen Kinde erkannt hätte. Damals sowohl wie
später glaubten die Menschen an das Fortleben nach dem Tode; aber bei der
Wiedergeburt der Sippe verweilte der Gedanke mehr bei der Vorstellung von
ihrer Wiedergeburt als von seiner Wiederkehr. Die Toten setzen ihr Leben

fort, bis sie vergessen oder sozusagen im Heil aufgelöst waren, und unterdessen ging die Wiedergeburt des Unerschöpflichen weiter. Bei der Geburt eines Kindes bricht das Heil der Verwandten wieder in einem Individuum hervor. Vielleicht hatte das Ereignis eine äußere Veranlassung darin, daß ein Anteil am Heil frei geworden war; aber Tod und Geburt standen für die tiefere Einsicht nicht in so unmittelbarer Beziehung zueinander.»

Solche Überlegungen, daß Namensrepetition im Vergleich zu älterer Namensvariation einem «Vorstoß von Individualität» gegenüber einem stärker an der Gruppenidentität orientierten Familienbewußtsein bedeuten könnte, haben viel für sich. Sicher wird durch Repetition des Namens eines Verwandten stärker der individuelle Zusammenhang zwischen zwei Einzelpersonen betont als durch Bezugnahme auf zwei Personen durch Kombination von Teilen ihrer Namen bzw. durch Übernahme bloß eines Namensteils in Verbindung mit einem sinnvollen Zweitelement. Schwierigkeiten ergeben sich allerdings für eine Deutung, die die Vorstellung der Wiedergeburt des einzelnen durch Nachbenennung aus dem Glauben an die Wiedergeburt der Sippe herausentwickelt denkt. Wiedergeburtsglaube auf einen Vorfahren oder Verwandten bezogen gedacht läßt sich im skandinavischen Raum bis in die Zeit nach der Christianisierung hinein fassen. König Olaf der Heilige wurde um 1020 gefragt, als er beim Grabhügel seines Verwandten Olaf Geirstadaalf vorbeiritt, ob es wahr sei, daß er hier begraben liegt. Er soll geantwortet haben: «Hier bin ich gewesen, und hier ging ich hinein.»[387] Die in solchen Worten ausgedrückte Vorstellungswelt ist sicher vorchristlich. König Olaf hatte nach seinem Verwandten nicht nur den Namen erhalten, sondern auch dessen Schwert Baesing und einen goldenen Ring, der nach einer Traumerscheinung des Verstorbenen gemeinsam mit dessen Gürtel aus dem Grabhügel geholt worden war. Der Gürtel half der Mutter in Geburtskomplikationen. Name und Gaben stellten die Kontinuität zwischen dem verstorbenen Verwandten und dem Neugeborenen her, die von diesem später als Fortleben gedeutet wurde. Es gibt aus der nordischen Sagawelt mehrfach Zeugnisse dafür, daß die Familie bei der Geburt sagte: «Unser Verwandter ist wiedergeboren», «Er ist zurückgekommen».[388] Solcher Wiedergeburtsglaube ist mit der Nachbenennung nach verstorbenen Angehörigen gut zu vereinbaren, nicht aber mit der Übernahme von Namenselementen lebender Verwandter, wie sie der Namensvariation zugrundeliegt.

Es ist umstritten, wie solche nordgermanischen Zeugnisse für Wiedergeburtsvorstellungen zu interpretieren sind – wohl nicht im

Sinne von Seelenwanderung.[389] Für den Übergang von Namensvariation zu Namensrepetition bei anderen germanischen Stämmen
wird man aus den skandinavischen Beispielen wohl kaum Analogieschlüsse ziehen dürfen. Wir können diesen Übergang bei den Merowingern gut verfolgen. Obwohl unter den Nachkommen Chlodwigs
weiterhin auch durch Namensvariation gebildete Namen vorkommen, haben zwei seiner Söhne eindeutig nachbenannt – und zwar
nach burgundischen Königen, von denen sie durch ihre Mutter
Chrotechilde abstammten. Chlodomer nannte einen seiner Söhne
nach dem viele Generationen entfernten Burgunderkönig Gunther,
ebenso sein Bruder Chlothar. Dieser gab einem anderen Sohn den
Namen von Chrotechildes Vater Chilperich, bei einem dritten variierte er nach den älteren Brüdern Gunther und Chramn zu Gunt-
chramn. Der spätere König Guntram gab seinem Ältesten in Variation zum eigenen Namen den Namen Gundobad, mit dem er zugleich einen weiteren burgundischen Königsnamen in der Vollform
aufgriff. An die Vorstellung einer Wiedergeburt alter Burgunderkö-
nige als Motiv der Namengebung ist hier sicher nicht zu denken,
viel eher an Herrschaftsansprüche, die mit solchen Königsnamen
verbunden waren, bzw. an Königsheil des verwandten Herrscherhauses, das nicht nur in ganzen Namen sondern auch in Namensteilen weitergegeben werden konnte. Variation und Repetition waren
in einem solchen Verständnis durchaus vereinbar.

Die entscheidende Gemeinsamkeit von Namensvariation und
Namensrepetition als Systemen familienbezogener Namengebung
ist wohl der Gedanke von Namensübereinstimmung und Wesensübereinstimmung. Gleiche Namensteile konnten unter Geschwistern oder unter Eltern und Kindern gleiche Wesensanteile zum
Ausdruck bringen. Dabei ging es sicher in erster Linie um körperliche und geistige Qualitäten, die durch Abstammung weitergegeben
gedacht wurden, ohne daß wir dabei heutiges Wissen um Ererbtes
und Erworbenes voraussetzen dürfen. Nachbenennung nach einem
Familienangehörigen konnte ebenso eine solche Wesensübereinstimmung artikulieren. Sie konnte darüber hinaus auch den
Wunsch nach Wiederholung von dessen persönlichen Taten, Leistungen und Erfolgen ausdrücken. «Gleiche Namen tun gleiches
Gutes» hatte es noch viel später im germanischen Norden geheißen.[390] Zumindest die Anwartschaft auf gleiches Glück, gleiches
Heil, gleiches Schicksal konnte mit der Namengebung verknüpft
werden. Im Sinne der Artikulation von Wesensübereinstimmung ist
Namensrepetition mit Namensvariation durchaus vereinbar. Mit

dcr Bezugnahme auf eine bestimmte Vorbildfigur, deren Handlungen und deren Schicksal geht sie jedoch einen Schritt weiter. Sie bezieht individuelle Taten und Leistungen in die durch den Namen vermittelt gedachte innerfamiliale Weitergabe ein. Innerhalb der Abstammungsgruppe, auf die durch Namensübereinstimmung als Einheit gleichen Wesens Bezug genommen wird, setzt sie spezifische Akzente. Innerfamiliale Namensübertragung ist ähnlich der Namensvariation prinzipiell gruppenbezogen, in ihrer Orientierung an einem bestimmten Einzelschicksal enthält sie jedoch ein individualisierendes Moment.

Aus Namensvariation herausentwickelte Namensrepetition muß im Frankenreich nicht ausschließlich aus germanischen Stammestraditionen abgeleitet werden. Auch im senatorischen Adel Galliens gab es in der Spätantike analoge Praktiken, durch abstammungsorientierte Namengebung Zusammenhänge auszudrükken.[391] Hier wurden zwar nicht Namensteile in einem System der Einnamigkeit kombiniert, aber ganze Namen in einem System der Mehrnamigkeit. In welchem Maße sich das klassische System der römischen Namengebung zu einer Ausdrucksform der Vereinigung verschiedener väterlicher und mütterlicher Abstammungslinien entwickelt hatte, wurde schon ausführlich besprochen. Der Übergang von der Vielnamigkeit zur Einnamigkeit machte es auch in diesem Personenkreis notwendig, in der einfachen Namensrepetition Familienzusammenhänge zu artikulieren. Es konnte wahrscheinlich gemacht werden, daß der Einfluß des Christentums in der Spätantike abstammungsorientiertes Denken zurückgedrängt und dadurch den Übergang zur Einnamigkeit begünstigt hat. Mit solchen Einwirkungen ist nach der Christianisierung ebenso bei germanischen Stämmen zu rechnen, die bisher Namensvariation praktiziert hatten. Die Jenseitsvorstellungen des Christentums machten wohl auch eine Sorge hinfällig, die in vielen Kulturen Reserviertheit gegenüber Nachbenennung bewirkte: Durch die neuerliche Vergabe seines Namens die Ruhe des gleichnamigen Toten zu stören.[392] Es dürfte kein Zufall sein, daß sich die Praxis der Nachbenennung im Frankenreich gerade in der Zeit zunehmend verbreitet, in der auf den Friedhöfen die Grabbeigaben verschwinden.

Die Scheu, familiale Nachbenennung auf Lebende auszuweiten, hat sich im Norden Europas lange gehalten, und nicht nur bei germanischsprachigen Völkern.[393] Im Mittelmeerraum hingegen besaß die Nachbenennung nach Lebenden in unterschiedlichen religiösen und kulturellen Kontexten eine weit zurückreichende Tradition. Im

Karolingerreich trafen die beiden Prinzipien der Namengebung aufeinander. Das Verhalten des Herrscherhauses dürfte wichtig dafür gewesen sein, daß sich das Prinzip durchsetzte, auch nach Lebenden nachzubenennen. Seit der Königssalbung Pippins erhielt jeweils einer der Söhne den Vatersnamen, dem als Königsname in der Herrschaftslegitimation große Bedeutung zukam. Vor dem Aufstieg zum Königtum hatten die Karolinger nur nach verstorbenen Familienangehörigen nachbenannt.[394] Und auch die Merowinger hatten es so gehalten.

Anders als die Nachbenennung nach Lebenden ist die Nachbenennung nach Toten nicht primär an einer bestimmten Verwandtschaftsbeziehung orientiert. Es geht bei ihr nicht um Namensgleichheit des ältesten Sohnes mit seinem Vater oder seinem Großvater, sondern allgemeiner um die Wiederaufnahme eines Namens aus dem traditionellen Namengut der Familie, der gerade nicht von einem lebenden Angehörigen der Gemeinschaft getragen wird. Beispiele aus der Merowingerdynastie mögen das veranschaulichen. Erst 652 wurde im Königshaus erstmals ein ältester Enkel nach dem verstorbenen Großvater benannt, nämlich der spätere König Dagobert II. Bis zum Untergang der Dynastie ein Jahrhundert später begegnen dann mehrere solche Fälle. Vorher war Namensgleichheit zwischen Großvater und Enkel überhaupt eine seltene Ausnahme. Sie bestand beim vierten und jüngsten Sohn König Guntrams, der wie dessen Vater Chlothar hieß. Er starb früh. Der nachgeborene Sohn von Guntrams Bruder Chilperich erhielt nun diesen Namen. Namensgleichheit findet sich ferner zwischen König Childebert II. und dem zweitgeborenen Sohn seines Sohnes Theuderich. Mit diesen drei Fällen sind bis zur Mitte des 7. Jahrhunderts die Beispiele für Großvater-Enkel-Homonymie unter den Merowingern erschöpft. Die Weitergabe von Namen scheint bei ihnen ganz andere Wege gegangen zu sein. Der Namen Teudebert etwa kam als Variationsform zum Königsnamen Teuderich auf. König Theudebert I. herrschte im Ostreich 534 bis 548. Mit seinem Sohn und Nachfolger Theudebald erlosch 555 dieser Zweig der «stirps regia». Als erster nahm nun König Chilperich bei seinem ältesten Sohn den prestigereichen Königsnamen auf. Dieser zweite Theudebert verstarb jedoch 575 noch vor seinem Vater. 584 übernahm dann die austrasische Linie den Namen. König Childebert II. gab ihn seinem ältesten Sohn, der 595 König wurde. Man kann nun sicher nicht sagen, dieser Theudebert wäre nach seinem Onkel zweiter Linie oder seinem Großonkel zweiter Linie als vorangegangenem Namensträger benannt worden. Ähnliches wird an den Trägern des Namens Theuderich deutlich. König Theuderich III. hieß nicht aufgrund einer bestimmten Verwandtschaftsbeziehung nach König Theuderich II., der sein Großonkel dritter Linie war, dieser wiederum nicht nach seinem gleichnamigen Onkel zweiter Linie oder seinem Urgroßonkel Theuderich I. Nicht eine bestimmte genealogische Relation war für die Namengebung entscheidend. Vielmehr wurde ein besonders heilskräftiger Königsname dann aufgegriffen, wenn er durch den Tod eines vorangehenden Trägers verfügbar war. Die Namengebung orientierte sich am Namengut der «stirps regia» als Gruppe. Grönbech hat in diesem Zusammenhang von Namen als «Vorrat der Sippe» gesprochen.[395] Auf der Grundlage eines mit Verwandtschaftsgraden operierenden Denkens läßt sich in einem solchen System keine Regelmäßigkeit entdecken. Die Nachbenennung ist innerhalb des Abstammungsverbandes gruppenbezogen, nicht aus individuellen Beziehungen abgeleitet. So wird man auch die der Namengebung zugrundeliegende Familienstruktur als besonders stark durch Gruppenidentität bestimmt zu verstehen haben.

Die an bestimmten Verwandtschaftsbeziehungen orientierte innerfamiliale Nachbenennung gilt unter Genealogen, Adels- und Familienforschern als das Grundgesetz mittelalterlicher «Namensvererbung». Als Kronzeuge für dessen Geltung wird immer wieder Abt Siegfried von Gorze zitiert.[396] Dieser berichtet 1043 von Problemen, die im Zusammenhang mit einer Verwandtenheirat durch die damals zunehmend verschärft interpretierten kirchlichen Endogamieverbote entstanden waren. Zeugen wurden befragt, die über die Verwandtschaftsbeziehungen Klarheit schafften. Als Bestätigung für eine durch diese aufgeklärte Konfusion vermerkt Abt Siegfried: «Quod non ita esse ipsa feminarum ostendit aequivocatio ... ita ut Mathildis, Gerbergae filia aviae suae aequivoca, filiam suam matris nomine vocavit, et nepoti suo nomen suum ut hereditarium reliquit.» Tatsächlich wird hier von einem Zeitgenossen eine Regel innerfamilialer Nachbenennung beschrieben: Töchter erhalten den Namen ihrer mütterlichen Großmütter. Die Namengebung ist eindeutig an einer spezifischen Verwandtschaftsbeziehung orientiert. Und auch von Namen «gleichsam als Erbe» ist die Rede. Was hier über Nachbenennung von Töchtern nach ihren Großmüttern mütterlicherseits gesagt wird, läßt sich durch Analogieschluß leicht auf Söhne und ihre Großväter väterlicherseits übertragen. Der Schlüssel für die mittelalterliche Nachbenennungspraxis scheint gefunden.

Siegfried von Gorze schreibt um die Mitte des 11. Jahrhunderts. Die von ihm rekonstruierten Verwandtschaftsbeziehungen reichen ins 10. zurück. Bereits für das 9. erscheinen solche allgemeine Regeln höchst problematisch. Abt Siegfried berichtet über fürstliche Familien seiner Zeit. In Fürstengeschlechtern hat sich – wie wir gesehen haben – in der vorangegangenen Epoche viel geändert. Die Namengebung der Karolinger folgte noch anderen Prinzipien. Keine einzige Karolingerin hat im 8., 9. und frühen 10. Jahrhundert den Namen ihrer mütterlichen Großmutter getragen. Erst durch die Heirat des westfränkischen Königs Ludwig IV. mit Gerberga, der Tochter König Heinrichs I., von 939 wurde Namengut aus der mütterlichen Linie in die «stirps regia» aufgenommen. Zwar haben Karolingerinnen Frauennamen ihrer Herkunftsfamilie in weiblicher Linie weitergegeben, ein strenges Prinzip der «aequivocatio» von Enkelin und mütterlicher Großmutter wird dabei aber keineswegs erkennbar. Bei den Männernamen zeigt sich noch viel deutlicher, daß die von Abt Siegfried aufgestellte Regel nicht so ohne weiteres übertragbar ist. Zwar gibt es bei den Karolingern viele Beispiele für eine «aequivocatio» zwischen Großvater und Enkel, wir haben aber bereits gesehen, daß die Vergabe der Königsnamen in der Dynastie ganz anderen Zielen folgte als dem Bestreben, eine solche Namensgleichheit herzustellen.[397] Ganz eindeutig ist die Situation bei den nicht einer Vollehe entstammenden Söhnen. Sie wurden nicht aufgrund bestimmter Verwandtschaftsgrade nachbenannt. König Karls des Dicken Sohn Bernhard hieß nicht nach seinem Großonkel zweiter Linie, dem Sohn König Pippins von Italien, oder nach seinem gleichnamigen Urururgroßonkel, sondern er erhielt einen traditionellen Namen des Hauses, der kein Königsname war. Dasselbe gilt für seinen Vetter Arnulf von Kärnten oder Karls des Großen außereheliche Söhne Hugo und Drogo. Gerade an dieser zweiten Kategorie karolingischer Männernamen werden die älteren Prinzipien der Namengebung besonders deutlich. Bei den Königsnamen erscheinen sie bereits durch die neuen Grundsätze der Nachbenennung auch nach Lebenden überlagert.

Bei Lampert von Hersfeld, einem jüngeren Zeitgenossen Abt Siegfrieds von Gorze, findet sich ein ganz anderes Prinzip der Nachbenennung in Fürstenfamilien formuliert, als es Genealogen bei diesem zu erkennen glaubten. Nicht Namensgleichheit mit dem Großvater sondern Namensgleichheit mit dem Vater ist hier der Grundsatz. Lampert schreibt zum Jahr 1071 über die Grafen von Flandern: «In der Grafschaft Balduins und in seiner Familie war es schon seit

Jahrhunderten ein gewissermaßen durch ein ewiges Gesetz geheiligter Brauch, daß einer der Söhne, der dem Vater am besten gefiel, den Namen des Vaters erhielt, und allein die Würde eines Fürsten von ganz Flandern erbte, die übrigen Söhne aber entweder ihm untertan und seinen Befehlen gehorchend ein ruhmloses Leben führten oder außer Landes gingen und es lieber durch eigene Taten zu etwas zu bringen versuchten, als sich in Müßiggang und Stumpfheit über ihre Dürftigkeit mit eitlem Stolz auf ihre Vorfahren hinwegzutrösten. Das geschah, damit nicht durch Aufteilung der Provinz der Glanz des Geschlechts durch Mangel an Vermögen getrübt würde.»[398] Tatsächlich können wir seit der Mitte des 9. Jahrhunderts Balduin als «Leitnamen» des flandrischen Grafenhauses verfolgen. Nur in zwei Generationen trat dieser zurück, als die Familie den fränkischen Königsnamen Arnulf und den englischen Aethelwulf übernahm bzw. als sie den ersteren wiederholte. Das gleiche Prinzip ist uns aus dem normannischen Fürstenhaus überliefert, wo es auf das flandrische Beispiel zurückgehen könnte. «Qui fungitur meo nomine... dux et comes haeresque erit haereditatis meae» hatte 996 Herzog Richard I. kurz vor seinem Tode geantwortet, als man ihn fragte, welcher seiner Söhne sein Nachfolger werden sollte.[399] Name als Funktion, Nachbenennung nach dem Vater als Herrschaftsdesignation – das ist in diesen beiden Quellenstellen der gemeinsame Grundgedanke. Nicht gemeinschaftliche Herrschaft der Brüder oder Herrschaftsteilung unter Gleichberechtigten liegt diesem Nachbenennungsbrauch zugrunde sondern Einzelerbschaft mit Unterordnung. Letzlich geht dieses Prinzip auf Karl den Großen zurück, der ja seinen gleichnamigen Sohn als Haupterben vorgesehen hatte, von dem die übrigen abhängig sein sollten. Mit dem Konzept der Unigenitur hat sich die Vatersnachbenennung verbreitet. Unigenitur muß nicht Primogenitur bedeuten. Der Bericht Lamperts von Hersfeld über die flandrischen Bräuche zeigt das deutlich. Unigenitur macht jedoch zwischen den Söhnen prinzipiell Unterschiede. Der Grundsatz der Gleichberechtigung der Abstammungsgleichen wird dadurch durchbrochen. Damit ist ein wichtiger Leitgedanke älteren Abstammungsdenkens aufgegeben. Einen besonders erwählten Sohn nach dem Vater nachzubenennen, ist in der Symbolwelt der Namen der Ausdruck dieses Bruchs mit tief verwurzelten Vorstellungen des Geblütsrechts. Mit dem Lehenswesen hat sich die Unigenitur, insbesondere die Primogenitur, in den Fürsten- und Adelsgeschlechtern enorm verbreitet. Aber auch das bäuerliche Erbrecht wurde von diesem Prinzip sehr stark beeinflußt. Überall wo es sich durchsetzt, bestehen gute Voraussetzungen für Namensgleichheit in der Vater-Sohn-Folge.

Vatersnachbenennung erscheint in einem solchen sozialen Kontext als etwas grundsätzlich anderes als Großvatersnachbenennung. Beide Formen unter dem Etikett «Leitnamen» zusammenzufassen, verwischt wichtige familienstrukturelle Unterschiede. Im symbolischen Ausdruck der Geschlechtskontinuität durch einen vom Vater an seinen präsumptiven Erben weitergegebenen Namen hat Nachbenennung eine sehr spezifische Bedeutung: Der Vatersname steht für das ganze Geschlecht in dieser neuen unilinearen Formierung. Eine solche Repräsentation durch einen einzigen Namen setzt Einzelerbrecht auf der materiellen und die Möglichkeit der Nachbenennung auch nach Lebenden auf der symbolischen Ebene voraus. Wichtige Funktionen, die der innerfamilialen Nachbenennung zukommen können, fallen dabei weg. Wir sind in verschiedenen Kulturen dem Prinzip der Papponymie als Ausdruck der Ehrung des Vaters durch den Sohn in der Nachbenennung des Enkels begegnet – eine Ehrung, auf die jener mitunter sogar einen einforderbaren Anspruch hat. Ehrung durch Bezugnahme im Kindesnamen – das ist ein Gedanke, der weit über die Papponymie hinaus bei innerfamilialer Nachbenennung immer wieder mitspielt. Der Begriff «Pietätsnamen» drückt diese Vorstellungswelt anschaulich aus. Bei solchen «Pietätsnamen» geht es stets um die Beziehung des Namengebers zu anderen Familienangehörigen. Den eigenen Namen kann ein Vater seinem Sohn nicht als «Pietätsnamen» geben. Funktionen der Ehrung durch innerfamiliale Nachbenennung treten so bei Namensgleichheit von Vater und Sohn zurück. Ausdruck der Kontinuität in Besitz, Ämtern, Funktionen, darüberhinaus aber insgesamt der Geschlechtskontinuität ist ihnen offenbar übergeordnet.

Papponymie, die zur Namensgleichheit zwischen Großvater und Enkel führt, kann nach dem Tod des ersteren erfolgen, in Kulturen, die Nachbenennung unter Lebenden erlauben, aber durchaus auch zu dessen Lebzeiten. Das jüdisch-christliche Gebot «Du sollst Vater und Mutter ehren» bezieht sich zunächst auf die lebenden Eltern. Und deren Namen an die eigenen Kinder weiterzugeben, war in der jüdisch-christlichen Tradition immer wieder ein bevorzugter Ausdruck dieser religiös gebotenen Haltung gegenüber den Eltern. Die von Siegfried von Gorze berichtete Regel der «aequivocatio» zwischen Großmutter und Enkelin etwa ließe sich als ein Gegenstück zur Papponymie auf Frauenseite in einem solchen Kontext verstehen. Papponymie kann aber ebenso in Kulturen auftreten, die Nachbenennung nach Lebenden nicht gestatten. Sie kommt dann eher bei jüngeren Söhnen vor, bei denen die Wahrscheinlichkeit höher ist, erst nach dem Tod des Großvaters zur Welt zu kommen. In Hinblick auf die Aufgabe, das Namengut der ganzen Abstammungsgemeinschaft durch Repetition immer wieder zu erneuern, erscheint sie nicht unbedingt genauso vorrangig wie unter dem Gebot der Elternehrung. Die persönliche Nähe zum Vater legt es aber auch in solchen Strukturen nahe, unter den verstorbenen Geschlechtsgenossen seiner in besonderer Weise durch Nachbenennung zu gedenken.

Es gibt Kulturen, die zwar Papponymie praktizieren, aber keine Homonymie zwischen Vater und Sohn kennen. Wie gezeigt werden konnte, ist das vor allem dann der Fall, wenn Patronymika einen essentiellen Namensbestandteil bilden. In der europäischen Tradition steht die Möglichkeit der Nachbenennung nach dem Großvater und nach dem Vater nebeneinander. Es handelt sich um ein relativ offenes System innerfamilialer Nachbenennung. Die Voraussetzung für die Namensgleichheit zwischen Vater und Sohn war die Aufgabe des Prinzips der Nachbenennung nur nach verstorbenen Familienangehörigen. Auf der Ebene des Herrschergeschlechts ist dieser Übergang im Frankenreich in der Karolingerzeit erfolgt. Verschiedene Fürstenhäuser in Nord- und Osteuropa haben ihn erst später vollzogen. In anderen sozialen Milieus ist es schwieriger, die Transitionsphase zu erfassen. Zu einem solchen Übergang kam es ja auch nur dort, wo Nachbenennung zunächst auf verstorbene Angehörige beschränkt war. In diesem Fall erweiterte sich der Spielraum für individuelle Bezüge in der Namenswahl der Kinder. Als Voraussetzung der veränderten Namengebung darf wohl angenommen werden, daß auch die Familienstruktur sich in einer Weise gewandelt hat, die verstärkt individuelle Bezugnahmen möglich machte. Wie die Überwindung der Namensvariation scheint auch die Überwindung der auf Verstorbene beschränkten Nachbenennung einen Schritt zur Lockerung abstammungsorientierter Gruppenidentität bedeutet zu haben.

Auf eine Entwicklung in diese Richtung deuten auch unmittelbar folgende Veränderungen der Namengebungspraxis, die von der innerfamilialen zur außerfamilialen Nachbenennung geführt haben. Mit der Nachbenennung nach «geistlichen Verwandten» durch Patenschaft scheint der entscheidende Durchbruch erfolgt zu sein – wie wir gesehen haben gelegentlich mit Relikterscheinungen der auf Verstorbene beschränkten Nachbenennung. Die Praxis der

Nachbenennung aufgrund von Lehensbindungen bzw. anderen dem Verwandtschaftsmodell nachgebildeten Sozialbeziehungen schließt hier an. Der Aufbau solcher neuer an Familienzusammenhängen orientierter Sozialformen hat sich sicher nicht ohne Veränderung der Familienformen selbst abgespielt. Wenn etwa Blutrachepflichten oder mit ihnen korrespondierende Wergeldleistungen in einer Übergangsphase Gefolgsleute oder Ziehbrüder oder Patenkinder miteinschlossen, so wird an solchen Ausweitungsprozessen erkennbar, daß in einem sich wandelnden gesellschaftlichen Umfeld mit intensiveren extrafamilialen Beziehungen der früher so essentielle Charakter von Abstammungsgemeinschaften als Blutracheverbänden auf die Dauer nicht mehr aufrechtzuerhalten war. Gerade die Weiterentwicklung von der innerfamilialen zur extrafamilialen Nachbenennung spiegelt sicher besonders einschneidende Veränderungsprozesse überkommener Familienstrukturen. Ähnlich radikale Wandlungsprozesse, wie die dem «großen Namenschwund» vorausgegangenen lassen sich für die Folgezeit aus der Namengebung nicht erschließen. Erst die jüngere Vergangenheit hat zu noch tiefer greifenden Veränderungen von Familienstrukturen geführt, die ihrerseits in grundlegend gewandelten Praktiken von Namengebung und Nachbenennung ihren Niederschlag finden.

Mit dem Übergang von der innerfamilialen Nachbenennung zur extrafamilialen nach familistischen Prinzipien ist das System der Namengebung komplexer geworden. Wenn die «Geroiani» als Vasallen der normannischen Herzogsdynastie von dieser den Namen Wilhelm übernahmen und in jeder Generation weitergaben – auf wen bezog sich nun die Nachbenennung? Auf Verwandte? Auf den jeweiligen Lehensherrn und dessen Familienangehörige? Auf beide zugleich? Zunächst auf den Lehensherrn und dann auf die Ahnen? Wahrscheinlich ließ sich das für die Zeitgenossen gar nicht so sauber trennen, wie man das aus analytischem Interesse in der Retrospektive gerne möchte. In Prozessen der Nachbenennung nach familistischen Prinzipien über die Familie hinaus kommt es zunehmend zur Überlagerung verschiedener Bedeutungen, die in einem Namen miteinander verbunden werden. Die nach universalistischen Prinzipien erfolgende Nachbenennung nach Heiligen verstärkt diese Tendenz. Ein Philipp in einer Vasallenfamilie der Grafen von Blois im 12. Jahrhundert konnte nach Blutsverwandten, aber auch nach Angehörigen der Herrenfamilie, dem König als deren Oberherrn, ebenso aber nach dem Apostel Philipp nachbenannt sein. Und auch die irdische und die himmlische Ebene lassen sich nicht so ohne weiteres voneinander unterscheiden. So wird die Nachbenennung seit dem Hochmittelalter vielschichtiger. Dieser komplexe Charakter ist für die europäische Namengebung charakteristisch. In einem Akt der Namengebung können nebeneinander sehr vielfältige Bezüge der Nachbenennung verschlüsselt sein.

Was meint Namensgleichheit in einem solchen komplexer werdenden System der Nachbenennung? Lassen sich die innerfamilialen Bedeutungen von Homonymie auf extrafamiliale Nachbenennungszusammenhänge übertragen? Konkreter: Konnte das Konzept der Wesensgemeinschaft unter Blutsverwandten zu der Vorstellung einer Wesensgemeinschaft mit dem Fürsten oder gar mit dem Heiligen erweitert werden? Ließ sich der Gedanke einer durch Namensgleichheit vorausgesagten oder vorausgewünschten Schicksalsgleichheit übertragen? Vorstellungen von Pietät und Ehrung eines noch lebenden oder schon verstorbenen Familienangehörigen kann man sich wohl leichter auf Fürsten oder Heilige projiziert denken. Ohne Quellenzeugnisse darüber, was in einzelnen Akten der Nachbenennung jeweils gemeint war, bleiben solche Überlegungen Spekulation. Das gilt auch für die Frage nach Rückwirkungen der Namengebung nach Fürsten und Heiligen auf die innerfamiliale Nachbenennung. Fand die Pflicht zu Dienst und Gefolgschaftstreue des Vasallensohns oder das Treueverhältnis zum individuell verehrten Heiligen eine Entsprechung in innerfamilialen Beziehungen von Namensgleichen? Wurde Homonymie auch in der Familie mit besonderen Schutz- und Hilfeleistungen verbunden gedacht, wie sie vom Lehensherrn und analog dazu vom Namenspatron erwartet wurden? Der Heilige als Tugendbeispiel und Seelenführer – war das ein Vorbild für Sonderbeziehungen unter Familienangehörigen aufgrund von Nachbenennung? Das Nachbilden von Verwandtschaftsbeziehungen im außerfamilialen Bereich hat im Hochmittelalter zu Vorstellungen geführt, die sich heute schwer nachvollziehen lassen. Fremd ist für Heutige etwa die Meinung, daß ein Kind schon in frühen Tagen seinem Paten nachgerät, daß ein Bauernsohn beispielsweise, wenn er von einem Ritter aus der Taufe gehoben wurde, deshalb ritterliche Gesinnung annähme, wie es im 13. Jahrhundert im Bauernepos «Meier Helmbrecht» formuliert wird.[400] So scheint es durchaus möglich, daß mit der Nachbenennung nach Fürsten und Heiligen etwas von deren «virtus» angeeignet gedacht wurde, wie man sie durch Nachbenennung nach Verwandten aus der Familientradition reaktivierte. Wenn extrafamiliale Namensgleichheit und mit ihr verbundene Beziehungsmuster auf die Fami-

Magdalena von Burgund mit ihrer Namenspatronin, der heiligen Magdalena, Meister von Moulins 1498/9. Die Stifterin und ihre Namenspatronin sind in ihren Gesichtszügen weitgehend aneinander angeglichen. Diese Darstellungsform leitet zum Identifikationsporträt über, der Abbildung von Heiligen mit den Zügen nach ihnen benannter Persönlichkeiten. Solchen Identifikationen liegt die Vorstellung zugrunde, daß Nachbenennung eine äußere und innere Entsprechung bedeutet.

lienverhältnisse zurückwirkten, so am ehesten durch die Schaffung innerfamilialer Sonderbeziehungen. Im Falle einer Nachbenennung nach einem aus dem Familienkreis gewählten Paten ist das ja ganz offenkundig. Was Nachbenennung ausdrücken sollte, darüber dürften sich jedenfalls im Hochmittelalter zusätzliche neue Vorstellungen ausgebildet haben. Eine Schlüsselstellung kommt dabei sicher

der Idee der «spirituellen Verwandtschaft» zu. Durch sie konnte
Namensgleichheit über die Vorstellung der Wesensgemeinschaft
durch Abstammung hinaus entwickelt werden.

In diesem komplexer werdenden System der inner- und außerfamilialen Nachbenennung, in dem immer weniger Namen zur gleichen Zeit sehr unterschiedliche Bezüge zum Ausdruck bringen sollten, kam es im Spätmittelalter zu einem wichtigen Schritt der Entlastung: Es entstanden Doppelnamen, aus denen sich dann in vielen
Regionen Europas eine neue Mehrnamigkeit im ersten Namensteil
entwickelte. Dieser Entwicklung zur Duplizierung, Triplizierung
etc. von «Vornamen», die dem «Familiennamen» vorangestellt
sind, gingen verschiedene Ansätze voraus, denen keine dauerhafte
Breitenwirkung beschieden war: In Südwestfrankreich und Teilen
Spaniens etwa wurde gelegentlich schon im Hochmittelalter der
Vatersname in einer Weise angefügt, die ihn nicht als spezifisches
Patronymikon erkennbar machten.[401] Solche Vatersnamen konnten
dann durch andere Namen aus der Familie als Zweitnamen ersetzt
werden. Derartige Formen verwandtschaftsbezogener Doppelnamen zeigen Parallelen zur Namensvariation bzw. zur Kombination
von Ahnennamen, wie sie sich in diesem Raum in der Spätantike
beim senatorischen Adel finden. Das Grafenhaus von Barcelona mit
seinen verschiedenen Kombinationen der Namen Berenguer und
Ramòn stellt ein gutes Beispiel dafür dar.[402] Aber nicht nur unter
Adeligen finden sich hier aus der Verbindung mit den Vatersnamen
herausentwickelte Doppelnamen. Im Toulousain etwa sind sie im
13. Jahrhundert auch bei Bauern anzutreffen.[403] Doppelnamen, die
wichtige Verwandtschafts- und Ahnenbezüge ausdrücken sollen,
begegnen gelegentlich auch sonst: Etwa der schon erwähnte Karl
Konstantin von Vienne, geboren um 900 als Sohn König Ludwigs
des Blinden, der zwei Kaisernamen vereint, oder zwei Jahrhunderte
später Kaiser Friedrich II., der nach seinen beiden königlichen Großvätern Friedrich Roger getauft wurde.[404] Bei Fürstennamen blieben
freilich das ganze Mittelalter hindurch solche Doppelnamen seltene
Ausnahme. Ohne wesentliche Bedeutung für die Entwicklung zu
Mehrfachnamen blieben auch Beinamen, die – vor allem in Adelsfamilien – individuell ahnenbezogen weitergegeben wurden. Sie sind
keineswegs durchgehend zu einem Teil des Familiennamens geworden und wurden auch nicht immer – wie diese in der Regel – patrilinear weitergegeben. Ein Beispiel dafür ist etwa die Namenkombina-
tion Heinrich Hund in der mächtigen österreichischen Adelsfamilie
der Kuenringer, die aus der Mutterlinie von den Herren von Hint-

berg übernommen und durch eine Tochter an die Herren von Pottendorf weitergegeben wurde.[405] Solche Tiernamen in Doppelnamen sind deswegen von Interesse, weil sie einerseits zu älteren mit Tierbezeichnungen zusammengesetzten Namen in Verbindung stehen, die offenbar aus religiösen Gründen immer mehr zurücktraten, andererseits aber eine Brücke zu Wappen als Individual- und Gruppensymbolen herstellen.[406]

Der entscheidende Anstoß zur Entwicklung und Verbreitung von Doppel- und Mehrfachnamen im ersten Namensteil scheint aber nicht von patronymischen Formen, nicht von doppelter Verwandtennachbenennung und auch nicht von ahnenbezogen weitergegebenen individuellen Beinamen ausgegangen zu sein. Maßgeblich dürfte vielmehr das Bedürfnis gewesen sein, Bezügen zu Ahnen und zu Heiligen nebeneinander Rechnung zu tragen. In diese Richtung deuten jedenfalls frühe Zeugnisse für Doppelnamen aus italienischen Städten. Von Italien aus dürfte sich ja die neue Sitte der Namengebung in Europa verbreitet haben.[407]

In Florenz war es schon im 14. Jahrhundert üblich, Kindern bei der Taufe einen zweiten Namen zu geben – und das keineswegs nur in der Oberschicht der Stadtbevölkerung.[408] Dieser zweite Name war fast immer ein Heiligenname. In etwa der Hälfte der Fälle wurde der Name des Geburtstags- bzw. Tauftagsheiligen gewählt, wobei in Florenz eine Präferenz für den letzteren bestand. Am Sonntag geborene oder getaufte Kinder erhielten oft den Namen Domenico oder Domenica – und zwar nicht in Nachbenennung nach dem großen Ordensgründer, sondern aufgrund der «Kraft des Tages» als theophore Namen. In etwa einem Viertel der Fälle von Zweitnamen nach Heiligen läßt sich eine besondere Verehrung des Vaters gegenüber dem gewählten Heiligen nachweisen. Die in vielen Familien geführten Familienbücher, die sogenannten «Ricordanze», geben mit ihren Anrufungen individuell gewählter Schutzheiliger Aufschluß über solche Zusammenhänge zwischen persönlichem Patronat und Namenswahl für die Kinder. Auch Gelübde des Vaters oder der Mutter an bestimmte Heilige vor der Geburt konnten die Namensentscheidung bestimmen. Insgesamt setzt sich hier die Heiligennachbenennung über die Zweitnamen endgültig durch. Sie war ja im 13. Jahrhundert, wie wir gesehen haben, noch keineswegs die ausschließliche und vielfach auch nicht die dominante Form der Namengebung gewesen. Augurische Namen etwa haben hier damals noch eine große Rolle gespielt, aber auch verschiedene andere mehr oder minder religiös motivierte Namentypen. Solche traditio-

nelle Namen wurden als Ahnennamen in Florenz weiterhin gegeben. Die außerordentlich günstige Quellenlage ermöglicht hier,
auch diesbezüglich Motivationen der Namengebung auf breiter
Grundlage zu erschließen. Die Familienbücher sprechen im Zusammenhang mit der Nachbenennung nach Verwandten immer wieder
von «rifare». Ein verstorbener Angehöriger – die Großmutter, ein
Onkel, ein Bruder – sollten durch Vergabe ihres Namens «neu gemacht» werden, und zwar möglichst bald nach ihrem Hinscheiden
sowie ohne Berücksichtigung einer bestimmten Rangfolge von Verwandtschaftsgraden. Auch hier ist sicher nicht an einen Seelenwan-
derungs- oder Wiedergeburtsglaube in einem wörtlichen Verständnis von «rifare» zu denken. Der Wortgebrauch zeigt jedoch, wie eng
verbunden Name und Wesen einer Person noch in einer urbanen
Gesellschaft des Spätmittelalters gedacht werden konnten, und wie
wichtig es den Menschen war, Namen von Verwandten in der Familie zu erhalten. Die Erstnamen wurden in dieser noch immer sehr
ahnenbewußten Familienkultur primär nach den Verpflichtungen
des «rifare» bestimmt. Die persönliche Heiligenverehrung bzw. die
durch den Geburts- oder Tauftag zu persönlichen Patronen geschaffene Beziehung konnte demgegenüber nur in einem zweiten Namen
ausgedrückt werden.

Natürlich waren auch im Florenz des 14. Jahrhunderts schon viele
Ahnennamen Heiligennamen. Aber ob man den Namen aus «reve-
renzia» gegenüber einem Heiligen gab oder des «rifare» eines Verwandten wegen – das wurde in der Motivation der Namengebung
im Spätmittelalter oft noch sehr deutlich unterschieden. Die beiden
Namen wurden zunächst auch in getrennten Ritualen gegeben. Für
Lucca und Bologna ist der Brauch belegt, den einen an der Kirchen-
tür, den anderen beim Taufbecken zu vergeben.[409] In der weiteren
Entwicklung der Doppel- bzw. Mehrfachnamen hat sich allerdings
dann weder in Italien noch in den Verbreitungsgebieten dieser Sitte
im übrigen Europa die Differenzierung in streng unterschiedene
Verwandten- und Heiligenbezüge gehalten. Zwei Heiligennamen zu
haben, konnte auch im Sinne einer verstärkten Hilfe durch zwei
gemeinsam wirkende himmlische Fürbitter gedeutet werden. Das
Motiv, durch die Namengebung Schutzpatrone zu gewinnen, war
dann sicher auch für die weitere Entwicklung zur Mehrnamigkeit
von großer Bedeutung. Gerade in Italien ist es auf dieser Basis in der
Neuzeit zu Fällen extremer Vielnamigkeit gekommen.[410] Doppel-
und Mehrfachnamen ermöglichten es auch, gerade die mächtigsten
himmlischen Helfer für seine Kinder zu gewinnen, ohne die diffe-

Votivbild des Grafen Julius Friedrich Bucellini in der von ihm gestifteten Wallfahrtskirche Karnabrunn, Niederösterreich. Dem Doppelnamen des Stifters entsprechend stellt das Bild zwei Namenspatrone dar, links den heiligen Papst Julius, rechts den heiligen Bischof Friedrich.

renzierende Funktion des Namens zu beeinträchtigen. In Doppelnamen erfolgten Namenskombinationen bei Töchtern weitaus am häufigsten mit Maria, bei Söhnen mit Johannes.[411] Der Prozeß der Namenkonzentration wurde dadurch vorangetrieben und erreichte im 18. und 19. Jahrhundert in solchen Doppelnamen seinen Höhepunkt. Primär aus dem Differenzierungsbedürfnis unter gleichnamigen Kindern bei zunehmender Namenkonzentration läßt sich das Aufkommen von Doppelnamen jedoch nicht erklären. In jenen italienischen Städten, in denen sie besonders früh auftreten, war der Prozeß des Namenschwunds keineswegs besonders weit fortgeschritten.[412]

Doppel- und Mehrfachnamen konnten noch andere Bedürfnisse befriedigen als die Schar der himmlischen Helfer zu vermehren. Auch die irdischen, nach denen man seine Kinder benannte, waren wichtig. Ebenso wie nach den «patroni» wurde auch nach den «patrini» nachbenannt.[413] Die Sitte, Kindern mehrere Taufpaten zu geben, war schon vor den Doppelnamen aufgekommen. In Gegenden, wo es üblich war, dem Kind einen Patennamen zu geben, konnten nun neben dem Hauptpaten auch noch andere im Namen berücksichtigt werden. Aber auch die Vermehrung der Paten scheint nicht der entscheidende Grund für die Verbreitung von Doppelnamen gewesen zu sein.

In der Verwandtschaft erschlossen die Doppelnamen ebenso neue Möglichkeiten der Nachbenennung. Familiäre Traditionsnamen weiterzugeben, war vor allem in ahnenstolzen Adelsgeschlechtern wichtig. So wurde auch vor allem in diesem Milieu von der neuen Möglichkeit besonders Gebrauch gemacht.[414] In der frühen Neuzeit erscheinen mancherorts Doppel- und Mehrfachnamen geradezu als ein Privileg fürstlicher und adeliger Familien. Letzlich war es aber nicht möglich, solche Namensformen als ein ständisches Vorrecht zu erhalten. Doppelnamen haben sich, wo sie religiös als erlaubt galten, bis weit in bäuerliche Bevölkerungsgruppen hinein verbreitet. Auch in unserer Südtiroler Bauernfamilie sind wir ihnen begegnet. Religiös nicht toleriert waren Doppel- und Mehrfachnamen unter Kalvinern[415], die insgesamt eine rigide Namenpolitik betrieben. Gerade der Kampf bestimmter reformatorischer Gruppen gegen das Prinzip von Doppelnamen gibt wichtige Hinweise auf dessen Entstehung. Es war die Fürbitte des Heiligen, die man zumindest durch einen Namensteil dem Kind unbedingt sichern wollte. Die Kalviner lehnten diese Möglichkeit der Heilsversicherung wie die Heiligenverehrung insgesamt ab. Ihre Gegnerschaft zu Doppelnamen ist ein deutliches Indiz dafür, daß mit dieser Praxis der Namengebung die Erwartung der Interzession von einem oder mehreren Namenspatronen essentiell verknüpft war. Ohne die Motive der Heiligennachbenennung wäre es in der abendländischen Christenheit sicher nicht zur Entstehung und Verbreitung der Mehrnamigkeit gekommen.

Unterschiede in der Einstellung zur Heiligenverehrung haben sich nicht nur bei Doppelnamen ausgewirkt. Sie bedeuten insgesamt die entscheidende Weichenstellung für verschiedene Wege der Weiterentwicklung von Namengut und Namengebung im neuzeitlichen Europa. Die im Spätmittelalter dominanten Heiligennamen haben sich im wesentlichen in allen europäischen Großräumen gehalten – allerdings unter sehr unterschiedlichen Voraussetzungen. In den katholischen Ländern wurden sie primär als Heiligennamen weitergegeben. Veränderungen im Heiligenkult spiegeln sich hier jeweils in veränderten Strukturen des Namenguts. Die Zweit- und Drittnamen boten reiche zusätzliche Möglichkeiten, seinen Kindern durch die Namengebung himmlische Fürbitter zu sichern. Wir haben gesehen, daß in Ausnahmefällen diese Funktion von Namen allein die Praxis der Namengebung bestimmt. Die Regel ist das jedoch nicht. Heiligennamen werden zumeist auch als Verwandten- und Ahnennamen weitergegeben. Auf diese Weise finden neue Wellen der Heiligenverehrung – etwa die von den Kapuzinern oder Jesuiten propagierten Ordensheiligen – im Namengut langfristig ihren Niederschlag. In den Territorien, in denen sich die Reformation durchsetzte, haben sich spätmittelalterliche Heiligennamen primär aufgrund von innerfamilialer Namentradition bzw. von Patennachbenennung gehalten.[416] Nicht die Heiligen sondern die «Ahnen» sind gemeint – die leiblichen wie die spirituellen. Mittelalterliches Namengut hat sich auch hier gehalten, zum Teil sogar – wie in England – mit höherer Stabilität. In keinem europäischen Großraum konnte sich durch die Reformation auf Dauer grundsätzlich neues Namengut durchsetzen.[417] Der Gedanke, nach Vorbildgestalten der Heiligen Schrift statt nach Heiligen als Patronen die Namen der Kinder zu wählen, führte nirgendwo zu einer völligen Verdrängung der Heiligennamen. Die radikale Neuorientierung der Namengebung an vorwiegend alttestamentlichen Gestalten bei Kalvinern bzw. Puritanern hat sich stärker durch die nach Amerika emigrierten Dissenters gehalten als in Europa. Wesentlicher als durch neue religiös motivierte Namen hat die Reformation Namengut und Namengebung durch die Entlastung der überkommenen beeinflußt.

Heiligennamen hatten nicht mehr die gleiche religiöse Bedeutung wie früher. Die Namengebung war nicht wie in den katholischen Ländern seit dem Konzil von Trient auf dieses Namengut beschränkt. Neue Namen konnten zusätzlich aufgenommen werden – aus der klassischen Antike, aus der literarischen Überlieferung, aus der vorchristlichen historischen Tradition. Eine betont nationale Namengebung wurde möglich. Das universalistische Prinzip der Namengebung konnte flexibler gehandhabt werden. Zu seinem Fundus kamen nun in einem ganz neuen Verständnis auch die Fürstennamen der eigenen Zeit hinzu. Ebenso war für Neuansätze der Namengebung nach familistischen Prinzipien durch die Funktionsentlastung des Namenguts von Aufgaben der Heilsvermittlung Raum geschaffen. In England etwa sind Familiennamen zu Vornamen geworden. Der englische «middle-name», zu dem es auch auf dem Kontinent Entsprechungen gibt, ist der Inbegriff einer solchen familistisch orientierten Namengebung.[418] Seine Wurzel ist der Vollname des mütterlichen Großvaters, der mit dem väterlichen Familiennamen verbunden wird. Der mütterliche Familienname geht so in die Gestaltung des Erstnamens ein. Es entstehen Doppelnamen, deren Zweitglied aus dem Namengut der Familiennamen, nicht der Vornamen stammt.

Prozesse der Funktionsentlastung haben jedoch, wie gezeigt wurde, die Heiligennamen in ihrer neuzeitlichen Entwicklung auch in den katholischen Ländern erlebt – de iure schon durch die Bestimmungen des Konzils von Trient, die den Vorbildcharakter der Heiligen als Motiv der Namengebung nach ihnen betonten[419], de facto durch die Entzauberung jener magischen Glaubenswelt, in der man sich vor Blitz und Feuergefahr sicher fühlte, wenn man zusammen mit einem Johannes oder einem Florian unter demselben Dache lebte. Heiligennamen werden im Verlauf dieses Prozesses immer weniger des himmlischen Patrons wegen gewählt. Sie können nun verstärkt zum Ausdruck anderer Beziehungen eingesetzt werden – zu Verwandten, zu Paten, zu Vorbildgestalten aus dem näheren und weiteren sozialen Umfeld. Es kann aber auch mehr und mehr der personale Bezug der Namengebung insgesamt zurücktreten. Die Bedeutung des Namens reduziert sich dann auf Assoziationen, die ganz allgemein mit persönlich bekannten Trägern dieses Namens verbunden sind. Namengebung verliert damit immer mehr die Komponente der Nachbenennung.

Von ihrer Funktion, die Beziehung zu einem Heiligen herzustellen, wurden die Heiligennamen sowohl im evangelischen wie im katholischen Europa viel früher entlastet als von ihrer Funktion, die Beziehung zu Ahnen herzustellen. Innerfamiliale Nachbenennung hat sich vom Frühmittelalter bis zu den großen Transformations- prozessen der Moderne in der europäischen Namengebung eine rela- tiv hohe Bedeutung bewahrt. Diese innerfamiliale Nachbenennung unterlag im Mittelalter zunächst noch gewissen familienstrukturell bedingten Bindungen. Die entscheidenden Veränderungsprozesse der Familienstruktur, die eine Lockerung bedingten, erscheinen im Hochmittelalter jedoch bereits abgeschlossen. Sie sind die Voraus- setzungen des «großen Namenschwunds». Die als dessen Folge auf- tretenden Familiennamen lassen sich nicht unmittelbar als Aus- druck eines Strukturwandels der Familie verstehen; sie machen dessen Resultate sichtbar. Eine vom reinen Abstammungsdenken in vieler Hinsicht gelöste Familienverfassung ist damals schon längst vorgegeben. Dieses im interkulturellen Vergleich gesehen re- lativ offene Familiensystem ermöglichte auch relativ offene Formen der innerfamilialen Nachbenennung. Die Nachbenennung be- schränkt sich nicht nur auf Verstorbene sondern bezieht auch Le- bende mit ein. Sie umfaßt Verwandte der mütterlichen wie der vä- terlichen Linie. Ja sie läßt sogar die Bezugnahme von Töchternamen auf männliche sowie von Söhnenamen auf weibliche Vorfahren zu, eine Durchbrechung der Geschlechtergrenze, die durch die bei bei- den Geschlechtern erlaubte Bezugnahme auf Heilige besonders be- günstigt wurde. Auf dem Hintergrund einer in geringem Maß ab- stammungsorientierten Familienverfassung in Europa wird nicht nur die offene Form der innerfamilialen Nachbenennung verständ- lich, sondern letztlich auch die Überwindung dieses Prinzips.

8. Vor dem Ende der Nachbenennung? – Zum Wandel der Namengebung in der Gegenwart

Die Geschichte der Namengebung in Europa ist eine Geschichte der Nachbenennung. Kinder erhalten bei der Geburt nicht für sie neu geschaffene Namen, die nach ihrem Wortsinn zu verstehen sind.[1] Vielmehr wird aus einem überkommenen Namengut geschöpft. Die Bedeutung von Namen ist durch Tradition bestimmt. Seit der Durchsetzung der Heiligennamen im Hoch- und Spätmittelalter sind sie es, die den Grundstock des Namenguts bilden. Das gilt bis in die Gegenwart. Heiligennamen werden aber heute sicherlich nicht mehr primär nach Heiligen gegeben. Und auch ihre vermittelte Bedeutung als Ahnennamen tritt zurück. Jahrhundertealte Praktiken der Namengebung verlieren so ihre Geltung. Neigt sich die europäische Tradition der Nachbenennung insgesamt ihrem Ende zu? Was sind die gesellschaftlichen Hintergründe dieses Umbruchs? Hat der Rückgang innerfamilialer Nachbenennung mit Veränderungen der Familienstruktur zu tun? Solche Fragen stellen sich, wenn man den sozialhistorischen Bedingungen der Genese dieses Systems der Namengebung nachzugehen versucht hat.

Der Bericht einer Salzburger Bergbäuerin über die Namensvorbilder ihrer Geschwister und Ziehgeschwister hat unsere Überlegungen über Wesen und Wurzeln des europäischen Systems der Namengebung eingeleitet. Er zeigt die alteuropäische Tradition der Nachbenennung noch voll intakt. Zur gleichen Zeit, als der kleinen Barbara Passrugger von ihrer Ziehmutter erklärt wurde «Wenn viele Kinder in der Familie sind, dann kommen zuerst die vererbten Namen dran und dann sagt der Pfarrer wie's heißen sollen» – zur gleichen Zeit korrespondierte in Wien eine junge Frau mit ihrem an der Isonzofront eingerückten Ehemann über den Namen des Kindes, das sie erwartete. Dank der späteren politischen Karriere des Mannes ist dieser ungewöhnliche Briefwechsel erhalten.[2] Die Gedanken, die Hilda und Adolf Schärf austauschten, gehören in eine ganz andere Vorstellungswelt als die der Pongauer Bergbauernfamilie. Sie lassen allgemeine Entwicklungstendenzen erkennen, die zum tiefgreifenden Wandel der Namengebung im 20. Jahrhundert geführt haben – Gleichzeitigkeit des Ungleichzeitigen in zwei singulären Quellen.

Hilda an Adolf, 1. 1. 1917

«Du hast Du schon nachgedacht, wie man das Kind nennen soll? Wie gefällt Dir Egon und ein Mäderl: Erika. Deshalb haben wir uns zwar schon auf dem Weg zur Predulalpe gezankt, mir gefällt aber der Name heute noch. Oder Martha? Nein lieber den ersteren, der klingt so lieb und zart; man stellt sich unwillkürlich dabei etwas Freudiges, Freundliches vor. Die Kinder gleich wie die Eltern zu nennen, halte ich nicht für gut. Sie sind ja neue Wesen und sollen einen eigenen Namen haben.»

Adolf an Hilda, 5. 1. 1917

«Die Namen für das Kind. In den ersten Tagen wird der Name gewählt, wo man noch gar nicht weiß, wie es einst ausschauen wird und der erwachsene Mensch trägt dann den Namen, der vielleicht schön ist, aber nicht zu seinem Äußeren paßt. Erika ist so ein Name. Ein durch Krankheit entstelltes Mädchen, das Erika heißt, ist lächerlich. Es sind farblose, aber doch klingende Namen fürs Kind viel praktischer. Martha würde mir ganz gut gefallen. Man kann ja mehrere Namen geben, der erste ist der, der dann immer geschrieben wird. Wenn Du also willst: Martha Erika, Martha Maria, Martha Mathilda. Ich will am liebsten einen deutschen Namen. Mathilde gefällt mir recht gut. Egon gefällt mir nicht, der Name war mir stets unsympathisch; die Egons, die ich kannte, waren mir nie lieb. Egon heißt «Ich» – der Name ist der personifizierte Egoismus. Robert würde mir gefallen, auch Ludwig, doch der erste mehr. Ich will einen oder zwei schlichte deutsche Namen und zwar solche, die mit ‹Schärf› zusammen nicht schwerfällig und sonderbar klingen. Eine Renate Schärf kommt mir komisch vor. Erika ist ja schön, zu schön für ein Wesen, das vielleicht unbedeutende Züge zeigt, oder die mit 25 Jahren ins Breite und Dicke geht, aber auch lächerlich bei einem zaundürren Ding. Erika ist ein Märchengeschöpf – aber doch keine Schärf.»

Hilda an Adolf, 11. 1. 1917

«Also Egon gefällt Dir nicht. Weißt Du, ich möchte ein selbstbewußtes Kind, egoistisch soll's freilich nicht sein, aber es darf sich selbst auch nicht vergessen. Robert ist ein hübscher Name, er klingt nur zu weich. Bei jedem Namen stellt man sich unwillkürlich die Menschen vor, die man schon unter diesem Namen kennt, alle ihre Stärken und auch ihre Vorzüge kommen ins Gedächtnis und man glaubt, das Kind könnte ähnliche Eigenschaften haben. Ich kenne drei Roberts, alle sind gute Kerls, aber sie haben zu wenig Tatkraft, sie bleiben dort, wohin sie der Zufall wirft. Bei den meisten Menschen wird das zwar auch zutreffen, ohne daß sie gerade Robert heißen, ich möchte aber doch gern einen anderen Namen. Ludwig ist mir noch weniger sympathisch. Und Otto? Von dieser Sorte kenne ich zwei; sie sind rührig, intelligent, lassen sich nicht unterkriegen, sie sind aber nicht ganz ehrlich. Laß mir Zeit, ich werde ein neues Register zusammensetzen, eventuell überlasse ich Dir die Arbeit zum Zeitvertreib. Ja, die Mädels muß ich noch kritisieren. Unter einer Erika hab ich mir ein gesundes Mädchen vorgestellt, das nicht ganz ohne Phantasie ist, etwas Zartes und Gemütvolles und dachte dabei nur an die schönsten Lebensjahre. Daß sie auch einmal eine alte Frau werden muß, vergißt man. Martha wird vorteilhafter sein, vielleicht läßt sich aber noch ein anderer finden.»

Adolf an Hilda, 16. 1. 1917

«Es ist so, wie Du schreibst: Unter jedem Namen stellt man sich Leute vor, die man unter dieser Etikette kennt. Was meinst du zu Adalbert oder Friedrich (Friedel)?»

Adolf an Hilda, 20. 1. 1917

«Die Namensgebung überlaß ich doch Dir, nur wenn mir von Zeit zu Zeit etwas passend Scheinendes einfällt, will ich's schreiben.»

Hilda an Adolf, 21. 1. 1917

«Ich bin neugierig, welchen Namen Du wählen wirst. Eigentlich wäre Otto nicht schlecht, zumal ich gerne Deinen Bruder und den Otto als Geburtszeugen haben möchte. Zwei müssen's doch sein, gelt? Warum wir so sicher mit einem Buben rechnen?»

Hilda an Adolf, 23. 1. 1917

«Gretl schreibt einen ellenlangen Brief und verlangt, daß ihr Neffe Hellmut heißt. Zwanzig Windeln und einige Hemderln hat sie schon für ihn vorbereitet. Sie sorgt sich um meine Nahrung und stellt mir alle möglichen Genüsse in St. Peter in Aussicht. Wenn ich nur schon dort wäre.»

Hilda an Adolf, 8. 3. 1917

«Über die Namen sind wir uns wohl einig, ein Mäderl Martha Marie, ein Bub Otto, ja? Aber den Glöckel möchte ich doch nicht gerne um die Patenschaft bitten, wir könnten uns ja auch so gut bleiben, lieber soll die Gretl mit Deinem Bruder gehen. Sie fühlt sich ohnehin noch immer gekränkt, weil sie nicht bei unserer Hochzeit war, dadurch werden wir sie versöhnen. Ist's Dir recht?»

Adolf an Hilda, 13. 3. 1917

«Mit den Namen einverstanden.»

Adolf an Hilda, 29. 3. 1917

«Gleich schauen wirds mir und Dir und Robert und Grete – solangs noch ganz klein ist. Wenn's Zwillinge sind mußt gleich im Kalender nachschauen und wenn Du nur ein Taufhemderl hast, dann muß eben das eine ein Heide bleiben.»

Geburt einer Tochter, 17. 4. 1917.

Hilda an Adolf, 30. 4. 1917

«Im Büro fragen alle, weshalb wir einen so ernsten Namen gewählt haben. Noch am letzten Sonntag wollte ich Dich fragen, wie Dir Friederike gefällt, die Sorge um den Spinat hat mich darauf vergessen lassen. Freundlicher klingt er als Martha, aber jetzt bleibt ja keine Wahl mehr. Wenn sie nur sonst alles hat, was sie für's Leben braucht, der Name macht's nicht aus. Ich fürchte, sie wird nicht hübsch, und ein Mäderl soll es sein, das ist notwendiger als beim Buben. Eine hohe Stirn hat sie, hoffentlich gerät sie in dieser Hinsicht dem Vater nach. Aber sag mir, von wem hat sie das rötliche Haar? Na, ich bin neugierig, was draus werden wird!»

Adolf an Hilda, 3. 5. 1917

«Martha scheint mir kein so ernster Name zu sein. Friederike klingt gar so norddeutsch altjungferlich. Welche Haare sie später haben wird, läßt sich noch nicht beurteilen.»

Es blieb bei Martha Maria. Die spätere «First Lady» Österreichs unter der Präsidentschaft Adolf Schärfs erhielt den Namen, den ihr Vater in seinem ersten Beitrag zur Namensdebatte vorgeschlagen hatte.

Ein Meinungsaustausch über den Namen des Kindes, wie ihn der Briefwechsel des Ehepaars Schärf von 1917 dokumentiert, ist für Prozesse der Namenswahl im 20. Jahrhundert charakteristisch. In vielen Millionen Fällen wurde und wird in dieser oder ähnlicher Weise über die Namengebung gesprochen. Einmalig ist es jedoch wohl, daß ein solcher Prozeß der Namensentscheidung derart ausführlich schriftlichen Niederschlag findet. Voraussetzung dafür war einerseits die Kriegssituation, die die Gatten in dieser wichtigen Lebensphase trennte, andererseits aber auch die besondere Schreibfreudigkeit der beiden. Fast täglich ging von Wien bzw. von der

Front ein Brief an den Partner. Daß der Meinungsaustausch schriftlich erfolgte, gibt ihm aber auch eine besondere Note. Anders als im mündlichen Diskurs zwingt die Verschriftlichung, diffuse Vorstellungen bewußt zu machen, Werthaltungen zu reflektieren, Vorschläge zu begründen, Gedanken zu systematisieren. Das macht diese Quelle für Motivationen von Namengebung so interessant.

Dem schriftlichen Meinungsaustausch über den Namen des Kindes war ein mündlicher vorausgegangen. Bei einem gemeinsamen Ausflug hatten die beiden schon deswegen «gezankt», wie Hilda schreibt. Eines scheint aber bereits in dieser vorausgehenden Phase klargestellt worden zu sein: Eine Nachbenennung nach Familienangehörigen kommt nicht in Frage. Hilda faßt diesen Standpunkt in ihrem ersten Brief zusammen und begründet ihn kurz aber aussagekräftig: «Die Kinder gleich wie die Eltern zu nennen, halte ich nicht für gut. Sie sind ja neue Wesen und sollen einen eigenen Namen haben.» Nachbenennung als Ausdruck von Wesensübereinstimmung wird grundsätzlich abgelehnt. Auch Adolf scheint diesen Standpunkt von vornherein geteilt zu haben. Er macht nie einen diesbezüglichen Vorschlag, obwohl in seiner kleinbürgerlichen Herkunftsfamilie bis in seine Generation Nachbenennung praktiziert wurde. Der älteste Bruder hieß nach dem Vater Josef.[3] Er hatte als erster in der Familie studiert. Wie Adolf hat auch er mit der Familientradition der Nachbenennung gebrochen.

Stellt man den Briefwechsel der Schärfs der autobiographischen Notiz Barbara Passruggers gegenüber, so könnte der Gegensatz nicht deutlicher sein. Dort wird von den «vererbten Namen» als einem Prinzip der Namengebung gesprochen. Bei jedem der sieben leiblichen bzw. zehn Ziehgeschwister kann die Bezugsperson in der Familie bzw. das Namensvorbild klar angegeben werden. Hier wird das Prinzip der innerfamilialen Nachbenennung grundsätzlich abgelehnt und auch außerfamilial keine Orientierung an einem Namensvorbild gesucht. Berührungspunkte scheint es zu geben, wo die Frage der Patenschaft zur Sprache kommt. Unter den vielen Kindern der Pongauer Bergbauernfamilie heißt es bei einigen ausdrücklich, daß sie ihren Namen vom Taufpaten bzw. «Taufgoden» haben. Die Schärfs hingegen ziehen zunächst den Namen Otto in Erwägung und finden erst sekundär in der Namensgleichheit mit dem Parteifreund Otto Glöckel, der als Pate in Frage kommt, ein verstärkendes Argument. An diesem Wunschnamen wird auch festgehalten, als die Idee der Patenschaft verworfen ist. Man könne sich «ja auch so gut bleiben». Patenschaft als Mittel, Freundschafts- oder

Verwandtschaftsbindungen zu betonen, spielt auch hier eine Rolle. Aber der Name des Kindes wird dafür nicht instrumentalisiert. Die als Patin vorgesehene Schwester Gretl schaltet sich zwar massiv in die Namensdebatte ein, sie plädiert jedoch nicht für einen Namen aus der Familie sondern für einen «deutschen Namen», nämlich Hellmut. Es ist dies die einzige Stelle in der Schärf-Korrespondenz, in der implizit eine vorbildorientierte Namengebung ins Spiel kommen könnte. Der Name des 1891 verstorbenen deutschen Generalstabschefs Helmuth von Moltke wurde vor 1918 in Wien noch äußerst selten gegeben.[4] Daß der Wunschname der Schwester auf ihn bezogen war, wird auch nicht erwähnt. Wahrscheinlich war der Name als politischer Bekenntnisname gemeint. Adolf Schärf schrieb zwar noch 1963 als Bundespräsident in seinen «Erinnerungen»: «Seitdem ich die Geistesschätze des deutschen Volkes kennen- und lieben gelernt habe, hatte ich immer geträumt, meine Heimat wäre nicht Österreich sondern Weimar».[5] Ein politischer Bekenntnisname dieser Art wurde jedoch von ihm in die Namensdebatte nicht eingebracht. Die «schlichten deutschen Namen», für die er sich einsetzte, waren etwa Otto und Mathilde, also eher «altdeutsche» Namen. Ein unmittelbares Namensvorbild der sozialdemokratischen Bewegung, in der er kurz darauf in führender Position hervortrat, erscheint von ihm auch nicht thematisiert. Otto Glöckel wurde als persönlicher Freund, nicht als Parteiführer in die Namensdebatte einbezogen.

In der Bergbauernfamilie Barbara Passruggers betreffen die außerfamilialen Nachbenennungen den Kaiser und die Heiligen. Für die Schärfs als überzeugte Sozialdemokraten wäre beides nicht in Frage gekommen. Dem Beispiel seines älteren Bruders folgend war Adolf als 25jähriger Reserveoffizier gemeinsam mit seiner Braut aus der katholischen Kirche ausgetreten. Die Ehe vor dem Standesamt war mit großen bürokratischen Schwierigkeiten verbunden.[6] Bei ihren beiden Kindern entschieden sie sich jedoch dann doch für die Taufe, allerdings mit der Aufnahme in die evangelische Kirche verbunden.[7] Die Präferenz für den Namen Martha steht damit aber wohl kaum in Zusammenhang. Dessen starke Verbreitung zu Anfang des Jahrhunderts in Berlin ist zwar sicher auch konfessionell zu erklären[8], für die Schärfs spielten diese Momente jedoch keine Rolle. Die Häufigkeit in Berlin trug vielleicht zur Konnotation «deutsch» bei, obwohl die hebräische Wurzel dem Vater sicher bekannt war.[9] Typisch katholische Heiligennamen werden weder von Adolf noch von Hilda als Erstname ins Spiel gebracht. Die Aversion gegen die katholische Kirche dürfte darin zum Ausdruck kommen. Um so erstaunlicher erscheint dann die Entscheidung für Maria als Zweitname. Die Alternative Martha Mathilda legt nahe, daß das klangliche Moment der Alliteration dabei entscheidend war. Hätte Hilda Zwillinge zur Welt gebracht, so wäre den Schärfs gleichsam durch die Hintertür aber doch eine echte Heiligennachbenennung passiert. Für diesen Fall hatte Adolf empfohlen, «gleich im Kalender nach (zu)schauen». Um die Kraft des Heiligen an seinem Tage ging es ihm dabei natürlich nicht. Im katholischen Österreich war diese Praxis der Nachbenennung aber so tief verwurzelt, daß auch in einem völlig säkularisierten Milieu für den Notfall der Kalender als Hilfe der Namengebung diente.

Sucht man nach Spuren der Nachbenennung, so findet sich in der Korrespondenz des Ehepaars Schärf auch keinerlei Hinweis auf eine solche nach den «neuen Heiligen» des bürgerlichen Zeitalters – nach Leitbildfiguren aus Literatur, Theater oder Oper. Sicher – einige der diskutierten Namen haben sich im 19. Jahrhundert auf diesem Weg verbreitet bzw. wurden in ihrer Verbreitung durch solche Gestalten verstärkt. Der Briefwechsel läßt aber auch in diesen Fällen keinerlei direkte Bezugnahme erkennen. Nirgendwo wird von Personen gesprochen, die bei der Lektüre beeindruckten oder beim Theaterbesuch. Eine unmittelbare Vorbildwirkung dieser «neuen Heiligen» hat – jedenfalls nach dieser Quelle – bei der Namenswahl nicht mitgespielt.

Trotzdem innerfamiliale Nachbenennung explizit abgelehnt wird und extrafamiliale nirgends Thema ist, sind auch bei den Schärfs Momente herkömmlicher Nachbenennungspraxis in die Namensdiskussion eingegangen, allerdings in sehr vermittelter Form. Das uralte Motiv des Zusammenhangs von Nachbenennung und Wesensübertragung greift Hilda schon in ihrem ersten Schreiben zur Namenswahl des Kindes auf – hier noch ganz im traditionellen Verständnis: Namensgleichheit zwischen Eltern und Kindern bedeutet Wesensübereinstimmung. Da das Kind ein «neues Wesen» ist, soll es einen «eigenen Namen» haben. Adolf führt in seiner Antwort einen neuen Aspekt dazu ein: Auch außerhalb der Familie hängt Namensgleichheit mit Wesensgleichheit zusammen: «die Egons, die ich kannte, waren mir nie lieb». Hilda greift den Gedanken auf und formuliert ihn allgemein: «Bei jedem Namen stellt man sich unwillkürlich die Menschen vor, die man schon unter diesen Namen kennt, alle ihre Stärken und wohl auch ihre Vorzüge kommen ins Gedächtnis und man glaubt, das Kind könnte ähnliche

Eigenschaften haben». Aus rationalen Argumenten relativiert sie zwar sofort diesen «Glauben». Zu wenig Tatkraft haben, dort bleiben, wohin einen «der Zufall wirft» – das kann bei jedem Namen vorkommen. Trotzdem entwirft sie aufgrund ihrer persönlichen Erfahrungen gleich zwei solche Namensprofile: der «weiche Robert», der «rührige und intelligente Otto», der «sich nicht unterkriegen läßt», «aber nicht ganz ehrlich» ist. Und Adolf schließt diese gemeinsame Reflexion über die Zusammenhänge von Namen und Wesen seiner Träger mit der Bemerkung ab: «Es ist so wie Du schreibst, unter jedem Namen stellt man sich Leute vor, die man unter diesem Namen kennt.»

Bei einer Praxis der Namengebung, die in dieser Weise Wesen und Eigenschaften früherer Namensträger mit dem Namen weitergegeben denkt, handelt es sicher nicht um Nachbenennung. Die dahinter stehende Vorstellungswelt aber ist typisch für eine Kultur der Nachbenennung, vor allem eine, die auch extrafamiliale Namensvorbilder mit einbezieht. Innerfamiliale Nachbenennung hat ihrem Ursprung nach stets mit Wesensverwandtschaft aufgrund von Blutsverwandtschaft zu tun. Es ist bezeichnend, daß auch das Ehepaar Schärf immer wieder äußere Ähnlichkeiten in der Familie im Zusammenhang mit Namengebung thematisiert, ohne freilich deswegen Nachbenennung zu überlegen. Bei extrafamilialer Nachbenennung nach innerfamilialem Vorbild wird der Name zu einem entscheidenden Träger geglaubter Wesensübereinstimmung. Auch ohne Abstammungsbeziehung meint man, durch ihn personale Qualitäten übertragen zu können. In der europäischen Namengebung mit ihrer weit zurückreichenden Tradition extrafamilialer Nachbenennung sind solche Vorstellungen stark ausgeprägt.[10] Sehr maßgeblich wurden sie auch durch die Namengebung nach Heiligen beeinflußt. Deren Lebensgeschichte, deren Spezialpatronate und der Glaube, durch Nachbenennung an deren Wesen teilhaben zu können, haben sicher sehr stark zur Assoziation von Namen und bestimmten Eigenschaften beigetragen. Vorstellungen des Zusammenhangs von Name und Eigenschaften erhalten in säkularisierten städtischen Gesellschaften der Moderne eine neue Qualität. Die Verkehrskreise erweitern sich. Eine Mehrzahl von Trägern des gleichen Namens im Bekanntenkreis bestimmt die Konnotationen, die ein Name trägt. Und diese Konnotationen können von Individuum zu Individuum sehr verschieden sein. Bei Egon und Robert hatten offenbar Hilda und Adolf Schärf aufgrund ihrer Bekannten unterschiedliche Assoziationen. Bei Namensvorbildern des universalistischen Typs ist die überindividuelle Gemeinsamkeit von solchen Wesensassoziationen sicher größer. Aber eindeutige Namensprofile, wie es etwa die «kluge Katharina» für die nach St. Katharina von Alexandrien nachbenannten Mädchen war, gab es in einer zunehmend säkularisierten und pluralistischen Gesellschaft auch nicht mehr. In einer differenzierten Schrift- und Bildkultur konnten sich mit demselben Namen unterschiedliche Wesensmerkmale verbinden. Wie in den Primärgruppen des Alltagslebens verloren auch in den Sekundärgruppen einer größeren Öffentlichkeit die Namensvorbilder ihre Eindeutigkeit. Eine Namenkultur, in der es seit alters Überlagerungen der Namensbedeutung durch Nachbenennung gab, konnte in den gesellschaftlichen Differenzierungsprozessen der Moderne sehr vielschichtige Bedeutungsfelder von Namen entwickeln. Zu Beginn des 20. Jahrhunderts war dieser Prozeß schon weit fortgeschritten. Es bedurfte für das Ehepaar Schärf eines intensiven Reflexionsprozesses, um sich überhaupt selbst bewußt zu machen, welche Eigenschaften sie aufgrund welcher Namensträger mit bestimmten Namen assoziierten.

Es fällt auf, daß im Briefwechsel des Ehepaars Schärf eine durch den Namen vermittelt gedachte Wesensgemeinschaft mit anderen Namensträgern nur an Beispielen von Männernamen besprochen wird. Bei den diskutierten Mädchennamen findet sich keinerlei Bezug auf bestimmte Trägerinnen. Das scheint kein Zufall zu sein. Wir sind in der Namengebung verschiedener Kulturen – auch immer wieder an europäischen Beispielen – dem Phänomen begegnet, daß Nachbenennung bei Söhnen eine größere Rolle spielt als bei Töchtern. Das gilt für innerfamiliale Nachbenennung aufgrund des Interesses an Kontinuität in der männlichen Linie. Das gilt aber auch für extrafamiliale Nachbenennung aufgrund der über Männer aufgebauten Gruppenbeziehungen der jeweiligen Öffentlichkeit. Dieser Tradition primär männlich orientierter Nachbenennung könnte es entsprechen, daß Wesensübereinstimmung durch Namen bei den Männernamen ins Spiel kommt. Bei Mädchennamen wird der Zusammenhang von Name und Eigenschaften anders hergestellt. Der «Klang» des Namens ist entscheidend. Für Hilda «klingt» Erika «so lieb und zart»; «man stellt sich unwillkürlich etwas Freudiges, Freundliches vor»; «ein gesundes Mädchen, das nicht ganz ohne Phantasie ist, etwas Zartes und Gemütvolles». Für Adolf ist Erika schlicht «ein Märchengeschöpf». Beim «Klang» eines Namens geht es sicher nicht nur um Euphonie – was immer auch in unterschiedlichen sozialen Kontexten als «Wohlklang» empfunden wird. Es geht beim «Klang» sicher auch um Assoziationen, die durch gleich- oder ähnlich lautende Begriffe ausgelöst wird. Im Fall von Erika ist es eindeutig die Assoziation zur gleichnamigen Blume. Blumennamen für Mädchen sind in vielen Namenkulturen eine alte und weit verbreitete Erscheinung. Sie entsprechen einer bestimmten Konzeption der weiblichen Geschlechtsrolle. Blumennamen für Mädchen sind in der europäischen Namenkultur der Moderne der wichtigste Typ neugebildeter Namen, die im Verhältnis zu den durch Nachbenennung weitergegebenen hier freilich nur eine sehr untergeordnete Rolle spielen.[11] Ihre Wurzel liegt ursprünglich auch in Kurzformen für durch Nachbenennung weitergegebene Namen wie Heide, Linde oder Rose. Auch Erika als Femininform zu Erich gehört in diese Gruppe. Bei diesen Namen ist der Wortsinn gegenüber der Bedeutung durch Nachbenennung stark in den Vordergrund getreten. Dies ist insgesamt ein Phänomen, das sich in der neueren Entwicklung der Namengebung beobachten läßt: Je diffuser der Bedeutungsgehalt eines Namens durch die Vielfalt von Namensvorbildern wird, desto eher werden Assoziationen aufgrund von gleich oder ähnlich klingenden Worten möglich. Auch bei den Männernamen findet sich im Briefwechsel der Schärfs dazu ein interessantes Beispiel. Adolf leitet Egon von «ego» ab und sieht im Namen den personifizierten Egoismus. Zu solchen Entwicklungen konnte es allerdings erst dann kommen, wenn eine klar personen- bzw. vorbildbezogene Nachbenennung aufgegeben wurde. In der bergbäuerlichen Umwelt einer Barbara Passrugger wäre damals niemand auf die Idee gekommen, einen bestimmten Namen aufgrund der durch seinen «Klang» bedingten Assoziationen zu wählen oder zu verwerfen.

Es sind neue Prinzipien der Namengebung, die in der Schärf-Korrespondenz für das frühe 20. Jahrhundert faßbar werden. Haben sie die alten der innerfamilialen bzw. der vorbildbezogenen Nachbenennung verdrängt? Alle statistischen Befunde aus europäischen Ländern deuten darauf hin, daß es hier im 20. Jahrhundert zu tiefgreifenden Veränderungen der Namengebung gekommen ist, in deren Verlauf die Nachbenennung nach Familienangehörigen radikal zurückgegangen ist. Aussagen darüber lassen sich auf zwei Ebenen gewonnenen Daten entnehmen. Einerseits liegt massenhaft statistisches Material über die Häufigkeit der in verschiedenen Populationen gegebenen Namen vor. Im Unterschied zu früheren Jahrhunderten kommt es unter den jeweils führenden Namen zu einem immer häufigeren Wechsel. Dieses Phänomen kann nur dann eintreten, wenn nicht mehr auf Namen von Familienangehörigen vorangegangener Generationen als Regelfall zurückgegriffen wird. Andererseits gibt es eine Reihe von Spezialuntersuchungen, die mit quantifizierenden Methoden der Frage innerfamilialer Nachbenennung unmittelbar nachgegangen sind – sei es durch die Erfassung objektiv gegebener Namensgleichheit unter Verwandten, sei es durch die Frage nach subjektiv als Nachbenennung motivierten Akten der Namengebung. Alle diese Daten weisen in dieselbe Richtung.

Die Struktur des Namenguts bzw. dessen Stabilität und Wandel in neuerer Zeit ist besonders gut in Frankreich dokumentiert – einem Land, dem für die Veränderungsprozesse der Namengebung eine Schlüsselrolle zuzukommen scheint. Für das 19. Jahrhundert liegt die Auswertung einer repräsentativen Stichprobe von 3000 Familien vor.[12] Sie zeigt sowohl bei den Männernamen wie auch bei den Frauennamen den ganzen Untersuchungszeitraum hindurch eine hohe Konstanz.[13] An der Spitze liegt bei den Männernamen durchgehend Jean, bei den Frauennamen Marie. Je sechs der um 1900 führenden Namen waren schon um 1800 unter den ersten zehn zu finden. Ausnahmslos handelt es sich dabei um Heiligennamen nämlich neben Jean bei Louis, Joseph, Pierre, François und Charles bzw. neben Marie bei Jeanne, Louise, Marguerite, Madeleine und Anne. Der Mehrzahl von ihnen waren wir schon in den Pariser Steuerrollen aus der Zeit um 1300 begegnet. Bei den im 19. Jahrhundert neu hinzukommenden Namen ist der Wechsel stärker – sowohl im Anstieg wie auch im Abfall. Das gilt etwa für die der klassischen Antike entlehnten Namen Auguste und Jules oder für Émile, den Namen einer der Leitfiguren der Aufklärung. Keiner von ihnen gelangte jedoch unter die ersten fünf. Eine noch umfassendere Studie des «Institut national de la statistique et des études économiques (INSEE»} umfaßt den anschließenden Zeitraum von 1895 bis 1981.[14] Bereits um die Jahrhundertwende kommt unter die führenden Männernamen Bewegung. Die bisher schon führenden Louis, Pierre und Jean wechseln sich in der Spitzenposition ab. Zweimal stößt kurzfristig André an die Spitze vor. Von 1913 bis 1937 hält aber wieder kontinuierlich Jean den ersten Platz. Dann ändert sich alles. Bis in die frühen fünfziger Jahre übernimmt Michel die Führung, ein Name, der im ganzen 19. Jahrhundert nie unter den ersten zu finden gewesen war. Kurzfristig wird Michel von Alain abgelöst. Dann hält auf einige Jahre Philippe den ersten Platz. Auf ihn folgen Thierry, Christophe, wieder Philippe, dann Stephane, Sebastien, Nicolas. Die Abstände werden immer kürzer, immer schneller setzt sich ein neuer Name an die Spitze. Dem raschen Aufschwung folgt wenige Jahre später ein ebenso rascher Abstieg. Ein ähnliches Bild zeigt sich bei den Frauennamen. 1925 wird Marie durch Simone abgelöst, 1926 diese von Jeannine, die bis 1935 an der Spitze liegt. Als Kurzform zu Jeanne gehört Jeannine noch zum traditionellen Namengut. Das gilt nicht für ihre Nachfolgerinnen, für Monique, Danielle und Martine, die bis in die frühen 50er Jahre dominieren, für Brigitte, Sylvie, Nathalie, Sandrine, Stephanie und Aurelie, die sich in der Folgezeit in immer kürzer werdenden Phasen in der Spitzenposition der häufigsten Namen ablösen. Auch bei den Frauennamen werden die Häufigkeitskurven in Anstieg und Abfall immer steiler. Der statistische Befund ist eindeutig: Kaum eines dieser Kinder kann denselben Namen tragen wie die Eltern und Großeltern.

Zeitlich phasenverschoben ergibt sich ein ähnliches Bild aus der Analyse des kleinen Nachbarlands Luxemburg in der Zeit seit dem ausgehenden 19. Jahrhundert.[15] Hier hielt sich Jean bis 1966 an der Spitze der Männernamen wie Marie bis 1960 bei den Frauen. Seither wechselt die Führungsposition bei beiden Geschlechtern in kurzen Abständen, häufig sogar jährlich. Bei den Söhnenamen lösen einander Patrick, Marc, Claude, Steve und Laurent, bei den Töchternamen Christiane, Danielle, Sandra, Tanja, Nathalie, Carole und Stephanie ab. Die Parallelen zu Frankreich sind auffallend. Es handelt sich offenbar um internationale Trends. Keinen dieser Namen findet man um die Jahrhundertwende in führender Position. Die damals Führenden erscheinen 1977/86 auf hinteren Rängen: Jean auf Platz 29, Nicolas auf Platz 39, Pierre auf Platz 21. Noch radikaler ist der Wandel bei den Mädchennamen. Marie begegnet überhaupt nur mehr in der hebräischen Form Myriam bzw. in der Kombination Anne-Marie unter den 60 häufigsten Namen. Noch deutlicher als der Aufstieg der neuen Führungsnamen signalisiert dieser Abstieg der alten das Ende der innerfamilialen Nachbenennung.

Dieser Abstieg der führenden Namen aus der Großelterngeneration läßt sich sehr anschaulich auch an Daten der Namenshäufigkeit aus der Stadt Wien vom Jahrhundertanfang bis in die achtziger Jahre veranschaulichen.[16] Struktur und Veränderung des Namenguts lassen analoge Entwicklungstendenzen erkennen – dem städtischen Charakter der Population entsprechend etwas früher als in Luxemburg, im Vergleich zu Frankreich jedoch mit Verzögerung. Bis zum Ende des Ersten Weltkriegs stehen Heiligennamen an der Spitze, die zugleich solche des Herrscherhauses sind: Franz, Josef,

Johann und Karl bei den Männern Maria, Anna, Leopoldine und Theresia bei den Frauen. Franz hält in der Folgezeit weiterhin die Spitzenposition, wird in der Zeit des Zweiten Weltkriegs kurzfristig von Peter auf den zweiten Platz verdrängt, übernimmt sie jedoch wieder in der Nachkriegszeit, fällt dann aber in den sechziger Jahren auf den 25. und 1981 auf den 39. Platz zurück. Ähnliches gilt für Josef, Karl und Johann. Sie werden während des Zweiten Weltkriegs etwas seltener gegeben, nehmen aber dann nach dem Krieg wieder hintereinander die Ränge 3–5 ein. 1968 gehören sie alle nicht mehr zu den häufig gegebenen. Karl etwa liegt 1981 nur mehr an 62. Stelle. Die Häufigkeitszunahme von Traditionsnamen unmittelbar nach dem Zweiten Weltkrieg könnte mit der Nachbenennung nach gefallenen Familienangehörigen zusammenhängen, ebenso aber mit einem bewußten Anknüpfen an durch den Krieg gestörte Familientraditionen. Bei den Frauennamen findet das Phänomen in abgeschwächter Form eine Entsprechung. Hier hält Maria bis 1938 den ersten Platz, verliert ihn 1939 zugunsten von Christine, die ihn auch in der Nachkriegszeit weiterhält, rutscht auf den dritten und nach dem Krieg auf den vierten Platz ab und findet sich seit den sechziger Jahren nur mehr an 22. bis 26. Stelle. Bei Anna beginnt der Abstieg schon in der Vorkriegszeit, der neuerliche Aufstieg in der Nachkriegszeit vom 12. auf den 10. Rang ist schwach, der Rückfall auf den 48. im Jahr 1968 weit. Bei Leopoldine und Therese vollzieht sich die Abwärtsentwicklung bereits in der Vorkriegszeit noch viel schneller, der Aufwärtstrend nach dem Krieg ist minimal. 1968 finden sich die beiden Namen auf Platz 150 und 105. 1972 ist Leopoldine überhaupt aus der Wiener Namengebung verschwunden. Der Umbruch der Namengebung erfolgt also bei den Töchtern früher und radikaler als bei den Söhnen. Das schon wiederholt angetroffene Phänomen der Männernamen als familialer Kontinuitätsträger läßt sich auch hier feststellen. In den sechziger Jahren des 20. Jahrhunderts verliert aber auch dieser Grundsatz der Nachbenennung endgültig seine Bedeutung.

Die Beispiele mögen genügen, um von der Struktur des Namenguts her den Bedeutungsverlust innerfamilialer Nachbenennung zu illustrieren. Derart auswertbares Material liegt in reichem Umfang vor und auch an Beschreibungen von Veränderungsprozessen auf dieser Grundlage mangelt es nicht. Seltener wird darüber hinausgehend der Schritt zur Untersuchung des Wandels innerfamilialer Nachbenennung getan und deren Rückgang zu erklären versucht. In ihrer Studie über «Family and Kinship in East London» haben Michael Young und Peter Willmott schon 1957, vom Wandel des Namenguts ausgehend, die rückläufige Namengebung von Kindern nach ihren Eltern statistisch zu erfassen versucht und mit ihren Interviewpartnern darüber gesprochen. Sie fassen ihre Ergebnisse so zusammen[17]: «In the past it was not uncommon for children and especially for sons to be given the same Christian names as their parents, the eldest son often taking the father's and the eldest daughter the mother's name. In family after family the same names repeat – Mary, Alice, Ada, Elizabeth, Amy, Emma, Ivy, Margaret, Ellen, Jenny, Florence, Doris for girls; and John, George, Harold, Albert, William, James, Charles, Joseph, Henry and Thomas for sons... The inheritance of names is clearly less favoured by the younger parents that it was in the past. Custom is replaced by fashion, and the fashion does not spring from Bethnal Green. This is most marked with the boys born since the end of the war who now have names like Glenn, Gary, Stephen, Nicholas, Christopher, Graham, Adrian and Kevin, and the girls such names as Maureen, Marilyn, Carol, Jacqueline, Janet, June, Susan, Gloria, Lana and Linda, unknown to ancestors christened before the dawn of Hollywood.» Auch wenn die Bildkultur Hollywoods nur ein Faktor unter vielen für die Neuorientierung der Namengebung gewesen sein mag – der Umbruch ist radikal genug. Unter den traditionellen Namen von Arbeiterfamilien der Londoner Eastside finden sich um die Mitte des 20. Jahrhunderts nicht nur mittelalterliche Heiligennamen. Auch die ältere Schicht der Fürstennamen ist noch vertreten – eine erstaunliche Kontinuität über fast neun Jahrhunderte, die nun plötzlich zu Ende geht.

Die Nachbenennung des erstgeborenen Sohns nach dem Vater geht nach den von Young und Willmott erhobenen Daten binnen einer Generation auf ein Drittel zurück. Unter den über 50jährigen hatten noch 60% sich an diesen Brauch traditioneller Namengebung gehalten, unter den 40–50jährigen 41% unter den 30–40jährigen 21% und unter den 20–30jährigen 20%. Auf der Frauenseite war, wie schon gewohnt, das Ausgangsniveau viel niedriger. Nur in 28% der Fälle bestand bei den Müttern zwischen 50 und 60 Namensgleichheit mit der ältesten Tochter. In den niedrigeren Altersgruppen ging der Prozentsatz auf 8 und 6 zurück. Von den Müttern zwischen 20 und 30 hatte schließlich überhaupt keine mehr eine namensgleiche Tochter. Die Spannung zwischen den Generationen, die in diesem Umbruch zum Ausdruck kommt, deutete eine der Interviewpartnerinnen an: «My Mum thought it ought to be called

Bill, after my husband, if it was a boy, and after me if it was a girl. With her is all the family. She doesn't like all these fancy names.» Eine ausführliche Analyse dörflicher Nachbenennungssitten vom 16. Jahrhundert bis zur Gegenwart führt in die Gegend von Toulouse, jenen südwestfranzösischen Raum, der uns schon wiederholt beschäftigt hat.[18] Noch im 19. Jahrhundert begegnen in Fronton im Départment Haute Garonne neben den obligaten Heiligennamen wie Jean, Pierre, Antoine und François bzw. Marie, Jeanne, Anne und Marguerite unter den häufigsten Namen solche, die sich als Fürstennamen bis in karolingische Zeit zurückverfolgen lassen wie Bernard und Arnald, Raymond und Guillaume bzw. Guillaumette. Bereits in den zwanziger Jahren des 20. Jahrhunderts erscheinen jedoch hier die Traditionsnamen weitgehend durch neue ersetzt, etwa durch André und Andrée oder Marcel und Marcelle. Ein Querschnitt aus der Zeit 1970–9 zeigt einen totalen Austausch des Namenguts sowohl auf Männer- wie auf Frauenseite. Auch die neuen Namen der zwanziger Jahre sind völlig verschwunden.

Durch Jahrhunderte hatte man sich in Fronton sehr streng an ein stark determinierendes System der Nachbenennung gehalten. Die Namen der Kinder wurden grundsätzlich nach den Paten gegeben, diese aber in genau geregelter Abfolge aus der Familie gewählt, so daß es de facto zu einem System rein innerfamilialer Nachbenennung kam: das erste Kind erhielt den väterlichen Großvater und die mütterliche Großmutter zu Paten, das zweite den mütterlichen Großvater und die väterliche Großmutter. Bei den weiteren Kindern wurden Onkeln und Tanten als Paten gebeten. Der Rückgang der Patennachbenennungen spiegelt dementsprechend hier den Rückgang der innerfamilialen Nachbenennung insgesamt. Im Verlauf des 20. Jahrhunderts erhielten im ersten und zweiten Jahrzehnt noch 68% Prozent der Kinder ihren ersten Taufnamen nach den Paten, im dritten und vierten noch 26% im fünften und sechsten nur mehr 9% und im siebenten und achten überhaupt bloß 5%. Der Strukturwechsel des Namenguts korrespondiert zeitlich genau mit dem Rückgang der Nachbenennung. Interessante Modifikationen des Bilds ergeben sich, wenn man neben dem eigentlichen Rufnamen auch noch den zweiten und dritten Taufnamen in die Analyse einbezieht. Dann zeigt sich nämlich, daß die traditionelle Sitte der Paten- bzw. Verwandtennachbenennung keineswegs abrupt aufgegeben wurde. Parallel zum Rückgang der Namensgleichheit im Erstnamen erfolgte ein Anstieg im Zweit- und Drittnamen. Noch 1960–79 wurden 76% der Drittnamen nach Paten gegeben. Der

Brauch, Kinder auf mehrere Namen zu taufen, scheint hier sogar mit dem Erhalt traditioneller Nachbenennungssitten in Zusammenhang zu stehen. Im 19. Jahrhundert war er noch wenig verbreitet. Der Höhepunkt der Mehrnamigkeit liegt in den zwanziger Jahren dieses Jahrhunderts und sie ist in den letzten Jahrzehnten nicht wesentlich zurückgegangen. Eine solche Verschiebung traditioneller Nachbenennungspraktiken vom Rufnamen weg zu einem im Alltagsleben irrelevanten Namensteil läßt sich auch sonst beobachten.[19]

Aus städtischem Milieu Norddeutschlands liegt eine ausführliche Analyse von Namengebung und Nachbenennung aufgrund von Fragebogenerhebungen für Kiel vor.[20] 1950 sind hier die führenden Namen Peter, Wolfgang, Dieter, Manfred und Günter bzw. Brigitte, Renate, Ursula, Monika und Elisabeth.[21] Von ihnen dürften wohl nur Peter und Elisabeth eine weiter zurückreichende Tradition auf Führungsplätzen gehabt haben. Alle anderen erlebten ihren Aufstieg erst im 20. Jahrhundert. 1974 sind sie alle aus den ersten Rängen verschwunden. Hier finden sich nun Michael, Sven, Christian, Andreas und Stefan bzw. Nicole, Tanja, Sandra, Stefanie und Maike. Kaum einer der Großväter oder der Großmütter wird einen dieser Namen getragen haben. Die Nachbenennung nach Verwandten, aber darüber hinaus insgesamt nach angebbaren personalen Vorbildern ist in diesem Untersuchungszeitraum kontinuierlich zurückgegangen. Wieweit entscheidende Einbrüche schon vor der Jahrhundertmitte erfolgten, läßt sich aus den erhobenen Daten nicht rekonstruieren. Interessant erscheinen vor allem schichtspezifische Unterschiede der innerfamilialen Nachbenennung. Während in Akademikerfamilien der Anteil der nach Vater oder Großvater nachbenannten Söhne nur von 40 auf 30% zurückging, fiel er in Arbeiterfamilien von über 30 auf unter 10%.[22] Diese Werte schließen allerdings auch Nachbenennungen im Zweit- und Drittnamen ein. Drei Muster der innerfamilialen Nachbenennung begegnen besonders häufig[23]: Der Sohn erhält den Rufnamen des Vaters als Zweitname – ein vor allem in Arbeiterkreisen verbreiteter Typus der Namensgleichheit; der Rufname des Großvaters kehrt als Zweitname von Vater und Sohn wieder und die Vergabe der Rufnamen beider Großväter im Zweit- und Drittnamen des Enkels – zwei vor allem in Akademikerfamilien auftretende Formen. Bei Töchtern erscheint die Nachbenennung in allen Schichten weit weniger ausgeprägt als bei Söhnen, bei jüngeren Kindern weniger als bei älteren[24], beides schon mehrfach angetroffene Phänomene. Bemerkenswert erscheint die häufigere Nachbenennung nach Verwandten in kinderreichen Familien.[25] Offenbar stehen traditionelle Namengebung und traditionelle Formen des generativen Verhaltens miteinander in Zusammenhang. Schließlich ist bei Zuwanderern der Rückgriff auf herkömmliches Namengut der Familie häufiger festzustellen als bei Ansässigen.[26] Migration kann also offenbar eine Betonung der Kontinuität in der Namengebung begünstigen.

Die Kieler Arbeitsgruppe machte den in der namenkundlichen Literatur seltenen Versuch, den radikalen Wandel von Namengut und Nachbenennung mit veränderten Gegebenheiten der Familienstruktur und diese wiederum mit allgemeinen Prozessen des sozialen Wandels in Verbindung zu bringen. Die Autoren der Studie meinen[27]:

«Man kann wohl davon ausgehen, daß sich in den verschiedenen Schichten aufgrund der unterschiedlichen sozioökonomischen Bedingungen das Verhältnis der Generationen zueinander jeweils anders entwickelt... Im Gegensatz zur Unterschichtfamilie ist das bürgerliche ‹Elternhaus› der Oberschicht in der Lage, dem Nachwuchs Besitz in vielfältiger Form – Besitz an Familienvermögen, an verwertbarem Wissen, an Bildungsprivilegien und sozialer Geltung – zur Verfügung zu stellen. Die selbstverständliche Tradierung solcher Werte innerhalb der Familie scheint eine Disposition dafür zu schaffen, daß beim ‹Erben› – trotz des vorübergehenden Generationenkonflikts – ein Sinn für Kontinuität, das Gefühl einer gewissen Verpflichtung gegenüber der Familie entsteht. Demgegenüber sind die Bindungen zwischen den Generationen in der Unterschichtfamilie weniger ambitioniert, vielfach auch sicher weniger nachhaltig. Der vergleichsweise frühe Eintritt des Jugendlichen ins Berufsleben, vor allem aber die Art und Bedingungen seiner Arbeit führen zu jenem vielberufenen Phänomen der Entfremdung, das nicht zuletzt auch eine Entfremdung von Herkunft und Herkommen miteinschließt. Mentalität und Emotionalität des Unterschichtjugendlichen sind – nach seiner Heirat – nicht mehr von der Sozialform der Großfamilie bestimmt, sondern von der mehr oder minder isolierten Kleinfamilie. Die Namengebungsgewohnheiten der einzelnen Schichten (z.B. der geringe Prozentsatz der Großelternnachbenennungen in den Unterschichten) sind letztlich nur der Reflex der für die jeweiligen Schichten charakteristischen Familienbeziehungen, die ihrerseits wieder aus den schichtspezifischen Lebens- und Arbeitssituationen resultieren.»

Solche Überlegungen geben in mehrfacher Hinsicht Ansatzpunkte, den radikalen Bedeutungsrückgang innerfamilialer Nachbenennung auf dem Hintergrund einer Sozialgeschichte der Familie zu überdenken. Daß tiefgreifende Veränderungen der gesellschaftlichen Arbeitsorganisation in neuerer Zeit den Wandel der Familienstruktur entscheidend beeinflußt haben, steht außer Zweifel. Mit dem Funktionsverlust der Familie als Einheit der Arbeitsorganisation, hat sich auch die Bedeutung des Erbes für die innerfamilialen Beziehungen gewandelt. Erbe und Namensweitergabe ist uns in unserem historischen Rundgang immer wieder in wechselseitiger Abhängigkeit begegnet – sei es als Anwartschaft des namensgleichen Sohnes, sei es als Nachbenennung des präsumptiven Erben nach dem Vater. Innerfamiliale Nachbenennung und Weitergabe von Erbe findet sich auch in der Vorstellungswelt von Menschen der Vergangenheit als analog konzipiert – von Barbara Passruggers «vererbten Namen» bis zurück zu Abt Siegfrieds von Gorze «nomen ut hereditarium» im 11. Jahrhundert. Zweifellos hat Erbe mit Familienkontinuität zu tun und Nachbenennung ebenso. Trotzdem läßt sich der große Umbruch der Namengebung im 20. Jahrhundert wohl nicht unmittelbar aus dem Bedeutungswandel des Erbes für die Familienstruktur erklären. Der Übergang vom erblichen Familienbetrieb zur individuellen Lohnarbeit ist – soweit zwischen diesen Formen der Arbeitsorganisation überhaupt eine direkte Abfolge besteht – ein langer Prozeß des Strukturwandels, der im wesentlichen viel früher erfolgte. Innerfamiliale Nachbenennung war auch in Arbeiterfamilien bis weit hinein ins 20. Jahrhundert durchaus üblich – sowohl auf dem Lande wie auch in der Stadt. Die 1957 untersuchten Londoner Arbeiterfamilien sind ein gutes Beispiel dafür. «Sozioökonomische Bedingungen» des Arbeitslebens finden offenbar nicht so unmittelbar in der Namengebung ihren Niederschlag. Der Übergang zur individuellen Lohnarbeit läßt sich – wenn überhaupt – nur sehr vermittelt mit dem Bedeutungsrückgang der Nachbenennung in Zusammenhang bringen, nämlich als eine nicht unwesentliche Komponente des säkularen Individualisierungsprozesses, der im Europa des 20. Jahrhunderts enorm eskalierte. Und auch immaterielles Erbe – «verwertbares Wissen» und «Bildungsprivilegien» – wird sich kaum als «sozioökonomische Bedingung» von Nachbenennung nachweisen lassen. Sind doch die neuen Namen und die individualisierte Namengebung gerade vom Bildungsbürgertum ausgegangen, das der Bewahrer der Nachbenennungspraxis gewesen sein soll.

Eine Analyse der bedingenden Ursachen des radikalen Bedeutungsrückgangs innerfamilialer Nachbenennung im 20. Jahrhundert wird bei jenen Funktionen anzusetzen haben, die Namensgleichheit zwischen Familienangehörigen in der europäischen Geschichte gehabt hat. Namensübereinstimmung als Wesensübereinstimmung war eines der Leitmotive in der Geschichte der Nachbenennung. In unserer Einstiegsquelle wird dieses Konzept explizit zurückgewiesen: «Die Kinder... sind ja neue Wesen und sollen einen eigenen Namen haben.» Hilda Schärf formuliert hier sicher repräsentativ für eine individualistische Grundtendenz, die im 20. Jahrhundert immer mehr an Boden gewinnt. Sie wendet sich mit diesem Satz gegen die Gleichbenennung von Eltern und Kindern. Sie macht damit implizit auch eine wichtige Aussage über ihr Selbstverständnis. Vom eigenen Wesen des noch gar nicht geborenen Kindes kann man nur dann so überzeugt sein, wenn man sich selbst als ein eigenständiges Wesen begreift. Der Tochter als Mutter bzw. als Vater dem Sohn nicht den eigenen Namen geben zu wollen, bedeutet eine Abgrenzung nach zwei Seiten. Das Kind wird gegenüber dem gleichgeschlechtlichen Elternteil als etwas grundsätzlich Anderes definiert, zugleich aber auch die Mutter bzw. der Vater gegenüber dem Kind. Man darf individualisierende Namengebung wohl nicht nur als Ausdruck von Zukunftsvorstellungen über die nächste Generation deuten. Sie ist ebenso eine Aussage über Gegenwartsvorstellungen der vorangehenden. Individualisierende Namengebung setzt sich selbst als unverwechselbares Individuum begreifende Mütter und Väter voraus.

«Gleiche Namen tun gleiches Gutes» war einer der Grundgedanken alteuropäischer Nachbenennung. Übereinstimmung in den Taten hat mit der Übereinstimmung im Wesen dem Ursprung nach zu tun. Als Konzept der Namengebung geht es jedoch darüber hinaus. War ursprünglich eine durch die Kraft des Namens magisch bewirkte Schicksalsgemeinsamkeit die Grundidee, so trat im Lauf der Entwicklung der Gedanke der Nachahmung mehr in den Vordergrund. Der erste Träger des Namens sollte dem zweiten als Vorbild dienen: Nachbenennung in der Familie also als Festschreibung eines Lebensprogramms. Es erscheint verständlich, daß an solchen Vorstellungen im 20. Jahrhundert immer weniger festgehalten werden konnte – sowohl in Anbetracht äußerer Bedingungen eines rasanten gesellschaftlichen Wandels als auch in Hinblick auf innere Bedingungen eines zunehmend individualisierten Bewußtseins. Noch nie zuvor in der Geschichte waren die sich beschleunigt verändernden Lebensumstände der aufeinanderfolgenden Generationen für die Mitlebenden so offenkundig. Enkelkinder auf das Lebensprogramm der Großeltern festzulegen, erscheint unter solchen Verhältnissen nicht sehr hilfreich. In einer sich weniger dynamisch entwickelnden Welt war dies eher möglich. Für die Namenswahl wichtig erscheint, daß viel von dieser raschen Veränderung von Eltern gewollt und im Namen des Kindes verankert wird. Das gilt vor allem für

Prozesse des sozialen Aufstiegs. Wer für seine Kinder eine andere gesellschaftliche Stellung erhofft als die seiner Eltern und Vorfahren, der gibt ihnen nicht an der Herkunftsfamilie orientierte Namen als Lebensprogramm. Insgesamt legt die Perspektive eines gesellschaftlichen Wandels, der sich voraussichtlich fortsetzen wird, eine Namenswahl nahe, die ein offenes Lebensprogramm bedeutet. Nachbenennung nach Familienangehörigen hingegen repräsentiert Festgelegtes, bei der Nachbenennung nach Toten sogar Abgeschlossenes. Die akzelerierte Veränderung äußerer Lebensbedingungen hat im 20. Jahrhundert Angehörige verschiedener Generationen zunehmend unterschiedlich geprägt. Der im Namen verschlüsselte Wunsch, das Kind möge Angehörigen einer früheren Generation nachgeraten, erscheint in diesem Kontext mehr und mehr dysfunktional. Nicht von Traditionen geleitetes Handeln wird zur Notwendigkeit. Den eigenen Lebensweg selbst zu bestimmen, entwickelt sich damit zu einem zunehmend verbindlichen gesellschaftlichen Wert, an dem sich die inner- und außerfamiliale Bildungsarbeit orientiert. Ablöseprozesse werden als unumgänglich auf dem Weg zur eigenständigen Persönlichkeit angesehen. Individualisierung als gesellschaftliches Postulat wie als selbstgewonnene Überzeugung wirkt in die gleiche Richtung: Vorausgelebtes Leben kann nicht durch den Namen zum Programm für zukünftiges gemacht werden, auch nicht das eigene der Eltern.

Die wohl wichtigste Funktion von Nachbenennung aus der historischen Tradition bezieht sich allerdings nicht auf die namengebenden Eltern als Namensvorbild des Kindes. Die Funktion der Ehrung von Familienangehörigen durch Weitergabe ihres Namens in der nächsten Generation konnte und kann, wie schon betont wurde, nur am Umfeld der Kindeseltern orientiert sein. In der Geschichte der Nachbenennung standen dabei die Eltern des Paares im Vordergrund. Der Dekalog bildete in der jüdisch-christlichen Tradition dafür eine wichtige Grundlage: «Du sollst Vater und Mutter ehren...» Nachbenennung der Enkelkinder nach den Großeltern wurde als eine Ausdrucksform dieses Gebots gesehen. «Ehrung» der Eltern in dieser Form konnte verschiedene Facetten haben: ihren Namen weiterleben lassen, ein Zeichen der Dankbarkeit setzen, sich durch das nachbenannte Kind mit ihnen verbunden fühlen. «Die schönsten Blumen, die wir unseren Toten darbringen können – sie zu rufen durch unsere Kinder» heißt es nach alter Überlieferung auf Korsika.[28] Die Ehrung über den Tod hinaus steht hier im Vordergrund. Zu fragen ist, ob sich traditionelle Formen der Elternehrung durch Nachbenennung der Kinder unter veränderten mentalen Voraussetzungen im 20. Jahrhundert noch aufrechterhalten lassen. Dafür hat sicher nicht nur die Mentalität des Paares Bedeutung, das den Namen wählt, sondern auch die der Eltern, um deren Ehrung es dabei geht. Wollen von individualisiertem Denken geprägte Großmütter und Großväter noch, daß ihre Enkelkinder nach ihnen heißen? Wird Nachbenennung noch als Zeichen der Ehrung, Dankbarkeit, Liebe aufgefaßt? Will man im Enkelkind «fortleben», wenn man noch das Urenkelkind zu erleben hofft? Die enorm gesteigerte Lebenserwartung des 20. Jahrhunderts schafft sicher in den Generationenbeziehungen neue Voraussetzungen. Namensgleichheit mit den Enkeln bedeutet jedenfalls in neuerer Zeit zunehmend Nachbenennung unter Lebenden, nicht wie früher so häufig nach Verstorbenen. Wichtiger als Interessen der Großeltern sind für die Frage der Nachbenennung aber sicher Einstellungen der Eltern. Wird in verinnerlichter Familienatmosphäre das äußere Zeichen der Weitergabe des Namens noch als ein adäquater Ausdruck der Elternliebe verstanden? Ist man bereit, das eigene Kind für den Ausdruck der Beziehung zu den Eltern zu instrumentalisieren? Glaubt man noch, Eltern etwas «schuldig» zu sein, das man in dieser Form abstatten könnte? Viele solche Fragen ließen sich formulieren. Zu ihrer Beantwortung gibt es kaum empirisch Abgesichertes aus Analysen der mit Gegenwartsverhältnissen beschäftigten Wissenschaften. Im Rückblick auf die Geschichte der Nachbenennung wird jedoch klar, daß viele historisch belegte Motivationen so heute kaum mehr Geltung haben können.

Daß Nachbenennung historisch eine Ausdrucksform von Zusammengehörigkeitsgefühl in der Familie war, erscheint evident. Der radikale Bruch mit überkommenen Bräuchen der Namensweitergabe im 20. Jahrhundert kann leicht den Gedanken aufkommen lassen, mit der Aufgabe von Zeichen der Gemeinsamkeit habe sich diese Gemeinsamkeit selbst radikal verändert. Eine solche Annahme ist allerdings keineswegs logisch zwingend. Das Ende der innerfamilialen Nachbenennung muß durchaus nicht Lösung oder Lokkerung von Familienbeziehungen bedeuten. Verbunden-Sein im Gleich-Sein ist sicher nicht mehr so gefragt wie in historischen Zeiten. Aber es gibt auch ein Verbunden-Sein im Anders-Sein. Individualisierung bedeutet nicht notwendig Isolierung. Es scheint um mehr Freiheit und Selbstbestimmung zu gehen, wenn man dem Kind durch den neuen Namen signalisiert, daß sein Lebensweg nicht durch die Familie determiniert wird. Gesellschaftlich bedingt waren solche Determinationen in historischen Zeiten notwendig. Letzlich sind es gesellschaftliche Bedingungen von Individualisierung, die auch in der Familie mehr Individualisierung zulassen und damit eine freiere Namenswahl möglich machen. Das Ende der innerfamilialen Nachbenennung ist so verstanden Ausdruck historisch möglich gewordener Emanzipation.

Mit der innerfamilialen Nachbenennung hat auch die außerfamiliale radikal an Bedeutung verloren. Wenn man den Vater, die Großmutter, die Tante nicht mehr als Namensvorbild für sein Kind will, so auch nicht die Patin, den Freund, den Berufskollegen. Ebenso entwickelt sich die Namengebung über Primärgruppen hinaus in einer individualistisch denkenden Gesellschaft von einer unmittelbaren Orientierung an Vorbildgestalten weg. Helden und Heilige als Tugendvorbild finden im Sportidol oder im Filmstar keine Entsprechung mehr. Wie auch immer solche Gestalten in einer zunehmend international vernetzten Medienlandschaft die Namengebung beeinflussen mögen – daß das Kind einer ganz bestimmten von ihnen nacheifern sollte, das ist im Regelfall bei einer solchen Namensgleichheit ja doch nicht gemeint. Die Prozesse, durch die Leitbildfiguren der Öffentlichkeit in die Namengebung eingehen, sind wohl komplexer und stärker vermittelt. Eindeutig personenbezogene Nachbenennung spielt dabei nicht die entscheidende Rolle. Vielmehr ist mit vielschichtigen Überlagerungsprozessen zu rechnen, durch die Eindrücke von verschiedenen Trägern eines Namens in die – individuell sehr unterschiedlich gesehenen – Bedeutungsprofile von Namen eingehen.

In historischen Zeiten war es für die Umwelt ziemlich klar, was gemeint ist, wenn man ein Kind auf einen bestimmten Namen taufen ließ. Man nannte es Johann nach dem Vater oder Anna nach der Mutter oder man wählte den heiligen Florian als Namenspatron, damit er das ganze Haus vor Feuersgefahr schütze. Heute ist eine solche Klarheit nicht mehr gegeben. Namen haben eine Vielfalt von Konnotationen, von denen keine gesellschaftlich verbindlich bzw. allgemein verständlich ist. Dieser Verlust an verbindlicher Bedeutung darf aber sicher nicht als Bedeutungsverlust schlechthin gewertet werden. Mit der Namenswahl der Eltern sind heute wohl nicht weniger Hoffnungen, Wünsche, vielleicht auch Aufträge für die Zukunft der Kinder verbunden als früher. Diese Vorstellungen sind allerdings aus dem gewählten Namen nicht mehr direkt erkennbar. Die jeweilige Namensbedeutung hat sich individualisiert.

Individualisierung fordert neue Namen, jedenfalls solche ohne unmittelbares Vorbild im engeren sozialen Umfeld. Sie wirkt inner- wie extrafamilialer Nachbenennung entgegen. Die europäische Na- menkultur aber ist – so haben wir festgestellt – ihrer Tradition und Entwicklung nach eine Kultur der Nachbenennung. Namen werden nicht primär einem Wortsinn nach gegeben, sondern erhalten ihre Bedeutung durch frühere Träger. Daraus ergibt sich für die Namen- gebung ein starkes Moment der Spannung. Die «neuen Namen» müssen letzlich «alte Namen» sein. Die Namengebung der Kinder ist – mehr oder minder stark – an ein überkommenes Namengut gebunden. Es ist wohl kein Zufall, daß sich unter den «neuen Na- men» der internationalen Namengebungstrends immer wieder auch sehr «alte» finden, die in umfassenden gemeinsamen kulturellen Traditionen verwurzelt sind. Nie zuvor in der Geschichte wurden allerdings diese Namen in so vielen unterschiedlichen Varianten, in so vielen lautlichen und graphischen Differenzierungen gegeben – ein Moment, das für das Identitätsbewußtsein der Träger sehr we- sentlich zu sein scheint. Namen müssen Allgemeines beinhalten und doch Besonderheit ausdrücken, sie müssen Gewohntes erken- nen lassen und doch Distinktion ermöglichen. In diesem Verständ- nis unterliegt Namengebung in neuerer Zeit tatsächlich sozialen Regeln, wie sie auch in anderen Lebensbereichen für «Mode» cha- rakteristisch sind.

Vordergründig scheint Namengebung durch den Verlust der mei- sten ihrer historischen Funktionen von der Orientierung an Vorbil- dern gelöst und auf reine Ästhetik des Klangs reduziert. In einer Gesellschaft, die die Benennung von Kindern an ein überkommenes Namengut bindet, ist eine solche gänzlich vorbildlose Namenge- bung jedoch nicht möglich. In einer Kultur der Nachbenennung, wie sie die europäische Namenkultur ist, hat jeder Name Geschich- te – und zwar in zweierlei Hinsicht. Es gibt zunächst eine allgemei- ne Geschichte von Namen, die mit ihren ersten Trägern beginnt, von denen die Prozesse der Nachbenennung historisch ihren Aus- gang genommen haben. Sie führt tief in die Vergangenheit zurück – oft zurück bis zu «Jakob und seinen Söhnen». In Vornamenbüchern und Namenstagskalendern wird sie rekonstruiert. Die offensicht- lich steigende Nachfrage nach dieser Literaturgattung zeigt, daß die- se Langzeitgeschichte von Namen für deren Träger von heute, aber wohl auch für die Namengebungspraxis und damit für die Träger von morgen nicht bedeutungslos ist. Für die Identitätsstiftung durch Namen erscheint jedoch eine zweite Ebene der Geschichte von Namen wichtiger – eine individuell je besondere, mit der persönlichen Lebens- bzw. Familiengeschichte verbundene. Bei traditionellen Formen der Namengebung durch Nachbenennung war sie relativ leicht zu rekonstruieren. Sie führte zurück in die Familiengeschichte zu früheren Trägern desselben Namens. Was mit der Weitergabe des Namens in der Familie jeweils gemeint war, scheint freilich auch unter solchen traditionellen Bedingungen nicht eindeutig. Schwieriger zu entschlüsseln ist die Bedeutung der Namensgeschichte, wo neue Namen vergeben werden. Auch dort führt die Namensgeschichte in die Familiengeschichte zurück, nämlich hin zur gemeinsamen Lebensgeschichte der Eltern. Unsere Einstiegsquelle hat wohl anschaulich gezeigt, um wieviel komplizierter Namengebungsprozesse unter diesen Voraussetzungen verlaufen. Auch ohne Nachbenennung ist Namengebung nicht vorbildlos. Mit jedem Namen werden Personen assoziiert, denen man begegnet ist. Mit Namen verbinden sich aufgrund solcher Begegnungen viele positive und negative Eindrücke, Gefühle und Stimmungen. Alles das wird lebendig, wenn Eltern für ihr Kind die Namensentscheidung treffen. Mehr oder minder klar sind mit den gewählten Namen Zukunftsvorstellungen verbunden, die im späteren gemeinsamen Weg von Eltern und Kind von diesen weiter verfolgt werden. So kann die Namensgeschichte deutlich machen, was mit dem Namen und in Anschluß an ihn auf den Lebensweg mitgegeben wurde.

Es ist gerade bei neuen Namen nicht leicht, den Motiven der Namengebung auf die Spur zu kommen – wie unsere Quelle gezeigt hat, auch für Eltern nicht, die gemeinsam darüber reflektieren. Hier handelt es sich um einen Dialog in der Zeit vor und um die Geburt. Um vieles schwieriger noch ist die Rekonstruktion über größere zeitliche Distanz im Gespräch zwischen den Generationen. Sehr Persönliches muß offengelegt, diffus Empfundenes muß präzisiert, zunächst Unbewußtes muß bewußt gemacht werden. Alles das ist keine einfache Sache. Aber wie jede Beschäftigung mit Lebensgeschichte ist es lohnend, sich darum zu bemühen. Der Historiker kann auf dieser Ebene der Namensgeschichte nicht viel weiterhelfen. Sein Beitrag muß sich hier darauf beschränken, aus einer Geschichte der Namengebung bewußt zu machen, daß mit Namen ein essentielles Thema persönlicher Identität angesprochen ist.

Anmerkungen

Einleitung

1 Lebensgeschichte Barbara Passrugger, handschriftliches Manuskript in der Dokumentation lebensgeschichtlicher Aufzeichnungen am Institut für Wirtschafts- und Sozialgeschichte der Universität Wien. Barbara Passrugger wurde 1910 in Filzmoos, im Salzburger Pongau, als jüngste Tochter eines Bergbauern geboren. Da ihre Mutter bei ihrer Geburt verstarb wurde sie zu einer Altbäuerin als Ziehkind gegeben, die sie wegen ihres Namens Barbara als «Ersatz» für ihre eigene als Kind verstorbene Tochter dieses Namens aufnahm. Der erste Teil von Barbara Passruggers Lebensgeschichte erschien 1989 in einer von Ilse Maderbacher bearbeiteten Fassung unter dem Titel «Hartes Brot. Aus dem Leben einer Bergbäuerin» als Band 18, der zweite, bearbeitet von Georg Hellmic, unter dem Titel «Steiler Hang» 1993 als Band 27 in der Reihe «Damit es nicht verlorengeht». Die Autobiographie veranschaulicht den gesellschaftlichen Hintergrund der beschriebenen Namengebungspraxis. Die Ausführungen über die Namengebung sind in der publizierten Fassung nicht enthalten.
2 Migne, Patrologia Graeca 53 (1859), Sp. 179.
3 Homilia in S. patrem nostrum Meletium archiepiscopum magnae Antiochiae, Migne, Patrologia Graeca 50 (1859) Sp. 515.
4 Sozialgeschichte der Jugend, Frankfurt am Main 1986, vor allem S. 58, Historisch-anthropologische Familienforschung, Wien 1990, S. 25 ff., 76 f. und 118 ff.

1. Jakob und seine Söhne – die jüdische Tradition

1 Hermann Ranke, Grundsätzliches zum Verständnis der ägyptischen Personennamen in Satzform, Sitzungsberichte der Heidelberger Akademie der Wissenschaften. Phil.-hist. Klasse, Jgg. 1936/7, 3. Abh., Heidelberg 1937.
2 Ferdinand Justi, Iranisches Namenbuch, Marburg 1895, S. IX.
3 Genesis 38, 37.
4 T. Baarda, Quehath – ‹What's in a Name?› Concerning the Interpretation of the Name ‹Quehath› in the Testament of Levi 11, 4–6, in: Journal for the Study of Judaism 19 (1988), S. 215 ff.
5 Genesis 25, 22–26.
6 Genesis 27, 37.
7 Bezalel Porten, Archives from Elephantine. The Life of an Ancient Jewish Military Colony, Berkeley 1968.
8 Ebda., S. 238.
9 Ebda., S. 235.
10 Martin Noth, Die israelitischen Personennamen im Rahmen der gemeinsemitischen Namengebung, Stuttgart 1928, S. 59.

11 Porten, Archives, S. 140.
12 Porten, Archives, S. 143, 137, 138, 140 und 137.
13 Genesis 16, 11.
14 Porten, Archives, S. 134f.
15 Porten, Archives, S. 144.
16 Porten, Archives, S. 141.
17 Porten, Archives, S. 33.
18 S. J. Goitein, A Mediterranean Society. The Jewish communities of the Arab world as portrayed in the documents of the Cairo Geniza 3, Berkeley 1978, S. 315 bemerkt dazu aufgrund der Verhältnisse im Hochmittelalter: «A second trait that catches the eye is the complete absence of biblical and other Hebrew names among the Jewish women of Egypt. In the rare times when they are found it can be shown that the family originated in Palestine, Tunisia or other North African country, Spain, Byzantium, or Western Europe, where biblical names were occasionally given to females. This startling deficiency would seem to demonstrate a chasm between the popular local subculture of the women and the worldwide Hebrew book culture of the men. The dichotomy is even more emphasized by the purely secular character of the female names, which, with very few exceptions, confined to upper class, mostly Karaite, families, do not contain any reference to God or other religious conceptions». Vgl. dazu auch Noth. Die israelitischen Personennamen, S. 61.
19 Porten, Archives, S. 250.
20 Ebda., S. 251.
21 Ebda., S. 251.
22 Ebda., S. 252.
23 Ebda., S. 173.
24 Erik Hornung, Der eine und die vielen. Ägyptische Gottesvorstellungen, Darmstadt 1971, S. 33.
25 Ebda., S. 37.
26 Zu den Namentypen Porten, Archives, S. 136ff. Zur theophoren Namengebung in Ägypten Ranke, Grundsätzliches.
27 Noth, Die israelitischen Personennamen, S. 69.
28 Artikel Namengebung, in: LÄ Sp. 329.
29 Hermann Ranke, Die ägyptischen Personennamen 1, Glückstadt 1935, S. 10f.
30 Artikel Namengebung, Sp. 327ff. und S. 330.
31 Ranke, Personennamen 1, S. 6ff.
32 Artikel Name Sp. 322f. bzw. Namengebung Sp. 327.
33 Ranke, Personennamen 1, S. 3.
34 Ulrich Mann, Das Christentum als absolute Religion, Darmstadt 1970, S. 131.
35 Gustav Heuser, Die Personennamen der Kopten, Studien zur Epigraphik und Papyruskunde 1,2, Leipzig 1929, S. 2.
36 Noth, Die israelitischen Personennamen, S. 57ff., der auf die Ausnahme der babylonischen Juden verweist.
37 So Benzion C. Kaganoff, A Dictionnary of Jewish Names and their History, London 1977, S. 46.
38 Noth, Die israelitischen Personennamen, S. 57ff.
39 G. B. Gray, Children Named after Ancestors in the Aramaic Papyri from Elephantine, Beiheft zur Zeitschrift für alttestamentliche Wissenschaft 22, 1914, S. 164ff.

40 Tal Ilan, The Names of the Hasmoneans in the Second Temple Period, in: Eretz Israel 19, 1987, S. 238. Zur Häufigkeitsverteilung jüdischer Namen in hellenistischer Zeit vgl. weiters Leopold Zunz, Die Namen der Juden. Eine geschichtliche Untersuchung, Leipzig 1837, S. 23. Corpus Papyrorum Judaicarum, hgg. v. Victor A. Tcherikover, 1, Cambridge, 1957, S. 27. Gustav Hölscher, Zur jüdischen Namenkunde, in: Vom Alten Testament. Festschrift Karl Marti, Gießen 1925, S. 150 ff.
41 Genesis 49, 5–6.
42 Vgl. dazu Artikel «Names» in: Encyclopaedia Judaica 12 (1971), Sp. 808.
43 10, 7.
44 16, 11.
45 Zur besonderen Heiligkeit des Abraham-Namens auf Grund seiner Nähe zum «Gott Abrahams» vgl. etwa J. S. Siker, Abraham in Graeco-Roman Paganism, in: Journal of the Study of Judaism 18 (1987), S. 201 ff.
46 Hölscher, Zur jüdischen Namenkunde, S. 152 f.
47 Vgl. dazu etwa die Zusammenstellungen zu den einzelnen Namen in: Die Bibel. Lexikon, Andreas Verlag Salzburg 1975. Noch weiter als in den Büchern Esra und Nehemia reicht die Erwähnung von Väternamen in den Murashu-Dokumenten aus Nippur zurück, die aus dem 5. Jahrhundert v. Chr. stammen (Hans G. Kippenberg, Die vorderasiatischen Erlösungsreligionen in ihrem Zusammenhang mit der antiken Stadtherrschaft, Frankfurt a. M. 1988, S. 204).
48 So Hölscher, Zur jüdischen Namenkunde, S. 151, sowie in Anschluß an ihn vielfach übernommen. Kritisch dazu Kippenberg, Erlösungsreligionen, S. 205.
49 Ausführlich dazu Josef de Fraine, Adam und seine Nachkommen. Der Begriff der korporativen Persönlichkeit in der Heiligen Schrift. Köln 1962.
50 Porten, The Archives, S. 148.
51 Hölscher, Zur jüdischen Namenkunde, S. 151.
52 Paul Volz, Die biblischen Altertümer, Wiesbaden 1989 (Nachdruck des 1914 publizierten Werkes), S. 188 f.
53 Bernhard Lang und Colleen Mc Dannell, Der Himmel. Eine Kulturgeschichte des ewigen Lebens, Frankfurt a. M. 1990, S. 29 ff. und 39 ff. Zu den jüdischen Unsterblichkeitsvorstellungen dieser Zeit auch Artikel Heiligenverehrung I, in: Reallexikon für Antike und Christentum 14, Stuttgart 1988, Sp. 97 ff.
54 Tal Ilan, The Greek Names of the Hasmoneans, in: The Jewish Quarterly Review 78, 1987, S. 14 ff.
55 Dieses Konzept geht auf Robert F. Arnold, Die deutschen Vornamen, Wien 1901, zurück. Auch andere Konzepte seiner Typologie der Namenwahl wie die «politische Hilfe», «die literarische Hilfe» oder die «euphonische Hilfe» sind – als überzeitlich geltende Kategorien betrachtet – sicher höchst problematisch.
56 2. Makk. 4, 7 ff. Johann Maier, Grundzüge der Geschichte des Judentums im Altertum, Darmstadt 1981, S. 29 ff.
57 2. Makk. 4, 23 ff. Maier, Grundzüge, S. 30 f.
58 2. Makk. 3, 10. Zum Namen Ilan, The Greek Names, S. 2.
59 2. Makk. 1, 10.
60 Jewish Encyclopedia 1, S. 629.
61 Ilan, Greek Names, S. 15.
62 Ilan, Greek Names, S. 8 f. gegen Y. Meshorer, Ancient Jewish Coinage, Dix-Hills 1982.
63 Ilan, Greek Names, S. 7.

64 Ilan, Greek Names, S. 3.
65 Lk. 1, 57–66.
66 Lk. 1, 25.

2. Väter und Heroen – die griechische Tradition

1 Vgl. über sie S. C. Humphreys, The family, women and death. Comparative studies, London 1982, S. 109f und 117.
2 Humphreys, The family, S. 9. Über die «Epikleroi» W. K. Lacey, Die Familie im antiken Griechenland, Mainz 1983, S. 131 ff.
3 N. Angermann, Beiträge zur griechischen Onomatologie, in: Jahresbericht der Fürsten- und Landesschule St. Afra in Meißen, Meißen 1893, S. 15 ff., Ernst Fraenkel, Artikel «Namenwesen» in: Pauly-Wissowa, Realencyklopädie der classischen Altertumswissenschaft 16/2, Stuttgart 1935, Sp. 1624, Oskar Schrader, Reallexikon der indogermanischen Altertumskunde 2, 1929, S. 106, Justi, Iranisches Namenbuch, S. VIII.
4 Henry B. Woolf, The Old Germanic Principles of Name-Giving, Baltimore 1939.
5 Fraenkel, Namenwesen, Sp. 1619 ff. Das Prinzip der Namensvariation ist jedoch keineswegs auf Kulturen indogermanischer Sprachzugehörigkeit beschränkt. Es begegnet etwa auch in ostasiatischen Kulturen (Eugène Vroonen, Les noms des personnes dans le monde, Bruxelles 1967, S. 131.
6 Fraenkel, Namenwesen, Sp. 1623 f.
7 Vgl. u. S. 312 f., 385 und 465 f.
8 Dazu die Tafeln bei Molly Broadbent, Studies in Greek Genealogy, Leiden 1968, S. 251 ff.
9 Angermann, Onomatologie, S. 10 ff. und 17 ff. Fraenkel, Namenwesen, Sp. 1624 ff. Als ein drittes System findet sich in griechischer Frühzeit die Synonymie unter Familienangehörigen. Synonymie meint gleichen Bedeutungsinhalt von Namen aus unterschiedlichen Kompositionselementen. Auch mit diesem System konnte Wesensverwandtschaft unter Vermeidung von Namensgleichheit ausgedrückt werden. Auch in der Synonymie könnte dementsprechend eine Vorstufe der Homonymie gesehen werden. Über solche Bedeutungsentsprechungen Angermann, S. 14. Solche Synonyme finden sich schon bei Homer und zwar auch zwischen Vater und Sohn z.B. Dolon, Sohn des Eumedes, Noemon Sohn des Phronios, Phemios Sohn des Terpios. Vgl. dazu Rudolf Hirzel, Der Name. Ein Beitrag zu seiner Geschichte im Altertum und besonders bei den Griechen, Abhandlungen der Phil. hist. Klasse der sächsischen Gesellschaft der Wissenschaften . 36/2, Leipzig 1918, S. 34.
10 Angermann, Onomatologie, S. 19.
11 Ebda., S. 21.
12 Hirzel, Der Name, S. 35. Zum Verhältnis zwischen Vater und Sohn bei den Griechen im interkulturellen Vergleich: Jochen Martin, Zur Stellung des Vaters in antiken Gesellschaften, in Hans Süssmuth (Hg.), Historische Anthropologie, Göttingen 1984, S. 84 ff.
13 Lacey, Familie, S. 138 f.
14 Alain Bresson, Nomination et règles de droit dans l'Athènes classique, in: L'Uomo. Società Tradizione Sviluppo V, 1983, I sistemi di denominazione nelle società europee e i cieti di sviluppo familiare (Atti del primo seminario degli incontri mediterranei di etnologia, Siena 25./26. Februar 1982), S. 45.

Felix Solmsen, Indogermanische Eigennamen als Spiegel der Kulturgeschichte 2, Heidelberg 1922, S. 135. Ulrich von Wilamowitz-Moellendorff, Der athenische Name, in: derselbe, Aristoteles und Athen 2, Berlin 1893, S. 169 ff.

15 Wilamowitz-Moellendorff, Der athenische Name, S. 171.

16 Erich Bethe, Ahnenbild und Familiengeschichte bei Römern und Griechen, München 1935, S. 39 ff. Wilamowitz, Der athenische Name, S. 171 ff.

17 Artikel «Ahnenkult» in: Lexikon der Alten Welt, München 1965, Sp. 74.

18 Zu diesem Streit ausführlich das Kapitel «Law-Court Speeches: The Bouselidai» in: Broadbent, Studies, S. 61 ff., wo freilich auf die Probleme der Namengebung in der Familie nicht näher eingegangen wird.

19 Angermann, Onomatologie, S. 17.

20 Ebda.

21 Hirzel, Name, S. 36 f. Über das Ausscheiden jüngerer Söhne aus dem Elternhaus: Lacey, Familie, S. 14. Im Prinzip hatten freilich alle Söhne Anrecht auf ein gleiches Erbteil. Vgl. dazu ebda., S. 93.

22 Lacey, Familie, S. 35. Ulrich von Wilamowitz-Moellendorff, Der Glaube der Hellenen 2, Berlin 1932, S. 17.

23 Angermann, Onomatologie, S. 17.

24 Gleichheit des Namens deutet auf Gleichheit des Sinnes wie Eustathios in seinem Kommentar zu Ilias 17, 720 über die Homonymie der beiden Ajax erklärt. Vgl. dazu Hirzel, Name, S. 32.

25 Über die Sicht des Enkels als «kleiner Ahn» aufgrund etymologischer Zusammenhänge allgemein Artikel «Enkel» in: Reallexikon der germanischen Altertumskunde 7 (Berlin 1989), S. 302 f.

26 Bresson, Nomination, S. 41, der freilich anderwärts (S. 43) den Zusammenhang der Nachbenennung jüngerer Söhne nach Onkeln als Erbanwartschaft interpretiert.

27 Broadbent, Studies, S. 91.

28 Ebda., S. 84. Über die Weitergabe des Erbrechts über die «Epikleros» an ihre Söhne sowie die Institution des Epiklerats im allgemeinen Renate Zoepffel, Geschlechtsreife und Legitimation zur Zeugung, Freiburg 1985, S. 387 f. Giulia Sissa, Epigamia. Se marier entre proches à Athènes, in: Jean Andreau und Hinnerk Bruhns (Hgg.), Parenté et stratégies familiales dans l'Antiquité Romaine, Rom 1990, S. 210 ff.

29 Ebda., S. 97. Er stammte aus der zweiten Ehe von Euboulides' Vater Philagros mit Telesippe.

30 Ebda., S. 103.

31 Lacey, Familie, S. 14 sowie 89 ff.

32 Ebda., S. 101 f.

33 Eine Ausnahme bilden diesbezüglich die Brüder Glaukos und Glaukon, Söhne eines Glauketes, die aus einem anderen Zweig der Bouseliden stammten (Broadbent, Studies, S. 86).

34 Broadbent, Studies, S. 18 ff.

35 N. P. Andriotis, Die mittel- und neugriechischen Metronymika, in: Onomastic Sciences. VII Congresso internazionale di szienze onomastiche, Firenze 1961 (Atti e Memorie, Firenze 1962), S. 59. Zu Formen matrilinearer Nachbenennung auf der Insel Karpathos in neuerer Zeit: Bernard Verdier, Vom rechten Gebrauch der Verwandten und der Verwandtschaft: Die Zirkulation von Gütern, Arbeitskräften und Vornamen auf Karpathos (Griechenland), in: Hans Medick und David Sabean (Hgg.), Emotionen und materielle Interessen, Göttingen 1984, S. 55 ff. Über Zusammenhänge dieser modernen Gegebenheiten mit Verhältnissen der griechischen Antike, Bresson, S. 43.

36 Angermann, Onomatologie, S. 21.
37 Hermann Usener, Götternamen. Versuch einer Lehre von der religiösen Be-
   griffsbildung, Bonn 1896, S. 352.
38 Angermann, Onomatologie, S. 12, Usener, Götternamen, S. 354 über den
   Kult des Demos.
39 Broadbent, Studies, S. 22, Wilamowitz-Moellendorff, Der Glaube 1, S. 100, 2,
   S. 549.
40 Usener, Götternamen, S. 243.
41 Archelaos war einer der Leitnamen der makedonischen Königsdynastie. Wie
   Philipp und Alexander hat er sich von dieser ausgehend in hellenistischer
   Zeit stark verbreitet.
42 Wilamowitz-Moellendorff, Der Glaube 2, S. 98.
43 Fraenkel, Namenwesen, Sp. 1621 ff.
44 Usener, Götternamen, S. 351 ff.
45 Asarja, einer der drei Gefährten Daniels (Dan 1, 7; 2, 49), trug als Jude in
   Babylon den Wechselnamen Ebed-Nebo d. i. «Diener des Gottes Nebo» oder
   «Nabu». Auch die jüdische Namensform Obadja, d. i. «Diener Jahwes» gehört
   in diesen Zusammenhang.
46 Usener, Götternamen, S. 351, Fraenkel, Namenwesen, S. 1640. Auch Ableitungen von Bezeichnungen religiöser Feste mit dem Suffix «-ios» gehören in
   diesen Zusammenhang.
47 Usener, Götternamen, S. 352.
48 Fraenkel, Namenwesen, Sp. 1643. Unter den Sklaven Platos begegnet bereits
   neben mit dem Suffix «-ios» abgeleiteten theophoren Namen ein unverändert gegebener Göttername.
49 W. Schmidt, Artikel «Genethlios hemera», in: Pauly-Wissowa, Realencyklopädie 6/2, Sp. 1135.
50 Voll entfaltet begegnet diese Theorie der Wesensverwandtschaft bzw. der
   durch den Geburtstag bestimmten Eigenschaften von Göttern und Menschen
   dann bei Philochoros (+ 261 v. Chr.).
51 Schmidt, Genethlios hemera, Sp. 1137.
52 L. R. Farnell, Greek Hero Cults and Ideas of Immortality, Oxford 1921, Wilamowitz-Moellendorff, Der Glaube 2, S. 8 ff., Franz Bömer, Ahnenkult und
   Ahnenglaube im alten Rom, Leipzig 1943, S. 47, Ernst Lucius, Die Anfänge
   des Heiligenkults in der christlichen Kirche, Tübingen 1904, S. 14 ff. Artikel
   «Heros» in: Pauly-Wissowa, Realencyklopädie VIII/1, 1912, Sp. 1111 ff. Artikel «Heroenkult» in: Lexikon der Alten Welt, Sp. 1282.
53 Bethe, Ahnenbild, S. 37.
54 Campbell Bonner, Some Phases of Religious Feeling in Later Paganism, in:
   Jochen Martin und Barbara Quint (Hgg.), Christentum und antike Gesellschaft (Wege der Forschung 649), Darmstadt 1990, S. 95.
55 Fraenkel, Namenwesen, Sp. 1642.
56 «Wie für die Götter bildeten für die von ihren Reliquien losgelösten Heroen-
   seelen die ihnen gewidmeten Denkmäler, Statuen, Säulen und Altäre – meist
   errichtet auf öffentlichen Plätzen in der Nähe eines Tempels – gleichsam die
   Wohnsitze, an welchen man sie verehren und anrufen mußte, an welchen sie
   am willigsten ihre Taten verrichteten» (Lucius, Anfänge des Heiligenkults,
   S. 23). Zu Bild und Name bei den Griechen: Hirzel, Der Name, S. 17.
57 William Tarn, Die Kultur der hellenistischen Welt, Darmstadt 1966, S. 55 ff.
   Lex. d. Alten Welt, Sp. 2594.
58 Schmidt, Genethlios hemera, Sp. 1138 ff.
59 Ferdinand Friedensburg, Die Münze in der Kulturgesch., 2/Berlin 1926, S. 30 f.

3. Die Ahnen im Namen – die römische Tradition

1 Bruno Doer, Die römische Namengebung. Ein historischer Versuch, Stuttgart 1937. Ernst Fraenkel, Artikel «Namenwesen» in: Pauly-Wissowa, Realenzyklopädie, Sp. 1648 ff, L'onomastique latine, Colloques internationaux du centre national de la recherche scientifique Nr. 564, Paris 1977, Leonard R. N. Ashley und Michael J. F. Hanifin, Onomasticon of Roman Anthroponyms: Explication and Application, in: Names (26, 1978 und 27, 1979) S. 297 ff und 1 ff.

2 Doer, Namengebung, S. 17 ff.

3 Ebda., S. 34 ff., 52 ff. Claude Nicolet, L'onomastique des groupes dirigeants sous la république, in: L'onomastique latine, S. 45 ff.

4 Doer, Namengebung, S. 55.

5 Etwa Fraenkel, Namenwesen, Sp. 1862.

6 Nach Guido Barbieri, Sull'onomastica delle famiglie senatorie dei primi secoli dell'impero, in: L'onomastique latine, S. 186, sowie Doer, Namengebung, S. 111.

7 Doer, Namengebung, S. 81.

8 Ebda., S. 74 ff.

9 Ebda., S. 89.

10 Ebda., S. 46.

11 Zu den fast deckungsgleichen Definitionen der Grammatiker von Cognomen und Agnomen ebda., S. 69 f.

12 Ebda., S. 76.

13 Ebda., S. 95 ff., Barbieri, Onomastica senatoria, S. 179.

14 Doer, Namengebung, S. 152 ff., Jacques Heurgon, Onomastique étrusque: La dénomination gentilice, in: L'onomastique latine, S. 25/1.

15 Doer, Namengebung, S. 124 ff.

16 Fraenkel, Namenwesen, Sp. 1660 f., Felix Solmsen, Indogermanische Eigennamen als Spiegel der Kulturgeschichte 2, Heidelberg 1922, S. 18.

17 Doer, Namengebung, S. 31, Mireille Corbier, Les comportements familiaux de l'aristocratie Romaine, in: Jean Andreau und Hinnerk Bruhns (Hgg.), Parenté et strategies familiales dans l'Antiquité Romaine, Rom 1990, S. 227.

18 Ashley und Hanifin, Onomasticon, S. 341. Über die religiöse Bedeutung des Namens Marcus formulieren die Autoren: «True, many others would bear the same name but it was a good one even a sort of magic one, for if dedicated the child more or less to Mars and might make him martial it was certainly a very Roman name, for Mars war the most Roman of the gods.»

19 Usener, Götternamen, S. 356 f. Weitere Belege für von Götternamen abgeleitete Praenomina bei den Römern bzw. anderen italischen Stämmen bei Solmsen, Eigennamen, S. 150.

20 Jiro Kajanto, On the pecularities of women's nomenclature, in: L'onomastique latine, S. 147 ff.

21 Heurgon, Onomastique étrusque, S. 28. In der Vergabe dieser Namen scheint es eine strenge Ordnung nach der Geburtenfolge der Söhne gegeben zu haben. Der erste Sohn erhielt jeweils den Namen Laris bzw. Larth, der zweite Aranth (Ashley und Hanifin, Onomasticon, S. 356.). In diesem Prinzip der Namengebung ist offenbar die römische Kombination theophorer Praenomina mit numeral-deskriptiven bereits präformiert.

22 Usener, Götternamen, S. 357.

23 Sp. 1660. Fraenkel folgt diesbezüglich Solmsen, Eigennamen, S. 143.

24 Franz Bömer, Ahnenkult und Ahnenglaube im alten Rom, 1943. Erich Bethe, Ahnenbild und Familiengeschichte bei Römern und Griechen, München 1935. Zum Kult der «dei parentes» neuerdings auch Maurizio Bettini, Familie und Verwandtschaft im antiken Rom, Frankfurt a. M. 1992, S. 148. Bettinis Studien bringen wichtige Relativierungen gegenüber dem herkömmlichen Bild der römischen «familia» als agnatischer Abstammungsgemeinschaft. Vgl. dazu vor allem das Nachwort von Jochen Martin, S. 252 f.

25 Beryl Rawson, The Roman Family, in: derselbe (Hg.), The Family in Ancient Rome, London 1986, S. 20.

26 Ebda., S. 12.

27 Doer, Namengebung, S. 75.

28 Rawson, The Roman Family, S. 13 und 43. Antonie Wlosok, Vater und Vatervorstellungen in der römischen Kultur, in: Hubertus Tellenbach (Hg.), Das Vaterbild im Abendland I, Stuttgart 1978, S. 50 ff.

29 Fraenkel, Namenwesen, Sp. 1662.

30 Vgl. oben Tafel 6.

31 Vgl. oben Tafel 3.

32 Jiro Kajanto, The emergence of late single name system, in: L'onomastique latine, S. 426.

33 Vgl. oben Tafel 6.

34 Georges Daux, L'onomastique romaine d'expression grecque, in: L'onomastique latine, S. 405 ff.

35 Doer, Namengebung, S. 179 ff.

36 Vgl. oben S. 31 f.

37 Doer, Namengebung, S. 179.

38 Doer, Namengebung, S. 200.

39 Kajanto, The emergence, S. 423.

40 Ebda., S. 425 ff.

4. Von «heiligen Namen» zu Heiligennamen – frühe Formen christlicher Namengebung

1 Vgl. o. S. 15.

2 Migne, Patrologia Graeca 83, Sp. 1033.

3 H. Solin, Die innere Chronologie des römischen Cognomens, L'onomastique latine, S. 142 meint: «... es gibt überraschend wenige spezifisch christliche Namen, und diese Namen kommen verhältnismäßig spät in Mode, erst in der zweiten Hälfte des 4. Jahrhunderts» und «Ich bemerke nur, daß die Zahl der spezifisch christlichen Namen in der Tat überraschend gering ist, Kajanto zählt deren nur 21», ergänzt allerdings gegenüber den von diesem berücksichtigten Heiligennamen: «dazu kommen freilich noch Namen, die durch einen Bedeutungswandel der dem Namen innewohnenden Vorstellung ein spezifisch christliches Gepräge angenommen haben wie Cyriace», um schließlich nochmals zu betonen: «In Gebrauch sind die christlichen Namen, wie gesagt erst um die Mitte des 4. Jahrhunderts gekommen, außer einigen Ausnahmen wie Petrus und Cyriace, die in Rom schon seit Anfang des 3. Jahrhunderts überliefert sind.» Bezeichnend für diese Zugangsweise ist auch die Formulierung (ebda. S. 143): «Auch bei Christen ist es nicht anders: alte Namen, deren Sinn eng mit der heidnischen Vorstellungswelt verbunden war, setzten oft

ihr Dasein bis ans Ende der Antike fort ... Manchmal kann der Grund für ihre fortwährende Verwendung darin liegen, daß sie von einem Papst (sic!) oder Märtyrer geführt worden waren ...»

4 So schon Adolf Harnack in seinem Exkurs über «Die Rufnamen der Christen», in: Die Mission und Ausbreitung des Christentums in den ersten drei Jahrhunderten, 1[2] Leipzig 1906, S. 354 ff – eine in der Literatur vielfach übernommene Position. Sich unmittelbar auf Harnack berufend etwa Henri-Irénée Marrou, Problèmes généraux de l'onomastique chrétienne in: L'onomastique latine, S. 431. Auch er stellt dezidiert fest: «Die christlichen Namen sind in der Minderheit gegenüber den römischen». Auch er sieht als «christlich gewordene» Namen nur solche, die das durch Nachbenennung nach einem Heiligen wie Martinus, Dionysius oder Mercurius geworden sind. In den von Christen und Heiden gleichermaßen bevorzugten «Namen mit religiöser Färbung» sieht er zwar den Ausdruck von «neuer Religiosität», aber «ohne konfessionelle Bindung».

5 Das römische Material nach Solin, Chronologie, S. 105 ff. Es umfaßt auch noch einen kleinen Teil von Inschriften des 5.–7. Jahrhunderts. Die Statistik für Karthago nach André Mandouze in: Marrou, Problèmes, S. 433 f.

6 Jakob Torsy, Der große Namenstagskalender, Freiburg 1976, S. 155.

7 Marrou, Problèmes, S. 433. Zum Namen Martyrius Hippolyte Delehaye, Les origines du culte des martyrs, Brüssel 1912, S. 167 f.

8 «A parentibus dicor Tarachus, et cum militarem, nominatus sum Victor» (Harnack, Rufnamen, S. 356). Zum «Nomen militare» Doer, Namengebung, S. 180 f.

9 Marrou, Problèmes, S. 433.

10 In: Die Mission 1, S. 354 ff.

11 Ebda, S. 360 f.

12 Harnack, Mission 2, S. 125.

13 Vgl. dazu Tcherikover/Fuks, Corpus Papyrorum Judaicarum 1, S. 62 über Pascheis, Sohn des Kapais, und seine Familie aus Hermopolis Magna in Ägypten (90 v. Chr.). Das Beispiel zeigt zugleich, daß es sich bei solchen Festtagsnamen keineswegs notwendig um Namen nach dem Geburtstermin handeln müsse. Pascheis trug seinen Namen nach seinem mütterlichen Großvater. Sein väterlicher hieß Sambatheios, war also nach dem Sabbat benannt. Dessen Name wurde allerdings zum Unterschied von Pascheis in der Familie nicht wiederholt.

14 Zu diesen Fraenkel, Namenwesen, Sp. 1642.

15 Für ägyptische Juden vgl. die Zusammenstellung bei Tcherikover/Fuks, S. 189 ff.

16 Zur Sonntagsfeier Willy Rordorf, Der Sonntag, Geschichte des Ruhe- und Gottesdienstes im ältesten Christentum, Zürich 1962. Zu Cyriacus und Dominicus als Name von Sonntagskindern Georg Schreiber, Die Wochentage im Erlebnis der Ostkirche und des christlichen Abendlandes, Köln 1959, S. 53. Auch Anastasius und Anastasia dürften in diesen Zusammenhang gehören (Ebda, S. 39).

17 Harnack, Mission, S. 355. Zu «Christianus» als Fremd- und Selbstbezeichnung: Erik Peterson, Christianus, in: Derselbe, Frühkirche, Judentum und Gnosis, Darmstadt 1982, S. 64 ff., besonders zu Namensübernahme und Märtyrergesinnung, S. 86.

18 Ebda, S. 356.

19 Henry Ansgar Kelly, The Devil at Baptism. Ritual, Theology and Drama, Ithaka und London 1985, S. 63.

20 Heuser, Die Personennamen der Kopten, S. 5 und 123 ff. Ein gutes Beispiel für Namenswechsel ist der heidnische Priester Aristo, der als Christ den Namen Jakob trug (Ebda, S. 2).
21 Harnack, Mission, S. 359.
22 Dazu Birger A. Pearson, Earliest Christianity in Egypt: Some Observations, in: derselbe und James E. Goehring (Hgg.), The Roots of Egyptian Christianity, Philadelphia 1986, S. 133 f, Colin H. Roberts, Manuscript, Society and Belief in Early Christian Egypt, London 1979, S. 26 ff.
23 Roberts, Manuscript, S. 27.
24 Ebda, S. 39.
25 Apg. 3, 6; 4, 7; 4, 10, 12, 17, 18; 5, 28; 5, 40. Vgl. dazu Pearson, Christianity, S. 133.
26 Van den Broek, in: Pearson/Goehring, The Roots, S. 193. Auch bei den Rabbinen wird Elohim mit Gottes Gericht, Jahwe mit seiner Gnade verbunden.
27 Nach Paul Gallay, La vie de Saint Gregoire de Nazianze, Paris 1943, S. 251 und 206 sowie Artikel Gregor I, II, III, in: Lexikon für Antike und Christentum.
28 Viktor Ryssel, Gregorius Thaumaturgus. Sein Leben und seine Schriften, Leipzig 1880, S. 2.
29 Ebda, S. 17.
30 Adolf W. Ziegler, Gregor der Ältere von Nazianz, seine Taufe und Weihe. Ein Beitrag zur Kirchengeschichte des 4. Jahrhunderts, in: Münchener theologische Zeitschrift 31 (1980), S. 270.
31 Wilamowitz-Moellendorff, Der Glaube der Hellenen 1, S. 275.
32 Über die Einstellung Gregors des Älteren zu Civitas und Imperium Thomas A. Kopecek, The Cappadocian Fathers and Civic Patriotism, in: Martin und Quint, Christentum und antike Gesellschaft, S. 300 ff.
33 N. R. M. de Lange, Origen and the Jews. Studies in Jewish Christian Relations in Third-Century Palestine, Cambridge 1977, S. 117 ff. Henry Crouzel, Artikel: Gregor I (Gregor der Wundertäter), in: Lexikon für Antike und Christentum, S. 784.
34 Dan. 4.
35 Crouzel, Artikel Gregor I, Sp. 783.
36 Warnungen vor dem Engelkult finden sich bereits bei Paulus, z. B. Kol. 2, 187. Zur Entwicklung der Engelverehrung allgemein: Theologische Realenzyklopädie IX, S. 596 ff.
37 Ryssel, Gregorius, S. 67 f.
38 Zum christlich frommen Chrakter dieses Namentyps paßt ein Bericht des Athanasius, der von einem gewissen Gelous Hierocammon schreibt: «Er nannte sich selbst aus Scham über seinen Namen Eulogius» (Harnack, Mission, S. 359).
39 Paul Gallay, La vie de Saint Gregoire de Nazianze, Lyon-Paris 1943, S. 206.
40 Harnack, Mission, S. 358.
41 Erna Melchers, Das Jahr der Heiligen, Wien 1965, S. 609. Über ihren frühen Kult in Anschluß an die Athene-Verehrung in Seleukia ausführlich Lucius, Anfänge, S. 205 ff.
42 Vgl. o. S. 15 f. und Lucius, Anfänge, S. 316 ff.
43 Peter Brown, The Rise and Function of the Holy Man in late Antiquity, in: Martin und Quint (Hgg.), Christentum und spätantike Gesellschaft, S. 403 ff., Jochen Martin, Die Macht der Heiligen, Ebda, S. 466 ff., Stephen Wilson, Introduction, in: derselbe, Saints and their Cults, Studies in Religious Sociology, Folklore and History, Cambridge 1983, S. 26.

44 Martin, Die Macht der Heiligen, S. 443 f.
45 Einen guten Überblick über den Forschungsstand mit ausgezeichneten Literaturhinweisen bietet Wilson, Saints and their Cults.
46 Delehaye, Les origines, S. 131.
47 Ebda, 123 ff. und 127. Hier auch über heidnisch-römische Vorstufen dieser Praxis.
48 Ernst Dassmann, Ambrosius und die Märtyrer, Jahrbuch für Antike und Christentum 18 (1975), S. 51 ff. Über die Interzession der Heiligen zur Vergebung der Sünden allgemein Martin, Macht der Heiligen, S. 446 ff.
49 Delehaye, Les origines, S. 135.
50 Joachim Jeremias, Heiligengräber in Jesu Umwelt, Göttingen 1958, S. 133 ff.
51 Artikel «Amulett», in: Lexikon für Antike und Christentum 1, 398 ff, sowie in: Lexikon des Mittelalters 1, 564.
52 Vgl. dazu Hendrik W. Obbink, De magische beteckenis van den naam inzonderheit in het oude Egypte, Paris 1925.
53 David Howell, St. George as Intercessor, Byzantion 39 (1969), S. 121 ff.
54 Hanns Otto Münsterer, Amulettkreuze und Kreuzamulette. Studien zur religiösen Volkskunde, Regensburg 1983, S. 187.
55 Joseph Naveh und Shaul Shaked, Amulets and Magic Bowls. Aramaic Incantations of Late Antiquity, Leiden 1985, S. 111 ff.
56 Ebda, S. 121.
57 Markus 3, 11–12.
58 Matthäus 10, 8.
59 Peter Dinzelbacher, Der Kampf der Heiligen mit den Dämonen, in: Santi e demoni nell'alto medioevo occidentale (secoli V – XI), Settimane di studio del centro Italiano di studi sull'alto medioevo 36, Spoleto 1989, S. 675 f.
60 Dürig, Geburtstag, S. 56, Lucius, Anfänge, S. 297.
61 Martin, Die Macht der Heiligen, S. 448.
62 Torsy, Namenstagskalender, S. 175, Melchers, Das Jahr der Heiligen, S. 38.
63 Lucius, Anfänge, S. 297, Max von Wulf, Über Heilige und Heiligenverehrung in den ersten christlichen Jahrhunderten, Leipzig 1910, S. 301 ff.
64 Ebda, S. 302.
65 Ziegler, Gregor der Ältere, S. 269.
66 Ebda, S. 273.
67 Ebda, S. 270.
68 Heinrich Dörrie, Artikel Gregor III (Gregor von Nyssa) in: Lexikon für Antike und Christentum, Sp. 864.
69 Pedro Gutierrez, La paternité spirituelle selon Saint Paul, Paris 1968, Alfred Schindler, Geistliche Väter und Hausväter in der christlichen Antike, in: Hubertus Tellenbach (Hg.), Das Vaterbild im Abendland 1, Stuttgart 1978, S. 70 ff.
70 Gutierrez, La paternité, S. 30.
71 Ebda., S. 23 ff.
72 Ebda., S. 44 ff.
73 Friedrich Heyer, Die Kirche in Äthiopiens Berlin 1971, S. 112.
74 Gutierrez, La paternité, S. 51 ff. und 54 ff.
75 Tarn, Hellenismus, S. 209.
76 Torsy, Namenstagskalender, S. 264.
77 Harnack, Mission, S. 356.
78 Dörrie, Gregor III (Gregor v. Nyssa) in: Lexikon für Antike und Christentum, Sp. 865.
79 Wyß, Gregor I (Gregor der Wundertäter), ebenda, Sp. 788

80 Ryssel, Gregorius, S. 31.
81 K. H. Schelkle, Artikel «Bruder» in: Lexikon für Antike und Christentum, Sp. 638.
82 W. Speyer, Artikel «Genealogie». Ebda, Sp. 1201 ff. Daß im frühen Christentum religiös motivierte Beschäftigung mit Genealogie geradezu als Häresie angesehen wurde, zeigt die Einleitung des 1. Briefes des Apostels Paulus an seinen Schüler Timotheus: «Bei meiner Abreise nach Mazedonien habe ich dich gebeten, in Ephesus zu bleiben, damit du bestimmten Leuten verbietest, andere Lehren zu verbreiten und sich mit Faseleien und endlosen Geschlechterreihen abzugeben, die nur Streitfragen mit sich bringen, statt dem Heilsplan Gottes zu dienen, der sich im Glauben verwirklicht» (1, 3–7).
83 Ausführlich dazu Dürig, Geburtstag und Namenstag, S. 48 ff.
84 Über antike Mysterien und Mysterienreligionen Walter Burkert, Antike Mysterien. Funktionen und Gehalt, München 1990.

5. Um Bilder und Namen – die Entscheidung in Byzanz

1 Evelyne Patlagean, Les débuts d'une aristocratie byzantine et le témoignage de l'historiographie: système des noms et liens de parenté aux IXe et Xe siècles, in: Michael Angoldt (Hg.), The Byzantine Aristocracy IX to XIII Centuries, Oxford 1984, S. 23 ff.
2 Angeliki E. Laiou-Thomadakis, Peasant Society in the Late Byzantine Empire, Princeton 1977, S. 108 ff. Ganz ähnliche Muster der Namenhäufigkeit finden sich im 13. Jahrhundert in Epirus. Die meist verwendeten Namen sind damals hier unter Männern Michael, Theodoros, Georgios, Johannes, Konstantinos und Manouel sowie unter Frauen Anna und Maria (Antonia Kiousopoulon, Ho thesmos tes oikogeneias sten Epiro kata ton 13° aiona, Athen 1990, S. 150).
3 Z. B. Patlagean, Les débuts, S. 26, zunächst bezüglich Konstantin und Leo, dann auch bezüglich Konstantin und Basilius.
4 Jochen Martin, Spätantike und Völkerwanderung, Oldenbourg, Grundriß der Geschichte 4, 1987, S. 99.
5 Hermann Dörries, Konstantin der Große, Stuttgart 2 1958, S. 146.
6 Hans Belting, Bild und Kult. Eine Geschichte des Bildes vor dem Zeitalter der Kunst, München 1990, S. 18.
7 Dörries, Konstantin, S. 148.
8 So Patlagean, Les débuts, S. 28.
9 P. D. Whitting, Münzen von Byzanz, München 1973, S. 215.
10 Belting, Bild, S. 176.
11 Ebda., S. 168.
12 Nicht nur in der christlichen, sondern auch in der jüdischen Bevölkerung war der Name Leo in Byzanz beliebt, bei letzterer wegen seiner Entsprechung zu Juda, dem nach dem Segen Jakobs (Genesis 49, 9) der Löwe als Symboltier zugeordnet war («Ein junger Löwe ist Juda»). Auch für Christen konnte diese alttestamentliche Symbolik motivierend sein. Zur Namensentsprechung Juda = Leo Steven B. Bowman, The Jews of Byzantium, Alabama 1986, S. 133.
13 Whitting, Münzen, 101 ff. Zu dem in seiner Verbreitung im wesentlichen auf das Byzantinische Reich beschränkten «Christus Emmanuel»-Typus Hannelore Sachs, Ernst Badstüber und Helga Neumann, Erklärendes Wörterbuch zur christlichen Kunst, Hanau o. J., S. 79. Im Westen fehlt mit dem Bildtypus auch der Name.

14 Ebda, S. 193, 203.
15 Otto F. A. Meinardus, Christian Egypt. Ancient and Modern, Cairo 2 1977, S. 196 und 910, C. Detlev G. Müller, Die Engellehre der koptischen Kirche, Wiesbaden 1959, S. 210.
16 Whitting, Münzen, S. 209.
17 Franz Georg Maier, Byzanz, Fischer-Weltgeschichte 13, 1973, S. 150.
18 Zu diesem Typus und seiner Fortsetzung im Westen ausführlich Arnold Angenendt, Das Frühmittelalter, Stuttgart 1990, S. 430f., sowie derselbe, Kaiserherrschaft und Königstaufe, Berlin 1984.
19 Europäische Stammtafeln. Stammtafeln zur europäischen Geschichte NF (hgg. v. Detlev Schwennicke), 2, Marburg 1984, Tafel 167. Auch Boris/Michaels ältester Sohn erhielt diesen Namen.
20 Thoma, Namensänderungen, S. 59–64.
21 Frank Kämpfer, Das russische Herrscherbild. Von den Anfängen bis zu Peter dem Großen, Recklinghausen 1978, S. 130f.
22 Michael Mitterauer, Zur Nachbenennung nach Lebenden und Toten in Fürstenhäusern des Frühmittelalters, in: Gesellschaftsgeschichte, Festschrift für Karl Bosl zum 80. Geburtstag 1, München 1988, S. 398.
23 Kämpfer, Herrscherbild, S. 107.
24 Alexander V. Solovjev, Corona Regni. Die Entwicklung der Idee des Staates in den slawischen Monarchien, in: Corona Regni, hgg. v. Manfred Hellmann, Wege der Forschung 3, Darmstadt 1961, S. 185f.
25 Patlagean, Les débuts, S. 27.
26 Tchernikover/Fuks, Corpus papyrorum Judaicarum 1, S. 177.
27 Melchers, Jahr der Heiligen, S. 725f.
28 Lucius, Die Anfänge, S. 224ff. und 196.
29 Ebda., S. 235.
30 Tarn, Die Kultur der hellenistischen Welt, S. 57.
31 Lucius, Die Anfänge, S. 231.
32 Gustav Anrich, Hagios Nikolaos. Der heilige Nikolaus in der griechischen Kirche. Texte und Untersuchungen 2, Leipzig und Berlin 1917, S. 452, Karl Meisen, Nikolauskult und Nikolausbrauch im Abendlande, Düsseldorf 1931, S. 334f.
33 Meisen, Nikolauskult, S. 51.
34 Ebda, S. 219ff.
35 Charles W. Jones, Saint Nicholas of Myra, Bari and Manhattan, Chicago und London 1978, S. 67.
36 Ebda., S. 151.
37 Ebda., S. 70ff.
38 Ebda., S. 67.
39 Anrich, Hagios Nikolaos 1, S. 339ff., 345, 349, 379ff.
40 Lexikon des Mittelalters, Artikel «Dämonen».
41 Meisen, Nikolauskult, S. 428.
42 Laiou-Thomadakis, Peasant Society, S. 110.
43 Paulus Cassel, Weihnachten, Ursprünge, Bräuche und Aberglauben, Wiesbaden 1862, S. 119ff.
44 Cassel, Weihnachten, S. LXVI, Anm. 414, Marie-Thérése Morlet, Les noms de personne sur le territoire de l'ancienne Gaule du VIᵉ an XIIᵉ siècle, Paris 1972, S. 81.
45 So Patlagean, Les débuts, S. 27.
46 Cassel, Weihnachten, S. 123f. und 126.

47 Laiou-Thomadakis, Peasant Society, S. 109, Marina Warner, Maria, München 1982, S. 98.
48 Cassel, Weihnachten, S. 129.
49 Mary Hamilton, Greek Saints and Their Festivals, Edinburgh und London 1970, S. 157.
50 Migne, Patrologia Latina 18, 39, Sp. 1021.
51 Dürig, Geburtstag, S. 36 und 96, Anm. 115.
52 Belting, Bild und Kult, S. 64.
53 Harnack, Mission, S. 359.
54 Joseph H. Lynch, Godparents and Kinship in Early Medieval Europe, Princeton 1986, S. 166.
55 Dürig, Geburtstag, S. 52 ff.
56 Belting, Bild und Kult, S. 258 und 279 ff.
57 Belting, Bild und Kult, S. 594.
58 Lynch, Godparents, S. 208.
59 Ebda., S. 223 ff.
60 Gertrud Thoma, Namensänderungen in Herrscherfamilien des mittelalterlichen Europa, Kallmünz 1985, S. 173.
61 Dieser Name war übrigens, was Konstantin nicht erwähnt, auch ein traditionsreicher Name byzantinischer bzw. oströmischer Kaiserinnen. Schon Athenaïs, die Gattin Kaiser Theodosius II., (408–50) hatte ihn bei ihrer Taufe gewählt. Er drückte aus, daß die Trägerin gläubig und des rechten Glaubens war, was man sicher in Byzanz gegenüber der italienischen Prinzessin ebenso betonen wollte. Zu Athenaïs/Eudokia Dürig, S. 51.
62 Zu diesen ausführlich Karl Zachariä von Lingenthal, Geschichte des griechisch-römischen Rechts, Berlin 1893.
63 Die starke Einbeziehung affiner Verwandtschaft spiegelt anschaulich auch die in dieser Richtung sehr differenzierte Verwandtschaftsterminologie. Über diese Patlagean, Les débuts, S. 33 ff.
64 Thoma, Namensänderungen, S. 169 ff.
65 Thoma, Namensänderungen, S. 188 ff.
66 Patlagean, Les débuts, S. 27.
67 Ebda., S. 28. Zu Euphrosyne als christlicher «Festesfreude» Albrecht Dihle, Zur spätantiken Kultfrömmigkeit, in: Martin und Quint, Christentum und antike Gesellschaft, S. 161.
68 Patlagean, Les débuts, S. 27.
69 Ebda., S. 27.
70 Ebda., S. 27.
71 Belting, Bild und Kult, S. 132.
72 Evelyne Patlagean, Byzanz im 10. und 11. Jahrhundert, in: Philippe Ariès und Georges Duby (Hgg.), Geschichte des privaten Lebens 1, Frankfurt 1989, S. 570 ff.
73 Brown, The Rise and Function, S. 436.
74 Patlagean, Byzanz, S. 572 f.
75 Patlagean, Les débuts, S. 31.
76 Ebda., S. 28.
77 Laiou-Thomadakis, S. 120, Patlagean, Les débuts, S. 31.
78 Patlagean, Ebda.
79 Artikel «Familie», Lexikon des Mittelalters 4, München 1989, S. 277, Laiou-Thomadakis, Peasant society, S. 115.
80 Laiou-Thomadakis, Peasant society, S. 118.
81 Herbert Jedin, Geschichte der Kirche 3/1, Freiburg 1966, S. 37.

82 Belting, Bild und Kult, S. 560.
83 Ebda, S. 593 f. Jean-Claude Schmitt. Vom Nutzen Max Webers für den Historiker und die Bilderfrage, in: Wolfgang Schluchter (Hg.), Max Webers Sicht des okzidentalen Christentums, Frankfurt a.M. 1988, S. 200 ff.
84 Belting, Bild und Kult, S. 564.

6. Diener Gottes und der Heiligen – Wege religiöser Namengebung in Ost und West

1 Genesis 20, 4.
2 Belting, Bild und Kult, S. 164 ff., vor allem 172 und 173.
3 C. Detlev G. Müller, Geschichte der orientalischen Nationalkirchen, Die Kirche in ihrer Geschichte 1 D 02, Göttingen, 1981, S. 311 f.
4 L. W. Brown, The Indian Christians of St. Thomas, Cambridge 1956, S. 174.
5 Ebda, S. 208; S. G. Pothan, The Syrian Christians of Kerala, Bombay 1963, S. 58. Placid J. Podipara, Die Thomas-Christen (Das östliche Christentum NF 18), Würzburg 1966.
6 Müller, Orientalische Nationalkirchen, S. 278.
7 Tarn, Hellenistische Welt, S. 346 f. Encyclopédie de l'Islam 4 (Leiden 1978), S. 133 f., in:
8 Kaiser Alexander (912–3) war ein jüngerer Sohn Basilius' I. (867–886), des ersten Kaisers der Makedonischen Dynastie, die ihre niedere Abkunft durch genealogische Konstruktionen zu kompensieren trachtete, durch die sie sich vom antiken Königsgeschlecht Makedoniens herleitete. Trotz dieses eindeutig vorchristlich-heidnischen Namensbezugs ließ sich Kaiser Alexander auf seinen Münzen vom heiligen Alexander gekrönt darstellen (Whitting, Münzen, S. 195).
9 Kämpfer, Herrscherbild, S. 130 f. und 14.
10 Sure 18, 84 ff. als Dhulkarnain, der «Zweigehörnte», nach einer alten Münzdarstellung.
11 Vgl. u. S. 186 f.
12 Delehaye, Les origines, S. 102. Heinrich Dannenbauer, Die Entstehung Europas 1, Stuttgart 1959, S. 171.
13 Wolfgang Haubrichs, Georg, Heiliger, in: Theologische Realenzyklopädie XII, 1984, S. 380 ff. David Howell, St. George as Intercessor, Byzantion 39 (1969), S. 121 ff.
14 M. Abbé Martin, Saint Pierre et Saint Paul dans l'église nestorienne, Paris 1875, S. XX f.
15 2. Makk. 7, 1–42. Der Name Schamouni ist nicht biblisch überliefert. Zum Kult der «Heiligen Makkabäer»: Jeremias, Heiligengräber, S. 18 f.
16 Delehaye, Les origines, S. 246.
17 Müller, Nationalkirchen, S. 294 ff.
18 Stephen Gerr, Notes on Byzantine Iconoclasm, in: Byzantion 41 (1971), S. 32.
19 Jeremias, Heiligengräber.
20 Ebda., S. 68.
21 Ebda., S. 126 ff.
22 Müller, Nationalkirchen, S. 295.
23 Ebda., S. 298.
24 Ebda., S. 277.

25 Justi, Iranisches Namenbuch, S. IX.
26 Ebda., S. XIII.
27 Müller, Nationalkirchen, S. 304.
28 Ebda., S. 305. In der islamischen Umwelt war er als Prophetenname durchaus gebräuchlich.
29 Vgl. S. 62 f. und u. S. 434.
30 Müller, Nationalkirchen, S. 287.
31 Lucius, Die Anfänge, S. 177.
32 Martin, St. Pierre, S. XXI.
33 Dazu ausführlicher Michael Mitterauer, Christentum und Endogamie, in: derselbe: Historisch-anthropologische Familienforschung, Wien 1990, S. 53 ff. Vgl. auch derselbe, «Die Sitten der Magier», in: Hubert Ch. Ehalt, Zwischen Natur und Kultur, Wien 1993 (im Druck).
34 Simon Szyszmann, Das Karäertum, Lehre und Geschichte, Wien 1983.
35 Jakob Mann, The Jews in Egypt and in Palestine under the Fatimid Caliphs 1, New York 1970, S. 215.
36 Zu diesen Shlomo D. Goitein, A Mediterranean Society, The Jewish Communities of the Arab World as portrayed in the documents of the Cairo Geniza 3, Berkeley 1978, S. 2 ff.
37 The Jewish Encyclopedia, Artikel «Karaites and Karaism», S. 438.
38 Podipara, Thomas-Christen, S. 17.
39 Stammbaum bei Justi, Iranisches Namenbuch, S. 423.
40 Friedrich Heyer, Die Kirche Äthiopiens, Berlin – New York 1971, S. 99.
41 E. Hammerschmidt u. a., Symbolik des orthodoxen und orientalischen Christentums, Stuttgart 1962, S. 127.
42 Müller, Nationalkirchen, S. 287.
43 Ebda., S. 344 ff.
44 Marcel Cohen, Apropos de noms de personne des Abyssins chrétiens de la langue Amharique, in: Congrés international des sciences onomastiques, Bruxelles, S. 774. Hinsichtlich der Frage des Patronyms davon abweichend Friedrich Heyer, Vatertum im orthodoxen Äthiopien, in: Hubertus Tellenbach, Das Vaterbild im Abendland 1, Stuttgart 1978, S. 92.
45 Heyer, Vaterbild, S. 83.
46 Friedrich Heyer, Der Kirche Äthiopiens, Berlin-New York 1971, S. 278.
47 Heyer, Die Kirche, S. 103, Cohen, Apropos, S. 775.
48 Cohen, Apropos, S. 776.
49 Heyer, Kirche, S. 83 ff.
50 Heyer, Kirche, S. 90.
51 Heyer, Kirche, S. 257.
52 Cohen, Apropos, S. 777, Heyer, Kirche, S. 26.
53 Wilson, Saints, S. 23 und 48, Anm. 116.
54 Joel Halpern, A Serbian Village, New York 1958, S. 238 ff. Vgl. dazu auch Mitterauer, Historisch-anthropologische Familienforschung, S. 29, 120 und 185 mit weiterführender Literatur, sowie neuerdings Karl Kaser, Ahnenkult und Patriarchalismus auf dem Balkan, in: Historische Anthropologie 1, 1993.
55 Vgl. dazu etwa die Stammtafel des Klans Stojanović aus Orasač bei Halpern, Village, S. 152 mit dem Slava-Heiligen St. Michael (Halpern, S. 238)
56 Es begegnen in den einzelnen Familien viele Namen mit gleichen Anfangsbuchstaben wie Miloš, Milan, Milutin, jedoch nur einmal der zu Mihailo variierte Name des Erzengels.
57 Heyer, Kirche, S. 26.

58 Lynch, Godparents, S. 239ff., Mitterauer, Christentum und Endogamie, S. 50ff., 55, 71ff.
59 Heyer, Vatertum, S. 91.
60 Heyer, Kirche, S. 47 und 54f.
61 Heyer, Vatertum, S. 89, Kirche, S. 42ff.
62 Heyer, Kirche, S. 42.
63 Heyer, Vatertum, S. 90ff.
64 Heyer, Vatertum, S. 92.
65 Heyer, Vatertum, S. 90.
66 Heyer, Vatertum, S. 85.
67 Ebda.
68 Heuser, Personennamen, S. 62.
69 Ebda., S. 61.
70 Ebda., S. 60f.
71 Ebda., S. 80 und 84.
72 Otto F. A. Meinardus, Christian Egypt. Faith and Life, Cairo 1977, S. 10.
73 Ebda., S. 94, 105, 109.
74 Ebda., S. 109.
75 Delehaye, Les origines, S. 253. Auf den individuellen Heiligen bezieht die Namenbildung auch Heuser, Personennamen 105.
76 «Prostates hemon hagios Philoxenos» (Delehaye, Les origines 254).
77 Heuser, Personennamen, S. 95ff., 105ff., 110ff.
78 Ebda., S. 110.
79 Meinardus, Christian Egypt, S. 195f.
80 Zur Tabuisierung der vollen Engelnamen in der koptischen Kirche: C. Detlev, G. Müller, Die Engellehre der koptischen Kirche, 1959, S. 210.
81 Dürig, Geburtstag, S. 51.
82 B. T. A. Evetts, The History of the Patriarchs of the Coptic Church, Patrologia Orientalis II/1, S. 207f.
83 Meinardus, Christian Egypt, S. 272.
84 Peter Brown, A Dark-Age crisis: aspects of the Iconoclastic controversy, in: The English Historical Review 346 (1973), S. 8.
85 Meinardus, Christian Egypt, S. 12.
86 Ebda., S. 10.
87 Ebda., S. 8.
88 Ebda., S. 8f.
89 Heuser, Personennamen, S. 9.
90 Meinardus, Christian Egypt, S. 8.
91 R. Y. Ebied und M. J. L. Young, A note on Muslim name giving according to the day of the week, Arabica 24 (1977), S. 326ff.
92 Zu der Verbreitung gerade dieser Namen in islamischen Ländern bis zur Gegenwart: Wiebke Walther, Die Frau im Islam, Stuttgart 1980, S. 43.
93 Zu solchen Namensbildungen Leone Caetani und Giuseppe Gabrieli, Onomasticon Arabicum I, Rom 1915, S. 87ff.
94 Caetani-Gabrieli, Onomasticon, S. 90ff.
95 Zusammengestellt ebda., S. 87ff., Weiters Eugene Vroonen, Les noms des personnes dans le monde, Brüssel 1967, S. 309ff.
96 Caetani-Gabrieli, Onomasticon, S. 82f.
97 Ebda., S. 90f.
98 Brown, The Rise, S. 439.
99 Handwörterbuch des Islam, Leiden 1941, S. 418ff.
100 Peter Brown, A Dark-Age crisis, S. 13.

101 21, 20–22; 73 f.
102 z.B. Isaak und Jakob in Sure 19, 50 als Propheten.
103 6, 84–90. Vgl. auch 9, 31 und 10, 19. Trotz dieser ausdrücklichen Verbote des Korans ist es auch in islamischen Gesellschaften zur Heiligenverehrung gekommen. Dabei zeigen sich durchaus Parallelen zu christlichen Formen, bis hin zur Vorstellung der Fürsprache bei Allah. Verehrungsstätte dieser Heiligen ist ihr Grab, zu dem gewallfahrtet wird. Am stärksten ist der Besuch jeweils am Geburtstag des Heiligen. Zur Ausbildung einer dem Heiligenkalender vergleichbaren überregionalen Verehrungspraxis ist es freilich auf dieser Grundlage nicht gekommen. Am stärksten sind die lokalen Traditionen der Heiligenverehrung in Nordafrika, in der Türkei und in Indien (Günther Lanczkowski, Artikel Heilige/Heiligenverehrung I, in: Theologische Realenzyklopädie 14, Berlin 1985, S. 641 ff.)
103 a Johann Christoph Bürgel, Allmacht und Mächtigkeit. Religion und Welt im Islam, München 1991, S. 51 f.
104 Diese Bezeichnung verwenden u. a. die Haussa zur Charakteristik der aus dem Koran entnommenen religiösen Namen zum Unterschied von ihren angestammten Namen aus vorislamischer Tradition. Vgl. dazu Pauline M. Ryan, An introduction to Hausa Personal Nomenclature, in: Names, Journal of the American Name Society 29, 1981, S. 141.
105 Harald Motzki, Das Kind und seine Sozialisation in der islamischen Familie des Mittelalters, in: Jochen Martin und August Nitschke (Hgg.), Zur Sozialgeschichte der Kindheit, Freiburg 1986,S. 414.
106 Im Überblick dazu Gerhard Endress, Einführung in die islamische Geschichte, München 1987, S. 175 ff.
107 Motzki, Kind, S. 414.
108 Metronymische Formen des «nasab» begegnen ausnahmsweise, sind aber selten (Caetani-Gabrieli, Onomasticon, S. 138 f.).
109 Endress, Einführung, S. 177.
110 Endress, Einführung, S. 177.
111 Motzki, Kind, S. 414.
112 Zu Ehren des ältesten Sohnes gewählte Teknonyme kommen bei orientalischen Juden vor (Goitein, A. Mediterranean Society, S. 20, 233), sind im Judentum aber sonst eine späte und wenig verbreitete Sitte (Kaganoff, Dictionary, S. 91). Eher der Kuriosität wegen sei erwähnt, daß in Äthiopien Fürsten Teknonyme trugen, die sich auf ihre Lieblingspferde bezogen.
113 Endress, Einführung, S. 178.
114 Walther, Die Frau, S. 81.
115 Ebied-Young, A Note, S. 326.
116 Toufic Fahd, La divination arabe, Leiden 1966, S. 452 ff.
117 Goitein, A Mediterranean Society, S. 8.
118 Ebda., S. 427, Anm. 35.
119 Mann, The Jews in Egypt, S. 281 ff.
120 Kaganoff, A Dictionary, S. 98.
121 Goitein, A Mediterranean Society, S. 8.
122 Vgl. o. S. 27 ff.
123 Vgl. etwa die Genealogien bei Tcherikover/Fuks, Corpus Papyrorum Judaicarum 1, S. 117.
124 Zunz, Namen der Juden, S. 44 f., bringt Belege für die Namengebung nach dem väterlichen Großvater aus talmudischer Zeit, nimmt eine gehäufte Wiederkehr derselben Namen in einer Familie jedoch erst für das 9. und 10. Jahrhundert an.

125 Goitein, A Mediterranean Society, S. 427, Anm. 35, nach Edgar R. Samuel, New Light on the Selection of Jewish Children's Names, Transactions of the Jewish Historical Society of England 23, 1971, S. 65.
126 Kaganoff, A Dictionary, S. 98.
127 In Auseinandersetzung mit Jacob Mann dazu Goitein, A Mediterranean Society, S. 6 ff.
128 Ebda., S. 497, Anm. 7.
129 Dazu Mitterauer, Christentum und Endogamie, S. 55 ff.
130 Goitein, A Mediterranean Society, S. 316 und 498.
131 Ebda., S. 314.
132 Ebda., S. 312.
133 Ebda., S. 315.
134 Ebda., S. 314 f.
135 Ebda., S. 319.
136 Ebda., S. 318.
137 Kaganoff, A Dictionary, S. 104 ff.
138 Mann, The Jews in Egypt, S. 284.
139 Goitein, A Mediterranean Society, S. 233.
140 Kaganoff, A Dictionary, S. 49, Zunz, Namen der Juden, S. 48.
141 Vgl. o. S. 83.
142 Goitein, A Mediterranean Society, S. 8 ff.
143 8, 17. Vgl. dazu Kaganoff, A Dictionary, S. 7.
144 Kaganoff, A Dictionary, S. 7.
145 Goitein, S. 9.
146 Kaganoff, A Dictionary, S. 46.
147 Wenn das Purim-Fest volkstümlich als «Mordechai-Tag» bezeichnet wird und die Häufigkeit des Namens Mordechai im mittelalterlichen Judentum vielleicht aus Geburtsterminen rund um dieses Fest zu erklären ist, so handelt es sich doch dabei um etwas anderes als bei der Bindung eines Christen an seinen Geburtstagsheiligen oder Tauftagsheiligen als Namenspatron. Zu Festtagen und Namengebung im Judentum vgl. Kaganoff, A Dictionary, S. 47.
148 Lexikon des Mittelalters 1, München 1980, Sp. 162 f.
149 Genealogias Mozarabes, Instituto de Estudios Visgotico-Mozarabes de San Eugenio, Toledo 1981. S 23 ff.
150 Meinardus, Christian Egypt, S. 12.
151 Genealogias Mozarabes, Tafeln im Anhang.
152 Thoma, Namensänderungen, S. 31.
153 Kaganoff, A Dictionary, S. 109 f.
154 Meinardus, Christian Egypt, S. 10 und 12.
155 Vroonen, Les noms, S. 274, vgl. auch S. 270.
156 Lexikon für Theologie und Kirche 5, Freiburg 12960, Sp. 1200.
157 Genealogias Mozarabes, S. 23.
158 Ebda., S. 24.
159 Ebda., S. 25.
160 David Herlihy, Land, Family, and Women in Continental Europe, 701–1200, in: Susan Mosher Stuard, Women in Medieval Society, University of Pennsylvania 1976, S. 13 ff., vor allem Statistiken S. 37 ff.
161 M. A. O'Brien, Notes on Early Irish Personal Names, Celtica 10 (1973).
162 Julius Pokorny, Das nicht-indogermanische Substrat im Irischen, Zeitschrift für celtische Philologie 16, 1927, S. 372.

163 K. Hughes, The Church in Early Irish Society, 1966, Clinton Albertson, Anglo-Saxon Saints and Heroes, Fordham 1971, S. 82 ff. Zum unmittelbaren Wirken ägyptischer Mönche in Irland Hermann J. Vogt, Zur Spiritualität des frühen irischen Mönchtums, in: Heinz Löwe, Die Iren und Europa im frühen Mittelalter. Stuttgart 1982, S. 34.

164 Francis John Byrne, Irish Kings and High Kings, London 1987, S. 10.

165 Wilhelm Janssen, Die keltische (altbritische und iroschottische) Kirche 5.-12. Jahrhundert, in: Großer Historische Weltatlas, hgg. vom Bayerischen Schulbuch-Verlag, II. Mittelalter, München 1970, S. 65, Karte b, sowie Erläuterungen, S. 53 ff. Michael Richter, Irland und Europa, Die Kirche im Frühmittelalter, in: Próinséas Ní Chatháin und Michael Richter, (Hgg.) Irland und Europa, Die Kirche im Frühmittelalter, Stuttgart 1984, S. 409 ff.

166 Charles Thomas, Christianity in Roman Britain to ad 500, London 1981, S. 61, 348 f.

167 Janssen, Die keltische Kirche, S. 53, in: Ní Chatháin und Richter, Irland und die Christenheit, vor allem S. 311 ff.

168 Torsy, Namenstagskalender, S. 81.

169 Margaret Deanesty, Sidelights on the Anglo-Saxon Church, London 1960, S. 31. Zu romanischem Namengut in Wales noch auf Inschriften des 5. bis 7. Jahrhunderts James Campbell, The debt of the early English Church to Ireland, in: Ní Chatháin und Richter, Irland und die Christenheit, S. 333.

170 Torsy, Namenstagskalender, S. 119 f., 312 und 353. Von ihnen hieß Marian «der Schotte», geb. um 1028, als Mönch in Köln, Paderborn, Fulda, Würzburg und Mainz lebend, mit seinem ursprünglichen Namen Mael Brigte d. i. «Knecht Brigittens». In Hinblick auf die häufige Parallelisierung der in Irland so hoch verehrten heiligen Brigid mit Maria kann eine solche Übertragung des am Kontinent unverständlichen irischen Namens häufiger vorgekommen sein.

171 Morlet, Les noms, S. 102 f. Zur Problematik des Namens von St. Davids Vater T. J. Morgan und Prys Morgan, Welsh Surnames, Cardiff 1985, S. 190.

172 Parson, Earliest Christianity in Egypt, S. 133, Vgl. o. S.

173 Kaganoff, A Dictionary, S. 49.

174 Leslie Hardinge, The Celtic Church in Britain, London 1972, S. 51.

175 John Hennig, Die Chöre der Heiligen, Archiv für Liturgiewissenschaft 8, 1964, S. 455. Zur spezifischen Deutung auch für die Namengebung wichtiger alttestamentlicher Gestalten in Irland: Donnchadh O'Corrain, Irish vernacular law and the Old Testament, in: Ní Chatháin and Richter (Hgg.), Irland und die Christenheit, S. 292 ff.

176 Zusammenstellungen dazu bei Morgan/Morgan, Welsh Surnames.

177 C. L'Estrange Ewen, A History of Surnames on the British Isles, London 1931, S. 31.

178 Byrne, Irish Kings, S. 258. Zur irischen Sondertradition über das Leben und vor allem die Namengebung Adams Charles D. Wright, Apocryphal Lore and Insular Tradition in St. Gall, Stiftsbibliothek MS 908, in: Ní Chatháin und Richter, Irland und die Christenheit, S. 124 ff.

179 Heuser, Personennamen, S. 106 ff.

180 Hardinge, The Celtic Church, S. 96.

181 Ebda, S. 68. Auch der Kirchenpatronat von Heiligen war in Irland bis ins 17. Jahrhundert unbekannt. Vgl. dazu Matthias Werner, Iren und Angelsachsen in Mitteldeutschland, in: Heinz Löwe, Die Iren und Europa 1, S. 268.

182 Pokorny, Substrat, S. 371. Tristano Bolelli und Enrico Campanile, Stratificazione della onomastica Celtica antica, Onomastic sciences. VII Congresso

internazionale di szienze onomastiche Firenze 1961 (Atti e memorie, Firenze 1962), S. 140 ff. Zur sozialen Stellung des «mug» T. M. Charles-Edwards, Early Irish and Welsh Kinship, Oxford 1993, S. 330 ff.

183 Byrnes, Irish Kings, S. 168 und 186 f.

184 Bolelli-Campanile, Stratificazione, S. 140 ff.

185 Art. Tonsur, in: Lexikon für Theologie und Kirche 10, 1965, Sp. 251, Padraig O Neill, «Romani» influences on seventh – century Hiberno-Latin literature, in: Próinséas Ní Chatháin und Michael Richter (Hgg.), Irland und Europa. Die Kirche im Frühmittelalter, Stuttgart 1984, S. 285 ff.

186 Daphne D. C. Pochin Mould, The Irish Saints, Dublin 1962, S. 230 und S. 280.

187 S. Czarnowski, Le culte des heros et ses conditions sociales. St. Patrick, Heros national de l'Irlande, Paris 1919, S. 260.

188 Bei einem irischen Mönch dieses Namens im Kloster St. Gallen wird erläuternd «calvus Patricii» hinzugefügt (George F. Black, The surnames of Scotland. Their origin, Meaning and History, New York 1946, S. 576 ff.).

189 Diarmaid O'Laoghaire, Irish Spirituality, in: Ní Chatháin und Richter, Irland und Europa, S. 81, P. Woulfe, Irish Names and Surnames, Dublin 1922, S. 7.

190 O'Laoghaire, Spirituality, S. 81.

191 Vgl. o. S. 165.

192 Byrnes, Irish Kings, S. 168.

193 O'Laoghaire, Spirituality, S. 81.

194 Vgl. o. S. 110 ff.

195 Vgl. etwa für Bayern Wilhelm Störmer, Früher Adel. Studien zur politischen Führungsschicht im fränkisch-deutschen Reich vom 8. bis 11. Jahrhundert, 1, Stuttgart 1973, S. 42, der in diesem Zusammenhang von «typischen Geistlichennamen» spricht. Die Selektion alttestamentlicher Namen ist hier spezifisch irisch.

196 Arnold Angenendt, Die irische Peregrinatio und ihre Auswirkungen auf dem Kontinent vor dem Jahre 800, in: Heinz Löwe, Die Iren und Europa, S. 67 ff. Derselbe, Monachi Peregrini, München 1972, S. 151 ff.

197 «The ‹manach› (von ‹monachus› = Mönch) is a member of the body of his church just as the kinsmen is a member of the body of his kindred» (T. M. Charles-Edwards, The Church and settlement, in: Ní Chatháin und Richter, Irland und Europa, S. 173. Vgl. derselbe, Kinship, S. 334).

198 Byrnes, Irish Kings, S. 28, Charles-Edwards, Kinship, S. 339 ff..

199 Charles-Edwards, The Church.

200 Über sie Peter O'Dwyer, The Céli Dé reform, in: Ní Chatháin und Richter, Irland und Europa, S. 83 ff.

201 Byrnes, Irish Kings, S. 118.

202 Woulfe, Irish Names, S. 8, Black, The surnames of Scotland, S. 298 f. Patrick Hanks und Flavia Hodgen, A Dictionary of Surnames, Oxford 1988, S. 111.

203 William George Searle, Onomasticon Anglo-Saxonicum, Cambridge 1897, S. 258.

204 Pokorny, Das nicht-indogermanische Substrat, S. 371.

205 Byrnes, Irish Kings, S. 31, Charles-Edwards, Kinship, S. 339 ff.

206 Byrnes, Irish Kings, S. 43.

207 Reinhard Wenskus, Stammesbildung und Verfassung, 2 Köln 1977, S. 265 und 363.

208 Henry Bosley Woolf, The Old Germanic Principles of Name-Giving, Baltimore 1939, S. 137 f. Vgl. Searle, Onomasticon, S. 143 f.

209 Morgan/Morgan, Welsh Surnames, S. 107 f.
210 Heuser, Personennamen, S. 10 f.
211 Zur apokryph überlieferten «Vita Adae» im keltischen Christentum Wright, Apocryphical lore, S. 130 ff.
212 Black, Surnames, S. XXI.
213 Pochin Mould, Irish Saints, S. 219.
214 Gegen die für Irland postulierte matrilineare Sukzession wendet sich aufgrund des Quellenbefunds sehr entschieden Byrnes, Irish Kings, S. 39.
215 Zur Kontinuität der gesellschaftlichen Verhältnisse über die Phase der Christianisierung hinaus Michael Richter, Irland und Europa: Die Kirche im Frühmittelalter, in: Ní Chatháin und Richter, Irland und Europa, S. 415 f.
216 Am Beispiel von Wales dazu Morgan und Morgan, Welsh Surnames, S. 20 ff.
217 Zum Genealogismus des christlichen Irland John Hennig, Grundzüge der martyrologischen Tradition Irlands, Archiv für Liturgiewissenschaft 14, 1972, S. 83, Charles-Edwards, Kinship, S. 111 ff.
218 Pádraig O'Riain, Corpus Genealogiarum Sanctorum Hiberniae, Dublin 1985, S. 1. Zur Bedeutung der Abstammung von Heiligen bei Iren und Angelsachsen auch Hennig, Grundzüge, S. 83, und Clinton Albertson, Anglo-Saxon Saints und Heroes, Fordham 1967, S. 171.
219 Zur Konkurrenz der beiden Systeme G. B. Adams, The distribution of surnames in an Irish county, in: 10. Internationaler Kongreß für Namenforschung 2, Wien 1969, S. 163.
220 Czarnowski, Le culte des herós, S. 234, 261.
221 Vgl. dazu die Stammbäume der irischen Königshäuser bei Byrnes, Irish Kings, Appendix II.
222 Traditionell erfolgte die Namengebung im vorchristlichen Irland durch die Druiden. Geburtstermine und ihre Omina spielten dabei eine wichtige Rolle (Czarnowski, Le culte des herós, S. 273).
223 Michael Richter, Practical aspects of the conversion of the Anglo-Saxons, in: Ní Chatháin und Richter, Irland und die Christenheit, S. 362 ff.
224 Hanna Vollrath, Taufliturgie und Diözesaneinteilung in der frühen angelsächsischen Kirche, Ebda., S. 377 ff.
225 Albertson, Anglo-Saxon Saints, S. 28.
226 Richter, Aspects, S. 375 f. Peter Brown, A Dark-Age crisis: aspects of the Iconoclastic controversy, in: The English Historical Review 346, 1973, S. 18, formuliert dazu: «They were bringing to heathen Kent a method of supranatural prophylaxis that had been developed, comparatively rapidly, from one end of the Mediterranean to the other».
227 Richter, Aspects, S. 376.
228 Ebda., S. 366 ff, Arnold Angenendt, Kaiserherrschaft und Königstaufe, Berlin 1984, S. 181 ff.
229 Vgl. dazu die Belege zu den einzelnen Heiligennamen bei Searle, Onomasticon.
230 Woolf, Principles, S. 87.
231 Searle, Onomasticon, S. 263.
232 Ebda., S. 260 ff., R. E. Zachrisson, English Names with -god, -got in the second element, in: Englische Studien 50/1976/7, S. 2611.
233 Morlet, Les noms, S. 111 ff. und 104 ff., Searle, Onomasticon, S. 264, Zachrisson, Notes, S. 355. Dieter Geuenich, Samuel sive Sahso. Studien zu den cognomina im Reichenauer Verbrüderungsbuch, in: Name und Geschichte, Henning Kaufmann zum 80. Geburtstag, 1978, S. 94 ff., Helmut

Rosenfeld, Zur Systematik und geschichtlichem Form- und Bedeutungswandel der indogermanischen Männer- und Frauen-Rufnamen, ebenda S. 145 über schon nicht mehr verstandene Wurzeln solcher theophorer Namen um 1000.

234 Adolf Bach, Deutsche Namenkunde 1/1, Heidelberg 1952, S. 229 bzw. 208, sowie 1/2, S. 15.

235 Vgl. dazu vor allem den im 10. und 11. Jahrhundert so verbreiteten Frauennamen Aelfgifu (Searle, Onomasticon, S. 9f.). Zur Bedeutung von Aelf vgl. o. S. 224ff.

236 Searle, Onomasticon, S. 261.

237 Ebda., S. 260ff.

238 Vgl. o. S. 50ff.

239 Bruce Dickins, English Names and Old English Heathenism, in: Essays and Studies by the Members of the English Association 19, 1934, S. 151f., David Wilson, Anglo-Saxon Paganism, London 1992, S. 6ff.

240 Vgl. dazu die Zusammenstellung bei Searle, Onomasticon, S. 370ff. und 73f.

241 Ebda., S. 6–30 und 225f.

242 Ebda, S. IX.

243 Woolf, Principles, S. 138.

244 Wilfried Seibicke, Vornamen, Wiesbaden 1977, S. 268.

245 Morlet, Les noms, S. 37 und 145f.

246 Bach, Namenkunde 1.1., S. 214, und 229 nach August Socin, Mittelhochdeutsches Namenbuch, Basel 1903, S. 216ff., Seibicke, Vornamen, S. 282.

247 Das gilt vor allem für die Parallelbildung Engelschalk-Gottschalk. Vgl. dazu o. S. 236.

248 Searle, Onomasticon, S. 70, 227 und 316.

249 Michael Rouche, Le combat des saints anges et des démons: La victoire de saint Michel, in: Santi e demoni nell'alto medioevo occidentale (secoli V – IX) (Settimane di studio del centro Italiano di studi sull'alto medioevo 36, 1989), S. 533ff. und 563.

250 H. R. Ellis Davidson, Myths and symbols in pagan Europe. Early Scandinavian and Celtic religions, Manchester 1988, S. 106ff. und S. 173.

251 Nach Woolf, Principles, S. 54f. und 65f. sowie James Campbell, The debt of the early English Church to Ireland, in: Ní Chatháin und Richter, Irland und die Christenheit, S. 335ff.

252 Woolf, Principles, S. 54.

253 Angenendt, Kaiserherrschaft und Königstaufe, S. 178 und 189.

254 Ebda., S. 177ff.

255 Daß das Weiterleben vorchristlicher Motive in der angelsächsischen Namengebung keineswegs als Zeichen eines Fortlebens heidnischer Vorstellungen zu deuten ist, betont gegen Bruce Dickins, English Names and Old · English Heathenism, Woolf, Principles, S. 24, mit besonderem Verweis auf die Verhältnisse in Northumbrien.

256 Allgemein dazu Woolf, Principles, vor allem S. 1ff. Wolfgang Haubrichs, Zur Namensexegese im frühen Mittelalter, in: Verbum et Signum. Beiträge zur mediävistischen Bedeutungsforschung 1, München 1975, S. 234 mit weiterführenden Literaturhinweisen.

257 Beispiele dazu aus der jüdischen Tradition o. S. 44. Für Namenkulturen germanischen Ursprungs vgl. etwa auch Geuenich, Samuel sive Sahso.

258 Woolf, Principles, S. 61.

259 Ebda., S. 17.

260 Ebda., S. 27.
261 Woolf, Principles, S. 254 ff., Mitterauer, Zur Nachbenennung, S. 386 ff. Norbert Wagner, Eucherius und die Nachbenennung, S. 275 ff.
262 Bach, Namenkunde 1, 1, S. 14, Morlet, Les noms 1, S. 179. Daß solche germanisch-hagiophoren Namen keine Besonderheit bloß des fränkischen Namenwesens waren, zeigt die Entwicklung in Island. Hier wurden seit der Christianisierung Heiligennamen mit traditionellen Erst- oder Zweitelementen von Namen verbunden, insbesondere Jón=Johannes. Es kam so zu Bildungen wie Fridjón oder Bergjón, aber auch Gudjón d. h. Gottes-Johannes, also eine zugleich theophore und hagiophore Namensform. Vgl. dazu Richard F. Tomasson, The continuity of Icelandic names and naming patterns, in: Names 23 (1975), S. 285 f.
263 Morlet, Les noms 1, S. 168.
264 Ebda., S. 61.
265 Ebda., S. 89, 149, 226.
266 Ebda., S. 149.
267 Ebda., S. 79.
268 Bach, Namenkunde 1, 1, S. 15.
269 Morlet, Les noms 1, S. 47 und 177. Mit Eoster- = «Ostern» gebildete Namen kommen schon früh auch bei den Angelsachsen vor – freilich seltener. Um die Mitte des 7. Jahrhunderts lebte Abt Eosterwine, ein Cousin des Benedict Biscop (Searle, Onomasticon, S. 215, Woolf, Principles, S. 97). Beide trugen betont christliche Namen, die vielleicht in Hinblick auf ihre Bestimmung für den geistlichen Stand gewählt wurden. Von Benedict Biscop heißt es bei Beda: «Fuit vir vitae venerabilis, gratia Benedictus et nomine» (Woolf, S. 94). Sein Name wurde also als «frommer» verstanden, nicht als Nachbenennung nach dem heiligen Benedikt.
270 Morlet, Les noms 2, S. 88 und 81.
271 Angenendt, Kaiserherrschaft und Königstaufe, S. 32.
272 Hist. VIII, 9 (MG SS rer. Merov. 1/1, S. 376).
273 Angenendt, Kaiserherrschaft und Königstaufe, S. 32.
274 Ebda., S. 44.
275 Morlet, Les noms 1, S. 73 und 151.
276 Morlet, Les noms 1, S. 38 ff.
277 Richard Hünnerkopf, Zur altgermanischen Namengebung, in: Niederdeutsche Zeitschrift für Volkskunde 9, 1931, S. 8.
278 Zu solchen theophoren Namen der Karolingerzeit Geuenich, Samuel sive Sahso, S. 94 ff.
279 Woolf, Principles, S. 237 ff.
280 Wagner, Eucherius, S. 281.
281 Auch das Namenselement Gund- in Guntram geht bei den Merowingern auf ihre burgundischen Ahnen zurück.
282 Morlet, Les noms 1, S. 113 und 38, Theodor Bitterauf, Die Traditionen des Hochstifts Freising 1, München 1909, S. 704, 2, S. 700.
283 Morlet, Les noms 1, S. 39.
284 Ebenda, S. 113.
285 Woolf, Principles, S. 226.
286 Morlet, Les noms, S. 113.
287 Über ihn Maria Christine Mitterauer, Gottschalk der Sachse und seine Gegner im Prädestinationsstreit, phil. Diss. Wien (masch.) 1956, Gangolf Schrimpf, Der Beitrag des Johannes Scottus Eriugena zum Prädestinationsstreit, in: Löwe, Die Iren und Europa 2, S. 822.

288 Michael Mitterauer, Karolingische Markgrafen im Südosten, Wien 1963,
    S. 115 und 187.
289 Glossar zur frühmittelalterlichen Geschichte im östlichen Europa, Serie A
    III 7, S. 391.
290 Vgl. o. S. 178 ff.
291 Rouche, Le combat des saints anges, S. 551 ff.
292 Alfons Rosenberg, Michael und der Drache, Olten 1956, S. 63.
293 Belting, Bild und Kult, S. 170.

7. Der große Namenschwund. Zur Entstehung und Entwicklung des europäischen Systems der Namengebung

1 Die Verwendung dieses Begriffs hat sich vor allem durch Adolf Bachs Standardwerk «Die deutschen Personennamen» eingebürgert. Bach gibt dem
  einschlägigen Kapitel den Titel «Verarmung und Verminderung des Rufna-
  menschatzes» (I/2, S. 26 ff.) und leitet es mit einem von Josef Zahn übernommenen Zitat ein: «Vor tausend und mehr Jahren war ... das Namenwesen eine Art von Dichtung, und jeder neue ein neuer Vers dazu.» In Anschluß daran meint er: «Diese lebendige Namenschöpfung der alten Zeit
  verlor bereits im 10. Jahrhundert ihre Kraft, und ihr Verfall nahm nach 1150
  erheblich zu. Viele altgermanische Rufnamen, die noch im 12. Jahrhundert
  gang und gäbe waren, werden im 13. Jahrhundert nicht mehr gebraucht...
  Die Verarmung des Namenschatzes und das Vorherrschen von Modenamen
  brachte es mit sich, daß die Zahl der auf den gleichen Namen hörenden
  Personen außerordentlich wuchs». Die für die «Verarmung des deutschen
  Namenschatzes» (S. 28) verantwortlichen neuen Namen sind «Fremdnamen» und «Modenamen»: «Eine neue Namenmode von außerordentlicher
  Bedeutung machte sich seit dem späteren 12. Jahrhundert bemerkbar. Damals wurden vor allem Rufnamen aus dem Neuen Testament, sowie Namen von Heiligen der Kirche beliebt (unter denen sich zwar auch manche
  germanischen Ursprungs befanden)» (S. 157). Die Bewertungsmaßstäbe der
  von Bach gewählten Terminologie sind also einerseits «schöpferische Dichtung» contra «Mode», andererseits «Germanisch-Heimisches» contra
  «Christlich-Fremdes».
2 So etwa Christiane Klapisch-Zuber, Constitution et variations temporelles
  des stocks de prénoms, in: Jacques Dupâquier u. a. (Hgg.), Le Prénom. Mode
  et histoire. Entretiens de Malher 1980, Paris 1984, S. 40.
3 MG SS VI., S. 520.
4 Dazu vor allem das Kapitel «Mähler und Feste» bei Gerd Althoff, Verwandte, Freunde und Getreue. Zum politischen Stellenwert der Gruppenbindun-
  gen im früheren Mittelalter, Darmstadt 1990, S. 203 ff.
5 Adolph Franz, Die kirchlichen Benediktionen im Mittelalter 1, Freiburg
  1905, S. 288. Zu Charakter und Funktionen solcher Gemeinschaften Althoff, Verwandte, vor allem S. 127.
6 Solche «Minneheilige» waren vor allem Michael, Stephan, Johannes der
  Täufer, Martin von Tours, Gertrud von Nivelles und Bischof Ulrich von
  Augsburg (Franz, Benediktionen, S. 289). Zu den nordischen Vorformen des
  christlichen «Minnetrinkens» im «blót» Wilhelm Grönbech, Kultur und
  Religion des Germanen 2, Darmstadt 1961, vor allem S. 144 ff. und 169 ff.
7 Über ihn M. W. J. A. Jonckbloet, Guillaume d'Orange, Chansons de Geste
  des XI⁰ et XII⁰ siècles, Den Haag 1854, Ludwig Clarus, Herzog Wilhelm von

Aquitanien, Münster 1865. Wilhelm Pückert, Aniane und Gellone, Leipzig 1899. Zusammenfassend mit weiterführenden Literaturangaben M. Rouche, Artikel «Guillaume d'Orange», in: Dictionnaire d'histoire et de géographie ecclésiastique 29, Paris 1988, Sp. 910ff.

8 Seit 938 wird das Kloster Gellone nach dem hl. Wilhelm benannt (Pückert, Aniane, S. 111), wodurch die regionale Verehrung gesichert erscheint.

9 Migne, Patrologia Latina 188, 1833, Sp. 451ff.

10 Pückert, Aniane, S. 110f.

11 Neben ihm hat vor allem sein gleichnamiger Urenkel, Herzog Wilhelm der Fromme, der ebenfalls als Kämpfer gegen die Sarazenen berühmt wurde, die Ausformung der Epengestalt beeinflußt. Zu den verschiedenen Vorbildfiguren Philipp August Becker, Die altfranzösische Wilhelmssage und ihre Beziehungen zu Wilhelm dem Heiligen, Halle 1896, derselbe, Der südfranzösische Sagenkreis, Halle 1898.

12 Zu den einzelnen Namensträgern und ihrer Verwandtschaft im Überblick: Europäische Stammtafeln. Stammtafeln zur Geschichte der europäischen Staaten NF, hgg. von Detlev Schwennike, 2, Marburg 1984, Taf. 79, 81, 83.

13 Cockayne, The Complete Peerage III, London 1913, S. 625ff.

14 Migne, Patrologia Latina 141, Sp. 755.

15 Cokayne, S. 624. Ernest Weekly, Jack and Jill. A Study in Our Christian Names, London o.J., S. 18, zählt – allerdings aufgrund einer sehr kleinen Stichprobe – Johanna sogar als den häufigsten Mädchennamen. Hier auch (S. 16) Einzelbelege für die Beliebtheit der Nachbenennung nach St. Johannes, etwa das Beispiel von vier Brüdern, die alle diesen Namen trugen.

16 Das Motiv der Nachbenennung nach der Heiligen aufgrund ihrer erbetenen Hilfe anläßlich der schwierigen Geburt ist für die 1240 geborene älteste Tochter König Heinrichs III. belegt, die erste Trägerin dieses Namens im englischen Königshaus.

17 Zur Verehrung Thomas Beckets als «the angel of the English» im hochmittelalterlichen England: Rosalind and Christopher Brooke, Popular Religion in the Middle Ages, Western Europe 1000–1300, 1984, S. 40ff., 154, 160.

18 Weekly, Jack and Jill, S. 17

19 Barbara Hanawalt, The Ties That Bound. Peasant Families in Medieval England, Oxford 1986, S. 174f.

20 E. G. Withycombe, The Oxford Dictionary of English Christian Names, 3 Oxford 1948, S. XXVIII.

21 Cokayne, S. 624.

22 Whithycombe, Dictionary, S. XXVIII.

23 Marie-Thérése Morlet, Les noms de personne à Eu du XIIIᵉ au XV siècle, in: Revue internationale d'onomastique 11 (1959), S. 138. Die neuere Untersuchung von F. Neveux, Le système anthroponomique en Normandie d'après le cartulaire du chapitre de Bayeux (XIᵉ – XIIIᵉ, siècles), in: Genèse médiévale de l'anthroponymie moderne (Études d'anthroponymie mèdievale I et II Rencontres Azais-le-Ferron 1986 et 1987) Tours 1990, S. 127 geht bedauerlicherweise auf die Zusammensetzung des Namenguts nicht ein.

24 Weekley, Jack and Jill, S. 38.

25 Cokayne, S. 625f.

26 Marie Fauroux, Recueil des actes des ducs de Normandie de 911 à 1066, Caen 1961, S. 134f.

27 Michael Mitterauer, Zur Verbreitung von Fürstennamen durch das Lehenswesen, in: Mitteilungen des Instituts für österreichische Geschichtsforschung 96 (1988), S. 325.

28 Jacques Dupâquier u. a., Le Temps des Jules. Les prénoms en France an XIXe siècle, Paris 198, S. 156.

29 Im Départment Finistère nahm er damals noch den sechsten Rang ein (Dupâquier, Le Temps, S. 140) im benachbarten Côtes-du-Nord den siebenten (ebda. S. 138). Die nordwestfranzösische Verbreitungszone des Namens Guillaume mit dem Schwerpunkt in der Bretagne wird besonders aus Karte 59, ebenda, S. 100, deutlich.

30 Ebenda S. 86, Karte 17 und S. 91, Karte 37.

31 Guillaume liegt im 19. Jahrhundert im Départment Cantal an vierter Stelle, Dordogne an zehnter, Haute-Garonne an neunter, Gers an zehnter, Lot an fünfter, Lot-et Garonne an vierter, Lozère an sechster, Puy-de-Dome an achter und Tarn-et-Garonne ebenso an achter (Dupâquier, Les Temps, S. 935, 138, 141, 146, 151 und 158).

32 Louis Perouas u. a., Léonard, Marie, Jean et les autres. Les prénoms en Limousin depuis un millénaire, Paris 1984. Vgl. auch Jean Boutier und Louis Perouas, l'évolution des prénoms en Limousin du XIe au XXe siècle, in: Le Prénom, S. 67 ff., sowie Bernardette Barrière, L'anthroponymie en Limousin aux XIe et XIIe siècles, in: Genèse médiévale de l'anthroponymie moderne, S. 23 ff.

33 Georges T. Beech, Les noms de personne poitevins du 9e au 12e siècle, in: Revue internationale d'onomastique 26 (1974), S. 96 ff. Als Analysen von mittelalterlichem Namengut aus dem aquitanischen Raum vergleiche weiters Marie-Thérese Morlet, Études d'anthroponymie occitane. Les noms de personne de l'obituaire de Moissac, in: Revue internationale d'onomastique 11 (1959), S. 269 ff. und Yves Dossat, Les noms de baptême en Toulousain et Albigeois (1272–1273) in: Liturgie et musique (IX-XIVe siècle) (Cahiers de Fanjeaux 17, 1982, S. 343 ff. Benoit Cursente, Étude sur l'évolution des formes anthroponymiques dans les Cartulaires du Chapitre métropolitain de Sainte Marie d'Auch (XI-XIIIe siècles), in Genèse médiévale, S. 143 ff, Monique Bourin, Les formes anthroponymiques et leur évolution d'après les données du cartulaire du chapitre cathédral d'Agde (Xe siècle – 1250), ebenda, S. 179 ff.

34 Beech, Les noms, S. 100.

35 Perouas, Léonard, S. 37.

36 Cursente, Étude, S. 147.

37 Bourin, Les formes, S. 184.

38 Walter Kienast, Der Herzogstitel in Frankreich und Deutschland (9. bis 12. Jahrhundert), München 1968, S. 276 f. bzw. S. 163 und 176 f. Ernst Klebel, Herzogtümer und Marken bis 900, in: Die Entstehung des deutschen Reiches (Wege der Forschung I), Darmstadt 1956, S. 62 ff. Europäische Stammtafeln ¾, Tafeln 763 und 765, und 2, Tafeln 68 und 69.

39 Torsy, Namenstagskalender, S. 26 und 1249. Yves Dossat, Le noms, S. 354, verweist bei seinem Versuch, die Häufigkeitsverteilung der Namen in der von ihm analysierten Einkünfteliste von 1273/4 zu erklären, auf «les mérites de saint Raimond» ebenso wie er Wilhelm ausschließlich auf Nachbenennung nach St. Wilhelm von Gellone und Bernhard nach St. Bernhard von Clairvaux zurückführt. Seine Überlegungen sind typisch für die generelle Tendenz der Literatur, im Zweifelsfall einen Zusammenhang mit einem wenn auch noch so obskuren Heiligen herzustellen.

40 Kienast, Herzogstitel, S. 168 ff.

41 Philippe Grierson und Mark Blackburn, Medieval European Coinage 1, Cambridge 1985, S. 246.

42 Das gilt auch für die Vizegrafen der Auvergne, die – als sie Grafen wurden – mit dem Amt die Namenstradition der Vorgänger übernahmen. Wido I., der sich seit 954 «princeps Arvernorum» nannte, gab seinem Sohn den Namen Wilhelm. Man könnte in allen diesen Fällen im Sinne von Reinhard Wenskus von «Ansippung» sprechen.

43 Gertrud Thoma, Namensänderungen in Herrscherfamilien des mittelalterlichen Europa, Kallmünz 1985, S. 115 ff.

44 Über ihn Kienast, Herzogstitel, S. 168 ff.

45 Georges Duby, Die Ursprünge des Rittertums, in: Arno Borst (Hg.), Das Rittertum im Mittelalter (Wege der Forschung 349), Darmstadt 1976, S. 362, Carl Erdmann, Die Fortbildung des populären Kreuzzugsgedankens, ebenda, S. 60 ff.

46 Lexikon des Mittelalters 4, München 1989, S. 1297 f.

47 Erdmann, Fortbildung, S. 61.

48 Perouas, Léonard, S. 11.

49 Ebda., S. 17 und 45. Vgl. auch Tafel X nach S. 51.

50 Ebda., S. 17 und 45.

51 Hannelore Sachs u. a., Erklärendes Wörterbuch zur christlichen Kunst. Hanau o. J., S. 111.

52 Die Frage: «Wer ist geboren und nie gestorben?» mit der Antwort: «Elias und Henoch» findet sich in einer St. Gallener Handschrift des 8. Jahrhunderts (Leslie Hardinge, The Celtic Church in Britain, London 1972, S. 48). Henoch ist eine der geheimnisvollsten Gestalten der Bibel. Er galt nach Genesis 4,17 als Sohn des Kain, nach Genesis 5,18 jedoch als Nachkomme Sets. Der Bibeltext gibt seine Lebenszeit mit 365 Jahren an, also genausoviel Jahre wie das Sonnenjahr Tage hat. Von ihm wird gesagt, daß «Gott ihn weggenommen» (Gen 5,24). Wegen seines Glaubens heißt es in der jüdischen Legende hat Gott ihn hinweggenommen, ohne daß er sterben mußte. Für die hochmittelalterliche Namengebung hat diese Gestalt aus dem Alten Testament keinen mit Elias vergleichbaren Einfluß gehabt. Bezeichnend für die Parallelen erscheint etwa ein Brüderpaar Elias und Henoch in der Familie der Grafen von Maine um 1100 (Europäische Stammtafeln 3/4, Tafel 692).

53 Stephen Wilson, Saints and their Cults, Cambridge 1983, S. 42, Anm. 12. Zu den wenigen Ausnahmen zählten auch Adam und Eva, deren Fest seit altkirchlicher Zeit am Vigiltag von Weihnachten begangen wurde (Paulus Cassel, Weihnachten. Ursprünge, Bräuche und Aberglauben, Wiesbaden 1862, S. 133). Dementsprechend wurde nach ihnen nachbenannt, nach Adam etwa in Paris um 1300 mit zunehmender Häufigkeit. Vgl. o. S. 271, Tafel 16.

54 Lexikon des Mittelalters 3, S. 1823.

55 Gemeinsam mit Enoch, Abraham, Job, Susanne, Petrus, Paulus und Thekla.

56 Perouas, S. 17 und 45.

57 Der selige Jordan von Sachsen, der als Nachfolger des heiligen Dominikus 1222 Ordensmeister des jungen Predigerordens wurde, gehört selbst zu den damals so zahlreichen Trägern des ohne personalen Vorbilds gewählten Namens.

58 Bei der Taufwasserweihe heißt es in allen den verschiedenen Formeln, wie sie seit dem vierten Jahrhundert überliefert sind, Gott möge dem Wasser Kraft verleihen, wie er durch seinen Sohn den Jordan geheiligt hat (Franz, Benediktionen 1, S. 51, 71 f.).

59 In einer Urkunde Bischof Huberts von Angers von 1047 heißt es von seinem Neffen «Paganus sic enim, quia grandiusculus nondum baptizatus erat voca-

batur» (Dominique Barthélemy, Vendomois: Le système anthroponymique (X^e – milieu XIIIe siècles) in: Genèse médiévale, S. 48. Ein berühmter Vertreter dieses Namens war Herzog Walram Paganus von Limburg (+ 1138), vgl. zu ihm Littger, Studien, S. 247. Auch in Italien begegnet der Name häufig (Brattö, S. 29). Am Niederrhein entsprachen ihm Übersetzungsformen wie Heidenrich und Heidendrut, der erstere ein in Köln im zwölften Jahrhundert stark verbreiteter Rufname (Fritz Wagner, Studien über die Namengebung in Köln im zwölften Jahrhundert, Göttingen 1913, S. 13 und 43).

60 So Vroonen, Les noms des personnes, S. 266, der in ihm ein Gegenstück zum Gründonnerstagsnamen Oliverius bzw. zu verschiedenen Weihnachtsfestnamen sicht. Er deutet diese Namen als eine «évocation indirecte du Christ». Hier auch die verschiedenen Namensformen aus dem von Katalonien bis Rußland reichenden Verbreitungsgebiet.

61 Franz, Benediktionen 1, S. 538, 591.

62 Ebenda, S. 532 ff.

63 Europäische Stammtafeln 3/4, Tafel 763.

64 Etwa in Metz findet sich im 13. Jahrhundert die männliche Variante des Namens an zehnter, die weibliche sogar an vierter Stelle. (Harry Jacobson, Études d'anthroponymie Lorraine, Les bans de tréfonds de Metz 1267–1298, S. 10 f., 84 f. und 208). Gegen eine Verbreitung als Fürstenname im südwestfranzösischen Raum spricht auch der Sachverhalt, daß es sich hier nicht um einen spezifisch aristokratischen sondern einen in allen Bevölkerungsschichten schon seit dem 10. Jahrhundert gleichmäßig verbreiteten Namen handelt (Bourin, Les formes, S. 186 f.)

65 Zu den Zusammenhängen zwischen jüdischen und christlichen Exorzismen mit der Namentheologie des Origines: Franz, Benediktionen 1, S. 538. Alexander von Hales (1170–1245) meint in Anschluß an Origenes, wie bestimmte Worte Schlangen aus Höhlen locken und bändigen, so heilige Worte «geistliche Schlangen», also Dämonen. Infolge des Aussprechens von Schriftworten und Beschwörungen kommen Engel zu Hilfe, welche jene Worte und heiligen Namen gerne hören. (Franz, Benediktionen 1, S. 28).

66 Vgl. o. S. 108.

67 Perouas, Léonard, S. 45. Die Zuweisung von Bartholomäa, Johanna, Petronilla, Philippa und Simona zu den dem «Neuen Testament» entlehnten Namen, der übrigen aber zu «Märtyrern und Heiligen» zeigt wiederum die Fragwürdigkeit dieser Kategorienbildung.

68 Cursente, Étude, S. 147. Vgl. o. S. 256.

69 Vgl. o. S. 283.

70 Beide Namen werden – in Hinblick auf die Kontinuität dieser Namengebung über das 10. und 9. Jahrhundert zurück sicher zurecht – von Perouas und seinen Mitautoren den theophor-symbolischen, in unserem Sinne also den «frommen Namen» zugewiesen (S. 45 und 17).

71 Sachs, Wörterbuch, S. 22.

72 «Agne dei» war die Aufschrift der am Karsamstag aus Wachs und Öl geformten Lammbilder, die als Symbole Christi angesehen wurden. Die Weihe solcher Bilder als Sacramentale läßt sich bis ins 8. Jahrhundert zurückverfolgen (Franz, Benediktionen 1, S. 554).

73 Marc Bloch, Die Feudalgesellschaft, Frankfurt a. M. 1982, S. 498.

74 Eine Einstufung von Beatrix und Agnes als Heiligenname habe auch ich in einer 1988 veröffentlichten Studie («Senioris sui nomine. Zur Verbreitung von Fürstennamen durch das Lehenswesen.» Mitteilungen des Instituts für österreichische Geschichtsforschung 96, S. 311) vorgenommen. Diese Kate-

gorisierung ist im Sinn der hier angestellten Überlegungen zu differenzieren. Der Grundgedanke, daß sich beide Namen durch fürstliche Trägerinnen zusätzlich verbreitet haben dürften, ist von einer Zuordnung zu Heiligennamen oder Symbolnamen aber nicht betroffen. Eine Beeinflussung der Namenshäufigkeit durch das Fürstenhaus ist übrigens bei beiden, vor allem aber bei Agnes, auch für Aquitanien anzunehmen. Vgl. zu fürstlichen Trägerinnen dieses Namens Europäische Stammtafeln 2, Tafel 76 sowie Klaus Walter Littger, Studien zum Auftreten der Heiligennamen im Rheinland, München 1975, S. 216 ff. und Jan Lindemans, Beatrijz in onze Naamgeving, in: Verslagen en Meedelingen der Koninklijke Vlaamse Academie voor Taalen Letterkunde 1951, S. 153 ff.

75 Bourin, Les formes, S. 207 und 186.

76 Dossat, Les noms de baptême, S. 356.

77 Perouas, Léonard, S. 56 und 77. Für das 19. Jahrhundert wurden die Gesamtwerte des Départements Haute-Vienne nach Les Temps de Jules, S. 159 und 189 hinzugefügt.

78 In einigen traditionalistischen ländlichen Rückzugsgebieten ging allerdings der Namenschwund auch noch im 19. Jahrhundert weiter. Für 1856/60 lassen sich Spitzenwerte von 72,9% bei den Männern und 67,2% bei den Frauen allein für die drei am häufigsten vergebenen Namen berechnen (Perouas, Léonard, S. 80).

79 Melchers, Das Jahr der Heiligen, S. 723 f., Torsy, Namenstagskalender, S. 314.

80 Perouas, Léonard, S. 67 und 77.

81 Ebda., S. 48 und S. 56 f.

82 Ebda., S. 66–69 und 77.

83 Theologische Realenzyklopädie 18 (Berlin 1989), S. 21 ff.

84 Vgl. dazu die Zusammenstellung über die Bauernfamilien von Montaillou bei Emmanuel Le Roy Ladurie, Montaillou. Ein Dorf vor dem Inquisitor, Frankfurt a.M. 1980, S. 387 ff.

85 Perouas, Léonard, S. 45.

86 Ebda., S. 53.

87 Vgl. dazu die Verlaufskurven ebda., S. 31.

88 Perouas, Léonard, S. 54 f.

89 Cursente, Étude, S. 153, Bourin, Les formes anthroponymiques, S. 188.

90 Perouas, Léonard, S. 55.

91 Ebda.

92 Karl Michaëlsson, Études sur les noms de personne français d'après les rôles de taille Parisiens (rôles de 1292, 1296–1300, 1313), Uppsala 1927.

93 Die von Michaëlsson als Resultat seiner Auszählung gebotenen Listen mußten für unsere Zwecke umgerechnet werden. Aus philologischer Sicht mag es sinnvoll sein, Voll- und Kurzformen von Namen wie Guillaume und Guillot, Robert und Robin statistisch gesondert auszuweisen, für eine sozialhistorische Analyse wohl kaum. Bei den Prozentzahlen mußten – in Ermangelung der Möglichkeit, auf das Urmaterial zurückzugreifen – die als Anteil an der Summe von Männer- und Frauennamen berechneten Werte von Michaëlsson übernommen werden. Die Zahlen sind daher nur im Kontext des Materials vergleichbar, nicht aber mit den sonst hier nach Geschlechtern getrennt durchgeführten Berechnungen. Die Neuberechnungen in dieser Form, die Caroline Bourlet, L'anthroponymie à Paris à la fin du XIIIe siècle d'aprés les roles de la taille du règne de Philippe le Bel, in: Monique Bourin und Pascal Chareille (Hgg.), Genèse médiévale de l'anthro-

ponymie moderne II/2, Tours 1992, S. 32 ff., veröffentlichte, wurden mir erst nach Abschluß des Manuskripts zugänglich. Sie ermöglichen zwar auf dieser Basis einen Vergleich mit den Zählungen von 1297 und 1300, nicht aber mit der hier herangezogenen von 1313.

94 Harry Jacobsson, Études d'anthroponymie Lorraine. Le bans de tréfonds de Metz (1267–1298), Göteborg 1955.

95 Fritz Wagner, Studien über die Namengebung in Köln im 12. Jahrhundert. Teil 1. Die Rufnamen, Göttingen 1913. Volker Kohlheim, Regensburger Rufnamen des 13. und 14. Jahrhunderts. Linguistische und sozioonomastische Untersuchungen zu Struktur und Motivik spätmittelalterlicher Anthroponymie (Zeitschrift für Dialektologie und Linguistik, Beihefte NF 19, Wiesbaden 1977). Klaus Walter Littger, Studien zum Auftreten der Heiligennamen im Rheinland (Münsterische Mittelalterschriften 20, München 1975).

96 Dieselben Tendenzen, die sich aufgrund der von Michaëlsson erhobenen Daten für die Männernamen zwischen 1292 und 1313 berechnen lassen, ergeben sich aufgrund der Statistiken von Bourlet für die Frauennamen zwischen 1292 und 1300. Die Fürstinnennamen fallen zurück: Aalis vom zweiten auf den fünften Platz, Emeline vom vierten auf den sechsten, Maheut vom achten auf den neunten, Erembourg vom elften auf den siebzehnten. Die Namen weiblicher Heiliger bzw. die feminisierten Formen von männlichen hingegen rücken vor: Marie vom dritten auf den zweiten Platz, Perronelle vom sechsten auf den dritten, Marguerite vom neunten auf den achten, Gile (zu Ägidius) vom vierzehnten auf den elften, Nicole vom fünfzehnten auf den zwölften, Denise vom einundzwanzigsten auf den neunzehnten und Thomasse vom fünfundzwanzigsten auf den fünfzehnten (Bourlet, L'anthroponymie, S. 38 ff. Die von Bourlet erhobenen Werte weichen von den von Michäelsson berechneten etwas ab, offenbar aufgrund von anderer Zuordnung von Namensvarianten und Diminutivformen). Das Vordringen der Heiligennamen tritt also bei den Pariser Frauen um 1300 noch deutlicher in Erscheinung als bei den Männern. Beachtenswert erscheint, daß auch hier zunächst die nach männlichen Heiligen Nachbenannten ganz deutlich im Vordergrund stehen. Einige dieser Heiligen wie Ägidius, Dionysius oder Laurentius konnten sich sogar unter den Frauennamen stärker durchsetzen als unter den Männernamen. Eine ganz analoge Situation findet sich bezüglich dieser Namen auch 1334 in Blois (J. P. Sauvage, Formes anthroponymique féminines à Blois d'après une liste d'habitants de 1334, in: Bourin und Chareille, S. 56).

97 Europäische Stammtafeln 2, Tafel 59.

98 Ebda., Tafel 46.

99 Anschauliche Beispiele dazu bei Bourlet, L'anthroponymie, S. 12 f.

100 Kienast, Herzogstitel, S. 85 ff.

101 Mitterauer, «Senioris sui nomine», S. 323, vgl. o. S. 249.

102 Stammtafel «Die Nachkommen Karls des Großen» im Anhang zu Karl der Große 4.

103 Ebda.

104 Grierson/Blackburn, Coinage, S. 246.

105 Zu den damals in Frankreich regionspezifischen Fürstennamen Monique Bourin und Pascal Chareille, Conclusion, in: dieselben (Hgg.), Genèse médiévale 2/2, S. 221.

106 Philipp I. nannte in den achtziger Jahren des 11. Jahrhunderts in Abweichung von der Familientradition zwei Söhne Ludwig und Karl, von denen

der ältere 1108 König wurde. Seine eigene Namengebung läßt deutlich erkennen, daß die Dynastie damals auf der Suche nach spezifischen Königsnamen war. Vgl. dazu Mitterauer, Senioris sui nomine, S. 318 f.

107 In der Steuerrolle von 1313 begegnet der Name nur achtmal.

108 Zu den Gebieten besonders starker Verbreitung des Namens Louis und seiner weiblichen Entsprechung Louise vgl. die Karten in Dupâquier u. a., Les Temps des Jules, S. 86 und 91, sowie oben S. 254. Das Vordringen der beiden Namen seit dem 16. Jahrhundert läßt sich sehr schön an den von Jacques Dupâquier, La fréquence des prénoms dans le Vexin français, (Le Prénom, Mode et histoire, S. 357 ff.) zusammengestellten Statistiken für diese nördlich Paris gelegene Region beobachten. Es handelt sich hier erst um eine neuzeitliche Entwicklung.

109 Jacobsson, Études, S. 10.

110 Der bei Jacobsson, Études, S. 10, verzeichnete Platz 65 ist allerdings deutlich zu niedrig. Die Nennungen für Coenrairt und seine Kurzform Cunon müssen addiert werden, sodaß sich in etwa ein ähnlicher Rang wie für Otto ergibt.

111 Wagner, Studien, S. 57.

112 Kohlheim, Rufnamen, S. 387.

113 Hermann Reichert, Die deutschen Familiennamen nach Breslauer Quellen des 13. und 14. Jahrhunderts, Breslau 1908, S. 27 f.

114 Xaver Baumgartner, Namengebung im mittelalterlichen Zürich (Studia Onomastica Helvetica 1), Arbon 1983, S. 51.

115 Benjamin Kedar, Noms de saints et mentalité populaire à Gênes au XIVe siècle, in: Le Moyen Age 73 (1967), S. 440.

116 Daß in der Frühphase der Namenkonzentration in Frankreich vom 11. bis ins 13. Jahrhundert die Reduktion der Männernamen deutlich höher lag als die der Frauen, zeigt besonders anschaulich die Übersicht bei Bourin und Charolle, Conclusion, in: dieselben, Genèse médiévale 2/2, S. 223. In dieser ersten Phase spielen die Fürstennamen noch eine weit größere Rolle als die Heiligennamen.

117 Caesarii Heisterbacensis Dialogus Miraculorum 2, S. 121 f. Dazu Littger, Studien, S. 249.

118 In Köln finden sich etwa im 13. Jahrhundert 15 Belege (Littger, Studien, S. 273), im Limousin im 11. und 12. acht (Perouas, Léonard, S. 45).

119 Im Limousin ist freilich im 11. und 12. Jahrhundert Elisabeth neben Johanna vertreten (Perouas, Les prénoms, S. 45).

120 Jacobsson, Études, S. 11, 206 f. und 221.

121 Wagner, Studien, S. 57.

122 Littger, Studien, S. 272.

123 Jacobsson, Études, S. 207.

124 Vgl. o. S. 179.

125 So Littger, Studien, S. 249.

126 Melchers, Das Jahr der Heiligen, S. 386, Dürig, Geburtstag und Namenstag, S. 27 ff.

127 Ebda., S. 748 ff.

128 Kellner, Heortologie, S. 17.

129 Meisen, Nikolauskult, S. 182.

130 Berechnung nach Jacobsson, Études, S. 11 f.

131 Baumgartner, Namengebung, S. 50.

132 Kohlheim, Rufnamen, S. 418. Abweichend von der dort gebotenen Graphik wurden hier doppelt besetzte Rangplätze auch zweimal gezählt.

133 Berechnet nach Olof Brattö, Studi di antroponomia fiorentina. Il libro di Montaperti (An. MCCLX), Göteborg 1953, S. 29.
134 Brattö, Studi, S. 34, Kedar, Noms, S. 433.
135 Brattö, Studi, S. 34.
136 Meisen, Nikolauskult.
137 Vgl. o. S. 137 ff.
138 Melchers, Das Jahr der Heiligen, S. 446.
139 Jacobsson, Études, S. 11.
140 Sie fehlt unter den koptischen Christen in Ägypten ebenso wie unter den armenischen. Zu ihrem Kult im Orient Otto F. A. Meinardus, Christian Egypt. Ancient and Modern, Cairo 1977, S. 133, 172, 178, 521 ff. Ihr Kult ging bezeichnenderweise nicht von den byzantinischen Enklaven in Italien, sondern von Nordfrankreich aus (ebda., S. 522 ff.), wo auch ein zweites Zentrum der frühen Nikolausverehrung lag.
141 Jones, St. Nicolas of Myra, S. 144. Katharina war die Patronin der weiblichen Jugend wie Nikolaus die der männlichen. Bei Zwillingsgeburten von Mädchen und Bub wählte man gerne die Namen Katharina und Nikolaus.
142 Franz, Benediktionen 1, S. 78.
143 Vgl. o. S. 453 und Wagner, Studien, S. 57.
144 Littger, Studien. Über seine Abgrenzung von «Heiligennamen» vor allem S. 13 ff.
145 Aaron J. Gurjewitsch, Mittelalterliche Volkskultur, München 1987, S. 73, Franz, Benediktionen, S. 290.
146 Franz, Benediktionen, S. 289.
147 Baumgartner, Namengebung, S. 50.
148 Kohlheim, Rufnamen, S. 387.
149 Kohlheim, Rufnamen, S. 399 und 376.
150 Kohlheim, Rufnamen, S. 400 und 450.
151 Kohlheim, Rufnamen, S. 451.
152 Wagner, Studien, S. 57.
153 Littger, S. 273 und 271.
154 Wagner, Studien, S. 57.
155 Georges Duby, Die Zeit der Kathedralen, Kunst und Gesellschaft 980–1420, Frankfurt a. M. 1992, S. 184.
156 Erdmann, Fortbildung, S. 61.
157 Ebda., S. 59.
158 Jacobsson, Études, S. 167.
159 Becker, Sagenkreis, S. 15 ff.
160 Ebda., S. 25.
161 Brattö, Studi, S. 29 und 11.
162 Jacobsson, Études, S. 179 und 197. Vgl. auch die Situation in Köln nach Littger, Studien S. 273 und Wagner, Studien. Besonders auffällig ist die Häufigkeit des Namens Oliverius im 13. Jahrhundert in der Bretagne. Er findet sich hier damals an 6. bis 11. Stelle. (André Chedeville, L'anthroponymie Bretonne, in: Monique Bourin und Pascal Chareille, Hgg., Genèse médiévale de l'anthroponymie moderne 2/2, Tours 1992, S. 18]. Als Markgraf gegen die Bretonen hatte in karolingischer Zeit der historische Roland gewirkt. Sein Name begegnet in diesem Raum im 12. Jahrhundert zum Unterschied von Oliverius nur ganz selten. In Hochadelsfamilien finden sich hier gelegentlich beide Namen zusammen – offenbar eine Auswirkung der Chansons de geste (Chedeville, S. 20). Die Häufigkeit von Oliverius läßt sich aber auf diesem Weg nicht erklären.

163 Paul Aebischer, Trois personnages en quête d'auteurs: Roland, Olivier, Aude. Contribution à la génétique de la «Chanson de Rolande», in: derselbe, Rolandiana et Oliveriana, Genf 1967, S. 153 ff.

164 Ohne Bezug auf die Ölweihe an diesem Tag Vroonen, Les noms, S. 267. Die europaweite Verbreitung des Namens, für die hier Belege geboten werden, weisen deutlich über das Rolandslied als Wurzel der Namengebung hinaus. Zur Ölweihe am Gründonnerstag Franz, Benediktionen 1, S. 338.

165 L. Spitzer, Études d'anthroponymie ancienne française (Publications of the Modern Language Association, LVIII, 1943) S. 589 ff. Zusätzliche Argumente bei Jacobsson, Études, S. 180.

166 Brattö, Studi, S. 11 und 29.

167 Brattö, Studi, S. 20 ff. Die anderen von Brattö verwendeten Kategorien «Nomi di tradizione religiosa», «Nomi di tradizione storica», «Nomi di tradizione letteraria», «Nomi ipocoristici» und «Soprannomi» sind freilich nach ganz anderen Kriterien gebildet und lassen sich mit den «Nomi augurativi» nicht zu einem sinnvollen System der Namengebung zusammenfügen, innerhalb dessen klare Zuordnungen möglich sind.

168 Vgl. o. S. 90.

169 Eine Ausnahme bilden dabei ausdrücklich religiöse Wünsche formulierende Namen wie Dietaiuti, Dietiguardi, Dietisalvi (Brattö, Studi, S. 20). Sie sind zugleich theophore Satznamen, ein Typus, dem wir auch schon in der Spätantike begegnet sind (Vgl. o. S. 89 f.).

170 Iraida Irene Tarnawecky, Anthroponymie in the Pomianyk of Horodyšče of 1484, in: Names 13, 1965, S. 200 ff.

171 Vgl. o. S. 251

172 Vgl. o. S. 267, Tafel 15.

173 Viel Belegmaterial dazu findet sich in den Beiträgen des Sammelbands «Prénom. Mode et histoire», insbesondere für französische Regionen, etwa S. 94 ff., 152 f., 274 ff. und 357 ff. Für Österreich: Peter Schmidtbauer. Zur Veränderung der Vornamengebung im neunzehnten Jahrhundert, Österreichische Namenforschung 2 (1976), S. 25. Generell dazu neuerdings Friedhelm Debus, Personennamengebung der Gegenwart im historischen Vergleich, in: Zeitschrift für Literaturwissenschaft und Linguistik 17 (1987), S. 51 ff.

174 Interessante Verlaufskurven zur Entwicklung des «ensemble marial» in der Ortschaft Fours im Barcelonnette-Tal von 1663–1872 etwa bei Roland Warion, Les prénoms dans le système fournier, in: Prénom, S. 149. Vergleichbare Schaubilder auch bei Dietmar Assmann, Die Taufnamengebung als Spiegel der Heiligenverehrung in Tirol, in: Volkskultur. Festschrift für Franz C. Lipp, Wien 1978, S. 23, für die Tiroler Gemeinde Meransen 1646–1968.

175 Zahlreiche Beispiele für den Einfluß neuaufkommender Heiligenkulte und deren unmittelbaren Einfluß auf die Wahl von Namenspatronen aus Tiroler Gemeinden bei Assmann, Taufnamengebung, etwa für die Auswirkung der Gründung einer Franz-Xaver-Bruderschaft in Götzens 1733 auf die Häufigkeitszunahme der Namenswahl in den folgenden Jahren. Volkskundliche Analysen nehmen – soweit sie statistisch fundiert sind – solche Zusammenhänge eher auf als historisch-demographische.

176 Albert Duppaque, Contribution méthodologique à l'étude des prénoms, Third international congress of toponymy and anthroponymie, Brussels 1949, Löwen 1951, S. 703 f.

177 Zum Aufstieg von Josef im «heiligen Land Tirol» etwa Assmann, Die Taufnamengebung, S. 25, im Vergleich zu Georg, wobei der Wechsel in der

Bedeutsamkeit als Landespatron nur als Sekundärfaktor wirksam gewesen sein dürfte, sowie Achim Masser, Zum Wandel in der deutschen Rufnamengebung. Ein Vorbericht, in: Beiträge zur Namenforschung 13 (1978), S. 350.

178 Michael Bennett, Spiritual kinship and baptismal name in traditional European society, in: Principalities, Powers and Estates. Studies in Medieval and early modern Government and Society (hgg. v. L. O. Frappell) , Adelaide 1979, vor allem S. 5 ff. Barbara A. Hanawalt, The Ties That Bound. Peasant Families in Medieval England, New York 1986, S. 173 ff.

179 Bennett, Spiritual kinship, S. 10, Jack Goody, Die Entwicklung von Ehe und Familie in Europa, Berlin 1986, S. 218.

180 Reinhard Wenskus, Sächsischer Stammesadel und fränkischer Reichsadel, 1976, S. 45. Ähnlich Karl F. Werner, Liens de parenté et noms de personne. Un problème historique et méthodologique, in: Famille et parenté dans l'occident médiéval (hgg. v. Georges Duby und Jacques Le Goff) Rom 1977, S. 26 f.

181 Pierre Toubert, Les structures du Latium médiéval, Rom 1973, S. 700.

182 Mitterauer, «Senioris sui nomine», vor allem S. 288 ff.

183 Stammbaum der «Geroiani» nach Georges Duby und Dominique Barthélemy, Französische Adelshaushalte im Feudalzeitalter, in: Geschichte des privaten Lebens 2 (hgg. von Philippe Ariès und Georges Duby) Frankfurt a. M. 1990, S. 106 ff. Ergänzungen nach Ordericus Vitalis III, 5 (Patrologia Latina 188, Paris 1833, Sp. 243, 263 ff., 279 ff.). Das normannische Fürstenhaus sowie das Königsgeschlecht der Kapetinger nach Europäische Stammtafeln 2, Tafeln 10, 11 und 79.

184 Duby und Barthelémy, Adelshaushalte, S. 108 f.

185 Europäische Stammtafeln 2, Tafel 79, und 3/4, Tafel 697.

186 Heinrich Mitteis, Lehenrecht und Staatsgewalt, Weimar 1933, S. 263

187 Ludwig Buisson, Formen normannischer Staatsbildung (9. bis 11. Jahrhundert), in: Studien zum mittelalterlichen Lehenswesen (Vorträge und Forschungen 5), Lindau 1960, S. 147.

188 Europäische Stammtafeln 3/4, Tafel 697, Duby und Barthelémy, Adelshaushalte, S. 110 f.

189 Ebda., Tafel 698.

190 Ebda., Tafel 693.

191 Ralph A. Houlbrooke, The English Family 1450–1700, London 1984, S. 131, Jon Gjerde, From peasants to farmers. The migration from Balestrand, Norway to the Upper Middle West, Cambridge 1985, S. 48. Hanawalt, The Ties, S. 174. Früheste Beispiele für gleichnamige Brüder reichen schon bis ins 9. Jahrhundert zurück, beziehen sich dabei aber zunächst auf theophore Namen. Vgl. zu Gottfried etwa Europäische Stammtafeln 3/4, Tafel 791, und zu Aelfflaed o. S. 224.

192 Buisson, Formen, S. 124.

193 Arnold Angenendt, Taufe und Politik im frühen Mittelalter in: Frühmittelalter-Studien 1973, S. 143 ff., derselbe, Kaiserherrschaft und Königstaufe. Kaiser, Könige und Päpste als geistliche Patrone in der abendländischen Missionsgeschichte, Berlin 1984, derselbe, Das Frühmittelalter, Die abendländische Christenheit 400–900, Stuttgart 1990, S. 430 ff.

194 Europäische Stammtafeln 3/4, Tafel 693, 694 und 79.

195 Franz Vollmer, Die Etichonen. Ein Beitrag zur Frage der Kontinuität früher Adelsfamilien, in: Gerd Tellenbach (Hg.), Studien und Vorarbeiten zur Geschichte des großfränkischen und frühdeutschen Adels (Forschungen zur oberrheinischen Landesgeschichte 4), Freiburg 1957, S. 183.

196 Karl Ferdinand Werner, Die Nachkommen Karls des Großen, in: Karl der
    Große (hgg. v. Wolfgang Braunfels) 4, Düsseldorf 1967, S. 403 ff. und Stamm-
    tafel.
197 Maurice Chaume, Les origines de duché de Bourgogne Dijon 1925, S. 521 f.,
    Werner, Nachkommen.
198 Etwa durch Rothild, die Tochter Karls des Kahlen an die Grafen von Maine
    oder Bertha, die Tochter Lothars II., an die Grafen von Arles (Werner, Nach-
    kommen). Von «Nebennamen» der Karolinger spricht Werner, Nachkom-
    men, S. 418.
199 Ebda. Beatrix' Bruder Heribert von Vermandois gab den Namen Hugo um
    920 an seinen jüngsten Sohn.
200 Zu diesen Zusammenhängen Mitterauer, «Senioris sui nomine», S. 322 f.
201 Europäische Stammtafeln 3/4, Tafel 693, und 2, Tafel 11.
202 Zur Namensänderung Thoma, Namensänderungen, S. 68 ff.
203 Vor allem an eine Nachbenennung nach Roberts gleichnamiger Mutter wä-
    re dabei zu denken.
204 Werner, Nachkommen, Stammtafel, Ic 3 und II 3.
205 Etwa Gisela bei den Herzogen von Friaul (Werner, Nachkommen, dort auch
    weitere Beispiele).
206 Graf Hugo von Tours etwa hatte zwei Töchter mit den Karolingerinnenna-
    men Adelheid und Bertha. Da eine dritte 821 die Gattin Lothars I. wurde, ist
    aufgrund der Endogamieverbote der Zeit Blutsverwandtschaft auszuschlie-
    ßen (Vollmer, Etichonen, S. 183). Diese dritte Tochter hieß Irmgard. Seit der
    Eheschließung Ludwigs des Frommen 794 war Ermengard/Irmgard wie Ber-
    tha der Name einer Königin. Eine Nachbenennung der Töchter nach Frauen
    des Herrscherhauses ist bei Hugo von Tours mit hoher Wahrscheinlichkeit
    anzunehmen.
207 Mitterauer, «Senioris sui nomine», S. 297 ff.
208 Marc Bloch, Die Feudalgesellschaft, Frankfurt a. M. 1982, S. 273.
209 Über die Familienverhältnisse Joachim Wollasch, Eine adelige Familie des
    frühen Mittelalters, in: Archiv für Kulturgeschichte 39 (1957), S. 181 ff.
210 Pückert, Aniane, S. 109. Zur Rolle der Taufpatenschaft in dieser Familie
    erscheint es interessant, daß Bernhards Sohn Wilhelm seinen Taufpaten
    beerbte (Pückert, Aniane S. 135). Nach den Chansons de la geste de Guillau-
    me übertrug auch Wilhelm selbst seine Lehen seinem Taufkind. Aus der
    Tradition des Helden und Heiligen wurden seine leiblichen Kinder ihrer
    Schandtaten wegen verdrängt (Pückert, Aniane, S. 141).
211 Eduard Hlawitschka, Die Vorfahren Karls des Großen, in Karl der Große 1,
    Düsseldorf 1965, S. 80 f.
212 Werner, Nachkommen, Stammtafel Vb 24.
213 Hlawitschka, Vorfahren, S. 76 f.
214 Angenendt, Frühmittelalter, S. 430 f. und 376.
215 Althoff, Verwandte, S. 83.
216 Ernst Dümmler, Geschichte des ostfränkischen Reiches 1, Darmstadt 1960,
    S. 272.
217 Europäische Stammtafeln 2, Tafel 104.
218 Werner, Nachkommen, III c 15.
219 Für die Namengebung kommen verschiedene Motive in Frage. Gisela war
    der Name der letzten merowingischen Königin, der Gattin Childerichs III.
    Eine Generation später hat dann Karl der Große bei seinen 817 geborenen
    Zwillingssöhnen die merowingischen Königsnamen Chlothahar/Lothar
    und Chlodowech/Ludwig aufgegriffen. Gisela variierte aber auch zum Na-

men von Pippins Urgroßvater Ansegisel (vgl. dazu o. S. 232 f.). In der Bedeutung «adelige Dienerin (Gottes)» könnte dem Namen aber zugleich ein theophorer Sinn, analog etwa zu Dio-mut, zugrunde gelegen sein.

220 Dümmler, Geschichte 1, S. 124. Das von Werner, Nachkommen, vermutete Geburtsdatum um 825/30 ist dementsprechend zu früh angesetzt.

221 Ebda., S. 43.

222 Die unter Mitgliedern des Königshauses geleisteten Fidelitätseide waren zum Unterschied von den Vasalleneiden Treueschwüre ohne Handgang. Nur von seinem Neffen Bernhard verlangte Ludwig der Fromme auch das «homagium» (Kienast, S. 136 f.). Dieser Unterschied zwischen Treueiden unter Verwandten und unter Nichtverwandten zeigt, daß das «homagium» der Verwandtenbindung entsprach.

223 Dümmler, Geschichte 1, S. 124.

224 Nikolaus Staubach, Rex christianus, Hofkultur und Herrschaftspropaganda im Reich Karls des Kahlen, Köln 1991, S. 208 ff. sowie 263 ff.

225 Die Daten nach Werner, Nachkommen, unter Abänderung des Geburtsdatums des jüngeren Sohns König Pippins nach den oben dargelegten Argumenten.

226 Dümmler, Geschichte 1, S. 339

227 Zu dieser Verbindung Silvia Konecny, Die Frauen des karolingischen Königshauses. Die politische Bedeutung der Ehe und die Stellung der Frau in der fränkischen Herrscherfamilie vom 7. bis zum 10. Jahrhundert, Wien 1976, S. 139 f. Die Verwendung des Namens Arnulf für Söhne aus solchen Verbindungen reicht vom 794 geborenen ältesten Sohn Ludwigs des Frommen über Arnulf von Kärnten, der um 856 zur Welt kam, einen Sohn Karls des Einfältigen bis hin zu einem vor 967 geborenen Sohn König Lothars, der als letzter der westfränkischen Karolinger 1021 starb. (Werner, Nachkommen). Daß der Name des Ahnherrn der Dynastie, der noch dazu als ein Heiliger verehrt wurde, in dieser Weise als «Nebenname» des Königshauses im Gebrauch war, mag zunächst überraschen. Es fehlte ihm jedoch die Weihe der Salbung zum Königtum, die erst Pippin für sich und seine beiden Söhne Karl und Karlmann erworben hatte, ebenso das aus älterer «Namensheiligkeit» stammende Charisma der merowingischen Königsnamen.

228 Dümmler, Geschichte 2, S. 317, Althoff, Verwandte, S. 101.

229 Bernhard Jussen, Patenschaft und Adoption im frühen Mittelalter. Künstliche Verwandtschaft als soziale Praxis, Göttingen 1991, bringt in seiner auf die Merowingerzeit konzentrierten Untersuchung keinen einzigen Fall. Der in karolingischer Zeit erfolgte Wandel wird hier nicht berücksichtigt. Insofern erscheint auch die gegenüber Arnold Angenendts Erkenntnissen über die politische Bedeutung des Taufpatronats hier geäußerte Kritik bzw. Skepsis (S. 38 ff.) unbegründet.

230 Vgl. o. S. 129.

231 Otto Kronsteiner, Die alpenslawischen Personennamen (Österreichische Namenforschung, Sonderreihe 2), Wien 1975, S. 69.

232 Buisson, Formen, S. 110 ff., Angenendt, Kaiserherrschaft, S. 267, Thoma, Namensänderungen, S. 64 ff.

233 Europäische Stammtafeln 2, Tafel 78.

234 Europäische Stammtafeln 2, Tafel 78, Henry Bosley Woolf, The Old Germanic Principles of Name-Giving, Baltimore 1939, S. 73 ff. Hier auch Grundsätzliches zum Prinzip der Namensvariation. Die Unterschiede zwischen der im englischen Königshaus üblichen Namensvariation und der im Frankenreich damals schon voll durchgesetzten Nachbenennung lassen sich an-

schaulich am Beispiel der flandrischen Grafenfamilie illustrieren. König Alfreds Tochter Elftrudis hatte 884 Graf Balduin II. von Flandern geheiratet. (Europäische Stammtafeln 2, Tafel 5, und Werner, Nachkommen.) Ihr zweiter Sohn aus dieser Ehe hieß nach ihrem Großvater Aethelwulf Adaoald, eine Tochter nach ihrer Mutter Ealswid. In der nächsten Generation griffen die Grafen von Flandern mit Egbert den Namen von Elftruds Urgroßvater Egbert von Wessex auf, dem die Einigung der angelsächsischen Königreiche gelungen war, mit Elftrud den Namen der Vermittlerin dieser berühmten Verwandtschaft. Elftruds Bruder Edward hingegen gab keinem seiner Kinder einen solchen Namen. Auf die beiden großen Könige Egbert und Alfred griff erst König Aethelred II. im ausgehenden 10. Jahrhundert zurück, also erst drei Generationen später als die Flandrer Grafen. Nach Alfreds des Großen Gattin Ealswid hat das englische Königshaus überhaupt nie nachbenannt. Auf ihren Namen wurde auch nicht durch eine Form der Variation zurückgegriffen. Die Elemente der Variation beschränkten sich bei Söhne- und Töchternamen auf den agnatischen Zusammenhang.

235 Vgl. o.S. 130.

236 Michael Mitterauer, Zur Nachbenennung nach Lebenden und Toten in Fürstenhäusern des Frühmittelalters, in: Gesellschaftsgeschichte, Festschrift für Karl Bosl zum 80. Geburtstag 1, München 1988, S. 386 ff.

237 Mitterauer, «Senioris sui nomine», S. 295 f., Angenendt, Kaiserherrschaft, S. 277, Thoma, Namensänderungen, S. 72 ff.

238 Wilhelm Grönbech, Kultur und Religion der Germanen 1, Darmstadt 1961, S. 299.

239 Ebda. 2, S. 43 ff.

240 Ebda. 1, S. 358 ff.

241 Georges Duby, Ritter, Frau und Priester, Frankfurt a. M. 1988, S. 275.

242 Seit den Kirchenreformen Karls des Großen galten die Paten als für die Erziehung von Kindern mitverantwortlich (Angenendt, Frühmittelalter, S. 330).

243 Gina Fasoli, Grundzüge einer Geschichte des Rittertums, in: Das Rittertum im Mittelalter (hgg. v. Arno Borst, Wege der Forschung 349), Darmstadt 1976, S. 205. Zur Zieh- und Pflegeverwandtschaft als Vorstufe der Vasallität für die nordischen Verhältnisse Buisson, Formen, S. 106 ff. Eine Beziehungsform, die ebenfalls zur Erziehung von Söhnen an fremden Fürsten- und Adelshöfen führte, war die Vergeiselung, die sich in spätkarolingischer Zeit noch nachweisen läßt (Althoff, Verwandte, S. 101), die damals aber bereits den Höhepunkt ihrer Bedeutung überschritten haben dürfte. Von der Bedeutung der Vergeiselung als Vorbildform für theophore Namenbildungen war schon die Rede (Vgl. o.S. 215 und 233).

244 Joachim Bunker, Der adelige Ritter, ebda., S. 283.

245 Maurice Keen, Das Rittertum, Reinbek 1991, S. 121 ff. Zur Patenbeziehung diesbezüglich Bennett, Spiritual Kinship, S. 3.

246 Reinhard Wenskus, Stammesbildung und Verfassung, Köln 1977, S. 363 ff.

247 Zur Gabe von Frauen an Vasallen Georges Duby, Private Macht, öffentliche Macht, in: Geschichte des privaten Lebens 2 (hgg. v. Philippe Ariès und Georges Duby), Frankfurt 1990, S. 33: «Waffen und ein Weib – das waren die elementaren Besitztümer, die ein Vasall benötigte, um einen eigenen Haushalt zu gründen.»

248 Mitterauer, «Senioris sui nomine», S. 326 ff.

249 Ein früher Fall der Lehensvormundschaft über einen verwaisten Vasallensohn ist die König Lothars IV. über Richard, den Sohn des 942 ermordeten

Normannengrafen Wilhelm Langschwert, über eine Vasallentochter die Hugos des Großen über die Tochter Graf Giselberts von Burgund, die er 956 mit seinem eigenen Sohn verheiratete (Mitteis, Lehensvormundschaft, S. 134f., Maurice Chaume, Les origines du duché de Bourgogne, 1, S. 439).

250 Zusammenfassend dazu mit weiterführender Literatur Althoff, Verwandte, S. 136ff.

251 Bloch, Feudalgesellschaft, S. 181.

252 Gerd Tellenbach, Die Grundlagen der karolingischen Thronfolge, in: Frühmittelalter-Studien 13 (1979), S. 243.

253 Vgl. o. S. 303 und 308. Zu Abt Ludwig von Saint-Denis, dem Sohn von Karls des Großen Tochter Rotrud, als Ausnahme gegenüber den Regeln karolingischer Namengebung: Tellenbach, Grundlagen, S. 242.

254 Fritz Kern, Gottesgnadentum und Widerstandsrecht, Darmstadt 1967, S. 78f.

255 Percy Ernst Schramm, Der König von Frankreich 1, Darmstadt 1960, S. 9ff. Nikolaus Staubach, Rex Christianus, Hofkultur und Herrschaftspropaganda im Reich Karls des Kahlen, Köln 1991.

256 Kienast, Herzogstitel, vor allem S. 434ff. Heinrich Mitteis, Der Staat des hohen Mittelalters, Weimar 1962, S. 1054, Ernst Klebel, Herzogtümer und Marken bis 900, in: Die Entstehung des deutschen Reiches. Deutschland um 900 (Wege der Forschung 1, Darmstadt 1956, S. 42ff. Bloch, Feudalgesellschaft, S. 472ff.

257 Europäische Stammtafeln 3/4, Tafel 792. Zum Unterschied von der Herrenfamilie hielt sich bei den Vicomtes d'Aubusson der Name Ramnulf bis ins 12. Jahrhundert.

258 Gerhard Schlimpert, Slawische Personennamen in mittelalterlichen Quellen zur deutschen Geschichte, Berlin 1978, Heinrich Tiefenbach, Xanten-Essen-Köln. Untersuchungen zur Nordgrenze des Althochdeutschen an niederrheinischen Personennamen des 9. bis 11. Jahrhunderts, Göttingen 1984, S. 100.

259 Karolingische Abstammung der Liutpoldinger habe ich selbst (Karolingische Markgrafen im Südosten, Archiv für österreichische Geschichte 123, 1963), S. 241ff. aufgrund des Nameguts der Familie postuliert. Ohne konkrete genealogische Ableitung hält dies auch Werner, Nachkommen, S. 461, für gesichert. Bei Arnulfs Sohn Heinrich liegt ziemlich klar eine Fürstennachbenennung aufgrund von Lehensbindung vor (Mitterauer, «Senioris sui nomine», S. 299f.). Zur vermutlichen Verbindung der Luitpoldinger zu den Karolingern über Liutswind Konecny, Frauen, S. 139.

260 Das gilt vor allem für Adelsfamilien mit karolingischem Namengut, deren Töchter ins Königshaus einheirateten. Eine der Heiratsverwandtschaft vorausgehende Blutsverwandtschaft ist dort aufgrund des Verbots von Verwandtenheiraten ausgeschlossen. Zur Familie Hugos v. Tours diesbezüglich o. S. 464, Anm. 206.

261 Bloch, Feudalgesellschaft, S. 216f.

262 Generell zur Gottesfriedensbewegung Hartmut Hoffmann, Gottesfriede und Treugadei, Stuttgart 1964, H. E. W. Cowdrey, The Peace and the Truce of God in the eleventh century, Past and Present 46 (1970), S. 42ff.

263 Hoffmann, Gottesfriede, S. 15.

264 Ebda., S. 14.

265 Ebda., S. 17.

266 Ebda., S. 22.

267 Borst, Lebensformen, S. 436ff.

268 Heinrich Büttner, Frühmittelalterliches Städtewesen in Frankreich, in: Studien zu den Anfängen des europäischen Städtewesens (Vorträge und Forschungen 4, Konstanz 1958), S. 175. Hier auch zur Fortsetzung der Gottesfriedensbewegung in der Emanzipationsbewegung der südwestfranzösischen «libertates», «burgi» und «salvitates».

269 Zur ständeausgleichenden Funktion der Gottesfriedensbewegung Karl Bosl, Staat, Gesellschaft, Wirtschaft im deutschen Mittelalter, in: Bruno Gebhardt, Handbuch der deutschen Geschichte 1, (Stuttgart, 1954), S. 636.

270 Hoffmann, Gottesfriede, S. 144.

271 Bosl, Staat, S. 637. Ernst Pitz, Europäisches Städtewesen und Bürgertum. Von der Spätantike bis zum hohen Mittelalter, Darmstadt 1991, S. 369.

272 Pitz, Städtewesen, S. 336.

273 Pitz, Städtewesen, S. 390 f.

274 Noch 1582 meint der deutsche Satiriker Johann Fischart in seiner «Geschichtsklitterung»: «daß ... alle Flemming Baldwin ... heißen» (Bach, Namenkunde 1/2, S. 131).

275 Pitz, Städtewesen, S. 371.

276 Auffallend erscheint auch, daß von den alten theophoren Namen sich gerade Gottfried bis ins Spätmittelalter hinein sehr weit verbreitet halten konnte. Sein Namenssinn enthielt das Konzept der Gottesfriedensbewegung. Fraglich erscheint freilich, ob und wo in der romanischsprachigen Bevölkerung dieser Namenssinn bewußt sein konnte.

277 Le Roy Ladurie, Montaillou, S. 387 ff.

278 Büttner, Städtewesen, S. 174 ff.

279 André Holenstein, Die Huldigung der Untertanen, Rechtskultur und Herrschaftsordnung (800–1800), Stuttgart 1991, vor allem S. 507.

280 Zu frühen Ansätzen der Nachbenennung nach Grundherren unter bayerischen Manzipien des 8. Jahrhunderts, die jedoch sicher noch nicht als ein durchgehendes Prinzip gedeutet werden dürfen: Störmer, Früher Adel 1, S. 33 ff. Deutlich erkennbar werden solche Zusammenhänge im Freisinger Material erst im 12. Jahrhundert.

281 Für Oberösterreich diesbezüglich J. Oberhumer, Ulrich und Hans. Ein Beitrag zur Geschichte der Vornamen, Oberösterreichische Heimatblätter 1 (1947), S. 163, über das Auftreten des Schaunberger Leitnamens Wernhard unter Bauern, die im Schaunberger Urbar von 1370 angeführt werden.

282 Holenstein, Huldigung, S. 307.

283 Arnold, Vornamen, S. 39, Bach, Personennamen I/2, S. 253 f.

284 Bach, Personennamen I/2, S. 16.

285 Friedhelm Debus, Personennamengebung der Gegenwart im historischen Vergleich, in: Zeitschrift für Literaturwissenschaft und Linguistik 17 (1987), S. 67.

286 Guibert de Nogent, Autobiographie. Introduction, édition et traduction par Edmond René Labande (Les classiques de l'histoire de France au moyen âge 34) Paris 1981. Auszüge deutsch bei Arno Borst, Lebensformen des Mittelalters, Frankfurt a. M. 1973, S. 76 ff. Zu Guibert de Nogents Leben und Wirken zusammenfassend mit weiterer Literatur Lexikon des Mittelalters 4 (München 1989), Sp. 1768 f. Die wichtigste theologische Schrift Guiberts ist wohl sein Buch De pignoribus Sanctorum (Migne, Patrologia Latina 155). Seine hier geäußerte radikale Kritik an den Formen der Heiligenverehrung über deren Reliquien paßt gut zu der in seiner Autobiographie belegten Heiligenverehrung an deren Festtagen. Zu Guiberts Kritik an der Reliquienverehrung seiner Zeitgenossen Stephan Beissel, Die Verehrung der Heiligen und

ihrer Reliquien in Deutschland im Mittelalter, Freiburg 1890–2, Nachdruck
Darmstadt 1991, S. 125 f.
287 Borst, Lebensformen, S. 79.
288 Labande, Guibert, S. 16 ff.
289 Borst, Lebensformen, S. 80, meint zu dieser Stelle: «Bei der raschen Taufe
erhielt das Kind denn auch einen adeligen Namen, keinen heiligen wie
Peter, Paul, Remigius oder Nikolaus, was Guibert im Rückblick lieber gesehen hätte und sich erst seit dem 13. Jahrhundert einbürgerte. Abgesehen
von diesem zu späten Ansatz der Durchsetzung von Heiligennamen – jedenfalls für die nordfranzösische Umwelt Guiberts –, bietet der Text keinen
Ansatz für eine solche auf den Autor bezogene Interpretation. Die Namen
werden als Beispiele angeführt, nicht als Präferenz.- Guibert/Wichbert mag
in der kleinadeligen Herkunftsfamilie ein gebräuchlicher Ahnenname gewesen sein. Seiner Bedeutung nach – «der durch Heiligkeit Glänzende» – ist
er jedoch durchaus zu den religiös motivierten «frommen Namen» zu rechnen, die der Heiligennachbenennung vorausgingen. Der französischsprachi-
gen Familie war diese germanischsprachige Wortwurzel allerdings wahrscheinlich längst nicht mehr bewußt.
290 Jim Tester, A History of Western Astrology, Bury St. Edmunds 1987, S. 98 ff.
An eine von astrologischem Denken beeinflußte Namengebung könnte
man aufs erste denken, wenn man mit dem eigenartigen Sachverhalt konfrontiert ist, daß der berühmte französische Frühscholastiker Peter Abaelard
und seine Geliebte Heloise den gemeinsamen Sohn 1118 nach dem für
chronologische und astrologische Bestimmungen verwendeten Astrolab
Astralabius benannten. In seiner Schrift «Carmen ad Astralabium filium»
erklärt Abaelard den Sinn der Namenswahl anders: «Der Törichte wird
verändert wie der unstete Mond; wie die Sonne verbleibt der Weise bei sich.
Durch sittliche Festigkeit tritt der philosophische Kopf aus der Trübe flak-
kernder Nachtlichter heraus in die leuchtende Mitte des Kosmos. Denn
mehr als die Natur vermag die Philosophie.» Mit der Wahl dieses selbstge-
schaffenen Namens setzten Abaelard und Heloise in einem Zeitalter zunehmender Nachbenennung einen spektakulären Akt. Sie übten das von Abaelard in seinen Schriften stets betonte souveräne Recht des Menschen aus,
Namen nach seiner Absicht zu schaffen (Arno Borst, Astrolab und Kloster-
reform an der Jahrtausendwende, Heidelberg 1989, S. 85). Die Namengebung des Sohnes war somit sozusagen ein Akt des persönlich praktizierten
Nominalismus.
291 Borst, Lebensformen, S. 78, Labande, Autobiographie, S. 26.
292 Littger, Studien S. 249.
293 Bernhard Blumenkranz, Jüdische und christliche Konvertiten im jüdisch-
christlichen Religionsgespräch des Mittelalters, in: Miscellanea mediaeva-
lia 4, 1966, S. 273. Bei einem in der Martinsnacht 1154 geborenen portugiesischen Königssohn, der wegen seines Geburtstermins in der Taufe den
Namen Martin erhalten hatte, konnte sich dieser Name gegenüber dem in
der Dynastie gebräuchlichen Namen Sancho, den er als Zweitnamen bekam, auf die Dauer nicht halten (Thoma, Namensänderungen, S. 121).
294 Thoma, Namensänderungen, S. 122 ff. Hier auch ausführlich zur Zuverläs-
sigkeit der erst zwei Jahrhunderte später von Snorri Sturluson in seinem
Geschichtswerk «Heimskringla» überlieferten Nachricht. Viel weniger ver-
läßlich ist die Fassung C der Chronik Ademars von Chabannes, nach der
König Géza von Ungarn, der Vater Stephans des Heiligen, bei seiner Taufe
unter der Patenschaft Ottos III. am Stephanstag nach dem Tagesheiligen

Stephan benannt worden wäre (Thoma, Namensänderungen, S. 33). Träfe diese Nachricht zu, so böte sie einerseits ein besonders frühes Beispiel für die Namengebung nach dem Kalenderheiligen, andererseits für den Übergang von personenbezogener Patennachbenennung zu terminbezogener Heiligennachbenennung. Der von Otto II. als Pate aus der Taufe gehobene dänische Königssohn Sven war noch nach seinem geistlichen Vater benannt worden (Thoma, Namensänderungen, S. 72 ff.).

295 Ähnliches gilt für die Aufnahme in eine Klostergemeinschaft. Namensänderungen aus diesem Anlaß sind früh aus Byzanz belegt. Ein interessantes Beispiel für die Namenswahl nach dem Datum des Eintritts in das Kloster ist für den Westen aus dem frühen 12. Jahrhundert überliefert. Der normannische Geschichtsschreiber Ordericus Vitalis erhielt damals seinen Zweitnamen, weil zur Zeit seines Eintritts das Fest des heiligen Mauritius und seiner Gefährten gefeiert wurde. Unter diesen verehrte man auch einen Vitalis (Thoma, Namensänderungen, S. 22). Ordericus Vitalis berichtet in seinem Werk mehrfach über solche Zweitnamen, die allerdings nicht nur durch den Tagesheiligen des Klostereintritts bedingt sein dürften. Von den beiden «Geroiani» «Willelmus cognomento Gregorius» und «Rainaldus Benedictus dulcetudinis gratia cognominatus» war diesbezüglich schon die Rede (Vgl. o. S. 300 f.).

296 Schreiber, Wochentage, S. 57.

297 Thoma, Namensänderungen, S. 19. Willibrord/Clemens errichtete dann in seinem Missionsgebiet zu Ehren seines neuen Namenspatrons zahlreiche Kirchen (Beissel, Die Verehrung der Heiligen 1, S. 64).

298 Maria Giovanna Arcamone, Nomi medievali dei Santi e demoni, in: Santi e demoni 2, S. 766.

299 Thoma, Namensänderungen, S. 21.

300 Woolf, Principles, S. 87, Thoma, Namensänderungen, S. 27 ff.

301 Eine im Zusammenhang mit der Nachbenennung nach «Ahnen und Heiligen» besonders interessante Kontinuitätslinie zu älteren Verhältnissen versucht Jost Trier (Der Heilige Jodocus. Sein Leben und seine Verehrung, zugleich ein Beitrag zur Geschichte der deutschen Namengebung, Germanistische Abhandlungen 56, Breslau 1924, S. 146) herzustellen: «Im Kalender sind die Todestage der Heiligen verzeichnet. Das Kind, das etwa an einem Jakobstag geboren wird, erhält mit dem Namen Jakob einen Teil des Geistes Sti Jacobi, der eben an diesem Tage durch den Tod des Leibes freigeworden ist. Der enge Zusammenhang zwischen Namengebung und Wiedergeburt eines Ahnen (in unserem Falle: des Heiligen) im Täufling ist aus allen Kulturen bezeugt. Wir müssen auch bei der Namengebung nach dem Kalender mit dieser Vorstellungswelt rechnen, obwohl sie gewiß sich nur selten ins Bewußtsein erhoben hat.» Zum Zeitpunkt, als die Namengebung nach Geburts- bzw. Tauftagsheiligen in der Westkirche aufkam, war hier in der Verwandtennachbenennung schon längst der Rückgriff auf die Namen noch Lebender gebräuchlich. Auch die ältere Sitte der Nachbenennung nur nach verstorbenen Verwandten und Vorfahren hat wohl nichts mit einem Wiedergeburtsglauben zu tun (Vgl. dazu oben S. 384 ff.). Eine Entwicklungslinie von Ahnennachbenennung zu Heiligennachbenennung in diesem Sinne läßt sich daher wohl kaum aufrechterhalten.

302 Franz, Benediktionen 2, S. 552 f.

303 Dümmler, Geschichte 3, S. 477 f.

304 Bruno Gebhardt, Handbuch der deutschen Geschichte 1, Stuttgart 1957, S. 173.

305 Berent Schwineköper, Die Anfänge Magdeburgs, in: Studien zu den Anfängen des europäischen Städtewesens (Vorträge und Forschungen 4, Stuttgart 1958), S. 412, Beissel, Die Verehrung der Heiligen 1, S. 119.

306 Régine Pernoud, Die Heiligen im Mittelalter, Bergisch Gladbach 1988, S. 324.

307 Gebhardt 1, S. 237.

308 An eine Nachbenennung nach dem Tagesheiligen des Geburtstags könnte eventuell bei dem 1053 geborenen französischen König Philipp I. gedacht werden. Seine Mutter war eine russische Fürstentochter, der der ostkirchliche Brauch sicher geläufig war. Es kommen jedoch auch andere Erklärungsmöglichkeiten für diese für einen Königssohn ungewöhnliche Namenswahl in Frage. Vgl. dazu Mitterauer «Senioris sui nomine», S. 316 f. Hinzuzufügen wäre den dort angeführten Argumenten, daß im 11. Jahrhundert Philippus zu den altfränkischen Reichsheiligen hinzukam, die in den Laudes für «Richter und Heer der Christen» angerufen wurden (Erdmann, Fortbildung, S. 54).

309 Angenendt, Frühmittelalter, S. 334, 186 f., 332, 405, Philippe Ariès, Geschichte des Todes, München 1980, S. 199 ff.

310 Kees Vellekoop, Die Musik im Dienste der Heiligenverehrung. Die Entwicklung des Offiziumgesangs von 4. bis zum 10. Jahrhundert, in: Peter Dinzelbacher und Dieter R. Bauer (Hgg.) Heiligenverehrung in Geschichte und Gegenwart, Ostfildern 1990, S. 252 ff. 258.

311 Jean-Claude Schmitt, Vom Nutzen Max Webers für den Historiker und die Bilderfrage, in: Wolfgang Schluchter (Hg.), Max Webers Sicht des okzidentalen Christentums, Frankfurt a. M. 1988, S. 213 ff. und 216.

312 Franz, Benediktionen 1, S. 144.

313 Ebda., S. 193.

314 Jacques Le Goff, Die Geburt des Fegefeuers, Stuttgart 1984, S. 340 ff.

315 Le Goff, Geburt. Hinsichtlich der zeitlichen Abfolge abweichend Aaron J. Gurjewitsch, Mittelalterliche Volkskultur, München 1987, S. 191. Vgl. auch Philippe Ariès, Geschichte des Todes, München 1980, S. 195 ff.

316 Le Goff, Geburt, S. 178.

317 Angenendt, Frühmittelalter, S. 331 ff. Zu der neuen Bedeutsamkeit der Fürbitte für Verstorbene und deren sozialgeschichtlichen Folgen, S. 336 ff. Zur Totenmesse, Ariès, Geschichte des Todes, S. 199 ff.

318 Angenendt, Frühmittelalter, S. 342 f. und 404 f. Beissel, Verehrung der Heiligen 2, S. 21 ff.

319 Marina Warner, Maria. Geburt, Triumph, Niedergang – Rückkehr eines Mythos? München 1982, S. 367.

320 Ebda., S. 364 ff.

321 Angenendt, Frühmittelalter, S. 226. Vgl. dazu o. S. 221.

322 Le Goff, Geburt, S. 148. Zu Remigius als Patron von karolingischen Königen neben Dionysius, Martin und Hilarius Olivier Guillot, Les saints des peuples et des nations dans l'occident des VIᵉ–Xᵉ siècles, in: Santi e demoni nell'alto medio evo (Settimane di studio del centro Italiano di studio sull' alto medio evo 36, Spoleto 1988), S. 227 und 245 ff.

323 Le Goff, Geburt, S. 453.

324 Jones, Nikolaus, S. 244.

325 Melchers, Jahr der Heiligen, S. 458. Eine analoge Schutzfunktion gegen einen plötzlichen Tod wurde in Ostfrankreich, in Flandern, der Picardie, der Normandie und der Champagne dem heiligen Adrian zugeschrieben (Melchers, S. 573). Die Reliquien des heiligen Adrian (Hadrian) von Nikomedien

verehrte man in der ostflandrischen Gründungsstadt Grammont/Geraards-
bergen. Offenbar ist das besonders häufige Auftreten des Namens Adrian im
niederländischen Raum im Spätmittelalter aus dem besonderen Sterbepa-
tronat des Heiligen zu erklären. In zwei Dörfern des Heusden-Landes begegnet er etwa damals als meistgegebener Heiligenname nach Johannes
(P. C. M. Hoppenbrouwers, Een middeleeuwse samenleving. Het Land van
Heusden ca. 1360 – ca. 1515, A. A. G. Bijdragen, Wageningen 1992, Teil A,
S. 127).

326 Melchers, Jahr der Heiligen, S. 781.
327 Gurjewitsch, Volkskultur, S. 73.
328 Die Datierung nach Heiligenfesten hat sich in Nordfrankreich ausgebildet.
     Eine frühe Kernzone stellt hier die Normandie dar – ganz analog etwa zu
     den Anfängen der Nikolaus-Verehrung. In Mitteleuropa wurde zuerst Süd-
     deutschland von dieser neuen Datierungsform erreicht. Erst im 12. und
     13. Jahrhundert findet sie sich in Norddeutschland stärker verbreitet. Für
     Italien erlangte sie nie besondere Bedeutung (Art. Fest- und Heiligenkalen-
     der, in: Lexikon des Mittelalters 4, 1989, Sp. 408, Franz Sachse, Das Auf-
     kommen der Datierungen nach dem Festkalender in Urkunden der Reichs-
     kanzlei und der deutschen Erzbistümer. Ein Beitrag zur Chronologie des
     Mittelalters, Erlangen 1904). Die Heiligen, nach deren Festtagen datiert
     wurde, spielen in der Namengebung des Hochmittelalters fast alle eine
     wesentliche Rolle (für Deutschland Zusammenstellung bei Sachse, Das
     Aufkommen S. 112ff). Wie bei der Namengebung scheint es bei der Datie-
     rung darum gegangen zu sein, die «Kraft» des Heiligentages für die Rechts-
     handlung zu gewinnen (Vgl. dazu auch Hans Martin Schaller, Der heilige
     Tag als Termin mittelalterlicher Staatsakte, in: Deutsches Archiv zur Erfor-
     schung des Mittelalters 30, 1974, S. 1ff.). Wie die häufigen Datierungen an
     Vigiltagen von Heiligen zeigen (dazu zahlreiche Beispiele bei Sachse, Das
     Aufkommen), gab es bei Rechtshandlungen ganz ähnlich wie in der Namen-
     gebung die Vorstellung, den Heiligen «mitzunehmen» Arnold Angenendt
     (Die Geschichte der Heiligenverehrung, in: Wolfgang Beinert, Hg., Die Hei-
     ligen ehren heute, Freiburg 1983, S. 110f.) hat in einem Kapitel «Der Heili-
     gen-Tag und die heilige Zeit» die mentalitätsgeschichtlichen Grundlagen
     solcher Vorstellungen sehr eindrucksvoll zusammengefaßt: «Zugrunde
     liegt eine Vorstellung vom Jahreszyklus, in dem die Tage nach ewigem
     Zeitengesetz festgelegt sind, und die Heiligen sind diesem Zyklus eingeord-
     net. Ihr Tag ist jeweils nur ein ganz bestimmter. Auf die Einhaltung muß
     man darum sorglich achten: Wer den Tag verfehlt, dem entgeht der Segen
     des Heiligen. Den Heiligen-Tag etwa zu verlegen oder auch nur nachholen
     zu wollen, ist früheren Zeiten ein unvollziehbarer Gedanke gewesen.»
329 Stephen Wilson, Saints and their Cults, Cambridge 1983, S. 42.
330 Vor allem Littger, Studien, S. 258ff., mit weiterführenden Literaturhinwei-
     sen. Vgl. auch Bach, Namenkunde I/2, S. 11ff. und 196f. Edmund Nied,
     Heiligenverehrung und Namengebung, Freiburg i. Brg. 1924, S. 16, August
     Socin, Mittelhochdeutsches Namenbuch, Basel 1903, S. 83, O. Leys, La sub-
     stitution de noms Chrétiens au noms préchrétiens en Flandre occidentale
     avant 1225, in: Cinquième congrès international de toponymie et d'anthro-
     ponymie, Salamanca, 12–15 Avril 1955, Actes et memoires, Salamanca
     1958, S. 410. Die von Littger für den Kölner Raum auf breiter Quellenbasis
     festgestellte Differenzierung von Kleriker- und Laiennamen bis ins 12. Jahr-
     hundert hinein findet allerdings nach neueren statistischen Untersuchun-
     gen in Frankreich damals keine Entsprechung mehr. Für Gebiete in der

Touraine, in Berry-Nivernais, in Burgund, in der Dauphiné und in Bas-Languedoc erscheinen die jeweils häufigsten Namen bei Klerikern und Laien ziemlich gleichmäßig verteilt (Monique Bourin und Pascal Chareille. Pour les clercs, un système de désignation different, mais les mêmes noms, in: dieselben, Hgg., Genèse médiévale de l'anthroponymie moderne II/1, Tours 1992, S. 147 ff.). Seltene «religiöse» Namen begegnen freilich auch hier unter Klerikern häufiger. Vereinzelt läßt sich vor 1050 noch eine Differenzierung feststellen (z. B. S. 75). Das auffälligste Phänomen, das sich hier bei der Analyse von hochmittelalterlichen Klerikernamen ergibt, ist die Seltenheit familienbezogener Zweitnamen (S. 153 ff.) – ein Sachverhalt, der die Sonderstellung von Klerikern in ihren Familienbeziehungen auf einer anderen Ebene des Namensystems zum Ausdruck bringt.

331 Der 1150 in Köln geborene Prämonstratenser-Chorherr Hermann Joseph im Kloster Steinfeld in der Eifel hatte seinen Zweitnamen nicht unmittelbar in Bezug auf den Nährvater Jesu bekommen, sondern aufgrund seiner besonderen Verehrung Mariens. In Visionen erschien ihm die Gottesmutter, die ihn als «capellanus noster» bezeichnete. Er sollte den Namen Joseph tragen, «ut nomen sponsi pariter cum sponsa accipias». Die Namengebung hatte also mit seiner mystischen Verlobung mit der Gottesmutter zu tun (Littger, Studien, S. 251). Den Namen des Verlobten der Gottesmutter zu deren Ehren zu geben, hat sich freilich damals nicht in ähnlicher Weise durchgesetzt, wie die Namengebung Elisabeth zu Ehren Johannes' des Täufers.

332 Vgl. o. S. 110.

333 Vgl. o. S. 234 f.

334 Constance B. Bouchard, Sword, Miter and Cloister. Nobility and the Church in Burgundy, 980–1198, Ithaca 1987, S. 48 ff. Vgl. dazu o. S. 300 f. über zwei Angehörige der Familie der «Geroiani» die erst sekundär bei ihrer Bestimmung für den geistlichen Stand bzw. der Übergabe an ein Kloster im Kindesalter einen Heiligennamen als Zweitnamen erhielten. Zu unterschiedlichen Normen und Praktiken der Kinderoblation in karolingischer Zeit Angenendt, Frühmittelalter, S. 408 f.

335 Das gilt jedenfalls für Fürstenhäuser. Geistlichennamen und Königsnamen waren miteinander inkompatibel. Der Merowingerprinz Daniel mußte 715 den Königsnamen Chilperich annehmen, als er aus dem Kloster geholt und auf den Thron erhoben wurde. (Engelbert Mühlbacher, Deutsche Geschichte unter den Karolingern, Stuttgart 1959, 1. Auflage 1896, S. 35, Thoma, Namensänderungen, S. 127 f.) Karl Martell, der für den merowingischen Schattenkönig regierte, gab zwei seiner für den geistlichen Stand bestimmten Söhnen die Heiligennamen Hieronymus und Remigius, letzteren nach dem später als Patron des Königshauses verehrten Bischof v. Reims (Hlawitschka, Vorfahren, S. 80 f.). Die beiden Namen kehren unter den Karolingern nicht wieder. Der Name Arnulf kann zwar als Heiligenname gelten, er war aber primär der Name des Stammvaters der Dynastie. Wenn er beim letzten westfränkischen Karolinger als Name eines Geistlichen begegnet, so nicht mit dieser Bestimmung gegeben, sondern allgemein als Name nicht thronfähiger Söhne. Bei Bruno, der als geistlicher Leitname der Ottonen und mit ihnen verwandter Familien angesehen wird (Littger, Studien S. 253), handelte es sich nicht um einen Ahnennamen, sondern um einen Heiligennamen, mit dem sich die Bestimmung zur geistlichen Laufbahn verband. Otto der Große ließ seinen ältesten vor der Ehe gezeugten Sohn um 929 auf den Namen Wilhelm taufen. Wilhelm war für die geistliche Laufbahn bestimmt und wurde 954 Erzbischof von Mainz. Es könnte sich bei ihm um

eine sehr frühe Nachbenennung nach dem damals schon als Heiligen verehrten Wilhelm von Gellone gehandelt haben. Aus Verwandtschaftszusam-
menhängen läßt sich der Name jedenfalls nicht ableiten. Von den Ottonen
wurde der Name in der eigenen Dynastie nicht mehr aufgegriffen. Otto der
Große und seine Gemahlin Adelheid gaben ihn jedoch an den späteren Abt
Wilhelm von Dijon, bei dem die Kaiserin als Taufpatin, der Kaiser als Kate-
chumenatspate fungierte (Jussen, Patenschaft, S. 24). Dieser war von Geburt
an für die geistliche Laufbahn bestimmt. Neben unmittelbarer Nachbenennung nach dem heiligen Wilhelm wäre auch an eine Nachbenennung nach
dem leiblichen Sohn des «geistlichen Vaters» zu denken und damit an
Nachbenennung unter Patenverwandten.

336 Laiou-Thomadakis, Peasant Society, S. 113. Speziell für die Sarakatschanen,
bei denen der Tauftag für die Namenswahl entscheidend ist: J. K. Campbell,
Honour, Family and Patronage, Oxford 1963, S. 220, N. A. Constantinescu,
Les caractères de l'anthroponymie Roumain, in: 10. Int. Kongreß für Namenforschung, Wien 1969, S. 210 ff. Tarnawecky, Anthroponymie, 199.

337 Christiane Klapisch-Zuber, Le choix de prénom dans la Florence de la Renaissance, in: L'Uomo. Società-Tradizione-Sviluppo V. 1983. I sistemi nella
società europee e i cicli di sviluppo familiare. Atti del primo seminario degli
Incontri mediterranei di Etnologia (Siena 25./26. Februar 1982).

338 Bach, Personennamen I/2, S. 215 ff.

339 Assmann, Taufnamengebung, S. 33 f.

340 Ludwig Hörmann, Tiroler Volksleben, Stuttgart 1909, S. 401.

341 Assmann, Taufnamengebung, S. 34. Das lange Nachwirken der traditionellen Namenswahl nach Tagesheiligen bis ins 19. und 20. Jahrhundert belegt
für Südtirol auf breiter Quellenbasis Achim Masser, Tradition und Wandel.
Studien zur Rufnamengebung in Südtirol, Heidelberg 1992, S. 65 ff.

342 Paul Tschurtschenthaler, Die Tschurtschenthaler. Ein altes Tiroler Bauern-
geschlecht und seine Entwicklung (Schlern-Schriften 49), Innsbruck 1941.

343 Bei Heiligen mit mehreren Festtagen wurde jeweils der zeitlich zunächst
folgende gewählt, da das Verbot des «Zurücktaufens» offenbar auch hier
galt. Bei mehreren namensgleichen Heiligen wurden nur solche von überre-
gionaler Bedeutung berücksichtigt, von denen man annehmen darf, daß sie
zur fraglichen Zeit in Südtirol bekannt waren und verehrt wurden.

344 Claus Gatterer, Schöne Welt, böse Leut. Kindheit in Südtirol, Wien 1982,
S. 30.

345 Zur Debatte Matthias Zender, Artikel Anna, in: Theologische Realenzyklopädie 2, Berlin 1978, S. 752 ff.

346 Alain Collomp, La maison du père, Famille et village en Haute-Provence
aux XVIIᵉ et XVIIIᵉ siècles, Paris 1983, S. 330 f.

347 Ströter-Bender, Heilige, S. 187 ff., Collomp, La maison, S. 330.

348 Daß ein Florian in der Familie das «ganze Haus» vor Feuer schützt, haben
wir schon in unserem Einleitungszitat gehört (Vgl. o. S. 13). Ähnliches galt
für Johannes. Auch in ein Haus, in dem ein Johannes wohnt, kann der Blitz
nicht einschlagen. «Einem Johannes können Gespenster und der Teufel
nichts anhaben» in ähnlichem Verständnis bei Bach, Personennamen I/2,
S. 217.

349 Torsy, Namenstagskalender, S. 106 f. Zur Häufigkeit von Kreszentia in Südtirol Masser, Tradition und Wandel, S. 165 ff.

350 Torsy, Namenstagskalender, S. 169, Melchers, Jahr der Heiligen, S. 369.

351 Torsy Namenstagskalender, S. 255.

352 Zu Alexius v. Edessa ebda, S. 203 f.

353 Am 6. Mai wurde das Fest des «Heiligen Johannes vor dem Lateinischen Tor» begangen, ursprünglich das Jahresgedächtnis der Weihe einer römischen Kirche zu Ehren des Heiligen.

354 U.a. Assmann, Taufnamengebung, S. 30, Wagner, Studien, S. 47, Pieter Meertens, L'importance de l'anthroponymie pour l'histoire ecclesiastique, Congrés Bruxelles, S. 716, Sauvage, Formes, S. 58, 63. Speziell für Südtirol Masser, Tradition und Wandel, S. 60 ff.

355 Alois Riegl, Die Holzkalender des Mittelalters und der Renaissance, in: Mitteilungen des Instituts für österreichische Geschichtsforschung 9, 1888, S. 82 ff.

356 Tschurtschenthaler, Die Tschurtschenthaler, S. 19 ff. und Tafel C 1 und C 2 im Anhang.

357 Ebda., S. 29 und Tafel G 2 im Anhang.

358 Ebda., S. 33 und Tafel G 4 im Anhang.

359 Ebda., Tafel E 1.

360 Namenswechsel bei der Papstwahl gab es zwar schon früher, sie wurden aber erst im 10. Jahrhundert zur Regel. Mit Gerbert von Aurillac, der als Papst 999 den Namen Silvester annahm, setzen die Programmnamen als Thronnamen ein, die an eine vorbildliche Papstgestalt der Frühzeit anknüpften. Das 11. und teilweise auch noch das 12. Jahrhundert durchzieht eine Reihe von «Zweiten» ihres Namens, bei denen sich der Neugewählte offenbar als der «Novus Silvester», «Novus Clemens», «Novus Damasus» etc. präsentiert. Das Phänomen ist typisch für das Reformpapsttum des Hochmittelalters. Eine Nachbenennung nach Päpsten aufgrund von Lehensbeziehungen kam schon deswegen nicht in Frage, weil bei päpstlichen Lehen diese Beziehung zum heiligen Petrus hergestellt gedacht wurde. Das Phänomen ist erstaunlich, daß gerade dann, als sich die Fürstennamen nahezu inflationär verbreiteten, die päpstlichen Thronnamen exklusiv wurden. – 1963 habe ich in meiner damals veröffentlichten Dissertation «Karolingische Markgrafen im Südosten», S. 11, den Gedanken vertreten, es wäre in karolingischer Zeit in Einzelfällen zu einer Nachbenennung nach Päpsten gekommen – etwa im Falle eines Sohnes von Karls des Großen Schwager Gerold, der den Namen Hadrian trägt. Dieser Gedanke wurde in der Literatur positiv aufgegriffen (Wolfgang Hartung, Tradition und Namengebung im frühen Mittelalter, in: Immo Eberl u.a. (Hgg.), Früh- und hochmittelalterlicher Adel in Bayern und Schwaben, Sigmaringen 1988, S. 78). Heute würde ich eher zur Interpretation neigen, daß es sich in diesem Fall um einen Heiligennamen handelte, der allerdings durch den Namenspatronskult Papst Hadrians damals einen besonderen Impuls erhalten hatte.

361 Gurjewitsch, Volkskultur, S. 340, 76 ff.

362 Duby, Private Macht, S. 39.

363 Bach, Personennamen I/2, S. 16.

364 Duby, Ritter, S. 106 f.

365 Erstmals formuliert in Karl Schmid, Zur Problematik von Familie, Sippe und Geschlecht, Haus und Dynastie beim mittelalterlichen Adel, in: Zeitschrift für Geschichte des Oberrheins 105, 1957, S. 1 ff. Schmids weitere einschlägige Publikationen sowie der Stand der deutschsprachigen Forschung zu diesem Fragenkomplex zusammengefaßt bei Althoff, Verwandte, S. 31 ff. und S. 230 f.

366 Georges Duby, Lignage, noblesse et chevalerie dans la région mâconnaise, Annales: Economies, Sociétés, Civilisations 27, 1972, sowie derselbe, Hommes et structures du moyen âge, Paris 1973, S. 398.

367 Goody, Entwicklung, S. 218.

368 Vgl. o. S. 78.

369 Vor allem Venedig scheint in diesem Zusammenhang eine wichtige Rolle gespielt zu haben. Hier treten erbliche Familiennamen schon im 8. und 9. Jahrhundert auf (Bach, Personennamen I, 2, S. 79, Augusto Gaudenzi, Sulla storia del cognome a Bologna nel secolo XIII, in: Bollettino del istituto storico Italiano 19, Rom 1898, S. 25 ff. und 49).

370 T. J. Morgan und Prye Morgan, Welsh Surnames, Cardiff 1985, S. 130. Zu ähnlichen mit mehreren Patronymen gebildeten Namensformen sowie der insgesamt stark patronymisch geprägten Namenkultur der ebenfalls von keltischsprachigen Gruppen besiedelten Bretagne Chedeville, L'anthroponymie Bretonne, S. 27 ff.

371 Morgan und Morgan, Surnames, S. 24.

372 Bach, Personennamen I/2, S. 66.

373 Vgl. o. S. 219 f.

374 Bach, Personennamen I/2, S. 66. Richard F. Thomasson, The continuity of Icelandic names and naming patterns, in: Names 23, 1975, S. 281 ff.

375 Für den deutschsprachigen Raum zu solchen Möglichkeiten Bach, Personennamen I/1, S. 232 f., für Frankreich Genèse médiévale 1, S. 53 ff., 103 ff., 117 ff., 133 ff., speziell bei Frauen 2/2, S. 27, 96 und 215. Gerade der hohe Anteil nicht patronymisch gebildeter Zweitnamen von Frauen mit anderen Verwandtschaftsangaben ist ein deutlicher Hinweis für die geringe Bedeutung patrilinearer Abstammungsbeziehungen in solchen Gesellschaften.

376 David Herlihy, Land, Family and Women in Continental Europe 701–1200, in: Susan Mosher Stuard, Women in Medieval Society, University of Pennsylvania, 1976, S. 17.

377 Michael Mitterauer, Sozialgeschichte der Jugend, Frankfurt a. M. 1986, S. 162 ff.

378 Ludwig Holzfurtner, Untersuchungen zur Namengebung im frühen Mittelalter nach den bayerischen Quellen des achten und neunten Jahrhunderts, in: Zeitschrift für bayerische Landesgeschichte 45, 1982, S. 3 ff.

379 H. W. Goetz, Zur Namengebung in der alamannischen Grundbesitzerschicht der Karolingerzeit. Ein Beitrag zur Familienforschung, in: Zeitschrift für die Geschichte des Oberrheins 133 (NF 94), 1985, S. 15.

380 Wolfgang Hartung, Tradition und Namengebung im frühen Mittelalter, in: Früh- und hochmittelalterlicher Adel in Schwaben und Bayern (hgg. v. Immo Eberl u. a.), Sigmaringen 1988, S. 76 f.

381 Woolf, Principles, S. 2.

382 Selbst der Name der Stammutter Chrotechilde, der Gattin Chlodwigs, die die so wichtige Verbindung zum burgundischen Königshaus herstellte, wurde zwar bei Königstöchtern, nie aber bei Königssöhnen in die Namensvariation einbezogen. Zur patrilinearen Namensvariation der Wessex-Könige vgl. o. S. 312 f.

383 Namensvariation läßt sich bei den Karolingern bis ins 9. Jahrhundert feststellen. Ein später Fall sind Bernhari und Adalhard, die Brüder Walas, deren Namen im Erst- bzw. Zweitglied zu dem ihres Vaters Bernhard variieren. Auch bei Frauennamen findet sich bei den Karolingern Namensvariation, etwa bei Walas Schwestern Gundrada und Theodrada, deren Namen bei zwei Töchtern König Pippins v. Italien kurz nach 800 wiederkehren (Hlawitschka, Vorfahren, S. 81, Werner, Nachkommen, Stammtafel II 5 und II 7).

384 Borst, Lebensformen, S. 424, Europäische Stammtafeln 3/4, Tafel 687, Cinzio Violante, Quelques caractéristiques des structures familiales en Lom-

bardie, Émilie et Toscane aux XIe et XIIe siècles, in: Famille et parenté (hgg. von Georges Duby und Jacques Le Goff), Paris 1977, S. 143. Die Variation von Sohnes- und Enkelnamen zum theophoren Gottfried legt die Vermutung nahe, daß zumindest der Name Sigifred – sein Träger wurde später Bischof von Piacenza – in einem christlichen Verständnis komponiert wurde. Zu lateinischen und griechischen «Sieg»-Namen mit christlicher Bedeutung vgl. o. S. 90 und 133 f.

385 Auffallend ist in diesem Zusammenhang der Name eines Sohnes des Karolingerahnherrn Arnulf von Metz Chlodulf. Er wurde aus dem Vatersnamen in Verbindung mit der für das merowingische Königshaus charakteristischen Stammsilbe Chlod – gebildet. Einige Jahrzehnte später gab Chlodulfs Schwager, der austrasische Hausmeier Grimoald seinem Sohn den merowingischen Königsnamen Childebert in Vollform – verbunden mit dem Anspruch auf Thronfolge, der über den Namen hinaus durch Adoption in die «stirps regia» abgesichert wurde (Hlawitschka, Vorfahren, S. 73 und 75 f.).

386 Wilhelm Grönbech, Kultur und Religion der Gemanen 1, Darmstadt 1961, S. 295 ff.

387 Ebda. 1, S. 295, 2, S. 33.

388 Ebda. 1, S. 294 ff.

389 In diesem Sinne kritisch schon Richard Hünnerkopf. Zur altgermanischen Namengebung, Niederdeutsche Zeitschrift für Volkskunde 9, 1931, S. 4 ff. Skeptisch gegenüber einem wörtlich verstandenen Wiedergeburtsglauben H. R. Ellis Davidson, Myths and Symbols in Pagan Europe. Early Scandinavian and Celtic Religions, Manchester 1988, S. 122: «From the Migration Period onwards it was customary to name Germanic kings after their predecessors, some times by using only a part of the name again, while in the Wiking Age a child would usually be named after someone in the family who had died, frequently a grandparent. This could have developed out of an assumption that the dead might in some way ‹return› in his descendant, or at least that the former luck and strength which he had enjoyed might accompany the name. To call this a belief in rebirth would be an oversimplification, but it seems to be a recognition that the gifts and powers of the dead might be passed on to the living in a later generation.»

390 Jon Gjerde, From peasants to farmers, Cambridge 1985, S. 48. Eine primär an verstorbenen Vorfahren orientierte Praxis der Namensrepetition verbunden mit Elementen der Namensvariation hat sich in der besonders archaischen Namenkultur Islands erhalten. Vgl. dazu Tomasson, Continuity, S. 288 f.

391 Martin Heinzelmann, Les changements de la dénomination latine à la fin de l'Antiquité, in: Famille et parenté, S. 22.

392 Eduard Stemplinger, Antiker Volksglaube, Stuttgart 1948, S. 166.

393 André Burguière, Un nom pour soi. L'attribution du prénom dans la France ancienne, in: L'homme 20 (1980), S. 41, Carl-Eric Thores, On Personal names among the nobility and professional classes in Finland in the 17th and 18th centuries, in: 10. Internationaler Kongreß für Namenforschung, Wien 1969, 2, S. 361, Gjerde, From Peasants to farmers, S. 48, Bach, Personennamen I/2, S. 217.

394 Mitterauer, Zur Nachbenennung. Näher einzugehen wäre in diesem Zusammenhang auf den Namen von Karl Martells ältestem Sohn Karlmann, der einerseits eine Verkleinerungsform des Vatersnamens darstellt, andererseits aber auch zu ihm variiert. Er wurde in der weiteren Namengebungspraxis der Dynastie als selbständige Namensform aufgefaßt und ging als solche in die Gruppe der Königsnamen ein.

395 Grönbech, Kultur 1, S. 295. Wie die Vergabe des Namenguts der verstorbe-
    nen Familienmitglieder innerhalb einer Abstammungsgemeinschaft prakti-
    ziert werden kann, hat – am Beispiel der kabylischen Gesellschaft des
    20. Jahrhunderts – in großartiger Weise Pierre Bourdieu, Entwurf einer
    Theorie der Praxis, Frankfurt 1979, S. 78 ff. aufgezeigt. Bourdieu spricht in
    diesem Zusammenhang von Namen als «Emblemen», die «das ganze in der
    Linie angesammelte symbolische Kapital versinnbildlichen» (S. 78).
396 Chaume, Les origines 1, S. 518, Werner, Liens de parenté, S. 29, Hans-Wal-
    ter Klewitz, Namengebung und Sippenbewußtsein in den deutschen
    Königsurkunden des 10. bis 12. Jahrhunderts, Archiv für Urkundenfor-
    schung 18, 1944, S. 34 ff.
397 Vgl. o. S. 310 f. Bemerkenswert ist in diesem Zusammenhang vor allem die
    Namengebung von Karls des Großen 795 geborenem ältesten legitimen En-
    kel Lothar. Nach dem Prinzip der «Namenvererbung» würde man erwarten,
    daß er nach dem Großvater Karl getauft worden wäre. Das war nicht der
    Fall. Er erhielt auch nicht den Vatersnamen oder den eines seiner Vorväter.
    Den Namen Lothar trug vor ihm in der karolingischen Dynastie nur der als
    Kleinkind verstorbene Zwillingsbruder Ludwigs des Frommen. Nun kann
    man sicher nicht behaupten, der spätere Kaiser Lothar wäre nach seinem
    «Onkel» nachbenannt. Lothar war vielmehr ein durch die Übernahme me-
    rowingischer Königsnamen in die neue Dynastie zu deren Namengut gehö-
    riger qualifizierter Herrschername – neben dem von Karl offenbar weniger
    geschätzten Karlmann der einzige damals verfügbare. So setzte Karl der
    Große die Vergabe von Königsnamen unter seinen Söhnen bei seinem älte-
    sten Enkel fort. Denn Karl als das Oberhaupt des Königshauses dürfte die
    Namengebung entschieden haben, nicht die jugendlichen Eltern.
398 Althoff, Verwandte, S. 60.
399 Fichtenau, Lebensordnungen, S. 128.
400 Bennett, Spiritual kinship, S. 3.
401 Dossat, Les noms de baptême, S. 346.
402 Europäische Stammtafeln 2, Tafel 78 f. Zum Problem früher «Doppelna-
    men» in Südfrankreich Thoma, Namensänderung, S. 216.
403 Dossat, Les noms de baptême, S. 346.
404 Vgl. o. S. 273 sowie Bach, Personennamen I/2, S. 36.
405 Kuenringer-Forschungen (red. v. Andreas Kusternig und Max Weltin, Jahr-
    buch für Landeskunde von Niederösterreich, (NF 46/47, 1980/1), Stammta-
    fel im Anhang.
406 Georg Scheibelreiter, Tiernamen und Wappenwesen, Wien 1976. Unmittel-
    bar vor Scheibelreiter hat sich Hans Gartmayer in seiner unveröffentlichten
    Dissertation Namengebung als Ausdruck sozialer Änderungen – dargestellt
    an österreichischen Adelsgeschlechtern im Mittelalter, Wien 1973, S. 95–
    101, mit diesem Fragenkomplex beschäftigt.
407 Christiane Klapisch-Zuber, Constitution et variations temporelles des
    stocks de prénoms, in: Le prénom. Mode et histoire, Paris 1984, S. 42 f., Jules
    Corblet, Étude philologique et liturgique sur les noms de baptême et les
    prénoms des chrétiens, in: Revue de l'Art chrétien VI (1877), S. 88.
408 Klapisch, Constitution, S. 42 f., dieselbe, The Name «Remade». The Trans-
    mission of Given Names in Florence in the Fourteenth and Fifteenth Centu-
    ries, in: dieselbe, Women, Family and Ritual in Renaissance Italy, Chicago
    1985, S. 287 ff., dieselbe, Le choix de prénom dans la Florence de la Renais-
    sance, in: L'Uomo. Società-Tradizione-Sviluppo V, 1983. I sistemi di deno-
    minazione nella società europee e i cicli di sviluppo familiare. Atti del

primo seminario degli Incontri mediterranei di Etnologia (Siena 25./26. Februar 1982), S. 52.

409 Klapisch, The Name «Remade», S. 288.

410 Corblet, Étude, S. 89.

411 Ein schönes Beispiel für die quantitative Entwicklung des Namens Maria als einziger bzw. in Doppel- und Dreifachnamen bei Warion, Nommer à Fours, in: Prénom, S. 148.

412 Klapisch, Constitution, S. 42.

413 Zu Systemen der Patennachbenennung in Frankreich André Burguière, Prénoms et parenté, in: Prénom, Mode et histoire, S. 30.

414 Bach, Personennamen I/2, S. 37.

415 Maier, S. 36.

416 Bach, Personennamen I/2, S. 41.

417 Ebda., S. 52.

418 Ebda., S. 52. Parallelen zur Nachbenennung nach dem mütterlichen Großvater unter Einschluß von dessen Familienname gibt es auch in der Schweiz (Richard Weiß, Volkskunde der Schweiz, Erlenbach-Zürich 1978, S. 269).

419 Jacques Dupâquier, Introduction, in: Le Prénom, Mode et histoire, S. 1.

8. Vor dem Ende der Nachbenennung? Zum Wandel der Namengebung in der Gegenwart

1 Von den christlichen Kulturen Europas haben einzig die Puritaner neben der Nachbenennung nach Vorbildgestalten des Alten Testaments auch nach dem Beispiel alttestamentlicher Namensbildungen systematisch dem Wortsinn nach neue Namen geschaffen, die sich allerdings nicht dauerhaft gehalten haben. Um von der Wortbedeutung ausgehende neugeschaffene Analogiebildungen zu traditionellem Namengut handelt es sich bei den theophoren Namen der Pietisten. In Auseinandersetzung mit der christlichen Tradition entstanden, aber letzlich ohne dauerhafte Nachwirkungen geblieben sind die zum Teil dem Wortsinn nach gebildeten neuen Namen der Französischen Revolution. In der Tradition der Heiligennamen ist jedoch die Heroennachbenennung bei diesem radikalsten Versuch der Neugestaltung der Namengebung im Vordergrund gestanden.

2 Der Briefwechsel Adolf Schärfs mit seiner Gattin befindet sich in dessen Nachlaß im Karl Renner-Institut, Wien. Ich bin für die Überlassung einer Kopie der für die Namengebung relevanten Schriftstücke Frau Mag. Margit Sturm zu großem Dank verpflichtet.

3 Karl R. Stadler, Adolf Schärf. Mensch – Politiker – Staatsmann, Wien 1982, S. 16 und 21 ff.

4 Vor 1918 lag er hier nur an 165. Stelle. Erst 1930–38 stieß er auf den neunten, 1938–1945 sogar auf den dritten Rangplatz vor (Ludwig Halasz, Vornamen in Wien, in: Mitteilungen aus Statistik und Verwaltung der Stadt Wien, S. 17). Zur Nachbenennung nach Helmuth von Moltke in Deutschland Mackensen, Das große Buch der Vornamen, München 1986, S. 83.

5 Stadler, Schärf, S. 20.

6 Ebda., S. 23.

7 Ebda., S. 24.

8 1903 lag Martha unter Berliner Schülerinnen auf dem dritten Platz (Mackensen, Vornamen, S. 302).

9 Zu Schärfs Hebräischkenntnissen Stadler, Schärf, S. 22.
10 Vgl. dazu etwa mit vielen Beispielen Bach, Personennamen I/2, S. 235 ff.
11 Wilfried Seibicke, Vornamen, Wiesbaden 1977, S. 121 ff.
12 Les Temps des Jules. Les prénoms en France au XIX siècle, Paris, o.J.
13 Ebda., S. 106 f.
14 Zitiert nach den Angaben in: Die Luxemburger und ihre Vornamen, 1987, S. 58 f.
15 Die Luxemburger S. 153 und 126 ff.
16 Halász, Vornamen, Mitterauer, Namengebung, S. 66.
17 Michael Young und Peter Willmott, Family and Kinship in East London, London 1957, S. 10 f.
18 Jean-François Delord, Les prénoms à Fronton (Haute-Garonne) du XVIᵉ siècle à nos jours, in: Le prénom. Mode et histoire, Paris 1984, S. 85 ff.
19 In Luxemburg etwa wurde die höchste Häufigkeit der Zweitnamen in den dreißiger Jahren, der Drittnamen in den sechziger Jahren dieses Jahrhunderts erreicht. Auch hier bestand eine außergewöhnlich starke Tradition der Patennachbenennung (Die Luxemburger, S. 38 und 33 f.). Für Deutschland Seibicke, Vornamen, S. 69, 64 ff. und 57 ff.
20 Friedhelm Debus u. a., Namengebung und soziale Schicht. Bericht über ein Projekt zur Personennamenkunde, in: Onoma 5, 1973, S. 368–405, derselbe: Personennamengebung der Gegenwart im historischen Vergleich, in: Zeitschrift für Literaturwissenschaft und Linguistik, Heft 67 (1988, S. 57 ff.) Louis Bosshart, Motive der Vornamengebung im Kanton Schaffhausen von 1960 bis 1970, Freiburg i. Ü. 1973, S. 25, formuliert dazu grundsätzlich: «Je kleiner die Zahl der Traditionsnamen, desto größer der Anteil der Zweitnamen am Gesamt der noch verbleibenden Traditionsnamen. Das Zunehmen traditioneller Zweitnamen ist ein verläßlicher Indikator für das Abnehmen der Traditionsnamen überhaupt.»
21 Debus, Personennamengebung, S. 57.
22 Debus u. a., Namengebung, S. 396.
23 Ebda., S. 395.
24 Ebda., S. 392.
25 Ebda., S. 392.
26 Ebda., S. 400.
27 Ebda., S. 397 f.
28 Georges Ravis-Giordani, Bergers Corses. Les communautés villageoises du Niolu, S. 370.

Glossar

Adelphonym	nach dem Brudersnamen gebildete Bezeichnung
Agnomen	Beiname
Akronym	aus den Anfangsbuchstaben mehrerer Namen gebildeter Personenname
Alliteration	Gleichheit im Anlaut
angelophore Namen	mit Engelnamen gebildete Personennamen
Arrogation	Adoption von Erwachsenen
basilophore Namen	mit Königsnamen gebildete Personennamen
Bretwalda	angelsächsischer König, der über andere Oberhoheit ausübt
Chlamys	Mantel, fürstliches Herrschaftszeichen
Cognomen	Beiname, innerhalb der «tria nomina» das «nomen gentile» ergänzend
«compaternitas»	Verhältnis zwischen leiblichem Vater und Taufpaten als «geistlichem Vater»
Christusmonogramm	symbolisches Zeichen für den Namen Christi, meist aus den griechischen Anfangsbuchstaben X (Chi) und P (Rho) gebildet
Dissenters	nicht zur englischen Staatskirche gehörende protestantische Gruppen
Elevation	feierliche Erhebung und Neubestattung des Leichnams eines Heiligen, mit Heiligsprechung gleichbedeutend
Epikleros	Erbtochter
Exorzismus	Ritus zur Austreibung von Dämonen
Fidelitätseid	Gefolgschaftseid
«filiolus»	Patenkind
Geniza	hebr.: «Rumpelkammer», ein Raum der Synagoge, in dem unbrauchbare Thora-Rollen und Kultgegenstände aufbewahrt wurden. In der Geniza von Fustat/Alt-Kairo erhielt sich ein tausendjähriges Archiv
«gens»	Geschlecht
hagiophore Namen	mit Heiligennamen gebildete Personennamen
«homagium»	«Mannschaft», Kommendation, sinnbildliche Handlung beim Eintritt in ein Lehensverhältnis
Homonymie	Namensgleichheit
Hugr	altnord. für «Seele», im Innern wirkende Kraft
Ikonolatren	Bilderverehrer
Ikonoklasten	Bilderstürmer, Bilderfeinde
Ikonostase	Bilderwand, die in orthodoxen Kirchen den Altarraum vom übrigen Kirchenraum trennt
«imitatio»	Nachahmung
Interzession	Fürsprache der Heiligen bei Gott
«ism»	persönlicher Name in islamischen Kulturen
Kanonisation	Heiligsprechung
Karäer	Juden, die zum Unterschied von den Rabbaniten den Talmud nicht anerkennen

Katechumen	sich auf die Taufe Vorbereitender
«kunya»	teknonymische Namensform in islamischen Kulturen
Mantis	Seher
Martyrologium	chronologisches Verzeichnis zunächst der Märtyrer, dann der Heiligen insgesamt nach ihrem Festtag
Matrilinie	Mutterlinie
Memoriallisten	schriftliche Aufzeichnungen über Verwandte, derer im Synagogengottesdienst gedacht wird
Meßproprium	nach Festen wechselnde Teile der Meßfeier
Metronym	nach dem Mutternamen gebildete Bezeichnung
Myroblytoi	Heilige, deren Reliquien Myrrhe, Öl, Balsam oder Ähnliches ausscheiden
«nasab»	in islamischen Kulturen ein Namensteil, der auf den Vatersnamen bzw. die Namen weiterer patrilinearer Vorfahren Bezug nimmt
«nomen gentile»	Geschlechtsname
«nomen militare»	beim Eintritt in den Militärdienst angenommener Name
«nomina sacra»	als heilig verehrte Namen, die ihres sakralen Charakters wegen nur abgekürzt geschrieben werden
Oikos	Haus, Geschlecht
Onomastik	Namenkunde
Onomatomantie	Namendeuterei, Wahrsagung aus Namen
Orant	Beter
Papponymie	Nachbenennung nach dem Großvater
Parentalia	altrömische Totenfeier
«pater ex fonte»	«Taufvater», Pate
«pater pneumatikos»	geistlicher Vater, im besonderen auch Pate
Patrilinie	Vaterlinie
«patrinus»	Taufpate
Patron	römisch: patrizischer Schutzherr seiner Freigelassenen, christlich: Heiliger, der als spezieller Schutzherr gedacht wird
Patronym	nach dem Vatersnamen gebildete Bezeichnung
Patroziniums- bewegung	Unterstellung freier Bauern unter den Schutz eines mächtigen Gutsherren als Patron in der späten Kaiserzeit
Pentheronym	nach dem Schwiegervatersnamen gebildete Bezeichnung
Peribolos	heiliger Bezirk um einen Tempel
Polyonymie	Vielnamigkeit
Primogenitur	Erstgeborenenfolge
Prothem	vorangestellter Wort- bzw. Namensteil
Protomartyr	Stephanus, der erste Märtyrer
Rabbaniten	Juden, die zum Unterschied von den Karäern auch den Talmud anerkennen
Senior	Lehensherr
«shem hakodesh»	im Synagogengottesdienst gebrauchter Name
Signum	in der Spätantike aufkommender Zweitname
Slava	in vielen Gesellschaften des Balkanraums gefeiertes Fest des Hauspatrons
Stemma	Stammbaum

«stirps regia»	Königsgeschlecht
Synkretismus	Verschmelzen verschiedener Religionen bzw. Kulte
Synonymie	Übereinstimmung von Namen nach ihrer Bedeutung
Teknonym	nach dem Namen eines schon geborenen bzw. erwarteten Kindes – zumeist Sohnes – gebildete Bezeichnung
Thaumaturg	Wundertäter
theophore Namen	mit Gottes- bzw. Götternamen gebildete Personennamen
Ulema	islamischer Gelehrter
Unigenitur	Einzelerbfolge
Votivmesse	eine nicht nach dem Tages-, sondern nach einem Sonderformular gefeierte Anliegenmesse
Wergeld	Sühnegeld, das im Fall der Tötung zur Ablöse der Blutrache vom Totschläger und seinen Angehörigen an die Angehörigen des Getöteten zu entrichten war

Verzeichnis der Abbildungen und Tafeln

Namenregister

Sachregister

Buchanzeigen

Frauen in der Geschichte

Karin Hausen (Hrsg.)
Frauen suchen ihre Geschichte
Historische Studien zum 19. und 20. Jahrhundert
2., durchgesehene Auflage. 1987. 283 Seiten. Paperback
Beck'sche Reihe Band 276

Edith Ennen
Frauen im Mittelalter
4., überarbeitete und erweiterte Auflage. 1991. 317 Seiten
mit 24 Abbildungen, 16 Tafeln und 1 Karte. Leinen

Ferrucio Bertini
Heloise und ihre Schwestern
Acht Frauenportraits im Mittelalter
1991. 259 Seiten mit 13 Abbildungen. Gebunden

Margaret L. King
Frauen in der Renaissance
Aus dem Englischen von Holger Fliessbach.
1993. 364 Seiten mit 25 Abbildungen im Text. Leinen

Heide Wunder
„Er ist die Sonn', sie ist der Mond"
Frauen in der Frühen Neuzeit
1992. 368 Seiten mit 75 Abbildungen. Leinen

Andrea von Dülmen (Hrsg.)
Frauen
Ein historisches Lesebuch
5. Auflage. 1991. 379 Seiten mit 7 Abbildungen. Paperback

Verlag C.H. Beck München

Zur Geschichte des Mittelalters

Iris Origo
Der Heilige der Toskana
Leben und Zeit des Bernardino von Siena
Aus dem Englischen und Italienischen von Uta-Elisabeth Trott.
1989. 259 Seiten mit 17 Abbildungen und 16 Tafeln. Leinen

Richard Kieckhefer
Magie im Mittelalter
Aus dem Englischen von Peter Knecht.
1992. 263 Seiten mit 19 Abbildungen. Leinen

Rudolf Simek
Erde und Kosmos im Mittelalter
Das Weltbild vor Kolumbus
1992. 219 Seiten mit 32 Abbildungen und 3 Plänen im Text.

Michel Mollat
Die Armen im Mittelalter
Aus dem Französischen übersetzt von Ursula Irsigler.
2. Auflage. 1987. 299 Seiten. Broschiert

Michel Mollat
Der königliche Kaufmann
Jacques Cœur oder der Geist des Unternehmertums
Aus dem Französischen von Wolfgang Kaiser.
1991. 292 Seiten mit 10 Abbildungen und 6 Karten. Leinen

Alain Demurger
Die Templer
Aufstieg und Untergang 1118–1314
3. Auflage. 1993. 343 Seiten mit 9 Abbildungen im Text
und 5 Karten. Leinen

Verlag C.H.Beck München